215

W0051791

Mark Pendergrast

Für Gott, Vaterland und Coca-Cola

Die unautorisierte Geschichte der Coca-Cola-Company

Aus dem Amerikanischen
von Heike Rosbach

WILHELM HEYNE VERLAG
MÜNCHEN

HEYNE BUSINESS
Nr. 22/100

Titel der amerikanischen Originalausgabe:
FOR GOD, COUNTRY AND COCA-COLA
Erschienen bei Charles Scribner's Sons, New York

Sofern nicht anders nachgewiesen,
alle Fotos: The Coca-Cola-Company

Ungekürzte Taschenbuchausgabe
im Wilhelm Heyne Verlag GmbH & Co. KG, München
Copyright © 1993 by Mark Pendergrast
Copyright © der deutschen Übersetzung 1993
by Zsolnay Verlag Gesellschaft m.b.H., Wien
Bearbeitung: Petra Gallmeister
Printed in Germany 1995
Umschlagillustration: Elmar Kohn, Landshut
Umschlaggestaltung: Atelier Adolf Bachmann, Reischach
Technische Betreuung: M. Spinola
Satz: Schaber Satz- und Datentechnik, Wels
Druck und Verarbeitung: Presse-Druck, Augsburg

ISBN 3-453-08784-4

Für Betty

Inhalt

Eine Parabel (1. Januar 1985)

Der Boß war ein sehr alter Mann, dem Tode nahe. Sein Verstand funktionierte zwar nach einem Leben voller bedeutsamer Entscheidungen für das Unternehmen noch ganz ordentlich, doch er war in einem sterbenden Körper gefangen. Langsam versagten alle Sinne. Er konnte nur noch verschwommen sehen, und seine Zigarre, fast sein ganzes Leben lang sein Markenzeichen, hing unangezündet zwischen den schlaffen Lippen. Er war nahezu taub, und er gab nur selten mehr als ein einsilbiges Wort von sich.

Robert Woodruff war 95 Jahre alt, vier Jahre jünger als der Soft Drink, den er zum weltweit bekanntesten, meistgeschätzten Produkt gemacht hatte. Mehr als sechzig Jahre lang hatte Woodruff die Geschicke von Coca-Cola bestimmt. Sogar während der letzten Jahre, als er und das Getränk sich der Jahrhundertmarke näherten, hatte sich die Firma bei größeren Entscheidungen stets um seine Zustimmung bemüht.

Ein junger Mann im Nadelstreifenanzug ging auf das Bett des alten Mannes zu. Er wollte alleine mit dem Boß sprechen und ersuchte die Anwesenden, den Raum zu verlassen. Er bat um den Segen des alten Mannes, wünschte dessen Zustimmung zu der revolutionärsten Entscheidung, die je bei Coca-Cola gefällt worden war.

Roberto Goizueta, der in Kuba geborene Chemiker und erste nichtamerikanische CEO (Führungskraft) von The Coca-Cola-Company, hatte vor, das Rezept des Getränks genau ein Jahr vor ihrem 100. Geburtstag zu ändern. Der Mann in Nadelstreifen wußte zwar, daß es nicht ungefährlich war, sich an dem bestgehütetsten Geheimrezept der Welt zu schaffen zu machen, doch er hatte dafür gewichtige geschäftliche Gründe. Nun erläuterte er sie langsam und systematisch seinem Boß, wobei er praktisch schrie, damit ihn Woodruff auch wirklich verstand.

Woodruff hörte ohne jede Bewegung zu.

Der Vortrag, den der junge Mann hielt, war gespickt mit Statistiken, Prozentzahlen, Analysen des Marktanteils und den Ergebnissen von sogenannten Geschmackstests im Blindversuch. Doch im wesentlichen ging es um etwas ganz Einfaches, und Goizueta wiederholte es laut und deutlich: Die Mehrzahl der Konsumenten von Soft Drinks zog den Geschmack von Pepsi dem von Coca-Cola vor. Der Vorsprung von Pepsi war dünn, doch er war nun einmal vorhanden. Und unabhängig davon, um wieviel Coke Pepsi an Werbeaufwendungen übertraf und wie breitgestreut das Vertriebssystem war, der Marktanteil von Pepsi nahm ständig zu. Der Konkurrent hatte Coca-Cola bereits beim Absatz in den Supermärkten überholt und verringerte stetig den Abstand zum besseren Verkaufsvolumen von Coca-Cola in Ausschankstellen und Getränkeautomaten.

Es sei höchste Zeit, den Geschmack von Coca-Cola zu ändern. Das Getränk sei früher gut gewesen, doch die Zeiten wandeln sich, die Geschmäcker änderten sich, die Industrien würden neu strukturiert, und nichts in der Welt der Wirtschaft sei sakrosankt. Die Chemiker bei Coke hatten in sogenannten blinden Geschmackstests ein neues Rezept gefunden, das Pepsi einen Schlag in die Magengrube versetzen sollte – genauso wie Coke. Goizueta unterstrich, daß die Zeit reif sei, eigentlich schon überreif, für eine neue Coke. Es ging gar nicht anders. Schließlich verstummte der junge Mann und wartete auf die Reaktion des alten Mannes. Die Zigarre bewegte sich nicht. Die Augen glitzerten. Draußen vor dem Fenster ging an diesem Neujahrstag leichter Regen nieder.

Langsam wurden Woodruffs Augen feucht; die Zigarre zitterte. In dem lastenden Schweigen flirrten die Staubkörnchen in den Sonnenstrahlen, die durchs Fenster drangen. Schließlich seufzte der Boß. »Mach es«, krächzte er, und seine Augen tränten.

Goizueta lächelte. Woodruff hatte ihn immer gemocht, hatte in ihm einen Nachfolger gesehen. Die beiden hatten früher zusammen zu Mittag gegessen; zwischen ihnen bestand ein besonderes Einvernehmen, eine Bindung. Es war wichtig, daß der Boß seine Zustimmung gab. Die Leute meinten, der alte Mann hasse Veränderungen, doch Goizueta wußte, daß man ihm die Dinge lediglich so einfach wie möglich auseinandersetzen mußte. Es war genau wie bei der Diät-Coke, und man denke nur daran, wie gut sich die entwickelt hatte. Goizueta dankte dem Boß, sagte, er komme ihn bald wieder besuchen, und ging.[1]

Roberto war überzeugend gewesen, nicht so sehr durch seine Fakten und Zahlen, sondern durch die Ernsthaftigkeit, mit der er seine Sache vertreten hatte. Er mußte recht haben, doch das bedeutete nicht, daß der Boß noch so lange leben sollte, um die Veränderung seines Geheimrezepts mitzubekommen. Der alte Mann hörte auf zu essen. Zwei Monate später, vier Wochen bevor die Neue Coke der Öffentlichkeit präsentiert wurde, starb Robert Woodruff. Er bekam den Sturm nicht mehr mit, den die Geschmacksänderung hervorrufen sollte. Doch es ist nicht ganz unvorstellbar, daß er etwas mutmaßte.

Drei Monate lang wurde das sture Management von Coca-Cola von Tausenden von Telefonanrufen und ganzen Wagenladungen voller Briefe überschwemmt, die sich alle für die Rückkehr zur alten Coke einsetzten. Und in der Presse erschienen reihenweise empörte Artikel. Während Goizueta damit rechnete, daß sich der Aufstand legte, nahm er immer stärker zu.

Es ließ sich nicht länger abstreiten, der Kubaner und seine Manager, seine Marktumfragen und seine Werbeleute hatten sich verkalkuliert. Es ging nicht um den Geschmack. Es kam nicht darauf an, ob die Neue Coke angenehmer die Kehle hinunterrann.

Die Zuschriften – sie erinnerten merkwürdig an die Briefe, die die GIs im Zweiten Weltkrieg an die Firma geschickt hatten – brachten den eigentlichen Punkt deutlich zur Sprache. Coca-Cola war ein alter Freund, gehörte zum Alltag, war für Amerika ein Talisman, eine Art Ikone. Doch anders als in den Briefen aus der Kriegszeit, die tief aus dem Herzen kommende Dankbarkeit ausdrückten, fühlten sich die jetzigen Absender verraten: »Coke zu ändern ist

das gleiche, als wenn Gott das Gras purpur färben würde.«[2]

»Wenn Sie bei uns in der Einfahrt die Flagge verbrennen
würden, könnte mich das keinen Deut stärker aufregen.«

Roberto Goizueta und seine Mitstreiter erhielten eine
kurze, prägnante Geschäftslektion; sie kapitulierten schließlich und gaben einer dankbaren Welt die alte Coke zurück.

Es ging nicht um den Geschmack. Es ging auch nicht um
Marktumfragen oder Zielgruppen.

Es ging um Gott.

Es ging um das Vaterland.

Es ging um Coca-Cola.

TEIL I

Die Anfänge

(1886–1899)

*Handschriftliche Notizen: John Stith Pemberton / Knoxville (Georgia) / * 8. 7. 1831 / † 16. 8. 1888 Atlanta (!) / Apotheker*

Es war ein heißer Tag im August 1885.

Der große, bärtige alte Mann zögerte, bevor er die Marietta Street überquerte, eine der verkehrsreichen Durchgangsstraßen von Atlanta. Pferde und Einspänner klapperten über das Pflaster; wohlhabende Geschäftsleute hasteten vorbei. Elegant gekleidete Frauen mit Sonnenschirmen bummelten zu Jacob's Pharmacy an der Ecke, um ein Eiscremesoda zu trinken. Zeitungsjungen boten schreiend die Zeitungen feil: »Lesen Sie alles darüber! Whiskeykartell bekämpft Vergnügungssteuer! Die abstinenten Arbeiter treffen sich! Antiprohibitionsrede im Opernhaus ein Flop! Lesen Sie alles darüber!« [1]

»Ich möchte eine Zeitung, mein Sohn.« Der Mann achtete nicht mehr auf die belebte Straße, sondern überflog mit geschürzten Lippen das Blatt. Er stieß auf die üblichen Sensationsmeldungen. Ein Selbstmord. Ein versuchter Lynchmord. Die Geburt von Drillingen.

Ungeduldig blätterte er die Zeitung durch. Ah, hier stand ein Leitartikel, der den Alkoholausschank niedermachte. »Er ist schuldig, vor Gott und der Menschheit, dieses schweren Verbrechens schuldig: Er bewirkt und fördert Unmäßigkeit, er verführt und stimuliert dazu, und er verstärkt sie. An jeder Ecke hält eine geöffnete Bar jedermann das Whiskeyglas an die Lippen.« *Es bestand kein Zweifel mehr, Atlanta würde abstinent werden, es war lediglich eine Frage der Zeit.*

Für einen Augenblick war die Straße frei. Nachdem der alte Mann die Zeitung gefaltet und unter den Arm geklemmt hatte, überquerte er die Straße, bevor der nächste Einspän-

ner die Bresche schloß. Als er seinen Schlüssel in das Schloß von Nummer 107 auf der Marietta Street steckte, zog ein junger Mann im Vorübergehen flott seinen Hut. »Guten Tag, Dr. Pemberton. Ist es für Sie warm genug, Sir?« Der alte Gentleman lächelte und nickte. Jeder in Atlanta kannte und respektierte den freundlichen alten Mann mit seinen Patentarzneien, und die meisten nahmen eins seiner Mittel ein, gegen Husten, Verdauungsstörungen, Kopfschmerzen, Potenzstörungen oder sonstige Wehwehchen.

Als Pemberton sein Labor betrat, sah er befriedigt auf seine gerade aus Peru eingetroffene Lieferung von Kokablättern und auf die Filterapparatur, die er gebaut hatte, um das Kokain zu extrahieren. Er experimentierte im Moment mit einem neuen Gebräu, das er, als Temperenzler-Drink und Medizin, zu verkaufen hoffte, nachdem die Stadt wegen des Übels Alkohol in Hysterie verfallen war.

Plötzlich krümmte sich Pemberton vor Schmerz. Es war wieder einmal der Bauch – das Sodbrennen oder das Magengeschwür. Seine rheumatischen Knochen schmerzten. Noch immer gekrümmt, tastete er nach dem Geheimfach in einer Schublade mit doppeltem Boden. Schwankend zog er die Spritze auf, stach sie sich in den Arm und injizierte sich langsam den Inhalt. Mit einem tiefen Aufseufzen schloß er sorgfältig Spritze und Stoff weg und begab sich an seine Experimente.

Dr. John Stith Pemberton war, als er mit den Experimenten begann, die schließlich zur Erfindung von Coca-Cola führen sollten, 54 Jahre alt. Er sah mindestens zehn Jahre älter aus. Und er war morphiumsüchtig.

Zeitkapsel: Das goldene Zeitalter der Quäker

> Ich habe mit einem kleinen Präparat experimentiert –
> einer Art Sud aus neun Zehnteln Wasser und einem
> Zehntel Arzneien, das nicht mehr kostet als einen Dollar
> pro Barrel... Im dritten Jahr könnten wir in den Verei-
> nigten Staaten leicht 1 000 000 Flaschen verkaufen – Ge-
> winn mindestens 350 000 Dollar –, und dann wäre es an
> der Zeit, sich dem eigentlichen Geschäft zuzuwenden...
> Unseren Zentralen in Konstantinopel und unseren Zweig-
> stellen in Hinterindien!... Die Jahreseinkünfte – na gut,
> nur Gott weiß, wie viele Millionen und Abermillionen es
> sein werden!
>
> COLONEL BERIAH SELLERS
> in Mark Twains *Das vergoldete Zeitalter*, 1873

Keine Frage, die Coca-Cola-Company liebt ihre eigene Geschichte. Wie um dieses Faktum zu beweisen, gab sie 1990
fünfzehn Millionen Dollar für das Firmenmuseum in Atlanta aus, das täglich mehr als 3000 Coca-Cola durchtränkten Besuchern die High-Tech-Version der Vergangenheit
des Unternehmens eintrichtert. Die Presse nannte das Museum am Tag der Eröffnung ein »Fantasyland«. Und genau
das ist es auch. Die in Rot gekleideten jungen Führer mit
dem ordentlichen Kurzhaarschnitt versichern den Besuchern beispielsweise, Coca-Cola habe niemals Kokain enthalten.

Das Museum führt eine langbestehende Tradition des
Unternehmens fort. Die Coca-Cola-Saga wurde stets auf-
rechterhalten und weiter genährt. Laut der offiziellen Version kommen der Erfindung von Coca-Cola im Jahr 1886
alle Merkmale des klassischen amerikanischen Erfolgsmy-
thos zu, wie sie an den Protagonisten der Romane von Horatio Alger exemplarisch abzulesen sind. Diese Helden, die
den hoffnungsvollen jungen Kapitalisten im vergoldeten

Zeitalter als Vorbild dienten, gelangten wie aus dem Nichts durch Hartnäckigkeit, harte Arbeit und die natürlich notwendige Portion Glück zu verblüffendem Reichtum.

Diesem Muster vergleichbar, hat die Firma John Pemberton, den Erfinder von Coca-Cola, zum armen, aber liebenswerten alten Kräuterdoktor aus dem Süden stilisiert, der über das wundersame neue Getränk stolperte. Zwar erblickte Coca-Cola vermutlich nicht in einer Krippe, sondern in einem einfachen, dreibeinigen Kessel das Licht der Welt, doch dieser Vorgang wird so geschildert, als bekäme eine Jungfrau ein Kind. Der erste Archivar von Coca-Cola, Wilbur Kurtz, beschrieb den fraglichen Augenblick so: »Er beugte sich über den Topf, um das Bouquet seines Gebräus zu prüfen. Dann nahm er einen langen Holzlöffel, holte ein bißchen von dem dicken, braunen, brodelnden Inhalt des Topfs heraus und ließ ihn kurz abkühlen. Er hob den Löffel an die Lippen und kostete.« Pembertons Bemühen, mit harter Arbeit und Hartnäckigkeit genau den richtigen Geschmack zu finden, hatte sich endlich – wie in den Geschichten von Alger – mit ein bißchen Glück ausgezahlt, als er den Sirup unbeabsichtigt mit kohlensäurehaltigem anstatt mit normalem Wasser mischte. Die Konsumenten liebten das prickelnde Getränk und schmatzten zufrieden mit den Lippen.

Von diesem Zeitpunkt an war, laut Firmenlegende, die Zukunft des Getränks gesichert. Es bedurfte natürlich noch einer kleinen Hilfestellung von seiten Asa Candlers, der die Formel dem sterbenden Pemberton abkaufte, für das Getränk einen hohen Werbeaufwand betrieb und rasch zum wohlhabendsten Mann von Atlanta aufstieg. Zu Anfang des 20. Jahrhunderts wurde der phänomenale Siegeszug von Coca-Cola häufig als »Coca-Cola-Märchen« bezeichnet.

Diese offizielle Version der Ereignisse ist jedoch ein Mythos. John Pemberton war kein ungebildeter, einfacher Kräuterdoktor. Er mixte das Gebräu nicht in seinem Hinterhof. Und was noch wichtiger ist, Coca-Cola war kein einzigartiges Getränk, das aus dem Nichts auftauchte, es war vielmehr ein Produkt seiner Zeit, seines Orts und seiner Kultur. Es war, wie so viele andere Quacksalbermittelchen, eine Patentmedizin mit einem kräftigen Kokainkick.

Ein Element des Mythos ist jedoch richtig. Die Chancen, daß Coca-Cola Erfolg beschieden war, standen genauso schlecht wie die für Colonel Sellers »Sud«. Dennoch hat Twain in seinem Text die Zukunft von Coca-Cola geradezu unheimlich genau prophezeit. Heute ist Coca-Cola weltweit das am meisten verbreitete Produkt und in mehr als 185 Ländern – nicht einmal die UNO zählt so viele Mitgliedstaaten – erhältlich. Mit Ausnahme von »o.k.« ist »Coca-Cola« das bekannteste Wort auf der ganzen Welt, und das Getränk, das hinter diesem Namen steht, ist zu einem Symbol des westlichen Way of life geworden. Wie konnte in etwas mehr als 100 Jahren eine alkoholfreie Limonade, die zu 99 Prozent aus Zuckerwasser besteht, diesen verblüffenden Status erreichen? Ihre Zukunft hing größtenteils mit den amerikanischen Verhältnissen am Ausgang des 19. Jahrhunderts zusammen.

Eine Nation von Neurotikern

Während des goldenen Zeitalters vollzog sich eine der raschesten Veränderungen in der amerikanischen Geschichte: die Wandlung von der agrarischen zu einer städtischen Gesellschaft mit Mühlen und Industriebetrieben. Die Industrialisierung und die Revolutionierung des Transportwesens markierten die Geburtsstunde einer ausgesprochen amerikanischen Variante des Kapitalismus – eine, die den Einsatz des Individuums idealisierte und sich zur Verbreitung ihres Evangeliums stark auf die Werbung und auf Zeitungen stützte. Die Eisenbahn wurde zum Symbol und zur Antriebsmaschine des machtvollen Wandels und ermöglichte gleichzeitig den Aufbau nationaler Handelsmärkte.

Dieser Schritt war so überwältigend, daß er die Aufmerksamkeit auf eine neue Krankheit lenkte, die durch neurotische, psychosomatische Symptome gekennzeichnet war. Richard Evans, ein zeitgenössischer Autor, diagnostizierte sie 1885 als Folge »eines industriellen und wettbewerbsorientierten Zeitalters«. Heute würden wir das »Zukunftsschock« nennen, aber George Beard taufte die Krankheit in seinem 1881 erschienenen Buch *American Ner-*

17

vousness, Its Causes and Consequences »Neurasthenie«.* Beard führte das neue Leiden auf die Entwurzelung zurück, welche die »moderne Zivilisation« sozial und wirtschaftlich mit sich brachte.

Die Dampfmaschine, so schrieb er, die eigentlich die Arbeit vereinfachen sollte, habe statt dessen zu einem schnelleren Lebensstil und zur Überspezialisierung geführt und dadurch »Körper wie Kopf in Depression verfallen« lassen. Ganz allgemein, so meinte Beard, hätten Überarbeitung, die Spannung zwischen wirtschaftlichem Boom und Bankrott, die Unterdrückung stürmischer Gefühle und ein zu großes Maß an Gedankenfreiheit starke Nervosität zur Folge. Und schließlich folgerte er: »Die Schnelligkeit, mit der in der heutigen Zeit neue Wahrheiten zutage gefördert, angenommen und popularisiert werden, ist ein Beweis und ein Ergebnis der Extravaganz unserer Kultur.«

Coca-Cola ging aus diesem turbulenten, innovativen, lärmenden, neurotischen neuen Amerika hervor. Es startete seine Karriere, wie so viele andere Mittel, als »Nerventonikum«, mit dem sich aus der Entwurzelung und den Alltagskümmernissen Kapital schlagen ließ. Nach zunächst konflikt- und kontroversenreichen Zeiten gehörte dieser bescheidene Nickel-Drink so sehr zum landesweiten Leben, daß man ihn 1938 als »die verfeinerte Essenz von Amerika« bezeichnete.

Diese Charakterisierung hat auch heute noch Gültigkeit. Coca-Cola ist das Sinnbild für das Beste und das Schlimmste der amerikanischen und westlichen Kultur geblieben. Die Geschichte von Coca-Cola ist die manchmal komische

---

* Kurioserweise galt die Diagnose Neurasthenie als Zeichen guter Herkunft und eines hohen Sozialprestiges. Nur Leute mit feinem, empfindsamem Temperament oder stark belastete Gemüter litten an dieser Krankheit. Beard schloß daraus, daß Arbeiter zu ignorant und zu robust seien, um daran zu erkranken. Die Behandlung bei neurasthenischen Männern, wie Theodore Roosevelt, bestand aus frischer Luft und körperlicher Ertüchtigung, häufig auf einer Touristenranch. Frauen dagegen, etwa Charlotte Perkins Gilman oder Edith Warton, wurden zur absoluten Tatenlosigkeit verdammt, sie sollten Bettruhe einhalten und löffelweise Milch zu sich nehmen.

Geschichte einer Gruppe von Männern, die davon besessen waren, ein schlichtes Erfrischungsgetränk »in Reichweite des Begehrens« zu rücken. Doch zur gleichen Zeit stellt sie auch einen Mikrokosmos der amerikanischen Geschichte dar. Coca-Cola wurde mit dem Land groß, es prägte die Zeitläufte und wurde von ihnen geprägt. Mit diesem Getränk änderten sich nicht nur die Konsumgewohnheiten, sondern auch die Einstellungen zu Freizeit, Arbeit, Werbung, Sex, Familienleben und Patriotismus. Da Coca-Cola weiterhin die Welt mit ihrem ausgesprochen glückseligen Sprudeln überschwemmt, kommt ihrer Geschichte eine noch höhere Bedeutung zu.

In den späten achtziger Jahren des 19. Jahrhunderts jedoch hegte niemand, nicht einmal der Erfinder von Coca-Cola, derartig großartige Visionen. Coca-Cola schwamm einfach in der Flut der vielen Patentarzneien mit, die hoffnungsvolle Marktschreier im goldenen Zeitalter des Quäkertums dem Publikum andrehten.

Die Show mit der Patentmedizin

Clevere Verkäufer machten mit Patentmedizin ein Vermögen.* Seit der Unabhängigkeitserklärung sehr populär, wurden diese Quacksalbermittelchen zu Pionieren auf dem Gebiet der Reklame. Durch die Anzeigen für Patentarzneien konnten die amerikanischen Zeitungen, deren Spalten sogar schon vor dem Bürgerkrieg zur Hälfte mit derartigen Inseraten gefüllt waren, so schnell und so stark wachsen. In der Zeit nach dem Krieg hatte diese Branche ein herausragendes Wachstum zu verzeichnen, zum Teil dank der

---

* »Patentmedizin« ist eigentlich der falsche Begriff, wie schon in jener Zeit zahlreiche Autoren bemerkten. Passender wäre die Bezeichnung »Markenmedizin«, da ein hoffnungsvoller Erfinder lediglich das Etikett oder den Markennamen seines Mittelchens, jedoch nie dessen geheime Zusammensetzung schützen ließ. Hätte man die Ingredienzien verraten, wäre das Geheimnis offenbart worden und das Feld für Nachahmer offen gewesen, die Öffentlichkeit wäre dahintergekommen, wie billig das Produkt in der Herstellung war, und der Anteil von Alkohol, Narkotika und/oder Giften wäre bekannt geworden.

verwundeten Veteranen, die sich aus purer Notwendigkeit gewohnheitsmäßig selbst behandelten.

Doch für den spektakulären Nachkriegserfolg der Patentmedizin gab es noch andere Gründe. Eisenbahn, Dampfschiffahrt, Telegraphie und andere Umwälzungen im Kommunikationswesen trugen zum Entstehen eines landesweiten, ja sogar internationalen Marktes bei. Die Einwanderungswellen brachten neue Verbraucher ins Land. Die amerikanische Bevölkerung stieg von fünfzig Millionen im Jahr 1880 auf 91 Millionen Menschen im Jahr 1910 – achtzehn Millionen davon waren Einwanderer. Die Neuankömmlinge besaßen nicht viel Geld, aber sie riskierten häufig einen Dollar für eine derartige »Kur«.

Ein weiterer Grund für den Boom der Selbstbehandlung lag darin, daß die Schulmedizin mit der industriellen Revolution nicht Schritt gehalten hatte. Viele Ärzte beförderten genauso viele Patienten ins Jenseits, wie sie heilten, und so boten manchmal billige Quacksalbermittelchen eine sicherere Alternative. Da es zudem auf dem Land nur wenig Ärzte gab, war die Landbevölkerung auf die Anwendung von Patentarzneien angewiesen. Schließlich wurden diese Mittelchen häufig eingenommen, um Symptome zu lindern, die im Gefolge übermäßigen Essens und schlechter Ernährung auftraten, was in dieser Zeit Hand in Hand ging. Medikamente gegen verdorbenen Magen gehörten im späten 19. Jahrhundert zu den meistgekauften Arzneien, was nicht überrascht, wenn man die stärkehaltige Nahrung und den enormen Fleischkonsum bedenkt. Asa Candler beispielsweise war von Coca-Cola unter anderem deshalb so angetan, weil es angeblich Verdauungsstörungen kuriert.

Das berechtigte Streben nach Wohlstand

Die Giganten der Patentmedizin standen zusammen mit den Industriemagnaten wie Andrew Carnegie und Cornelius Vanderbilt ganz oben in der neuen Gesellschaftsordnung. Um 1890 gab es mehr als 4000 amerikanische Millionäre, und ihre Zahl stieg rasch an. Ihr größtes Problem bestand nicht darin, Geld zu verdienen – schließlich zahlten sie keine Einkommens- oder Unternehmenssteuer –, sondern in der Frage, wie sie es ausgeben sollten. Der Millionär war der viel beneidete Held jener Zeit, und die große neue amerikanische Religion trug ein fettes Dollarzeichen vor sich her. Carnegie selbst beschäftigte sich damit, das »Evangelium des Reichtums«, wie er es nannte, zu verbreiten. Russell Conwell, ein Geistlicher aus Philadelphia und der erste Präsident der Temple University, verdiente sich eine goldene Nase mit seiner Rede über die »Diamantenfelder«, die er mehr als dreitausendmal hielt und in der er erklärte, Gott liebe diejenigen, die zu Reichtum gelangen. »Ich meine damit, Sie sollten reich werden«, erzählte Conwell den Zuhörern. »Ehrlich Geld zu verdienen heißt, das Evangelium zu predigen.«

Gleichzeitig wurde die Not der Armen immer schlimmer. Während die reichen Industriellen im Geld schwammen, arbeiteten in ihren Fabriken achtjährige Kinder für zehn Cent am Tag. Wenn man sie mit der tiefen Kluft zwischen den Besitzenden und den Habenichtsen konfrontierte, antworteten Männer wie Carnegie mit einem modifizierten Sozialdarwinismus und beriefen sich frömmlerisch auf die These vom »Überleben der Fittesten«. Das seien die unseligen, jedoch unvermeidlichen Folgen des Fortschritts. »Der Unterschied zwischen dem Palast des Millionärs und der Hütte des Arbeiters bei uns heute macht den Wandel deutlich, der mit der Zivilisation einherging«, schrieb Carnegie. Diese Situation sei, so setzte er hinzu, »nicht zu beklagen, sondern als höchst wohltuend zu begrüßen. Sie ist... für den Fortschritt der Rasse von essentieller Bedeutung«. Zum Glück, so Carnegie, betrachte er es als seine Christenpflicht, mit kluger Philanthropie dazu beizutragen, den Lebensstandard der unteren Massen zu heben.

Diese Einstellung fand sich nicht nur bei den Nordstaatlern. Mark Twain beschrieb einen neuen Menschenschlag bei den Südstaatlern: »Rege Männer, sehr mobil und redegewandt; ihr Gott ist der Dollar und ihre Religion das Geldmachen.« Henry Grady, der Herausgeber der *Atlanta Constitution* und ein Sprecher dieses Neuen Südens, erklärte dem New England Club 1886, daß »wir die Stelle, wo früher die Mason-Dixon-Linie [die Grenze zwischen Nord- und Südstaaten, Anm. d. Übers.] verlief, ausradiert haben« und daß der »Yankee aus Georgia« mit dem Nordstaatler gleichgezogen habe. Ein Mann aus Georgia ermahnte in jener Zeit wie Conwell die Bewohner der Südstaaten, sich das Geldverdienen zum höchsten Ziel zu setzen: »Laßt den jungen Süden zur vollen Macht aufsteigen und in allem mit [den Yankees] in Wettbewerb treten... Werdet reich, auch wenn ihr gemein sein müßt! Die Welt respektiert einen reichen Schurken mehr als einen ehrlichen armen Mann. Man kommt mit Armut vielleicht in den Himmel. Aber in diesen modernen Zeiten... Werdet reich!«

Asa Candler, der Mann, der Pembertons Coca-Cola übernehmen und damit ein Vermögen machen sollte, war nicht so marktschreierisch, doch in seinen Reden stellte er eindeutig die Religion mit Kapitalismus und Patriotismus auf eine Stufe. Candlers Getränk, Coca-Cola, sollte dieses Trio symbolisieren. In großem Maße resultierte der Erfolg von Coca-Cola direkt aus der Werbung, die es zu einem Emblem des Guten in Amerika stilisierte, zu einer Art säkularisiertem Kommunionstrunk. Wie sein Bruder Warren, seines Zeichens methodistischer Bischof, pflegte Asa Candler seine eigene Marke kapitalistischer Mission auszusenden.

Der Hang der Amerikaner, Gott mit dem Vaterland und dem Kapitalismus zu verknüpfen, war bereits vor dem Bürgerkrieg einem aufmerksamen Franzosen aufgefallen. Alexis de Tocqueville bemerkte das Phänomen während seiner Amerikareisen in den vierziger Jahren des 19. Jahrhunderts: »Der religiöse Glaubenseifer wird in den Vereinigten Staaten fortwährend durch den Patriotismus angeheizt«, schrieb er. »Wenn man sich mit diesen Missionaren der christlichen Kultur unterhält, wird man sie überraschenderweise häufig über die Güter dieser Welt reden hören und auf einen Politiker stoßen, wo man einen Priester erwartet hatte.«

In den achtziger Jahren des 19. Jahrhunderts erlebten allerdings die meisten, die mit Patentmedizin einen schnellen Dollar zu machen gehofft hatten, eine Enttäuschung. Vermögen waren tatsächlich angehäuft worden, und »das Spektakel einiger Medizinkönige, die auf ihren palastarti-

gen Dampfjachten auf hoher See kreuzen« (so ein zeitgenössischer Schriftsteller), inspirierte unzählige Möchtegern-Unternehmer zu dem Versuch, sich in das Fahrwasser
des Handels zu wagen. Doch damit verloren sie zumeist
ihre kleinen Ersparnisse.

Am 25. April 1886 beschrieb ein Reporter der *New York
Tribune* in einem langen Artikel den gesättigten Markt für
Patentmedizin. Die »vorherrschende Meinung«, sagte er,
laute, daß das Geschäft mit den Quacksalbermittelchen
»mehr als alles andere lukrativ« sei und daß alle, die sich
auf dieses Feld wagten, automatisch Millionäre und Besitzer von Jachten und Rennpferden würden. In Wahrheit jedoch sei lediglich zwei Prozent der neuesten Patentarzneien ein Erfolg beschieden, zudem zumeist nur ein mäßi-
ger. Folglich besaß Coca-Cola, als es zum erstenmal vier
Wochen nach Erscheinen dieses Artikels auf den Markt gebracht wurde, eindeutig keine großen Erfolgschancen.

Die Sodabar im goldenen Zeitalter

Coca-Cola war das erste weitverbreitete Produkt, das sowohl Patentmedizin als auch eine beliebte Limonade war.
In der Rückschau erscheint das als ganz natürliche Kombination. Schon seit Joseph Priestley 1767 die von ihm so genannte »fixierte Luft« erstmals hergestellt hatte, wurde bereits künstlich mit Kohlensäure angereichertes Wasser als
Tonikum und als Medizin verkauft, als preisgünstigere
Form des von Natur aus kohlensäurehaltigen Mineralwas-
sers, das schon die Römer als gesundheitsförderlich betrachteten. Ein unternehmungslustiger französischer Einwanderer, Eugène Roussel, setzte 1839 in seinem Parfüm-
geschäft in Philadelphia erstmals seinem Sodawasser Geschmacksstoffe zu, und bald boten andere Sodabars die Ge-
schmacksvarianten Orange, Kirsch, Zitrone, Ingwer, Pfir-
sich und dergleichen an.[1] Mit ihrer langen Tradition des
Medikamentenverkaufs bildeten die Sodabars traditionell
einen Teil der Drugstores, die sich wiederum zu gesellschaftlichen Treffpunkten entwickelten.

Die Sodabars wurden in den siebziger und achtziger Jahren des 19. Jahrhunderts stetig aufwendiger gestaltet. Sie waren »in Kristallmarmor und Silber glänzende Tempel«, wie Mary Gay Humphreys 1891 in *Harper's Weekly* schrieb, und trugen Namen wie »Frost King«, »Snow-drop«, »Icicle«, »Avalanche« oder »Aurora Borealis«, um die frostige Natur ihrer Getränke anzuzeigen; andere versuchten, über die Einrichtung ein ausländisches Flair zu vermitteln, und hießen »Persia«, »Ionic«, »Doric«, »Chalet«, »Arabia«, »Rialto« oder »France«, während wieder andere, etwa das »Washington« und »Saratoga«, eine patriotischere Gesinnung vertraten. Diese Monstrositäten kosteten manchmal bis zu 40 000 Dollar und hatten mehr als 300 Getränkevarianten auf der Karte. »Für die Aufzählung dieses Angebots«, schrieb Humphreys, »wird eine ganze Wand benötigt, die mit kalifornischem Onyx, seltenem Marmor und Spiegelglas aufgedonnert wird.« Erfahrene, übersättigte Verbraucher forderten eine stetig größere Auswahl an Getränken. Die meisten dieser neuen Geschmacksrichtungen waren lediglich Kombinationen altbekannter Fruchtsaftgetränke. Coca-Cola jedoch besaß, wie einige andere auch, einen einzigartigen Geschmack und bot somit etwas völlig Neues. All diese Produkte überlebten in den ersten Jahren als Gesundheitswässer und Nerventonika und entwickelten sich zu landesweit vertriebenen Erfrischungsgetränken. Anders als die üblichen Getränke in Sodabars oder als Limonade besaßen diese Gebräue einen modernen und mysteriösen Touch. Ihre Zutaten blieben im allgemeinen geheim oder kamen aus einem exotischen Land.

Coca-Cola war keineswegs das erste Getränk dieser Art. Charles Hires, ein Quäker aus Philadelphia, brachte 1876 Hires Root Beer als pulverisiertes Konzentrat aus sechzehn Wildwurzeln und -beeren auf den Markt. Es sollte angeblich »das Blut reinigen und die Wangen rot färben«. Die Konsumenten rührten die Päckchen zu 25 Cent in jeweils fünf Gallonen (eine Gallone etwa 3,8 Liter) Wasser an; dieses Getränk war das erste, das den Zapfhahn in die Privathaushalte verlegte. Schließlich wurde es 1895 auf Flaschen abgefüllt.

Moxie Nerve Food wurde 1885 von Dr. Augustin Thompson aus Lowell, Massachusetts, erfunden und auf Flaschen gezogen. Thompson, der eine Vorliebe für Reklame und taktische Unwahrheiten hatte, behauptete, das Getränk werde aus einer seltenen, namenlosen südamerikanischen Pflanze hergestellt (die angeblich Spargel, Zuckerrohr oder Wolfsmilch ähneln und wie weiße Rüben schmecken sollte), und ihre therapeutischen Heilkräfte habe ein Lieutenant Moxie, Thompsons vorgeblicher Freund, entdeckt. Moxie wirkte angeblich gegen Paralyse, Gehirnerweichung, Nervosität und Schlaflosigkeit.

Charles Alderton kreierte 1885 Dr. Pepper als texanisches Kirschsoda, das in Sodabars angeboten wurde, füllte es aber auch bald auf Flaschen ab. In den ersten Werbeanzeigen war eine nackte, robuste junge Frau abgebildet, die sich im Ozean vergnügte – ihr Unterleib wurde aufreizend von einer Welle verhüllt – und verkündete, daß Dr. Pepper »die Verdauung unterstützt und Mumm, Kraft und Vitalität wiederherstellt«.

Bei dieser großen Getränkeauswahl mußten die Barmixer wahre Virtuosen im Mixen von Getränken werden. Ein wichtiges Verkaufsargument für Coca-Cola lieferte die Tatsache, daß es so rasch zubereitet werden konnte. Wie ein Artikel von 1899 im *Scientific American* hervorhob, »bedeutet Zeit für einen Sodamixer an einem heißen Tag alles. Drängen sich die Kunden und schubsen sich zur Theke vor, hat er bares Geld in seiner Tasche, wenn er die Konsumenten so schnell wie möglich abfertigt.« Die Sodabar des späten 19. Jahrhunderts erfüllte erstmals Amerikas Bedürfnis nach einem Schnellimbiß und -getränk.

Nirgends waren die Sodabars populärer als im Süden, und dort schätzte man sie vor allem in der boomenden, geschäftigen, heißen Stadt Atlanta. Sie hatten zwar nur während der Saison geöffnet, die im allgemeinen von März bis November währte, doch sie garantierten einen Riesenumsatz. Der Wagemutige konnte sich ein Getränk mit dem Namen »Don't care« bestellen, eine Mixtur aus praktisch allen Geschmacksrichtungen und einem kräftigen Schluck Branntwein, der das Ganze zusammenhalten mußte. In der folgenden Anzeige für eine Sodabar, die 1886 in Atlanta erschien (einer der ersten, in der Coca-Cola erwähnt wird), wies der Eigentümer gesondert darauf hin, daß sein »Don't care« alkoholfrei sei.[2] Seine unglaublich breite Auswahl reichte von harmlosen Fruchtsäften bis zu den stärker anregenden »Nerventonika«:

Im Sodapalast finden Sie die erfrischendsten, köstlichsten Getränke – die beliebtesten Damengetränke – Eiscremesoda jeder gewünschten Geschmacksrichtung. Sirups: Weingeschmack – Claret, Catawba, Traube, Sherry, Nektar, Brombeere, Ingwerwein, Don't care, Prohibitionsdrink – großartig, das muß jeder probieren und dabei selbst herausfinden, aus was er besteht –, kein Whiskey... French Wine of Coca from Sinytis, Coca-Cola, französischer Calisaya-Wein oder Nervenfutter, beruhigt das Nervensystem, Ginger Ale... Zitrone, Schokolade, Vanille, Sahne, Ananas, Himbeere, Sarsaparille, Wildkirsche, Ingwer, Orange, Blutorange, Banane, Kaffee, Eistee, Black Gum, Beermann's Eierphosphat, das nahrhafteste Getränk der Welt Maxey, [d. i. Moxey] Nervenfutter, Milchshakes...

Die Sodabar war ein einzigartiges amerikanisches Phänomen. In späteren Jahren sollte Coca-Cola als das große Nationalgetränk beworben werden, als abgerundetes genußreiches Produkt, das allen Schichten Amerikas etwas gab. Die ersten Saatkörner für dieses Image keimten bereits, als Mary Gay Humphreys (ohne an Coca-Cola zu denken) 1891 folgendes herausstrich: »Sodawasser ist ein amerikanisches Getränk. Es ist genauso von Grund auf amerikanisch, wie Porter, Rheinwein und Claret eindeutig englisch, deutsch und französisch sind... Das krönende Verdienst des Sodawassers ist seine Demokratie, und deshalb ist es auch zum Nationalgetränk bestimmt. Der Millionär mag Champagner trinken und der arme Mann Bier, aber beide trinken sie Sodawasser.«

Der Besitzer einer Sodabar, erklärte Humphreys, erziele seinen satten demokratischen Profit gleichermaßen von den Reichen wie von den Armen und verkaufe ein Getränk für einen Nickel, das in der Herstellung nur eineinhalb Cent kostete. (Doch kamen bei ihr die Besitzer von Sodabars noch schlechter weg als in Wirklichkeit, denn die Ingredienzien kosteten gewöhnlich pro Glas nicht einmal einen halben Cent.) Alle waren zufrieden, denn »der Konsument bezahlt nicht viel für das Vergnügen, die ›Bläschen blubbern zu sehen‹, zu spüren, wie die aromatischen Geschmacksrichtungen seine Haarwurzeln und die Ritzen seines Gehirns erforschen, und jeden wohlriechenden Tropfen zu schmecken, während er die Kehle hinabrinnt«.

Der Wettbewerb zwischen den neuen Sodabargetränken stand dem mörderischen Konkurrenzkampf unter den Patentarzneien in nichts nach. Im *Scientific American* wurde 1899 geschätzt, daß nicht einmal ein Prozent aller neuen Getränke jemals einen weiteren Prozentpunkt dazugewinnen konnte. »Das Saisongeschäft mit Erfrischungsgetränken ist ... bereits so stark mit unterschiedlichen Sirups und Getränken überlastet, daß die Händler sich erst auf etwas Neues einlassen, wenn nachgewiesen ist, daß es ungewöhnliche Wirkungen besitzt oder wenn sich der Erfinder bereit erklärt, einen Batzen Geld in die Reklame zu stecken.«

John Pembertons Coca-Cola hatte also wenig Chancen. 1886 konnte der Erfinder nicht viel Geld in Werbung investieren, doch er bemühte sich nach Kräften, die »ungewöhnlichen Wirkungen« seines Getränks zu demonstrieren. Pemberton, trotz der vielen Enttäuschungen in seinem Leben ein unverbesserlicher Optimist, glaubte felsenfest an sein Produkt. Sicher, daß Coca-Cola überlebt hat, ist größtenteils das Verdienst von Asa Candler, der das Produkt schließlich (auf ausgesprochen fragwürdige Weise) erwarb und es aggressiv puschte. Doch genausoviel Verdienst gebührt Pemberton sowie der Zeit und dem Ort, in denen er lebte.

Die Gemeinsamkeiten von Sigmund Freud, Papst Leo und John Pemberton

> Die Kokapflanze bewahrt nicht nur die Gesundheit, sondern wirkt bis ins hohe Alter lebensverlängernd und versetzt die Kokakonsumenten in die Lage, wahre Wunder an geistiger und körperlicher Arbeit zu vollbringen.
>
> JOHN PEMBERTON, 1885

John Pemberton war davon besessen, etwas zu erfinden, das sowohl ein allumfassendes Heilmittel als auch ein vollkommenes Getränk war. Damit würde er genug Geld verdienen, um sein Traumlabor und obendrein eine großzügige Wohnung für seine Familie finanzieren zu können. Dann könnte er sogar Wohltätigkeitsorganisationen Spenden zukommen lassen. Immerhin hatten andere Erfinder, die über weit weniger Bildung oder Engagement verfügten, mit ihren Patentarzneien, von denen der überwiegende Teil lediglich eingebildete Krankheiten kurierte, jede Menge Geld verdient. Doch der Apotheker aus Georgia wußte, daß die Zeit knapp wurde. 1879 war er 48 Jahre alt. Die durchschnittliche Lebenserwartung für Männer betrug nur 42 Jahre, und Pemberton hatte bereits vor seiner Verwundung im Bürgerkrieg unter Anfällen von schwächendem Rheumatismus und mysteriösen Magenbeschwerden zu leiden gehabt. Zumindest war er sicher, sich auf dem richtigen Weg zu befinden, nachdem er von einer neuen wunderbaren Arznei gelesen hatte – einer Pflanze mit magischen Eigenschaften, die hoch oben in den peruanischen Bergen wuchs.

Eine eklektische Bildung

Pembertons ganzes bisheriges Leben wirkte wie eine Vorbereitung auf seine Suche nach der perfekten Arznei. 1831 in der winzigen Stadt Knoxville in Georgia geboren,[1] hatte er mit gerade siebzehn Jahren das nahegelegene Southern Botanico Medical College of Georgia besucht. Dort lernte er die Thesen von Samuel Thomson kennen, einem ungebildeten Kräuterdoktor aus New Hampshire, dessen Lehren die Basis des College-Lehrplans bildeten. 1822 hatte Thomson seinen *New Guide to Health; or Botanic Family Physician, Containing a Complete System of Practice, On a Plan Entirely New* (dt. etwa: Der neue Weg zur Gesundheit oder Der botanische Familiendoktor, mit umfassenden Anwendungen nach einem völlig neuen System) veröffentlicht.

Thomsons »umfassende Anwendungen« beruhten in erster Linie auf mehrfach zu wiederholenden Dampfbädern und hohen Dosen Lobelia (die so treffend auch »Spiralbohrer« und »Schlundkratzer« hieß), einem Kraut, das starkes Erbrechen verursacht. Das hört sich zwar fürchterlich an, war aber im Vergleich zu den »heroischen« Behandlungsmethoden (wie man das damals nannte) jener Zeit eine deutliche Verbesserung. Die Ärzte verschrieben gemeinhin eine Kombination aus drei Therapien: zur Ader lassen bis zum Eintritt der Bewußtlosigkeit, absichtliches Hervorrufen und dann Öffnen großer Blasen, Verabreichung von Kalomel, dessen Hauptbestandteil Quecksilber war. Thomson bezeichnete diese Ärzte als Mörder, die Patienten mit »ihren Todeswerkzeugen – Quecksilber, Opium, Rattengift, Salpeter und Lanzette« – attackierten. Ganz nebenbei schürte Thomson eine Massenrevolte gegen die traditionelle Medizin, die der medizinische Experte John Uri Lloyd 1910 als »die zweite amerikanische Revolution« ansah.

Noch bevor Thomson 1843 starb, hatten sich jedoch schon Splittergruppen gebildet. Der egoistische Rebell lehnte jede formelle Ausbildung heftig ab und zog es vor, der einzige Born der Weisheit zu bleiben. Doch trotz seines Widerstands entstanden viele weitere botanische Schulen. Der Thomsonianismus wurde vor allem im Süden populär. Als im Dezember 1839 die Georgia School in Forsyth,

Georgia, eröffnet wurde, erklärte der Präsident des Colleges, daß »die Augen der Welt auf uns ruhen«, da man gerade in »eine Ära des Fortschritts der Zivilisation und des Triumphs für die leidende Menschheit« gleiten würde.

Als Pemberton das College besuchte, verließen sich die meisten Thomsonianischen Schulen laut John Uri Lloyd nicht mehr allein auf die Lobelia, sondern waren »eklektischer« geworden, wobei sie andere pflanzliche Heilmittel in den Vordergrund rückten und in gewissem Umfang ein traditionelles Medizinstudium verlangten. Mit neunzehn Jahren machte Pemberton 1850 seinen Abschluß; nach einem kurzen obligaten Wirken als traditionell Thomsonianischer »Dampfdoktor« ging er für ein Jahr nach Philadelphia, um sich in Pharmazie auszubilden,[2] bevor er seine Laufbahn als Apotheker in Oglethorpe, Georgia, begann. Hier lernte er Anna Eliza Clifford Lewis, genannt »Cliff«, kennen, deren Vater ein bekannter örtlicher Plantagenbesitzer und Trockenwarenhändler war. Die beiden heirateten 1853, und im darauffolgenden Jahr gebar Cliff ihr erstes und einziges Kind, Charles Ney Pemberton. Charley war ein wunderschönes, altkluges Kind, doch seine Eltern konnten sich beide nicht dazu durchringen, ihn zu disziplinieren, und er wurde verzogen.[3] Für eine geringe Summe »verkaufte« Cliffs Vater dem jungen Paar zwei Sklaven, die das Kind versorgen sollten.

1855 zog Pemberton in die größere Stadt Columbus um, wo er die nächsten vierzehn Jahre lang eine florierende Praxis mit einer Reihe unterschiedlicher Partner betrieb. In erster Linie war er Apotheker, führte allerdings auch Heilverfahren durch, einschließlich Augenoperationen. Sein Haupteinkommen bezog er jedoch aus dem Verkauf zahlreicher Markenprodukte mit Namen wie »Dr. Sanford's Great Invigorator« oder »Eureka Oil« und von medizinischem Wein, wie etwa Southern Cordial.

Im Frühjahr 1861 schrieb Pemberton an Cliffs Mutter, sein Geschäft floriere, und der sechsjährige Charley »lernt schnell, Du wärst überrascht, wenn Du ihn buchstabieren hören würdest, und ich bringe ihm jede Woche seine Sabbatlektion bei«. Um seine Schwiegermutter zu einem Besuch zu veranlassen, beschrieb er ihr »reizendes Zuhause«

und die zwanzig Acres, die sie gerade mit Getreide, Kartoffeln, Zuckerrohr und Wassermelonen bepflanzt hatten. Er gab auch seine Naturliebe zu erkennen, als er von »der süßesten aller Zeiten hier unten, einem Sabbatvorabend im Frühling«, sprach und hinzufügte, daß »die Bäume und Blumen in unserem Hof blühen und die Luft voll des süßen Blütenduftes ist«.

Nicht einmal einen Monat, nachdem Pemberton dieses friedliche Bild beschrieben hatte, wurde Fort Sumter angegriffen, und der Bürgerkrieg brach aus. Pemberton meldete sich als First Lieutenant im Mai 1862, er organisierte schließlich eine Heimwehr, die Pemberton's Cavalry überstellt wurde. Als die Yankees am 16. April 1865, eine Woche nach Lees Kapitulation bei Appomattox, in einem der letzten Kriegsscharmützel angriffen, wurde Pemberton angeschossen und fing sich einen Säbelhieb ein, während er die Brücke, die in die Stadt führte, verteidigte. Von dieser Begegnung mit dem Tod trug er nur eine eindrucksvolle Narbe über Bauch und Brust davon; offenbar hatte ihm die Geldkatze, die er trug, das Leben gerettet.

Sweet Southern Bouquet und Karbunkelbehandlungen

Pemberton muß sich rasch erholt haben. Im November 1865 kümmerte er sich wieder eifrigst um sein Arzneigeschäft, nachdem er gerade von einem Einkaufsbummel in New York City zurückgekehrt war, wo er »den größten und vollständigsten Bestand europäischer und amerikanischer Drogen, Arzneien und Chemikalien« erstanden hatte. Wie so viele rührige Geschäftsleute in Georgia entschied er sich, den Krieg zu vergessen, und scheute sich nicht, die Hilfe der Yankees zu suchen. Später, als sein Neffe ihn plagte, ihm doch zu erzählen, wie er zu der Narbe gekommen sei, lehnte Pemberton das mit der Bemerkung ab, er wolle den Krieg vergessen.

In den nächsten fünf Jahren ging es mit Pemberton dank der Partnerschaft mit Dr. Austin Walker, einem wohlhabenden örtlichen Allgemeinarzt, aufwärts. Er schaffte es allerdings nie, Geld beiseitezulegen. Was er nicht in sein Labor und die Forschung steckte, gab er freigebig seiner Familie und Freunden. In den späten sechziger Jahren des 19. Jahrhunderts begann Pemberton zu experimentieren und kreierte seine eigenen Markenartikel, darunter den Hustensaft Globe Flower Cough Syrup, Extract of Stillingia, ein »Blutreinigungsmittel«, und Sweet Southern Bouquet, ein Parfüm – sie alle gewann er aus vor Ort gesammelten Kräutern.* Eine Besucherin war 1867 von Pembertons Geschäft und vom Erfinder selbst so angetan, daß sie eine lange Lobeshymne an den *Columbus Enquirer* schrieb, die am 23. Juni 1867 auch abgedruckt wurde. »Ich gestehe, ich war über die Größe des Labors erstaunt«, merkte sie an, »denn ich wußte nicht, daß es so eine Einrichtung im Süden überhaupt gibt.« Pemberton, »jeder Zoll ein Gentleman«, hatte ihr eine elegante, mit Korbgeflecht umwickelte Flasche gereicht, in der ihren eigenen Worten nach »das entzückendste und delikateste Parfüm war, das jemals meine Sinne ergötzt hat«.

Das Leben in der Phoenix City

1869 gab Pemberton sein gutgehendes Geschäft in Columbus auf und ging nach Atlanta, um dort sein Glück zu suchen. Atlanta hatte als Ansammlung von Baracken, Lagerhäusern und Saloons begonnen, die man einfach »Terminus« nannte, da es sich um den Ort handelte, an dem die Eisenbahn endete. Vor dem Krieg bestanden allerdings bereits genug Banken und Eisenbahnen in Atlanta, um der Stadt den Ruf von Progressivität zu sichern.

Nach dem Ende des Bürgerkriegs erhob sich Atlanta, das sich »Phoenix City« nannte, voller Dynamik und Energie

---

* Globe Flower Cough Syrup verkaufte sich in den folgenden zwei Jahrzehnten hervorragend und sollte Schwindsucht, Bronchitis, Asthma, Kehlkopfdiphtherie, Lungenblutungen, Brustfellentzündung und Kehlkopfentzündung kurieren. Nach einer anderen Anzeige heilte der Extract of Stillingia »Geschwüre, Pusteln, Karbunkel, Verbrühungen, Schnupfen und die 88 verschiedenen Varietäten von Hautleiden«.

aus dem Aschehaufen, in den der Nordstaatengeneral William Tecumseh Sherman die Stadt verwandelt hatte. »Alle haben nur einen einzigen Gedanken im Kopf, nämlich Geld zu machen«, kommentierte ein Beobachter das Geschehen gleich nach dem Krieg. Ein Besucher vom Lande schrieb am 30. Oktober 1866 in der *Atlanta Daily New Era,* daß »Atlanta ein Teufelsort« sei, und fügte hinzu, »die Männer rennen wie verrückt herum und entwickeln eine derartige Geschäftigkeit, Unruhe und so ein Geschnatter, daß es mich wahnsinnig macht. Alle sehen aus, als ob sie sich fast zu Tode gearbeitet hätten«. Das wichtigtuerische, hektische Atlanta brachte frischen Wind in die Wirtschaft des Südens nach dem Bürgerkrieg. In diese wilde, nach allen Seiten offene Stadt zog John Pemberton nun mit seiner Frau und seinem Kind, um ein neues Leben zu beginnen.

Zunächst hatte er großen Erfolg. Mit seinen Partnern baute er den größten Arzneimittelhandel der Stadt im eleganten Kimball House auf, einem luxuriösen Hotel mit sechs Stockwerken und mehr als 300 Zimmern, die mit exquisiten Möbeln und vergoldetem Dekor ausgestattet waren; vervollständigt wurde das Ganze mit dampfbetriebenen Aufzügen, Springbrunnen, die von tropischen Pflanzen gesäumt wurden, und dem französischen Chef und Besitzer. Doch 1872 ging Pemberton Bankrott. Er und seine Partner, bemerkte ein Kreditsachbearbeiter von R. G. Dun, waren »ehrenwert & fleißig, doch ihnen fehlte es an gutem Management«. Pemberton erholte sich von diesem Bankrott nie richtig, obwohl er weiterhin mit neuen Arzneimitteln experimentierte und in den Folgejahren betuchte Partner gewinnen konnte. Er wurde Opfer zweier Großbrände, 1874 und 1878.[4] Nach dem zweiten Brand, durch den er seinen Lagerbestand im Wert von 20 000 Dollar verlor (der nur zur Hälfte durch eine Versicherung gedeckt war), beschrieb der Vertreter von Dun Pemberton als »einen am Boden liegenden Kaufmann« – sicherlich eine wenig faire, doch unter diesen Umständen verständliche Beschreibung. 1879 hatte Pemberton endlich seine Schulden aus dem Bankrott getilgt und konnte sich nun wieder intensiver um das Entwickeln und Herstellen neuer Produkte kümmern.

In den nächsten Jahren erfand er das Indian Queen Hair

Dye (ein Haarfärbemittel), ein Rheumamedikament mit der Bezeichnung »Prescription 47-11«, »Triplex Liver Pills«, »Gingerine«, »Lemon & Orange Elixir« und vermutlich noch einige weitere, mittlerweile vergessene Patentarzneien und Getränke. Seine Bemühungen während der letzten Jahre seines Lebens brachten ihm »wechselnden Erfolg« ein, wie es 1886 eine Zeitung höflich ausdrückte.

Trotz dieser Widrigkeiten blieb Pemberton der perfekte Südstaaten-Gentleman und empfing Kunden mit altmodischer Liebenswürdigkeit. Vielleicht weil sein Sohn Charley ein schwieriges Kind war, fand er stets Zeit für die Kinder seiner Schwester. »Eine meiner frühesten Erinnerungen«, so seine Nichte,[5] »ist die, daß Onkel John immer Kaugummi in seiner Tasche hatte, während er bei mir zu Hause verboten war, weil Kaugummi als nicht damenhaft galt... Ich ging gerne [dorthin], wo man mir mehr Aufmerksamkeit entgegenbrachte als daheim.« Pembertons Neffe, Lewis Newman, porträtierte den geschäftigen Doktor als besessenen, heimlichtuerischen Erfinder mit »einem Labor in einem Hinterzimmer, zu dem nur wenige Zutritt hatten«. Pemberton vergaß zu essen und arbeitete bis spät in die Nacht. Ein anderer Besucher erinnerte sich an Pemberton als einen Mann mit »mehr Energie als alle anderen. Sein Chemielabor war ein sehr betriebsamer Ort; er bastelte immer gerade an irgend etwas.«

Pemberton hatte nicht nur Abschlüsse als Arzt und Apotheker erworben, er war auch sein Leben lang ein Gelehrter, der sich nicht nur mit den neuesten Arzneizeitschriften auf dem laufenden hielt, sondern auch querbeet die zunehmend internationale pharmazeutische Literatur zur Kenntnis nahm. Jahrelang arbeitete er an einem Nachschlagewerk über Arzneien. Während eines Interviews im Dezember 1886 zeigte er das unvollendete Buch einem Reporter, der meinte, es enthalte »ungefähr 12 000 chemische Tests«. Der Erfinder starb zwar noch vor der Veröffentlichung seines Buches, doch allein dessen Existenz belegt die Breite seines Wissens, das weit über die Kenntnisse eines einfachen Kräuterdoktors vom Lande, wie er im Coca-Cola-Mythos dargestellt wird, hinausreichte. Es kann folglich nicht überraschen, daß er sich bei der Kreierung neuer Patentarzneien nicht mehr auf die einheimischen Pflanzen wie Stillingia und Trollblume beschränkte, sondern mit exotischeren Stoffen zu experimentieren begann. Einer dieser Importe, der ursprünglich als Allheilmittel begeistert aufgenommen wurde – jedoch bald als Ausgangsstoff für eine abhängig machende Droge unter Beschuß geriet –, faszinierte Pemberton besonders.

Die Kokapflanze wird bekannt

In den späten siebziger Jahren des 19. Jahrhunderts las Pemberton erstmals von dieser wunderbaren neuen Substanz. Die Eingeborenen Perus und Boliviens kauten seit mehr als 2000 Jahren diese Kokablätter, die als Stimulans, Aphrodisiakum und Lebensverlängerer wirkten, die Verdauung förderten und den Bergbewohnern der Anden auf ihren langen, nahrungsarmen Trecks zu beträchtlicher Ausdauer verhalfen. Die Inkas nannten das Gewächs ihre »Göttliche Pflanze«, und es spielte in ihrem poetischen, religiösen und wirtschaftlichen Leben eine zentrale Rolle. Der *cochero* hatte seinen *chuspa* oder Kokabeutel immer dabei.

Um das Jahr 1876 las Pemberton einen Artikel von Sir Robert Christison, dem 78jährigen Präsidenten der British Medical Association.[6] Der alte Arzt berichtete im *British Medical Journal,* er habe, durch das Kauen von Koka gestärkt, Ben Vorlich, einen 3224 Fuß (etwa 1080 Meter) hohen Berg, erklommen und den Lunch ausgelassen, und »am Fuß des Berges war ich weder erschöpft noch hungrig noch durstig, und ich fühlte mich, als könne ich leicht die vier Meilen nach Hause zu Fuß zurücklegen«. Fasziniert machte sich Pemberton daran, alles zu lesen, was es über die Kokapflanze gab. Und damit stand er nicht allein. In den frühen achtziger Jahren berichteten Ärzte und Apotheker über den Einsatz von Koka und seinem Hauptalkaloid Kokain als möglichem Heilmittel für Opium- und Morphiumsüchtige. Kokain war erstmals 1855 von dem Deutschen Gaedeke isoliert worden, doch es waren Amerikaner, die die Experimente fortsetzten.

Dennoch behielten Forschung und Austausch ihren kosmopolitischen Charakter. Und so las ein junger Wiener Arzt namens Sigmund Freud in einer Ausgabe der *Detroit Therapeutic Gazette* von 1880 einen Artikel über Kokain und war wie Pemberton sofort von den Möglichkeiten fasziniert. 1884 probierte Freud selbst erstmals Kokain aus. Es schien das perfekte Gegenmittel für seine periodisch auftretenden Depressionen und Lethargieanfälle zu sein; er glaubte auch, es steigere seine sexuelle Potenz, wie er seiner Verlobten Martha Bernays schrieb: »Wehe dir, meine Prinzessin, wenn ich komme. Ich werde dich rot küssen... und wenn du bereit bist, wirst du erleben, wer stärker ist, ein sanftes kleines Mädchen... oder ein großer wilder Mann, der Kokain im Körper hat.«

Später im gleichen Jahr veröffentlichte Freud *Über Coca,* »ein Lobgesang auf diese magische Substanz«, wie er seiner Verlobten schrieb. Im gleichen Jahr, 1884, fand ein Kollege von Freud, Carl Koller, heraus, daß Kokain mit Erfolg als Betäubungsmittel bei Augenoperationen einzusetzen war. Diese Entdeckung, die auch heute noch genutzt wird, machte Koller schnell berühmt und revolutionierte die Chirurgie. Und sie erregte die Aufmerksamkeit von John Pemberton, der einst ohne die wohltuende Hilfe eines Betäubungsmittels Augenoperationen durchgeführt hatte.

Im November 1886 sprach der *American Druggist* von einer »wahren *Kokamanie*« infolge des »Kreuzzugs gegen den enorm gestiegenen Verbrauch von Alkohol und Morphium«. Man konnte keine pharmazeutische Zeitschrift aufschlagen, ohne auf zahlreiche Artikel über neue Anwendungsbereiche für dieses Blatt und sein Hauptalkaloid zu stoßen. Folgerichtig produzierten Hersteller daraufhin Kokatabletten, -salben, -sprays, intravenöse Kokainjektionen, Weine, Schnäpse, Erfrischungsgetränke, Puder und sogar Zigaretten und Stumpen aus Kokablättern. Coca-Bola, eine populäre Kausubstanz, die wie Kautabak in Pfriemen zu kaufen war, wurde 1885 extensiv beworben.

Vin Mariani: Das göttliche Getränk

Die bekannteste kommerzielle Verwertung fand das Kokablatt in einem heute vergessenen Getränk mit der Bezeichnung »Vin Mariani«, das Angelo Mariani erfand, ein unternehmender Korse, der 1863 anfing, Bordeaux-Wein mit einer kräftigen Beigabe von Kokablättern zu verkaufen.[7] Pembertons French Wine Coca,[8] für das erstmals 1884 geworben wurde, war eine schlichte Imitation. Da Pemberton dann seine Wine Coca änderte, um Coca-Cola zu kreieren, ist der Vin Mariani eigentlich der »Großvater« von Coca-Cola.

Marianis mit Koka versetzter Wein konnte nicht nur in ganz Europa große Erfolge verbuchen, sondern auch in den Vereinigten Staaten, wo sein Schwager Julius Jaros in New York eine Zweigniederlassung eröffnete. Als Marketinggenie spezialisierte sich Mariani darauf, Empfehlungsschreiben von einer unglaublichen Anzahl angesehener Persönlichkeiten zu erhalten, unter denen sich Thomas Edison, Émile Zola, Präsident William McKinley, Königin Viktoria, Sarah Bernhardt, Lillian Russell, Buffalo Bill Cody und drei Päpste befanden. Leo XIII. ging so weit, Mariani »in Anerkennung für die wohltuende Wirkung von Marianis Tonikum« eine Goldmedaille mit seinem Porträt zu schenken. Der Papst bildete sozusagen einen lebenden Beweis für die Behauptung Marianis, Koka wirke lebensverlängernd, da er erst 1903 im Alter von 93 Jahren starb. Laut der 1887 erschienenen Biographie von Bernard O'Reilly über Papst Leo nahm er »die einfachsten Speisen, ein wenig Wein und Wasser« zu sich. Angesichts des zerbrechlichen Körpers des Pontifex fragte sich der Verfasser, »wie wohl die Lebenslampe genährt wird«, vor allem wenn sein Gesicht eine »alabasterfarbene Blässe« zeigte und seine Augen strahlend »vom Feuer der Frömmigkeit und väterlicher Güte« waren. Tatsächlich wurde das Lebenslämpchen des Papstes vom Vin Mariani genährt, und die »strahlenden« Augen können ihr Feuer genausogut vom Kokain wie aus der Frömmigkeit bezogen haben.

Mariani sammelte auch begeisterte Aussprüche von »Königen, Fürsten, Potentaten, dem Klerus, Staatsmännern,

Künstlern und einer Schar in hohem Maße herausragender Persönlichkeiten« rund um den Globus. Nur halb im Scherz erzählte ein Bewunderer Mariani einmal, er habe vergessen, ein Empfehlungsschreiben von Gott zu erbitten. Seine beiden größten Produktionslabors befanden sich in Neuilly-sur-Seine in Frankreich und in New York City, doch Mariani besaß auch große Vertriebszentren in London, Straßburg, Montreal, Brüssel, Genf, Alexandria (Ägypten) und Saigon.

Wie groß war der Kick eigentlich, den der Vin Mariani verursachte? Glücklicherweise können wir eine gute Schätzung wagen, da ein Chemiker, der verschiedene Wein-Cocas untersuchte, 1886 berichtete, der Vin Mariani enthalte 0,12 Gran (etwa acht Milligramm) Kokain pro Unze (28,35 Gramm) Flüssigkeit.[9] Die Dosierungsanweisung auf dem Etikett des Weines empfahl ein »Bordeauxglas voll« vor oder nach jeder Mahlzeit (für Kinder ein halbes Glas). Wenn man annimmt, ein Weinglas enthalte sechs Unzen Flüssigkeit, würden drei volle Gläser täglich einer vollen Flasche von achtzehn Unzen oder 2,16 Gran Kokain[10] entsprechen – das reicht wirklich aus, um sich äußerst gut zu fühlen.

Marianis wichtigster Markt außerhalb Europas waren die Vereinigten Staaten, und hier nutzte er jede Möglichkeit zur Publicity, die sich bot. Als Ulysses Grant, Oberbefehlshaber der Unionstruppen und später Präsident der USA, 1885 tödlich erkrankte, verabreichten ihm seine Ärzte Vin Mariani, der die Schmerzen seines Kehlkopfkrebses linderte und dem man eine Verlängerung von Grants Leben zuschrieb, so daß er seine *Memoiren* noch vollenden konnte. Während Grants Qualen reiste Angelo Mariani nach New York City, »auf Wunsch einer Reihe prominenter Ärzte, die von ihm persönlich ein besseres Verständnis... dieser wundervollen Medizin zu erhalten wünschten«, wie im Juli 1885 der Leser dem *American Druggist* entnehmen konnte. Später verwendete Mariani die Information, daß Grant sein Produkt benutzt hatte, in seiner Werbung, noch bevor der Leichnam im Grabmal ganz erkältet war.

Die alles in den Schatten stellende Beliebtheit des Vin Mariani rief natürlich Nachahmer auf den Plan, vor allem auf dem erbittert umkämpften amerikanischen Markt der Patentarzneien. Die pharmazeutischen Zeitschriften der achtziger Jahre des 19. Jahrhunderts waren voller Rezepte für Kokawein. Die meisten sahen lediglich vor, pures Kokain mit billigem Wein zu vermischen, was zwar bitter schmeckte, aber auch die Wirkung erhöhte. 1885 wurde in den Anzeigen für Vin Mariani vor den mehr als zwanzig *Ersatz*weinen gewarnt, und Mariani selbst meckerte über »die vielen wertlosen sogenannten Kokapräparate, [die] nichts weiter [sind] als verschiedene Kokainlösungen in mäßigen Anteilen Wein oder anderen Alkoholika, die von skrupellosen oder ignoranten Personen verschämt zubereitet werden, um eine wirklich nützliche Arznei in Mißkredit zu bringen«. Im August 1887 beschrieb K. Eller in der *Druggists Circular and Chemical Gazette* zynisch den Vin Mariani und seine illegitimen Abkömmlinge als »den berühmten, von Experten empfohlenen, weltbekannten Kokawein, der jetzt von jedermann hergestellt wird, vom ausgebildeten Chemiker bis zu den Makrelen- und Zuckerhändlern«.

Pembertons French Wine Coca: eine überlegene Imitation?

Pembertons French Wine Coca tauchte als eine der vielen Imitationen auf der Bildfläche auf, doch es war vermutlich den meisten anderen auf dem Markt angebotenen weit überlegen. In einem Interview des Atlanta Journal vom März 1885 wurde offenkundig, daß Pemberton die Mariani-Empfehlungen für das »Intellektuellen-Getränk« kannte. Wie Mariani legte er den wohltuenden Wein der gebildeten, berufstätigen Oberschicht der Gesellschaft ans Herz. Die neue Krankheit Neurasthenie war zu einem Statussymbol avanciert, das nur die feinsten, geistig aktiven Menschen befiel. Pemberton gab nicht nur zu, daß er Mariani einiges schuldete, sondern behauptete sogar, dessen Geheimformel gesehen zu haben.

»Wissenschaftler, Gelehrte, Poeten, Geistliche, Rechtsanwälte, Ärzte und andere, die extremen geistigen Anstrengungen ausgesetzt sind, fördern dieses großartige Stärkungsmittel fürs Gehirn am stärksten«, erzählte Pemberton dem gebannten Reporter und erklärte, daß »Mariani & Co. aus Paris einen ausgesprochen beliebten Kokawein herstellen... Ich habe das bestens bewährte französische Rezept sehr genau befolgt und bin davon nur abgewichen, wenn ich dank meiner eigenen langjährigen Experimente und aufgrund von Informationen intelligenter Südamerika-Korrespondenten sicher war, [es] noch verbessern zu können«. Bescheiden schloß er: »Ich glaube, daß ich nun ein besseres Präparat als das von Mariani herstelle.«

Pemberton warb damit, daß sein Wein »die medizinischen Eigenschaften der Erythroxylon-Kokapflanze aus Peru in Südamerika, der afrikanischen Kolanüsse, und der echten Damiana mit purem Traubenwein« enthalte.[11] Diese beiden zusätzlichen Ingredienzien müssen die Verbesserungen sein, die er seiner Meinung nach an Marianis Trunk vorgenommen hatte. Die Kolanuß trat nun rasch als neue medizinische Mode an die Stelle des Kokablattes. In Westafrika, hauptsächlich in Ghana, gezüchtet, wurden die Kolanüsse von den Eingeborenen in einer dem Kokablatt sehr ähnlichen Weise benutzt. Sie galten in bestimmten Regionen als Nahrungsmittel, wurden zur Steigerung der Energie gekaut, als Aphrodisiakum genommen und hatten somit jahrhundertelang eine große Rolle im afrikanischen Leben gespielt. Wie die Kokablätter enthalten die Kolanüsse ein starkes Alkaloid – Koffein –, und zwar in größeren Mengen als Tee oder Kaffee.

Mitte der achtziger Jahre des 19. Jahrhunderts erschienen in allen pharmazeutischen Zeitschriften lange Artikel über die Kolanuß, in denen die Nüsse als Heilmittel gegen Kater und als Stimulans gepriesen wurden. Zahlreiche Artikel zogen explizit einen Vergleich zwischen Kola und Koka. »Wie Koka versetzt Kola die Konsumenten in die Lage, langes Fasten und Strapazen auszuhalten«, stand 1884 in *A New Idea* zu lesen. »Zwei in ihren physiologischen Eigenschaften so eng miteinander verwandte Arzneien schreien geradezu nach rascher, allseitiger Aufmerksamkeit.« Im Katalog für die Jahre 1883/1884 stellten Frederick Stearns & Company Kokablatt und Kolanuß auf der gleichen Seite in nebeneinander stehenden Spalten unter der gemeinsamen Überschrift vor: »Für Gehirn und Nervensystem.«

Die zweite Zutat war Damiana, das in einem Jahrgang von *Webster's* als »getrocknetes Blatt der *Turnera diffusa* aus dem tropischen Amerika, aus Kalifornien und Texas, das als Tonikum und Aphrodisiakum benutzt wird«, definiert wird. Eine Anzeige im *American Druggist* aus dem Jahr 1885 für »The Mormon Elder's Damiana Wafers« läßt wenig Zweifel daran, daß es tatsächlich als sexuelles Stimulans betrachtet wurde: »Das kräftigste STÄRKUNGSMITTEL aller Zeiten. Stellt auf Dauer durch frühere Unbesonnenheiten Geschwächte wieder her... Ein zuverlässiges Heilmittel für Impotenz und Nervenschwäche.« Alle drei Ingredienzien in Pembertons Tonikum galten also als Aphrodisiaka.

Pembertons Werbeanzeigen für seinen Kokawein bildeten eine amerikanisierte, übertriebene Version von Marianis Behauptungen. Er verzichtete auf eine allzu starke Betonung der künstlerischen und vornehmen Aspekte und stellte bei seinem Trunk die aggressive, heilende Wirkung bei nervösen Störungen, Erschütterungen des »internen Leistungssystems« und Impotenz in den Vordergrund. Er beanspruchte auch Marianis Empfehlungsschreiben als die eigenen und behauptete: »French Wine Coca wird von über 20 000 der gebildetsten und wissenschaftlich fundiertesten Mediziner auf der ganzen Welt empfohlen.« Enthusiastisch und wortreich, wenn auch im Original grammatikalisch nicht völlig korrekt, ist folgende Anzeige, die Pemberton 1885 abdrucken ließ:[12]

Die Amerikaner sind die nervösesten Menschen auf der Welt... Allen, die unter nervösen Beschwerden leiden, empfehlen wir dieses wunderbare und angenehme Heilmittel, French Wine Coca, das zuverlässig alle heilt, die unter Nervenstörungen, Verdauungsbeschwerden, geistiger und körperlicher Erschöpfung, allen chronischen und auszehrenden Krankheiten, Magenreizungen, Verstopfung, Migräne, Neuralgie usw. leiden, wird mit Coca Wine rasch geholfen. Er hat sich als der größte Segenspender für die Menschheit erwiesen, das beste medizinische Geschenk der Natur (Gottes). Für Geistliche, Rechtsanwälte, Literaten, Kaufleute, Bankiers, Damen und all diejenigen, deren sitzende Lebensweise nervöse Erschöpfung, Magen-, Darm- und Nierenstörungen hervorruft und die ein Nerventonikum und ein pures, stimmungshebendes Stimulans zur Zerstreuung benötigen, werden Wine Coca unschätzbar finden, ein zuverlässiges Mittel zur Wiederherstellung von Gesundheit und Wohlbefinden. Coca ist das wundervollste Stärkungsmittel der Sexualorgane und wirksam bei mangelnder Zeugungskraft, Impotenz usw., wenn alle anderen Heilmittel versagen. Für die Unglücklichen, die morphium- oder opiumabhängig sind oder exzessiv alkoholische Stimulanzien benötigen, hat sich French Wine Coca als wahrer Segen erwiesen, und Tausende halten es für das bemerkenswerteste Stärkungsmittel, das jemals ein unter Auszehrung leidendes und sich verschlechterndes System in Gang gehalten hat.

Der Morphiumsüchtige

Pemberton hatte einen persönlichen Grund, sich für Koka als Heilmittel gegen die Morphiumsucht zu interessieren: Er versuchte vermutlich mit French Wine Coca von seiner eigenen Abhängigkeit loszukommen. Drei Personen, die mit ihm in seinem letzten Lebensjahr zu tun hatten, behaupteten kategorisch, daß Pemberton süchtig gewesen sei. J. C. Mayfield erinnerte sich unter Eid: »Dr. Pemberton war bei schlechter Gesundheit. Wir wußten zu der Zeit nicht, was ihm fehlte, doch es stellte sich heraus, daß er drogensüchtig war.«[13] Mayfields Exfrau schrieb, daß Pemberton »jahrelang von Morphium abhängig« war. Schließlich sagte ein anderer Partner, A. O. Murphy, er habe es als abstoßend empfunden, als er die Sucht des Doktors entdeckte.[14]

Der »Morphinismus«, wie man diese Abhängigkeit damals nannte, nahm stetig zu, vor allem unter Ärzten und Apothekern. Der Import von Opium in die Vereinigten

Staaten war drastisch gestiegen, von knapp 146 000 Pound*
im Jahr 1867 auf über 500 000 Pound im Jahr 1880. Anzeigen, die eine Heilung von der Abhängigkeit versprachen,
erschienen in den Zeitungen von Atlanta häufig. Die Sucht
war unter den Veteranen des Bürgerkriegs so verbreitet,
daß man sie die »Armee-Krankheit« nannte. Pemberton hat
vermutlich anfangs zu Morphium gegriffen, um die Schmerzen seiner Kriegsverletzungen zu lindern, später dann
auch, um seine periodisch auftretenden Krankheiten zu
bekämpfen.** Es mag seltsam erscheinen, daß Pemberton
seine Abhängigkeit so gut kaschieren konnte, doch das gelang vielen Süchtigen. »Die meisten der über Jahre Drogen-
abhängigen erregen nicht einmal bei ihren engsten Freunden einen Verdacht«, schrieb der Arzt W. S. Watson 1890.
Opium, sagte er, erlaube es dem Abhängigen, »seinen täglichen Geschäften mit vorübergehend verstärkter Energie
nachzukommen. Der Verstand des Opiumkonsumenten
scheint klar zu sein, seine Gedanken sind zielgerichtet, sein
allgemeines Erscheinungsbild ist über jeden Verdacht erhaben.«

Zumindest zeitweise muß Pemberton geglaubt haben,
daß er sich von seiner Sucht aus eigener Kraft befreien
könne, denn er erzählte 1885 einem Reporter vom *Atlanta
Journal:* »Ich bin durch die aktuellen Experimente davon
überzeugt, daß [Koka] bei einer opiumsüchtigen Person das
beste Substitut für Opium ist, das jemals entdeckt wurde.
Es tritt an die Stelle der Droge, und der Patient, der es als
Heilmittel verwendet, kann ohne Unwohlsein oder Schmerzen von der bösartigen Sucht selbst loskommen.«

Erste Warnungen

Während die Patentmedizinlieferanten und die Ärzte in der
Regel über Koka und Kokain in Euphorie verfielen, gaben

---

* 1 Pound entspricht etwa 450 Gramm.
** Als Erfinder und Apotheker hatte Pemberton problemlos Zugriff zu
Drogen. In seinem Rezeptbuch[15] fanden sich Rezepte, die neben Kokain
und Morphium auch Cannabis enthielten.

bereits manche Ärzte und Veröffentlichungen zu bedenken, daß Kokain Morphiumsüchtige ja vielleicht wirklich von der Abhängigkeit befreie – aber nur, um sie sogleich von der neuen Droge zu versklaven. Freuds Freund Fleischl beispielsweise, dem ersterer Kokain als Gegenmittel zu Morphium gegeben hatte, starb 1891 nach Jahren der Kokainabhängigkeit auf schreckliche Weise.* Ein deutscher Doktor publizierte 1886 einen ätzenden und vielfach übersetzten Angriff gegen Kokain, in dem er es als »die dritte Geißel der Menschheit« bezeichnete, und amerikanische Kollegen griffen seine Klage bald auf.

Bereits im Juni 1885 verteidigte sich Pemberton gegen einen kurzen Beitrag in der *Atlanta Constitution,* der folgende Warnung enthielt: »Das neue Medikament Kokain wirkt gegen fast alles... auf der anderen Seite macht der unbesonnene Kokaingebrauch einen Menschen brutaler und lasterhafter, als das Alkoholika oder Morphium vermögen. Hier liegt die neue Gefahr. Es wird nicht lange dauern, bis man ein Heilmittel gegen Kokainabhängigkeit fordert.« Pemberton weigerte sich, das zu glauben. Höchstwahrscheinlich mit Wine Coca gestärkt, wischte er in einem weitschweifigen Interview einige Tage später die Vorwürfe als vorhersehbares Vorurteil gegen alles Neue beiseite.

Pemberton räumte ein, daß Kokain bei Mißbrauch gefährlich sein könne, doch dasselbe lasse sich von jedem wirksamen Medikament sagen. »Ich wünschte, es stünde in meiner Macht, die Kokapflanze als Ersatz einzusetzen und all diejenigen, die von Opium, Morphium, Alkohol, Tabak oder anderen betäubenden Stimulanzien abhängig sind, zu zwingen, mit der Kokapflanze oder einem ihrer Präparate weiterzuleben«, sagte er. »Was Koka bewirkt, ist absolut wunderbar.« Mit der Erklärung, »wir [Amerikaner] sind ein riesiges Heer nervöser Invaliden«, propagierte er Koka als universelles Allheilmittel, das eine robuste Gesundheit, er-

---

* »Abhängigkeit« ist schwer zu definieren; Kokain macht offenbar nicht physisch abhängig, da Gelegenheitsschnupfer nicht die klassischen Entzugserscheinungen entwickeln, doch es steht außer Frage, daß die Droge psychisch abhängig macht.

staunliche körperliche und geistige Leistungsfähigkeit und ein langes Leben sichere.

Der Absatz von French Wine Coca entwickelte sich höchst erfreulich. Genau eine Woche nach dieser Rede über die Wunder der Kokapflanze, am 28. Juni 1885, rückte Pemberton eine riesige Anzeige in der Zeitung ein, in der verkündet wurde: »888 FLASCHEN VON PEMBERTONS COCA WINE AM SAMSTAG VERKAUFT! ER VERKAUFT SICH UND ERWEIST SICH ALS ECHTE FREUDE für alle, die ihn benutzen. Lesen Sie, was andere über dieses WUNDERVOLLE TONIKUM UND STÄRKUNGSMITTEL sagen!« Die unvermeidlichen Empfehlungen folgten, eine von einem Doktor aus Bremen, Georgia, der sich selbst von »Schlaflosigkeit, Melancholie, Hypochondriasis und all den anderen üblen Dämonen befreite, die meinen Kopf und Körper plagten«. Er behandelte auch zwanzig Patienten erfolgreich mit Wine Coca – »alles ehrenwerte Damen und Herren von hoher Reputation«. Und er fügte hinzu, daß das Tonikum rasch auf die »großen Nervenknotenzentren« einwirke.

Probleme mit der Prohibition

Pembertons Vermögenslage befand sich endlich im Aufwind. Vielleicht würde er es doch noch den Patentmedizin-Millionären gleichtun, die mit ihren Dampfjachten herumtuckerten. Doch als der Verkauf von French Wine Coca gerade boomte, brachten ihn Reverend Sam Jones und seine Temperenzlerbewegung an den Rand des Ruins.

Jones war ein populärer, grobschlächtiger, losratternder Wanderprediger aus Georgia, ein bekehrter Säufer und Liebling der Presse, da er gleichzeitig fromm, derb, witzig und enorm zitierfähig war. Ein Kritiker bezeichnete ihn als »Cracker-Prediger«.* Jones machte viel Aufhebens von seiner ländlichen, einfachen Herkunft und benutzte seine Heimat Cartersville als Kontrast, um die Sündhaftigkeit der Riesenstadt Atlanta zu verdammen, während er gleichzeitig sorgsam den Reichen und Aufsteigern der Stadt um den

---

* »Cracker« ist ein Spitzname für die armen Weißen in den Südstaaten.

Bart ging. In Wahrheit war alles pure Schauspielerei, denn der Pfarrer war sehr gebildet und auch in der Lage, wohlgesetzt zu reden. Jahrelang hatte Jones für die Prohibition gekämpft, die »rotnasigen Whiskey-Teufel« in die Pfanne gehauen und beklagt, daß die Gesetzgeber unfähig seien, an irgend etwas vorbeizugehen – »nicht einmal an einer billigen Bar«. [16]

»Wie hat er doch auf die Glaubensbrüder eingehämmert!« erinnerte sich ein Teilnehmer an einer Erweckungsversammlung von Jones. »Er hat uns beackert. Er gab uns Zuckerbrot und Peitsche. Er beschimpfte uns und machte uns lächerlich; er bestürmte uns und lachte über uns; er nannte uns schlappohrige Hunde, Bierbäuche und Whiskeysäufer. Er sagte ganz offen, wir seien alle Heuchler und Lügner... Sechs Wochen lang [wurde nicht gearbeitet], und Jones! Jones! Jones! war einfach alles.«

Diese Mischung aus Witz und Beschimpfung tat ihre Wirkung. Mit knapper Mehrheit stimmten Atlanta und Fulton County am 25. November 1885 dafür, abstinent zu werden. Damit die Saloonbesitzer die Möglichkeit hatten, ihre Geschäfte zu leeren, sollte das Alkoholverbot sieben Monate später, am 1. Juli 1886, für einen Versuchszeitraum von zwei Jahren in Kraft treten.

Pemberton konnte die Zeichen der Zeit erkennen, die nicht nur für Atlanta galten. Die landesweite Temperenzlerbewegung hatte seit mehreren Jahren stetig an Kraft gewonnen. Der Saloon, nahezu an jeder Straßenecke in Amerikas Städten zu finden, stellte eine rein männliche Bastion dar, wo die Unter- und Mittelschicht sich bei Whiskey, Bier und einem Mittagessen erholen konnte. Die 1874 gegründete Women's Christian Temperance Union (WCTU) verbreitete die Behauptung, praktisch alle Verbrechen – Mord, Kindesmißbrauch, politische Korruption, Betriebsunfälle – seien die Folge des Dämons Rum oder des deutschen Biers. Die emotionalen Attacken der WCTU polarisierten ganze Gemeinden, so daß 1886 ein die Alkoholabstinenz befürwortender Methodistenpfarrer in Sioux City, Iowa, ermordet wurde, als er seine Anhängerschar durch eine Menschenmenge trieb, die den Alkoholgenuß befürwortete.

Die Tage der auf Wein basierenden Arzneien schienen

gezählt, obwohl es natürlich davon abhing, was das Gesetz unter Alkohol verstand. Pemberton experimentierte verzweifelt mit Abänderungen der Wine-Coca-Formel. Von den Wirkungen des Kokablatts und der Kolanuß überzeugt, nahm er den Wein heraus und begann mit dem Test einer Reihe von Ölessenzen, in erster Linie Destillaten mit Fruchtgeschmack. Doch sie waren ihm im Geschmack alle zu bitter. Die Zugabe von Zucker kaschierte das Bittere, führte aber zu einem ekelhaft süßen Getränk. Um gegenzusteuern, mischte Pemberton Zitronensäure bei. Den ganzen Winter 1885 hindurch suchte er nach einem befriedigenden Rezept.

Frank Robinson taucht auf

Im Dezember erschienen Frank Robinson und David Doe, zwei Yankees, auf Pembertons Türschwelle und versuchten ihm eine Maschine aufzuschwatzen, die sie »chromatische Druckmaschine« nannten und die in einem Arbeitsgang zwei Farben produzieren konnte. Beide waren in Maine geboren, hatten aber in den letzten Jahren in Iowa gelebt und dort das Farmland abgegrast, das sich jedoch als wenig geeigneter Markt für eine Hochglanzdruckmaschine erwies. Auf ihrer Tour durch den Süden landeten Robinson und Doe in Atlanta, wo sich die boomende Patentmedizinbranche vermutlich auf die neuartige Werbemöglichkeit geradezu stürzen würde. Als sie sich nach möglichen Interessenten für ihre Maschine erkundigten, wurden sie an den alten Doc Pemberton verwiesen, der anscheinend ständig auf der Suche nach neuen Partnern und Ideen war.

Nachdem Pemberton die Angelegenheit mit seinem alten Geschäftspartner Ed Holland besprochen hatte, schlossen sich die vier Männer per Handschlag zusammen und einigten sich auf einen neuen Firmennamen, die Pemberton Chemical Company. Holland war der einzige, der viel Kapital investieren konnte, doch sie waren alle gleichgestellte Geschäftspartner. Pemberton steuerte sein Talent und sein Labor bei, und Robinson und Doe brachten ihre Druckmaschine ein. Der Firmenkopf prahlte bald: »Das große Weltwunder ist der Zeitungsdruck mit zwei Farben in einem Arbeitsgang.«[17] Die Zeitungsherausgeber von Atlanta reagierten auf diese Neuheit jedoch nicht sonderlich begeistert.

Das Coca-Cola-Labor

Den ganzen Winter bis zum Frühlingsanfang 1886 experimentierte Pemberton besessen an seinem neuen alkoholfreien Getränk aus Koka und Kola und schickte es mehrfach zu Venable's Sodabar in Jacobs' Pharmacy zum Testen. Pembertons Neffe, Lewis Newman, der vom College zu Besuch kam, war einer der Laufburschen:

> Zum letzten Mal war ich bei der Tante, als Onkel John Coca Cola ausprobieren ließ, und er freute sich mehr als sonst, mich zu sehen.
> Er brannte darauf, mich durch seine »Fabrik« zu führen und mir zu erzählen, daß er begonnen habe, »mein alkoholfreies Getränk« zu verkaufen, wie er es nannte ...
> Onkel John schickte mich los und [trug mir auf], einen Trunk zu holen sowie in Jacob's Pharmacy zu warten und die Bemerkungen derjenigen zu belauschen, die wegen Coca Cola kamen, als sie erstmals eingeführt wurde. [Es wurden um die] drei bis fünf Gallonen täglich [verkauft].[18]

Sowohl Newman als auch John Turner, der bei Pemberton ungefähr zur gleichen Zeit eine Lehre absolvierte, erinnerten sich daran, daß sie zum Drugstore geschickt wurden und Pemberton dort das Vorläufergetränk von Coca-Cola holen sollten, da es im Labor kein kohlensäurehaltiges Wasser gab. Das widerspricht dem Dogma des Unternehmens, Coca-Cola sei ungefähr ein Jahr später rein zufällig mit Sodawasser gemixt worden.[19]

Lewis Newman beschrieb, wie das Labor seines Onkels im Jahr 1886 aussah, und hier liegt vermutlich die Wurzel des Mythos vom Kräuterdoktor, der in seinem Kessel rührt:

Umbau und Ausstattung des Hauses in der Marietta Street verschlangen all das Geld, das Onkel John hatte oder sich verschaffen konnte...

Das wundervollste Stück der Apparaturen war, für mich zumindest, der enorm große Filter aus gespundeten Bodenbrettern, der oben weit war und sich zum Fundament hin verjüngte. Er reichte durch den Boden des Zimmers im zweiten Stock und die Decke des darunterliegenden Zimmers. Dieser große, korbartige Behälter war mit »Sand aus dem Chattakoochee River«* gefüllt, wie Onkel John erklärte... Die vorbereiteten Ingredienzien für coca cola wurden oben in diesen Filter geschüttet und sickerten durch mehrere Wagenladungen Flußsand in einen Metalltrog, wo sie sich zu Sirup verdickten.

Ich kann mich nur noch daran erinnern, daß dieser Prozeß dem Zweck diente, die Mixtur durch das Durchfiltern ohne Luftzufuhr »reifen« [zu lassen]... Eschenpaddel, die denjenigen für Kanus glichen, rührten die Flüssigkeit, während sie aufkochte... bevor [sie] dann den Filterungs- und Fermentationsprozeß durchlief.

Diese aufwendige Herstellungsmethode für Coca-Cola wurde später aufgegeben, doch Pembertons Labor bestand mit Sicherheit aus mehr als diesen Kesseln. Leider haben wir keine Möglichkeit zu erfahren, wie die ursprüngliche Coca-Cola schmeckte, nachdem sie langsam in dem riesigen Sandfilter »gereift« war.

In Savannah wird eine Rede verlesen

Im April 1886 sollte Pemberton eine Rede vor der Pharmazeutischen Gesellschaft von Georgia halten, doch zu diesem Zeitpunkt befand er sich kurz vor dem entscheidenden Durchbruch bei seiner Formel, so daß er seine Arbeit nicht für eine Reise nach Savannah unterbrechen wollte. Statt dessen übersandte er seinen Redetext, damit er verlesen würde. Der Text war eine gelehrte und detailgenaue Ab-

---

* Der Chattakoochee River fließt durch Atlanta.

handlung über Koffein und Kokain, unter anderem über die Geschichte, die Gewinnung und den Gebrauch dieser beiden Substanzen. Er schrieb, daß »das Koffein, das man hierzulande aus Kaffee und Tee extrahieren kann, wesentlich schwächer ist als das, was die Firma Merck in Darmstadt aus der Kolanuß gewinnt«.

Pembertons Hauptaugenmerk lag aber ganz offensichtlich auf den Cocablättern. »Alle medizinischen Zeitschriften singen ein Loblied auf sie, und ich weiß gar nicht, wo ich bei einer so interessanten Sache anfangen und wo aufhören soll«, schreibt er. »Noch nie in der Geschichte der Medizin ist es einem Schmerzmittel in so kurzer Zeit gelungen, aus einem vergleichbar zwielichtigen Umfeld allgemeine Hochachtung zu erwerben. Die Rede schlug ein wie eine Bombe, und auf der ganzen Welt konnte man allgemeine Zustimmung bei den Medizinern feststellen.« Der Vorsitzende der Pharmazeutischen Gesellschaft zählte dann noch die vielen Vorzüge von Kokain auf, einschließlich eines Hinweises auf Kellers Versuche damit bei der Augenchirurgie.

Interessanterweise vertrat er die gleiche Meinung wie Mariani, daß die Indios in Peru nicht die Cocablätter bevorzugten, die den größten Kokaingehalt haben, sondern Blätter mit weniger Coca, aber einer ausgewogenen Menge von Alkaloiden. Zu diesem Zeitpunkt hatte Pemberton ganz offensichtlich schon umfangreiche Experimente mit Cocablättern durchgeführt, denn er notierte: »Ich muß nach eingehenden Experimenten feststellen, daß von vielen der Cocablätterproben, die ich erhalten habe, nur eine von einem Dutzend zu gebrauchen war. Viele der Proben haben überhaupt kein Coca enthalten.«

Eine historische Namensgebung

Im Frühjahr 1886 war Pemberton endlich mit seinem neuen Produkt zufrieden, doch er nannte es noch immer schlicht »mein alkoholfreies Getränk«. Er brauchte einen guten Namen. Alle vier Partner zerbrachen sich den Kopf und verwarfen alle möglichen Bezeichnungen. Es wäre interessant (und unterhaltsam), diese Vorschläge zu kennen, doch wir wissen lediglich, daß Frank Robinson auf »Coca-Cola« kam. Alle stimmten dann überein, daß dies der beste Name sei, nicht nur weil er die zwei Hauptingredienzien beschrieb (Damiana war herausgefallen), sondern auch weil er eine Alliteration enthielt.

Dreifache Alliterationen (manchmal auch vierfache) waren in Mode, vor allem in Atlanta, man konnte sich mit ihnen auf eine zungenbrecherische Reise durchs Alphabet begeben: Botanic Blood Balm, Copeland's Cholera Cure, Goff's Giant Globules, Dr. Jordan's Joyous Julep, Ko-Ko-Tulu, Dr. Pierce's Pleasant Purgative Pellets, Radways Ready Relief, Swift's Sure Specific.[20] Robinson schrieb später, daß er den Namen »Coca-Cola« nicht nur erfunden habe, um damit die Hauptingredienzien anzuzeigen, sondern »weil er einen angenehmen Klang hat und ich Namen wie ›S.S.S.‹ und ›B.B.B.‹ kannte.« Robinson und The Coca-Cola-Company hatten später guten Grund, die Betonung stärker auf den poetischen als auf den beschreibenden Charakter des Namens zu legen. Mehr als siebzig Jahre lang sollte die Tatsache, daß sich der Name eindeutig von seinen Ingredienzien herleitete, die Coca-Cola-Anwälte dazu zwingen, gequälte juristische Schriftsätze zu verfassen, in denen das Gegenteil behauptet wurde. 1959 bezeichnete der Präsident von The Coca-Cola-Company den Namen als »nichtssagend, jedoch ausgefallen und alliterativ«.[21]

Erste Erfolge

Zunächst verkaufte sich das neue Getränk relativ gut, zumindest in Atlanta. Pemberton, der so hart an der Zusammensetzung gearbeitet hatte, überließ die Herstellung nun Robinson und spannte aus. Robinson kümmerte sich um das Brauen und verwandte bald seine ganze Zeit auf den neuen Trunk. Er produzierte ihn, promotete ihn mit seinem begrenzten Budget nach besten Kräften und verkaufte ihn. Er erkannte auch, daß sich Coca-Cola als Produkt zweigleisig vermarkten ließ. Es war zum einen eine stimulierende Medizin gegen Kopfschmerzen und Depressionen, aber es war auch ein neues Sodabargetränk mit unverwechselbarem Geschmack. In seiner ersten Anzeige, die am 29. Mai 1886 im *Atlanta Journal* erschien, stellte er die Qualitäten von Coca-Cola als Getränk heraus: »COCA-COLA! Köstlich! Erfrischend! Anregend! Stärkend! Das neue und beliebte Getränk für die Sodabar, mit den Eigenschaften der wunderbaren Kokapflanze und der bekannten Kolanuß.« Bei diesem ersten Versuch wurde »Coca-Cola« noch in Großbuchstaben gedruckt, doch im Winter arbeitete Robinson bereits an einem Schriftlogo; die uns vertraute Spencer-Schrift präsentierte er erstmals am 16. Juni 1887 in einer Anzeige.[22]

Im Vergleich zu der Mehrzahl der damaligen Werbeaktivitäten war die erste Coca-Cola-Anzeige bemerkenswert kurz und wies somit der modernen Anzeigenwerbung den Weg. Sie benutzte erstmalig die Adjektive »köstlich« und »erfrischend«, die praktisch Synonyme für »Coca-Cola« werden sollten. Anders als Pembertons frühere Tour de force vermied Robinson längeres Herumreden und erwähnte den Arzt auch nicht namentlich. Robinson wollte das Getränk offensichtlich als eigenständiges Produkt verstanden wissen, nicht nur als ein weiteres Pembertonsches Präparat. Der Erfinder wiederum verwendete Robinsons Adjektive auf dem Etikett seines neuen Sirups, doch ansonsten war die Prosa in echtem Pemberton-Stil:

COCA-COLA SYRUP AND EXTRACT[23] Für Sodawasser und andere kohlensäurehaltige Getränke. Dieses alkoholfreie Getränk für Intellektuelle enthält die wertvollen tonischen und nervenstimulierenden Eigenschaften der Kokapflanze und Cola- (oder Kola-)nüsse, wodurch es nicht nur zu einem köstlichen, belebenden, erfrischenden und stärkenden Trunk wird (in der Sodabar zubereitet oder anderen kohlensäurehaltigen Getränken beigemischt), sondern auch ein wertvolles Gehirntonikum und ein Heilmittel für alle nervösen Beschwerden – wie Migräne, Neuralgie, Hysterie, Melancholie usw. Der besondere Geschmack von COCA-COLA erfreut jeden Gaumen.

Es gab natürlich noch einen triftigen Grund für die Kürze von Robinsons erster Anzeige: So war die Annonce billiger.

Da Pemberton und seine Geschäftspartner nur über wenig Geld verfügten, erschienen nur sporadisch Anzeigen von ihnen in den Zeitungen. Im erstere Jahr nach der Erfindung des neuen Getränks betrug die Gesamtsumme für Werbung um die 150 Dollar.[24] Das war zwar nicht besonders viel Geld, doch damit konnte Coca-Cola ganz gut präsentiert werden. Große, transparentartige Wachstuchschilder kosteten einen Dollar das Stück, Tafeln auf Straßenbahnwagen etwas mehr als einen Penny und Poster ungefähr einen Drittelcent.[25] 1000 Coupons für einen Freitrunk konnte man für einen Dollar drucken lassen.

Robinson gelang es bald, ein Wachstuchschild an den Baldachin von Jacobs' Drugstore zu heften – die erste Anzeige am Verkaufsort des Getränks, die mit roten Buchstaben auf weißem Hintergrund die Kunden aufforderte: »DRINK COCA-COLA 5 c – [Cent]. Nach Ablauf eines Jahres[26] prangten Werbeschilder für Coca-Cola in vierzehn Sodabars in Georgia. Hunderte von Coca-Cola-Postern wurden verteilt und jeder Straßenbahnwagen in Atlanta fuhr eine Werbetafel für das Getränk durch die Gegend.

Nur zwei Tage, nachdem das Getränk eingeführt worden war, hatte Pemberton Jacobs' Pharmacy eine schelmische Notiz geschickt, in der er sich beschwerte, daß »ein gewisses Individuum, das am besten ungenannt bleibt«, sich geweigert habe, Coca-Cola zu testen. »Geben Sie ihm keine Gratisprobe«, schrieb Pemberton, da »die Profite solche Extravaganzen nicht erlauben«.[27] Er versprach jedoch eine Rückerstattung, wenn der Trunk nicht zur Zufriedenheit mündete. Bald jedoch überzeugte Robinson den Doktor, daß er sich geirrt hatte, wenn er glaubte, die Profite ließen die »Extravaganz« nicht zu, ein Glas Coca-Cola im Wert von einem Nickel zu verschenken. Im Gegenteil, die zukünftigen Profite verlangten genau das. Robinson hatte Coupons drucken lassen, die man in den örtlichen Sodabars gegen Gratisgetränke eintauschen konnte, und mit Hilfe des Adreßbuchs von Atlanta versandte er sie an potentielle Kunden oder steckte sie Handelsreisenden zur weiteren Verteilung zu. Hatten sie Coca-Cola erst einmal probiert, würden sie sicher wiederkommen, um ein weiteres Glas zu trinken, überlegte Robinson.

Er versprach den Besitzern der Sodabars, ihnen die Coupons zu ersetzen.

Mittlerweile rückte die Inkraftsetzung der örtlichen Prohibition am 1. Juli 1886 heran. In einer wahren Orgie der Selbstbeglückwünschung machte Atlanta als erste Großstadt der Vereinigten Staaten den Anfang und schwor dem Schnaps ab. »ATLANTA IST TROCKEN«, verkündete die *Constitution* auf der Titelseite. »Der erste Juli markiert eine neue Ära.« Es läßt sich allerdings nicht eindeutig ermitteln, wie trocken die Stadt wirklich war. In derselben Zeitung erschien eine Anzeige für »Duffy's puren Maltwhiskey für den medizinischen Gebrauch, absolut rein und unverschnitten. Zur Verwendung in Krankenhäusern, Heilanstalten, Krankenstuben. Kuriert Auszehrung, Blutungen und alle zehrenden Krankheiten«. Die Prohibition tat Kimball House offensichtlich keinen Abbruch, dessen Lizenz für den Ausschank von Alkohol erst am 9. Oktober auslief. Die Menschenmengen dort wurden so rüpelhaft, daß die Geschäftsleitung den Alkoholkonsum nicht mehr länger im Lokal erlaubte und die Konsumenten zwang, ihr Gesöff mitzunehmen. Eine Anzeige des Kimball House in der *Constitution* vom 5. Oktober 1886 regte die Käufer dazu an, sich einen Vorrat anzulegen: »Wir werden in Mengen verkaufen.«

Keinesfalls überraschend warb Pemberton kurz darauf mit Anzeigen für French Wine Coca und hob nun auf die außergewöhnliche Langlebigkeit der Leute ab, die regelmäßig diese Coca tranken: »Es gibt Beispiele von Menschen, die mehr als 120, 130, 140 und sogar länger als 150 Jahre gelebt haben.« Außerdem pries Pemberton seine Wine Coca als alkoholfreies Getränk. Wenn er wirklich damit durchkäme, Wine Coca als alkoholfreies Getränk während der Prohibition zu verkaufen, müßten die Verkaufszahlen drastisch steigen.

Das taten sie auch. Der Absatz von French Wine Coca und Coca-Cola erlebte einen Boom. Am 1. Mai 1887 berichtete ein Artikel in der *Constitution:* »Der tägliche Absatz von Wine Coca beläuft sich auf fünf Gros. Der Absatz von Coca-Cola-Sirup betrug in den letzten Wochen 600 Gallonen. Coca-Cola-Sirup wie Wine Coca werden in den ganzen Vereinigten Staaten verkauft, von überall gehen Bestellungen ein, und von allen Seiten laufen unaufgefordert Empfehlungsschreiben ein.« Zwar übertrieb die Zeitung zweifelsohne mit ihren Aussagen über den landesweiten Markt für die heimischen Produkte, aber die Zahlen sind dennoch beeindruckend. »Die von dieser Firma hergestellten Produkte«, prahlte der Artikel, »sind keinesfalls Quacksalbermittelchen, sondern pharmazeutische Präparate und als solche von der Elite der Ärzteschaft überall anerkannt.«

Mit täglich 720 Flaschen übertraf der Absatz von French Wine Coca den von Coca-Cola noch immer bei weitem. Wenn man jedoch bedenkt, daß die Saison der Sodabars gerade erst begonnen hatte, bedeutete der Verkauf von 600 Gallonen Coca-Cola dennoch einen beträchtlichen Erfolg. Da aus jeder Gallone Coca-Cola-Sirup im Idealfall 128 Gläser (eine Unze pro Getränk) anzurühren waren, ergaben die 600 Gallonen 76 800 Gläser. Frank Robinson spielte später den Verkauf des ersten Jahres herunter und sagte unter Eid aus, daß »von Mai 1886 bis Mai 1887... [Pemberton] vielleicht fünfundzwanzig bis dreißig Gallonen verkaufte, etwas in dieser Größenordnung«.[28] Entweder trog seine Erinnerung, oder er log. Wie dem auch sei, die Zahl von 25 Gallonen im ersten Jahr ist in die Unternehmenssaga eingegangen.

Das Frühjahr brachte auch personelle Veränderungen. Der schattenhafte Mr. Doe zog sich aus der Partnerschaft zurück und nahm die Druckmaschine als seinen Anteil mit. An seine Stelle trat M. P. Alexander, ein Apotheker aus Memphis, der in einem Artikel der Atlanta Constitution vom 1. Mai 1887 beschrieben wird als »ein energischer, echter Geschäftsmann, [der] jedem Geschäft, mit dem er zu tun hat, förderlich ist«. Da die Aktien der Pemberton Chemical Company auf 10 000 Dollar aufgestockt wurden, kann man vernünftigerweise davon ausgehen, daß Alexander sowohl Energie als auch Bargeld in die Partnerschaft einbrachte, und vermutlich übernahm er aus diesem Grund sofort die Präsidentschaft. Zur gleichen Zeit trat Woolfolk Walker, »ein junger Mann mit viel Geschäftssinn«, in die Firma als Verkäufer ein. In Columbus geboren, hatte Walker als Gemeiner in Pembertons Cavalry während des Bürgerkriegs gedient. Wahrscheinlich infolge einer Kriegsverletzung humpelte Walker stark; er sollte in der Frühgeschichte von Coca-Cola noch eine Schlüsselrolle spielen.

Schließlich tauchte in dieser Zeit auch Charley Pemberton auf der Gehaltsliste auf,[29] er erlernte die Herstellung von Coca-Cola, wodurch er Robinson mehr Freiraum gab, sich stärker um die Promotion zu kümmern. Dr. Pembertons einziges Kind war 33 Jahre alt und, laut allen Berichten, hinter den Frauen her, außerdem trank er zuviel. Der junge Pemberton war ein begnadeter Athlet gewesen, 1872 der Meisterfänger eines örtlichen Baseballteams, doch irgendwie war er verbittert geworden (sein Freund Lewis Newman schrieb von einer unglücklichen Romanze).[30] Nun brachte Charley seine Talente im Billardsaal des örtlichen Saloons ein. Besorgt um die Zukunft seines Sohnes, hoffte Dr. Pemberton, Charley werde letztlich sein Geschäft übernehmen.

Pemberton muß optimistisch und voller neuer Pläne gewesen sein. Wie gewöhnlich hatte er den Winter damit zugebracht, an neuen Rezepten zu arbeiten, und nun bereitete er sich darauf vor, das allerneueste zu enthüllen. Er erzählte dem Reporter der *Atlanta Constitution* Ende April 1887, daß es »Phospho Lemonade & Phospho Ironade« heiße (später in »Lemon & Orange Elixir« umbenannt); das Getränk würde Bier und Wein ersetzen, fügte er hinzu und verglich es mit dem feinsten importierten Champagner. Der Erfinder schien sich, wie die Zeitung im April 1886 vorausgesagt hatte, »auf dem besten Weg zum Reichtum« zu befinden. Er besaß zwei Getränke, die sich als Bestseller erwiesen hatten, und er hatte noch einige in der Hinterhand. »Der Erfolg dieses Unternehmens ist phänomenal«, schloß der Reporter der *Constitution* an diesem Tag im Mai des Jahres 1887, und es hatte beinahe zwangsläufig den Anschein, als könne nichts mehr schiefgehen.

Am 6. Juni beantragte Pemberton für Coca-Cola den Schutz als Warenzeichen, um seinen rechtmäßigen Anspruch auf das populäre neue Getränk abzusichern. Die Bewilligung erfolgte am 28. Juni. Eine Woche später war die Hölle los.

Verworrene Besitzansprüche

> Es ist stets eine Erleichterung, das Angenehme zu glauben, doch es ist wichtiger, das Wahre zu glauben.
>
> HILAIRE BELLOC

> Alle Wahrheit – und wirklich zu leben ist die einzige Wahrheit – trägt in sich Elemente des Kampfes und der Zurückweisung. Alles hat auch seine Nachteile.
>
> D. H. LAWRENCE

Mitte Juli 1887 startete John Pemberton eine Reihe von Transaktionen, die zur wirresten, verwickeltsten Entstehung eines erfolgreichen Unternehmens führten, die die Welt sich überhaupt vorstellen kann. In wenig mehr als einem Jahr sollten die Rechte an Coca-Cola aufgeteilt und von einer Hand zur anderen gereicht werden wie die sprichwörtliche heiße Kartoffel. Die Geschichte erinnert an ein Drama von Shakespeare, in dem sich die Nebenhandlungen miteinander verweben, bevor die endgültige Lösung kommt. Kein Hauptdarsteller ging aus der Sache als edler Held hervor; alle Beteiligten griffen in irgendeiner Form zu Ausflüchten, Täuschungen oder Intrigen.

Am 8. Juli verkaufte John Pemberton zwei Drittel seiner Rechte an Coca-Cola an Willis Venable und George Lowndes für die enorme Summe von einem Dollar, verheimlichte die Aktion aber in der nächsten Zeit seinen Geschäftspartnern in der Pemberton Chemical Company. Tatsächlich zahlte Lowndes, der das Geld einbrachte, Pemberton 1201 Dollar, doch 1200 Dollar wurden als zinsloses Darlehen betrachtet, das mit den zu erwartenden Gewinnen getilgt werden sollte. Der Erfinder, noch im Besitz eines Drittels aller Rechte, sollte ein Drittel der Profite erhalten.[1] Dafür wiederum verkaufte er Venable und Lowndes alles, was an

Gerät und Vorräten nötig war, zu einem festen Preis (283,29 Dollar) und überließ ihnen eine Kopie der Geheimformel von Coca-Cola.

Warum verkaufte Pemberton? Lowndes[2] meinte, weil er erneut erkrankt war und sich Sorgen machte, woher er Geld nehmen sollte – für seine Familie wie für sein Morphium, das er stärker als je zuvor benötigt haben muß, um seine Schmerzen zu bekämpfen. Pemberton und Lowndes waren seit der gemeinsam in einer Pension verbrachten Zeit im Jahr 1869 enge Freunde; nun wollte der Erfinder, daß sein alter Freund seine größte Kreation kaufte. »Lowndes, ich bin krank«, begann er, »und ich glaube nicht, daß

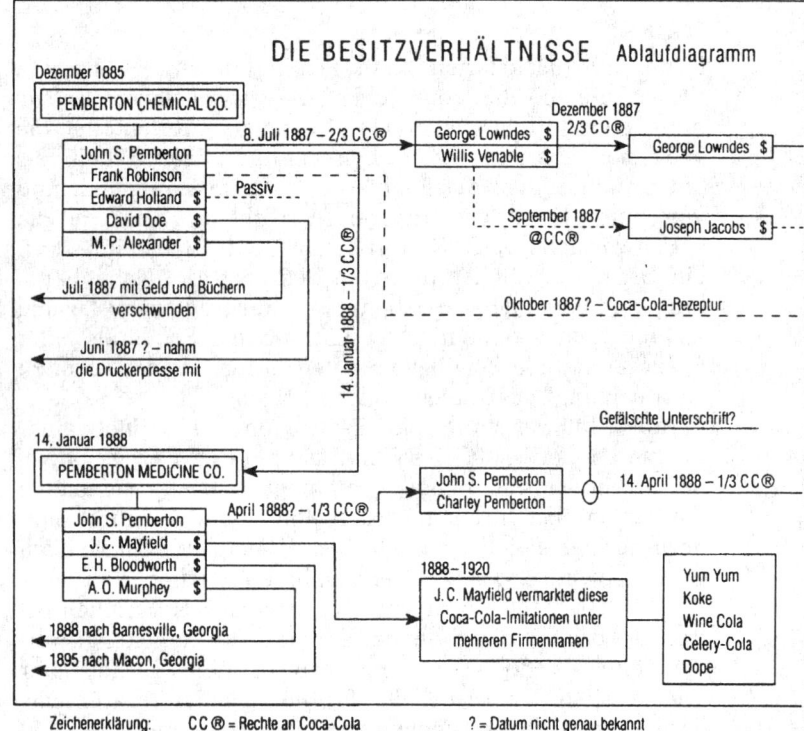

DIE BESITZVERHÄLTNISSE   Ablaufdiagramm

Dezember 1885

PEMBERTON CHEMICAL CO.

John S. Pemberton
Frank Robinson
Edward Holland $
David Doe $
M. P. Alexander $

Passiv

8. Juli 1887 – 2/3 CC®

George Lowndes $
Willis Venable $

Dezember 1887
2/3 CC®

George Lowndes $

September 1887
@CC®

Joseph Jacobs $

Juli 1887 mit Geld und Büchern verschwunden

Juni 1887 ? – nahm die Druckerpresse mit

14. Januar 1888 – 1/3 CC®

Oktober 1887 ? – Coca-Cola-Rezeptur

14. Januar 1888

PEMBERTON MEDICINE CO.

John S. Pemberton
J.C. Mayfield $
E. H. Bloodworth $
A. O. Murphey $

April 1888? – 1/3 CC®

John S. Pemberton
Charley Pemberton

Gefälschte Unterschrift?

14. April 1888 – 1/3 CC®

1888 nach Barnesville, Georgia
1895 nach Macon, Georgia

1888–1920
J. C. Mayfield vermarktet diese Coca-Cola-Imitationen unter mehreren Firmennamen

Yum Yum
Koke
Wine Cola
Celery-Cola
Dope

Zeichenerklärung: C C ® = Rechte an Coca-Cola   ? = Datum nicht genau bekannt ich mich jemals wieder von diesem Bett erheben werde. Das einzige, was ich besitze, ist Coca-Cola.«[3]

Pemberton drängte Lowndes zu dem Kauf und erzählte ihm: »Coca-Cola wird eines Tages das Nationalgetränk sein. Ich will ein Drittel der Rechte behalten, damit mein Sohn stets ein sicheres Auskommen hat.« Kurz vor dem Verkauf vertraute der leidende Doktor seinem Neffen Lewis an, daß er aus Coca-Cola ein Vermögen herausschlagen könnte, wenn er nur Kapital besäße: »Wenn ich 25 000 Dollar hätte, würde ich 24 000 Dollar in die Werbung und den Rest in die Herstellung von Coca-Cola stecken. Dann wären wir alle reich.« Ferner stellte er sich vor, mit den Gewinnen

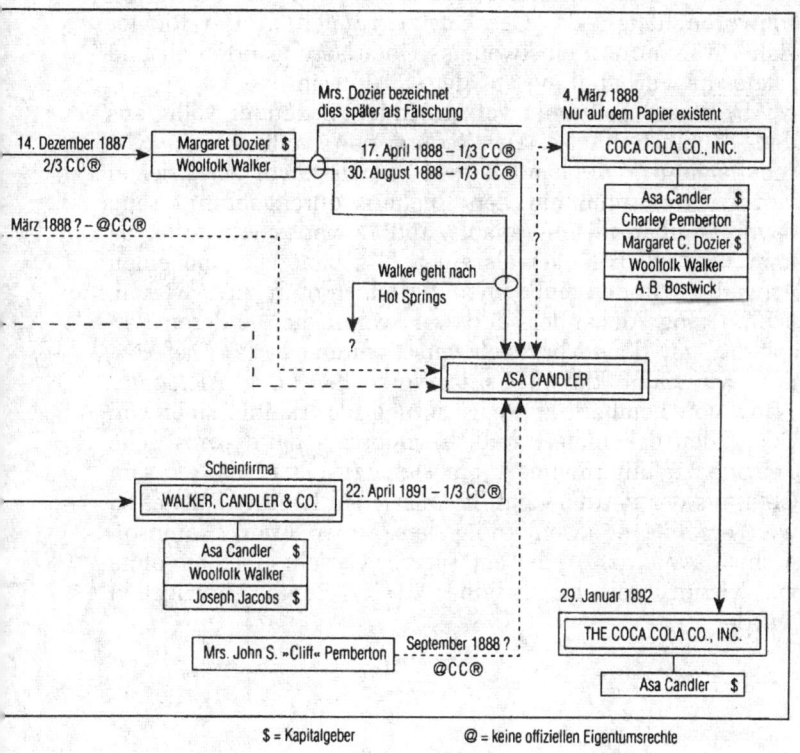

$ = Kapitalgeber   @ = keine offiziellen Eigentumsrechte

»ein großes Hospital für mittellose Söhne und Töchter der konföderierten Soldaten« zu stiften. Jetzt glaubte er allerdings, er liege im Sterben und werde nie erleben, daß sein Traum in Erfüllung gehe.

Ein weiteres Motiv für den Verkauf ist in einem kleinen Artikel[4] in der *Atlanta Constitution* zu finden, der die Neuigkeiten aus dem örtlichen Gericht vom 9. Juli 1887 aufführt, dem Tag nach der Vertragsunterzeichnung: »Mssrs. J. S. Pendleton, F. M. Robinson und C. A. Robinson [vermutlich Franks Bruder] behaupten, daß der Präsident [der Pemberton Chemical Company], M. P. Alexander, sich in den vollständigen Besitz der Bücher, Unterlagen usw. gebracht habe und auf eine Weise das Geschäft führe, die ihren Interessen schwerwiegend zuwiderläuft. Sie behaupten weiter, daß Alexander und andere Personen sich verschworen hätten, das Geschäft zu ruinieren.« Der Richter sicherte ihnen ein einstweiliges Unterlassungsurteil zu und setzte die Verhandlung auf den 13. Juli an.

Ab diesem Zeitpunkt verschwindet Alexander völlig aus den Aufzeichnungen. Der »energische, vollkommene Geschäftsmann«, wie er noch zwei Monate zuvor beschrieben worden war, muß mit den Büchern durchgebrannt sein, bevor Pemberton an Venable und Lowndes verkaufte, da man vermutlich länger als einen Tag benötigte, um einen Anwalt zu finden und einen Gerichtstermin zu erwirken. Wohin ging Alexander, und wer waren die »anderen Personen«, mit denen er »sich verschworen« hatte? Das können wir nicht klären. Es ist vorstellbar, daß Alexander Wind von Pembertons Registrierung als Alleininhaber von Coca-Cola bekommen und beschlossen hatte, drastische Schritte zu unternehmen, um sicherzustellen, daß er sein Geld aus der Partnerschaft herausziehen konnte. Falls es so war, erzählte er offenkundig dem armen Frank Robinson nichts davon, der an diesem Tag vor Gericht erschien, ohne zu wissen, daß gleich eine zweite Bombe hochgehen würde.

Liste der Hauptdarsteller, in der Reihenfolge
ihres Erscheinens

Dr. John Pemberton: *Erfinder, Apotheker, Arzt, Süchtiger. Kein Geld.*

George Lowndes: *Pembertons alter Freund, arbeitet für eine Patentmedizinfirma am Ort. Hat Geld.*

Willis Venable: *Mieter einer Sodabar in Jacobs' Pharmacy. Kein Geld.*

Frank Robinson: *Pembertons Partner, über den Verkauf von Coca-Cola sehr verärgert. Kein Geld.*

M. P. Alexander: *Präsident der Pemberton Chemical Company, brennt mit den Finanzen und Büchern durch. Hat Geld.*

Ed Holland: *Pembertons und Robinsons Partner in der Pemberton Chemical Company. Hat Geld.*

John Candler: *Junger Rechtsanwalt, jüngster Bruder von Asa Candler Hat Geld.*

Joseph Jacobs: *Besitzer von Jacobs' Pharmacy, Freund von Asa Candler. Hat Geld.*

Asa Candler: *Drogist, rühriger Mensch, Gründer/Promoter. Hat Geld.*

Warren Candler: *Methodistenpfarrer, Asa Candlers jüngerer Bruder. Hat Geld.*

Woolfolk Walker: *Diente in Pemberton's Cavalry, Reisender für Pemberton, spater für Asa Candler. Kein Geld.*

Mrs. Margaret C. Dozier: *Walkers jüngere Schwester. Hat Geld.*

J. C. Mayfield: *Neuer Partner von Pemberton. Hat Geld.*

Diva Mayfield: *J. C. Mayfields Frau. Hat an seinem Geld teil.*

E. H. Bloodworth: *Neuer Partner von Pemberton. Hat Geld.*

A. O. Murphey: *Neuer Partner von Pemberton. Hat Geld.*

Charley Pemberton: *Dr. Pembertons Tunichtgut von Sohn. Kein Geld.*

Mrs. Cliff Pemberton: *Dr. Pembertons Frau bzw. Witwe. Kein Geld.*

Eine Überraschung für Frank Robinson

Es folgten zwei angespannte Wochen. Am 21. Juli stellte Pemberton eine Bestandsliste der Materialien auf, die er an Venable und Lowndes veräußert hatte, und erhielt dafür einen Scheck über 150 Dollar, mit dem Zusatzversprechen, daß die noch ausstehenden 133,29 Dollar in dreißig Tagen beglichen würden. Dann teilte Pemberton Robinson in aller Ruhe mit, daß er sich ein Patent für die Marke Coca-Cola als Alleininhaber verschafft und außerdem den größten Teil der Rechte verkauft habe.[5]

Robinson, der Coca-Cola den Namen gegeben, das Logo in Spencer-Schrift geschrieben, das Getränk hergestellt sowie die Anzeigenwerbung und Promotion geleitet hatte, war schockiert. Da Coca-Cola erfunden worden, während Pemberton Partner in der Pemberton Chemical Company war, hatte Robinson gedacht, daß jedem Partner ein Viertel der Rechte an der Formel gehörten. Immerhin stand im Firmenkopf des Unternehmens ausdrücklich, daß die Pemberton Chemical Company »Alleineigentümer« von French Wine Coca sei, das Pemberton erfunden hatte, *bevor* die Partnerschaft ihren Anfang nahm. Jetzt jedoch war die Firma nur noch eine leere Hülse, Alexander (nebst Geld) war verduftet und Coca-Cola verkauft.

Am nächsten Tag, dem 22. Juli 1887, rekonstruierte Robinson gewissenhaft eine finanzielle Aufstellung über Coca-Cola, vermutlich aus dem Gedächtnis, denn Alexander hatte ja die Bücher. Mit einer dem Augenblick angemessenen Ironie schrieb er sie auf das Firmenpapier der Pemberton Chemical Company, auf dem Alexander als Präsident der Firma aufgeführt wurde. In der Aufstellung waren alle Markenarzneien von Pemberton, darunter auch Coca-Cola, aufgelistet. Robinsons Zahlen ergaben, daß vom 1. März bis zum 14. Juli 1887 990 Gallonen Coca-Cola-Sirup für 1500 Dollar verkauft worden waren. Er veranschlagte für die Materialkosten pro Gallone einen Dollar, wodurch sich ein Gewinn von 1459,78 Dollar ergab. Die sich daraus ableitende Bilanz wies rote Zahlen aus. Doch er war sicher, daß sich das Getränk im Laufe der Zeit rentieren würde.

Er überredete seinen Partner Ed Holland, mit ihm zusammen John Candler zu konsultieren, der erst kurz zuvor die Partner gegen Alexander vertreten hatte, »um herauszufinden, ob er nicht meint, [wir] könnten [unsere] Rechte wiederbekommen«. Candler, ein ehrgeiziger 26jähriger Rechtsanwalt, erklärte sich bereit, die Angelegenheit zu prüfen, und stattete Pemberton einen Besuch ab, der noch immer in dem »kleinen, billigen Haus«, wie es der Anwalt beschrieb, das Bett hütete. Pemberton stritt jedes Fehlverhalten ab. »Sie irren sich«, sagte er. »Sie besitzen absolut keine Rechte an [Coca-Cola]; ich habe getan, was sie behaupten, aber ich habe ihnen nie irgendwelche Rechte an Coca-Cola eingeräumt, und der Firma auch nicht.« Er seufzte. »Doch das macht kaum einen Unterschied, selbst wenn sie einige Rechtsanteile besäßen. Ich wüßte nicht, wie Sie irgend etwas aus mir herausholen wollen.« Der Anwalt beschloß, den Fall nicht zu übernehmen, da weder Robinson noch Pemberton Geld besaßen. »Ich erzählte [Mr. Robinson] lachend, daß ich keine großen Chancen sähe«, erinnerte sich Candler. »Mich interessierte ein Fall ohne Erfolgshonorar nicht... und damit war die Sache erledigt.«

Was den unabhängigen, wohlhabenden Ed Holland betraf, hatte der Anwalt vielleicht recht. Aber Frank Robinson hatte hart für Coca-Cola gearbeitet und glaubte, daß das Produkt eine Zukunft habe; er war nicht gewillt, die Sache fallenzulassen, und er hatte auch nicht das Gefühl, daß das Ganze zum Lachen sei. Robinson sann über einen anderen Plan nach. Pemberton mochte die *Rechte* an der Formel verkauft haben, doch Robinson besaß noch immer die *Kopie,* was er auch als juristisch gerechtfertigt empfunden haben muß. Er mußte jemanden finden, der die Rechte an Coca-Cola kaufen und es ordentlich vermarkten würde, jemanden mit Weitblick und Kapital.

Venable und Lowndes steigen aus

Inzwischen hatten Willis Venable und George Lowndes ihre Habe von Haus Nummer 107 in der Marietta Street hinunter zum Block Marietta/Ecke Whitehall gekarrt, wo sie alles im Keller von Jacobs' Pharmacy abluden. Venable, der selbsternannte »König der Sodabars« von Atlanta, hatte im April ein glühendes Empfehlungsschreiben für Coca-Cola verfaßt und sich einverstanden erklärt, das Produkt herzustellen und auch zu vermarkten. Venable, der als erster ein Glas Coca-Cola verkaufte, war ein allseits respektierter Geschäftsmann und servierte an seiner 25 Fuß langen Theke eine Standard-auswahl an Getränken. Lowndes, der für ein anderes Patentmedizinunternehmen arbeitete, stellte lediglich das Kapital. Mit seiner Sodabar voll ausgelastet, konnte Venable keine Zeit für die Vermarktung von Coca-Cola erübrigen, geschweige denn es herstellen. Nach einigen Monaten drang Lowndes auf eine Veränderung. »Wir machten kaum Umsatz, das ist die Wahrheit«, sagte er später aus, »und die Ausgaben bereiteten mir Sorgen... Ich fand, daß er die Sache nicht so anging, wie es angebracht schien, und so teilte ich ihm mit, es sei am besten, wenn wir uns trennten – er sollte meinen Anteil kaufen oder seinen an mich verkaufen.«

Laut Lowndes verkaufte Venable tatsächlich an ihn, doch auch Lowndes fand nicht die Zeit, sich richtig um das Getränk zu kümmern. »Mir wurde klar, daß Coca-Cola unterginge, wenn man sich nicht sofort intensiv damit befaßte. Folglich entschloß ich mich, es zu verkaufen.«[6] Am 13. Dezember 1887 unterzeichnete Pemberton ein Papier, in dem er die Veräußerung billigte, und am nächsten Tag verkaufte Lowndes (mit der schriftlichen Genehmigung von Venable, die sich auf dem Original des Kaufvertrags befindet) an Woolfolk Walker und Mrs. M. C. Dozier für 1200 Dollar zuzüglich der Kosten der Herstellungsapparaturen. Walker überzeugte seine jüngere Schwester, Margaret Dozier, für den Kauf 1200 Dollar lockerzumachen. Die Eigentumsrechte an Coca-Cola hatten sich also noch mehr aufgesplittet, wobei Mrs. Dozier zwei Neuntel und Walker vier Neuntel der gesamten Rechte gehörten.[7]

Joe Jacobs verwirrt die Angelegenheit noch mehr

Um die Angelegenheit noch undurchsichtiger zu machen, entledigte sich Venable seines Anteils an Coca-Cola zweimal. Irgendwann im Herbst 1887 überließ er offenbar seinen Anteil an dem Getränk Joseph Jacobs, dem Inhaber von Jacobs' Pharmacy.[8] Wie der Apotheker sich später erinnerte: »Durch eine Geschäftsvereinbarung erwarb ich Mr. Venables Anteil [an Coca-Cola] an Stelle eines Geldbetrags, den ich ihm für die Fertigstellung seines wunderschönen Hauses im West End geliehen hatte.« Jacobs verkaufte nicht an Walker und Dozier, sondern behielt seinen Anteil weit bis ins Jahr 1888, allerdings erinnerte er sich später nur verschwommen und machte widersprüchliche Aussagen. So erklärte er im Rucker-Prozeß: »Zu der Zeit, als wir [Coca-Cola] kauften, verkaufte sich Moxie hervorragend, und wir glaubten, wir könnten auch aus [Coca-Cola] etwas Großes machen... Dr. Pemberton brachte es auf den Markt, und ich übernahm einen Besitzanteil und, ich glaube, am Ende alles.«[9]

Bald nachdem er seine Anteile an Coca-Cola erworben hatte, ärgerte sich Jacobs über das Getränk und seinen Erfinder. Wie er selbst einräumte, hatte er kaum Ahnung vom Geschäft mit Sodabars, das er vollkommen Willis Venable überließ. Während Venable weiterhin »auf kleinem Feuer« Coca-Cola herstellte, bedrängte Pemberton Jacobs laufend, ihm Vorschüsse auf seinen Anteil am Verkauf zu geben. »In der Vereinbarung war eine Klausel enthalten«, schrieb Jacobs, »nach der Dr. Pemberton eine Lizenzgebühr in Höhe von fünf Cent pro Gallone[10] bekam. Er schien dauernd Geld zu brauchen[11] und ließ sich fortwährend auf der Basis der potentiellen Lizenzgebühren Vorschüsse geben. Das gefiel mir nicht.«

Pemberton erholt sich

Der leidende Pemberton plagte nicht nur Jacobs, er blieb auch sonst nicht müßig. Obwohl praktisch bankrott, setzte er am 2. Oktober 1887 eine irreführende Anzeige in die *Atlanta Constitution*:

GESUCHT: Anständiger Teilhaber mit 2000 Dollar für den Kauf eines Fünfzig-Prozent-Anteils an einer sehr profitablen und gut eingeführten Produktionsfirma, absolut risikolos, mit Garantie für fünfzigprozentige Gewinnbeteiligung auf die Investition und Aussichten auf wesentlich höhere Gewinne, eine seltene Gelegenheit für den richtigen Teilhaber.

Um seine Gläubiger nicht auf den Plan zu rufen, gab Pemberton in seiner Anzeige nicht seine richtige Anschrift [12] an, sondern ein anderes Haus in der Marietta Street, vermutlich das eines Freundes. Mit diesem Köder fing er sich drei gierige Unternehmer ein, denen er allen großmütig gestattete, 2000 Dollar anzulegen, wodurch sie logischerweise 150 Prozent seiner Firma erwarben.

J. C. Mayfield, ein Drogist aus Alabama, war beruhigt, als Pemberton auf seine Antwort auf die Vertuschungsanzeige reagierte, denn er hatte früher Pembertons Mittelchen verkauft. A. O. Murphey und E. H. Bloodworth aus Barnesville, Georgia, besaßen keinerlei Erfahrung mit Patentarzneien, waren jedoch von den Aufstellungen, die ihnen Pemberton zeigte, beeindruckt. Nach einer umfangreichen Korrespondenz [13] in den Monaten Oktober, November und Dezember zogen die drei neuen Partner schließlich Ende Dezember nach Atlanta mit der Absicht um, all die wunderbaren Arzneien von Pemberton, darunter auch Coca-Cola, herzustellen. Der gute Doktor hatte lediglich vergessen, ihnen zu sagen, daß er all seine Formeln veräußert hatte.

Asa Candler betritt die Bühne

Kurz vor Weihnachten 1887 stand das Schicksal von Coca-Cola noch auf Messers Schneide. Die Geheimformel befand sich offiziell im Besitz von John Pemberton, Woolfolk Walker und Mrs. Dozier. Aber auch einige andere besaßen Ansprüche, wie Charley Pemberton, Joe Jacobs, Frank Robinson, J. C. Mayfield, A. O. Murphey und E. H. Bloodworth.

Und noch eine weitere Person hatte zu diesem Zeitpunkt höchstwahrscheinlich bereits die Bühne betreten – Asa Candler, der ältere Bruder des Rechtsanwalts John Candler. Auf der Suche nach einem Retter war Frank Robinson auf diesen gutbetuchten, strebsamen Geschäftsmann gestoßen. Inbegriff eines ambitionierten Drogisten aus Atlanta, hielt Candler stets Ausschau nach einem vielversprechenden neuen Produkt, war aber mit dem Geldausgeben vorsichtig. Robinson hatte einige Probleme, Candler davon zu überzeugen, daß Coca-Cola ein lohnenswertes Wagnis darstellte, konnte sein Interesse aber schließlich wecken, als er eine prophetische Vision entwickelte: »Sehen Sie dort den Wagen mit den leeren Bierfässern? Nun, wir werden Coca-Cola so puschen, daß Sie überall Coca-Cola-Wagen sehen werden.«

Asa Candler tritt zwar in den Coca-Cola-Dokumenten vor 1888 nicht in Erscheinung, aber er beharrte in einer späteren Aussage darauf, daß er bereits ein Jahr zuvor eingestiegen sei: »Ich hatte 1887 völlig die Kontrolle über es [Coca-Cola], was das Geschäft betraf.«[14] Merkwürdig ist nur, daß er hinzufügte: »Ich weiß nicht, ob ich es zu diesem Zeitpunkt gekauft hatte oder nicht.« Ferner erklärte er, er habe das Getränk als Rückzahlung von Schulden erworben, die ein gewisser »Gentleman« bei ihm hatte. Er »griff [dann] in die Angelegenheiten dieser Pemberton Chemical Company ein«. Candler blieb zwar vage hinsichtlich der Art und Weise, wie er genau bei Coca-Cola einstieg, aber eins wußte er genau: »Robinson hat es hergestellt, es betreut und alles andere vor 1888 erledigt. Man könnte Robinson als meinen Stellvertreter bezeichnen.«

Candlers verschwommene Darstellung wird klarer, wenn wir sie mit seiner letzten Aussage vor Gericht im Jahr 1924 vergleichen. Dort gab er an, er glaube, er habe die Geheimformel für Coca-Cola von Joe Jacobs erstanden, fügte aber hinzu: »Dessen bin ich mir nicht sicher.« Er war sich aber absolut sicher, daß Frank Robinson ihm die echte Formel gegeben hatte.[15] Nachdem Candler von Robinson die Anweisung für die Herstellung von Coca-Cola erhalten hatte, mußte er sich um die Besitzrechte bemühen – ein Vorgang, der nicht nur höchst verwirrend, sondern auch hochgradig verdächtig sein würde.

Mit Beginn der neuen Saison für die Sodabars im März 1888 übernahm Candler offiziell die Kontrolle über Coca-Cola. In diesem Frühjahr beschwerte sich Joe Jacobs bei seinem Freund Asa Candler über Pembertons fortwährende Geldforderungen. Candler unterbreitete ihm, ohne sich allerdings allzu interessiert zu zeigen, das Angebot, ihn gegen Anteile an einer Glasfabrik und »allerlei Kleinigkeiten wie Bettpfannen, Zinnspritzen, hölzerne Tablettenschächtelchen und leere Flaschen« von dem Getränk zu befreien. Die nicht versicherte Glasfabrik brannte bald danach ab. Jacobs verfluchte sich zwar in den folgenden Jahren für dieses dumme Tauschgeschäft, doch er blieb Candler lebenslang in Freundschaft verbunden.

Charley Pemberton beharrt auf seinem Recht

In der Zwischenzeit hatten sich Mayfield, Bloodworth und Murphey eingerichtet und am 14. Januar 1888 mit Pemberton eine Firma gegründet, die sie die »Pemberton Medical Company« nannten und in der Pemberton ihnen insbesondere die Rechte an all seinen patentierten Produkten überließ, unter Einschluß von Coca-Cola und seinem neuen Lemon & Orange Elixir. Nach dem Umzug in ein besseres Gebäude in der Pryor Street fingen die Partner mit der Produktion an, naiverweise ohne Kenntnis davon zu haben, daß die Pemberton Chemical Company nicht in die neue Firma integriert und Coca-Cola verkauft worden war. Mayfield leitete das Labor, Bloodworth war draußen als Vertreter unterwegs, und Murphey führte die Bücher. Der einzige Mißklang schien Mayfields ziemlich stürmische Ehe zu sein – Diva Mayfield half ihrem Mann häufig im Labor[16] –, und ihre Streitereien waren Murphey und Bloodworth zuwider.

Nach wenigen Monaten kündigte sich allerdings in der Person Charley Pemberton Unheil an, der von einer Arzneimittelfirma in Louisville, Kentucky, zurückgekehrt war, um sein Geburtsrecht zu beanspruchen. Er verlangte, daß Mayfield ihm die Herstellung überlasse, was Mayfield ablehnte. Charley war »verärgert, unzufrieden und hielt sich dafür an dem alten Mann, Dr. Pemberton, schadlos«, sagte Mayfield später. »Der Doktor kam zu uns und erklärte uns, er müsse es dem Sohn geben – dieser habe behauptet, er habe ihm das Coca-Cola-Geschäft versprochen. Natürlich schlug das bei uns wie eine Bombe ein.«[17]

Charley, den Mayfield für einen »unangenehmen, versoffenen kleinen Jungen« hielt, bekam einen Rappel, fing an zu saufen und herumzuschwatzen und brachte den Vater in eine schreckliche Lage. Schließlich teilte Dr. Pemberton den Geschäftspartnern mit, er habe die Rechte an Coca-Cola schon einige Zeit zuvor an Charley überschrieben, es sei ihm aber jetzt erst wieder eingefallen. Seinen Gedächtnisverlust schob er auf seine Morphiumsucht. Eine Zeitlang war keine Lösung in Sicht. »Wir rannten eine ganze Weile herum und wußten nicht, was wir tun sollten«, erinnerte sich Mayfield. Der Konflikt schwelte noch, als Pembertons Partner erneut desillusioniert wurden, da sie herausfanden, daß Asa Candler sich im stillen die legale Kontrolle über Coca-Cola verschafft hatte und gerade zusammen mit Charley Pemberton und dem ehemaligen Vertreter von Dr. Pemberton, Woolfolk Walker, eine neue Firma gründete. Zu allem Überfluß braute Candlers Firma mit Beginn der neuen Saison Coca-Cola noch schneller, als sie es konnten, und puschte das Getränk vehement.

Die unbekannte Coca-Cola-Company

Am 24. März 1888 beantragten Asa Candler, Charley Pemberton, Woolfolk Walker und seine Schwester am Fulton County Superior Court die Eintragung der Coca-Cola-Company als Aktiengesellschaft.[18] Candler sollte die Partnerschaft mit dem unreifen Pemberton, der sich eher als Last denn als Hilfe erwies, bald bereuen. Ein Großteil des Antragstextes ist vermutlich nichts anderes als der für derartige Schriftstücke typische »heiße Dampf«, dennoch ist es instruktiv zu erfahren, was sie vorhatten:

Die Zwecke dieser Company... werden darin bestehen, Coca-Cola-Sirup herzustellen, die dafür notwendigen Ingredienzien und Geräte zu kaufen und den hergestellten Artikel zu verkaufen, als Sirup in großen Mengen, auf Flaschen abgefüllt, als Medizin und als Nerventonikum;

und sie wünschen das Recht, die Herstellung auf andere Spezialitäten verwandter Art ausdehnen zu können... Das Aktienkapital der besagten Firma wird 12 000 Dollar betragen; mehr als zehn Prozent sind bereits einbezahlt... Hauptbüro und -sitz des Geschäfts... wird... Atlanta sein... doch die Antragsteller wünschen das Recht, anderswo Zweigbüros oder -fabriken eröffnen zu können.[19]

Wie alle anderen Aktiengesellschaften sollte sie 24 Jahre bestehen, bevor sie erneuert werden konnte. In dem Antrag wird behauptet, daß bereits mehr als 1200 Dollar einbezahlt worden seien. Vermutlich stammt ein Teil des Geldes von Walker und Dozier und der Rest von Candler. Charley Pemberton zahlte für seinen Anteil wahrscheinlich überhaupt nichts.

Diese »erste« Coca-Cola-Company taucht in der offiziellen Eigentümerliste nicht auf, sie wird auch in keiner Firmengeschichte erwähnt. Asa Candler beantragte die Gründung von *The* Coca-Cola-Company (der legalen Basis des gegenwärtigen Unternehmens, stets mit einem großen T geschrieben) nicht vor 1892. Ihn muß die Existenz dieser Vorläuferfirma und seiner Geschäftspartner stark beunruhigt haben, denn jeder von ihnen hätte ihm erheblichen Ärger machen können, zumindest bis die Aktiengesellschaft 1908 erlosch. Die Existenz dieser ersten Version der Coca-Cola-Company erklärt auch einige mysteriöse Bestätigungsbriefe, die bereits 1888 an die »Coca-Cola-Company«, adressiert waren. In einer Flugschrift[20] von 1898, in der die Eröffnung seiner neuen Coca-Cola-Fabrik angekündigt wurde, verplapperte sich Candler, als er behauptete, die Firma bestehe seit März 1888, ein klarer Verweis auf dieses ansonsten gut kaschierte erste Unternehmen.

Asa schreibt an Warren

Am 10. April 1888, kurz nach der Firmengründung, schrieb Asa Candler seinem jüngeren Bruder Warren, einem Methodistenpfarrer, der zu der Zeit in Nashville eine religiöse Zeitschrift herausgab.[21] Nachdem er Warren geraten hatte, die ihm angetragene Präsidentschaft des Emory College nicht anzunehmen, da sie nicht gut honoriert werde (Warren schlug den Rat in den Wind und sorgte so für eine wichtige Beziehung zwischen Emory und den Candlers), fuhr Asa fort:

> Du weißt, wie sehr ich unter Kopfschmerzen leide. Nun, vor ein paar Tagen schlug mir ein Freund vor, doch einmal Coco-Cola zu probieren. Ich tat es & war erlöst. Einige Tage danach versuchte ich es erneut, und wieder half es. Ich beschloß, mehr darüber herauszufinden – die Nachforschungen erbrachten, daß es Leuten gehörte, die nicht in der Lage sind, es dem Publikum richtig vorzusetzen. Ich entschied, Geld & ein wenig Einfluß zu investieren. Von ersterem steckte ich 500 Dollar hinein, und von letzterem setzte ich eine ganze Menge ein.*

Candler war überzeugt, ein gewinnversprechendes Getränk zu besitzen, und er war gewillt, sich dafür einzusetzen. Im restlichen Brief bat er seinen Bruder Warren, in Nashville eine Ausschankstelle für Coca-Cola zu suchen, wobei er sagte, er werde als Einführungsangebot zwei Gallonen Sirup gratis schicken. Er übernahm zwar Robinsons Einfall, Freicoupons auszugeben, doch eigentlich wollte er eine Adreßkartei für Direktmailings aufbauen, indem die Drogisten in Tennessee um Kundenauskünfte gebeten wurden. »Ich will aus dir keinen Kaufmann oder Hausierer machen«, erklärte Candler, doch genau das tat er. »Ich lege Rundschreiben bei. Es ist eine tolle Sache – bestimmt.« Nur wenige Tage, nachdem er an seinen Bruder geschrieben hatte, trug Candlers »Einfluß« Früchte. In dem Bestreben, Charley Pemberton loszuwerden, gelang es Candler, ihn auszuzahlen. Am 14. April 1888 verkaufte Charley Pember-

---

* Obwohl Candler seit Ende 1887 die volle Verfügungsgewalt über Coca-Cola besaß, sieht es so aus, als probiere er das Getränk erst jetzt, und er konnte den Namen noch immer nicht korrekt schreiben. Aber vielleicht testete er das Getränk erst jetzt als Medizin für seine fürchterlichen Kopfschmerzen. Wahrscheinlich beziehen sich die 500 Dollar auf Candlers Beitrag zur Kapitalausstattung der Coca-Cola-Company.

ton (auch sein Vater unterzeichnete) das verbliebene Drittel des Eigentumsrechts an Coca-Cola an Walker, Candler & Company für 550 Dollar (fünfzig Dollar in bar und 500 Dollar innerhalb einer Frist von dreißig Tagen). Walker, Candler & Company bestand aus Woolfolk Walker, Asa Candler und Joe Jacobs, wenn auch Jacobs und Candler später darauf beharrten, daß es sich dabei um eine »Schein«-Firma gehandelt habe, da Candler die Gesamtsumme aufbrachte.*

Drei Tage, nachdem er für Pembertons Drittel an Coca-Cola fünfzig Dollar auf den Tisch gelegt hatte, erweiterte Candler seine Rechtsansprüche noch, indem er am 17. April 1888 die Hälfte der Walker/Dozier-Anteile für 750 Dollar erstand. Frank Robinson unterzeichnete das Dokument als Zeuge. Um diese Zeit mietete Candler Pembertons leerstehendes altes Gebäude in der Marietta Street an, und die Originalapparate für die Herstellung von Coca-Cola wurden aus Jacobs' Keller zu ihrem alten Standort verbracht, wo Frank Robinson eifrigst mit der Produktion von Coca-Cola begann.

Der letzte Akt

Atlanta stöhnte unter einem heißen Sommer. John Pemberton lag mit Magenkrebs im Sterben.[23] Asa Candler puschte Coca-Cola, während Woolfolk Walker für ihn draußen Klinken putzte. Zu diesem Zeitpunkt muß Candler die Beziehung zu Charley Pemberton verwünscht haben, der nun ein konkurrierendes Getränk vermarktete und sich als alles

---

* Warum sollte Candler es verschleiern, wenn er wirklich der einzige Käufer war? Vermutlich grollte John Pemberton Candler, weil dieser fünf Jahre zuvor seinen ganzen Drogenbestand und seine Laborausstattung aufgekauft hatte, als Pemberton zu krank war, um sich vor räuberischen Partnern schützen zu können. Der kranke Erfinder hatte Candler zusammen mit allen anderen Beteiligten verklagt.[22] In einer bitteren eidesstattlichen Erklärung schrieb Pemberton, daß er »im Augenblick vollkommen hilflos und absolut abhängig vom weiteren Verlauf der Partnerschaft darniederliege«. Der Verkauf sei sein »sofortiger und völliger Ruin«. Nichtsdestotrotz verlor Pemberton den Prozeß und sein Labor.

andere denn als verläßlicher Aktionär in der Coca-Cola-Company erwiesen hatte. Am 2. Juni 1888 schrieb Asa einen Brief an seinen Bruder Warren in Nashville. »Mit Coco Cola klappt es leidlich gut. Das einzige Hindernis ist, daß [Charley] Pemberton immer noch einen sehr schlechten Artikel zu niedrigerem Preis anbietet & die Öffentlichkeit, die für Coco Cola zahlt und zu Unrecht daraus keine Vorteile zieht, folgert, daß das Betrug sei.«

Ungefähr zu dieser Zeit erzählte Dr. Pemberton seinen Geschäftspartnern in dem Versuch, alle glücklich zu machen, daß der *Name* »Coca-Cola« zwar Charley gehöre, sie aber dieselbe Formel weiter benutzen dürften und lediglich das Produkt unter einer anderen Bezeichnung verkaufen sollten. Als der wenig begeisternde Name »Yum Yum« nicht zog, verfielen sie auf »Koke« (bereits ein Spitzname für Coca-Cola). Murphey, von der ganzen Entwicklung und der Entdeckung, daß Pemberton morphiumsüchtig war, angewidert, zog sich aus der Partnerschaft zurück und ging wieder nach Barnesville.

So konkurrierten, als die schwüle Hitze im Juli und Anfang August in Atlanta unerträglich wurde, drei Varianten von Coca-Cola darum, den Durst zu stillen, Kopfschmerzen und Katerstimmung zu kurieren und Erschöpfungszuständen abzuhelfen.

Noch im Sterben kämpfte Pemberton darum, seine Arbeit fortzusetzen. In den letzten Monaten seines Lebens wankte er mehrmals in sein Labor und versuchte sein neuestes Getränk, eine modifizierte Cola mit Sellerieextrakt, zu vervollkommnen. »Was er bereits erreicht hatte, war ihm völlig gleichgültig«, sagte J. C. Mayfield. »Er wollte etwas Neues.« [24] Doch er wurde nicht mehr fertig. Am 16. August 1888 starb John Pemberton im Alter von 57 Jahren und hinterließ ein Vermächtnis an harter Arbeit, kompetenter Gelehrsamkeit, mangelndem Geschäftssinn, zerbrochenen Träumen, Drogenabhängigkeit, Gerichtsprozessen und einigen wenigen Patentarzneien mit kuriosen Bezeichnungen, die innerhalb weniger Jahre in Vergessenheit gerieten – Extract of Stillingia, Globe Flower Cough Syrup, Indian Queen Hair Dye, Triplex Liver Pills, French Wine Coca. Sein geliebtes und einziges Kind war Alkoholiker und sollte sechs

Jahre später, allem Anschein nach durch Selbstmord, sterben, und seine Witwe sollte ihr Leben als verarmte Frau beschließen. Doch trotz aller Fehler war Pemberton ein sanfter Mann, ein besessener Gelehrter, ein kreatives Genie. Er wußte es nicht, als er starb, doch sein Hauptvermächtnis war Coca-Cola, das Getränk, das ihn berühmt machen sollte und ihm vielleicht zu Reichtum verholfen hätte, wenn er nur lange genug am Leben geblieben wäre.

Die Notiz über Pembertons Tod in der *Atlanta Constitution* bezeichnete ihn als »den ältesten Apotheker von Atlanta und einen der bekanntesten Bürger der Stadt... einen besonders beliebten Gentleman«. Asa Candler vergoß große Krokodilstränen und rief alle Drogisten der Stadt in seinem Laden zusammen, um ihnen vorzuschlagen, am Begräbnistag die Läden zu schließen. »Mr. Candler bezeigte Dr. Pemberton großen Respekt und sprach von seinem liebenswerten Wesen und seinen vielen Tugenden«, berichtete die Zeitung. »Er drücke, sagte er, die Gefühle aller Anwesenden aus, daß ›unser Berufsstand ein gutes und aktives Mitglied verloren hat‹.« Candler war bei der Beerdigungszeremonie in Atlanta einer der Sargträger, bevor der Sarg in einem unmarkierten Grab in Columbus verschwand. Jahre später beteuerte Candler: »Warum, ich denke, Dr. Pemberton spürte, daß ich einer seiner besten Freunde in dieser Stadt war.«[25] Wenn der Doktor dieser Meinung war, so wurde er hinters Licht geführt.

Candler verlor keine Zeit, seinen Anspruch auf Coca-Cola zu zementieren. Genau zwei Wochen nach Pembertons Tod, am 30. August 1888, kaufte er den Anteil von Woolfolk Walker und Margaret Dozier für 1000 Dollar auf, zahlbar in mehreren Wechseln. Nun verfügte Candler, wenn man von den Besitzrechten der Walker, Candler & Company absah, die aber eher formeller Natur waren, über einen gesicherten, rechtmäßigen Anspruch auf Coca-Cola. Er hatte insgesamt 2300 Dollar dafür bezahlt, nach der offiziellen Eigentümerliste. Am 1. Mai 1889 bezeichnete er sich selbst als den alleinigen Eigentümer des Getränks.[26]

Fälschungen und andere saftige Leckerbissen

Es gab allerdings in der von Candler geschmiedeten Kette schwache Glieder. Selbst Candlers Sohn merkte in der offiziellen Biographie seines Vaters an: »Dies ist die faktische Liste der Inhaber von Coca-Cola, wie sie von den Anwälten aufgestellt und von den Gerichten abgesegnet wurde. Hinter diesen nackten Tatsachen stecken wahrscheinlich noch andere, die zu kennen interessant wäre...«[27] Dieser Aussage hätte Mrs. M. C. Dozier zugestimmt.

Margaret Dozier kreuzte 1914 im Alter von 65 Jahren auf und beharrte darauf, daß sie ihren Anteil an der Geheimformel niemals veräußert habe. Vor Gericht eine tatterige Zeugin, schien sie doch in den wichtigen Fragen sehr sicher zu sein: »Ich habe nie ein Papier unterzeichnet, mit dem Anteile an Asa Candler oder sonst jemanden übertragen worden sind. Ganz bestimmt habe ich niemals auch nur einen Cent erhalten.«[28] Ihr Bruder Woolfolk habe »sich um das Ganze gekümmert«, sagte sie und beschwerte sich, daß er ihr nichts erzählt habe: »Tatsächlich kam er, als er die Verfügungsgewalt darüber erhielt, überhaupt nicht mehr in meine Nähe.«

Zwei Handschriftenexperten, die sich die Unterschriften von Mrs. Dozier auf den fraglichen Dokumenten des Rechtstitelnachweises (denen vom 17. April und 30. August 1888) genauer ansahen, bestätigen, daß die Dozier-Unterschrift vom April eine Fälschung ist.* Die vom August könnte authentisch sein, doch zumindest war sich einer der Experten nicht ganz sicher. Wahrscheinlich hat Woolfolk

---

* Drei Handschriftenexperten erhielten jeweils drei Originalunterschriften – die Verkaufsurkunde vom 14. Dezember 1887 an Walker/Dozier und zwei Dokumente des Fulton County Superior Court, die nun im Besitz des Verfassers sind. Mit diesen drei Unterschriften als Maßstab stellte George Pearl aus Atlanta, Georgia, fest, daß die Unterschrift vom 17. April 1888 eine Fälschung sei, wenn er bei der vom August auch nichts Gesichertes behaupten könne. John Brullmann aus Jackson Heights, New York, hielt die April-Unterschrift für eine Fälschung. Charles Hamilton aus New York City war der Meinung, daß »alle von derselben Person stammen. Unterschiede bei den Buchstaben wie beim großen M oder leichte Abweichungen beim C sind nicht von Bedeutung.«

Walker, vielleicht mit Asa Candlers Wissen, die Unterschrift seiner Schwester gefälscht, wenigstens auf der Urkunde vom April.[29]

Walker selbst verschwand, unmittelbar nachdem er die Rechte Candler Ende August überschrieben hatte. Seine Schwester sagte aus, er habe, ohne auch nur auf Wiedersehen zu sagen, die Stadt verlassen, und obwohl sie mehrfach nach Hot Springs geschrieben habe, wo er angeblich lebte, habe er ihr nie geantwortet. Sein Verschwinden kam Asa Candler gut zustatten.

Aber das ist noch nicht alles zum Thema Fälschungen. John Pembertons Unterschrift auf dem entscheidenden Vertrag vom 14. April 1888, der Coca-Cola an Walker, Candler & Company verkaufte, ist gefälscht. Laut dem Handschriftenexperten George Pearl[30] ist der Schriftzug »weit, weit entfernt von der natürlichen Abweichung, als daß diese Unterschrift echt sein könnte. Die Schrift ist nicht weich und rasch hingeworfen, sondern recht langsam und unsicher, so, als ob der Schreiber sich frage, wohin er als nächstes ziehen solle... Das ist eine nachgemachte Unterschrift und nicht einmal eine sehr gute.«

Obwohl es sich nicht mit Sicherheit feststellen läßt, kommt Charley Pemberton für das Fälschen der Unterschrift am ehesten in Frage. Zur gleichen Zeit versuchte er seine eigene Handschrift davon abzusetzen und undeutlich zu machen, indem er mit einem großen Schnörkel und Tintenklecksen unterzeichnete. Aber warum sollte Charley Pemberton diese Fälschung begehen? Brauchte er die Verkaufssumme von 550 Dollar wirklich so dringend? Wahrscheinlicher ist, daß er eine Art Deal mit Asa Candler eingegangen war. Candler schrieb den Text des Vertrags offenbar mit seiner klar identifizierbaren, hastigen Schrift selbst.

Zwar ist es schwierig (und vermessen), mehr als 100 Jahre später Detektiv zu spielen, doch es spricht einiges dafür, daß Candler der Drahtzieher hinter der Pemberton- wie der Dozier-Fälschung war, die mit nur drei Tagen Abstand im April 1888 stattfanden. Beide Fälschungen wurden innerhalb einer Woche begangen, nachdem Asa Candler seinem Bruder Warren gegenüber eingeräumt hatte, daß er »ein wenig Einfluß« nehme, um Coca-Cola vollständig an sich zu bringen.[31]

Der andere Mißton bezüglich der Eigentümerliste kommt von Mrs. Pembertons Familie. Die Schwester Elberta war überzeugt, daß Asa Candler die Geheimformel gekauft hatte, nicht von Pemberton oder Walker, sondern von Mrs. Pemberton, und zwar kurz nach der Beerdigung ihres Mannes. Elberta Newman bimste ihren Enkelkindern ein, nie Coca-Cola zu trinken, da sie nicht wollte, daß ihre Enkel zu Candlers unrechtmäßig erworbenem Vermögen auch nur einen Nickel beisteuerten. »Eure Tante verkaufte das Rezept direkt an Asa Candler«, schrieb sie später an ihren Sohn Lewis, »und er bemerkte ihr gegenüber, er gehe ein Risiko ein, doch wenn er daraus Gewinn erzielte, würde er ihr ein Haus schenken, und sie hätte ausgesorgt. Er gab ihr niemals auch nur einen Cent. Sie glaubte bis zu ihrem letzten Tag, daß er sein Versprechen halten würde.«

Elbertas Tochter Mary hörte mit, wie Mrs. Pemberton ihrem Vater von der Transaktion erzählte. Als ihr Vater dahinterkam, daß Candler für die Formel nur 300 Dollar bezahlt hatte, riet er ihr, einen Anwalt einzuschalten. »Oh! Asa sagte, er würde mir ein feines Haus und ein gutes Einkommen verschaffen, wenn er etwas daran verdient«, sagte Mrs. Pemberton. »Meine Tante war gläubige Methodistin«, erklärte Mary, »und Asa Candler unterrichtete an der methodistischen Sonntagsschule, deshalb war sie sicher, daß er sein Wort halten würde.«

Andere Versionen der Familiengeschichte[32] schieben die Schuld für den Verkauf von Coca-Cola dem liederlichen Charley Pemberton in die Schuhe, der die Formel angeblich im Suff verkauft habe oder als Gegenleistung dafür, daß man ihn gegen Kaution aus dem Knast entließ, wo er wegen groben Unfugs einsaß. Wieder ein anderer Verwandter sagte, Charley habe seine Mutter beschwatzt, an Candler für 600 Dollar zu verkaufen, die er bald im Suff durchbrachte. Es ist völlig gleichgültig, wie die Geschichte genau ablief, war doch der ganze Clan überzeugt, wie auch Neffe Wilson, daß »bei dem Handel irgendein Betrug vorlag«.

Am 23. Juni 1894 wurde Charley Pemberton bewußtlos

aufgefunden, er lag mit dem Gesicht nach unten in einem winzigen Schlafraum über dem Oriole-Restaurant. Eine Stange Rohopium befand sich auf einem in der Nähe stehenden Stuhl. Die sensationslüsternen Zeitungen Atlantas berichteten umfassend über den Vorfall, beispielsweise die *Atlanta Constitution* vom 24. Juni: »Ob er das Opium in der Absicht genommen hat, sich umzubringen, ist nicht bekannt, aber Pemberton wurde drei Stunden lang massiert, gerieben, geschlagen und medikamentiert.« Der Reporter fuhr mit dem Kommentar fort, daß Charley der Sohn »eines der bekanntesten Ärzte [war], die Atlanta jemals hatte. Er war der Entdecker der berühmten Coca-Cola und hinterließ seinem Sohn das Patent, als er starb.«

Nach zehntägigem »schwerem Leiden« starb Charley Pemberton im Alter von vierzig Jahren im Grady-Krankenhaus. Seine Mutter war während des ganzen Martyriums bei ihm. In der Notiz der *Atlanta Constitution* über seinen Tod stand zu lesen: »Charley Pemberton war in Atlanta gut bekannt«, und es wurde wiederholt, daß Charley die Formel geerbt habe, die »er danach... für eine vergleichsweise geringe Summe veräußerte«. Man wußte zwar, daß Charley Alkoholiker war, doch hier findet sich der erste Hinweis darauf, daß er Opium nahm. Er könnte an einer unbeabsichtigten Überdosis gestorben sein, Selbstmord begangen haben oder ermordet worden sein. Ein Cousin schrieb später, »Charleys Tod war irgendwie mysteriös«.[33] Monroe King, ein Pemberton-Experte, meinte dem Autor gegenüber, daß Selbstmord unwahrscheinlich sei: »Vergessen wir nicht, daß Charley Pemberton jahrelang bei seinem Vater gearbeitet hatte und den Drogenhandel sehr gut kannte. Er hätte sich eine wesentlich wirksamere Methode ausgesucht, um sich umzubringen, wenn er das gewollt hätte. Rohopium zu schlucken, anstatt sich eine hohe Dosis Morphium zu verpassen, macht keinen Sinn.« Wie dem auch sei, Asa Candler muß erleichtert gewesen sein, als er den unberechenbaren, labilen Pemberton los war.

Die unbewiesenen Behauptungen über irgendwelche fragwürdigen Aktivitäten wurden von Price Gilbert[34] bestätigt, einem Rechtsanwalt, der offenbar für Asa Candler ein schweres Stück Arbeit leistete. Gilbert erzählte einem

Freund: »Wenn ich sagen würde, was ich über die Anfangszeit von Coca-Cola weiß, wäre das höchst bestürzend«, und er fügte hinzu: »Ich werde die Manöver nicht schildern, die wir unternahmen, um in der Anfangszeit des Unternehmens in Gang zu bleiben.« 1910, als gerade ein Umzug des Unternehmens in größere Räumlichkeiten stattfand, ordnete Asa Candler, trotz des Einspruchs seines Neffen, an, daß die frühesten Aufzeichnungen von The Coca-Cola-Company zu verbrennen seien,[35] nur die offizielle Eigentümerliste blieb verschont.

So fragwürdig die Eigentümerliste auch sein mag, es ist doch sehr wahrscheinlich, daß wir den Coca-Cola Extract and Syrup lediglich als eine weitere seltsame Kreation von Dr. Pemberton ansehen würden, wenn Asa Candler nicht die Verfügungsgewalt erlangt hätte. Am Ende hatte Rob Stephens, ein weiterer Verwandter von Mrs. Pemberton, vermutlich recht, als er schrieb:

Coca-Cola hatte Erfolg, weil es von einem energiegeladenen Mann gepuscht und gepuscht wurde. Wenn die Pembertons die Formel nicht verkauft hätten, wäre es vermutlich irgendwann ein unmodernes Getränk geworden und in Vergessenheit geraten. Ich denke, Cousine Cliff glaubte stets, Mr. Candler habe sie und Charley beraubt, doch ich bezweifle, daß man das so sagen kann. Er bezahlte sie für etwas, mit dem sie nichts anzufangen wußten, und er machte es durch eigene Anstrengungen zu einem Erfolg.[36]

Asa Candler:
Triumphe und Kopfzerbrechen

> Wenn die Leute die guten Qualitäten von Coca-Cola
> so wie ich kennen würden, müßten wir die Tore unserer
> Fabriken schließen und einen Wachmann mit Gewehr
> aufstellen, damit sich die Leute in die Schlange ein-
> reihen, um es zu kaufen. [1]
>
> ASA G. CANDLER

> Ich weiß von keinem einzigen Tag in meinem Leben,
> an dem mich nicht der Wunsch getrieben hat, Geld zu
> verdienen. [2]
>
> ASA G. CANDLER mit 64 Jahren

Asa Candler, ein kleiner, gestählter Mann mit hoher Pieps-
stimme, [3] entspricht wohl nicht dem Idealbild eines Mannes
im Big Business, doch er war schon in jungen Jahren ein
Kapitalist aus echtem Schrot und Korn. Am 30. Dezember
1851 als achtes von elf Kindern geboren, malte Candler mit
Vorliebe das Bild seiner armen, aber glücklichen Jugendzeit
in einer Blockhütte auf dem Lande. In Wirklichkeit war
sein Vater, Sam Candler, ein gutsituierter Pflanzer und
Kaufmann, der die Stadt gründete, in der Asa aufwuchs.

Als Goldsucher taufte der ältere Candler die Stadt »Villa
Rica« (»Reiche Stadt« auf spanisch), um auch andere, die
vom Goldfieber gepackt waren, anzulocken. Diesen Unter-
nehmungsgeist und Sinn für Verkaufsförderung muß er an
seine Kinder weitergegeben haben. Trotz eines gewissen Wohlstands hielt Asa Candlers Vater allerdings nichts
davon, seine Kinder zu verwöhnen – jeden Penny, den sie
ausgaben, mußten sie sich verdienen. Asa bewies bald, daß
er für einen Dollar nahezu alles tun würde. So erlegte er
einmal einen wilden Nerz, der ihm Bißwunden zufügte, als
er ihn einfing. Candler erzählte die Geschichte:

Ich hatte noch nie gehört, daß man Nerzfelle verkaufen konnte, doch ich fand die Idee gut, und so beschloß ich, es zu versuchen. Atlanta war 36 Meilen entfernt, und es gab noch keine Eisenbahn, doch die Stadt schien mir der bestmögliche Markt dafür, deshalb schickte ich das Fell mit dem Wagen in die Stadt, und ich sagte zu mir: Vielleicht bekomme ich 25 Cent dafür! Ich erhielt einen Dollar – den allerersten selbstverdienten.

Wie elektrisiert stellte der junge Candler daraufhin andere Kinder an, die für ihn Nerze fingen, und baute einen regelrechten Atlanta-Handel auf. Auf der Rückfahrt erstand er Nadeln, um sie in Villa Rica zu verkaufen, dabei lernte er eine Lektion, die er später auch bei Coca-Cola anwandte: Mit Penny- und Nickel-Artikeln ließ sich eine Menge Geld machen. »Man glaubt, mit Nadeln ließe sich nicht viel verdienen, oder? Doch als ich dann zur Schule ging, hatte ich bereits über 100 Dollar durch den Verkauf von Nerzfellen und die Spekulation mit Nadeln angespart.«

Asa Candler genoß keine richtige Schulbildung, denn als er zehn Jahre alt war, wurden die Schulen wegen des Ausbruchs des Bürgerkriegs geschlossen. Nach dem Krieg konnte er noch zwei Jahre lang die High-School besuchen, bevor er von der Schule abging und eine Lehre als Drogist antrat. Candler erhielt von seiner Mutter Martha Beall Candler, einer Frau mit starkem Willen, zweifellos eine christliche Erziehung.

Mit vierzehn Jahren verheiratet, dominierte die kleine Mrs. Candler, die auch mit durchgestrecktem Rückgrat nicht einmal 1,50 Meter groß war und nicht einmal 100 Pfund wog, die Familie. Ihr Ehemann besuchte zwar erst in späteren Jahren regelmäßig die Kirche, doch Martha Candler gehörte der Primitive Baptist Church an, deren Mitglieder besser unter der Bezeichnung strenggläubige Baptisten bekannt waren. Und wehe dem Kind, das ihr nicht folgte. »Sie versuchte, alle in ihrer Umgebung herumzukommandieren, und das gelang ihr auch vielfach«, erinnerte sich eins ihrer Enkelkinder.[4] Martha Candlers Einfluß auf ihre sieben Söhne ist auf einer Fotografie aus dem Jahr 1891 gut zu erkennen, die die unbeugsame Matrone im Kreis ihrer erwachsenen männlichen Nachkommen zeigt. Alle auf dem Bild – Mutter wie Kinder – haben nach unten gezogene Mundwinkel, das Charakteristikum der Candlers.

Die Lehrzeit

Als er 1870 die Schule beendete, zog Asa Candler nach Cartersville im Nordwesten von Atlanta, um in einem Drugstore, der von zwei Ärzten und Freunden der Familie geleitet wurde, eine Lehre zu absolvieren. Er wohnte hinter dem Ladengeschäft und studierte am Abend Latein, Griechisch, Chemie und Medizin. Als Kind hatte er davon geträumt, Arzt zu werden: »Ich wollte irgendwelche Arzneitränke zusammenrühren und kranke Tauben, Schweine, Hunde und Rinder behandeln.« Doch nachdem er zwei Jahre im Armeimittelhandel gearbeitet und die Landpraxis der Ärzte beobachtet hatte, änderte er seine Meinung. Er wollte Drogist bleiben, jedoch nicht in der kleinen Stadt Cartersville, wo sich keine großen Verdienstmöglichkeiten boten und er nach zwei Jahren erst 25 Dollar im Monat verdiente. »Ich glaube, als Drogist kann man mehr Geld verdienen denn als Arzt«, schrieb er im Herbst 1872, »und dieser Beruf ist mit wesentlich weniger Problemen für Seele und Körper verbunden.«[5]

Candler kam am 7. Januar 1873 mit seinen Habseligkeiten in Atlanta an, gerade 21jährig. Später erzählte er gerne die Geschichte, wie er auf der Suche nach Arbeit in die große Stadt zog, in selbstgeschneiderter Kleidung und mit nur 1,75 Dollar in der Tasche. Einem Reporter teilte er allerdings 1909 mit, daß ihm »eine Stelle bei einem Großhandelsdrogisten versprochen« gewesen sei. Er hatte zwar nur zwei Dollar bei sich, erzählte er dem Journalisten, doch er besaß auch einen Schuldschein für sein noch aus dem alten Job ausstehendes Gehalt.

Selbst wenn sich Asa Candlers Fabel vom armen Tellerwäscher, der zum Millionär aufstieg, nicht sehr echt anhört, bewies er doch ungewöhnliche Seelenstärke, als er herausfand, daß ihn an diesem frostig-kalten Tag kein Job erwartete. Er bewarb sich noch am gleichen Tag in praktisch jedem Drugstore von Atlanta (darunter auch in Pembertons Laden) um Arbeit. Schließlich, um 9.00 Uhr abends, probierte er es in George J. Howards Drugstore, wo er an einen gelangweilten Verkäufer geriet, der an einer Theke rezeptpflichtige Medikamente ausgab. Der Angestellte unterbrach Candlers Litanei und fragte: »Wann können Sie anfangen?« Als Candler antwortete, er könne gleich beginnen, führte der Angestellte ihn ins Hinterzimmer, stellte ihn Dr. Howard vor und kündigte selbst fristlos. Asa Candler hatte einen Job. Er fand auch eine Pension, in der er seine Rechnung erst nach seiner ersten Lohnauszahlung zu begleichen brauchte.

Howard besaß mehrere Läden in Atlanta. Im März 1877 nahm er John Pemberton als Partner auf – eine Vereinbarung, die nur ein paar Monate Bestand hatte – und verkaufte gleichzeitig einen Drugstore an seine beiden jungen Angestellten, den 28jährigen Marcellus Hallman und den 25jährigen Asa Candler. Der Kreditsachbearbeiter von Dun war beeindruckt und vermerkte, daß Hallman und Candler »clevere junge Männer... sparsam & verläßlich«[6] gewesen seien. Sie hatten für die Existenzgründung 3000 Dollar gespart. »Sie sind sehr energiegeladen«, schrieb der Kreditsachbearbeiter. »Sie haben keine Schulden & werden zweifelsohne Erfolg haben.«

Der Mann von Dun war ein guter Prophet. Zwei Jahre später schrieb er, daß die Partner ein volles Lager besäßen, geschäftlich sehr rührig seien, ihre Rechnungen prompt beglichen und behaupteten, 10 000 Dollar wert zu sein. Ferner, so fügte er hinzu, seien sie »korrekte, zuverlässige junge Männer, geschäftstüchtig und ohne extravagante Gewohnheiten«.[7] Diese Beschreibung war noch untertrieben, was Candler anging. Er war ein Workaholic, der niemals einen Tropfen Alkohol anrührte und fest auf seinem Geldbeutel saß.

Die Tochter des überarbeiteten Chefs

In der Zwischenzeit hatte Asa Candler geheiratet. Lucy Howard, erst achtzehn Jahre alt, muß in dem kleinen, entschlossenen jungen Mann mehr gesehen haben als ihr

Vater, der sich ihrer Verheiratung mit seinem ehemaligen Angestellten vehement widersetzte. Widerwillig schrieb George Howard schließlich im November 1878 eine knappe Notiz an seinen Schwiegersohn: »Ich bin geneigt, ›das Kriegsbeil zu begraben‹ und in Zukunft höflich zu sein – wenn das deine Billigung findet, kannst du es mich wissen lassen.«[8] Acht Tage später brachte Lucy Charles Howard Candler zur Welt, der stets mit seinem mittleren Namen gerufen wurde. Asa und Lucy führten offenbar eine von Grund auf glückliche Ehe und hatten zusammen vier Jungen und ein Mädchen. Howard schrieb jedoch später, daß »die Geduld meiner Mutter mit den Haushaltspflichten auf eine schwere Probe gestellt wurde, denn sie mußte sie nahezu ohne jede Hilfe von seiten ihres Mannes bewältigen, der vollkommen von den Verwicklungen und Problemen, die mit dem Aufbau eines Geschäfts einhergehen, in Beschlag genommen war.«[9]

Asa war also beschäftigt, und Lucy fungierte als »Haushaltsvorstand und Sklavin« im Haushalt seiner Verwandten. Denn ihre Schwiegermutter, die herrische Martha Candler, zog bei ihnen nach dem Tode ihres Mannes zusammen mit Asas zurückgebliebenem älterem Bruder Noble und seinem jüngsten Bruder John ein. Des öfteren lebten auch Asas Bruder Warren (mit seiner Familie) und seine Schwester Jessie (die kurz nach ihrem Auftauchen ihr drittes Kind gebar) für eine Zeitlang bei ihnen. Kein Wunder also, daß Asa und Lucy Candler 1879 ein Haus kauften und drei Jahre danach ein größeres. Für Lucy muß es eine ziemliche Erleichterung gewesen sein, als ihre hartherzige Schwiegermutter schließlich 1882 in ein eigenes Haus zwei Türen weiter zog. In den nächsten fünfzehn Jahren, bis zu ihrem Tode, besuchte Asa Candler seine Mutter täglich, jeweils vor und nach der Arbeit, und erfüllte »ihr jeden Wunsch«, noch bevor sie ihn überhaupt geäußert hatte, wie sich Howard Candler erinnerte.

1881 zahlte Asa Candler seinen Geschäftspartner Marcellus Hallman aus und ging im darauffolgenden Jahr mit seinem Schwiegervater und früheren Boß George Howard eine Partnerschaft ein. Bald danach erwarben die beiden

Pembertons Arzneimittelhandel, während dieser krank darniederlag. 1886 erstand Candler Howards Anteile an dem gemeinsamen Unternehmen und benannte die Firma in »Asa G. Candler & Company« um.

Asa und Atlanta werden elektrifiziert

In jenem Frühling, als Pemberton Coca-Cola vervollkommnete, schaute sich Asa Candler nach einem Ticket zum Reichtum um. 34 Jahre alt, hegte er das Gefühl, er habe nun seine Lehrzeit im Medikamentenhandel abgeschlossen. Es war Zeit, wirklich zu Geld zu kommen, und er wußte, daß im ganzen Land Vermögen angehäuft wurden. Atlanta war im Süden die Hochburg für Patentarzneien und Produktionsstätte solcher Riesenerfolge wie B.B.B. und S.S.S. In keiner anderen Stadt der Vereinigten Staaten erwirtschaftete das produzierende Gewerbe derart hohe Gewinne mit diesen fraglichen Arzneien.[10]

Die Bewohner Atlantas waren 1869, als Pemberton dort auftauchte, voller Energie damit beschäftigt, die von Sherman verursachten Trümmer beiseite zu räumen. Doch 1886 *boomte* Atlanta wirklich. Es war 1877 Hauptstadt des Bundesstaates geworden und mittlerweile, wie ein Beobachter in den achtziger Jahren des 19. Jahrhunderts schrieb, »eine große, bevölkerungsreiche und aufstrebende Metropole... berühmt für die hervorragende Leistung und Brillanz ihrer Unternehmen«. Die Zeitungen jener Zeit in Atlanta strotzten von Prahlereien und zitierten mit Vorliebe Lobesbekundungen von seiten der Yankees. Die Stadt, bemerkte ein Besucher aus Massachusetts im *Atlanta Journal* 1886, »besitzt den Dampf und die Energie des Nordens und daneben ein höchst erfreuliches Klima... In kaum einer Stadt der Vereinigten Staaten gibt es so viel Reklame wie in Atlanta. Menschen aus allen Teilen der Union haben sich hier niedergelassen.«

Die Einwohner Atlantas stürzten sich auf alles, was ihnen fortschrittlich vorkam, und zeigten sich folglich fasziniert von der kurz zuvor erfundenen Elektrizität, wenn man auch praktisch noch nicht viel mit ihr anzufangen wußte. Im Leitartikel des *Atlanta Journal* vom 28. Februar 1885 wird die Elektrizität als Metapher für die Sorte Geschäftsleute benutzt, die die Stadt brauchte. Im Rückblick scheint die Beschreibung gut auf Asa Candler zu passen, der vor nervöser Energie geradezu strotzte: »Was wir jetzt benötigen, sind ein paar elektrifizierte Männer – Männer, die ihre elektrifizierten Schultern unter das großartige Rad des Fortschritts im Süden klemmen.« Ihre »elektrifizierten Gehirne« sollten von »elektrisierten Ideen« nur so knistern, die »Kapital im Überfluß und die Zuwanderung einer akzeptablen Klasse von Leuten in den Süden herbeiführen« sollten.

In den Zeitungsanzeigen des Jahres 1886 stellte sich Candler selbst als »aktiv, antreibend und verläßlich« vor. Seine neue Patentmedizin hieß dementsprechend Electric Bitters und kostete nur fünfzig Cent die Flasche. Candlers Anzeige am 5. August 1886 im *Atlanta Journal* zielte, wie so viele andere, offenbar darauf ab, die Symptome auszulösen, die er heilen zu können behauptete:

Sie fühlen sich niedergeschlagen, Sie haben keinen Appetit, Sie werden von Kopfschmerzen geplagt, Sie sind unruhig, nervös und ganz allgemein nicht auf dem Damm, und Sie wollen sich *aufraffen.* Was Sie suchen, ist eine Alternative, die Ihr Blut reinigt, Leber und Nieren gesunden läßt, Ihnen wieder zu Vitalität, gesundheitlichem Wohlbefinden und Kraft verhilft. So eine Medizin ist Electric Bitters.

Asas Beschwerden

Wenn Candlers Werbetext überzeugend klingt, dann liegt das daran, daß er häufig all diese Symptome selbst erlebte. Sein Sohn erinnerte sich: »Vielfach, wenn Vater am Ende eines Tages harter Arbeit im Geschäft oder Büro nach Hause kam, ging es ihm nicht gut, er war erschöpft und litt unter starken Kopfschmerzen« – die häufig noch durch eine Überanstrengung der Augen verschlimmert wurden. Außerdem würde man, wenn er heute lebte, bei Candler wohl manische Depression diagnostizieren. Während er normalerweise ein manisches, energiegeladenes Niveau erreichte, war er doch periodisch verdrießlich,[11] sogar auf dem Höhepunkt seines Erfolgs. Er litt ferner unter Verdauungsstörungen, die zum Teil auf seine unregelmäßige Ernährung und seine Neigung, das Essen hinunterzuschlingen, zurückzuführen waren. Häufig ließ er das Mittagessen aus und kam erst zum Abendessen nach Hause, wenn seine Familie schon lange gegessen hatte.

Diese eindrucksvolle Liste von Beschwerden wurde durch Candlers Hypochondrie noch verstärkt. Seine Briefe an Familienangehörige sind gespickt mit Fragen und besorgten Äußerungen hinsichtlich seiner Gesundheit. »Verhindere, daß Du reizbar wirst oder Dich träge und müde fühlst«, lautete eine typische Bemerkung.[12] »Solche Symptome weisen allgemein auf Miasmen hin.« Er suchte seine Beschwerden mit Patentarzneien zu kurieren (und probierte zweifellos die von ihm verkauften Produkte selbst aus), wie sein Sohn Howard sich erinnerte: »Er kannte in groben Zügen die Eigenschaften der Arzneien und behandelte sich aus tiefer Überzeugung selbst, was nicht nur wenig klug, sondern auch mit erheblichem Risiko befrachtet war«, wenn man die manchmal tödlichen Ingredienzien bedenkt, die er geschluckt haben muß.

Der Weg zu Coca-Cola

Asa Candler war im Gegensatz zu John Pemberton kein brillanter Erfinder. Statt dessen verlegte er sich auf den aggressiven Verkauf von Nachahmungen, wobei er unzufriedenen Kunden eine Geldrückzahlung anbot, wohl wissend, daß kaum jemand davon Gebrauch machen würde. Neben Electric Bitters kaufte Candler die Rechte an einer Reihe anderer Sorten, bevor er auf Coca-Cola stieß. Dazu zählten das Everlasting Cologne (vermutlich ein Parfüm mit beängstigend lang anhaltendem Duft), Bucklen's Arnica Salve (eine Salbe »gegen Schnittwunden, Prellungen, offene Wunden, Geschwüre, Schnupfen, fiebrige Entzündungen, Flechte, rissige Hände, Frostbeulen, Hühneraugen und alle

Hautentzündungen, heilt zuverlässig Hämorrhoiden«[13]), King's New Discovery (Kings Neuentdeckung »gegen Schwindsucht, Erkältungen und Husten, kuriert sicher alle Entzündungen des Halses, der Lungen oder der Brust«) und De-Lec-Ta-Lave (»macht die Zähne weiß, reinigt den Mund, härtet und verschönert den Gaumen«).

Sogar nachdem er 1888 die Rechte an Coca-Cola erstanden hatte, sah sich Candler weiterhin nach anderen vielversprechenden Patentarzneien um. 1890 kaufte er den ehrwürdigen Botanic Blood Balm (B.B.B.)[14], der für seinen Erfinder Dr. J. P. Dromgoole ein Bestseller gewesen war. Ein bahnbrechender Prozeß vor dem Georgia Supreme Court[15] hatte jedoch 1889 den Wert der Blood Balm Company erheblich gemindert, da das Gericht gegen das Unternehmen zugunsten eines Mr. Cooper entschied, der drei Flaschen des Balsams ausgetrunken hatte, um einen Ausschlag an seinem Bein zu kurieren. Er hätte sich besser mit dem Ausschlag abgefunden, meinte das Gericht, da nach Einnahme der empfohlenen Dosis »sein Kopf, sein Hals und seine Brust mit roten Flecken und das Innere seines Mundes und Halses mit wunden Stellen bedeckt waren«. Schließlich »fiel ihm ein Großteil seiner Haare aus«. Das erklärt, warum Candler B.B.B. nach diesem Prozeß als Schnäppchen äußerst günstig erwerben konnte.

Asas Reich im Jahr 1889

Candler mag ja aktiv und rührig gewesen sein, doch 1888, als er sich alle Rechte an Coca-Cola verschaffte, fiel er noch nicht als ungewöhnlich auf. Für den zufälligen Beobachter der Verhältnisse in Atlanta war er lediglich einer von mehreren unternehmungslustigen Geschäftsleuten. Kein Mensch hätte vermutet, daß er um die Jahrhundertwende einer der reichsten Männer von Atlanta und Coca-Cola das beliebteste Erfrischungsgetränk Amerikas sein sollte.

In einem Interview sagte Candler später, daß er Anfang 1889 »bei schlechter Gesundheit und mit 50 000 Dollar hoch verschuldet [gewesen sei] und Coca-Cola am Hals« gehabt habe.[16] Doch in den folgenden Monaten überwand er seine Kopfschmerzen, Magenbeschwerden und den mürrischen Blick so weit, daß er den Reporter vom *Atlanta Journal* beeindrucken konnte, der die Fabrikationsanlagen des »unternehmerischen Drogisten« in der Peachtree Street in diesem Mai beschrieb. Frank Robinson überwachte im Erdgeschoß die Herstellung, während Asa Candlers »privates Heiligtum« den hinteren Raum des ersten Stocks einnahm, in dem der Einzelhandel untergebracht war. Die Versandabteilung in der zweiten Etage war »praktisch« vom Boden bis zur Decke (fast drei Meter hoch) mit zahlreichen Patentarzneien aus Atlanta im Wert von 10 000 Dollar »vollgestopft«. Ganz oben, unter dem Dach, füllte eine Gruppe von jungen Frauen »Extrakte, Arzneien, Öle etc.« auf Flaschen ab.

Candler, »ein nimmermüder Arbeiter, der stets in seinem Büro saß«, hatte zu seiner Unterstützung Frank Robinson und einen anderen vollzeitbeschäftigten Verkäufer, die seine Produkte verhökern sollten. Dazu gehörte auch Coca-Cola, die als »eine ihrer führenden Spezialitäten«* bezeichnet wurde. Bald danach wurde die kleine Firma um einen weiteren Verkäufer erweitert. Sam Dobbs, der in der Anfangsgeschichte des Unternehmens eine Schlüsselrolle spielen sollte, tauchte im Alter von 27 Jahren auf und bat seinen Onkel Asa um einen Job. Zuerst wurde er abgewiesen, doch der schwarze Pförtner, ein ehemaliger Sklave der Candlerschen Familie, starb am nächsten Tag, und Dobbs erhielt dessen Stellung. Und schon bald stellte er seine Qualitäten als Verkäufer unter Beweis – er war der erste von vielen Verwandten Candlers, die durch Coca-Cola in Arbeit und Brot gelangten.

---

* Candler erzählte dem Reporter, daß »Coca-Cola vor einem guten Jahr ohne großen Paukenschlag eingeführt wurde. Ihr Erfinder sah sich außerstande, die für eine allgemeine Einführung auf dem Markt notwendigen Mittel aufzubringen...«. Interessant dabei ist, daß Pembertons Name sorgfältig vermieden wird, obwohl er noch nicht einmal ein Jahr tot und in Atlanta gut bekannt war. Candler spielte den Anteil des Erfinders an dem Produkt bereits herunter. Man beachte ferner, daß er die Einführung von Coca-Cola auf »vor einem guten Jahr« (1888), und nicht auf 1886 ansetzt.

Handelsvertreter hießen in jenen Tagen »Drummer« oder »Trommler«, da sie das Geschäft »antrommelten«, und die Vertreter aus Atlanta standen bereits in dem Ruf, Dampf zu machen, wie ein Beobachter 1881 feststellte: »Atlantas Handel dehnt sich zügig in immer weitere und entferntere Gebiete aus. Die Drummer... für Firmen aus Atlanta bereisen ganz Georgia und die angrenzenden Bundesstaaten.« Candlers Männer müssen genauso vorgegangen sein, denn die Dankschreiben für Coca-Cola, die in dem Artikel vom Mai 1889 abgedruckt wurden, stammten nicht nur aus Georgia, sondern auch aus Mississippi, Alabama und Virginia. 1890 wurden lediglich vierzig Prozent des Coca-Cola-Absatzes [17] in den Sodabars von Atlanta erzielt, und im Jahr darauf war diese Zahl auf 27 Prozent gesunken.

Im August desselben Jahres beschrieb Foster Howell, ein Veteran in der Sodabar-Branche, in der *Atlanta Constitution* Coca-Cola als »eines der beliebtesten Getränke, das in Atlanta jemals verkauft wurde«. Howell erklärte die Popularität von Coca-Cola wesentlich offener als Candler mit seiner lindernden Wirkung bei Katerstimmung: »Männer, die in der Nacht zuvor durch die Kneipen gezogen sind, stehen morgens auf und trinken... Coca-Cola... eines der besten Nerventonika der Welt.« Dann erzählte er, wie einer von Pembertons Beschäftigten, ein »gescheiter Drogist«, ihm 1886 das neue Kopfschmerzmittel vorgeführt hatte. Dieser war nämlich eines frühen Morgens mit einer Sirupflasche bei ihm erschienen, auf »deren Etikett ›Coca-Cola‹ gekritzelt« stand. Da just in diesem Augenblick ein Kunde mit einem schlimmen Kater hereinwankte, probierte Howell die »Neuentdeckung« gleich an ihm aus. »Es funktionierte wie ein Zauber. Nach wenigen Minuten erschien er wieder, und nach einer Stunde hatte er vier Gläser gekippt.« Howell beschrieb einen weiteren Kunden, der fünf Gläser hintereinander austrank, »dann mit einem bedauernden Blick ging und gar nicht glücklich zu sein schien, weil er nicht mehr schaffte«.

Die Kombination aus Kokain und Koffein muß für die Mehrfachbestellungen von Coca-Cola verantwortlich gewesen sein, und wir haben hier den ersten Beleg für abhängige Benutzer, die bald als »Coca-Cola-Süchtige«* abgestempelt wurden. Nichtsdestotrotz beharrte Howell darauf, daß die Gefahr der Abhängigkeit nicht bestehe; die Leute würden nicht zu »Soda-Säufern«. Doch er fügte hinzu, »wenn man es abends trinkt, kann man nicht schlafen«.

Das ganze Jahr 1889 hindurch konnte Candler, ohne groß Werbung dafür zu machen, verfolgen, wie der Absatz von Coca-Cola steil in die Höhe schoß. Er begab sich selbst nach Cartersville und forderte seine ersten Arbeitgeber auf, Coca-Cola vorrätig zu halten. Der Gesamtverkauf des Jahres 1889 belief sich laut Robinsons Jahresbericht auf 2171 Gallonen Sirup. Da in jedem ausgeschenkten Glas eine Unze Sirup enthalten war, hieß das, daß fast 61 000 Getränke verkauft worden waren.

1890: Das Jahr der Entscheidung

Am 1. Januar 1890 überdachte Asa Candler seine finanzielle Situation und stellte eine private Bilanz auf.[19] Er war nun schuldenfrei und besaß ein Nettovermögen in Höhe von 17 326 Dollar, worin auch sein Haus eingeschlossen

---

* Über den tatsächlichen Anteil von Kokain[18] in der ursprünglichen Coca-Cola sind reichlich Spekulationen angestellt worden. Nach einem Rezept, das sich im Besitz des Urenkels von Frank Robinson befindet (und offenbar aus Robinsons Feder stammt), enthielten 36 Gallonen Sirup zehn Pound Kokablätter. Das ergibt pro Getränk 0,13 Gran oder 8,45 Milligramm Kokain, also nur einen winzigkleinen Anteil. In neueren Untersuchungen wurde jedoch eine symbiotische Beziehung zwischen Kokain und Koffein festgestellt. »Unsere Untersuchungen [an Ratten] haben gezeigt, daß Koffein die Gehirnsysteme in einen Rauschzustand versetzt – es verstärkt die Wirkung von Kokain«, sagt Dr. Susan Schenk. Infolgedessen könnte auch der vernachlässigbar geringe Anteil Kokain in der ursprünglichen Coca-Cola eine Wirkung gehabt haben, wenn es zusammen mit achtzig Milligramm Koffein konsumiert wurde. Eine normale »Dosis« Kokain, wie sie heutzutage geschnupft wird, enthält zwanzig bis dreißig Milligramm. Der Gentleman, der in Foster Howells Sodabar fünf Gläser Coca-Cola trank, nahm also vierzig Milligramm Kokain zu sich – ein ganz schöner Schuß; obwohl darauf hinzuweisen ist, daß inhaliertes Kokain stärker wirkt als oral aufgenommenes.

war. Einer der Einträge lautete: »Coca-Cola-Warenzeichen-schutz etc.... 2000 Dollar«, vermutlich der Betrag, den Candler dafür gezahlt zu haben glaubte. Zur gleichen Zeit wertete er De-Lec-Ta-Lave auf 1000 Dollar ab, obwohl er es für knapp 4000 Dollar erstanden hatte. Er hat keine weiteren Patentarzneien namentlich aufgeführt.

In diesem Januar, in der Kälte eines grauen Winters in Atlanta, verkaufte sich Coca-Cola weiterhin gut, ein bis dahin noch nie dagewesenes Bravourstück für ein in Sodabars vertriebenes Getränk, da diese normalerweise nur im Sommer konsumiert wurden. Am Ende des Monats hatte Candler 168 Gallonen Sirup verkauft. Von diesen Zahlen ermutigt, verfaßte er ein Werbeblatt,[20] das er im Februar an Drogisten verschickte und in dem er Coca-Cola als »im Sommer wie Winter köstliches Getränk für Sodabars« empfahl. Candler setzte hinzu, daß »der Wert und die berechtigte Popularität« des Trunks durch »seinen guten Ruf, der sich mittlerweile auf die Bundesstaaten Georgia, Alabama, Florida und Tennessee sowie auf zahlreiche Örtlichkeiten in vielen anderen Staaten ausdehnt«, bewiesen sei.

Candler hatte zweifelsfrei die alten Briefe und Werbeanzeigen von Pemberton gelesen, in denen die »medizinischen Eigenschaften der Kokapflanze und des Extrakts der berühmten afrikanischen Kolanuß« gepriesen wurden, mit der Anmerkung, daß »die besten Ärzte ohne Zögern [Coca-Cola] bei geistiger und körperlicher Erschöpfung, Kopfschmerzen, Ermüdungserscheinungen, geistiger Niedergeschlagenheit etc. befürworten und empfehlen«. Schließlich hob Candler hervor, daß »die Hauptkunden für Coca-Cola Geschäftsleute und berufstätige Männer sind, die ihr Geld im allgemeinen nicht für etwas ausgeben, für das sie keinen Gegenwert erhalten«. Coca-Cola war, so folgerte er, eine praktische Stärkung für den gestreßten Geschäftsmann, ein Gesichtspunkt, den er in den folgenden Jahren mehrfach betonen sollte.

Candler puschte Coca-Cola nicht nur als Getränk für die Sodabars, sondern bewarb sie auch in Anzeigen als Patentmedizin, die er für 25 Cent die Flasche in Lebensmittelgeschäften und Drugstores anbot – also zu nur ungefähr einem Viertel des Preises, der gemeinhin für die meisten Arzneimittel verlangt wurde. In Almanachen, die in allen Südstaaten Verbreitung fanden, behauptete Candler, der Coca-Cola-Sirup »sollte in jedem Haushalt zur Bekämpfung von Kopfschmerzen und Ermüdungserscheinungen vorrätig sein« sowie auch zur »Überwindung von Niedergeschlagenheit und Abgespanntheit«. Die empfohlene Dosierung beinhaltete einen Teelöffel voll in einem mit Wasser gefüllten Weinglas.

Der Absatz im Jahr 1890 belief sich auf 8855 Gallonen, mehr als das Vierfache des vorausgegangenen Jahres. Am Jahresende erkannte Asa Candler, daß Coca-Cola ihm, wenn er sich nur richtig darum kümmerte, ein Vermögen bringen könnte. Er beschloß, den Handel mit Arzneimitteln einzustellen und seine ganze Zeit nur noch Coca-Cola zu widmen. Vorsichtig wie immer, setzte er noch nicht alles auf eine Karte, sondern behielt die Rechte an B.B.B. und De-Lec-Ta-Lave. Im Januar 1891 vermerkte ein Beitrag in der *Atlanta Constitution* mit der Überschrift »Aus der Geschäftswelt«, daß Candlers Handel mit den drei Markenarzneien »enorm gestiegen [ist] und er seine Zeit vollständig für sie aufwenden muß«.

Davon überzeugt, daß Coca-Cola seine Zukunft sei, beschloß Candler, für eine solide Rechtsgrundlage zu sorgen und sich das Besitzrecht in vollem Umfang zu sichern. Am 22. April 1891 überredete er Joe Jacobs, das einzige andere noch verbliebene Mitglied von Walker, Candler & Company (Woolfolk Walker war ja angenehmerweise 1888 verschwunden), die Coca-Cola-Rechte der Firma ganz auf Candler zu überschreiben. Dann, am 5. Juni, reichte Candler alle notwendigen Dokumente beim Patentamt der Vereinigten Staaten ein.

Nach dem Verkauf seines Arzneimittelhandels suchte Candler Einsparungen vorzunehmen und übersiedelte in jenem Herbst in die Decatur Street Nummer 42 $\frac{1}{2}$, wo er Coca-Cola fortan über einer Pfandleihe, einem Geschäft für Secondhand-Kleidung und einem Saloon für Schwarze herstellte. Er war als Mieter nicht gerade beliebt, denn der vierzig Gallonen fassende Kessel mit brodelndem Sirup pflegte von Zeit zu Zeit überzukochen. Die süße, klebrige

Mixtur sickerte dann durch die Bodenbretter und tröpfelte in die darunter gelegenen Etablissements.

Als Coca-Cola die ersten größeren Summen einbrachte, forderte Candler die Anzeigenwerbung in ganz Georgia und in den anderen Südstaaten, wenn auch dort nicht in gleich hohem Maße. Er setzte dabei auch das mittlerweile bekannte Schriftlogo von Coca-Cola ein, das Frank Robinson entworfen hatte. Schon bald stellte er einen Schwarzen ein, George Curtright, und einen weiteren Neffen, Sam Willard, die die Herstellung von Coca-Cola übernahmen, wodurch sich Robinson ganz der Vermarktung des Getränks widmen konnte.

Robinson: der kaum gewürdigte Held

Wenn überhaupt jemand als kaum gewürdigter Held von Coca-Cola bezeichnet werden kann, so ist das mit Sicherheit Frank Robinson. Der kleinwüchsige, bescheidene Mann – er war sogar noch kleiner als Asa Candler – mit buschigem Schnauzbart hielt sich stets schüchtern im Hintergrund. Robinson und Candler waren zwar konträre Persönlichkeiten, doch beide ergänzten sich hervorragend. Candler wirkte getrieben, reizbar und temperamentvoll und befand sich stets am Rande des Zusammenbruchs. Robinson hingegen blieb immer gelassen und besonnen und verriet auch angesichts der schlimmsten Auseinandersetzungen keinerlei Gemütsbewegung. Wie Candler unterrichtete Robinson in der Sonntagsschule. Doch während Candlers vorpubertäre Schüler hinter seinem Rücken allerlei Unsinn trieben, nahm Robinson mit einer hingebungsvollen Schar junger Frauen die Bibel durch. Eine Fotografie aus dieser Zeit[21] zeigt Robinson mit selbstzufriedenem Blick auf einem Stuhl im Kreis von fünfzig Schülerinnen.

Eine biographische Skizze aus dem Jahr 1917[22] bemerkte zu Recht, »wenn auch Mr. Robinsons Bescheidenheit ihm nicht erlaubt, diesen Anspruch zu erheben, zögern doch viele eingeweihte Freunde nicht zu behaupten, daß es Frank Robinson gewesen ist, der Coca-Cola schuf und ihr zu ihrem weltweiten Ansehen verhalf«. Tatsächlich sollte

Robinsons hinter den Kulissen kreierte Coca-Cola-Werbung in den folgenden zwanzig Jahren dem Getränk zu seinem unglaublich hohen Bekanntheitsgrad verhelfen. Der »Kopf« hinter diesem überaus stark südstaatlich geprägten Soft Drink stammte aus Corinth im Bundesstaat Maine. Sein Vater war während des Bürgerkriegs in der Schlacht bei Cold Harbor schwer verwundet worden, und Frank Robinson selbst hatte bei den Maine Volunteers gedient.[23] Wie er in späteren Jahren gestand, erfüllte ihn nicht so sehr sein Coca-Cola-Erfolg mit Stolz als vielmehr die Wahl zum County Auditor (Finanzprüfer des Rechnungshofs) von Osceola County, Iowa, im Jahr 1872, also noch bevor er nach Atlanta übersiedelte.[24]

Einige der frühen Zeitungsanzeigen sind jedoch wohl der Feder Candlers entsprungen, worauf die reichlich idiosynkratische Ausdrucksweise hindeutet. »ES FINDET RASCH FREUNDE. ES HÄLT, WAS ES VERSPRICHT. ES FINDET KÄUFER, WEIL ES HILFT«, wurde in einer solchen Anzeige verkündet. Im Hinblick auf die spätere Geschichte von Coca-Cola entbehrt das folgende Zitat aus einer dieser Anzeigen nicht der Ironie: »Ich fordere die Welt auf, mir einen Artikel zu nennen, der so populär wie Coca-Cola ist und für den so wenig Werbung gemacht wurde.«[25] In derselben Anzeige erklärte Candler, daß er »stark und fast täglich« unter Kopfschmerzen gelitten habe, bis er Coca-Cola probierte. »Wenn ich es nun der Öffentlichkeit anbiete«, setzte er hinzu, »betätige ich mich, davon bin ich fest überzeugt, als öffentlicher Wohltäter.«

Am Ende des ersten Jahres, in dem er sich nur noch um Coca-Cola, B.B.B. und De-Lec-Ta-Lave gekümmert hatte, hatte Candler 19 831 Gallonen Sirup verkauft, mehr als das Doppelte des Vorjahres, und dies war ihm mit einem relativ kleinen Werbebudget gelungen. Was würde geschehen, wenn er wirklich Geld in die Werbung steckte? In der Gewißheit, daß mit Coca-Cola – einem Segen für die leidende Menschheit – mehr Geld zu verdienen war, konzentrierte sich Candler entschlossen voll und ganz auf dieses eine Produkt. Er gab kurz darauf De-Lec-Ta-Lave an Joe Jacobs und B.B.B. an J. B. Brooks ab, einen seiner Teilzeitvertreter, und ließ am 29. Dezember 1891 The Coca-Cola-Company als neue Gesellschaft eintragen.

Kokain-Blues zum zweiten

Der Bekanntheitsgrad von Coca-Cola nahm stetig zu, doch die Munkeleien über seinen Kokaingehalt wollten nicht verstummen. Wie sie es auch in den kommenden Jahren tun sollten, bestellten Stammkunden statt Coca-Cola zumeist einfach »Dope«, eine Sitte, die Candler zur Raserei trieb. Am 12. Juni 1891, genau eine Woche nachdem er den Nachweis seiner Besitzrechte beim Patentamt hinterlegt hatte, schlug Candler die *Atlanta Constitution* auf und stieß auf die Schlagzeile: »WAS IST IN COCA-COLA DRIN? Ein beliebtes Getränk, das zur Kokainsucht führen soll.« Ihm drehte sich der Magen um, und wie ein Donnerschlag hämmerten die Schmerzen in seinem Kopf, als Candler las, was ein »besorgter Bürger« dem Reporter mitgeteilt hatte.

Das Trinken von Coca-Cola sei, so der empörte Bürger, »eine sehr verwerfliche und schädliche Angewohnheit«, und er fügte hinzu, »die Leute trinken es jeden Tag dutzendfach«. Der Informant behauptete: »Bei der Ingredienz, die Coca-Cola so beliebt macht, handelt es sich um Kokain. Eindeutig enthält das Getränk genug von diesem Stoff, um bei den Leuten eine Reaktion auszulösen, und es treibt Tausende von Menschen langsam, aber sicher in die Kokainsucht.« Dann erzählte er, daß sich sein Freund aus Verzweiflung darüber, von der Kokainabhängigkeit nicht loszukommen, erschossen habe. Das implizierte natürlich, daß der Konsum von Coca-Cola der erste Schritt auf dem Weg zur Selbstzerstörung sei.

Candlers Reaktion bestand darin, eine Anzeige aufzugeben, in der er jeden aufforderte, einen belegten Fall beizubringen, bei dem Coca-Cola zur Kokainsucht geführt habe. »Wenn ich der Ansicht wäre, daß es möglicherweise irgend jemandem schadet«, setzte er hinzu, »würde ich die Herstellung von Coca-Cola sofort einstellen.«[26] Er behauptete, daß bei der Herstellung von Coca-Cola nur eine halbe Unze Kokablätter pro Gallone Sirup verwandt wird und »kein sensibler Mensch es wagen würde zu sagen, diese Menge in einer Gallone schade jemandem, der ein Glas zu sich nimmt«. Wenn diese Information Candlers zutreffend war, hatte er mit Sicherheit mit seiner Behauptung recht, daß ein Glas Coca-Cola nur einen vernachlässigbaren Anteil an Kokain enthielt, etwas mehr als ein Hundertstel eines Grans. Doch entweder log Candler, oder er hatte den Anteil an Kokablättern stark reduziert, denn in Pembertons Formel war zehnmal[27] mehr erforderlich, als Candler angab.*

Die Kontroverse legte sich, und die Coca-Cola-Konsumenten frönten ihrer schändlichen Sucht ohne sichtbare Krankheitssymptome. Dennoch sollten die Gerüchte über den Drogengehalt von Coca-Cola Candler und das Getränk in den nächsten Jahren weiter verfolgen. Doch wahrscheinlich kamen diese Gerüchte dem Absatz sogar zugute. Die Leute reagierten auf dieses mit dem Getränk verbundene Stigma mit Faszination und empfanden einen sündhaften Nervenkitzel, wenn sie es schlürften.

Die Zauberformel

Das Geheimnis um Coca-Cola wurde selbstverständlich noch dadurch verstärkt, daß seine Zusammensetzung geheimgehalten wurde und die Geschmacksstoffe mit dem Code 7X bezeichnet wurden.** Bald nachdem Frank Robinson ihm die Formel gebracht hatte, veränderte Asa Candler sie. Sein Sohn sagte, er habe das getan, weil »das Pemberton-Produkt keinen rundum angenehmen Geschmack besaß; es enthielt zu viele Dinge, zuviel von dem einen und zu wenig von dem anderen... das Bouquet meh-

---

* Drogenexperten, angefangen bei Angelo Mariani und John Pemberton, haben zwischen Koka und Kokain eine legitime Unterscheidung getroffen. Die peruanischen Indios bevorzugten die milderen Sorten des Blattes und mochten die bittere Varietät mit höherem Kokaingehalt nicht. Als Kokain in Verruf geriet, kämpften Mariani, Pemberton und dann Asa Candler für die Beibehaltung der Unterscheidung zwischen den positiven, »natürlichen« Eigenschaften der Kokablätter, die durch die Kombination von vierzehn Alkaloiden leicht stimulierend wirkten, und dem drastischeren Effekt des reinen Alkaloids Kokain.
** Zur detaillierten Beschreibung der Formel und der Ingredienzien von 7X siehe im Anhang den Abschnitt »Die heilige Formel«, S. 630.

rerer flüchtiger essentieller Öle, die man zuvor verwandte, wurde von einigen Ingredienzien beeinträchtigt«.[28] In erster Linie ging es bei der Veränderung der Formel jedoch darum, sie von allen anderen herumschwirrenden Rezepten deutlich abzusetzen. Mindestens zehn Personen[29] hatten Zugang zur Originalformel von Pemberton. Und sobald Coca-Cola sich allgemeiner Beliebtheit erfreute, offerierten Nachahmer, Drogisten und Scharlatane für unterschiedliche Summen Versionen der Formel, wobei die geforderten Geldbeträge laut Joe Jacobs »von 1000 Dollar bis zu einer Flasche Whiskey« reichten.

Um sein wertvolles Geheimnis zu schützen, vollführte Candler jedesmal ein raffiniertes Ritual, wenn eine Ingredienzienlieferung eintraf. Entweder er oder Robinson entfernte auf der Stelle die Etiketten und versah die Stoffe statt dessen mit einem Zahlencode von 1 bis 9 (die essentiellen Öle für 7X wurden überhaupt nicht ausgezeichnet). Candler öffnete die gesamte Firmenpost, so daß er die Rechnungen für die geheimen Ingredienzien herausfischen konnte, bevor irgend jemand aus der Buchhaltung sie zu Gesicht bekam.

Zu Anfang rührten nur Candler oder Robinson das wertvolle 7X an. Später, als Howard Candler der Firma beitrat, wurde ihm die feierliche Zeremonie quasi als Initiationsritus beigebracht. »Einer der stolzesten Augenblicke meines Lebens«, erinnerte er sich, »war der, als mein Vater... mich in die Mysterien des geheimen Aromarezepts einweihte und mich einführte, als ginge es um das ›Allerheiligste‹.« Weder die Formel noch die Anweisungen wurden jemals schriftlich niedergelegt. Die Container wurden, nachdem man die Etiketten entfernt hatte, »nur anhand des Aussehens, Geruchs und der Erinnerung, an welcher Stelle im Regal sie plaziert worden waren«, identifiziert. Und zum Schluß probierten Candler oder Robinson jede Ladung Sirup, bevor sie das Werk verließ. Robinson besaß eine besonders gute Nase und einen feinen Gaumen und konnte selbst kleinste Abweichungen des Aromas feststellen.

(Neu-)Gründung der Aktiengesellschaft

Am 29. Januar 1892 erhielt The Coca-Cola-Company die Konzession zur Gesellschaftsgründung. Candler hat vermutlich tief durchgeatmet, als keinem Bürokraten auffiel, daß es im Handelsregister von 1888 bereits eine Coca-Cola-Company gab. Die Konzessionsurkunde der neuen Firma verlangte eine Kapitaleinlage in Höhe von 100 000 Dollar, die in 1000 Aktien zu je 100 Dollar aufgeteilt werden sollte.

Im Februar übertrug Candler seine Rechte an Coca-Cola der neuen Firma im Austausch gegen 500 Aktien, während Frank Robinson nur zehn Anteilscheine erhielt. Candler wollte 1892 zusätzlich Geld auftreiben, indem er die anderen 490 Anteile an Investoren verkaufte, was zwei unbekannte Namen im Aufsichtsrat erklärt: J. M. Berry aus Virginia und F. W. Prescott aus Massachusetts. Berry verschwand bald von der Bildfläche, Prescott jedoch, ein Unternehmer, der laut einem Zeitungsbericht »gut in den verschiedenen Märkten positioniert war«, versuchte, Aktien im Gebiet von Boston zu vermarkten.[30] Candler nahm auch Kontakt zu Börsenmaklern und Spekulanten in New York und Baltimore auf. Obwohl Coca-Cola nachweislich ein sehr gewinnträchtiges Produkt war, konnte Candler nur wenige Geldgeber für seine noch relativ unbekannte Markenmedizin gewinnen. Candler garantierte der Darby Manufacturing Company aus Baltimore für zehn Jahre exklusiv das Gebiet von Maryland; als zusätzlichen Anreiz überließ er ihr für jede 500. Gallone Sirup, die die Firma kaufte, eine Coca-Cola-Aktie (bis zu einem Limit von fünfzig Stück). 1899 besaßen die Leute aus Baltimore achtzehn Aktien, verkauften sie dann jedoch wieder an die Candler-Familie.

F. W. Prescott fand in Boston bessere Investoren. Die Firma Seth Fowle & Sons, die bereits im Handel mit Markenarzneien tätig war, erstand fünfzig Anteilscheine und die auf zwanzig Jahre begrenzten Exklusivrechte für New England. Die beiden Fowle-Söhne wurden engagierte Coca-Cola-Männer und gaben das erste Mitteilungsblatt heraus, das für das Produkt die Trommel rührte. *The Coca-Cola News* der neunziger Jahre war für den Einzelhändler bestimmt und legte das Hauptgewicht auf die mit dem Soft Drink – »ein Stärkungsmittel, ein Segen für die Menschheit« – zu erzielenden Profite. Als sie der neuen nationalen Begeisterung fürs Radfahren gewahr wurden, bemühten sich die Fowle-Brüder intensiv um die Radfahrer und um andere Sportler. Der stetig steigende Absatz von Coca-Cola verschaffte Candler bald das ganze Kapital, das er benötigte – zu keiner Zeit befanden sich mehr als 586 Aktien im Besitz von Außenstehenden.

Die Karombolage mit Kent's Coca-Cola

Da das Geschäft immer besser lief, beschloß Candler im Mai 1892, den Coca-Cola-Schriftzug als Warenzeichen schützen zu lassen. Was er für eine Routineangelegenheit hielt, sollte seine Firma allerdings beinahe ruinieren, bevor sie richtig Boden unter den Füßen bekommen hatte. Ihm wurde der Schutz verweigert, unglaublicherweise hatte bereits ein anderer ein Produkt mit dem Namen Coca-Cola erfunden und es schützen lassen. Das bereitete Candler erneut Kopfschmerzen, besser gesagt, eine richtiggehende Migräne.

Die schockierende Nachricht war allerdings nicht so überraschend. Mitte der achtziger Jahre des 19. Jahrhunderts wurden das Kokablatt und die Kolanuß häufig in einem Atemzug genannt; es war wohl gar nicht zu vermeiden, daß irgend jemand die beiden Ingredienzien zusammenrührte. So ist es auch keine besonders große Überraschung, daß zwei Männer nicht nur dieselbe Idee hatten, sondern auch den gleichen Namen dafür wählten.* Ein Drogist namens Benjamin Kent aus Paterson, New Jersey, hatte die Ausgabe des Frederick-Stearns-Katalogs von 1883/84 mit den nebeneinanderstehenden Spalten für Koka und Kola gesehen und, dadurch angeregt, gegen Ende des Jahres 1884 sein neues Tonikum »Kent's Coca-Cola« getauft, über ein Jahr, bevor Frank Robinson auf diesen Namen für Pembertons Getränk verfallen war.

---

* Sigmund Freud hat eine seiner Abhandlungen 1885 Carl Koller gewidmet: »Für meinen guten Freund, Coca Koller.«

Kent's Coca-Cola wurde wie Pembertons Rezept vornehmlich als Heilmittel gegen Kater geschluckt; das Etikett, das dem von Pemberton auf unheimliche Weise ähnelte, empfahl die Medizin als »ein Allheilmittel für alle geistigen und körperlichen Müdigkeitserscheinungen, Abgespanntheit und Erschöpfung, die den häufigen Genuß eines Tonikums erforderlich machen«.[31] Im Gegensatz zu Pembertons Getränk enthielt das Kentsche allerdings nicht nur Koffein und Kokain, sondern obendrein einen guten Schuß Whiskey. Der bittere Sirup wurde mit Mineralwasser eingenommen und erlangte in Paterson große Beliebtheit.

1888 kontaktierte Kent einen Anwalt aus Paterson, John Kerr,[32] zwecks Registrierung seiner Coca-Cola als Warenzeichen, was Kerr am 22. Januar 1889 auch tat. In der Erteilungsurkunde wurde festgestellt, daß Kent den Markennamen »fortwährend geschäftlich seit dem 1. Juni 1888« benutzt habe. Später sagte Kerr aus, er habe Kent geraten, die (eigentlich spät angesetzte) Jahreszahl 1888 zu verwenden, da es für ein US-Warenzeichen notwendig war, daß der betreffende Artikel auch außerhalb der Vereinigten Staaten verkauft wurde. Infolgedessen hatte er Kent empfohlen, seine Coca-Cola durch einen Freund in Kanada vermarkten zu lassen, was ihm im Juni 1888 auch gelungen war. Aufgrund dieser kleinen Spitzfindigkeit wurde der Coca-Cola-Variante aus Atlanta schließlich der Vortritt eingeräumt.[33] Pemberton hatte das Coca-Cola-Zeichen ein Jahr früher, am 28. Juni 1887, eintragen lassen, und im Kollisionsverfahren Nr. 15 753 entschied das Patentamt, daß nur die in den Anträgen angegebenen offiziellen Daten ausschlaggebend seien. 1894 fand Candler Kent im stillen mit 400 Dollar ab, obwohl der Drogist aus New Jersey sich 10 000 Dollar erhofft hatte.[34]

Coca-Cola startet durch

Nachdem alle großen Hindernisse aus dem Weg geräumt und Candlers Coca-Cola richtiggehend als Unternehmen gegründet und ordnungsgemäß als Warenzeichen eingetragen war, stand einem phänomenalen Wachstum nichts mehr im

Wege. Von knapp 20 000 Gallonen im Jahr 1891 schoß der Absatz 1892 auf 35 360 Gallonen, dann (während einer landesweiten konjunkturellen Talfahrt) 1893 auf 48 427, 1894 auf 64 333 und 1895 auf 76 244 Gallonen. All dies wurde mit einem nur kleinen Stab in der heimischen Zentrale erreicht, denn in den ersten beiden Jahrzehnten waren dort niemals mehr als dreißig Personen beschäftigt. Der entscheidende Punkt war die Werbung, wie Candler und Robinson bald demonstrierten. In seinem ersten Geschäftsbericht, der die zehn Monate seit der Gründung im Jahr 1892 behandelte, gab Candler bekannt, daß die Firma knapp 22 500 Dollar für die Ingredienzien und mehr als die Hälfte dieser Summe (11 400 Dollar) für Werbung ausgegeben habe.[35] Er meinte dazu, daß »wir auf einem Gebiet einen äußerst beträchtlichen Werbeaufwand betrieben haben, der noch keine Gewinne erbracht hat. Wir haben Grund zu der Annahme, daß sich das im nächsten Jahr auszahlen wird«.

Der Großteil des Werbebudgets ging für Schilder an den Verkaufsstellen, Kalender, Werbegeschenke und Zeitungsanzeigen drauf, die alle stark auf das Coca-Cola-Zeichen abhoben. Candler, der noch zu Anfang sein eigenes Produkt falsch buchstabiert hatte, wurde nun höchst empfindlich, was die korrekte Schreibung von Coca-Cola – nicht cococola oder cocoa-cola – anging, es mußte außerdem in Großbuchstaben und mit Bindestrich geschrieben sein.* Seine Sorge, die er ab und an in höchst gereiztem Ton vorbrachte, war berechtigt, da durch die Variationen und die Kleinschreibung aus dem Namen leicht ein Gattungsbegriff geworden wäre, den jeder Wettbewerber hätte benutzen können.

Die ersten Anzeigen präsentierten Coca-Cola fast durchweg als Heilmittel. Kurioserweise stellte das eine Abkehr von Pembertons erster Anzeige für Coca-Cola dar, in der es »köstlich und erfrischend« genannt wurde. Während im Firmenbriefkopf verkündet wurde, Coca-Cola sei »köstlich, er-

---

* Candler reagierte gleichermaßen irritiert, wenn sein eigener Name falsch geschrieben wurde, beispielsweise »Chandler«. Als sein Bekanntheitsgrad stieg und sein Ego zum Höhenflug ansetzte, weigerte sich Candler sogar, Briefe zu öffnen, auf denen sein Name falsch angegeben war.

frischend, anregend, stärkend«, verzichteten die Candlerschen Inserate auf diese Adjektive. Statt dessen hieß es
über Coca-Cola: »Harmlos, wunderbar, wirksam, schnell
wirkend... Beseitigt Kopfschmerzen... Beruhigt sofort.« Und
weiter: »Ideales Gehirntonikum und hochwirksames Heilmittel bei Kopfschmerzen und Nervosität. Es macht den
Traurigen glücklich und den Schwachen stark.« Candler
glaubte eindeutig an die wohltuende Wirkung seines Getränks, selbst wenn er leugnete, daß dies auf Kokain
zurückzuführen war.

1894 wurden erneut Coupons für Freigetränke ausgegeben. Karten in Höhe von über 7000 Dollar wurden in diesem und dem nächsten Jahr eingelöst – oder umgerechnet
mehr als 140 000 Gratisgetränke pro Jahr ausgegeben.
Mit der Versicherung, eine neue Einnahmequelle zu erschließen, baten die Vertreter den Besitzer eines Aus-
schanks um Namen und Adressen von hundert Stammkunden. Dann wurden auf dem Postweg zusammen mit einem
Begleitbrief Freicoupons verschickt, und zwar zeitlich so
abgestimmt, daß sie den potentiellen Kunden just zu dem
Zeitpunkt erreichten, wenn die Sodabar eine Coca-Cola-Lie-
ferung und Werbemittel erhielt. Mit diesem System konnten auf geniale und effektive Weise neue Ausschankstellen
gewonnen werden.[36] Den Besitzern der Sodabars wurde es
einfach gemacht, sie konnten Freigetränke ausgeben und
mit den attraktiven Postern ihre Räumlichkeiten freundlicher gestalten. Ferner wurden zur Absatzförderung »Prämien« offeriert – Tabletts, Waagen, Büroschränke, Kisten,
Mappen und Uhren. Auf allem prangte natürlich groß das
Coca-Cola-Logo.

Auf Eroberungszug quer durch die Nation

Candlers Detailbesessenheit, Bedürfnislosigkeit und Erfolgs-
bezogenheit kamen Coca-Cola zugute. Aber auch der Standort Atlanta, der Kreuzungspunkt eines Netzes von Eisen-
bahnstrecken, auf denen die der Wiederverwendung zuge-
führten Whiskeyfässer voll des süßen Sirups durch das
Land transportiert wurden. Ende 1895 konnte Candler sei-

nen Aktionären stolz berichten, daß »Coca-Cola mittlerweile in jedem Bundesstaat und jedem Territorium der Vereinigten Staaten zum Verkauf angeboten und konsumiert wird«. In den zurückliegenden vier Jahren seit der Unternehmensgründung war es der Firma gelungen, landesweit einen Vertrieb aufzubauen, wenn auch der bei weitem überwiegende Teil des Getränks immer noch im Süden abgesetzt wurde. »Der großartige amerikanische Adler auf dem Wappen – dieser anspruchsvolle Vogel der Freiheit – hängt leidenschaftlich an Coca-Cola«, verkündeten *The Coca-Cola News,* »denn Coca-Cola ist zum Nationalgetränk aufgestiegen.«

Bei näherer Betrachtung der Firmenfinanzen im Jahr 1895 wird ersichtlich, wie das Geld verdient und wofür es ausgegeben wurde. Candler bezahlte 44 247 Dollar für die Ingredienzien von 76 244 Gallonen Sirup, den er für 58 Cent pro Gallone oder weniger als einen halben Cent je Soft Drink verkaufte. Im gleichen Zeitraum steckte er 17 744 Dollar (23,3 Cent pro Gallone) in die Werbung, und 12 054 Dollar wandte er für »Ausgaben, Rabatte und Zinsen« auf. Diese letzte Zahl umfaßte auch die Löhne und Gehälter, die, wie Howard später einräumte, »bescheiden und in einigen Fällen unzureichend« waren.

Wenn Candler sein Getränk direkt bei den Konsumenten hätte an den Mann bringen können, wären seine Gewinne unglaublich hoch gewesen, da seine Auslagen sich auf knapp einen Dollar je Gallone Sirup beliefen, die er für 6,40 Dollar anbot (128 Getränke zu jeweils einem Nickel oder fünf Cent). Statt jedoch mehr Leute für die Herstellung und den Verkauf einzustellen, beschloß er, den Profit unter den Zwischenhändlern und Sodabarbesitzern aufzuteilen, die sein Getränk verkauften. In jedem Gebiet suchte er sich Händler (zumeist Großhändler von Süßigkeiten oder Arzneien), mit denen er eine langfristige, vertrauensvolle Geschäftsbeziehung aufbauen konnte. An sie gab er 1895 den Sirup zu einem Durchschnittspreis von 1,29 Dollar pro Gallone ab, was ihm selbst einen Gewinn von dreißig Cent je Gallone brachte und den Groß- und Einzelhändlern eine bombige Handelsspanne garantierte. Diese geringere Gewinnmarge trieb die Einkünfte dennoch unglaublich in die

Höhe, da die Gesamtmenge der verkauften Gallonen stetig weiter anstieg. Anfang des Jahres 1896 besaß die Firma in ihrer Kriegskasse einen Bargeldüberschuß in Höhe von fast 50 000 Dollar.

Am Ende dieses Jahres benötigte die Firma dringend neue Räumlichkeiten, und Geld, um selbst zu bauen, war genug vorhanden. Bereits 1893 war Coca-Cola, zur Erleichterung der Pfandleihe und des Saloons, in größere angemietete Räumlichkeiten an der Ivy und Auburn Avenue umgezogen, wo nun ein 100 Gallonen fassender Kupferkessel den alten, nur vierzig Gallonen großen ersetzte und ein Lagertank für 1500 Gallonen aufgestellt wurde. Doch auch hier wurde der Platz schnell knapp. Deshalb stellte die Jahresversammlung am 9. Dezember 1896 10 000 Dollar für den Ankauf eines Grundstücks und dessen Bebauung bereit.

Immer mehr Konsumenten schöpften zwar Jahr für Jahr aus dem Getränk neue Kraft, doch Asa Candler stand am Rande eines geistigen und körperlichen Zusammenbruchs. Er hatte sich bis zur absoluten Erschöpfung überarbeitet, und selbst mehrere Gläser Coca-Cola zeitigten nicht die ersehnte Wirkung. Infolgedessen verkündete der Jahresbericht, daß »sich der Präsident im Laufe des Jahres 1897 zu einem ausgedehnten Urlaub gezwungen sehe«.

»Solange es die Sünde gibt«

Ein weiteres Anzeichen dafür, daß die Firma aus den Kinderschuhen herauswuchs, war die Notwendigkeit, die Hilfe von Rechtsanwälten in Anspruch zu nehmen. Candler hatte sich in seinem Geschäftsbericht für das Jahr 1894 über »die Imitate« beklagt. Je größer Coca-Cola wurde, desto stärker wuchs auch die Zahl der Mitläufer an. Als Vorspiel für die sich über ein Jahrhundert erstreckenden Gerichtsschlachten »wurde der Präsident [1896] aufgefordert, einen Anwalt zu konsultieren, um zu klären, ob es angeraten sei, ein Verfahren oder mehrere Verfahren gegen Parteien einzuleiten, die Substitute für... COCA-COLA verkaufen«. Es ist natürlich eine Ironie, daß die Hersteller von Coca-Cola sich so selbstgerecht gegenüber den »Ersatz«-Colas zeigten, nachdem sie ihr eigenes Getränk aus einem Vin-Mariani-Klon entwickelt hatten.

An der Spitze der unzähligen Nachahmer stand J. C. Mayfield, der 1894 die alte Pemberton Medicine Company als Wine Coca Company neugegründet hatte. Nachdem er es mit Yum Yum und Koke versucht hatte, besann er sich nun wieder auf Pembertons wohlbekannte Wine Coca; er modifizierte sie allerdings zu einer Kopie von Coca-Cola, so daß Howard es als »betrügerisches« Produkt bezeichnete, das »ernsthaft unser Geschäft beeinträchtigt«.[37] Doch Mayfield sollte noch jahrelang ein Stachel im Fleisch der Firma sein und später sogar eine entscheidende Rolle in ihrer Geschichte spielen.

Mayfields Frau, inzwischen geschieden und wieder verheiratet, konnte mit dem Verkauf von Coca-Cola-Substituten ebenfalls eine große Karriere machen; sie nannte sich nun Diva Brown und vermarktete My-Coca. Auch sie behauptete, Pembertons Formel zu besitzen, was ihr Exmann jedoch bestritt. Tatsächlich beschwerte er sich, daß sie versucht habe, seine Formel zu stehlen. Diva Brown sei »verrückt«, sagte Mayfield, wenn sie auch »vernünftige Perioden« habe, in deren Verlauf sie »äußerst habgierig« sei und von ihm die Kopie der Coca-Cola-Formel verlangt habe. Als er das verweigerte, habe sie gedroht, ihn umzubringen,[38] und sie habe auch mehrfach versucht, diese Drohung wahrzumachen. Verrückt oder nicht, Diva Brown, die »Frau mit dem originalen Coca-Cola«, war gerissen und entschlossen; auf ihren Flaschenetiketten prangte ein Porträt von ihr als gutaussehender Frau mit kurzem, dunklem Haar. Sie rümpfte regelrecht die Nase über die zahlreichen Betrüger auf dem Markt: »Ich bin auf Dutzende von Rezepten gestoßen, die vorgaben, meins zu sein, mit meinem aber nicht die geringste Ähnlichkeit besaßen.«[39]

Candler hatte nicht nur mit diesen falschen Coca-Cola-Produkten zu kämpfen, sondern auch mit der Verwässerung seines eigenen Sirups. Da ein allen gemeinsames Merkmal der Sirupimitate ihr niedrigerer Preis war, war für die Drugstorebesitzer die Versuchung groß, das »einzig echte Getränk« mit dem billigeren Sirup in der Hoffnung zu versetzen, daß der Unterschied niemandem auffiel. Um die Jahrhundertwende sagte Candler über die Panscher und Betrüger: »Es gibt sie im ganzen Land, und es wird sie so lange geben, wie es die Sünde gibt – diejenigen, die gute Dinge verfälschen.«[40] Es muß ihn gefreut haben, als der prominente Herausgeber der Wirtschaftszeitung *The Spatula* 1899 auf die Forderung nach der Coca-Cola-Formel mit dem Protest reagierte: »Ich kenne die Formel nicht, auch nichts, was ihr nahekommt. Sie hat allen Imitationsversuchen widerstanden. Selbst wenn es möglich wäre, hätte es nicht denselben Erfolg.«

Von der Medizin zum Getränk

1895 erzählte Frank Robinson Asa Candler, daß Frauen und andere Konsumenten häufig bei der Firma schriftlich gegen das medizinische Image von Coca-Cola protestierten. Sie wollten keine Schuldgefühle empfinden, weil sie mehrere Dosen Medizin schluckten,[41] wenn sie lediglich ein erfrischendes, alkoholfreies Getränk wollten. Ausgehend von diesen Beschwerden, vollzog Robinson bei der Coca-Cola-Werbung eine brillante Wende. Er erkannte, daß Coca-Cola nicht als Medizin, sondern als Erfrischungsgetränk die bessere Zukunft beschieden sei. Immerhin hatte alle Welt irgendwann einmal Durst. Oder wie Robinson es formulierte: »Wir haben festgestellt, daß wir mit unserer Werbung nur einige wenige ansprechen, wo wir doch die Massen erreichen sollten.«[42] Wenn sie Coca-Cola als Getränk puschten, würden sie Tausende und nicht nur »einen von hundert« erreichen.

Infolgedessen schaltete er vermehrt Anzeigen, die nur besagten: »Trink Coca-Cola. Köstlich und Erfrischend.« Instinktiv hatte Robinson begriffen, daß die älteren Anzeigen zu lang und zu negativ waren. Mit einem größeren Budget überschwemmte er den Markt mit dieser lakonischen Botschaft, die nicht nur in Zeitungsanzeigen, sondern auch auf Postern, Straßenbahntafeln, Kalendern, Serviertabletts, Thermometern, Uhren, Stiften, Lesezeichen für Kinder und Spiegelglasplatten für die Sodabars erschien. 1898 brachte Robinson über eine Million Artikel im Jahr untere Volk.

Seit 1891 zierten den Coca-Cola-Kalender attraktive junge Frauen. Anziehend, aber anständig, so sollten die »Coca-Cola-Girls« in den folgenden Jahren die Männerphantasien beschäftigen. Der in Philadelphia ansässige Lithograph der Firma pilgerte alljährlich einmal mit Postern, auf denen eine neue Auswahl junger Schönheiten abgebildet war, nach Atlanta. Mit wollüstigem Augenzwinkern wählte Robinson eine mögliche Kandidatin aus und meinte: »Ich denke, die wird Mr. Asa gefallen.« Um die Jahrhundertwende verwandte die Firma erstmals auch die Abbildungen gefeierter Schönheiten, wie etwa der Schauspielerin Hilda Clark, einer sanft wirkenden blonden Sängerin, und der eindrucksvolleren Opernsängerin Lillian Nordica.[43]

Der Ausbruch des Krieges zwischen Spanien und Amerika gab der Firma indirekt noch mehr Anlaß, von der medizinischen Argumentation abzugehen. 1898 verabschiedete der Kongreß eine spezielle Kriegssteuer für Markenarzneien, jedoch nicht für Getränke. Die Bundesfinanzbehörde vertrat die Ansicht, Coca-Cola sei eine Medizin und kein Getränk und insofern habe die Firma die Steuer zu bezahlen. In Rage gebracht, verklagte Candler daraufhin die Regierung. Der Fall zog sich bis 1902 hin, als er endlich zugunsten von Coca-Cola entschieden wurde; an diesem Punkt nahm Candlers Abneigung gegenüber der US-Regierung ihren Anfang.

Die Firma rückte jedoch nicht völlig von der medizinischen Argumentation ab. Im Hilda-Clark-Kalender des Jahres 1899 wurden die »köstlichen und erfrischenden« Eigenschaften des Getränks betont, doch daneben wurde auch weiterhin behauptet, daß Coca-Cola »geistige und körperliche Erschöpfung lindert« und »Kopfschmerzen beseitigt«. Rund zehn Prozent der Anzeigenwerbung im Jahr 1899 thematisierten noch immer die lindernde Wirkung bei Kopfschmerzen und die Wohltaten für Kopfarbeiter,[44] während andere die Verwendung des Kokablattes bei den Andenbewohnern und der Kolanuß bei den Afrikanern in den Mittelpunkt stellten. Doch damit war eine wichtige Wende vollzogen worden, die für die Zukunft der ganzen Unternehmung entscheidende Bedeutung hatte. Wenn Robinson Coca-Cola nicht als gesellschaftlich akzeptables Getränk propagiert hätte, das die besten Leute schlürften, hätte es als Patentmedizin die Anfangsjahre des 20. Jahrhunderts wahrscheinlich nicht überlebt, in denen derartige Quacksalbermittelchen einen verheerenden Rückschlag erlitten.

Wachstumssteigerungen und Zweigniederlassungen

Als das neue Jahrhundert heraufdämmerte, sprudelten die Gewinne in der jungen Firma, und die Mitarbeiter blickten mit Elan in die Zukunft. Trotz des noch nicht abgeschlossenen Verfahrens gegen die Regierung und der allgegenwärtigen Nachahmer entströmte Candlers Jahresberichten so viel Selbstzufriedenheit, wie der mürrische kleine Mann nur aufzubringen vermochte. »Im soeben abgeschlossenen Geschäftsjahr erfuhr die Firma einen Aufschwung«, schrieb er im Januar 1899. »Wie lange wird es«, berichteten die *Coca-Cola News* im August 1899, »bei dieser Zuwachsrate dauern, bis in einem einzigen Jahr so viel Coca-Cola verkauft wird, daß die Menge einen Fluß wie den Mississippi ergibt?«

Candler hatte Zweigbüros und -werke für den Sirup in Dallas (1894), Chicago (1895), Los Angeles (1895) und Philadelphia (1897) eröffnet, und man plante auch ein Büro in New York (1899). Wenn es möglich war, besetzte Candler die Leitung dieser Filialen mit Neffen. Dan Candler saß in Dallas, Sam Candler in Los Angeles, Sam Willard in Philadelphia. Ein anderer Neffe, Sam Dobbs, hatte für ihn seit 1888 als Vertreter gearbeitet und war nun als Sekretär und Buchhalter in der Zentrale tätig. Als seine Söhne volljährig wurden, sandte Candler auch sie in die Zweigniederlassungen – Asa jr. übernahm Kalifornien, und Howard ging nach New York. Zur gleichen Zeit blickte Candler auch über die Grenzen der Vereinigten Staaten hinaus. Im Geschäftsbericht des Jahres 1897 bemerkte er, daß das Getränk in Kanada und Hawaii verkauft und zudem Mexiko ins Auge gefaßt werde. »Wir sind der festen Überzeugung«, schrieb er, »daß Coca-Cola überall, wo Menschen leben und Sodabars existieren, sich mit ihrer nun allgemein anerkannten wohltuenden Wirkung rasch an die Spitze der Beliebtheitsskala setzen wird.«

Um seine Großhändler weiter anzuheizen, hatte Candler 1897 ein Rabattsystem eingeführt, so daß ein Händler einen desto größeren Bonus erhielt, je mehr Coca-Cola er im Laufe des Jahres verkaufte. Laut Preisliste kostete die Gallone 1,50 Dollar, doch für jede 100. verkaufte Gallone gab es einen Nickel Rabatt, bis hin zu 25 Cent für 2000 oder mehr Gallonen. »Am Ende seines Geschäftsjahres«, sagte Candler 1900 im achten Jahresbericht, »wenn er noch keine völlige Klarheit über die tatsächlichen Ergebnisse hat, spornt es den Händler sehr an, wenn wir ihm einen [Rabatt-]Scheck überreichen«, was ihn veranlassen wird, sich im nächsten Jahr noch mehr anzustrengen.

Die Coca-Cola-Männer

1899 reisten fünfzehn Coca-Cola-Trommler per Eisenbahn durchs Land und puschten das Getränk bereits im Februar. Die meisten Vertreter kauften im Winter Baumwolle auf, da der Verkauf von alkoholfreien Getränken nach wie vor eine saisonale Angelegenheit war. Dennoch verstanden sie sich als Coca-Cola-Männer, als eigener Schlag. Bevor er sie auf die Straße schickte, wies Asa Candler sie in die Religion von Coca-Cola ein. Häufig ließ er sie auch zunächst für kurze Zeit in der Herstellungsabteilung arbeiten, damit sie ein Gefühl für die Reinheit der Ingredienzien, die Heiligkeit der Geheimformel und die außerordentlichen Eigenschaften des Produkts bekämen.

Wenn Asa Candler einmal an etwas glaubte, reagierte er oft extrem emotional. Als fundamentalistischer Methodist rieb er sich bei Erweckungsversammlungen derart auf, daß er, wie sein Sohn berichtete, tatsächlich krank wurde. »Seine Augen glänzten dann, sein Körper ver-

110

spannte sich, und er zitterte von Kopf bis Fuß vor Aufregung.« Candler vermittelte den beeindruckten Verkäufern diese Art religiösen Feuers für sein Produkt. Howard merkte an, daß sein Vater »einen nahezu mystischen Glauben« an Coca-Cola hegte. Kurz geraten, wie er war, hatte Candler außerdem einen kleinen Napoleon-Komplex. Er liebte es, seine kunstvoll gearbeitete Uniform der Georgia Horse Guard zu tragen, und er ermahnte fortwährend seine Kinder und Vertreter, *Männer* zu sein. Obwohl Candler, wie sein Sohn schrieb, »in keinster Weise... ein körperlich beeindruckender Mensch« war, »konnten seine Wut und Ungeduld gelegentlich monumental sein«. Keiner seiner Beschäftigten wagte es, sich mit ihm anzulegen.

Die jungen Trommler waren draußen zahlreichen Versuchungen ausgesetzt, wenn man an die unzähligen Witze über reisende Vertreter und Farmerstöchter denkt. Asa Candler sorgte entschlossen dafür, daß seine Vertreter enthusiastische, moralisch einwandfreie Repräsentanten von Coca-Cola waren, und er behielt sie nach Möglichkeit im Auge. Beispielsweise rügte er 1902 schriftlich einen Vertreter, weil »Sie auf Kosten des guten Namens von The Coca-Cola-Company auf *Sauftour* waren«. 1898 berichtete Candler voller Zufriedenheit, daß »unsere Vertreter überall in der Union als Gentlemen in jeder Hinsicht bekannt sind und nicht nur den guten Namen der Firma gefestigt haben, sondern auch mit Erfolg Coca-Cola zu einem vertrauten und angenehmen Namen im ganzen Land verholfen haben«.

Candler überzeugte die Coca-Cola-Männer davon, daß »sie das größte Produkt und die größte Firma auf Erden hatten«, wie sich sein Sohn erinnerte. Aufgrund ihres eigenen Glaubens an die Sache waren diese Proselyten oder Anhänger höchst motiviert, jedes Hindernis zu überwinden. Wie die ersten Christen trafen auch Candlers Mannen häufig auf Feindseligkeit, Gerüchte und Gleichgültigkeit – und wie diese ersten Märtyrer blieben sie trotz aller Widerstände ihrem Glauben treu.

Howard steigt ein

Einer von Candlers Trommlern des Jahres 1899 war sein zwanzigjähriger Sohn Howard, der Medizin studierte und jetzt Sommerferien hatte. Er trug ein Empfehlungsschreiben von seinem Onkel Warren, der damals methodistischer Bischof und Präsident der Emory University war, für den Gouverneur von Missouri, einen nahestehenden Freund des Geistlichen, bei sich. Asa schrieb seinem reisenden Sohn häufig; diese Briefe zeichneten ein unverhülltes Bild des Geschäfts vor dem Anbruch des neuen Jahrhunderts. Viele befassen sich mit unwichtigen Details, äußern Sorge über »Substitute und Betrüger«, heben auf Sparsamkeit und Vorsicht ab und geben Ratschläge, wie mit den örtlichen Geschäftsleuten umzugehen sei. Insgesamt vermitteln sie jedoch den Eindruck, daß der Coca-Cola-Boom Asa Candler beinahe erdrückte und er verzweifelte Anstrengungen unternahm, sein wachsendes, landesweites Unternehmen zu koordinieren.

13. April 1899: Ich bin so beschäftigt, wie ich nur sein kann... Gott segne meinen »Wanderburschen«.

19. April 1899: Wir sind hier sehr beschäftigt. Jede Minute unserer Zeit wird für die Beaufsichtigung der Reisenden benötigt. Jetzt arbeiten hier im Büro zwölf Personen. Bradley geht morgen. Wir gehen nach Ohio & Indiana... Ich hoffe, du bist lange genug in Wichita geblieben, um die dort zu erledigenden Geschäfte auch auszuführen, und du informierst uns darüber.

6. Mai 1899: Du machst gute Geschäfte... Wir sind mit den Aufträgen mit 5000 Gallonen im Rückstand, obwohl wir täglich mehr als 3000 Gallonen produzieren.

8. Mai 1899: Die Nachfrage hat ungefähr seit dem 20. April unsere Lieferfähigkeit überschritten.

9. Mai 1899: Es gibt so viele Gebiete und nur so wenige Männer von uns, sie zu bearbeiten, daß wir zwangsläufig in einer Vielzahl von Orten nur ein Mindestmaß an Arbeit leisten.

12. Mai 1899: Die Verkäufe belaufen sich auf durchschnittlich 2000 Gallonen am Tag, wobei Atlanta allein etwa 1000 ausmacht.

Als der Sommer weiter voranschritt, erwies sich Howard Candler als der beste Vertreter von allen. Im August schrieb ihm sein Vater einen nachdenklichen Lobesbrief, in dem er über die Zukunft nachsann. Konnten die Dinge wirklich unbegrenzt so weitergehen? Der Brief enthüllte auch Candlers innere Zweifel über den letztlichen Wert seines Unternehmens, trotz des missionarischen Ziels, mit dem er seine Vertreter losschickte:

10. August 1899: Ich bin sehr stolz auf Dein Sommergeschäft... Ich weiß nicht, ob ich Dich Arzt werden lassen kann oder nicht. Wenn ich sicher wäre, daß dieses Geschäft auf ewige Zeiten läuft, würde ich mich vermutlich zurückziehen und Dir Platz machen. Aber, mein Junge, ein solches Risiko kann ich für Deine Zukunft nicht eingehen. Ich habe nicht das Recht, Deine Nützlichkeit auf den engen Umkreis eines Fünf-Cent-Getränks für Sodabars zu beschränken. Du bist zu Größerem fähig...

Candler hätte sich keine Gedanken zu machen brauchen. Howard hängte das Medizinstudium im darauffolgenden Jahr aus eigenem Entschluß an den Nagel.

Am Vorabend des 20. Jahrhunderts

Am 28. Dezember 1899 trafen sich ungefähr zwanzig Leute um 10.00 Uhr morgens in der Zentrale in Atlanta. Zum erstenmal versammelten sich alle Vertreter, Filialleiter und Beschäftigten der Zentrale an einem Ort. Auch andere »enge und hilfreiche Freunde« waren eingeladen, um beratend zur Seite zu stehen. Vermutlich die Hälfte der Anwesenden war mit Asa Candler verwandt. Sie besprachen sich vier Stunden lang.

Wir besitzen kein Protokoll dieser historischen Zusammenkunft am Vorabend des neuen Jahrhunderts, doch wir können die Szene rekonstruieren. Zunächst umriß Asa Candler die finanzielle Situation der Firma. »Nur wenige Gesellschaften können einen noch zufriedenstellenderen

Status vorweisen«, begann er;* er hob hervor, daß der Absatz in diesem Jahr erstmals die Marke von 20 000 Gallonen Sirup überschritten habe. »Das sind fast 36 Millionen Gläser Coca-Cola, die wir dieses Jahr verkauften, meine Herren. Wir verfügen über mehr als 200 000 Dollar in bar, und wir haben Grundbesitz im Wert von rund 50 000 Dollar. Wir haben dies erreicht, obwohl wir im zurückliegenden Jahr mehr als 48 000 Dollar in die Werbung, 38 000 Dollar für Rabatte und 11 000 Dollar für die erpreßten Kriegssteuern aufgewendet haben. Ich sollte noch hinzufügen, daß wir hoffen, diese ungerechtfertigten Steuern wieder zurückzubekommen, und deswegen vor Gericht gezogen sind.«

Candler äußerte seine Zufriedenheit darüber, daß das Getränk auch im Winter immer attraktiver wurde, wie das Verkaufsvolumen für den Monat Februar (über 11 000 Gallonen) bewies. Er faßte die Aktivitäten draußen im Land zusammen und verkündete dann, daß er gerade einen Mann in Havanna angeheuert habe, das erst vor kurzem von der spanischen Herrschaft befreit worden war. Dieser neue Coca-Cola-Mann sollte das Geschäft mit den Sodabars auf Kuba und Puerto Rico aufbauen. Auf diesen Inseln seien bereits über 1000 Gallonen verkauft worden. Nach dem sich anschließenden Applaus legte Frank Robinson, gelassen wie immer, die neue Anzeigenwerbung für das Jahr vor und erklärte, wie die Aushängeschilder anzubringen waren, wie viele Freicoupons verteilt würden und warum sie für ein weiteres Jahr Hilda Clark für den Kalender nähmen.

Dann wurde die allgemeine Diskussion eröffnet. Nach anfänglichem peinlichem Schweigen fingen die Leute an, über ihre täglichen Sorgen zu reden. Die Leute aus den Zweigniederlassungen wollten mehr Eigenverantwortung; die Zentrale wollte, daß die Niederlassungen profitabler würden, vor allem die in New York und Los Angeles, die Verluste schrieben. Die reisenden Vertreter verlangten ge-

---

* Das ist in Wirklichkeit im Jahresbericht für 1899 zitiert, der am 11. Januar 1900 herausgegeben wurde. Die folgende Szene basiert in erster Linie auf diesem Geschäftsbericht.

nauere Anweisungen; manchmal hörten sie von Asa dieses, von Frank Robinson jenes und von Sam Dobbs noch etwas anderes. Manchmal sei die Zentrale zu beschäftigt, um ihnen überhaupt etwas mitzuteilen. Die Sache wurde damit aus der Welt geschafft, daß Asa verkündete, zukünftig sei Sam Dobbs für den Vertreterstab zuständig,[45] wodurch Frank Robinson sich ganz auf die Werbung konzentrieren könne.

Dann kam das Problem mit dem Kokain aufs Tapet. Überall, wo sie hinkamen, sahen sich die Vertreter mit den Gerüchten konfrontiert, Coca-Cola führe zur Kokainsucht. Selbst die Abstinenzler-Frauen, die eigentlich auf der Seite von Coca-Cola hätten stehen müssen, wandten sich gegen das Getränk. Schließlich stellte jemand die ketzerischen Fragen: »Könnten wir das Kokain nicht einfach herausnehmen? Würde das wirklich einen so großen Unterschied machen?«

Im Raum wurde es mucksmäuschenstill, als Asa Candler mit den Fingern auf den Tisch trommelte. Schließlich sprach er. »Sie wollen also, daß wir die Formel des Lieblingsgetränks der Nation wegen ein paar hysterischer Frauen ändern? Wollen Sie wirklich, daß wir Coca-Cola verändern, das reinste, gesündeste Getränk, das die Welt jemals gesehen hat?« Seine Stimme wurde höher und kippte, als er zu schreien begann: »Niemals! An Coca-Cola ist nichts falsch.« Er holte tief Luft und fuhr dann ruhiger fort. »Wenn an der Sache irgend etwas dran wäre, glauben Sie, wir hätten dann solche Probleme, alle mit Nachschub zu versorgen? Nein, Coca-Cola ist für mich gut gewesen, und ich ändere es nicht. Ende der Diskussion.«

Zum Abschluß der Tagung nahm die Gruppe gemeinsam ein angeliefertes Dinner im Coca-Cola-Gebäude ein, wobei alle Schokolade von Nunnally's erhielten. Die Beschäftigten reagierten auf dieses luxuriöse Geschenk überrascht, denn es war allgemein bekannt, daß Asa Candler nie ein Zehncentstück ausgab, wenn er nicht mußte. Der Firma mußte es wirklich hervorragend gehen.

Ein Versäumnis

Ein Punkt erschien denn doch zu trivial, als daß er bei dieser Zusammenkunft auch nur einer Erwähnung wert gewesen wäre. Im vergangenen Juli waren zwei Anwälte aus Tennessee nach Atlanta gekommen und hatten Asa Candler ein Geschäft vorgeschlagen. Sie wollten Coca-Cola auf Flaschen abfüllen.

Die Abfüllung: Der dümmste und zugleich cleverste Vertrag auf Erden

Ja, diese ersten Coca-Cola-Abfüller sind ein kühner, wilder und entschlossener Haufen gewesen... Sie besaßen den Glauben und die Courage und das Engagement und die Entschlußkraft, die Straßen vorzuzeichnen und die Brücken zu bauen, den Stürmen zu trotzen und die Probleme aus dem Weg zu räumen, wodurch sie diesem Geschäft zu seiner heutigen herausragenden Bedeutung verhalfen.[1]

LEE TALLEY,
Präsident von The Coca-Cola-Company, 1959

»Ben«, sagte er, »ich frage mich, wie sie es geschafft haben, all die blöden Hundesöhne zusammenzukriegen und sie in dieses gottverdammte Abfüllgeschäft zu stecken.«[2]

WILLIAM T. CAMPBELL: Big Beverage

1887 kam Benjamin Franklin Thomas, ein Rechtsanwalt und Geschäftsmann, nach Chattanooga, Tennessee, angezogen von der kleinen Stadt, wo der »Trieb, Geld zu machen... sich nahezu wie der Wind verbreitete«,[3] wie sich ein Historiker ausdrückte. Mit einer schlichten Anwaltskanzlei nicht zufrieden, hatte er bereits einen Steinbruch, eine Strumpfwirkerei und eine Firma für Pflastersteine geleitet, daneben Sofas verkauft und eine Patentmedizin, die in erster Linie aus Natriumbikarbonat bestand. Doch das reichte ihm noch nicht. Sam Erwin, ein Freund aus der Pension, in der er logierte, erinnerte sich, wie Thomas »alle paar Tage mit einem neuen Plan, wie man eine Million Dollar verdienen könnte, auftauchte«.[4]

Als die Vereinigten Staaten 1898 gegen Spanien in den

Krieg zogen, landete Thomas in einer kubanischen Verpflegungsausgabe, wo ihn die Beliebtheit eines kohlensäurehaltigen Ananasgetränks mit Namen Piña Frio beeindruckte.[5] Nach seiner Rückkehr nach Chattanooga im darauffolgenden Jahr entschied er, daß er sein Glück vielleicht mit dem Abfüllen des in den Sodabars populären Soft Drinks Coca-Cola machen könnte. Als Thomas seinen Mitbewohnern in der Pension seinen neuesten Plan auseinandersetzte, lachte Sam Erwin ihn wie gewöhnlich aus, bemerkte aber, daß er bei diesem Vorhaben vielleicht Hilfestellung leisten könne, da Asa Candler zufällig sein Cousin sei. Und er arrangierte bald einen Termin für den eifrigen Anwalt.[6]

Obwohl Candler nicht interessiert zu sein schien, unternahm Thomas mehrfach die kurze Bahnreise nach Atlanta, um den Coca-Cola-Magnaten zu bedrängen, doch es war vergeblich. Thomas gelangte zu dem Schluß, daß er einen Partner brauchte, um Candler zu zeigen, wie ernst es ihm war. Sam Erwin, seine erste Wahl, brachte für die verrückte Idee seines Freundes kein Interesse auf Schließlich überzeugte Thomas nach zahlreichen Diskussionen einen anderen Pensionsfreund und Rechtsanwaltskollegen, Joseph Brown Whitehead, versuchsweise bei dem Wagnis mitzumachen. Die beiden mochten Baseball, und Thomas malte ihm aus, welch reißenden Absatz der auf Flaschen abgefüllte Soft Drink bei Doppelveranstaltungen finden würde. Er führte ferner das Argument ins Feld, daß die Getränke aus den Sodabars, die sie mit ins Büro nahmen, immer schal wurden, während sie mit Klienten sprachen. »Wäre es nicht großartig, wenn ein Mann diesen Stoff in eine Flasche füllen und diese so verschließen könnte, daß die Kohlensäure nicht entweicht, und man dann trinken könnte, wann immer man will?«[7]

Mit einigen Probeflaschen Coca-Cola bewaffnet, trafen sich die beiden Männer Mitte Juli 1899 mit einem darüber genervten Asa Candler.[8] Er war verärgert, weil Thomas ihn schon wieder bedrängte. Zudem beeindruckte ihn ein Mann aus Chattanooga, das er für ein Kaff hielt, nicht besonders. »Ich fuhr dort einmal hin, um einen geflüchteten Nigger zurückzubringen«, sagte Candler später, »und ich fand nicht, daß da viel los sei.« Sein erster Eindruck von

Thomas und Whitehead muß auch nicht günstig gewesen sein. Der 38jährige Thomas war ein schwergewichtiger Mann mit gerötetem, verschwitztem Gesicht. Der einige Jahre jüngere Whitehead hatte einen richtiggehenden Watschelgang und trug bei einer Körpergröße von rund 1,60 Meter knapp 200 Pfund mit sich herum.[9]

Außerdem hegte Candler gegen das Abfüllgeschäft einen Argwohn; er erinnerte sich, daß bereits Woolfolk Walker 1888 für kurze Zeit Flaschen abgefüllt hatte und daß das Produkt, um einen Ausdruck seines Neffen Sam Dobbs zu gebrauchen, »saumäßig« gewesen war. Damals hatte Candler Dobbs strengstens verboten, Coca-Cola in Flaschen zu verkaufen. Er hatte bereits genug Probleme mit seinem Getränk, da mußte er nicht auch noch die Vermarktung eines schlechten Produkts zulassen. Doch eigentlich war er einfach zu stark beschäftigt, um über das Abfüllen von Coca-Cola nachzudenken. In der Version, mit der er Jahre später die Unterhaltung wiedergab, sagte Candler ihnen: »Gentlemen, ich glaube nicht, daß wir es auf Flaschen gezogen haben wollen; damit können wir uns nicht selbst befassen; bei der Abfüllerei gibt es zu viele Details.«[10] Alles in allem, sagte Candler, habe er »weder das Geld noch die Zeit noch die Leute dafür, sich im Abfüllgeschäft zu engagieren, und es [gebe] zu viele Leute, die sich nicht zuständig fühlen, denen das Ansehen dessen, was sie anbieten, gleichgültig ist«, und fürchte, »der Name könnte darunter leiden«.

Thomas und Whitehead wirkten auf den ersten Blick vielleicht nicht sonderlich beeindruckend, doch sie waren die geborenen Verkäufer, freundlich und jovial.[11] Sie hörten ruhig an, was Candler sagte, und nickten verständnisvoll. Dann beschrieben sie flüssig und mit gut gewählten Worten ihre Pläne und gaben Candler die Versicherung, daß sie auf die Reinheit und Integrität von Coca-Cola achten und es zweifelsohne zum bekanntesten auf Flaschen gezogenen Getränk der Vereinigten Staaten machen würden, genau wie Candler es so brillant zum berühmtesten Soft Drink der Sodabars gemacht hatte. Sie erwärmten sich für ihr Anliegen und schlossen ihre Präsentation mit einem rhetorisch gelungenen Satz, der bei einem Plädoyer vor Gericht preisverdächtig gewesen wäre: »Wir versprechen und garantieren Ihnen, Mr. Candler, daß wir mit allem, was wir hinsichtlich des Abfüllens von Coca-Cola unternehmen, das Renommee dieses Getränks tagtäglich verbessern.« Sie versuchten nicht, ihn unter Druck zu setzen; er sollte sich die Sache durch den Kopf gehen lassen, ihr Flaschenprodukt einer Prüfung unterziehen und das Ganze überschlafen. Sie seien noch ein paar Tage in der Stadt.

Candler fühlte sich geschmeichelt, und sein Interesse war geweckt, er wurde sichtlich ein bißchen zugänglicher. Er mußte zugeben, daß Thomas ein hartnäckiger Bursche war, genau der richtige Mann für Coca-Cola. »Das ist ein Riesenvertrag, den Sie sich da auf den Hals laden; ich habe bereits alles Geld, das ich besitze, in den Versuch investiert, es zu einem seriösen Produkt zu machen.« Er meinte abschließend, er wolle noch einige Informationen über sie einholen und werde ihnen in einigen Tagen seine Entscheidung mitteilen. In der Zwischenzeit sollten sie einen ordnungsgemäßen Vertrag aufsetzen.

Candler muß es gefallen haben, daß die beiden Männer von Haus aus Rechtsanwälte waren; er vertraute Leuten dieses Berufszweigs immer mehr. Thomas besaß außerdem vielseitige unternehmerische Erfahrungen und kannte sich auch mit Patentmedizin aus. Außerdem stellte Candler mit Befriedigung fest, daß Whiteheads Vater Baptistenprediger war; er hoffte, Whitehead bringe in das Coca-Cola-Geschäft religiösen Eifer ein. Daneben konnte es angesichts des schwebenden Prozesses um die Kriegssteuer nicht schaden, daß er sich auf Steuerrecht spezialisiert hatte. Schließlich hatte auch Whitehead als Vizepräsident der New Spencer Medicine Company bereits mit Patentmedizin zu tun gehabt.

Die Abfüllrechte werden abgegeben

Am 21. Juli 1899 bestellte Asa Candler die Herren wieder in sein Büro und erklärte sich mit ihrem Vorhaben einverstanden. Bei dieser Gelegenheit händigten ihm die Partner den 600 Worte umfassenden Vertrag[12] aus, den sie inzwischen ausgearbeitet und unterzeichnet hatten. Nachdem er ihn sorgfältig durchgelesen hatte, setzte Candler seinen Namen unter das Schriftstück. Mit erkennbarer Erleichterung versicherten Thomas und Whitehead Candler, daß er es nicht bereuen werde, und wandten sich zum Gehen, bevor er es sich doch noch anders überlegte. Candler rief hinter ihnen her: »Wenn ihr Jungs mit dieser Sache baden geht, so kommt ja nicht, um euch an meiner Schulter auszuheulen, denn ich gebe dem Abfüllgeschäft keine großen Chancen.«

Candler muß gewußt haben, daß er mit den vereinbarten Vertragsbedingungen alles zu gewinnen und nichts zu verlieren hatte. Die Abfüller waren verpflichtet, nur Coca-Cola-Sirup zu benutzen, also keinerlei Substitute, und das Geschäft mit den Sodabars war ausdrücklich ausgenommen, das sollte allein The Coca-Cola-Company überlassen bleiben. Außerdem wurde in dem Vertrag festgelegt, daß er hinfällig würde, falls es den Abfüllern nicht gelänge, »die Nachfrage im ganzen vertraglich festgelegten Gebiet zu befriedigen«. Es ist kein Wunder, daß Candler zu ihnen sagte, sie hätten einen »Riesenvertrag« am Hals. Das Gebiet umfaßte beinahe die ganzen Vereinigten Staaten, ausgeklammert waren lediglich New England (das Seth Fowle & Sons hatten, wenn sie dort auch nie abfüllten), Texas und Mississippi, wo andere Geschäftsleute das Getränk bereits auf Flaschen zogen.

Wenn Thomas und Whitehead Erfolg hatten, konnte Candler mehr Sirup verkaufen. Falls es schiefginge, hätte er weder Kapitel noch Zeit für ein fruchtloses Unterfangen aufgewendet. Warum sollten sie es also nicht versuchen? Er stimmte zu, ihnen den Sirup für einen Dollar pro Gallone zu verkaufen und ihnen die Werbemittel zu stellen. Candlers Einschätzung, aufgrund des Vertrages mehr Sirup zu verkaufen, erwies sich als richtig; weiterreichende Konsequenzen entgingen ihm offenbar. Dieser schlichte Vertrag sollte das Coca-Cola-Geschäft revolutionieren, denn aus ihm sollte eins der innovativsten, dynamischsten Franchise-Systeme[13] hervorgehen, das die Welt jemals erlebt hat.

Gleichzeitig wurde damit aber auch die Grundlage für den Ausbruch von Konflikten innerhalb der zukünftigen Coca-Cola-Familie bereitet. Candler verzichtete auf eine zeitliche Begrenzung des Vertrags. Solange Thomas und Whitehead ihren Teil des Abkommens erfüllten, war er gültig, und sie konnten ihn auf die Abfüllfirmen, die sie gründeten, übertragen.* Ferner war in der Vereinbarung keine Klausel für eine Preisänderung des Sirups enthalten, falls die Kosten der Ingredienzien steigen sollten. Diese beiden Hintertürchen in dem Vertrag sollten The Coca-Cola-Company im neu anbrechenden Jahrhundert noch schwer zu schaffen machen und zahlreiche Gerichtsprozesse nach sich ziehen.

Laut der Coca-Cola-Legende hat angeblich ein anonym gebliebener Berater Candler angeboten, ihm für eine nicht näher spezifizierte Summe einen unschätzbaren Rat zu geben. Nachdem Candler gezahlt habe, soll sich der Informant nach vorne gebeugt und ihm zwei Worte ins Ohr geflüstert haben: »Füllen Sie sie in Flaschen.«[15] Die Geschichte ist natürlich frei erfunden. In Wahrheit wechselte kein Geldbetrag den Besitzer, als der Vertrag unterzeichnet wurde. Candler gab die Abfüllrechte buchstäblich gratis weg. In anderen Darstellungen wird behauptet, symbolisch sei ein Dollar gezahlt worden, doch davon steht nichts im Vertrag. In den folgenden Jahren blechte The Coca-Cola-Company Millionen von Dollar, um stückchenweise das zurückzukaufen, was Candler so beiläufig für nicht einmal einen Cent abgetreten hatte. Zur damaligen Zeit jedoch hielt Candler den Vertrag nicht einmal einer Erwähnung für würdig. An dem Tag, als er ihn unterzeichnete, schrieb er einen Brief an seinen Sohn Howard, in dem er in der Hauptsache schilderte, wie man den Sodabars spezielle Coca-Cola-Gläser[16] verkaufen könne. Weder die beiden Männer aus Chattanooga noch ihren Abfülldeal streifte er mit einem Wort.

---

* Später leugnete Candler, daß es sich ursprünglich um einen zeitlich unbegrenzten Vertrag gehandelt habe. Nur wenige Monate zuvor, als Seth A. Fowle den Vorschlag gemacht hatte, seinen auf zwanzig Jahre befristeten Vertrag unbegrenzt fortzuschreiben, hatte Candler geantwortet, daß »die Gesetze von Georgia uns nicht erlauben, Ihnen die gewünschte Fristverlängerung einzuräumen«.[14]

Die Abfülltechnik um die Jahrhundertwende

Die Coca-Cola-Historiker haben den Erfolg des Thomas/Whitehead-Unternehmens so dargestellt, als liege hier der eigentliche Ursprung der auf Flaschen abgefüllten Soft Drinks. Doch in Wahrheit boomte das Abfüllgeschäft bereits, als Pemberton 1885 erstmals mit Coca-Cola experimentierte. Und 1890 ging die Zahl der Abfüller in den Vereinigten Staaten bereits in die Tausende. Bei einer derart großen Branche stellt sich nicht die Frage, warum ausgerechnet zwei Anwälte 1899 auf die Idee kamen, Coca-Cola auf Flaschen abzufüllen. Zu fragen ist vielmehr, warum vor ihnen keiner darauf gekommen war. In Wirklichkeit hatte bereits jemand daran gedacht. Sam Dobbs erinnerte sich,[17] daß sich schon vor 1899 mindestens ein Dutzend Coca-Cola-Leute in Florida, Colorado, Georgia, South Carolina, Texas, Mississippi und New England mit dem Abfüllen befaßt hatte. Zwei dieser frühen Abfüllfirmen existierten auch im 20. Jahrhundert noch. Joe Biedenham, ein Süßwarenhersteller aus Vicksburg, Mississippi, der auch auf Flaschen gezogene Brause fabrizierte, war einer der ersten Großhändler für Coca-Cola-Sirup, der sich gut in den Sodabars der Stadt verkaufte. Biedenham war überzeugt, daß er auch in ländlichen Gegenden gut laufen würde, wo es keine Sodabars gab. Infolgedessen begann er 1894 damit, kohlensäurehaltige Coca-Cola für den Verkauf auf dem Land in Flaschen abzufüllen. Eine der ersten Kisten schickte er aus Gefälligkeit an Asa Candler, der ihm zurückschrieb, daß das »fein« sei, ansonsten aber keinen weiteren Gedanken daran verschwendete. Die sieben Biedenham-Brüder legten den Grundstein zu einer Coca-Cola-Abfülldynastie. Auf vergleichbare Weise fingen die Valdosta Bottling Works von Valdosta, Georgia, 1897 an, Coca-Cola in Flaschen zu verkaufen.

Im April 1892 wurde, exakt zur gleichen Zeit wie The Coca-Cola-Company, die Crown Cork and Seal Company gegründet. Mit dem neuen Kronkorken für Flaschen waren zwar alle Probleme gelöst, die der bis dahin übliche Hutchinson-Verschluß (mit in der Flasche liegendem

Dichtring, der mit einer Drahtschlaufe gehalten und nach unten gestoßen wurde; da der Verschluß sich leicht öffnen ließ, kam es immer wieder zu einem unbeabsichtigten klebrigen Malheur) verursacht hatte. Doch die neue Technik setzte sich nur quälend langsam durch, da dafür neue Flaschen und eine spezielle Maschine für das Aufsetzen der Kronkorken notwendig waren. Um 1900 fand der Verschluß eine immer weitere Verbreitung. Thomas und Whitehead stiegen genau zum richtigen Zeitpunkt in dieses Geschäft ein. In den nächsten Jahren sorgten weitere Neuerungen dafür, daß der Wirtschaftszweig der in Massenproduktion abgefüllten Soft Drinks immer attraktiver wurde.

Das Gebiet der Vereinigten Staaten wird aufgeteilt

Thomas und Whitehead verloren keine Zeit und errichteten in Chattanooga ihr erstes Werk. Das Abfüllen war in jener Zeit noch eine gefährliche, behelfsmäßige Angelegenheit, die mit Gesichtsmasken und dicken Handschuhen ausgeführt wurde. Die mit Fußdruck betriebenen Maschinen konnten in einem Arbeitsgang nur eine einzige Flasche verschließen. Die gebrauchten Flaschen wurden von Hand gewaschen und, in dem vergeblichen Versuch, die angesammelten Verunreinigungen zu entfernen, mit Eisenschrot ausgeschüttelt. Das zehn Gallonen fassende Sirupfaß wurde in die Höhe gehievt, so daß der Sirup durch die Schwerkraft von allein in Flaschen floß, doch häufig löste sich der dafür verwendete Schlauch,[18] und die klebrige Masse ergoß sich in die Umgebung. Da verwundert es kaum, daß Thomas und Whitehead bald beschlossen, das eigentliche Abfüllen anderen zu überlassen.

Am 12. November 1899 schalteten sie in der *Chattanooga Times* ihre erste kleine Anzeige: »Trinken Sie eine *Flasche* Coca-Cola, für fünf Cent in allen Verkaufsständen, Lebensmittelläden und Saloons.« Die Anzeige war nur kurz, dafür aber von großer Aussagekraft für die Zukunft des Soft Drinks. Die »Verkaufsstände, Lebensmittelläden und Saloons« waren für Coca-Cola revolutionäre neue Ausschankstellen. Das Getränk erreichte auf diese Weise eine völlig andere Konsumentenschicht. Das erkannte allerdings damals in Chattanooga noch niemand. Ein Artikel, der neben dieser ersten Anzeige stand, berichtete detailliert über das Wirtschaftsgeschehen in der Stadt und führte auch zahlreiche neue Firmen und ihre Produkte an. Doch das Abfüllen wurde mit keiner Silbe erwähnt. Am 9. Dezember 1899 gründeten die Geschäftspartner offiziell die Coca-Cola Bottling Company.

Noch vor Ablauf eines Jahres war die Partnerschaft jedoch zerbrochen. Mit Ausnahme des Vorsatzes, den Soft Drink auf Flaschen zu ziehen, waren Thomas und Whitehead in praktisch allen Punkten unterschiedlicher Meinung. Thomas wollte braune Flaschen benutzen, während Whitehead helles oder durchsichtiges Grün favorisierte. Thomas meinte, der Flascheninhalt solle acht Unzen betragen; Whitehead optierte für etwas mehr als sechs Unzen. Doch der Zwist nahm erst ernstere Formen an, als zusätzliche Verträge mit anderen Abfüllern geschlossen werden mußten. Thomas war für Zweijahresverträge, damit er einen schlechten Abfüller leichter loswürde, falls es Probleme gab. Whitehead wollte unbefristete Verträge abschließen, um so Loyalität und Engagement zu erhöhen. Schließlich beschlossen die beiden Männer, sich das Gebiet aufzuteilen. Damit es dabei fair zuging, legte Whitehead die Territorien fest, und Thomas suchte sich eins aus. Er muß gerne Herausforderungen angenommen haben, denn er wählte die dichtbesiedelte Ostküste und die Westküste, ferner Chattanooga und das dazugehörige Hinterland im Umkreis von fünfzig Meilen. Somit erhielt Whitehead das Kernland von Coca-Cola, den Süden, und einen Großteil des Westens.

Whitehead besaß nun das beste Gebiet, aber kein Geld. Auf der Suche nach Kapital stieß er auf J. T. Lupton, der in die reiche Patten-Familie eingeheiratet hatte, der die Chattanooga Medicine Company gehörte. Lupton hatte seine Anwaltskanzlei aufgegeben und war ins Familienunternehmen eingetreten, wo er die Pattens bei der Vermarktung ihrer zwei Markenarzneien unterstützte, Wine of Cardui und Black Draught. Lupton erkannte die Erfolgsaussichten der auf Flaschen gefüllten Coca-Cola und erklärte sich bereit, Whitehead mit 2500 Dollar auszuhelfen, wofür dieser ihm fünfzig Prozent Anteile an seinem Gebiet einräumte.[19] Whitehead übersiedelte nach Atlanta und gründete dort The Coca-Cola Bottling Company.[20] Mit dem großgeschriebenen T des Artikels beabsichtigte er, sein eigenes Unternehmen von dem in Chattanooga abzusetzen. Da dies naturgemäß zu Verwirrungen führte, nannte man bald die beiden Firmen gemeinhin »Thomas Company« und »Southeastern Parent Bottler«.

Es war von Anfang an abzusehen, daß beide Firmen weder über das Kapital noch über das Personal verfügten, Abfüllanlagen in den gesamten Vereinigten Staaten zu eröffnen. Statt dessen sahen sie sich nach potentiellen Abfüllern um, die etwas Geld und viel Umtriebigkeit aufbrachten. In jenen Tagen brauchte man etwas mehr als 2000 Dollar[21], um die notwendige Ausstattung zu haben: einen Karbonisierapparat, einen Abfülltisch, eine Waschmaschine, Lagertanks, Waschzuber, Flaschen und Kisten. Außerdem benötigte man ein Pferd und einen Wagen sowie 2000 Dollar Betriebskapital. Thomas und Whitehead schlossen mit diesen Abfüllern Verträge, laut denen sie ihnen Sirup verkauften und ihnen einen Abfüllexperten, Kronkorken und Werbemittel stellten. Dafür stand ihnen wiederum die Hälfte der Einnahmen der Abfüller zu. Infolgedessen bürgerte sich für die Firmen von Thomas und Whitehead/Lupton bald die Bezeichnung »parent bottler« oder »Stammabfüller«, ein, während die Herstellungsfirmen die »eigentlichen« Abfüller oder Abfüller »der ersten Stufe« genannt wurden.*

---

* Im Laufe der Zeit, als die Branche weiter wuchs, spalteten sich von den ersten zwei noch weitere Stammabfüller ab. 1903 gingen Texas und die Indianerterritorien an Whitehead/Lupton über, die die später so genannte »1903 Company« gründeten, den südwestlichen Stammabfüller. 1905 wurde der westliche Stammabfüller mit Hauptsitz in Chicago und einem riesigen Verkaufsgebiet vom Whitehead/Lupton-Territorium abgetrennt. 1912 lief der Vertrag mit Seth Fowle in New England aus, und in der Folge entstanden Lizenzabfüller in New England; der Stammabfüller New England wurde 1916 gegründet. Schließlich wurde 1924 der Stammabfüller Pazifikküste von der Thomas Company abgetrennt.

Whitehead kümmerte sich zusammen mit seinem jungen Buchhalter Charles Veazey Rainwater um das Tagesgeschäft. Sein Schutzengel Lupton stellte für die Mehrzahl der Abfüller rund die Hälfte des Startkapitals. Doch selbst mit seiner Hilfe ging eine erhebliche Anzahl der ersten Abfüller baden, und die Partner mußten andere Leute finden, die das jeweilige Gebiet übernahmen. In den diesbezüglichen Gesprächen zeichneten sie ein glorreiches Bild von der Zukunft, das zum damaligen Zeitpunkt noch höchst unglaubwürdig wirkte. Um den »richtigen Mann« [22] zu dem Geschäft zu überreden, pflegte Lupton zu erklären, daß »der Job und das Getränk zwar neu seien, sie jedoch schnell großen Widerhall in der Öffentlichkeit finden würden und daraus in den kommenden Jahren große Gewinne zu ziehen seien«.

Lupton hatte recht, vor allem was seine Person anbelangte. Da er tüchtig in die meisten Abfüllanlagen investierte, raffte er in den nächsten Jahren phantastisch hohe Geldsummen zusammen und wurde zum reichsten Mann von ganz Chattanooga. »In seinem ganzen Geschäftsleben«, bemerkte Sam Dobbs später zynisch, »hat er nur dafür gearbeitet, alles an sich zu ziehen, was er in die Finger bekommen konnte. Von einer großen Anzahl Abfüllfirmen hat er Anteile verlangt, für die er nichts bezahlte, und sobald sie dann ein bißchen Geld abwarfen, bestand er auf der Ausschüttung von Dividenden.« [23] Außerdem setzte Lupton viele seiner unzähligen Verwandten im ganzen Whitehead/Lupton-Gebiet als Abfüller ein. Auch sie wurden reich und etablierten den Namen Lupton als Fixstern am Abfüllhimmel von Coca-Cola.

Ben Thomas verfügte nicht über die Lupton-Ressourcen und hatte größere Probleme, Abfüller vertraglich zu verpflichten, doch auch er sollte ein reicher Mann werden. In der Folgezeit verwandelten er und Lupton Chattanooga in eine Coca-Cola-Stadt wie Atlanta. Auf der Suche nach Abfüllern griff Thomas häufig auf Bekannte aus der Stadt zurück, und später witzelte er, daß er mit links Chattanooga von seinen jungen Männern entvölkert habe.

Wie für Whitehead war es auch für Thomas schwierig, Abfüller zu finden und zu halten, vor allem in den nördlichen Gebieten. In seinem Vertrag wurde bestimmt, daß die Abfüller nur Kronkorken verwenden, allein Coca-Cola vertreiben und andere Soft Drinks aufgeben sollten. Doch er konnte diese Forderungen nicht immer durchsetzen und sah sich gezwungen, mit altgedienten Männern Verträge zu schließen, die weiterhin mit den alten Flaschenverschlüssen arbeiteten und ihre gewohnten Geschmacksrichtungen puschten.

Aber in der jungen Branche gab es auch genauso viele helle Köpfe, die die Chancen von Coca-Cola erkannten und hart für ihr Franchise-Unternehmen kämpften. Doch selbst für sie war es alles andere als leicht.

Erste Marketingstrategien

Die Stammabfüller hatten nun engagierte Abfüller sowie den aufnahmefähigen Markt im Süden, und ihnen wurde klar, daß sie bald an der Spitze einer riesigen Branche stehen würden. Im Frühjahr 1901 gratulierte Thomas in einem Brief Whitehead zu seinen »phänomenalen« Verkäufen und berichtete außerdem, das Thomas-Gebiet werde in Kürze auf 3000 Kisten pro Monat kommen. Kurz danach öffnete das Werk in Louisville, Kentucky, mit der Verteilung von 10 000 Coupons für ein Gratisgetränk seine Pforten. Diese Strategie hatte bald satte Gewinne zur Folge.

Thomas war überzeugt, daß sich das Geschäft mit Hilfe von Freigetränken am schnellsten ausbauen ließe, doch damit es auch weiterhin gut lief, mußte er massiv Werbung betreiben, mit Straßenbahnschildern, Kalendern, Wechseltafeln, Tabletts, Postern sowie Eisen-, Segeltuch- und Leinwandschildern.[24] Thomas plädierte wie Frank Robinson in Louisville für mehr Direktwerbung am Verkaufsstandort und schrieb, daß »dies die erste wirklich große Stadt ist, in der wir operieren«.[25] Die Hunderte von Schildern, die er besaß, reichten nicht, denn »wir gehen davon aus, daß wir innerhalb kürzester Zeit an 400 oder 500 Standorten werben müssen«. Er besaß immerhin bereits in Chattanooga, das nicht einmal den sechsten Teil der Fläche von Louisville ausmachte, 200 Verkaufsstandorte.

Thomas war auch in den schwächeren Wintermonaten sehr aktiv und drängte dann seine Abfüller, sich auf die Grundschulen zu stürzen und nach Schulschluß den herausströmenden Kindern Kladden zu schenken. Außerdem warb Thomas extensiv in Zeitungen und ließ sich dazu von den Abfüllern unterrichten, welches Lokalblatt jeweils die höchste Verbreitung fand. Ferner bemühte sich der Stammabfüller um Empfehlungsschreiben der großen Verkaufsstellen,[26] deren Betreibern er erklärte, daß »eine positive Aussage, wie gut sich Coca-Cola verkauft, in dem neuen Gebiet eine große Hilfe sein wird«. Thomas und Whitehead stimmten zwar nicht in allen Punkten überein, doch sie hielten Kontakt und tauschten sich über Strategien aus. Beide suchten sich Eisenbahnbeschäftigte und heuerten sie auf Provisionsbasis als Teilzeitvertreter für Coca-Cola an. Auf diese Weise wurden die Coca-Cola-Flaschen kistenweise in den Zügen und an Bahnhöfen verkauft, bevor noch der Lieferwagen auftauchte.

Der Vertrag wird geändert

1901 verkaufte Thomas seine Werke, um sich voll auf die Verwaltung seines wachsenden Abfüllimperiums konzentrieren zu können. Whitehead vollzog zwei Jahre später den gleichen Schritt und gab ein Drittel seines Werks in Atlanta an Arthur Montgomery ab, einen Agenten des Bahnexpreßdienstes, der von der Unmenge Coca-Cola, die er auf den Weg brachte, beeindruckt war. Montgomery übernahm die Leitung des Abfüllwerks.

In diesem Frühjahr schuf der erste Vertrag von 1899 bereits Probleme, für die Abfüller wie für The Coca-Cola-Company. Candler bedauerte, daß er kostenlose Werbung zugesagt hatte, denn Frank Robinson wurde mit Bestellungen von Straßenbahntafeln, teuren deutschen Lithographien, Kladden, Werbegeschenken und all den anderen Artikeln geradezu überschwemmt. Die Stammabfüller andererseits waren durch die Lieferverzögerungen der Firma frustriert. In einem gereizten Brief[27] nach Atlanta beklagte Henry Ewing im Juni 1901, daß »wir mit Ihnen Geschäfte machen müssen, zumindest in diesem Sommer«, und er fügte hinzu: »Ich muß nicht erläutern, wie sehr ein Geschäft wie das unsere mit einer Stammkundschaft leidet, wenn wir sie nicht beliefern können... Wir haben die beste Aussicht, ein Riesengeschäft zu machen und für Sie verläßliche Abnehmer zu sein.« Die Stammabfüller waren daneben auch über ihre Vereinbarungen mit den Abfüllern der ersten Stufe nicht sonderlich glücklich. Es war nicht mehr zu leugnen, daß es langsam unpraktikabel wurde, für jeden Abfüller einen Aufpasser einzustellen. Außerdem entstanden durch diese direkt den Stammabfüllern unterstellten Beschäftigten Spannungen mit den Abfüllern, die das Gefühl hatten, in ihrer Mitte einen Spion sitzen zu haben. Oder sie beschwerten sich, wie der Abfüller in Memphis, daß ein gewisser Angestellter ein Rindvieh sei, das nicht pünktlich zur Arbeit erscheine.[28] Schließlich erkannten die Stammabfüller, daß sie ihre Abfüller ohne weiteres in den Ruin treiben könnten, wenn sie weiterhin auf der Hälfte des Gewinns bestanden.

Aus all diesen Gründen trafen Whitehead und Thomas im November 1901 eine neue Vereinbarung mit The Coca-Cola-Company. Mit einem undatierten Schriftstück wurde der Vertrag von 1899 dahingehend geändert, daß die Abfüller einen Rabatt in Höhe von zehn Cent pro Gallone erhielten und als Gegenleistung die Werbeausgaben selbst zu finanzieren hatten.[29] Der Preis für die Gallone Sirup wurde auf neunzig Cent festgesetzt, und die Stammabfüller legten noch zehn Cent je Gallone für die Werbung drauf – ein Kostenpunkt, den sie sogleich an die Abfüller der ersten Stufe weitergaben. Gleichzeitig nahmen Whitehead und Thomas davon Abstand, bei jedem ihrer Abfüller einen Beschäftigten (Spion) einzusetzen. Statt der Hälfte des Gewinns der Abfüller verlangten sie nun eine Lizenzgebühr in Höhe von sechs Cent pro Kiste oder einem Viertelcent je Flasche. Bei der absehbar wachsenden Nachfrage sollte dieser scheinbar niedrige

Betrag die Stammabfüller innerhalb weniger Jahre zu Millionären machen – und den Abfüllern der ersten Stufe, Großhändlern und Einzelhändlern einen netten Profit bescheren.

Kinderarbeit und verschnittener Sirup

Die Abfüller der ersten Stufe ersetzten den Aufpasser so billig wie möglich, häufig durch Kinder. Thomas half seinen Abfüllern bei der Suche nach verläßlichen, kostengünstigen Arbeitskräften und empfahl 1902 einen »Negerjungen«, der mit vier Dollar die Woche zufrieden sei. Im allgemeinen sollten die Löhne zwar in der Zukunft etwas ansteigen, aber das galt nicht für die öde Handarbeit in den Abfüllanlagen von Coca-Cola. In späterer Zeit heuerten viele Werke aufgrund des dort herrschenden Lärms und der Monotonie Taube an, die äußerst schlecht bezahlt wurden.

Nach der Vertragsänderung verlegte sich Thomas auf ein paar Tricks. Er begann den Sirup zu verfälschen, er tat also genau das, was alle guten Coca-Cola-Männer als Todsünde empfinden. Im September 1901 orderte er per Eilauftrag bei Merck & Company zehn Pfund Saccharin (mit dem Handelsnamen Garantose) für Experimente.[30] Im Januar 1902 sandte er dann seinen Abfüllern ein verschlüsseltes Rezept[31] für »einfachen Sirup«. Durch Zugabe von Karamelfarbe, Phosphorsäure und Saccharin in der richtigen Menge streckten die Abfüller eine Gallone Coca-Cola-Sirup auf 144 Flaschen. In den folgenden Monaten betrieb Thomas eine umfangreiche Korrespondenz über die Anteile seiner Saccharinmixtur, da diese zu leichten Abweichungen in Farbe, Säuregehalt und Süße führte. In einem Brief an seinen Abfüller W. E. Birchmore in Pittsburgh sagte Thomas 1902: »Ich denke nicht, daß Sie einen Fehler machen, wenn Ihr Coca-Cola zu süß ist... Ich bin sicher, daß es besser läuft als ein nicht so süßes.« Und er setzte hinzu, daß hinsichtlich des richtigen Säuregehalts »die Geschmäcker verschieden« seien.

Zur Verteidigung von Thomas läßt sich vorbringen, daß er vermutlich das Saccharin nicht hinzufügte, weil es billiger als Zucker, sondern weil es zugleich ein Konservierungsstoff war. Von Anfang an hatte er mit einem trüben Getränk zu kämpfen, das einen unangenehmen Satz ausschied. Zuerst gab er dem schlechten Hutchinson-Verschluß die Schuld. Als das Problem aber auch mit dem Kronkorken nicht vom Tisch war, glaubte er, daß es am Wasser liege. Amateurchemiker, der er war, pfuschte Thomas mit der Pasteurisierung von Coca-Cola herum, doch dadurch ging der Geschmack verloren. Schließlich entwarf er ein System, mittels dessen er das Wasser mit Alaun reinigte, und empfahl, auch den Sirup vor Gebrauch zu filtern.

Die Stammabfüller: Pioniere oder Piraten?

Auf Thomas sind wir an dieser Stelle aus dem einfachen Grund so intensiv eingegangen, weil wir keine vergleichbaren Aufzeichnungen von Whitehead und Lupton besitzen. Aus der Korrespondenz zwischen Thomas und Whitehead ist offen ersichtlich, daß der Aufbau des Geschäfts mit auf Flaschen gezogenem Coca-Cola allein diesen beiden Männern zu verdanken ist. Whitehead, durch Überarbeitung ausgelaugt, starb 1906 im Alter von 42 Jahren an Lungenentzündung, und Thomas folgte ihm 1914 mit 52. Sie hatten wesentlich deutlicher als Asa Candler die Zeichen der Zeit erkannt, und ihre vielgestaltigen Anstrengungen zahlten sich bald aus. Sie waren Verkäufer, Einpeitscher, Werbefachleute, Abfüller, Anwälte, Unterhändler, Venture-Kapitalisten, Drogisten und Buchhalter in einem. Sie schufen den Prototyp des amerikanischen Franchise-Systems, und sie brachten den Massen Coca-Cola.

Jahre später, während einer erbitterten gerichtlichen Auseinandersetzung zwischen den Abfüllern und The Coca-Cola-Company, spielten Firmenmitarbeiter die Erfolge der Stammabfüller herunter und verwiesen zu Recht darauf, daß diese den Coca-Cola-Sirup nicht einmal zu Gesicht bekamen, da das Konzentrat direkt an die eigentlichen Abfüller geliefert wurde. Warum sollten sie also ein ewiges Recht auf Lizenzgebühren haben? In späteren Jahren waren diese Argumente mit Sicherheit berechtigt, und schließlich kaufte The Coca-Cola-Company die Rechte der Stammabfüller zurück, um diesen unnötigen Zehnt auszuschalten. Doch in den Anfangsjahren, das steht zweifelsfrei fest, haben die Stammabfüller Entscheidendes für die Rekrutierung, Koordinierung und Schulung von Legionen kleiner Abfüller geleistet,[32] und zwar mit wachsendem Kapitalaufwand. Ohne auch nur einen Finger zu rühren oder einen Penny zu investieren, erlebten Asa Candler und seine Firma, wie das Geschäft sich rasch ausweitete und auch die bis dahin unberührten ländlichen Gebiete erfaßte. Die Coca-Cola-Werbung, die ja bereits sehr intensiv betrieben worden war, erhielt nochmals einen Schub, als Stamm- und Lokalabfüller ihr jeweiliges Gebiet mit dem Coca-Cola-Logo zupflasterten.

1902 machte Whitehead selbst mit seiner kleineren Flasche (nur sechs statt acht Unzen Inhalt) ein »Riesengeschäft«, indem er wöchentlich 2400 Kisten allein in Atlanta verkaufte. Zur gleichen Zeit merkte Thomas an, daß das Flaschengeschäft die Sodabars nicht brauche. »In Charleston, wo Coca-Cola praktisch [mit Sodabars] kein Geschäft macht, hat die Abfüllanlage einen Tagesausstoß von erheblich mehr als durchschnittlich 100 Kisten. Das war für jeden eine große Überraschung.«[33]

1904 wagte kein einziger Mitarbeiter von The Coca-Cola-Company auch nur ein Sterbenswörtchen gegen die Abfüller zu äußern. Hatte es noch fünf Jahre zuvor nur vereinzelte, informelle Versuche gegeben, Coca-Cola auf Flaschen zu ziehen, so deckten mittlerweile mehr als 120 Herstellungswerke nahezu jeden Bundesstaat ab. Am Ende des Jahres gab die Firma eine Broschüre heraus,[34] die das Verkaufsvolumen des abgefüllten Getränks aufführte und die Leser bat, sich die Bedeutung dieses wachsenden Geschäftszweiges mit seinem »bemerkenswerten und vielfach phänomenalen« Wachstum vor Augen zu führen. Unter dem Hinweis, daß jede Gallone Sirup ungefähr zehn Dutzend Coca-Cola-Flaschen ergebe, drängte der Firmensprecher den Leser, »zum Stift zu greifen, ein paar Berechnungen anzustellen und zu sehen, welche enormen Umsätze an nahezu allen Orten, wo eine Abfüllanlage in Betrieb genommen wurde, erzielt werden konnten«.

War es anfangs schwierig, Leute für das Abfüllgeschäft zu begeistern, so mußten sich die Stammabfüller bald eines Massenandrangs williger Unternehmer erwehren. 1912 hatte ein Besitzer aus Texas zur Eigenwerbung auf seinem Geschäftsbriefpapier eine Coca-Cola-Flasche drucken lassen, der anstatt des Getränks Dollarnoten entströmten. »DA IST GELD DRIN«, stand unverblümt darunter.[35] 1919 gab es 1200 Abfüllanlagen; in praktisch jeder amerikanischen Stadt saß ein Coca-Cola-Abfüller. Asa Candler freute sich, fand den Erfolg der Abfüller aber noch immer rätselhaft. An einem Tag im Jahre 1904 traf Candler Veazey Rainwater, der die boomende Fabrik in Athens, Georgia, zu diesem Zeitpunkt leitete. »Veazey«, sagte Candler, »was machen Sie mit all dem Sirup, schütten Sie ihn in den Oconee River?« Rainwater lächelte nur, doch später, nachdem er nach Whiteheads Tod die Leitung der Stammfirma in Atlanta übernommen hatte, brachte er die Erfolge der Abfüller auf den Punkt. Coca-Cola, so sagte er, sei in die Hände von »Tausenden von Kaufleuten in den Vorstädten und Außenbezirken jeder Stadt [gelangt], in die Läden eines jeden Landstädtchens und eines jeden Dorfes und in die Wohnungen von Tausenden von Menschen, die Coca-Cola früher nicht erreichte«. Infolgedessen »wurde ein enormes Feld erschlossen... und Hunderttausende von Menschen, die Coca-Cola vorher weder gesehen noch probiert hatten, lernten dieses Produkt erstmals in Form der Flaschen kennen«.[36]

Klagen über den Kokaingehalt

Das Abfüllgeschäft zeitigte allerdings auch unglückliche, unvorhergesehene Folgen. Coca-Cola war nicht mehr nur ein Getränk der Sodabars für die »urban white professionals« der Oberschicht, es wurde jetzt zunehmend auch von Schwarzen getrunken. Sensationsberichte über »kokainsüchtige Neger«, die Weiße attackierten, führten vielfach dazu, daß man die weite Verbreitung von Coca-Cola zu fürchten begann. Mit der Jahrhundertwende schlug die öffentliche Meinung um, und 1900 sah sich Candler verstärktem Druck ausgesetzt, sein »Dope« zu verbessern.

TEIL II

Ketzer und wahre Gläubige
(1900–1922)

Asa Candler konnte es nicht mehr länger aushalten. Sein jüngerer Bruder John, der Anwalt, hatte ihm nahegelegt, der Gerichtsverhandlung fernzubleiben, doch das überstieg seine Kräfte. Er hatte genug durchgemacht, als er jeden Tag im Georgian diese schändlichen Lügen las. Was konnte es schon ausmachen, wenn er hinging und sich still hinten in den Saal setzte?

Und so stahl sich der Präsident von The Coca-Cola-Company an einem regnerischen Aprilmorgen des Jahres 1911 leise in einen Gerichtssaal in Chattanooga. Als er sich umsah, fand er schnell heraus, daß alle Coca-Cola-Männer, auch sein Sohn Howard, auf der linken Seite saßen. Er gesellte sich zu ihnen. Mit auf die Lippen gelegtem Finger warnte er Howard, keinerlei Aufhebens um seine Anwesenheit zu machen. Er drückte sich unauffällig in seinen Sitz, zappelte vor unterdrückter Wut herum und hörte zu, wie Zeugen der Regierung sein Getränk verteufelten. Er entdeckte diesen Fettkloß Harvey Wiley, der auf der anderen Seite des Verhandlungsraums weise vor sich hin nickte.

In der Mittagspause war Candler gerade hinausgegangen und wollte sich eiligst davonstehlen, als ihn eine Hand am Ellbogen festhielt. »Mr. Candler, glaube ich.« Diese Stimme! Es war Kebler, der Regierungsspion, den er dabei erwischt hatte, wie er vor zwei Jahren um das Sirupwerk in Atlanta herumstrich. Candler wandte sich um, und seine Gesichtsfarbe näherte sich dem Coca-Cola-Rot. »Ah, habe ich mir doch gedacht, daß Sie es sind, Mr. Candler. Ich würde Sie gerne mit Dr. Wiley bekanntmachen.« Und damit drängte

Kebler Candler zu dem imposanten Apotheker hin, der ihm seine wuchtige Hand entgegenstreckte. »Ich freue mich, endlich einen so guten Gegner kennenzulernen«, dröhnte Wiley.

»Sie, Sir, sind so heuchlerisch, mir die Hand zu bieten«, sagte Candler. »Ich werde sie nicht schütteln. Sie verfolgen ein wohltuendes Getränk, das ein Segen für die Menschheit ist, und versuchen, es zu ruinieren. Doch das wird Ihnen nicht gelingen.« Candler stand kurz vor einem seiner Wutanfälle, bei denen sich seine Stimme zu überschlagen pflegte, als ihn sein Bruder John am Arm packte. »Asa!« fauchte er und zog ihn weg, »ich dachte, du hast zugestimmt, hier nicht aufzutauchen. Mach hier keine Szene. Bitte, bitte, fahr zurück nach Atlanta.«

Asa Candler schüttelte ihn ab und richtete die Krawatte. Er holte tief Luft. »Johnnie, du hast recht. Ich gehe besser, bevor ich handgreiflich werde. Aber du weißt, Gott wacht über die Seinen, und wir werden siegen.« Und der grauhaarige kleine Mann schritt würdig davon. [1]

Erfolg unter heftigem Beschuß

Erst als die Popularität von Coca-Cola so weit angestiegen
war, daß sie sich allgemeiner Beachtung erfreut, hat man
sie derart unter Beschuß genommen... Nun, da alle Welt
sie trinkt, ist eine gewisse Clique, größtenteils verärgerte
Wettbewerber und fehlgeleitete Fanatiker, darauf gekommen, sie sei verlockender als Opium, gesundheitsschädli-
cher als Tabak und bösartiger als Whiskey.

RICHTER JOHN S. CANDLER, 1909

Asa Candler hatte ein Problem: Um 1900 war Coca-Cola
nicht nur ein einfaches Erfrischungsgetränk, sondern ein
echtes Phänomen. Mit dem Erfolg geriet der Soft Drink allerdings zunehmend in die Schußlinie der Kritik. Der Kokaingehalt des Getränks hatte von Anbeginn an für Schwierigkeiten gesorgt, er lieferte aber auch ein wichtiges Verkaufsargument. Wie konnte Coca-Cola ohne den kleinen
Kick des Kokablattes überleben? Und wie sollte Candler,
wenn er das Kokain herausnahm, legal das Warenzeichen
verteidigen? Er mußte gleichsam die erste Hälfte des Namens über Bord werfen. Candler war entschlossen, die Formel nicht zu frisieren. 1898 hatte in Marietta, einem Ort in
der Nähe von Atlanta, ein fanatischer Evangelist aus Oregon namens Lindsay die Pfarrei der Baptisten übernommen. Von der Kanzel herab startete Reverend Lindsay bald
eine wahrhaft höllische Attacke gegen Coca-Cola, die, wie
er behauptete, zu zwei Dritteln aus Kokain bestünde; der
Genuß des Getränks sei gleichbedeutend mit dem »Konsum
von Morphium«. Seine Anschuldigungen lieferten willkom-
menes Material für die Zeitungen, und Candler reagierte
rasch: »Ich gedenke nicht, Gift zu verkaufen oder dabei zu
helfen, wenn ich weiß, daß es irgend jemandem schadet.«[1]
Indem er glatt abstritt, daß sein magisches Getränk irgendwelche schädlichen Wirkungen hatte, hoffte Candler, alle

wie auch immer gearteten Kontroversen abschmettern zu können.

Der Vorfall im Jahr 1898 war auf lokaler Ebene angesiedelt und verlief im Sande, doch bald geriet das Kokain landesweit in die Schlagzeilen, zum Teil, weil mit dem Auftreten des Ku-Klux-Klans im Norden wie im Süden auch rassistische Stimmungen aufkamen. Im September 1906 brachen in Atlanta große Rassenunruhen aus, wobei in erster Linie Weiße Schwarze angriffen und nicht umgekehrt; ausgelöst wurden die Unruhen durch flammende Zeitungsberichte über schwarze »Tiere«, die weiße Frauen anfielen. Schon lange vor dem Aufstand war Kokain, das Wundermittel von 1885, in den Ruf gekommen, eine Plage der Menschheit zu sein, und im Süden wurde ihm angelastet, daß durch Kokainkonsum toll gewordene Neger[2] angeblich auf ihre Chefs losgingen und weiße Frauen vergewaltigten. An diesen sensationellen Schlagzeilen war vielleicht etwas Wahres dran, denn viele Farmer verabreichten ihren schwarzen Erntearbeitern anstatt Lebensmittel Kokain, und in der Stadt war Kokain ein billigeres Rauschmittel als Alkohol.

Was auch immer der Grund gewesen sein mag, die Zeitungen berichteten ständig von schwarzen Kokainabhängigen. Ein Weißer aus Georgia klagte im Juni 1903 gegenüber einem Reporter der *New York Daily Tribune:* »In Atlanta hat das Kokainschnupfen einen derartigen Umfang angenommen, daß einige Saloonbesitzer mit schwarzem Stammpublikum ihr Geschäft aufgeben.« Und er fügte hinzu, Coca-Cola habe »ähnliche Wirkungen wie Kokain, Morphium und dergleichen. Die Männer werden von diesem Getränk abhängig und können sich kaum von ihrer Sucht befreien.« Die *Atlanta Constitution* schrieb am 20. November 1901, daß »der Konsum der Droge unter Negern auf ein alarmierendes Maß anwächst... Es wird behauptet, daß eine ganze Reihe von Erfrischungsgetränken, die in den Trinkhallen ausgeschenkt werden, Kokain enthalten und daß diese Getränke zu ungewollter Abhängigkeit führen.«

In seiner Aussage im Prozeß gegen den IRS (oberste Finanzbehörde) räumte Candler ein, daß Coca-Cola einen »sehr kleinen Anteil« Kokain enthalte. Mit wachsender Frustration hörte er, wie Allgemeinärzte über die Wirkungen der »Coca-Cola-Sucht« aussagten. Ein Arzt aus Atlanta schilderte den Fall eines dreizehnjährigen Jungen, der gewöhnlich zehn bis zwölf Gläser am Tag trank, dann aber seinen Job verlor und sich plötzlich keine Coca-Cola mehr leisten konnte: »Er kam einen Tag später in meine Praxis in sehr nervöser Verfassung, dem Kollaps nahe, und sagte zu mir, er könne seine Coca-Cola nicht haben, und er wisse, irgend etwas stimme mit ihm nicht.«[3] Ein anderer Arzt sagte, sein neurasthenischer Partner reagiere auf das Trinken von Coca-Cola »sehr seltsam«: »Wenn er ein Glas trinkt, findet er nicht mehr nach Hause.« Vielleicht trank der arme Kerl die doppelte oder vierfache Dosis, denn die Drogisten von Atlanta hatten die Angewohnheit, zwischen einer und vier Unzen Sirup pro Glas zu verwenden, wie ein Zeuge aussagte.

All diese Behauptungen stammen aus dem Prozeß des Jahres 1902, doch Candler hatte bereits Ähnliches in der *ersten* IRS-Verhandlung zu hören bekommen, die im Juli 1901 damit endete, daß die Geschworenen sich in der Schuldfrage nicht einigen konnten. An irgendeinem Punkt dieses ersten Prozesses sah er sich aufgrund der Menge derartiger Aussagen, der feindseligen Berichterstattung in der Presse und der Verbreitung der auf Flaschen abgefüllten Coca-Cola unter schwarzen Konsumenten gezwungen, das Kokain aus dem Getränk zu nehmen. Im ersten Anlauf hatte er nur teilweise Erfolg, was erklärt, warum ein Apotheker 1902 vier Hundertstel eines Grans Kokain je Unze Sirup feststellte.[4] Deshalb fiel auch Candlers Antwort, als er nach dem Kokaingehalt in Coca-Cola gefragt wurde, kurios und stammelnd aus: »Wenn wir alles nähmen... aber wir behandeln es nicht...« Leider rettete ihn der Anwalt und unterbrach ihn mit einer anderen Frage. Kein Wunder, daß Candler im Zeugenstand von heftigen Kopfschmerzen geplagt wurde.

Bald danach, im August 1903, vereinbarte Candler vertraglich mit den Schaefer Alkaloid Works in Maywood, New Jersey, aus den Kokablättern das Kokain herauszunehmen, bevor es als »Merchandise Nr. 5« nach Atlanta versandt wurde.[5] Der genaue Zeitpunkt, wann Candler

141

erstmals versuchte, auf Kokain zu verzichten, läßt sich nicht mehr feststellen, doch es geschah vermutlich im Jahr 1901. Im Januar dieses Jahres veröffentlichte Coca-Cola die defensive Broschüre *What Is It? Coca-Cola, What It Is,* in der Candler zugab, daß es eine geringe Menge Kokain enthalte. In der Broschüre wurde eine Analyse aus dem Jahr 1891 angeführt, nach der »ungefähr dreißig Gläser nötig seien... um die übliche Dosis der Droge zu konsumieren«. Im Text wurde auch das Kokablatt gepriesen, das »aktiv, brillant und stark macht und zur Erfüllung großer Aufgaben mit leichter Hand befähigt«. Man muß folglich davon ausgehen, daß in dem Getränk Anfang 1901 noch Kokain war, doch im darauffolgenden Jahr fehlte es bereits völlig.[6]

Der Verzicht auf Kokain stellte Candler vor ein delikates PR-Problem. Wenn die Firma auf die Attacken hin mit der Wahrheit herausrückte, gäbe sie damit zu, daß das Getränk einmal Kokain enthalten hatte. Daraus wurde man folgern, es sei herausgenommen worden, weil es eben doch schädlich ist, womit eventuell die Schleusen für Gerichtsprozesse geöffnet würden. Außerdem konnte man unmöglich zugeben, daß Coca-Cola jemals etwas anderes als rein und gesund gewesen ist. Schließlich hatte die Firma natürlich kein Interesse daran, daß die Öffentlichkeit erfuhr, daß eine der verführerischen Ingredienzien nunmehr fehlte.

Infolgedessen leitete Candler eine umfassende Revision der Geschichte von Coca-Cola ein, an die er vielleicht selbst langsam glaubte. In späteren Jahren stritt er mehrfach unter Eid ab, daß in dem Getränk jemals Kokain gewesen sei. Selbst heute fühlt sich die Firma gezwungen, das abzustreiten, obwohl seit 1903 kein Kokain oder ähnliches mehr in Coca-Cola ist. Nach 1900 verlegte sich die Firma in ihrer Werbung voll darauf, die gesundheitsfördernden Eigenschaften des Soft Drinks zu betonen, statt sich des Verzichts auf Kokain zu rühmen. Im Dezember 1902 wurde in Georgia der Verkauf von Kokain in jedweder Form für ungesetzlich erklärt.[7] Sei es Glück, Gnade oder Voraussicht, Coca-Cola schrammte ein weiteres Mal gerade noch an der Katastrophe vorbei; wenn auch die Kontroverse über das Getränk soeben erst begonnen hatte.

Eine Werbeattacke

Als John Candler im Verlauf des IRS-Prozesses gefragt wurde, mit welchen Werbemitteln The Coca-Cola-Company arbeite, antwortete er: »Ich kenne keines, mit dem sie *nicht* wirbt.« Um die Jahrhundertwende verschickte Frank Robinson jährlich mehr als eine Million Werbeartikel in rund dreißig unterschiedlichen Formen.[8] 1900 gab die Firma knapp 85 000 Dollar für Werbung aus. 1912 lag der Betrag bei weit über einer Million Dollar im Jahr, und Sam Dobbs konnte mit Recht bereits 1909 im *Coca-Cola Bottler* behaupten, daß Coca-Cola das bestbeworbene Einzelprodukt in den Vereinigten Staaten sei. Wo die Amerikaner auch hinsahen, sie stießen auf den Schriftzug von »Coca-Cola«. 1913 warb die Firma auf über 100 Millionen Artikeln,[9] etwa Thermometern, Ausschneidekartons und Metallschildern (je 50 000 Stück); auf japanischen Fächern und Kalendern (je eine Million); auf zwei Millionen Tabletts für Sodabars, zehn Millionen Streichholzbriefchen, zwanzig Millionen Kladden, 25 Millionen Baseballkarten und unzähligen Papp- und Metallschildern. Die in diesem einen Jahr unters Volk gebrachten Werbegeschenke hätten ausgereicht, jeden Mann, jede Frau und jedes Kind zu versorgen, die auf dem Festland der Vereinigten Staaten seit 1650 gelebt haben.[10]

So war es kein Wunder, daß Coca-Cola langsam jeden Bereich des amerikanischen Lebens infiltrierte. Pferde wurden auf den Namen Coca-Cola getauft; die Bären im Yellowstone-Park tranken es.* Coca-Cola-Kaugummi,[11] -Zi-

---

* Im Laufe der Jahre gingen bei der Firma unzählige Briefe und Fotografien ein, die die Vorliebe von Tieren für Coca-Cola belegten – von Pferden, Bienen, Ziegen, Elefanten und Affen, doch hauptsächlich von Hunden, so daß die genervten Firmen-Männer all diese Zeugnisse »bow-wow-Briefe« nannten. Die Absender der Fotos erhielten eine Standardantwort: »Haustiere, die Coca-Cola trinken, geben zwar zumeist ein rührendes Bild ab, doch wir haben es stets für die richtige Politik gehalten, unser Produkt als ein Getränk darzustellen, das von Menschen konsumiert wird.« Die Firma war sich allerdings nicht zu schade, einen cleveren Mynavogel einzusetzen, der bei Zusammenkünften schrie: »Wollen Sie nicht eine Coca-Cola, hä?«

garren und -Süßwaren wurden in dem Versuch vermarktet, von dem populären Warenzeichen zu profitieren.* Durch das Stigma, das dem Getränk anhaftete, gab Coca-Cola den Texten populärer Songs eine herrlich sündhafte Note. In einem Liedchen schrieb ein junger Mann, der zum erstenmal in der Verderbtheit der großen Stadt schwelgte, nach Hause: »Oh! mother, you wouldn't know your child/Oh! mother, I'm getting awfully wild! I am drinking Coca-Cola now/On the level, I'm a little devil.« (Oh, Mutter, du würdest dein Kind nicht erkennen/Oh, Mutter, ich werde schrecklich wild! Ich trinke jetzt Coca-Cola/So viel, daß ich ein kleiner Teufel bin.) [12] In »Follow Me, Girl, to the Fountain, and Be My Coca-Cola Girl (Folg mir, Mädchen, zur Sodabar, und sei mein Coca-Cola-Mädchen)« wird das Getränk als verführerisches Lockmittel eingesetzt. Der Komponist widmete den Song The Coca-Cola-Company, [13] »deren herrlicher Soft Drink die Kehle unzähliger Tausender angefeuchtet und ›HIGHLIFE‹ selbst in einer trockenen Stadt möglich gemacht hat«.

Auch die noch junge Filmbranche ging mit dem Soft Drink eine Liebesaffäre ein. Asa Candler prahlte damit, daß »ein Film nicht unter freiem Himmel gedreht werden kann... ohne wahrscheinlich ein Coca-Cola-[Schild] einzufangen«. Buster Keaton trank es auf der Leinwand. Populäre Stummfilmstars wie Pearl White und Marion Davies tauchten in Coca-Cola-Anzeigen auf. Das Getränk wurde sogar mit einem frühen Hollywooder Sexskandal [14] in Verbindung gebracht, denn es ging das Gerücht, der Komiker Fatty Arbuckle habe bei einer Orgie eine Coca-Cola-Flasche benutzt.

---

* Der Coca-Cola-Kaugummi hat eine lange und schillernde Geschichte. Wie so viele der frühen Abfallprodukte von Handelsmarken, wurde er nie offiziell von der Company gefördert. In späterer Zeit, als der Schutz des Logos zu einem Kreuzzug ausartete, war ihr der Kaugummi, dessen Qualität sich verschlechtert hatte, peinlich. Durch einen Mittelsmann kaufte die Company die beinahe bankrotte Firma 1924 zurück. Nach einer hartnäckigen Firmensage wurde dann die Coca-Cola-Kaugummi-Marke einmal im Jahr »geschützt«, indem ein Vertreter eine Kiste bei einem Laden im ländlichen South Carolina ablieferte, einmal um den Block ging, einen Kaugummi erstand, ihn kaute, dann den ganzen Karton kaufte und damit verschwand.

Asa Candler war die Arbuckle-Publicity ohne Zweifel genauso unangenehm wie die nicht genehmigte Werbung der Western Coca-Cola Bottling Company. 1905 hatte sich dieser dritte Stammabfüller, der J. T. Lupton gehörte, vom Southeastern Parent Bottler abgespaltet. Mit Hauptsitz in Chicago, wehte ihm ein steifer Wind von seiten der konkurrierenden Bierbrauereien und der harten Winter im Norden ins Gesicht. S. L. Whitten, der das Unternehmen leitete, schrieb Anfang 1907 an Asa Candler, »nicht eine einzige Abfüllfirma von Coca-Cola in unserem Gebiet... hat letztes Jahr etwas verdient«, er fügte jedoch hinzu, daß »wir etwas anders als letztes Jahr vorgehen«. [15]

Whittens »etwas andere« Methode beruhte auf eindeutig sexueller Werbung für Coca-Cola. Auf einem seiner Tabletts aus dem Jahr 1908 war eine barbusige junge Frau mit einer Coca-Cola-Flasche in der Hand abgebildet. Der Werbetext forderte dazu auf, »Coca-Cola High Balls« und »Coca-Cola Gin Rickies« zu probieren. Eine andere Anzeige zeigte eine junge Frau in schwarzer Unterwäsche, die mit einem Ausdruck erschöpfter Glückseligkeit auf einer Tigerfelldecke ruhte. Sie hielt ein leeres Glas in der Hand, und auf dem Tisch neben ihr stand eine Coca-Cola-Flasche. Die Überschrift dazu lautete: »Befriedigt.« Der Betrachter konnte problemlos erkennen, daß die Frau auf mehr als eine Weise befriedigt war.

Während dem frömmelnden Candler die Anzeigen von Western gegen den Strich gingen, waren die wunderschönen jungen Damen, die in den offiziellen Anzeigen vorkamen, auf ihre eigene Weise zweideutig. Die natürlichen, aber sinnlichen Modelle waren auf verführerische Blicke aus den Augenwinkeln spezialisiert, während sie mit einem Strohhalm geziert an ihrem Trank nuckelten. Mrs. Bessie Linn Smith beschrieb 1917 in *Atlanta Civics* die »bezaubernden Sirenen, die uns mit ihrem ganzen Charme zu Coca-Cola verführen«, jedoch in »der unschuldigen Angst vor möglichen Zuschauern immer auf dem Sprung zur Flucht sind«. Männer verliebten sich in die millionenfach gedruckten Abbildungen von Betty[16], dem Kalendermädchen für das Jahr 1914, und die Frauen versuchten um jeden Preis, ihr ähnlich zu sehen.

Das auffallendste, am weitesten verbreitete Werbemittel
für Coca-Cola waren allerdings handgemalte Schilder. Ein
zehn Meter hohes Gemälde zeigte einen Sodamixer, der ein
Glas mit echtem Wasser aus dem Hahn vollaufen ließ. Die
meisten Schilder waren nicht so ausgefuchst, aber viele
waren genauso riesig und nahmen ganze Hauswände ein.
Die erste Hauswand, die sich in das Coca-Cola-Rot verwandelte, stand 1894 in Cartersville, Georgia.[17] 1914 verfügte die Firma über mehr als fünf Millionen Quadratfuß
angestrichene Hauswände, das reichte aus, einem unglück-
seligen Konsumenten Alpträume zu bereiten, wie ein Vertreter 1906 berichtete. »Fast bis zum Schwachsinn von
Coca-Cola-Schildern verfolgt«, wache der arme Mann »in
der Nacht auf und werde von großen weißen Teufeln mit
einem roten Kamin verfolgt, die ›Coca-Cola! Coca-Cola!‹
kreischen, bis ihm klar wird, er muß entweder irgendwo
hingehen und ein Glas Coca-Cola trinken oder sich von
seinem Verstand verabschieden«.[18]

Die Coca-Cola-Tagung

Unterstützt von einer derart wirkungsvollen Werbung,
brach die kleine Schar von Coca-Cola-Männern im ersten
Jahrzehnt dieses Jahrhunderts zu einer Invasion in die
Städte und Kleinstädte Amerikas auf. Im Dezember 1903
versammelten sich die 29 Vertreter in Atlanta zu einer viertägigen Motivations- und Verkaufstagung, die prahlerisch
»The Coca-Cola Institute« hieß. Wie Candler in seinem Jahresbericht 1903 bemerkte, »hatten die Mitarbeiter der Firma
einige dieser Männer noch nie zuvor gesehen. Sie lernten
sich persönlich kennen und kehrten sehr enthusiastisch zu
ihren verschiedenen Arbeitsgebieten zurück«. Sam Dobbs
kümmerte sich intensiv um den Außendienst und reiste viel
umher, um sein weit verstreutes Team zu kontrollieren. Bei
der Tagung des Jahres 1903 lobte er sie als »hervorragende
Männer«, die höflich und vornehm seien. »Schämen Sie
sich nie zu sagen, daß Sie Handelsreisender sind«, drängte
Dobbs sie.[19] Stark aufgerüttelt brachen die Reisenden
in Hochrufe aus: »HURRA auf Coca-Cola, das Getränk, das

stärkt, aber nicht betrunken macht – Coca-Cola, das Getränk der Zeit!« In der restlichen Zeit tauschten sie Tips aus, wie das Evangelium am besten unters Volk zu bringen sei.

Frank Robinson hielt bei der Tagung im Jahr 1903 ebenfalls eine Rede, doch er hatte nicht den anfeuernden Ton von Sam Dobbs und legte mehr Gewicht auf Kleinigkeiten; so forderte er die Handelsreisenden auf, die Bezeichnungen der Cola-Imitationen zu notieren. Robinson sagte, er habe »hochklassige, künstlerische und teure Werbemittel« geordert, die sorgfältig plaziert werden sollten: »Eine große Lithographie, die einen Dollar kostet, sollte nicht an einer obskuren Stelle landen oder einem Apotheker zur freien Verfügung überlassen werden.« Seine Warnungen waren verständlich, denn das großartige Kunstwerk in sechzehn Farben stellte moderne Drucke in den Schatten. Etwas Gefühl zeigte Robinson, als er mit Stolz darauf verwies, daß er soeben 650 große Lithographien in Bahnhöfen plaziert habe und »in Philadelphia und Chicago die riesigen Leinwandtafeln so auffällig und so zahlreich sind... daß man den Eindruck gewinnt, daß die Stadt The Coca-Cola-Company gehört«.

Am Ende der Woche waren die Vertreter hoch motiviert. Coca-Cola war »ein durstlöschendes, vom Himmel gesandtes Getränk«, strahlte ein Mitarbeiter, »ein Segen für diese sonnenverdörrte Erde«. Ein anderer Sprecher riet den Außendienstmännern, sich selbst als die Verkünder einer weltlichen Religion zu verstehen. Wie »die Missionare sich auf ein fremdes Gebiet begeben«, um die »Grundlagen« zu lehren, müsse der Coca-Cola-Mann ein »rühriger, praktischer, umtriebiger Mann« sein. Bischof Warren Candler kam mehrfach, um die Tagungen mit einem Morgengebet zu eröffnen. Zusammen mit der Gruppe stimmten Warren und Asa dann zum Abschluß der Woche »Onward Christian Soldiers« an.[20] Wie der gedruckte Bericht der Tagung besagte, »wurde die Zusammenkunft von Anfang bis Ende mit einem höchst ungewöhnlichen Grad an Ernsthaftigkeit und Enthusiasmus durchgeführt«.

Der Segen des Bischofs

Der Bischof erwies damit seinem Bruder nicht nur einen Gefallen. Asas jüngerer Bruder glaubte, Kapitalismus und Religion seien eng miteinander verbundene Tugenden. 1888 hatte er Coca-Cola zum ersten Stützpunkt in Nashville verholfen, und er besaß Coca-Cola-Aktien. Warren und Asa Candler standen sich sehr nahe und tauschten zeit ihres Lebens religiöse Wertvorstellungen und finanzielle Ratschläge aus. Der Bischof war bei weitem der intellektuellere der beiden und dominierte die Methodistenkirche der Südstaaten mehr als dreißig Jahre lang durch seinen Charakter, seine Schriften und Predigten. Howard Candler beschrieb seinen Onkel als »einen kleinwüchsigen, tonnenförmigen Mann« mit »aufbrausendem Temperament und verbissen starrköpfigen Vorurteilen«.[21] Sein Sohn verglich den Vater mit einer Bulldogge.[22] Ein streitsüchtiger, wichtigtuerischer kleiner Mann, liebte der Bischof Auseinandersetzungen, und seine konservativen Ansichten sorgten dafür, daß er immer wieder einen Anlaß dafür fand.

Warren Candler glaubte fest an die Überlegenheit der angelsächsischen Kultur. In seinem Buch *Great Revivals and the Great Republic,* das 1904 erschien, behauptete er, die Vereinigten Staaten seien aufgrund ihrer Erweckungsreligion dazu bestimmt, die Welt anzuführen: »Der Romanismus hat Südamerika und Südeuropa zu dem gemacht, was sie sind, und der Protestantismus hat England, Deutschland, Holland und Nordamerika zu dem gemacht, was sie sind.« Mit anderen Worten, Gott stand auf der Seite Amerikas; zumindest lächelte Er, wenn die Amerikaner Geld scheffelten.

Eins der stärksten Argumente des Bischofs für die religiöse Erweckung lautete, daß sie dazu beitrage, den Status quo aufrechtzuerhalten und Arbeiterunruhen zu verhindern. Er wies darauf hin, daß »Spannungen zwischen Arbeiterschaft und Kapital sehr häufig in den Fabriken ausgebrochen seien, in denen sich die Arbeiter aus den nichtevangelisierten Massen Kontinentaleuropas rekrutierten«. Asa Candler teilte die paternalistischen, konservativen

Ansichten seines Bruders Warren und gab die gewerkschaftsfeindliche Haltung von The Coca-Cola-Company vor, deren Beschäftigte in Atlanta sich niemals organisierten.

Natürlich hielt es der Bischof für eine wesentliche Aufgabe der Missionare, das protestantische Evangelium und die Tugenden industrieller Harmonie auszusäen. »Das Missionieren muß dem internationalen Handel vorausgehen«, schrieb Bischof Candler, »um Gerechtigkeit im Handel und für die Kaufleute Sicherheit zu gewährleisten.«[23] Er verbreitete persönlich das Wort Gottes in China, Korea und Mexiko, doch seine große Liebe galt Kuba. Der spanisch-amerikanische Krieg öffnete 1898 der methodistischen Mission ein perfektes Zielgebiet – ein Land voller armer, unterdrückter Katholiken.

Kaum war der Krieg vorbei, machte sich Warren Candler Ende 1898 nach Kuba auf, zur ersten von zwanzig derartigen Visiten. Bei seiner Rückkehr berichtete er begeistert, daß Kuba »unser nächstgelegenes, vordringlichstes und reifstes Missionierungsgebiet«[24] sei. Im darauffolgenden Jahr wurde mit seiner Unterstützung das Candler College gegründet, eine kubanische Missionsschule der Methodisten, die Asa subventionierte: »Wir können sicher sein, daß die Handelsströme den Kanälen folgen, welche die Bildung öffnet und verbreitert... Hier fallen unsere Pflicht und unsere Interessen zusammen.«[25] Nachdem er von Warren von diesem »reifen Gebiet« gehört hatte, stellte Asa prompt im Mai 1899 José Parejo, einen Weinhändler, als Großhändler in Havanna für Coca-Cola an.

Kuba war nicht das erste fremde Land, in das Coca-Cola einmarschierte. Es wurde bereits seit 1897 in Kanada, Hawaii und Mexiko verkauft. Als Howard Candler im Sommer 1900 nach England fuhr, nahm er eine Gallone Coca-Cola-Sirup mit und fand dort zu seiner Freude John Ralphs, einen Amerikaner, der eine der in London neuen Sodabars führte. Ralphs verkaufte die Gallone und bestellte in der Philadelphia-Filiale von Coca-Cola nach.

Asas Höhenflüge und Abstürze

In einer seiner manischen Perioden schrieb Asa Candler an Howard in London und malte ein Bild von der Weltherrschaft Coca-Colas. Seine Phantasien sollten sich zwar unter seiner Ägide nicht bewahrheiten, doch Asa Candler war keineswegs ein schlechter Prophet. »Ich habe vor, Dich und Deinen Bruder irgendwo an einem der wichtigen Standorte einzusetzen«, schrieb er, dann bat er Howard, »die Bedingungen in Europa kritisch zu prüfen«, während Buddy (Asa jr.), vermutlich von seinem günstigen Ausgangspunkt an der Westküste, eine Strategie für Asien entwickeln sollte. »Gemeinsam müssen wir große Eroberungszüge ausarbeiten.«[26] Im folgenden Jahr prahlte Candler gegenüber Smith Clayton, einem Reporter der *Atlanta Constitution,* daß »Coca-Cola nun nach London und Berlin, nach Kanada und Honolulu verschifft und in großen Mengen auf Kuba, Puerto Rico und in Kingston, Jamaika, verkauft wird«. In Wahrheit war die im Ausland verkaufte Menge vernachlässigbar klein, mit Ausnahme von Kanada und Kuba. Coca-Cola wurde in erster Linie durch Handelsmakler in New York und Philadelphia vertrieben, die den Coca-Cola-Mitarbeitern nicht einmal sagen wollten, wer ihre Abnehmer waren – aus Angst, die Firma würde dann direkt an diese verkaufen.[27]

Asa Candler gefiel sich darin, diese »großen Eroberungen« für seine Kinder auszumalen, doch sich selbst gegenüber legte er eine zunehmend krankhafte Einstellung an den Tag. 1901 schrieb Candler an Howard, daß »ich mit nahezu niederschmetternder Enttäuschung erkenne, daß ich den Interessen meiner Generation nur durch das Gute, das ich ihr mit meinen Jungen bringe, dienen kann. Ich bete fortwährend darum, daß meine Jungs *Männer* werden.« Ein Jahr später, er war erst 51, hörte sich Candler an, als läge er wegen Altersschwäche im Sterben. »Bestenfalls noch ein paar Jahre, und ich muß mich hinsetzen und darauf warten, daß mich der Schnitzer Tod einsammelt wie der Straßenkehrer den Abfall«, jammerte er 1902. »Ich fühle mich seit zwei Wochen nicht wohl. Ich habe jetzt Kopfschmerzen.«

Das Geschäft wuchs ihm über den Kopf. Er war entsetzt über die Summen, die für Werbung und Personal draufgingen, obwohl die Dollars schneller hereinströmten, als er sie ausgeben konnte. Anfang 1901 klagte er: »...wir sind so groß geworden und müssen so viel Geld zahlen, und dadurch strömt das Geld nur so hinaus.« Zu diesem Zeitpunkt betrug der Bargeldüberschuß laut Jahresbericht 1903 knapp 200 000 Dollar und besaß die Firma schuldenfreien Grundbesitz im Wert von 71 000 Dollar.

Auch bei der Ausweitung des Marktes für seinen Soft Drink kam er nicht mehr mit. Er hielt weiter an der viktorianischen Illusion fest, Coca-Cola müsse ein Sodabargetränk für die Oberschicht bleiben, und schwamm damit gegen die Welle der Demokratisierung, die das Abfüllgeschäft in Gang gesetzt hatte. »Wir dürfen nicht *Spelunken* und billige Kneipen beliefern.«[28] Auch für das Automobil hatte er nichts übrig. In einer Klage über die mechanischen Probleme des Lokomobils, mit denen sich das New Yorker Büro 1902 herumschlug, äußerte er keinerlei Vertrauen in »derartige Maschinen« und fügte hinzu, »ich habe sie wie das Fahrrad lediglich als Modeerscheinung betrachtet«.[29]

Das pferdelose Gefährt war aber keine Modeerscheinung. In Wirklichkeit war es das passende Symbol für das unruhige Zeitalter, das Candler selbst repräsentierte. 1901 schrieb ein Journalist der *Atlanta Constitution:* »Unser neuer Freund, das Automobil, [ist] ein verblüffendes Beispiel dieses eigenartigen Geists der Unruhe, der ein Erbe unseres nationalen Lebens geworden zu sein scheint.« Jeder in Amerika befinde sich offenbar »unaufhörlich auf der Suche nach einer neuen Methode, Zeit zu sparen und das Leben in den kürzestmöglichen Rahmen zu pressen. Selbst unseren Vergnügungen gehen wir in der gleichen kraftvollen, tüchtigen, nervenstrapazierenden Manier nach.«

Falls Candler diesen Artikel gelesen hat, muß er sich darin wiedererkannt haben. »Ich bin so daran gewöhnt, mich zu beeilen«, schrieb er, »daß ich anscheinend nicht in der Lage bin, *an einem Ort zu verweilen.*«[30] Als jemand Candler höflich um Gehör bat, wenn er das nächstemal einen Augenblick der Entspannung finde, schnauzte er den

Bittsteller an: »Ich habe nie frei; was treiben Sie, während ich beschäftigt bin?«[31] Er fand in seinem Triumph keinen Frieden; Candler war sowohl ein Opfer als auch ein Held seiner Zeit. Coca-Cola brachte ihm keine Linderung, obwohl die Anzeigen rasch neue Energie und sofortige Entspannung versprachen. In Wirklichkeit stand Coca-Cola symbolhaft für den modernen amerikanischen Versuch, auch die Verpackung zum Erlebnis zu gestalten. Wie der Leitartikel andeutete, war selbst die Freizeit anstrengend geworden. Candlers Neffe J. J. Willard schrieb 1909 im *Coca-Cola Bottler,* das »hitzige Fieber« der amerikanischen Kultur, die durch »Hasten und Streben« charakterisiert sei, führe zur wachsenden Nachfrage nach Coca-Cola, einer sofort wirksamen Stärkung. Doch den gequälten Geschäftsleuten, wie seinem Onkel, verschaffte das Getränk nur eine vorübergehende Atempause. Candler kam mit seiner Zugehörigkeit zur Freizeitklasse nicht zurecht, er kannte nur die Tugend der Arbeit. Folgenden Satz von Nathaniel Hawthorne machte er zu einem seiner Prinzipien: »Die Welt verdankt all ihren Fortschritt Menschen, die ständig in Bewegung sind.«

Das Geld strömte noch immer herein. Asa gründete die Candler Investment Company und kaufte in Atlanta Grundstücke. Im August 1904 war er dabei, als der Grundstein für das Candler Building gelegt wurde, einen siebzehnstöckigen Wolkenkratzer, der Atlanta überragte und zum Talisman des neuen Südens wurde. Am 4. Januar 1906 betraten elegant gekleidete Damen und Herren im dreiteiligen Anzug das Gebäude und bewunderten das fast fertige Schmuckstück mit seinen sechs Aufzügen, künstlerischen Wasserspeiern, mit glänzendem Marmor, Mahagoni und Messing und den glitzernden Kristallüstern. Im ersten Stock befand sich Candlers neugegründete Bank, die Central Bank and Trust Corporation. Das war etwas Bleibendes. Das war Unsterblichkeit. In den Grundstein des Gebäudes hatte Candler einen Kupferbehälter mit seinem Bild und einer Flasche Coca-Cola einmauern lassen.[32]

Doch er suchte weiter nach Unsterblichkeit und trachtete danach, überall in den Vereinigten Staaten bekannt und präsent zu sein. Er finanzierte Wolkenkratzer in Kansas

City, Baltimore und New York City, die alle den Namen »Candler Building« erhielten. Das New Yorker Gebäude, das an die West 42nd Street in der Nähe des Times Square grenzte, kostete zwei Millionen Dollar, erhob sich 25 Stockwerke hoch und trug das Candlersche Wappen auf allen Türknäufen, Aufzugtüren und Briefkästen. Mit seiner Besessenheit fürs Detail und für kleinste Einsparungen gab er sogar die Wattstärke der Leuchtröhren vor.

In den ersten zwei Jahrzehnten dieses Jahrhunderts investierte Asa Candler in praktisch jeden Lebensbereich von Atlanta. »Es wäre buchstäblich unmöglich«, schrieb Howard Candler, »alle Geschäftsbeteiligungen meines Vaters aufzuführen.« Dank seiner Eisenbahnbeteiligungen reiste er umsonst auf jeder Strecke und bestand darauf, daß in den Speisewagen Coca-Cola verkauft wurde. Als der Baumwollmarkt ins Bodenlose fiel, baute er ein riesiges Lagerhaus und kaufte die überschüssige Baumwolle zu Niedrigpreisen auf, um sie dann, als sich der Markt erholte, mit sattem Profit erneut zu verkaufen. Während der »Panik von 1907« stutzte Candler die Immobilienpreise und verschaffte sich energisch Anwesen. Für die meisten dieser gewinnbringenden Aktivitäten wurde er als Held gefeiert, sogar als er noch mehr Geld scheffelte. Den Radikalen und Arbeiterführern allerdings galt Candler als Schurke. Ein politischer Cartoon aus dem Jahr 1908 kritisierte den wohlhabenden Banker, der seine Unterstützung für die maßgeblichen Kreise zeige, während er für die Armen nichts tue.[33]

Sein Geld machte Candler nicht großzügig. Als ein Freund, der ihm Geld schuldete, ihn an ihre langjährige Freundschaft erinnerte, fiel ihm Candler ins Wort und sagte, er wisse das zwar zu schätzen, aber: »Wir sprechen jetzt nicht über Freundschaft; wir reden vom Geschäft.«[34] Ein mittelloser Missionar bat einmal Candler um Geld für seine Frau und seine fünf Kinder und erklärte, das sei »äußerst erniedrigend«, doch er würde ansonsten verhungern. Candler schickte ihm zehn Dollar mit der Notiz: »Sie wissen sicher, daß Bitten wie die Ihre häufig an mich herangetragen werden.«[35] So großzügig war er allerdings nicht einmal gegenüber Cliff Pemberton, der verarmten Witwe des Coca-Cola-Erfinders. Als eine Gruppe Frauen Candler mit der Bitte anging,[36] ihr monatlich fünfzig Dollar Rente zu geben, lehnte er ab. Im Juli 1909, als die krebskranke Mrs. Pemberton im Sterben lag, schrieb eine Verwandte, »wenn jemand dem reichen Mann, der das Coca-Cola-Rezept gekauft hat, ihre Lage richtig darlegen würde, würde sein Herz, so er eines hat, gerührt.«[37] Zwei Monate später war sie tot.

Im Jahr vor Mrs. Pembertons Tod trat eine weitere unangenehme Seite an Candler zutage. 1908 fand die vierte Jahresversammlung des National Child Labor Committee (Nationales Kinderarbeitskomitee) in Atlanta statt, vorrangig, um gegen die fürchterlichen Zustände in den Baumwollmühlen zu protestieren, wo Frauen und Kinder wöchentlich mehr als sechzig Stunden schufteten und für fünfzig Cent am Tag oder noch weniger Baumwollfusseln einatmeten. Georgia sollte der letzte Südstaat sein, in dem die Kinderarbeit gesetzlich geregelt wurde. Als Präsident der Atlanta Chamber of Commerce (Handelskammer) hielt Candler eine geradezu unglaubliche Eröffnungsansprache, wenn man an die Zuhörerschaft denkt. »Richtig organisierte Kinderarbeit, in geeigneter Umgebung, unter geeigneten Bedingungen, wird als höchst erfolgversprechendes Mittel in jedem Land auf Erden angesehen«, begann er. »Der schönste Anblick ist ein Kind bei der Arbeit.«[38] In Wahrheit »wird sein Leben, je jünger der Knabe zu arbeiten anfängt, um so schöner und nützlicher sein«. Candler endete mit der Behauptung, die eigentliche Aufgabe des Komitees bestehe darin, dafür zu sorgen, daß die Arbeit das Kind in »einen noblen, nützlichen, kompetenten erwachsenen Arbeiter« verwandele.

In einem Kommentar zu dieser Darbietung versuchte ein Komiteemitglied, in Candlers Rede »subtilen Humor« zu entdecken, ein Charakterzug, der Candler von niemandem sonst zugeschrieben wurde. Er meinte es eindeutig ernst, wobei er sich vielleicht seine eigenen Unternehmungen in der Jugendzeit in Erinnerung rief; doch wesentlich wahrscheinlicher ist, daß er damit die weitverbreitete Kinderarbeit in den Baumwollmühlen des Südens verteidigte – einschließlich der in seiner eigenen in Hartwell, Georgia, die er zwei Jahre später verkaufte, und natürlich in The

Coca-Cola-Company sowie deren Abfüll-Franchise-Unternehmen.

Im Sommer 1913 unternahm Candler, nunmehr 61 Jahre alt, zusammen mit seiner Frau die große Europatour, wie es sich für die Wohlhabenden jener Zeit geziemte. Kurz vor seiner Abfahrt gab er ein Interview, in dem er sich »optimistisch und heiter bezüglich der geschäftlichen Aussichten« äußerte und einen »in Regenbogenfarben schimmernden [Horizont] mit dem Versprechen nur guter Dinge«[39] sah. Das Interview war Lug und Trug. Das wirkliche Motiv für Candlers Reise war Flucht vor dem Zusammenbruch, wie er seinem Bruder Warren eingestand: »Ich bin von zu Hause fort, um meine Nervenstärke wiederzufinden.«[40] Wie üblich verabscheute er den erzwungenen Müßiggang, und während seine Frau Paris genoß, schrieb er, daß er »es nicht tue, sondern es nur durchstehe«.[41]

Er trennte sich nur von großen Geldbeträgen, wenn er sich davon noch größeren Ruhm versprach. Während Candler in Europa war, bot Andrew Carnegie der Vanderbilt University, die stets eine methodistische Institution gewesen war, eine Million Dollar unter der Bedingung, daß sie konfessionslos würde. Da wegen dieses gottlosen Yankee-Kapitalisten der methodistische Einfluß auf die höhere Bildung zu schwinden drohte, wandte sich die religiöse Führung folgerichtig an Asa Candler, das Südstaaten-Äquivalent zu Carnegie. Candler geriet durch das Gerücht, er werde dem Emory College zwei Millionen Dollar zukommen lassen, damit es sich in eine feine Universität verwandle, in Verlegenheit und Wut.[42] Er wußte nicht, ob er Emory, das er für eine »zerbröckelnde Burg« hielt, *überhaupt* Geld geben wollte. Durch Warren, das Gerede und seinen Glauben an den Wert religiöser Erziehung angespornt, spendete er im Juli 1914 schließlich eine Million für Emory, wobei er anläßlich der Bekanntgabe der Spende gereizt vermerkte: »Ich besitze bei weitem nicht so viel, wie manche glauben und verkünden.« Emory übersiedelte in der Folge von Oxford, Georgia, nach Atlanta. Bis zu seinem Tod sollte Candler dem College noch mehr als acht Millionen Dollar zukommen lassen.

Die Abfüllbranche entwächst den Kinderschuhen

Obwohl der Flaschenabsatz von Coca-Cola im ersten Jahrzehnt des 20. Jahrhunderts enorm stieg, ignorierte die Firma diese Entwicklung hartnäckig. Möglicherweise, weil die Abfüller ihre eigene Werbung betrieben. Aber dahinter steckte noch mehr. Da die Flasche in den Geschäftsberichten dieser Zeit kaum erwähnt wird, muß Asa Candler der Meinung gewesen sein, daß die *echte* Coca-Cola in der Sodabar den Angehörigen der Oberschicht serviert wurde, und er weigerte sich deshalb, das auf Flaschen abgefüllte Getränk zu loben oder herauszustellen.

Nichtsdestotrotz war die Abfüllbranche im Jahr 1913, als die Cola Bottlers Association gegründet wurde, aus den Kinderschuhen herausgewachsen. Zu diesem Zeitpunkt hatte der technische Fortschritt die junge Branche stark verändert. Einige Werke benutzten zwar noch immer Pferdefuhrwerke, doch viele hatten bereits Lieferwagen angeschafft, mit denen die steigende Anzahl der Ausschankstellen, die Kegelbahnen, Friseurgeschäfte, Billardsalons, Obststände und Zigarrenläden umfaßten, effizienter und in weiterem Umkreis beliefert werden konnte. Der Abfüller in New Orleans, A. B. Freeman, bediente mit dem neuesten Liefersystem der Zeit – seiner Motorbarkasse *Josephine* – die Bayous, wie der *CC Bottler* 1909 berichtete. Die automatischen Abfüll- und Waschmaschinen ermöglichten es, das Getränk bei höherer Geschwindigkeit in gleichförmigerer Qualität herzustellen.

Der Coca-Cola-Abfüller war nun einer der reichsten Männer der Stadt. Für die Parade am 4. Juli sponserte er aufwendige Festwagen mit amerikanischen Flaggen und Coca-Cola-Zeichen, er spendete für wohltätige Zwecke und nannte ein prestigeträchtiges Automobil sein eigen – obwohl sich ein Coca-Cola-Mann keineswegs zu gut und zu mächtig war, in den Lieferwagen zu steigen, um »das Geschäft anzukurbeln« oder Coca-Cola bei Wettbewerben zu promoten. Der typische Abfüller galt als wahrer Gläubiger – stärker noch als der Besitzer einer Sodabar –, denn Coca-Cola hatte ihm seinen Reichtum beschert. Außerdem brachten es die weit auseinanderliegenden Werke mit sich, daß ein Coca-Cola-Mann, wohin er auch reiste, stets sofort mit einem begeisterten Freund[43] rechnen konnte, der die Sprache der Soft-Drink-Branche sprach.

In der quirligen Abfüllbranche waren auch bald dynamische Coca-Cola-Frauen vertreten, die ihr Engagement unter Beweis stellten. Die erste war Joseph Whiteheads Witwe Lettie Pate Whitehead Evans (sie heiratete 1913 einen Colonel Evans). 1906, als Whitehead starb, dachte sie daran, ihren Anteil an der Stammabfüllfirma zu verkaufen, wozu ihr auch John Candler riet, da das Geschäft »einem Riesenballon [ähnelte] – ein Stich, und alles ist vorbei«.[44] Klugerweise beschloß sie, die Kontrolle zu behalten, die sie im stillen bis zu ihrem Tod im Jahr 1953 weiter ausübte. Andere Frauen übernahmen direkt die Verantwortung für Abfüllanlagen,[45] zumeist ebenfalls Witwen. Arthur Pratts Schwägerin Julia wartete allerdings nicht, bis ihr Mann Russell gestorben war. Sie haßte Los Angeles (und muß auch von ihrem Mann, der dort blieb, nicht sonderlich begeistert gewesen sein) und kehrte nach Florence, Alabama, zurück, wo sie ab 1911 ein höchst profitables Abfüllunternehmen leitete.

Ungeziefer in den Flaschen

Doch die 500 Abfüller, die 1913 eine Vereinigung gründeten, schlossen sich nicht aus reiner Liebe zu Coca-Cola zusammen, sie benötigten auch Schutz vor Auseinandersetzungen mit der Justiz. Von Anbeginn an gab es mit dem auf Flaschen abgefüllten Soft Drink ständig Probleme. Da man die unterschiedlichsten Flaschentypen und Karbonisierungsmethoden benutzte, explodierte das Endprodukt ab und an in der Hand des Konsumenten. Ferner kamen die zurückgegebenen Flaschen mit Schnecken, Kakerlaken, Mäusen, Zigarettenstummeln, Schleim und anderen unsäglichen Dingen in den Werken an; häufig schaffte es die damalige Reinigungsmaschinerie nicht, diese »fremden Ingredienzien« völlig zu entfernen, und sie bildeten dann einen Teil des köstlichen und erfrischenden Getränks, das der Öffentlichkeit vorgesetzt wurde.

Eines der ersten Gerichtsverfahren wegen einer »explodierenden Flasche«, das ein Krämer namens Hudgins angestrengt hatte, ging 1905 bis zum Obersten Gerichtshof von Georgia. Hudgins verlor, so wie die meisten Kläger in Prozessen gegen Coca-Cola. Die Rechtsprechung legte die *Beweis*last für eine Nachlässigkeit dem Konsumenten auf – was in der Praxis kaum zu leisten war. Trotzdem schadete es wohl nicht, daß Richter John Candler zu der Zeit auf der Bank des Obersten Gerichtshofs von Georgia saß. Die Fälle mit »fremden Ingredienzien« gaben guten Stoff für die Zeitungen ab. Eins der ersten Verfahren drehte sich um den Fall von Mrs. Mattie Allen.[46] Sie konnte, nachdem sie »eine große Menge Wanzen und Würmer« in ihrer Coca-Cola-Flasche entdeckt hatte, eine Woche lang aufgrund »unsäglicher geistiger Agonie aus Furcht, daß das besagte Giftgetränk den vorzeitigen Tod zur Folge haben könnte«, nicht mehr arbeiten.

Die wohlhabenden Abfüller lockten betrügerische Klagen an wie Marmelade die Fliegen. Häufig bevorzugten sie es, sich außergerichtlich zu einigen und hohe Geldbeträge zu zahlen, anstatt das Risiko einer mit einem Prozeß verbundenen nachteiligen Publicity einzugehen. 1913 fanden zwei Abfüller in angrenzenden Bundesstaaten heraus, daß sie derselben Frau Schweigegeld gezahlt hatten. Bei weiteren Nachforschungen entdeckten sie, daß die Frau auf ihrer Tour durch die Lande regelmäßig Wanzen in ihrer Coca-Cola fand. Und sie war nicht die einzige. Als die Vereinigung der Abfüller schließlich eine Versicherungsgesellschaft fand, mußte sie ihre eigene Police abfassen, die erste Haftpflichtversicherung in den Vereinigten Staaten.[47] In den darauffolgenden Jahren lehnten die Coca-Cola-Abfüller generell eine außergerichtliche Einigung ab. 1913 gewannen sie sogar einen Fall, den ein Taubstummer angestrengt hatte, der durch die Splitter einer explodierenden Flasche auch noch erblindet war.[48]

Die Gerichtsverfahren und die allgemeine Beunruhigung wegen der neu entdeckten »Keime« veranlaßten die Abfüller, Coca-Cola als sauberes, reines Produkt herauszustellen. »Gerade jetzt breitet sich im Land eine Welle hygienischer Ideen aus«, schrieb ein Abfüller 1909 im *CC Bottler*. »Wenn die Gesundheitsbehörden und die zahllosen Komitees für saubere Lebensmittel in Ihrer Nachbarschaft zu toben anfangen, ist es für Sie eine gute Werbung, wenn sie Ihren Laden in erstklassigem, fleckenlosem Zustand vorfinden.« Als salmonellenverseuchte Milch Schlagzeilen machte, riet ein Abfüller: »Fordern Sie Ihre Kunden auf, auf Milch zu verzichten und Coca-Cola zu trinken. Sie können sicher sein, ein reines, hygienisch einwandfrei hergestelltes Getränk zu bekommen.« [49]

Die ekelhafte Gefolgschaft

Die Firma hatte bereits, als sie lediglich ein Getränk für Sodabars offerierte, mit Nachahmern zu kämpfen, doch jetzt versuchten buchstäblich Hunderte von Flaschengetränken aus Coca-Colas Berühmtheit Kapital zu schlagen. Candlers Neffe beschrieb sie verächtlich als »kleine Emporkömmlinge, die an allen Ecken aus dem Boden schießen«, und jammerte, daß es unmöglich sei, so einer »ekelhaften Gefolgschaft« zu entrinnen. [50]

Die Versuche der Firma in den ersten Jahren des 20. Jahrhunderts, mit den Nachahmern fertig zu werden, hatten höchst beängstigende Folgen. 1901 verklagte die Firma John B. Daniel, einen früheren Geschäftspartner von Pemberton, wegen seines Passiflora Koko-Kolo, einem Getränk mit Passionsblume (ein anderes angebliches Aphrodisiakum) neben den üblichen Koka- und Kola-Ingredienzien. In der Verhandlung behauptete John Candler, Daniel »betrüge die Öffentlichkeit und führe sie in die Irre«, weil er sein Produkt in roten Täßchen à fünf Gallonen verkaufe, wobei die Gallone 25 Cent weniger kostete als Coca-Cola. Die Anwälte von Daniel führten ins Feld, daß er das Warenzeichen nicht verletze, da die Begriffe »Koka« und »Kola« beschreibender Natur seien und insofern nicht urheberrechtlich geschützt werden könnten. Coca-Cola verlor den Prozeß. Im nächsten Jahr brachte John Candler einen ähnlichen Fall in New Jersey gegen Oscar Grenelle und Charles Schanck vor Gericht, [51] die unverfroren Getränke mit den Bezeichnungen »Coco-Cola« und »Kola-Coca« verkauften.

Ohne ihr Tun abzustreiten, schlugen Grenelle und Schanck dieselbe Verteidigungsstrategie ein wie Daniel: »Coca-Cola« sei ein rein deskriptiver Begriff. In der Angst, das explosive Thema noch weiter anzuheizen, sah Candler von einer weiteren Verfolgung ab.

Andere Siruphersteller und -abfüller in Atlanta erklärten die Jagdsaison für die Coca-Cola-Nachahmung für eröffnet. Eine dieser Firmen, Afri-Kola, besaß die Frechheit, ein paar Häuser weiter auf der Edgewood Avenue eine Fabrik zu eröffnen. 1903 beauftragte John Candler eine Washingtoner Anwaltskanzlei, einen einschüchternden Brief an die Nachahmer in Atlanta zu senden, womit er hoffte, sie abzuschrecken, und Sam Dobbs stattete ihnen persönlich einen Besuch ab. Der Besitzer von Kola-Ade räumte gegenüber Dobbs ein, daß er den Brief erhalten habe. »Warum haben Sie sich so weit weg von zu Hause einen Anwalt gesucht?« spottete er und fügte unverschämt hinzu: »Angenommen, ich produziere ein Substitut, was wollen Sie denn dagegen unternehmen?«[52]

Pemberton hatte sein Rezept an mehrere Leute verkauft, doch sein Geist muß das Geheimnis auch nach seinem Tode in großem Stil angeboten haben, wenn man die Vielzahl von Colas bedenkt, die von sich behaupteten, so gut wie das Original zu sein. Neben anderen gehörten dazu Afri-Kola, Cafe-Coca, Candy-Cola, Carbo-Cola, Celery-Cola, Celro-Kola, Charcola, Cherry-Kola, Chero-Cola, Citra-Cola, Co-Co-Colian, Coca and Cola, Coca Beta, Coke Extract, Coke-Ola, Cola-Coke, Cola-Nip, Cold-Cola, Cream-Cola, Curo-Cola, Dope, Eli-Cola, Espo-Cola, Farri-Cola, Fig-Cola, Four-Kola, French Wine Coca, Gay-Ola, Gerst's Cola, Glee-Nol, Hayo-Kola, Heck's Cola, Jacob's Kola, Kaw-Kola (»Hat den Kick«), Kaye-Ola, Kel-Kola, King-Cola, Koca-Nola, Ko-Co-Lem-A, Koke, Kola-Ade, Kola-Kola, Kola-Vena, Koloko, Kos-Kolo, Lime-Cola, Lemon-Ola, Loco-Kola, Luck-Ola, Mellow-Nip, Mexicola, Mint-Ola, Mitch-O-Cola, Nerv-Ola, Nifti-Cola, Noka-Cola, Pau-Pau Cola, Penn-Cola, Pepsi-Cola, Pepsi-Nola, Pillsbury's Coke, Prince-Cola, QuaKola, Revive-Ola, Rococola, Roxa-Kola, Sherr-Coke, Silver-Cola, Sola-Cola, Standard-Cola, Star-Cola, Taka-Kola, Tenn-Cola, Toka-Tona, True-Cola, Vani-Kola, Vine-Cola, Wine Cola, Wise-

Ola.[53] Da ist es kein Wunder, daß ein Coca-Cola-Mann all diese Imitate 1910 im *Coca-Cola Bottler* als »Schwindel-Colas« bezeichnete.

Harold Hirsch, der Retter

Die Situation wurde untragbar, doch der heilige Georg stand schon bereit, es mit den Imitat-Drachen aufzunehmen. Harold Hirsch, der an der Columbia Law School studiert hatte, war 22 Jahre alt, als er 1904 in die Anwaltskanzlei von Candler eintrat. Im darauffolgenden Jahr wurde das Trademark Law of 1905 (Warenzeichengesetz von 1905) verabschiedet, und Coca-Cola wurde unter dem Ten-Years Proviso (Zehn-Jahres-Vorbehalt) eingetragen, einer »Großvater-Klausel«, mittels derer jedes Warenzeichen, ob deskriptiv oder nicht, das seit 1895 in fortgesetztem Gebrauch war, legalen Status erhielt. Ermutigt durch diese Absicherung der Marke, beschloß Hirsch, etwas gegen die Nachahmer zu unternehmen. Als er 1909 voll für die rechtlichen Angelegenheiten von Coca-Cola verantwortlich wurde, leitete er sogleich die verrissene gerichtliche Verfolgung der »ekelhaften Gefolgschaft« ein.[54] Zu Anfang des Jahres 1913 konnte John Candler mit Befriedigung schreiben: »...wir haben in den letzten zwölf Monaten wegen mindestens zehn Fällen von Verstößen Klage erhoben, während uns dies 1906 nur mit einem gelang.«[55] Hirsch war nicht einfach nur ein Anwalt, der für einen Klienten tätig wird, er war ein echter Coca-Cola-Mann und inspirierte Abfüller, Firmenangehörige und andere Anwälte, das geheiligte Warenzeichen zu verteidigen. »Ich habe jedes menschliche Gefühl erlebt, das die Seele in Verbindung mit The Coca-Cola-Company nur empfinden kann«, sagte er einmal. »Ich habe meine Tage und meine Nächte damit verbracht, an Coca-Cola zu denken.« 1914 drängte er eine Versammlung von Abfüllern auf dramatische Weise, den Namen »Coca-Cola« wirklich nur für das Originalprodukt zu verwenden, wobei er sich eher wie ein Evangelist des Höllenfeuers als wie ein Anwalt anhörte. »Wenn Sie uns im Stich lassen, wenn Sie nicht hinter uns stehen, ist die Marke ›Coca-Cola‹ zum Sterben verurteilt«, warnte er. »Niemand, nicht einmal Gott der Allmächtige, könnte uns vor dem Untergang bewahren.« Hirsch machte eine Pause, um seine Worte wirken zu lassen. »Doch wenn Sie uns mit Ihrer Arbeit unterstützen, wird dieses ›Coca-Cola‹ sakrosankt.«[56]

Vor Gericht argumentierten viele Verteidiger damit, daß die Substitution legal sei, wenn die Verbraucher nach einem »Dope« oder einer »Coke« verlangten. Infolgedessen wurden die Konsumenten in Coca-Cola-Anzeigen dringend gebeten: »Verlangen Sie das Original mit vollem Namen – andere Bezeichnungen rufen Nachahmer auf den Plan.«[57] Asa Candler bot jedem, der diese weitverbreitete Angewohnheit unterbinden könnte, 100 000 Dollar. Als einer seiner Bankangestellten den alten Unternehmer aufforderte, mit ihm ein Dope zu trinken, explodierte Candler: »Das ist kein Dope! Da ist kein Dope drin! Das ist Co-Ca-Co-La!«[58] Es war »Blasphemie und Hochverrat«, erinnerte sich ein Außendienstmitarbeiter, einen Spitznamen zu verwenden. »Für mich war ›Coke‹ ein schmutziges Wort, genauso wie die anderen Worte mit vier Buchstaben.«[59]*

Hirsch heuerte Detektive von Pinkerton[60] an, die in den Sodabars Coca-Cola verlangen und Proben der servierten Nachahmergetränke nehmen sollten, die dann einer chemischen Analyse unterzogen wurden, um zu beweisen, daß es sich nicht um das echte Produkt handelte. 1915 setzte er in der Firma den Aufbau einer Ermittlungsabteilung und die Anstellung von vollbeschäftigten Spionen durch. Die Stammabfüller erklärten sich bereit, einen Teil der Gehälter für die Detektive zu übernehmen und die Gerichtskosten mitzutragen.

Im Jahr 1923 hatte Hirsch genug Prozesse gewonnen, die verschiedene Präzedenzfälle schufen, um eine 650 Seiten starke Bibel des Coca-Cola-Rechts zu füllen; diesem ersten Band folgten in späterer Zeit noch zwei weitere. Die Firma überließ diese Bände kostenlos Anwälten und Bibliotheken in der berechtigten Annahme, daß damit einer

---

* Anspielung auf »shit« etc. (Anm. d. Übers.)

potentiellen Zuwiderhandlung vorgebaut würde. Drei Jahre später, 1926, schätzte ein Reporter, daß im Mausoleum der Coca-Cola-»Nachäffer« über 7000 »Bestattete« lägen.[61]

Hirsch gewann seine Prozesse mit den unterschiedlichsten Begründungen. Er zog gegen jedes Cola-Getränk vor Gericht, das mit einem Schriftlogo oder einem Rautenetikett wie dem von Coca-Cola oder mit roten Fässern arbeitete. Wenn der Name allzu ähnlich klang, etwa »Chero-Cola«, legte er aus diesem Grund Widerspruch ein. Er unternahm sogar den Versuch, die dunkle Karamelfärbung allein für Coca-Cola zu reklamieren. Er focht seine Schlachten vor Stadt-, Kreis-, Bundes- und Bezirksgerichten durch, und er legte gegen abschlägige Urteile bis hin zum Obersten Gerichtshof Berufung ein. Er setzte sich gegen die Eintragung zahlreicher Colas beim US-Patentamt zur Wehr und konnte sie schon im Keim abwürgen. Im Verlauf seiner Karriere, die drei Jahrzehnte umspannte, schuf Harold Hirsch praktisch das moderne amerikanische Warenzeichenrecht und erhob durchschnittlich eine Klage pro Woche.[62]

Die perfekte Verpackung

Die Coca-Cola-Flasche frustrierte Hirsch. Ben Thomas hatte sie zu standardisieren versucht, indem er das Logo in die Flasche einblasen ließ. Wenn ein Nachahmer seinen Namen an gleicher Stelle anführte, ahndete Hirsch dies als Verstoß. Doch das reichte ihm nicht. In den geraden Flaschen sah Coca-Cola wie alle anderen Brausen aus. Außerdem übernahmen die Nachahmer fast durchweg die rautenförmigen Etiketten. Coca-Cola brauchte eine einzigartige Flasche, die ganz ohne Etikett auskam.

Bei einer Versammlung der Abfüller im Jahr 1914 beschwatzte Hirsch die kleinen Abfüller, die kurzfristig entstehenden Mehrkosten einmal zu vergessen, die die Einführung einer neuen Flasche zur Folge hätte. »Wir bauen Coca-Cola nicht nur für einen Tag auf. Wir bauen Coca-Cola für die Ewigkeit auf, und wir hegen die Hoffnung, daß Coca-Cola bis zum Ende aller Zeiten das National-getränk bleibt.« Er forderte eine »Flasche, die wir über-nehmen und unser eigenes Kind nennen können«.[63] Ben Thomas hatte im gleichen Jahr kurz vor seinem Tod eben-falls auf eine Flasche gedrängt, die so unverwechsel-bar wäre, daß die Leute sie schon beim Anfassen erken-nen und selbst in zerbrochenem Zustand identifizieren könnten.[64]

Im Juni des folgenden Jahres beauftragte die Firma meh-rere Glashersteller, Prototypen einer unverwechselbaren Flasche zu entwickeln. Die Beschäftigten der Root Glass Company suchten sich Inspiration in den Ingredienzien des Getränks. In der Bibliothek von Terre Haute, Indiana, konnte der Beauftragte des Unternehmens keinerlei Abbil-dungen des Kokablattes oder der Kolanuß auftreiben, die einer Flasche ähnelten. Doch sein Blick blieb an der Illu-stration der Kakaobohnenhülse hängen, die sich kurz nach dem Koka-Artikel in der *Encyclopaedia Britannica* befand. Vielleicht hat er wirklich Kakao mit Koka verwechselt. Falls es so war, handelte es sich jedenfalls um einen unbeab-sichtigten Fehler. Mit der geriffelten Silhouette der Kakao-bohne als Ausgangspunkt stellte Earl Dean, der Maschi-nenbauer der Firma, wenige Minuten, bevor der Ofen wegen des Sommerurlaubs abgeschaltet wurde, einige Pro-beflaschen her.[65]

Dean hatte eine Form entworfen, die in der Folgezeit als die »Humpelrock«-Flasche bekannt wurde, nach einem Rockschnitt, der um 1914 gerade en vogue war. Verständli-cherweise blieb der Rock nicht lange in Mode, denn er war unterhalb des Knies bis zur Knöchelhöhe, wo er weiter wurde, so eng, daß die Frauen »humpeln« oder »hoppeln« mußten. Diese ersten paar Flaschen hatten in der Mitte eine ziemlich starke Rundung, die später so weit reduziert wurde, daß die Flaschen in die standardisierten Abfüllan-lagen paßten. Jemand taufte beim Anblick dieses vollbusi-gen ersten Versuchs das Ding »Mae-West-Flasche«, eine Be-zeichnung, die der Flasche noch jahrelang anhängen sollte. Bei der Jahresversammlung der Coca-Cola-Abfüller von 1916 wurde der Entwurf von einem siebenköpfigen Komi-tee genehmigt, doch es dauerte noch mehrere Jahre, bis die meisten Abfüller dieses kostspieligere Behältnis akzeptiert hatten.

Die neue Flasche sollte Coca-Cola schließlich genauso stark symbolisieren wie das Schriftlogo. Mit dem dickwandigen Glas hatte man einiges an Gewicht in der Hand, was zum Teil damit zu tun hatte, daß man den Verbraucher darüber hinwegtäuschen wollte, daß er lediglich sechseinhalb Unzen Flüssigkeit vor sich hatte. Der Industriedesigner Raymond Loewy wurde wegen dieser Verpackung richtig lyrisch, nannte die »perfekt geformte« Flasche »aggressiv weiblich«,[66] während eine andere Autorität auf diesem Gebiet behauptete, sie besitze »zwanzig clever kaschierte Tricks... um verführerisch und befriedigend in der Hand zu liegen«.

Harold Hirsch schwebten allerdings keine derart grandiosen Vorstellungen vor, als er sich für die Flasche starkmachte. Die ersten Anzeigen hoben darauf ab, daß mit der Flasche jede Art von Betrug unterbunden werden sollte. »Wir haben die Piraten der Branche abgefüllt«, verkündete eine Anzeige prahlerisch. »Sie haben die [alte] Flasche und das Etikett von Coca-Cola nachgemacht..., aber die neue können sie nicht nachahmen – sie ist patentiert.«

Dobbs versus Robinson

Harold Hirsch war in dieser turbulenten Zeit nicht der einzige aufsteigende Star. Sam Dobbs, den Bessie Linn Smith als »Kopf und Schönheit der Familie« bezeichnete, trachtete danach, in die Fußstapfen seines Onkels zu treten. Seit Candler Ende 1899 seinen Neffen zum Verkaufsleiter befördert hatte, trugen Sam Dobbs und Frank Robinson einen Machtkampf miteinander aus. Der ungestüme, gutaussehende, selbstsichere Dobbs prahlte im Jahresbericht 1907, sein Verkaufsstab »arbeite wie eine große Maschine, ohne irgendwelche Brüche«. Als seine Macht innerhalb der Firma wuchs, ärgerte sich Dobbs über die seiner Meinung nach altbackenen Werbemethoden, die Robinson anwandte.

1906 erreichte der brodelnde Konflikt einen Höhepunkt. Dobbs attackierte ein Lieblingsprojekt von Robinson, eine Broschüre, in der der jährliche Gallonenausstoß der einzelnen Zwischenhändler und Abfüller aufgeführt war. In einem Memo für Onkel Asa schrieb der 38jährige Dobbs im Februar: »Ich war seit jeher gegen die Veröffentlichung von internen Geschäftsdaten«, und er empfahl, die Broschüre einzustellen. Er erklärte, die weithin verbreitete Broschüre vermittle »der Horde von Nachahmern, die überall im Lande aus dem Boden schießen, *Fakten und Zahlen*« und gebe ihnen zudem noch eine als Geschenk verpackte Liste potentieller Abnehmer an die Hand. Außerdem forderten die eindrucksvollen Absatzzahlen geradezu den Angriff seitens feindlich gesonnener Gesetzgeber heraus, die die Statistik manipulieren und damit beweisen könnten, wie verbreitet das »Übel« Coca-Cola wirklich war. Dobbs hatte damit sicherlich einen wunden Punkt getroffen; 1905 hatte der Verkauf mehr als eineinhalb Millionen Gallonen betragen, was einen Zuwachs von 37 Prozent gegenüber dem vorhergehenden Jahr bedeutete.

Der damals sechzigjährige Robinson konterte mit einer würdevollen Widerlegung und verwies darauf, daß die in der Broschüre enthaltenen »vielen Beweise« für den »nie endenden Anstieg« der Beliebtheit von Coca-Cola die Händler ermutige, miteinander um einen noch größeren Absatz zu konkurrieren. Doch von noch größerer Bedeutung war sein grundsätzlicher, philosophischer Vorbehalt gegen Dobbs' Vorschlag. Er wollte weder Intrigen ermutigen noch etwas verschleiern. »Wir haben unsere Geschäfte stets offen geführt«, schrieb er. »Unsere Flagge flattert an der Mastspitze. Wir sind allen Wettbewerbern weit, weit voraus, und das haben wir durch unsere Veröffentlichungen erreicht.« Die Broschüre über Bord zu werfen wäre »gleichbedeutend mit dem Einholen der Flagge, dem Auslöschen der Zahlen auf unserem Monument, dem Verwischen unserer Spuren, dem Sich-Eingraben und der Weigerung, sich zu zeigen. Zweifel und Mißtrauen würden unser Bild in der Öffentlichkeit trüben.«

Robinson zog den kürzeren, in mehr als einer Hinsicht. Die Broschüre wurde eingestellt, und Dobbs übernahm 1906 nicht nur den Verkauf, sondern obendrein noch die Werbung. Rasch leitete er Veränderungen ein. Infolge seines Mißtrauens gegenüber St. Elmo Massengale, die den Coca-Cola-Werbeetat verwalteten, heuerte Dobbs William D'Arcy, mit dem er befreundet war, und dessen St. Louis-Agentur an.[67] Dobbs steckte im Sommer riesige Geldsummen in ganzseitige Anzeigen in Magazinen. Robinson beobachtete entsetzt, wie Dobbs bis zum Herbst den Großteil des Werbebudgets ausgab. Im November verlangte der alte Mann eine »ruhige, überlegte, sorgfältig durchdachte, konservative, langfristige Kampagne«,[68] die eine gleichmäßige Verteilung der Werbemittel über das ganze Jahr, wenn auch einen leichten Anstieg in den Sommermonaten, vorsah und von 3000 Dollar für Januar und 8000 Dollar für Juli ausging. Er nannte Dobbs' Methode »Augenblickswerbung«, die in der letzten Minute geplant werde und zu einer Telegrammflut und Chaos führe.

Robinson schuftete auf seine methodische, engagierte Weise bis zu seiner Pensionierung im Jahr 1913 weiter, doch er wurde zunehmend nur noch geduldet. Dobbs nahm das Verdienst für die Coca-Cola-Werbung voll für sich in Anspruch und wurde zum Liebling der Presse. Nach seiner Wahl zum Präsidenten des Associated Advertising Club of America (Verband der Werbefachleute) im Jahr 1909 förderte er die »Truth in Advertising«-Kampagne (Kampagne für »Wahrheit in der Werbung«), mit der er öffentliche Akzeptanz für seinen Berufsstand gewann – und in der er natürlich Coca-Cola (»ehrlich und gut«) von den Patentarzneien (»betrügerisch und schlecht«) absetzte.

Sobald Dobbs seinen Beruf und dessen Bedeutung ansprach, grenzte sein Selbstbewußtsein an Arroganz. »Der Werbemann von heute ist ein Schullehrer«, behauptete er 1911. »Die Welt ist das Schulzimmer, und die Menschen sind seine Schüler.« Manche, so bemerkte er, seien »unwillige Schüler«, doch was mache das schon? Sie würden sowieso lernen. Der Werbefachmann spreche eine universelle Sprache, die »weder Politik noch Glaubensbekenntnisse, noch Hobbys« kenne. Dobbs verglich die Werbekampagne mit einer Militäraktion und sprach von den schweren Waffen der Straßenreklame und den leichten Waffen der Metallschilder.

Trotz aller Angeberei stieß Dobbs' Vorstellungskraft schnell an ihre Grenzen. Beispielsweise sprach er sich 1908 gegen den Einsatz eines großen Leuchtzeichens aus, weil er es für zu gefährlich erachtete. Er hielt auch nichts von speziell jüdischer Werbung für jüdische Bezirke. Und er sah keine Zukunft in der überseeischen Vermarktung von Coca-Cola, obwohl es 1909 Abfüllwerke auf Kuba, Hawaii und Puerto Rico gab. Zwei Jahre später setzte sich ein britischer Werbefachmann eloquent für England als Markt von »45 Millionen Menschen mit riesiger Kaufkraft in einem dichtbesiedelten Land, das kaum größer als Kansas ist«, ein. Dobbs war nicht interessiert; er antwortete: »Die alten USA halten uns genug auf Trab.« 1915 schrieb Dobbs: »Das Ausland ist nicht sehr attraktiv«, womit er wiederholte inständige Bitten ausländischer Firmen zurückwies.

Zusammen mit seinem Freund D'Arcy stellte Dobbs seinen Glauben an die wohltuenden Eigenschaften von Coca-Cola über die Einwände des Stammabfüllers Ben Thomas.[69] Als schlichtes Getränk beworben, sei Coca-Cola für »jeden Mann, jede Frau und jedes Kind« attraktiv, behauptete Thomas. Es als Tonikum zu bezeichnen würde »den Eindruck [vermitteln], daß es ein starkes... Stimulans ist«, und »in den Köpfen derjenigen Menschen ein Vorurteil aufbauen, die meinen, daß zumindest ihre Kinder so ein Getränk nicht in die Finger bekommen sollten«. Dobbs reagierte auf die Kritik defensiv[70] und bemerkte, er und D'Arcy hätten sich sechsmal getroffen und »diese Sache breitgeklopft und bearbeitet, bis sie mir gerade richtig erschien«. Es stimmt, sagte er, Coca-Cola sei ein Erfrischungsgetränk, doch sei es nicht auch noch mehr? »Wenn es einfach nur ein Getränk ist, haben wir keinerlei Grund, ihm irgendeine herausragende Eigenschaft oder ein spezielles Verdienst zuzuschreiben.« Dobbs war auch anderer Meinung als Thomas, was die Ratsamkeit von Werbung für Kinder betraf, und meinte, er müsse seine Kinder davon abhalten, zuviel Coca-Cola zu trinken. »Kinder sind zu leicht bereit, so etwas wie Coca-Cola zu mißbrauchen.«

Harvey Wiley – eine Bedrohung

Als Dobbs diesen Satz im April 1907 niederschrieb, folgte er unwissentlich den Überlegungen von Dr. Harvey Washington Wiley, dessen Name bei den Coca-Cola-Männern bald ein Schaudern auslösen sollte, als stünden sie vor dem Antichrist. Zu Anfang dieses Jahres wandte der Reformer, der für reine Lebensmittel ohne Zusatzstoffe eintrat, seine ganze Aufmerksamkeit der Soft-Drink-Branche und ihrem berühmtesten Getränk zu. Im folgenden Jahrzehnt gelang es Wiley beinahe, Coca-Cola zu vernichten.

Dr. Wiley schaltet sich ein

Wiley ist nun zum Chefinspektor, Chefermittler, Chefhetzer, Staatsanwalt, Geschworenen und Richter gemacht worden; und wenn irgendein Hersteller wegen dieses nicht zu rechtfertigenden Zustands die Stimme zu erheben wagt, bekommt er das Geschrei von seiten Wileys und der Wiley-Presse zu hören: »Er ist ein Verfälscher und Doper...« Und all diese Macht liegt in den Händen eines Mannes, der sagt: »Ich bin Geist und Essenz des Gesetzes für Lebensmittelreinheit, und ohne mich gäbe es dieses Gesetz nicht.«

The American Food Journal, 15. Februar 1912

Seit er 1883 nach Washington gekommen war, hatte Dr. Harvey Washington Wiley, der erste Leiter des U.S. Bureau of Chemistry (Abteilung für chemische Stoffe), einen hartnäckigen Kampf gegen die Verfälschung von Lebensmitteln geführt; doch erst 1902 wurde Wileys Name allgemein bekannt, als er seine »Poison Squad« (Giftgruppe) gründete, eine Gruppe von zwölf jungen Männern, die für den Test von Lebensmittelzusätzen, denen Wiley Gesundheitsschädlichkeit unterstellte, gleichsam als menschliche Versuchskaninchen fungierten. Die »Experimente« wurden ohne wissenschaftliche Kontrolle durchgeführt und ignorierten schlankweg die Erwartungen der Freiwilligen, daß sie durch den Verzehr der fraglichen Stoffe krank würden; doch was den Ermittlungen an Beweiskraft fehlte, wurde durch die sie begleitende Publicity wieder aufgewogen; ja, sie inspirierten einen Journalisten sogar zu satirischen Knittelversen:

Wir sind auf der Jagd nach einem giftigen Rauschmittel,
das mit Sicherheit tödlich ist, ohne jeden Zweifel.
Doch es ist ein trickreiches, schwer zu fassendes Ding,
und es weiß, daß wir ihm auf den Fersen sind.

Von all den Dingen, die einen umbringen können, haben
wir einen Haufen Grausliches geschluckt,
Und noch immer nehmen wir Tag für Tag ein Pfund zu,
denn wir sind die Gifttruppe!

Im folgenden Jahr nutzte Wiley seinen neuen Status zu
einer Attacke gegen die Patentmedizinbranche und zur
Forderung nach Verabschiedung eines Reinheitsgebots für
Lebensmittel und Arzneien. Bis dahin waren derartige Gesetzesvorlagen – knapp 200 in den vergangenen dreißig Jahren – stets durch Gemeinschaftsaktionen der Lobbyisten für die Proprietary Association of America und der
Whiskey- und Nahrungsmittelindustrie zu Fall gebracht
worden. »Zwischen den beiden Häusern [des Kongresses]
schien Einvernehmen zu bestehen«, erinnerte sich Wiley,
»daß, sobald das eine ein Gesetz verabschiedete... das andere dafür sorgte, daß es eines langsamen Todes starb.«
Doch die öffentliche Meinung hatte sich gewandelt, was
vor allem der Presse zu verdanken war. Die Anzeigen der
Hersteller von Patentarzneien hatten im 19. Jahrhundert
stark zum Wachstum landesweiter Zeitschriften beigetragen. Jetzt waren es ironischerweise eben diese Magazine,
die Männern wie Harvey Wiley sowie den Journalisten Samuel Hopkins Adams und Mark Sullivan die Plattform
boten, von der aus sie die überzogenen Selbstanpreisungen
und die narkotisierenden Inhaltsstoffe der Quacksalbermittelchen verdammen konnten. Im Oktober 1905 veröffentlichte *Collier's* den ersten einer ganzen Reihe von
Artikeln mit der Überschrift »Der große amerikanische
Schwindel« – scharfe, gut recherchierte Beiträge von
Adams, die die Öffentlichkeit und die Gesetzgebung auf
Trab brachten.

In seinem ersten Artikel deckte Adams die »rote Klausel«
auf, mit der die Patentmedizinmänner die Zeitungen zu positiven redaktionellen Stellungnahmen zwangen. Der Para-
graph, der in den Anzeigenverträgen in roter Farbe gedruckt war, erklärte den Vertrag für hinfällig, falls im Bundesstaat ein gegen sie gerichtetes Gesetz verabschiedet
würde. »Tyrannische Herren, diese Anzeigengroßkunden«,
meinte Adams dazu und pries William Allen White, den

Herausgeber der *Emporia Gazette* in Emporia, Kansas, für dessen Weigerung, sich diesem Druck zu beugen.[1]

Diese Courage war White und anderen Herausgebern nur möglich, weil die Umsätze mit Anzeigen für appetitlichere Produkte stark zulegten. Die Patentarzneien hatten den Weg gewiesen, doch mittlerweile erkannten auch die Hersteller von Frühstückszutaten, Nähmaschinen, Landmaschinen und anderen in Massen hergestellten Artikeln, daß sich Anzeigenwerbung lohnte. Der Herausgeber William Allen White sollte im Anschluß an Adams' Lob aus dem Jahr 1905 vierzig Jahre lang mit seiner Kleinstadtzeitung aus Kansas zur Plattform für das Gewissen von Amerikas Kernland[2] werden.

Als William McKinley 1901 ermordet wurde und ihm unerwartet der kampflustige Theodore Roosevelt als Präsident folgte, ging das goldene Zeitalter in die Ära des Fortschritts über. Reformen, eine natürliche Konsequenz der rapiden Veränderung und Industrialisierung in den späten achtziger Jahren des 19. Jahrhunderts, erschienen plötzlich in positivem Licht. Nun forderten Angehörige der zuvor gefügigen städtischen Mittelklasse eine Gewähr für die Gefahrlosigkeit und Reinheit der Nahrungs- und Arzneimittel, die sie kauften. Sie fingen an, die unpersönlichen, mächtigen Großunternehmen, in deren verlockenden Anzeigen häufig verfälschte Produkte beworben wurden, des Schlimmsten zu verdächtigen. Angestachelt von der Reformbewegung der »Muckrakers«, einer Gruppe von Journalisten und Schriftstellern, die sich vor allem gegen Korruption wandten, riefen die Verbraucher wütend nach einer Veränderung an allen Fronten. Upton Sinclairs Roman *Der Sumpf* wurde im Februar 1906 veröffentlicht und enthüllte die fürchterlichen Zustände in den Schlachthöfen von Chicago. Der Sozialist Sinclair hatte mit dem Buch in erster Linie beabsichtigt, die dort herrschenden Arbeitsbedingungen anzuprangern, doch Wirkung zeitigte seine bildhafte Beschreibung von Arbeitern, die in Bottiche fielen und Teil des Schweineschmalzes wurden, das dann im Laden an der Ecke verkauft wurde. »Ich habe auf das Herz der Öffentlichkeit gezielt, und durch Zufall habe ich den Bauch getroffen«, lamentierte er.[3] In der neuen, skandalträchtigen Atmosphäre wurde Coca-Cola zum unglücklichen Objekt vielfacher Angriffe. »In den letzten Jahren«, schrieb J. J. Willard im April 1909 in *The Coca-Cola Bottler,* »haben wir erlebt, wie eine riesige, zyklonartige Reformwelle über das Land geschwappt ist und an der Oberfläche vorgegeben hat, alle Übel zu beseitigen und viele Defekte zu heilen... Nur wenige erfolgreiche Industrieunternehmen des Landes wurden von ihrer Wucht verschont.« Coca-Cola, bemerkte er, bildete mit Sicherheit keine Ausnahme, als es sich verunglimpft sah von »dem Mann, der überschüssigen Arbeitseifer und nur wenig Wissen besitzt, dem professionellen Säufer, dem echten Temperenzler und dem Mann mit der ausgestreckten Hand«. Willard führte in seiner Aufzählung trefflich alle Feinde des Soft Drinks an. Die Reformer besaßen, seiner Meinung nach, »überschüssigen Arbeitseifer« und nur unzulängliches Wissen. Die Brauer (»Säufer«) waren überzeugt, daß Coca-Cola der Prohibitionslobby insgeheim Geld gab, und sie grollten dem Soft Drink, der ein Temperenzlergetränk zu sein behauptete, aber dennoch einen Kick besaß, der so stark wie der von Alkohol sein sollte. Die Temperenzler verunglimpften Coca-Cola wegen seines Koffeingehalts und der Gerüchte über das angeblich darin enthaltene Kokain. Schließlich betrachteten die Gesetzgeber (die Männer mit der »ausgestreckten Hand«) die wohlhabenden Abfüller und The Coca-Cola-Company als willkommene Quelle für spezielle »Vergnügungssteuern«.*

Das Reinheitsgebot für Lebensmittel wird verabschiedet

Als Adams 1906 seine Artikelserie in *Collier's* fortsetzte und Sinclairs Buch sich zum Bestseller entwickelt hatte, war die Zeit endgültig reif für die Verabschiedung einer

---

* Die Versuche, spezielle Bundessteuern [4] auf Coca-Cola zu erheben, entwickelten sich in den folgenden achtzig Jahren landesweit für die lokalen Gesetzgeber zu einem regelrechten Zeitvertreib, wenn auch zahlreiche Gesetzesvorlagen kaum bemäntelte Ausplünderungsaktionen von räuberischen Politikern darstellten, die hofften, die Abfüller würden sich den Verzicht auf diese Steuern etwas kosten lassen.

strengen, landesweiten Lebensmittelgesetzgebung. Wiley reiste unablässig durchs Land, bearbeitete die gesetzgebenden Körperschaften und beriet sympathisierende Journalisten. Er schrieb an staatliche Chemiker, sprach vor Frauenverbänden und wandte sich an Handelsvereinigungen. Er schien überall gleichzeitig zu sein. Als der Pure Food and Drugs Act (Reinheitsgebot für Lebensmittel und Medikamente) im Juni 1906 verabschiedet wurde, hieß er fast durchweg nur »Dr. Wileys Gesetz«.[5]

Asa Candler und alle Mitarbeiter von The Coca-Cola-Company hatten die Bewegung für das Reinheitsgebot bei Nahrungsmitteln natürlich aufmerksam verfolgt. Sam Dobbs redete spitzbübisch von »Reine-Lebensmittel-Marotten«, während John Candler im August 1909 im *Coca-Cola Bottler* über »irregeleitete Fanatiker« klagte. Auf bundesstaatlicher Ebene hatte Coca-Cola bereits seit der Jahrhundertwende gegen geschäftsschädigende Gesetze[6] gekämpft und sich in praktisch allen Südstaaten der Hilfe der lokalen Abfüller versichert, um Vorlagen zu Fall zu bringen, mit denen Coca-Cola besteuert oder verboten werden sollte. Richter John Candler mußte allerdings erkennen, daß eine landesweite Gesetzgebung in irgendeiner Form nicht zu umgehen war. 1902 war er zwar an den Obersten Gerichtshof von Georgia berufen worden, doch er widmete auch weiterhin fast die Hälfte seiner Zeit den juristischen Angelegenheiten von Coca-Cola, und als die Reinheitsgebotsbewegung in Schwung kam, wurde dem Richter klar, daß das Unternehmen einen Vollzeitjuristen benötigte. In Abwägung aller Prioritäten zog er sich im Januar 1906 von der Richterbank zurück. In politischen Fragen stets scharfsinnig, überzeugte John Candler seinen älteren Bruder Asa, daß das bevorstehende Reinheitsgebot für Nahrungsmittel eigentlich für die Firma von Vorteil sein könne. Wenn Coca-Cola das Gesetz unterstützte, würde es nach außen hin Tugendhaftigkeit beweisen und sich von den »schlechten« Patentarzneien absetzen. Daneben böte so ein Gesetz noch einen weiteren Vorteil, es dränge vermutlich Nachahmungen mit Kokaingehalt aus dem Geschäft.[7]

Folglich reiste John Candler im Frühjahr 1906 nach Washington,[8] um sich für den Pure Food and Drugs Act auszusprechen. Als das Gesetz verabschiedet war, schaltete die Firma Anzeigen, die darauf abhoben, daß Coca-Cola rein und gesundheitsförderlich sei – eben das große nationale alkoholfreie Getränk. »Erfrischend wie eine Sommerbrise«, begann eine Anzeige Ende 1906 besänftigend, »wirkt es verdauungsfördernd und besitzt einen unverfälscht guten Geschmack, gibt Schwung für höhere Arbeitsleistung und macht die Freizeit zum Genuß. Erfüllt das Reinheitsgebot.« Die Coca-Cola-Außenmitarbeiter, die für die Sodabars zuständig waren, hielten das neue Gesetz Mixern drohend vors Gesicht, die das Getränk verlängerten oder mit Ersatzstoffen arbeiteten, und behaupteten, sie würden Proben an die Pure Food Commission einschicken.

Infolge des Gesetzes veränderte The Coca-Cola-Company auch das Rezept und nahm offenbar das Saccharin aus dem Sirup für Flaschen und Sodabars. Man wußte, daß Wiley Saccharin für einen verfälschenden Zusatz hielt. Wann und warum genau der künstliche Süßstoff in das Rezept Eingang fand, läßt sich nur vermuten, jedoch wahrscheinlich nach Rücksprache mit Benjamin Thomas, der Candler überzeugte, daß es billiger und gleichzeitig konservierend sei. Da die veränderte Formel höhere Kosten verursachte, versuchte Asa Candler, den Preis für den Abfüllsirup um zehn Cent je Gallone anzuheben. Dagegen wehrte sich Thomas und verwies auf seinen Vertrag mit garantiertem Festpreis; schließlich einigte man sich auf eine Erhöhung um zwei Cent pro Gallone. Coca-Cola hängte die Veränderung der Formel zwar nicht an die große Glocke, doch sie war bald allgemein bekannt. In Emporia, Kansas, berichtete William Allen White in seiner Zeitung am 14. Januar 1908, daß »eine Reihe von Konsumenten das neue Getränk für schlechter als das alte halten, doch in den Sodabars finden sich die Stammkunden wie gehabt ein«.

Wiley stürzt sich auf Dope

Ein paar Monate lang schien alles in Ordnung zu sein. Doch Anfang 1907 stieß Asa Candler in einer Zeitung auf die Schlagzeile: »Dr. Wiley will sich mit dem Sodabar-

›Dope‹ befassen.« Wiley meinte damit zweifellos Coca-Cola. Die Hersteller hätten zwar behauptet, das Kokain herauszunehmen, sagte er, doch nun gehe es um den Koffeingehalt von Coca-Cola. Candler schrieb am 25. Februar 1907 an Wiley[9] und beklagte sich, daß dessen Ankündigung dem Absatz seines Getränks »höchst abträglich« sei. Er bot Wiley die »nackten Beweise« an, daß es sich bei Coca-Cola um ein harmloses, alkoholfreies Getränk handele. »Es enthält kein Kokain und auch keine andere gesundheitsschädliche Droge«, betonte er; und er setzte hinzu, daß ein Glas des Soft Drinks in etwa genausoviel Koffein wie eine Tasse schwachen Tees enthalte. »Es läßt sich gegen den Koffeinkonsum in Form von Coca-Cola nicht mehr einwenden als gegen Tee und Kaffee«, schrieb Candler abschließend. »Wir bitten Sie folglich höchst respektvoll, dem verdienstvollen Produkt, dem wir unsere Energie gewidmet haben, Ihre Billigung nicht zu verweigern.«

Man mag Candler nachsehen, daß er glaubte, damit die Angelegenheit aus der Welt schaffen zu können, aber er begriff einfach nicht, wie Harvey Wileys Verstand gestrickt war. In vielerlei Hinsicht besaßen Candler und Wiley einen ähnlichen Hintergrund. Beide wurden stark von einem streng religiösen Fundamentalismus geprägt und wuchsen auf den ländlichen Farmen der Vorkriegszeit auf. Wiley verlebte seine Kindheit in Indiana, wo er unter dem Gebot der strikt einzuhaltenden Sonntagsruhe litt, wonach, wie er in seiner Autobiographie erzählte, dann das Fischen als »gräßliche Sünde« betrachtet wurde. Candler hatte ursprünglich beabsichtigt, Arzt zu werden, und sich dann der Pharmazie zugewandt. Wiley hatte zwar einen medizinischen Abschluß erworben, jedoch nie praktiziert und war statt dessen Chemieprofessor geworden. Am stärksten ähnelten sie sich allerdings in ihrem nahezu fanatischen Glauben an die Richtigkeit und Berechtigung ihrer jeweiligen »guten Sache«. Wiley nahm den Rat seines Vaters ernst: »Versichere dich, daß du recht hast, und mach voran.«

Doch ansonsten waren Wiley und Candler völlig gegensätzlich. Als Yankee, dessen Vater laut *Onkel Toms Hütte* vorgelesen hatte, diente Wiley in Shermans Armee, wenn er auch kaum direkt in Kämpfe verwickelt wurde. Körperlich ließ Wiley nicht nur Candler, sondern die meisten Männer zwergenhaft erscheinen. Er war gut 1,80 Meter groß und hatte einen »großen und schweren Körper«, wie ein Journalist[10] sich ausdrückte, »mit einem riesigen Kopf, der auf zwei titanischen Schultern ruhte«. Sein »durchdringender Blick« entnervte seine Gegner, doch im Gegensatz zu Asa Candler besaß er Humor und Witz und lebte gerne und gut. Wiley kam der Humor jedoch abhanden, sobald er über das Thema Lebensmittelreinheit losdonnerte; mehrfach wurde er wegen seiner Kleidung und seines Gehabes fälschlicherweise für einen Prediger gehalten, was ihm den Spitznamen »Father Wiley« eintrug. In Wirklichkeit war er erklärter Agnostiker, doch die religiöse Erziehung während der Kindheit färbte auf seine Arbeit ab. Wiley war, wie seine Bewunderer ihn nannten, ein »Priester der Reinheit«[11] oder, wie seine Kritiker ihn vorzugsweise titulierten, ein »Zelot«.[12] Ein Historiker hat ihn passend als »chemischen Fundamentalisten«[13] beschrieben.

Doch in erster Linie führte Wiley einen *moralischen* Kreuzzug gegen Betrug und Lasterhaftigkeit. »Die Beeinträchtigung der öffentlichen Gesundheit«, sagte er, »ist die am wenigsten wichtige Frage... [und] sollte als letztes in Betracht gezogen werden. Das wirkliche Übel an der Nahrungsmittelverfälschung ist die Täuschung des Verbrauchers.«[14] Wie stark Wiley vom Betrug und nicht von Gesundheitsfragen besessen war, ist an seinem Gesetz abzulesen. Der Pure Food and Drugs Act von 1906 erklärte giftige Substanzen nicht für ungesetzlich;[15] er besagte lediglich, daß sie auf dem Etikett anzugeben seien. Es ist nur logisch, daß Candler sich unter dem neuen Reinheitsgebot für Lebensmittel sicher fühlte. Koffein stand (im Gegensatz zu Kokain) nicht auf der Liste giftiger Substanzen und mußte infolgedessen auch nicht auf dem Etikett aufgeführt werden. Candler hatte sich nur auf seinen gesunden Menschenverstand verlassen, als er sagte, Coca-Cola sei nicht schädlicher als eine Tasse Tee.

Wiley sah da allerdings einen eindeutigen Unterschied. Alle Welt *wußte,* daß Tee Koffein enthielt, doch Coca-Cola gab vor, ein gesundheitsförderndes Getränk zu sein und wurde auch als solches an Kinder verkauft. Außerdem war Koffein zwar ein natürlicher Bestandteil von Tee und Kaffee, jedoch nicht von Coca-Cola. Candler kann nicht viel Freude über Wileys Antwort vom 28. Februar 1907 empfunden haben: »Ich habe zahlreiche Klagen über die Coca-Cola-Sucht gehört... Sie könnten genausogut behaupten, Blausäure sei nicht schädlich, da sie in Pfirsichen und Mandeln enthalten ist.« Wiley beendete sein Schreiben unheilverkündend mit der Versicherung, daß »das Ministerium nichts Übereiltes oder Illegales unternehmen wird... und wenn wir zur Untersuchung Ihres Produktes schreiten, werden Sie ausreichend Gelegenheit haben, zu Gehör zu kommen.«

Im Juli schrieb der Stellvertretende Landwirtschaftsminister an The Coca-Cola-Company (ohne Zweifel von Wiley dazu gedrängt, dessen Bureau of Chemistry zum Landwirtschaftsministerium gehörte) und drohte, deren Fabrikationsnummer zu tilgen, wenn sie nicht aufhöre, in Anzeigen zu behaupten, ihr Produkt »erfülle« das Reinheitsgebot. Als Anwalt der Firma verfaßte John Candler eine höfliche Antwort und fragte an, inwiefern das Gesetz denn mißbraucht würde; daraufhin teilte man ihm mit, das Landwirtschaftsministerium lehne Anzeigen ab, in denen behauptet werde, Coca-Cola sei »rein«. Die Firma erklärte sich daraufhin bereit, das anstößige Wort in zukünftigen Anzeigen nicht mehr zu verwenden.

Die WCTU greift in den Kampf ein

In der Zwischenzeit schmiedete Wiley hinter den Kulissen Komplotte gegen Coca-Cola und sicherte sich die Unterstützung von Mrs. Martha M. Allen, der Vorsitzenden des Medical Temperance Department der Women's Christian Temperance Union (Abteilung Medikamente der Abstinenzlervereinigung christlicher Frauen) und Frau eines Methodistenpfarrers. Mrs. Allen, eine ernstzunehmende Gegnerin, hatte ein Buch über den versteckten Gehalt an Alkohol und Narkotika in Arzneimitteln geschrieben und war zum Mitglied der American Association for the Advancement of Science (Amerikanische Vereinigung für den Fortschritt in der Wissenschaft) ernannt worden. Irgendwie gruben sie und Wiley alte Zeugenaussagen des IRS-Verfahrens von 1901 aus, laut denen Coca-Cola eine geringe Menge Kokain und zwei Prozent Alkohol enthielt. Mit dieser alten Gerichtsaussage verschafften sich Wiley und Allen die Unterstützung des Generalstabsarztes der Armee, der im Mai schrieb, daß »ein Soldat, der ein halbes Dutzend Flaschen dieses Präparates im Laufe des Tages trinke, eine undefinierbare Menge Kokain und... genausoviel Alkohol wie bei einer gleichen Menge Bier aufnähme«.[16] Auf der Grundlage dieser Behauptung verbot die US-Armee im Juni 1907 Coca-Cola – ein gewaltiger Schlag für die Firma, die ja versuchte, ihr Produkt als das patriotische Nationalgetränk der Temperenzler zu positionieren.

Coca-Cola enthielt tatsächlich eine geringe Menge Alkohol, weniger als ein Prozent im Sirup, die sich als Rückstand der essentiellen Öle und Extrakte bildete. Die zwei Prozent stammten offenbar von einer Probe eines verschnittenen Sirups. Um die Armee dazu zu bringen, das Verbot aufzuheben, wagte sich Coca-Cola in die Höhle des Löwen und bat Wileys Bureau of Chemistry, Proben des Getränks zu analysieren – wohl in der Hoffnung, dadurch gleichzeitig Wiley von der Harmlosigkeit Coca-Colas überzeugen zu können. Im September 1907 sandte John Candler eine chemische Analyse von Coca-Cola an Wiley, die ein unabhängiger Pharmakologe erstellt hatte und in der 1,25 Gran Koffein – gegenüber den zwei Prozent in einer durchschnittlichen Tasse Kaffee – nachgewiesen wurden. »Tests auf Kokain haben nichts erbracht«, erklärte der Pharmakologe. Wiley antwortete mit einem kurzen Dankschreiben.

Einflußreiche Politiker, die offensichtlich bei ihrer mächtigen Coca-Cola-Wählerschaft gut dastehen wollten, überschütteten die Armee mit der Forderung, das Verbot einer nochmaligen Prüfung zu unterziehen,[17] zu ihnen gehörten auch Henry Cabot Lodge aus Massachusetts und der Kongreßabgeordnete für Georgia, Leonidas Livingston. Zur gleichen Zeit brachten die Sensationsblätter die Geschichte landesweit. »IN DEN SODABARS WIRD KOKAIN SERVIERT«, tönte eine Schlagzeile in New Jersey. »Das Kriegsministerium verbietet es in den Armeekantinen – ein Gebräu, das nicht nur Kokain und Koffein, sondern auch genausoviel Alkohol wie Bier enthalten soll – der Süden ist süchtig.« Infolgedessen gingen bei der Armee Anfragen von seiten alarmierter Organisationen ein, deren Vorsitzende die Zeitungsartikel gelesen hatten. Die International Sunday School Association, das Illinois Board of Health und die Chautauqua Institution wünschten zu erfahren, ob Coca-Cola gesundheitsschädlich sei. Es war ein absolutes PR-Debakel für die Soft-Drink-Firma.

Als klar war, daß Coca-Cola kein Kokain und Alkohol nur in vernachlässigbaren Mengen enthielt, widerrief die Armee im November 1907 das Verbot, doch zu diesem Zeitpunkt war bereits ein erheblicher Schaden angerichtet worden. In den Vereinigten Staaten wurde der Absatz nicht substantiell beeinträchtigt, doch der Vorfall brachte das Geschäft in Kuba beinahe völlig zum Erliegen. The Coca-Cola-Company hatte 1902 in Havanna eine eigene Abfüllanlage errichtet und ein florierendes Geschäft aufgebaut, dank des Verkaufs an Kubaner, Touristen und die US-Armee, die seit dem spanisch-amerikanischen Krieg bereits ein zweites Mal interveniert hatte, um eine Revolte niederzuschlagen. Als die lokalen Wettbewerber feststellten, daß Coca-Cola auf den Armeebasen verboten worden war, verteilten sie Handzettel, die verkündeten, das Getränk sei ein »subtiles Gift«. Der Absatz in Kuba fiel steil nach unten. »Unsere Wettbewerber hielten uns für tot«, schrieb der Werksleiter später. [18] Zum ersten, allerdings nicht letzten Mal wurde Coca-Cola zum Symbol des amerikanischen Imperialismus; es dauerte Jahre, bis das Geschäft auf Kuba wieder lief.

Sam Dobbs trifft sich mit Mrs. Allen

Mrs. Allen beabsichtigte, die amerikanischen Mütter gegen Coca-Cola zu mobilisieren. Mit Wileys Hilfe veröffentlichte sie ein Pamphlet mit der Unterstellung, der Soft Drink enthalte noch immer Kokain, und der Behauptung, das Koffein sei in Verbindung mit dem Alkoholgehalt gesundheitsschädlich, insbesondere für Kinder. In dem Versuch, die wie ein kleiner Pinscher auftretende WCTU-Vorsitzende zu besänftigen, begab sich Dobbs in den Norden. Als ginge es um ein Duell, brachten er und Allen jeweils einen »Sekundanten« mit ins Yates Hotel in Syracuse, New York, nicht weit von Mrs. Allens Zuhause. Dobbs eröffnete die Diskussion mit einem Loblied auf seinen Onkel Asa. »Einem so hochherzigen Mann wäre es schlicht nicht möglich, ein Getränk herzustellen und zu verkaufen, das auch nur im entferntesten die Gefahr der Drogenabhängigkeit in sich birgt«, erklärte er. »Immerhin spendet er viel Geld für Missionen und Schulen.« [19]

Mrs. Allen zeigte sich wenig beeindruckt und erwiderte ruhig, der britische Tyrann Karl I. sei für seine Kinderfreundlichkeit berühmt gewesen. »Spenden für Missionen, Mr. Dobbs, sind nur ein kleines Sühneopfer für das jahrelange Bewerben eines Kokagetränks.« An diesem Punkt verlor Dobbs seinen Gleichmut und schleuderte ihr das diffamierende WCTU-Pamphlet schreiend ins Gesicht: »Glauben Sie denn, wir würden unseren eigenen Kindern *Gift* geben? Meine Kinder trinken Coca-Cola; glauben Sie, ich würde das zulassen, wenn Gift drin wäre?« Als er stotternd verstummte, erwiderte Mrs. Allen, in dem Pamphlet werde an keiner Stelle das Wort »Gift« benutzt, doch sie halte das Getränk für schädlich. »Ich weiß von einem Burschen, mit dem weder in der Schule noch sonstwo wegen seiner Coca-Cola-Sucht etwas anzufangen ist.« Zum Finale konterte Dobbs damit, daß er den Schutzheiligen der Muckrakers, Samuel Hopkins Adams, beschwor und behauptete, als *Collier's* Adams nach Georgia zur Untersuchung von Coca-Cola geschickt habe, habe dieser niemanden ausfindig machen können, dem das Getränk geschadet habe.

Als die beiden auseinandergingen, war klar, daß keiner der Duellanten den anderen hatte umstimmen können, doch Martha Allen schrieb anschließend an Adams und fragte ihn nach seiner Reise nach Georgia. »Mr. Dobbs hat meinen Namen nicht nur ohne Erlaubnis angeführt«, antwortete Adams, »sondern in einer Weise, die einen falschen Eindruck erweckt. *Collier's* habe ich berichtet, ich sei überzeugt, daß Coca-Cola kein Kokain enthält. Ich glaube aber mit Bestimmtheit, daß es zur Abhängigkeit führt... die verderblich und schwer zu überwinden ist. Es gibt zu viel Rauch, als daß da nicht auch ein Feuer sein müßte, und ich höre aus allen Teilen des Südens, in Briefen wie in persönlichen Gesprächen, von Fällen, in denen der Süchtige [täglich] seine fünfzehn oder zwanzig Gläser ›Dope‹ braucht.«

Coca-Cola geriet in jenen Jahren zunehmend stärker ins Gerede. Dem in Asheville, North Carolina, aufgewachsenen Schriftsteller Thomas Wolfe kam der Großteil der Gerüchte zu Ohren, doch dadurch wurde seine Lust auf Coca-Cola nur noch größer. In einer Passage seines großen amerikanischen Romans *Schau heimwärts, Engel!* machte er das große amerikanische Getränk unsterblich: »Trink Coca-Cola. Sie sagen, [Candler] habe die Formel einer alten Bergfrau gestohlen. Fünfzig Millionen jetzt. Ratten in den Fässern. Dope im Wood's [Drugstore] besser. Zu schwach hier. [Gene] hatte vor kurzem den Geschmack an dem Getränk entdeckt und trank jeden Tag vier oder fünf Gläser.«[20]

Drogenbeauftragter Kebler bereist den Süden

Adams war nicht der einzige, der im Herbst 1907 nach Süden reiste, um in Sachen Coca-Cola zu ermitteln. Wiley ging weit über die von der Armee geforderte schlichte Stichprobenanalyse hinaus und schickte seinen Drogenbeauftragten Lyman F. Kebler auf eine ausgedehnte Spritztour durch das Kernland von Coca-Cola, wo er Armeebasen, größere Städte und Coca-Cola-Abfüllwerke besichtigte. Keblers Bericht liest sich, wie ein Kommentator treffend bemerkte, als sei er ein »Fremder in einem exotischen und feindlichen Land, abgestoßen von den seltsamen und gefährlichen Sitten der Eingeborenen«[21] gewesen.

Der Drogenbeauftragte charakterisierte Atlanta als »die Heimat von Coca-Cola und... die Stadt der Sodabars«[22] und bemerkte, an beinahe jeder Straßenecke und in allen großen Bürogebäuden gebe es Sodabars. Er beachtete, daß Coca-Cola von Leuten »aller Schichten, doch am meisten von Büroangestellten und... Kopfarbeitern«, getrunken werde, die, wie er entsetzt feststellte, ein Glas vor der Arbeit, ein zweites nach dem Lunch und noch einige mehr am Abend konsumierten. Sodamixer hatten ihm erzählt, daß »Coca-Cola-Süchtige« täglich zehn bis zwölf Gläser tränken. »Wir beobachteten selbst, wie das Getränk von vier-, fünf- und sechsjährigen Kindern konsumiert wurde«, schrieb er; er setzte hinzu, Coca-Cola werde häufig in Krügen mit nach Hause genommen und dann von der ganzen Familie gepichelt.

Kebler inspizierte auch das Coca-Cola-Werk und fühlte sich von dem Gesehenen abgestoßen: »Der Kessel, in dem der Sirup hergestellt wurde, kochte anscheinend gelegentlich über, und um ihn herum lag jeder nur erdenkliche Dreck, unter anderem Holzstecken, Schmutz, Stroh und Schutt jeder Art.« Er vermerkte auch, daß die Abfüllzone im Keller zwar sauberer sei, die Behälter jedoch nicht. »Tote Mäuse und ähnliche Dinge hat man in den Sirupfässern und -fäßchen gefunden, nachdem sie geleert waren.«

Bei der Visite von Abfüllanlagen in Chattanooga fühlte sich Kebler durch die »schlampige und unhygienische Weise«, in der Coca-Cola auf Flaschen gefüllt wurde, genauso abgestoßen. »Wenn zum Beispiel ein Fremdstoff in einer dunklen Flasche steckt«, schrieb er, »wird er wahrscheinlich übersehen und dort belassen, und die Flasche wird mit dem Getränk gefüllt. Die Reinigung geschieht in der Regel oberflächlich, und es wird dabei nur eine geringe Menge Schmutz entfernt.« Im nahe gelegenen Fort Oglethorpe erfuhr Kebler, daß Coca-Cola vor dem Verbot in erster Linie als Heilmittel gegen Katerbeschwerden gedient hatte, doch ein ansässiger Saloonbesitzer erzählte, daß die Soldaten »Coca-Cola high balls« – Whiskey-Cola – tränken, was sie »wild und toll« mache. Im Spätherbst 1907 kehrte Kebler schließlich nach Washington zurück, überzeugt, daß Coca-Cola eine süchtig machende Gefahr sei, womit er Wileys schlimmste Befürchtungen bestätigte. Ende Oktober gab Wiley bekannt, er sei im Begriff, eine neue »Gifttruppe« speziell für Soft-Drinks zu gründen. Die Zeitungen beachteten, daß seine zwölf tapferen Freiwilligen, junge Männer zwischen zwanzig und dreißig, 100 verschiedene Getränke testen würden, die »als Stärkungsmittel, Nervenstärkung und Denkstimulans breit beworben« würden und von denen bekannt sei, daß sie »Kokain, Koffein, Chloralhydrat oder Opium« enthielten.

Wileys durchkreuzte Offensive

Am Ende des Jahres 1907 bemerkte Sam Dobbs im Geschäftsbericht: »Im letzten Jahr mußten wir uns nicht nur um eine Ausweitung des Geschäfts bemühen, wir mußten sogar darum kämpfen, das Geschäft auf dem bisherigen Stand zu halten. Das ganze Jahr hindurch hatten wir uns fortwährend mit Vorurteilen, Ignoranz und Schiebung herumzuschlagen.« Nach den vielen heftigen Angriffen des Jahres 1907 muß Asa Candler Erleichterung empfunden haben, als das neue Jahr relativ friedlich verlief. Das Verkaufsvolumen stieg auf knapp drei Millionen Gallonen jährlich, und die Firma hatte laut Jahresbericht 1908 einen Bargeldüberschuß von 1,2 Millionen Dollar.

Doch Wiley hatte nicht den Rückzug angetreten; er bereitete lediglich einen massiven Frontalangriff vor, den er im November 1908 starten wollte. Doch daran hinderte ihn die Bürokratie. George McCabe, stellvertretender Justizminister und Mitglied des Board of Food and Drug Inspection (Kommission zur Untersuchung von Nahrungsmitteln und Drogen), weigerte sich mehrfach, die von Wiley empfohlenen Beschlagnahmungen abzusegnen, da die Schädlichkeit von Koffein nach wie vor nicht bewiesen war.[23] Am 8. Februar schrieb ein frustrierter, aber nicht resignierter Wiley an Adams und versicherte ihm: »Ich werde das Schiff so lange nicht verlassen, bis man mich vor ein Kriegsgericht und unter Arrest stellt.« Im darauffolgenden Monat entdeckte Wiley in New Orleans eine zwischenstaatliche Lieferung Coca-Cola und bemühte sich, sie zu beschlagnahmen. Zermürbt schob McCabe schließlich die Entscheidung innerhalb der Behörde an Dr. Dunlap weiter. Dunlap[24] verwies darauf, daß er, »wenn die Ergebnisse so stark gegen Koffein sprechen«, logischerweise den Import von Tee und Kaffee verbieten müßte – was praktisch undurchführbar war –, und so stoppte auch er den Chefchemiker.

Wütend ließ Wiley den Vergleich mit Tee und Kaffee fallen und behauptete nun, die Sache sei der »Diskussion [nicht] wert«.[25] Seinen gequälten Memos ist abzulesen, daß er sich hauptsächlich darum sorgte, daß Kinder Coca-Cola tranken. Im Mai unternahm er einen neuen Versuch und schrieb, eine Frau habe sich in einer lokalen Behörde dagegen ausgesprochen, daß in der Nähe von Schulen Coca-Cola-Schilder aufgestellt und die Schüler so zu ihrem Konsum verleitet würden. »Wenn ihre Eltern wüßten, daß sie Koffein trinken«, behauptete Wiley, »wären sie entsetzt. Ich erneuere meine Forderung, ein Gerichtsverfahren einzuleiten, was bereits mehrfach abgelehnt wurde.«[26] Doch wieder biß er auf Granit. Diesmal forderte James Wilson, der Landwirtschaftsminister, ihn persönlich auf, Coca-Cola in Ruhe zu lassen. Wiley war »überrascht und bekümmert«, schrieb er später, doch »wie stets konnte ich dahinter die Manipulation mächtiger Kräfte erkennen«.[27] Es muß für ihn bitter gewesen sein, daß er, der in der Öffentlichkeit als Held gefeiert wurde und in diesem Jahr für den Nobelpreis in Chemie nominiert worden war, bei seinen Vorgesetzten keinerlei Unterstützung für seine Ansichten fand.

Obwohl Minister Wilson ihm befohlen hatte, den Getränkekönig aus Atlanta in Frieden zu lassen, schickte Wiley dennoch Inspektor J. L. Lynch im Juli los, sich das Hauptwerk genauer anzusehen. Dort beobachtete Lynch dann prompt, wie ein Schwarzer den riesigen Coca-Cola-Kessel »zum Kochen brachte«, und er berichtete, das schmutzige Unterhemd des Kochs habe nur so von Schweiß getrieft, seine Füße hätten in kaputten Schuhen gesteckt und er habe wahllos Kautabak auf die Plattform in unmittelbarer Nähe des Mischkessels gespuckt.[28] Als sich Zucker auf die Plattform ergoß, habe der Arbeiter ihn mit seinen Füßen einfach in den Bottich geschoben.

Wie um Wiley zu verspotten, mietete Asa Candler 1909 ein Luftschiff mit einem gigantischen Coca-Cola-Logo, das über Washington schwebte. Zur gleichen Zeit verfaßten Sam Dobbs und William D'Arcy *The Truth about Coca-Cola* (Die Wahrheit über Coca-Cola),[29] einen Verteidigungstraktat, der mit den Worten begann: »Das Buch dient der Information – nicht der Verteidigung.« Im Laufe der folgenden Jahre brachte die Firma Millionen Exemplare dieser Broschüre unter die Leute, obwohl Ben Thomas sich vehement gegen defensive Strategien wandte.

Endlich grünes Licht für Wiley

Im August 1909 konnte John Candler im *Coca-Cola Bottler* noch prahlen: »Nicht ein einziges Mal... hat es eine Klage auf nationaler oder bundesstaatlicher Ebene gegen... Coca-Cola gegeben.« Doch bereits zwei Monate später sah alles ganz anders aus. Während eines Aufenthalts in Washington fragte Fred L. Seely, der Herausgeber des *Atlanta Georgian,* Harvey Wiley, warum Coca-Cola nicht wegen Verstoßes gegen das Reinheitsgebot für Lebensmittel verklagt worden sei. Anders als die *Constitution* und das *Journal* sah sich der *Georgian* nicht auf der Seite des wirtschaftlichen Establishments von Atlanta. Der in New Jersey geborene Seely hatte das Blatt 1906 gegründet und galt aufgrund seiner Ablehnung von Kinderarbeit und Arbeitstrupps aneinandergeketteter Häftlinge als Radikaler. Der engagierte Herausgeber und Asa Candler waren bereits als Gegner aufeinandergetroffen. Im Mai 1909 hatte Seely gedroht, Fotos der widerlichen Zustände im Decatur Orphan's Home, einem Waisenhaus, für das Candler als Treuhänder fungierte, zu veröffentlichen.[30]

Durch Seelys Frage getroffen, erzählte Wiley dem Herausgeber von seinen Enttäuschungen und schwang dabei drohend seine Akte mit Coca-Cola-Memos. Seely ging sofort zu Minister Wilson und teilte diesem mit, wenn er Wiley nicht freie Hand lasse, werde er, Seely, ihm in seiner Zeitung Ärger machen. Wiley sah es später so: »Es ist doch bemerkenswert, was die Angst vor [negativer] Publicity bewirkt.« Denn am nächsten Tag erhielt Wiley grünes Licht.

Am 19. Oktober 1909 kamen der Drogenbeauftragte Kebler und Inspektor Lynch einer Lieferung Sirup auf die Spur, die für Chattanooga bestimmt war. Am darauffolgenden Tag erschienen sie zu einer weiteren unangekündigten Inspektion im Coca-Cola-Werk. Howard Candler stellte zu seiner Bestürzung fest, daß sie im Keller herumschnüffelten, doch er blieb höflich und überließ ihnen eine Probe von Merchandise Nr. 5, der Koka- und Kola-Mischung. Als sein Vater erfuhr, daß die Regierungsagenten schon wieder herumschlichen, ging er auf sie wie eine gereizte Hornisse los, »höchst erregt und sehr aufgebracht und äußerst nervös«, wie sich Lynch erinnerte. »Bei Gott«, sagte Candler, »wenn ich dagewesen wäre, hätten Sie [die Probe] nicht erhalten.« Lynch war völlig verblüfft, als Candler Kebler »einen gottverdammten Carpenter [Tischler]« nannte.[31] Doch der Yankee-Inspektor hatte offensichtlich die Bezeichnung mißverstanden. Denn in seiner rasenden Wut hatte Candler den Regierungsagenten einen gottverdammten Carpetbagger, Abenteurer, genannt.

Zwei Tage danach beschlagnahmte Inspektor Lynch in Chattanooga 37 Barrel und zwanzig Fäßchen Coca-Cola-Sirup, denen irgendwie später noch drei weitere Barrel hinzugefügt worden sein müssen. Die Klage lautete offiziell »The United States vs. Forty Barrels and Twenty Kegs of Coca-Cola«. Trotz dieser lächerlichen Bezeichnung versprach das Verfahren eine heftige juristische Schlacht zwischen zwei formidablen Gegnern zu werden. Es war erst das zweite Verfahren nach dem neuen Reinheitsgebot, das wirklich vor Gericht landete. Nachdem Wiley sich nun endlich der Unterstützung des Landwirtschaftsministeriums sicher war, wurde weder an Einsatz noch an Kosten gespart.

Spion und Gegenspion

Coca-Cola und die Regierung brauchten fast eineinhalb Jahre, um den Fall für die Verhandlung vorzubereiten. Nachdem Wileys Ermittler herausgefunden hatten, daß Coca-Cola berühmte Wissenschaftler als Zeugen aufzurufen gedachte, die die Unschädlichkeit von Koffein belegen sollten, suchte sich Wiley ebenfalls Experten als Zeugen. Zudem befahl er seinen Spionen, schmutzige Dinge über die gegnerischen Wissenschaftler auszugraben.[32] Sie förderten allerdings nichts zutage. Gegen seinen heftigen Widerstand wurde die Verhandlung nach Chattanooga verlegt, den Ort der Beschlagnahmung, und nicht nach Washington. Wiley wußte, daß Chattanooga eine Coca-Cola-Stadt war; die Geschworenen würden wohl die Verteidigung favorisieren. »Das war gleichbedeutend... mit dem Versuch, die Klage in Atlanta durchzubringen«, beschwerte sich Wiley.[33]

Als das Verfahren im März 1911 in Gang kam, infiltrierten sieben Regierungsagenten Chattanooga, welche die Geschworenen im Auge behalten und beweisen sollten, daß diese inkompetent, unmoralisch oder mit Coca-Cola verbunden seien. Inzwischen hatte jedoch Candler seine eigenen Gegenspione angeheuert, die wiederum die Regierungsagenten observieren sollten. Das Ganze ähnelte allmählich einer Polizeisatire. Ein Geschworener, so sickerte durch, war einst wegen Pferdediebstahls verhaftet worden, während ein anderer häufig Saloons aufsuchte. Der Agent verwarf die anderen als »Männer aus der Unterschicht«, die »für die Beurteilung eines derartigen Falles völlig inkompetent« seien.[34] Während sie diese Informationen ausgruben, beklagte sich ein Spion der Regierung, daß sie »von den Agenten der Verteidigung beobachtet, beschattet und enttarnt [würden]... Dadurch sind wir jetzt nahezu nutzlos geworden.«[35] Und er bemerkte, daß es ein Fehler gewesen sei, sich im Stadtzentrum im Hotel Patten einzuquartieren, das J. T. Lupton von Coca-Cola gehörte.

Kurz bevor das Gerichtsverfahren begann, heiratete Wiley, der bis dahin Junggeselle gewesen war und jetzt 66 Jahre zählte, Anna Kelton, eine nicht einmal halb so alte Bibliothekarin.[36] Er vermittelte ihr sogleich einen Geschmack davon, wie ihre Ehe aussehen würde, indem er sie in den »Flitterwochen« zum Coca-Cola-Prozeß mitnahm, wo jeder davon ausging, daß er der Star im Zeugenstand sein würde. Die Zeitungen und die High-Society von Chattanooga fanden es aufregend, den berühmten Dr. Wiley in ihrer Mitte zu wissen, wenn er auch auf der falschen Seite stand, und die Wileys wurden wie Mitglieder der königlichen Familie behandelt.

Der Prozeß

Vom ersten Verhandlungstag, dem 13. März 1911, an wurde der Barrel-und-Faß-Prozeß landesweit aufmerksam verfolgt und beherrschte die knapp vier Wochen, die er

dauerte, in Chattanooga und Atlanta täglich die Schlagzeilen. Die beiden Hauptpunkte der Anklage lauteten, Coca-
Cola sei verfälscht und werde unter falscher Bezeichnung
im Handel vertrieben. Nach dem Reinheitsgebot für Lebensmittel war ein Produkt verfälscht, wenn es mit einer
gesundheitsschädlichen Zutat versetzt war. Infolgedessen
mußte die Regierung den Beweis antreten, daß Koffein
nach dem Gesetz ein schädlicher und zugleich »beige-
mischter« Zusatz war. Coca-Cola trage eine falsche Bezeichnung, behauptete die Anklage, da es in Wirklichkeit
nicht das ganze Kokablatt enthalte (d. h. daß das Kokain
fehle) und nur eine winzig kleine Menge an Kolanuß auf-
weise.[37] Dieser Anklagepunkt entbehrte nicht einer gewissen Ironie, denn wenn das Getränk Kokain enthalten hätte,
wäre es ebenfalls ungesetzlich gewesen.

Für die Einwohner von Chattanooga verlief die Gerichtsverhandlung recht unterhaltsam. Lynch und Kebler wiederholten ihre Beobachtungen in dem schmierigen Coca-Cola-
Werk und appellierten an rassistische Gefühle, als sie besonders auf den Schweiß und das Spucken des schwarzen
Kochs abhoben. Wie der *Atlanta Georgian* am 16. März
1911 beachtete, sagte Kebler aus, Coca-Cola sei nicht nur
giftig, sondern habe das Herz eines dahingeschiedenen Op-
fers so verhärtet, daß es nicht möglich war, es mit einem
Messer zu schneiden. An dieser Stelle mußte Richter Edward Terry Sanford die von Coca-Cola als Zeugen berufe-
nen Experten zurechtweisen, da sie laut ihr Amüsement
zeigten. Ein anderer Zeuge der Regierung berichtete, er
habe in dem beschlagnahmten Sirup Stroh, ein Stück von
einer Hummel und andere Insektenteile gefunden.[38]

Der berühmte Methodistenprediger George Stuart trat
ebenfalls kurz in den Zeugenstand. Zum Leidwesen derjenigen, die auf eine richtige Sensation warteten, sagte er
nicht viel, da sich die Anklagevertretung den Einwänden
der Verteidigung beugen und ihn verabschieden mußte.
Stuart hatte in Atlanta von einer Kanzel herunter gegen
Coca-Cola gewettert und dann Bischof Candler einen langen offenen Brief geschrieben, in dem stand, der exzessive
Konsum von Coca-Cola an einer Mädchenschule habe zu
»wilden nächtlichen Ausschweifungen,... Verstößen gegen

die Collegeregeln und den weiblichen Anstand und sogar zu unmoralischen Handlungen«[39] geführt. Coca-Cola halte auch die Jungs wach, sagte Stuart, führe sie unausweichlich in Versuchung, sich dem Übel der Masturbation hinzugeben.

Doch überwiegend bestimmten die Aussagen von Experten den Verlauf der Verhandlung. Ob die Geschworenen nun zur »Unterschicht« gehörten oder nicht, es ist auf jeden Fall zu bezweifeln, daß sie auch nur einen Teil des wissenschaftlichen Jargons verstanden, den die Doktoren und Pharmakologen im Gerichtssaal benutzten. Die Qualifikation der Zeugen war über jeden Zweifel erhaben. Die drei Mitherausgeber von *The National Standard Dispensatory* (Das nationale Standard-Arzneibuch) in der Ausgabe von 1905 sagten in der Verhandlung als Zeugen aus – Henry H. Rusby für die Regierung, Charles Caspari und Hobart A. Hare für Coca-Cola. Als das Ereignis seinem Ende entgegenging und die Geschworenen bereits völlig benommen waren, zogen die Anwälte von Coca-Cola triumphierend eine gewichtige beeidete Erklärung des weltberühmten deutschen Pharmakologen Oswald Schmiedeberg aus dem Ärmel, die den Prozeß nochmals verzögerte, da ihr Inhalt erst einmal übersetzt werden mußte.

Die Hauptkontrahenten selbst traten nicht in den Zeugenstand, was im Fall von Asa Candler leicht zu verstehen ist. Seine Anwälte wollten den launischen Besitzer nicht einmal in der Nähe des Gerichtssaals sehen. Candler blieb fast während des ganzen Zeitraums der Verhandlung in Atlanta und jagte mißgestimmte Briefe nach Chattanooga, in denen er Lynch einen meineidigen Lügner nannte und seine Wut über die sensationslüsterne Berichterstattung des *Georgian* kundgab.[40]

Die Zeitungen verbreiteten wiederholt, daß Wiley in den Zeugenstand treten würde, doch er tat es nicht. Er leitete zwar die Anklagevertretung, doch er ließ lieber die Experten aussagen und meinte gegenüber den Anwälten, er sei auf keinem Gebiet ein ausgewiesener Experte.[41] Wiley hätte jedoch bestimmt ausgesagt, wie 1911 im *Southern Carbonator and Bottler* vermerkt wurde, wenn er nur einen stichhaltigen Beweis für die negativen Auswirkungen von

190

Coca-Cola auf seine Gifttruppe hätte vorlegen können, doch offenbar ist den jungen Männern das Getränk gut bekommen.

Coca-Cola gewann am Ende den Prozeß, wenn auch nicht aus wissenschaftlich bewiesenen Gründen. Alle Zeugenaussagen und das Ausspionieren der Geschworenen erwiesen sich als irrelevant. Richter Sanford (der 1923 an den Obersten Gerichtshof der Vereinigten Staaten berufen wurde) gab von der Richterbank seine Einschätzung bekannt und befahl der Jury, das Urteil zugunsten von Coca-Cola zu fällen. Er entschied, daß das Produkt nicht falsch bezeichnet sei, da es Koka und Kola, und sei es auch nur in geringen Mengen, enthalte. Ohne zu entscheiden, ob Koffein nun ein Gift sei oder nicht, sagte Sanford, daß es nach dem Gesetz *kein* Zusatzstoff, sondern seit jeher ein integraler Bestandteil des Rezepts sei.

Wileys Kreuzzug

Voller Jubel sorgten die Firmenmitarbeiter dafür, daß dieser Sieg so bekannt wie möglich wurde. Der Prozeß führte dennoch zu einer sofortigen Änderung der Coca-Cola-Werbung. Das triftigste Argument im Prozeß gegen Coca-Cola betraf den Verbrauch durch Kinder. Die Anwälte der Verteidigung hatten die negativen Wirkungen des Koffeins auf Jugendliche nicht bestritten; statt dessen hatten sie behauptet, daß Kinder Coca-Cola überhaupt nicht tränken. Diese Behauptung war etwas peinlich, denn viele Anzeigen aus jener Zeit zeigen Kinder, die mit ihren Eltern zusammen Coca-Cola trinken. »Der Vater mag sie. Der Sohn mag sie«, protzte eine Anzeige aus dem Jahr 1907, auf der ein Fünfjähriger glückselig den Soft Drink schlürfte. Nach 1911 besagte ein ungeschriebenes Gesetz, daß alle auf einer Coca-Cola-Anzeige abgebildeten Personen über zwölf Jahre alt sein müßten – ein Diktum, das bis 1986 galt.[42]

Auf Grund der nachteiligen Publicity infolge des Prozesses wurden 1912 im Parlament zwei Gesetzesvorlagen[43] ausgearbeitet, die den Pure Food and Drugs Act erweitern sollten und mit denen Koffein auf die Liste der »abhängig machenden« und »gesundheitsschädlichen« Substanzen gesetzt werden sollte, die auf dem Etikett anzuführen wären. Coca-Cola schaffte es, diese Vorlagen abzuwürgen – in einem ersten von vielen Versuchen, den Koffeingehalt von Coca-Cola vor den Augen der Öffentlichkeit zu verschleiern.

Der Prozeß hatte auch für Dr. Wiley Folgen. Auf der Suche nach einem Vorwand, mit dem sie dem starrköpfigen Apotheker das Wasser abgraben könnten, bezichtigten seine Vorgesetzten Wiley, Dr. Rusby illegalerweise für seine Aussage zuviel Geld bezahlt zu haben. Ein spezieller Untersuchungsausschuß des Senats wurde ins Leben gerufen, und die Zeitungen quollen über von Cartoons und Leitartikeln über Wiley. Er wurde am Ende freigesprochen, doch 1912 erkannte er, daß er in der Regierungsbürokratie stets nur Enttäuschungen erleben würde. Er reichte im März 1912, auf dem Höhepunkt seiner landesweiten Popularität, seinen Abschied ein. Man kann den Ruhm und Einfluß Wileys überhaupt nicht hoch genug einschätzen, Wiley war weitaus mächtiger als sein moderner Nachfolger Ralph Nader. Wileys Genehmigungssiegel war von höchster Bedeutung, selbst nach seinem Ausscheiden aus dem Bureau. Das erklärt auch, warum der Präsident von Dr. Pepper ihm die Formel des Getränks zusandte [44] (da sie kein Koffein enthielt), ihn zu einer Visite des Werks in Waco, Texas, einlud und dem Apotheker versicherte, daß er Wiley voll und ganz unterstütze. Als der 67jährige Wiley im Mai 1912 Vater eines kleinen Jungen wurde, taufte man das Kind prompt »Pure Food Baby«.

Wenn die Candlers gehofft hatten, daß der ältere Herr sich still in den Ruhestand zurückzöge, sahen sie sich bald getäuscht. Wiley hielt überall im Land Reden. Candler muß die Galle hochgestiegen sein, als Wiley über »Die Vorteile von Kaffee als amerikanisches Nationalgetränk« sprach – immerhin hatten noch kurz zuvor seine Experten darauf gepocht, daß Koffein Gift sei. Zur gleichen Zeit bekam Wiley bei der Zeitschrift *Good Housekeeping* eine regelmäßig erscheinende Kolumne, mit der er das Magazin zu einer landesweiten Plattform für seine Attacken gegen Coca-Cola umfunktionierte. [45] Im September 1912 veröffentlichte er

The Coca-Cola Controversy (Die Coca-Cola-Kontroverse), wo er seine Version des Prozesses zum besten gab. Er stellte die Wissenschaftler, die zugunsten von Coca-Cola ausgesagt hatten, als käuflich hin, als Zeugen, deren Meinungsäußerungen mit Geld aufgewogen worden seien.[46]

Coca-Cola hatte den Prozeß zwar gewonnen, doch die damit verbundene landesweite Publicity schadete dem Getränk und erregte beispielsweise die Aufmerksamkeit eines jungen Filmemachers und Moralapostels namens D. W. Griffith.[47] 1912 arbeitete Griffith noch als Namenloser in den Biograph-Studios in New York – sein enormer Erfolg mit *Geburt einer Nation* sollte sich erst in drei Jahren ereignen – und lieferte jede Woche zwei kurze Stummfilme ab. Zu diesen Filmen gehörte ein Anti-Coca-Cola-Epos mit dem Titel *For His Son,*[48] in dem der Erfinder von DOPO-KOKE zusah, wie sein Sohn dem Kokain in dem Getränk verfiel. »Das Getränk befriedigt nicht mehr«, lautete ein Zwischentitel, als der junge Mann zur Spritze greift, um später an einer Überdosis zu sterben. Es war Griffith völlig gleichgültig, daß Coca-Cola kein Kokain mehr enthielt. Ihn beflügelte es vielmehr, eine Sequenz in einer Sodabar zu gestalten, in der seine nervöse, süchtige Heldin, die von dem Biograph-Hausstar Blanche Sweet gespielt wurde, einen kleinen Jungen zur Seite stieß, um an ihre Dopo-Koke zu kommen, und anschließend erleichtert lächelte und aufatmete. Unter der Anleitung ihres Freundes lernte sie, ihr Getränk aufzumöbeln, indem sie es mit Kokainpulver versetzte (eine damals verbreitete Praxis, sogar mit der dopefreien Coca-Cola).

Gib dem Kaiser ...

Der Barrel-und-Faß-Prozeß ging auf Distriktebene in die nächste Instanz. Noch bevor ein Urteil gefällt war, schlug die US-Regierung aus einer anderen Richtung zu. 1909 war die erste Körperschaftssteuerregelung verabschiedet worden, der abzuführende Satz lag allerdings sehr niedrig. Die Reformer schrien nach einer Erhöhung: »Die Aktiengesellschaft entwickelt sich immer stärker zu einer zentralen Industriemacht«, schrieb ein Kritiker 1909. »Sie muß folglich auch immer stärker von einer zentralen politischen Macht kontrolliert werden.«[49] 1913 wurden die Bitten der Reformer durch die Steuer auf Unternehmenserträge erhört, eine Strafsteuer[50] für Firmen, die Bargeld »über den vertretbaren Geschäftsbedarf hinaus« horteten. Im Endeffekt erzwang das Gesetz die Ausschüttung von Dividenden, für die der jeweilige Aktienbesitzer Steuern zu bezahlen hatte, die auf Firmenebene jedoch nicht abzugsfähig waren, was auf eine Doppelbesteuerung hinauslief.[51]

Das neue Steuergesetz bedeutete, daß die Buchführer Asa Candlers persönliche Einkünfte von denen der Firma trennen mußten – keine leichte Aufgabe. »Eigentlich«, so schrieb Howard Candler, »war The Coca-Cola-Company Asa G. Candler, und die Grenze zwischen seinen persönlichen Erwerbungen und denen der Firma war häufig kaum zu erkennen.« Als das Gesetz Ende des Jahres 1914 in Kraft trat, wies The Coca-Cola-Company einen Überschuß von mehr als zehn Millionen Dollar aus. Candler lehnte die Steuer aus tiefstem Herzen ab. Er habe das Geld verdient, dachte er, und deshalb könne er damit anfangen, was er wolle. Daneben betrachtete er eine »Kriegskasse« als schlichte Notwendigkeit für irgendwelche unvorhergesehenen Vorkommnisse, vor allem in dem feindseligen Klima jener Zeit. »Darüber regte er sich sehr auf«, erinnerte sich sein Sohn, »und er ließ oft die Bemerkung fallen, daß Moses... es schon in biblischen Zeiten mit einem derartigen [Steuer-]System versucht habe und gescheitert sei.«

Dennoch sah sich Candler gezwungen, die mordsmäßigen Dividenden auszuschütten[52], die er in Form von über zehn Millionen Dollar in bar und 6,4 Millionen Dollar in Grundstücken in den folgenden zwei Jahren den Aktienbesitzern auszahlte. Es waren ungefähr 530 Aktien im Umlauf, von denen sich 400 Stück im Besitz Asa Candlers befanden. Folglich müssen die Steuern, die Candler in jenen Jahren zahlen mußte, schwindelerregend hoch gewesen sein. Die Spende in Höhe von einer Million Dollar an die Emory University im Jahr 1914 war zweifelsohne ein Versuch, seine Steuerbelastung zu reduzieren.

Richter Hughes' letztes Urteil

Nachdem die Regierung die Berufungsverhandlung beim Distriktgericht 1914 verloren hatte, ging der Fall weiter zum höchsten Gerichtshof des Landes. Zwei Jahre später, am 22. Mai 1916, hob Charles Evans Hughes vom Obersten Gerichtshof das Urteil auf. Das war sein letzter Entscheid, bevor er sich vom Richteramt verabschiedete und in der Präsidentschaftswahl gegen Woodrow Wilson antrat.[53] Hughes, der Sohn eines Baptistenpredigers, hatte zunächst erwogen, Priester zu werden; sein Urteil im Barrel-Prozeß spiegelt seine puritanische Einstellung deutlich wider. Zur Freude der Regierung und zum Kummer von Coca-Cola sagte Hughes, das Wort »Coca-Cola« stelle keine unverwechselbare Bezeichnung dar, sondern sei lediglich die Zusammenziehung von zwei verbreiteten Wörtern. Noch wichtiger war seine Entscheidung, Koffein sei tatsächlich ein Zusatzstoff. Er verwies den Fall zurück an Sanford in Chattanooga, der eine Wiederaufnahme einleiten sollte, um festzustellen, ob Koffein schädlich sei oder nicht.

Sobald das Urteil von Hughes bekannt wurde, trat Harold Hirsch in Verhandlungen, um einen neuen Prozeß zu vermeiden.[54] Die Firma wie das Bureau of Chemistry experimentierten verzweifelt – die Wissenschaftler von Coca-Cola prüften Geschmack und Aroma bei reduziertem Koffein, während Dr. Alsberg, der Chemiker der Regierung, den Beweis anzutreten versuchte, daß Koffein schädlich sei. Da er zu keinen definitiven Ergebnissen gelangte, bat Alsberg um mehr Zeit.[55]

Letztendlich wurde der Fall am 12. November 1917 außergerichtlich beigelegt. Die Firma bat um gütliche Einigung, wodurch die Regierung technisch gesehen den Sieg davontrug. Als Gegenleistung erklärte sich die Firma bereit,[56] den Koffeingehalt um die Hälfte zu verringern, also auf nicht über 0,61 Gran pro Unze Sirup, während sie die Menge an entkokainisierten Kokablättern und Kolanüssen, die in »Merchandise Nr. 5« gehörten, verdoppelte. Richter Sanford sicherte in seiner Urteilsbegründung jedoch nicht zu, daß es eine stillschweigende Übereinkunft gab und die Regierung Coca-Cola von nun an in Ruhe ließe.[57] Wiley

195

gehörte nicht mehr zum Bureau und konnte die Angelegenheit folglich nicht weiter vorantreiben, und zu diesem
Zeitpunkt, acht Jahre nach der ersten Beschlagnahme, hatten alle von diesem Fall die Nase voll. Später ließ Howard
Candler durchblicken, daß ein Bundesstaatsanwalt für dieses Urteil eine Bestechungssumme angenommen hatte.[58]

Nachdem The Coca-Cola-Company in diesem Prozeß
mehr als 250 000 Dollar ausgegeben hatte,[59] erzielte sie
damit lediglich, daß der »Kick« reduziert wurde und sie
vierzig Barrel und zwanzig Täßchen stark abgestandenen
Sirups zurückerhielt. Doch das war nicht der springende
Punkt. Wie Harold Hirsch später schrieb: »Es war ein
schwerwiegender Rechtsstreit, und er hätte zum vollständigen Ruin der Firma führen können.« Im Grunde hatte
Hirsch einen großen Sieg davongetragen: Coca-Cola hatte
überlebt.

Ein tödlicher Kampf zeichnet sich ab

Die Beilegung des Barrel-und-Faß-Prozesses bedeutete jedoch nicht, daß damit alle Probleme Coca-Colas mit der Justiz oder die Handel mit Regierungsbeamten ein Ende gefunden hatten. Die Unruhe forderte von dem alternden Asa
Candler, der das Ganze schlicht als ungerechtfertigte Ver-
folgungsjagd ansah, ihren Tribut. Als er die Firma seinen
Kindern übergab, setzte Candler eine Kette von Ereignissen
in Gang, die Coca-Cola in noch wesentlich größere Gefahr
bringen sollte. Diese Gefahr ging allerdings nicht von
einem Konkurrenten, Politiker oder Reformer aus. Diesmal
entwickelten sich die Probleme wie bei einem latent vorhandenen Virus von innen heraus.

Das sinistre Syndikat

> Die Klägerin weist dem Gericht und dem Gegner nun
> nach, daß irgendwann im Sommer 1919 mehrere Draht-
> zieher den Plan faßten, die Aktien besagten Unterneh-
> mens aus Georgia unter die eigene Kontrolle zu bringen.
> Aufgrund der Währungsinflation infolge des Krieges
> und der Spekulationsbereitschaft der Menschen... ge-
> lang es den besagten Personen, sich diese Kontrolle zu
> verschaffen...
>
> Klageschrift, *The Coca-Cola Bottling Company*
> *vs. The Coca-Cola-Company*

Als Charles Evans Hughes im Mai 1916 seine verheeren-
de Urteilsbegründung verkündete, sah der mittlerweile
64jährige Asa Candler darin lediglich ein weiteres Indiz
dafür, daß ihn die Regierung der Vereinigten Staaten verfolgte. Sie schröpfte ihn mit Steuern, zog ihn vor die Gerichte und plagte ihn mit Inspektoren.

Zu allem Überfluß war J. C. Mayfield, Pembertons letzter
Geschäftsführer, erneut aufgetaucht und bohrte sich wie
ein Stachel in Candlers Fleisch. Genau wie Candler ein
kleiner, rühriger Mensch, hatte Mayfield bei seinen zahlreichen Unternehmungen niemals so recht Erfolg gehabt.
Neben seinem Versuch mit Erfrischungsgetränken hatte er
mit Immobilien, Ölquellen und einer Essigfabrik spekuliert.
1909 war sein Celery-Cola wegen seines Kokaingehalts
nach dem Pure Food and Drugs Act aus dem Verkehr gezogen worden. Doch wie ein Stehaufmännchen war
Mayfield stets schnell wieder auf den Beinen. Er erweckte
Koke – eine der frühesten Bezeichnungen, die er benutzte – zu neuem Leben, erstand die Rechte an einer weiteren
Coca-Cola-Imitation mit der Bezeichnung Dope und vertrieb bald beide Getränke über die Koke Company of America nahezu im ganzen Land.[1] 1914 hatte ihn Hirsch im
Zuge seines Kreuzzugs für den Schutz des Coca-Cola-Zei-

chens verklagt. Im Gegensatz zu den meisten anderen Imitatoren verfügte Mayfield allerdings über genug Geld, um sich Anwälte leisten und einen harten, sich hinziehenden Gerichtsprozeß ausfechten zu können.

Als er im Koke-Prozeß aussagte, kamen viele fragwürdige Aktivitäten aus der Anfangszeit von Coca-Cola ans Licht. Im Zeugenstand erzählte Mayfield von John Pembertons Morphiumsucht, vom Wiederauftauchen Charles Pembertons und wie er 1888 selbst Yum Yum und Koke herstellte. Er behauptete mit einer gewissen Autorität, daß er die Originalformel für Coca-Cola legal und direkt von dessen Erfinder erworben habe. Zudem konnten seine Anwälte Mrs. Dozier ausfindig machen, die mit Nachdruck behauptete, ihre Unterschriften auf den beiden entscheidenden Dokumenten der Besitzrechtsurkunde seien gefälscht. Asa Candler muß äußerst beunruhigt gewesen sein, daß dieses Material plötzlich wieder an die Oberfläche gelangte, nachdem es mehr als ein Vierteljahrhundert lang gut vergraben gewesen war.

Der Koke-Prozeß steckte voller Ironie. Jahrelang hatten sich Candler und Hirsch fulminant gegen die Benutzung von umgangssprachlichen Bezeichnungen für Coca-Cola gewandt (insbesondere gegen solche, die auf Kokain hinwiesen), und jetzt riefen sie auf einmal Pharmakologen in den Zeugenstand, die bewiesen, daß »Koke« und »Dope« allgemein verbreitete Benennungen nicht für Mayfields Getränk, sondern für Coca-Cola seien. Ein Drogist aus Atlanta (und Großvater des Autors), J. B. Pendergrast, bezeugte: »Wenn jemand in meiner Sodabar ›Dope‹ verlangt, heißt das für mich, daß er ›Coca-Cola‹ meint.« Pendergrast unterstützte Coca-Cola auch, als er eine amüsante Vielzahl von Spitznamen anführte,[2] darunter A-Shot-in-the Arm (Schuß in den Arm)[3] und Another-Brick-in-the-Candler-Building (Noch einen Stein für das Candler-Haus).

Während die Urteilsverkündung im Koke-Prozeß noch fast bis Ende 1916 auf sich warten ließ[4], sorgte Mayfield gleich für weiteren Ärger, indem er Coca-Cola bei der Federal Trade Commission (Bundeshandelskommission), die 1914 gegründet worden war, mit der Begründung verklagte, die Firma betreibe bei der Verfolgung von Nachahmern unlautere Geschäftspraktiken. Ein Spezialagent des Justizministeriums[5] stellte den Coca-Cola-Abfüllern und ihren Wettbewerbern im Herbst 1915 und im folgenden Frühjahr diesbezügliche Fragen. In jenem Sommer erhielt Asa Candler einen Brief vom Vorsitzenden der FTC, mit dem er offiziell von der Klage in Kenntnis gesetzt und gleichzeitig um eine Stellungnahme gebeten wurde.[6] Wenn ihn etwas irritierte, kritzelte Candler häufig seine Antworten auf die Briefe, und so schrieb er neben die Mehrzahl der Behauptungen im Jahr 1916: »Nicht der Fall.«

1. Weigerung, Coca-Cola an Händler zu liefern, die auch konkurrierende Cola-Getränke anbieten.
2. Einschüchterung der Kunden der Wettbewerber durch Androhung von juristischen Schritten.
3. Böswillige Anstrengung von Prozessen gegen Wettbewerber.
4. Verwendung von Rabatten auf der Grundlage der jährlichen Gesamtabnahme in Verbindung mit exzessiver Werbung, wodurch, so wird behauptet, in der Praxis die Zwischenhändler genötigt werden, allein von Ihrer Firma zu kaufen.
5. Verleumdung von Charakter und Geschäft der Wettbewerber.
6. Einsetzung von Prämien beim Verkauf von Coca-Cola, die nur solche Kunden erhalten, die kein anderes Cola-Getränk vertreiben.
7. Unterbindung des Nachschubs an Flaschenkappen für die Wettbewerber mittels Androhung juristischer Schritte gegen die Hersteller von Flaschenverschlüssen.
8. Unterhaltung eines Spionagesystems, um die Namen von Kunden und andere Geschäftsgeheimnisse der Wettbewerber herauszufinden.
9. Unternehmungen, die zur Stornierung der Aufträge und zum Bruch der Verträge führen, die von den Wettbewerbern garantiert sind.

Man muß es Candler nachsehen, wenn er sich verfolgt fühlte. Er muß das Gefühl gehabt haben, die amerikanische Regierung sei verrückt geworden und mißhandele ihn, weil er ein gerissener Geschäftsmann war, der mit aggressiver Promotion arbeitete und mit angebrachter Umsicht den guten Namen und die Integrität seines Produktes zu schützen suchte.

Asa Candler, der Bürgermeister

Beinahe zur gleichen Zeit, als er die offizielle Benachrichtigung der FTC erhielt, kam eine Gruppe von Geschäftsleuten und Politikern aus Atlanta auf Candler zu, um ihn zu drängen, für das Amt des Bürgermeisters zu kandidieren. Die Finanzen der Stadt waren zerrüttet,[7] ihre Schulen waren in völlig unzulänglicher Verfassung, die Kommune hatte Schulden in Höhe von 150 000 Dollar, und die Straßen mußten dringend repariert werden. Der Polizeichef war gefeuert worden und versuchte gerade, seinen Job wieder einzuklagen, und die Straßenbahnschaffner drohten mit Streik. Zunächst weigerte sich Candler – er sei Geschäftsmann, kein Politiker –, doch bald siegte seine Eigenliebe über die Zweifel, und am 19. Juli 1916, nur vier Tage, bevor der Brief der FTC eintraf, stimmte er einer Kandidatur zu. Der Wahlkampf lieferte ihm eindeutig eine Ausrede, in den Ruhestand zu treten – Candler hatte »den Wunsch, manchmal nahezu das existentielle Verlangen, aus Coca-Cola herauszukommen«, wie sein Sohn berichtete.

Nachdem er seine Kandidatur bekanntgegeben hatte, verschwand Candler sofort zur Kur in ein Mineralbad in Michigan, wo er zu bleiben gedachte, bis die Wahl vorüber war. Seine politischen Berater konnten ihn jedoch schließlich überzeugen, daß es für einen Multimillionär arrogant wirke, wenn er in Michigan bleibe, ohne auch nur dem Anschein nach Wahlkampf zu betreiben. Acht Tage vor der Vorwahl erschien er wieder in Atlanta und hielt eine Woche lang energisch Wahlreden. »Ich bin nicht hier, um Ihnen mitzuteilen, daß ich von diesem Amt so wenig halte, daß ich es nicht haben möchte. Ich will das Amt«, erzählte er seinen Anhängern. »Wenn ich Ihnen allen gegenüber meine Pflicht erfüllen kann, werde ich mir eine Krone verdienen, die weit über das Grab hinausreichen wird.«[8] Der

Gegenkandidat, ein Setzer der Gewerkschaft, war an Unsterblichkeit nicht sonderlich interessiert, er präsentierte sich den Armen vielmehr als »der Kandidat des Volkes«[9] und bezeichnete Candler als »Personifizierung des Kapitalismus«.

Die Personifizierung des Kapitalismus war offensichtlich genau das, was sich Atlanta wünschte. Nach seiner problemlosen Nominierung wurde Candler in der Wahl am 6. Dezember geradezu ins Amt geschwemmt. Die meisten Bürger Atlantas reagierten hoch erfreut und betrachteten »Onkel Asa« als Retter, dessen Millionen alle Probleme der Stadt lösen würden. Als er sein Jahresgehalt in Höhe von 4000 Dollar einer wohltätigen Einrichtung spendete, wurde ihnen das Herz warm, doch über diesen Betrag hinaus machte Candler während seiner Amtszeit nur noch für den Ausbau der Wasserwerke ein paar Dollar aus seinem persönlichen Vermögen locker. Nach der Wahl bemerkte ein Zyniker: »Es ist schon komisch, daß ein ganz gewöhnlicher Knilch, der mit Blechkisten, Soft Drinks, Leberpillen oder Sicherheitsnadeln ein Vermögen gemacht hat, immer sofort für ein politisches Amt in Frage kommt.«[10]

Als designierter Bürgermeister stand Candler dem Law and Order Committee (Komitee für Recht und Ordnung) vor, das mithalf, den Streik der Straßenbahnbeschäftigten zu brechen. Die ersten schweren Arbeiterunruhen in Atlanta – mit Sprengstoffwagen, Schüssen und den Rufen »Streikbrecher! Streikbrecher!« – hoben den Status quo aus den Angeln. Die Arbeiter forderten die Anerkennung der Gewerkschaft, kürzere Arbeitszeiten und höhere Entlohnung. Am Ende wurde den noch vorhandenen Fahrern eine leichte Lohnerhöhung garantiert, doch die Gewerkschaft wurde aufgelöst,[11] und ihre Organisatoren wurden gefeuert. Nun zum Mann der Stunde aufgestiegen, verdammte Candler beredt die Arbeiterunruhen: »Der Demagoge, dessen radikale Maßnahmen die Stabilität der Wirtschaft bedrohen,... ist ein politischer Parasit, der den trüben Ansammlungen allgemeiner Ignoranz entsprungen und von den Eitersekreten verbreiteter Vorurteile fett geworden ist.«[12] Er fuhr mit einer Verteidigung des kapitalistischen Systems fort und erklärte: »Der Handel ist nicht so selbstsüchtig und gemein, wie viele glauben. Im Gegenteil, er ist das Instrument des Fortschritts in der Welt und ein grenzenloser Segen für die menschliche Rasse.«

Nach einem Jahr unter Bürgermeister Candler waren bereits viele seiner Anhänger desillusioniert. Sein Stadtrat hatte eine Erhöhung der Wassergebühren vorgeschlagen, welche die Armen schwer getroffen hätte. Andere wollten den Reichen höhere Steuern auferlegen, was Candler schlichtweg ablehnte. »Haben die Asa-Anhänger im letzten Herbst wirklich geglaubt, der alte Herr würde sein Geld als Gratisgeschenk, ohne Gegenleistung, für die Begleichung des städtischen Defizits hergeben?« wurde in einem Leitartikel gefragt.[13] *Atlanta Civics*, ein Traktat, das Mrs. Bessie Linn Smith verfaßte und publizierte, erschien im Herbst 1917 und teilte nahezu ausschließlich Schläge gegen Candler aus. »In Candlers Wahlkampf«, schrieb Mrs. Smith, »wurde uns fast versprochen..., daß die Sünden von unseren Seelen genommen und unsere Schulden mit einem Streich seiner genialen Hand weggewischt würden... Bis zum heutigen Tag vermag auch unser stärkstes Mikroskop keinen einzigen Punkt zu erkennen, in dem er eine Verbesserung der Verhältnisse von Atlanta erreicht hat, gelungen ist Candler nur, seinen eigenen Ruhm und Profit zu erhöhen.« Mrs. Smith wies darauf hin, daß Bürgermeister Candler an der Stadt interessierte Bürger gedrängt habe, höhere Einkommensschätzungen anzugeben, um den Steuersäckel der Stadt zu füllen, selbst jedoch seine Steuern um 108 000 Dollar gesenkt habe. Sie beachtete auch schadenfroh, Candler sei so schäbig, daß er einem Zeitungsjungen eine Zeitung abgenommen, die Schlagzeilen überflogen und sie ihm dann zurückgegeben habe, anstatt dafür die drei Cent zu bezahlen.

Candlers Knausrigkeit hatte allerdings auch eine positive Wirkung. Als er sich aus dem Amt verabschiedete, hatte er das Budget der Stadt in Ordnung gebracht. Im großen und ganzen war er anscheinend ein konservativer, anständiger und ehrlicher Bürgermeister, auch wenn seine Prioritäten manchmal seltsam wirkten. Zu Candlers Verdiensten als Bürgermeister gehörte die Verabschiedung einer »Eiskrem- und Soft-Drink-Verordnung«, mit der dafür gesorgt wurde, daß die Sodabars »anständig beleuchtet und belüftet sowie frei von Ratten, Fliegen oder anderen Insekten gehalten wurden«. Er bestand auch darauf, daß der arbeitsfreie Sonntag weiter in Kraft blieb, dessen Nichteinhaltung, so schrieb er, »eine alarmierendere Gefahr ist als der Erfolg des deutschen Kaisers im noch immer währenden Krieg«. [14] Natürlich hatten seine Kritiker auch darauf eine Antwort: Was war mit dem Sodamixer, der am Sabbat Coca-Cola ausschenkte?

Die Zeit des Übergangs

Howard Candler hatte auf der Vorstandssitzung vom 21. Januar 1916 offiziell The Coca-Cola-Company als Präsident übernommen, doch sein Vater besaß immer noch die Aktienmehrheit. Zwar vollauf beschäftigt mit seinem politischen Amt, stellte Asa Candler dennoch bald klar, daß er nicht die Absicht hege, seine Macht über Coca-Cola aufzugeben – zumindest im Augenblick nicht. Es kam zum Kampf, als es seine Kinder ins Auge faßten, das Unternehmen zu verkaufen. Zwei New Yorker Anwälte, Bainbridge Colby und Ed Brown, [15] repräsentierten ein Syndikat, das Coca-Cola für 25 Millionen Dollar übernehmen wollte. Der Verkauf würde nicht nur einen Riesennettogewinn, sondern auch große Steuervorteile bringen: Die Steuer für nicht verteilte Gewinne aus dem investierten Kapital, das 25 Millionen Dollar betrug, würde geringer ausfallen als der Riesenbetrag, der ansonsten zu zahlen wäre, und die Firma brauchte diese außergewöhnlich hohen Dividenden nicht mehr auszuschütten. In einem Brief vom 15. Januar 1917 wurden die Details der vorgeschlagenen Abmachung angeführt.

Drei Tage später fand eine tumultartige Vorstandssitzung bei Coca-Cola statt. Als 1920 die Protokolle vor Gericht vorgelegt werden sollten, waren sie angenehmerweise verschwunden, zusammen mit dem Brief von Colby und Brown. Der noch vorhandene Jahresbericht enthält lediglich die kryptische Feststellung: »Asa G. Candler gab einen mündlichen Bericht.« Man kann guten Gewissens davon ausgehen, daß sein »mündlicher Bericht« eine ätzende

Attacke gegen den geplanten Verkauf seines Unternehmens war. Wie *The New York Times* später berichtete: »Der Deal kam zu Fall, als einer der Hauptaktionäre, ein Mitglied der Familie Candler, es ablehnte zu verkaufen.« Bei Vorstandssitzungen saß Candler üblicherweise ruhig dabei und hörte sich die Vorschläge und Einlassungen an. Wenn er nicht einverstanden war, regte er sich stetig stärker auf, wobei er häufig die Daumen drehte. Dann sagte er auf seine ruckartige, emphatische Weise mit hoher Stimme: »Ich, Asa G. Candler, Besitzer von neunzig Prozent des Aktienkapitals dieses Unternehmens, stimme gegen den Vorschlag von Mr. Howard Candler.«[16]

Die geplante Rekapitalisierung ließ noch das ganze restliche Jahr auf sich warten, aber zu einer echten Reorganisation des Unternehmens kam es nie. Nach dem Sitzungsprotokoll vom 4. Juni 1918 »wird es jetzt für eine bessere Politik erachtet, die alte Aktiengesellschaft nicht aufzugeben«. Statt dessen wurden als Gegenleistung für den Aktienbestand »Nießbrauchzertifikate« über 25 Millionen Dollar ausgegeben. Colby & Brown drohten gerichtliche Schritte wegen Vertragsbruchs an und erhielten als Abfindung Aktien im Wert von einer Million Dollar.[17] Als diese Entscheidung im Sommer 1918 gefällt wurde, besaßen die Candler-Kinder die völlige legale Kontrolle über The Coca-Cola-Company. Sofort nach dem Vergleich im Barrel-und-Faß-Prozeß hatte Asa Candler seinen ganzen Immobilienbesitz seinen Kindern überschrieben, und im Dezember 1917 erhielt seine Familie als Weihnachtsgeschenk all seine Aktien bis auf sieben Stück.[18]

Zucker im Krieg

Im Sommer 1918 hatte die Firma noch mit anderen großen Veränderungen zu kämpfen. Der Kriegseintritt der Vereinigten Staaten hatte eine Zuckerrationierung nach sich gezogen. Coca-Cola veröffentlichte Anzeigen, in denen verkündet wurde: »Zucker zieht in den Krieg«, und die Verbraucher um Geduld wegen der verringerten Lieferungen gebeten wurden. Eine andere patriotische Werbeanzeige

zeige eine Hand mit einem Glas Coca-Cola und dahinter den Schatten der Freiheitsstatue mit der Fackel. Zum ersten Mal mußte die Firma ihre Abfüller tatsächlich anflehen, keine neuen Märkte aufzutun, da sie nicht ausreichend Sirup liefern konnte.

Zucker war bei weitem die teuerste Zutat für Coca-Cola. Viele Jahre lang hatte der Großhandelspreis um die fünf Cent pro Pound gelegen. Im Mai 1917 war er auf acht Cent gestiegen, was eine Preiserhöhung von fünf Cent je Gallone erforderlich machte. Sam Dobbs wollte den Stammabfüllern *befehlen,* mehr zu bezahlen. Harold Hirsch lehnte das mit dem Hinweis ab, daß im Abfüllvertrag ein Einheitspreis vereinbart sei.[19] Er riet zu Diplomatie. Infolgedessen reiste Sam Dobbs nach Chattanooga, um die Sache mit George Hunter zu besprechen, der seit dem Tod seines Onkels Ben im Jahr 1914 die Thomas Company leitete. Hunter stimmte einer vorübergehenden Preiserhöhung zu, solange es wegen der »abnormen Bedingungen« des Krieges notwendig erscheine.

Im nächsten Januar beschloß Howard Candler, das Rabattsystem einzustellen, zum Teil, um die Absatzausweitung zu dämpfen, und zum Teil wegen des bevorstehenden von der Bundeshandelskommission (FTC) angestrebten Prozesses.* Im gleichen Monat gab er eine Erklärung ab, daß Werke geschlossen würden, bis die neue Zuckererntc eingetroffen sei. Nach einer Aufforderung der Regierung hatten die Hersteller von Erfrischungsgetränken ihren Ausstoß halbiert. »Doch im Moment können wir nicht einmal den Zucker für die Hälfte unseres Bedarfs auftreiben«, schloß er am 5. Januar 1918 in der *National Bottlers' Gazette.*

Die Auswirkungen auf das Coca-Cola-Geschäft waren nicht so dramatisch, wie man erwarten könnte. 1916 belief sich der Absatz auf knapp zehn Millionen Gallonen Sirup. Ein Jahr später überschritt die Menge zwölf Millionen Gallonen und fiel dann im darauffolgenden Jahr auf zehn Millionen zurück. Die Gesamtnachfrage nach Cola-Getränken

---

* Am 15. Februar 1918 kam der FTC-Prozeß endlich vor Gericht. Selbst den FTC-Beauftragten erschien die Beweislage gegen Coca-Cola dünn, und der Fall wurde am 17. November 1919 eingestellt.

stieg jedoch erheblich, und Coca-Cola verlor an Umsatz, da es zu wenig Zucker gab. Die Sodabars stellten laut der *National Bottlers' Gazette* vom 5. Juli 1918 Schilder auf wie: »Da COCA-COLA nicht lieferbar ist, schenken wir AFRI-KOLA, das zweitbeste, aus.« Zahlreiche andere Sodabars und Abfüller waren nicht so ehrlich; die Beimengung von Ersatzstoffen grassierte geradezu.

Der Krieg bedeutete auch höhere Steuern. John Candler sagte vor dem Finanzausschuß des Senats aus und wandte sich gegen eine spezielle zehnprozentige Steuer auf Soft Drinks. »Meine Klienten«, führte er aus, »sind zur Zahlung einer Steuer bereit, sie gehen davon aus, daß sie eine Steuer zahlen müssen, sie haben nicht den Wunsch, sich der Steuer zu entziehen.« Doch die geringen Gewinnmargen würden die vorgeschlagene Erhebung nicht auffangen. »Wir bitten lediglich darum, daß wir nicht vernichtet werden«, bat Candler die Politiker, und er erklärte, daß die Firma die Steuer nicht an die Abfüller weitergeben könne, da diese zeitlich unbefristete Verträge mit garantiertem Festpreis hätten. Auch könnten die Abfüller oder die Sodabars den Preis nicht über den traditionellen Nickel hinaus erhöhen, da die Öffentlichkeit dagegen rebellieren würde. Kurz, argumentierte Candler, die Soft-Drink-Industrie würde dezimiert, und die Regierung würde nicht *mehr,* sondern *weniger* Steuern einnehmen.

Die Senatoren verabschiedeten die zehnprozentige Steuer dennoch. Und es überraschte niemanden, daß die Soft-Drink-Industrie trotzdem überlebte. The Coca-Cola-Company *gab* doch einen Teil der Steuer an die Stammabfüller weiter, die wiederum den Betrag ihren Abfüllern erster Stufe zuschoben, was beträchtliche Unzufriedenheit auslöste. Obwohl die Candlers und die Stammabfüller starken Druck ausübten, den Einzelhandelspreis von einem Nickel beizubehalten, entschieden viele Abfüller, daß dies wirtschaftlicher Selbstmord sei, und berechneten den Großhändlern mehr, was zu Einzelhandelspreisen von sechs und sieben Cent führte. Ein Abfüller schrieb: »Ich muß dieses Jahr einen Gewinn machen, oder ich stehe übel da. Ich habe für 3000 Dollar eine Eismaschine gekauft, für 6000 Dollar Lieferwagen, und ich muß für den

Gewinn des letzten Jahres rund 6000 Dollar Steuern abführen.«[20]

Andere verzweifelte Abfüller suchten Zuflucht in der Verwendung von Zuckerersatzstoffen wie Maissirup, Runkelrübenzucker und Saccharin, um so ihre Siruplieferungen zu strecken. Nachdem der Krieg im November 1918 zu Ende gegangen war, warb Coca-Cola: »Es wurde nicht verändert, nicht billiger und auch nicht verwässert, Coca-Cola blieb vom Ausbruch des Krieges bis zu seinem Ende das gleiche.« Die Erklärung bog die Wahrheit eindeutig etwas zurecht.[21]

Nachdem der Krieg vorbei war, versprach das Jahr 1919 für Coca-Cola ein großartiges Jahr zu werden. »Diese heimkehrenden Soldaten werden mächtig ausgetrocknet sein«, sah ein Abfüller im *Coca-Cola Bottler* schon 1918 voraus, »und ihnen wird wieder einfallen, was ihr Gelüst befriedigt.« Die Nachfrage nach Coca-Cola-Sirup würde bald die Produktionskapazität sprengen, und in der Vorstandssitzung vom 12. Februar empfahl Howard Candler den Ankauf eines Grundstücks an der North Avenue für ein riesiges neues Werk mit Bürogebäude, Fabrik, Böttcherei und Zuckerwerk für knapp 850 000 Dollar.

Es war wohl einiges an Gottvertrauen vonnöten, um die Pläne für die neue Fabrik weiter voranzutreiben. Zwei Wochen später, am 24. Februar, entschied das Berufungsgericht zugunsten von J. C. Mayfield, wobei es sich auf die Doktrin der »unsauberen Hände« berief. Die Urteilsbegründung führte an, Coca-Cola habe keinerlei irgendwie geartete Rechte, da es einst »die tödliche Droge Kokain« enthalten habe. Obendrein hatte der Großteil des Koffeins in dem Getränk stets von Teeblättern und nicht von Kolanüssen gestammt. Somit befand das Gericht, Coca-Cola habe sich »so täuschend, falsch, betrügerisch und gewissenlos verhalten, daß es sich ein Billigkeitsgericht nicht leisten kann, ihm zu helfen«.[22] Elton J. Buckley schrieb in *The National Bottlers' Gazette:* »Mit dieser Urteilsbegründung steht die Coca-Cola Co. Imitatoren völlig hilflos gegenüber, ganz gleichgültig, wie dreist diese auch sind.« Und er setzte hinzu, damit gerate die Firma in eine unbequeme und möglicherweise »fatale« Lage. Coca-Cola legte im Koke-Fall sofort Berufung beim Obersten Gerichtshof ein. Der Ausgang war allerdings alles andere als gewiß, denn dasselbe Gericht hatte drei Jahre zuvor im Barrel-und-Faß-Prozeß bereits gegen Coca-Cola entschieden.

Das Woodruff-Syndikat

Am 1. Juli 1919, als der endgültige Ausgang des Koke-Prozesses noch wie ein Schatten über der Zukunft der Firma hing, traf sich Sam Dobbs im Waldorf Hotel in New York City mit Ernest Woodruff, um über den Verkauf von The Coca-Cola-Company zu sprechen. Woodruff, der Präsident der Trust Company of Georgia, hatte in New York zahlreiche Kontakte und steckte vermutlich hinter dem Kaufangebot von 1917.[23] Nun erklärte er, »gewisse Interessenten« böten denselben Preis in Höhe von 25 Millionen Dollar. Dobbs erkannte, daß ein Verkauf, von der Bedrohung durch den Koke-Prozeß einmal abgesehen, in steuerlicher Hinsicht höchst verlockend war, denn dadurch würde die Steuer auf nicht verteilte Gewinne erheblich gesenkt sowie auch die Steuer auf übermäßige Gewinne, die im Krieg eingeführt worden war. Die Regierung veranlagte die Firma auf »Überschuß«-Einkünfte oberhalb eines »angemessenen« Prozentsatzes ihrer dünnen Kapitaldecke. Deshalb erklärte sich Dobbs begeistert dazu bereit, den Woodruff-Vorschlag in Atlanta vorzutragen.[24]

Ein stämmiger Mann mit Überbiß und Sohn eines wohlhabenden Getreidemühlenbesitzers, war Woodruff wie Pemberton aus Columbus, Georgia, nach Atlanta gekommen. Anders als Pemberton hatte er es in der Stadt zu etwas gebracht, indem er eine Reihe von Deals einfädelte, die ihn zu einer beneideten (und gefürchteten) Macht werden ließen. Woodruff suchte sich kleine, wankende Unternehmen, an denen er sich beteiligte und die er dann zu Großfirmen wie die Atlantic Ice and Coal Company, Atlantic Steel, Empire Cotton Oil Company etc. ausbaute.[25] Doch die Krönung seiner Karriere war die Aushandlung des Coca-Cola-Deals, die mit Abstand größte Transaktion, die in den Südstaaten jemals stattfand.

Er war sorgsam darauf bedacht, seine Beteiligung an dem Vorgang geheimzuhalten, denn er wußte, daß die Candlers, vor allem der Bankerrivale Asa, ihr Südstaaten-Geschäft lieber an anonyme New Yorker Interessenten als an Ernest Woodruff verkaufen würden, der sich allgemeiner Verachtung erfreute. Trotz seines Reichtums ging Woodruff so knausrig mit seinem Geld um, daß Asa Candler neben ihm wie ein Geldverschwender wirkte. Er war für seine absolute Bedürfnislosigkeit bekannt; Woodruff sparte selbst an Hotelseife und befestigte schwere Wertpapierpäckchen unter der Kleidung, damit er dafür keine Frachtkosten bezahlen mußte. Einmal suchte Woodruff, während ein Träger auf sein Trinkgeld wartete, ergebnislos in seinen Taschen. »Ich habe hier irgendwo einen Quarter«, murmelte er. »Mr. Woodruff«, sagte der Träger, »wenn Sie jemals einen hatten, dann haben Sie ihn immer noch.« Selbst normalerweise respektvolle Zeitungskolumnisten erwähnten Woodruffs unangenehme Charakterzüge, während sie gleichzeitig seine finanzielle Zauberei priesen. »Niemand weiß genau, wieviel er wert ist«, stand 1919 in einem Leitartikel des *Atlanta Georgian.* »Niemand weiß viel über sein Privatleben. Er ist ein verschwiegener Mensch und nicht sehr gesellig, er hat nur wenige enge Freunde. Doch wenn er nach den Dollars ruft, kommen sie angerollt.«

Zu Woodruffs Syndikat zählten Geschäftsleute der Chase National Bank und der Guaranty Trust Company aus New York, allerdings hatten beide Banken offiziell mit der Sache nichts zu tun. Um die potentiellen Käufer im Hintergrund zu halten, wurde die Option, die Dobbs mit nach Atlanta nahm, nicht unterzeichnet. Bald gab jedoch Eugene Stetson, Vizepräsident der Guaranty Trust Company, seine Anonymität auf und reiste nach Atlanta, um über den Verkauf zu verhandeln, während Ernest Woodruff in dringenden Geschäften in New York blieb, aber eine direkte Telefonverbindung nach Atlanta besaß. Nach einer Reihe von Gesprächen, in denen Dobbs als Vermittler fungierte, wurde der Großteil der Optionen am 26. Juli unterzeichnet, wobei das Syndikat bis zum 28. August Zeit erhielt, die Nießbrauchzertifikate im Wert von 25 Millionen Dollar zu kaufen.

Bei der Sitzung der Direktoren der Trust Company of Georgia (dem Syndikat) am 2. August kam es zu »erheblichen Diskussionen« über die Coca-Cola-Option. Sam Dobbs, mittlerweile Mitglied des Vorstands der Trust Company, nahm ebenfalls daran teil. Woodruff legte die Sache dar: Hier war ein höchst profitables Unternehmen mit Finanzschwächen, im Grunde noch immer ein kleines Familienunternehmen. Mit dem richtigen Management könnte die Firma ein exponentielles Wachstum erreichen, vor allem im Ausland. Außerdem begänne nach der soeben erfolgten Verabschiedung des Volstead Act am 16. Januar 1920 die Prohibition, was den Absatz von Coca-Cola enorm in die Höhe treiben würde.

Natürlich enthielt der Kauf ein Risiko, denn er lohnte sich nur, wenn im Koke-Prozeß eine günstige Entscheidung fiel. Schließlich wurde entschieden, die Option nur zu nutzen, wenn die Anwälte der Bank sich über Coca-Colas Chancen vor dem Obersten Gerichtshof positiv äußerten. Am 13. August muß die juristische Abteilung grünes Licht gegeben haben: »Es wurde beschlossen«, steht im Protokoll, »daß diese Firma in ein Syndikat für den Erwerb von Teilhaberzertifikaten eintritt, die die Aktien von The Coca-Cola-Company darstellen.«[26] 20 000 Aktien wurden Ernest Woodruff persönlich überlassen »in Anbetracht der Zeit und Hilfe, die er für diese Transaktion investierte«.

Im Endeffekt hatte Woodruff etwas erreicht, das man heute als wohlmeinende disproportionale Auszahlung der früheren Eigentümer bezeichnen würde. The Coca-Cola-Company aus Georgia würde an ein neues Unternehmen, The Coca-Cola-Company aus Delaware (ein Staat, der für seine milde Unternehmensbesteuerung bekannt war), verkauft. Die Aktienbesitzer (d. h. die Candlers) sollten fünfzehn Millionen Dollar in bar und zehn Millionen Dollar in Vorzugsaktien mit siebenprozentiger Beteiligung erhalten. Außerdem würden 500 000 Anteilscheine des Stammaktienkapitals auf dem freien Markt ohne festgesetzten Nennwert angeboten, um so möglichst Steuern umgehen zu können. Die Trust Company hatte von den notwendigen fünfzehn Millionen Dollar in bar 4,5 Millionen aufzubringen. Vermutlich sollte der Rest von anderen Mitgliedern des unterzeichnenden Syndikats kommen.

Die Trust Company hatte soviel Geld natürlich nicht flüssig. Bei Einlagen von nur 1,8 Millionen Dollar, laut dem *Atlanta Georgian,* war sie bei weitem die kleinste der sieben Banken von Atlanta. Dennoch war Woodruff zuversichtlich, die Summe auftreiben zu können. Am 22. August, dem Tag, an dem er den Deal bekanntgab, lief quer über die Titelseite der *Atlanta Constitution* die breite Schlagzeile: »COCA-COLA VON LEUTEN AUS ATLANTA AUFGEKAUFT: Die Trust Company of Georgia bekommt das Nationalgetränk.« Am gleichen Tag versandte die Bank ein Schreiben mit dem Aufdruck *Streng vertraulich* an ihre Aktienbesitzer, denen wohl noch jeweils persönlich erklärt wurde, was wirklich vor sich ging, denn der Brief selbst war recht verwirrend. Den Anteilseignern der Trust Company wurde die Gelegenheit geboten, für jede ihrer Bankaktien eine Coca-Cola-Aktie zu kaufen, wenn sie innerhalb von fünf Tagen 195 Dollar pro Anteilschein einzahlten. Der Brief versprach, daß es, wenn sich das Syndikat am 1. Oktober auflöste, zu einer »Verteilung« käme. Mit diesen vagen Formulierungen wurde die Realität hinter den Kulissen verschleiert. Diejenigen, die mit ihrem Geld den Kauf finanzieren sollten, würden letztlich Coca-Cola für nur fünf Dollar pro Aktie erstehen und im Oktober 190 Dollar zurückerhalten. Als die Anteilscheine am 26. August um 9.00 Uhr morgens auf dem freien Markt offeriert wurden, verkauften sie sich für vierzig Dollar das Stück.[27] Am gleichen Tag um 15.45 Uhr war der Aktienbestand um 140 000 Aktien überzeichnet, womit der Verkauf gesichert war. Nahezu die Hälfte der Aktien wurde von Bürgern aus Atlanta erworben.

Nachdem sich der aufgewirbelte Staub gelegt hatte, wurden die Verästelungen des abgeschlossenen Verkaufs deutlicher. Die Candlers waren plötzlich sehr reich, und in den nächsten Jahren sollten ihre Herrenhäuser in ganz Atlanta aus dem Boden schießen (und sie stehen noch heute). Sam Dobbs wurde mit der Präsidentschaft der neuen Firma entlohnt, während Howard Candler auf den Posten des Vorstandsvorsitzenden geschoben wurde. Die wirkliche Macht jedoch blieb bei dem »stimmberechtigten Trust« von drei Männern: Woodruff, Stetson und Dobbs. Die Aktienbesitzer hatten bei der Führung der Firma kein Stimmrecht, und Dobbs, der einzige aus der Candler-Sippe, konnte von den Bankiers überstimmt werden.

Es ist nicht ganz klar, wieviel Geld das mysteriöse »Syndikat« mit dem Deal verdiente. Insider erstanden offenbar 83 000 Aktien zu fünf Dollar das Stück, wohingegen es keine Aufzeichnungen gibt, daß Ernest Woodruff für seine 20 000 Aktien auch nur einen Dollar bezahlt hat. Die Trust Company zog sich mit einer Option für den Kauf von 24 900 Aktien zu je fünf Dollar hoch und hatte von nun an nie mehr finanzielle Probleme. Die Schätzungen des unmittelbaren Gewinns reichen von zwei Millionen bis zu fünf Millionen Dollar.[28] Die Abfüller klagten später bitterlich über die Hinterzimmer-»Manipulationen« ruchloser Spekulanten, doch es gibt keinerlei Anzeichen dafür, daß irgendwelche Gesetze gebrochen wurden, von einem schwebenden IRS-Prozeß wegen Steuern einmal abgesehen.[29]

Die wichtigste Änderung wurde in der neuen Delaware-Firma unter dem Strich deutlich. Die Eröffnungsbilanz[30] wies Grundbesitz, Gebäude, Maschinen und Ausrüstung im Wert von weniger als zwei Millionen Dollar aus, doch die »nicht greifbaren Aktienposten«, wurden mit 24,96 Millionen Dollar bewertet. Dieser Posten bildete das Herz von Coca-Cola, und dazu zählten die Formel, das Warenzeichen und der »good will«. Niemals ist ein Begriff zutreffender gewesen. Das Woodruff-Syndikat hatte tatsächlich nicht in erster Linie eine Sirupfabrik erstanden, sondern den guten Willen des amerikanischen Verbrauchers. In den folgenden Jahren würde dieser noch beträchtlich wachsen, was greifbare finanzielle Folgen hatte. Eine Aktie des ursprünglichen Bestandes von Coca-Cola im Jahr 1919 hatte sich bis zum Jahr 1991 in 1152 Aktien gesplittet und außerdem eine kumulative Dividende von über 10 000 Dollar erbracht. Hätte man die Dividenden dieser einen Originalaktie wieder in Coca-Cola-Anteile investiert, so wäre die Investition von vierzig Dollar (oder fünf Dollar für Insider) heute knapp zwei Millionen Dollar wert.[31] Oder: Wenn Großvater 1892 eine von Asas 100-Dollar-Aktien gekauft hätte, würde diese heute ungefähr 2,65 Milliarden Dollar bringen.

Asas Leidenskelch

Asa erfuhr erst etwas von dem anstehenden Verkauf, als seine Kinder die Option unterschrieben hatten. Er reagierte darauf, laut seinem Biographen und Sohn, »zutiefst schockiert« und weigerte sich, an der letzten Vorstandssitzung, in der der Verkauf abgesegnet wurde, teilzunehmen. Für den alten Mann konnte der Zeitpunkt nicht schlechter gewählt sein. Candlers Frau Lucy war im März 1919 an Brustkrebs gestorben, kurz nachdem Asas Amtszeit als Bürgermeister ausgelaufen war. Jetzt, nachdem er seine Firma weggegeben hatte, fühlte sich der Magnat betrogen und machtlos – König Lear vor dem Sturm. Coca-Colas beraubt, wurde Asa Candler rasch zu einem bemitleidenswerten Mann, der überaus ehrlich sich selbst gegenüber schrieb: »Ich kann mich nicht zu einem Gedankengebäude zwingen, mit dem dieses Leben wirklich freudevoll wäre.«[32] Seine Erfolge, sagte er, seien nichts als »Asche, pure Asche«. Immer stärker lebte er in seiner mythisch interpretierten Vergangenheit. Seine Kindheit und Jugend auf dem Land nahm die Patina eines unwiderruflich verlorenen Gartens Eden an. »Wenn ich an jene goldenen Tage inmitten dieser ausgedörrten Jahre voller Sorge und Aufregung denke«, meinte er, »glaube ich manchmal, ich habe einmal im Himmel gelebt und mich dann unterwegs verirrt.«[33] 1921 schrieb Candler wehmütig an Howard: »Ich wurde einmal zu den Erbauern Atlantas gerechnet, zu den aktiven Söhnen Georgias – zu Deinem Ratgeber –, heute bin ich allein, werde weder gebraucht noch um Hilfe gebeten.« Vom Selbstmitleid zerfressen, beschloß Candler, sich eine neue Frau zu suchen.

Im darauffolgenden Jahr informierte Candler, mittlerweile siebzig Jahre alt, seine Familie, daß er eine geschiedene Katholikin, Onezima de Bouchel aus New Orleans, zu heiraten beabsichtige.[34] Sein Bruder, der Bischof, der peinlich berührt und angewidert reagierte, unternahm alles in seiner Macht Stehende, dies zu verhindern. Da er wußte, daß Asa nicht auf ihn hören würde, überredete Warren einen gemeinsamen Bekannten,[35] dem Bruder brieflich einen »freundlichen« Rat zu geben. Candler kritzelte »Et tu,

Brutus« und »Warum dieser Stich« auf den Brief und sandte ihn zurück. Als sich Asa schließlich dem Druck seitens der Familie beugte und die Hochzeit absagte, verklagte ihn Mrs. de Bouchel auf Bruch des Eheversprechens, was einen Freund des Bischofs zu folgenden Zeilen veranlaßte: »Ich bin mehr und mehr davon überzeugt, daß das ganze Problem Deines Bruders aus einem jesuitischen Komplott resultiert, mit dem sich die katholische Kirche seine Millionen unter den Nagel reißen will.«[36]

Wenige Monate später heiratete Asa Candler Mae Little, eine 37jährige Stenotypistin aus dem Candler-Building. »Morgen nehme ich mir eine Lebensgefährtin«, schrieb er an Howard, »eine, von der ich glaube, daß sie sich für mich interessiert und mir guttun wird.« Die neue Mrs. Candler übersiedelte mit ihren zehn Jahre alten Zwillingstöchtern in das Herrenhaus an der Ponce de Leon Avenue. Bereits acht Monate später fand sie sich in den Schlagzeilen der *New York Times* wieder, nachdem man sie erwischt hatte, als sie mit zwei Männern einen Liter schwarz gekauften Schnaps leerte. »Wir feiern nur eine kleine Party«, teilte sie der Polizei mit.[37] Im Juni des Jahres 1924, ein Jahr nach seiner Hochzeit, reichte Candler die Scheidung ein[38] und begründete dies damit, daß seine Frau »von Anfang an« seine »Behaglichkeit und Annehmlichkeit« ignoriert und bereits zu früher Morgenstunde das Haus verlassen habe, um »die Gesellschaft eines Mannes [zu suchen] und mit ihm aufs Land zu fahren«. Im Oktober des gleichen Jahres geriet Mrs. Candler im Zickzackkurs auf die falsche Straßenseite, wobei sie ein fünfjähriges Mädchen erfaßte und tötete.

Gegen Ende des Jahres 1924 war Asa Candler ein geschlagener Mann. Ein letztes Mal zu einer Zeugenaussage vor Gericht gerufen (als Zeuge der Verteidigung im My-Coca-Prozeß), jammerte er, daß Frank Robinson nicht mehr da sei. »Alle sind tot, nur ich bin noch da, und auch ich sollte tot sein, doch ich sterbe einfach nicht. Ich habe schon zu lange gelebt. Zwischen meiner Wiege und meinem Grab liegen inzwischen zu viele Tage.«[39] Weihnachten verbrachte er alleine in einem Zimmer des Hotels Biltmore in New York City, wo er schrieb, daß er »keine Lust

[habe] auszugehen«, denn in dem Zimmer sei es warm. »Versucht, mich in Erinnerung zu behalten, wie ich *war*«, bat er seine Kinder. Candler erholte sich nicht mehr. Seelisch und körperlich krank, starb er 1929 im Alter von 77 Jahren.

Man ist versucht, das Leben Asa Candlers als Moralstück zu begreifen, ihn für eine Art Willy Loman zu halten, besessen von einem Erfolg, der sich ihm fortwährend zu entziehen schien, auch wenn er ihn sich noch brillant einzubilden vermochte. Von Grund auf unsicher, suchte er verzweifelt nach Glaubensgrundlagen und fand sie im amerikanischen Kapitalismus, dem Gott der Methodisten, in idealisierten Frauen und in Coca-Cola, dem Getränk, das einen Segen für die Menschheit darstellte. Ohne Asa Candler wäre Coca-Cola niemals das weltweit am stärksten beworbene Einzelprodukt geworden; es wäre niemals landesweit vertrieben worden. Er suchte Unsterblichkeit, und er hat sie mit seinem Soft Drink gefunden.

Candler hatte gehofft, in den großartigen Unternehmungen seiner Kinder weiterzuleben, doch sie litten unter dem Fluch eines dominierenden, abstinenten Vaters, des leicht erworbenen Reichtums und des Schicksals. Asa jr., genannt Buddy, wurde ein Alkoholiker, der hinter seinem Haus ein öffentliches Schwimmbad, eine Wäscherei und einen Zoo unterhielt. Seine vier Elefanten taufte er Coca, Cola, Erfrischend und Köstlich, und er bekam es mit der Justiz zu tun, als seine Paviane über den Zaun kletterten und sechzig Dollar aus dem Geldbeutel des Nachbarn verzehrten.[40] Walter wurde in einen berüchtigten Prozeß verwickelt, als man ihn schnappte, wie er um 3.00 Uhr morgens auf einem Kreuzfahrtschiff die Frau eines anderen zu vergewaltigen versuchte.[41] William, der das elegante Biltmore in Atlanta erbaute, kam im Süden Georgias auf der Straße ums Leben, als sein Wagen eine streunende Kuh rammte. Lucy Candler Owens Heinz Leide verlor ihren zweiten Mann durch einen blutigen Mord, für dessen Ausführung man einen schwarzen Bettler ins Gefängnis steckte, obwohl sich laut Nan Pendergrast das Gerücht hielt, daß Heinz von einem Verwandten um die Ecke gebracht worden war.

Nur Howard, der älteste, schien stets die Erwartungen seines Vaters zu erfüllen. Doch Howard war derjenige, der Asa am meisten ablehnte. Howard genehmigte als Präsident der Firma den geheimen Verkauf an das Woodruff-Syndikat, obwohl er wußte, daß dies seinen Vater töten würde. Getrieben von einer Mischung aus Schuldgefühlen, Liebe und unterdrücktem Zorn, schrieb Howard das kuriose Buch [42] über seinen Vater. Oberflächlich betrachtet, ist die Biographie ein fast ekelerregend lobhudelndes Porträt Asa Candlers. Das Verfahren wegen Bruch des Eheversprechens und die zweite gescheiterte Ehe werden mit keiner Silbe erwähnt. Doch es gelang Howard, auf subtile Weise zwischen den Zeilen mit dem autoritären Vater abzurechnen, und er zeichnet an vielen Stellen ein vernichtendes Bild von Asa, wie die Episode mit Frank, dem Pony, zeigt:

Viele Male, nachdem er dem kleinen Pferd das Geschirr angelegt, es vor den Buggy gespannt, sich im Sitz niedergelassen, mit der Zunge geschnalzt und die Zügel auf den Rücken hatte klatschen lassen, war es meinem Vater nicht möglich gewesen, Frank zum Loslaufen zu bringen. Das Tier spreizte seine Beine auseinander, duckte sich und zitterte am ganzen Körper. Mein Vater spannte das Pferd aus, packte die Zügel nahe am Zaumgebiß und schlug mit einer Peitsche in blinder Wut auf Frank ein. Dabei schrie er das Pferd mit schriller Stimme an, sich zu bewegen – doch ohne Erfolg.

Tief in seinem Herzen muß sich Howard Candler oft danach gesehnt haben, seinem Vater einmal den Widerstand entgegenzusetzen, den Frank, das Pony, ihm entgegensetzte. In diesem Kampf zwischen Mann und Kreatur ist völlig klar, wo Howards Sympathien lagen.

Howard hielt seinen Groll gut verborgen. Als Sam Dobbs 1919 nach der Übernahme durch Woodruff zum Präsidenten ernannt wurde, beschwerte er sich nicht. Und als sich im nächsten Jahr die Abfüller gegen die neuen Eigentümer erhoben, zeigte er, daß er ein guter Mann der Firma war.

Auftakt zur Revolte

Die Stammabfüller und die eigentlichen Abfüller bekamen von den Manövern des Syndikats so gut wie nichts mit. Nach Chattanooga zurückgekehrt, hörte George Hunter jedoch Gerüchte über ominöse Treffen in New York, und er drahtete Harold Hirsch, sich »ein paar Minuten Zeit zu nehmen und mir zu schreiben, was da eigentlich los ist«. Hirsch, mit den Unterhandlungen bestens vertraut, antwortete am 8. August 1919 und versicherte dem Stammabfüller: »Mächtige Interessenten übernehmen das Projekt und werden daraus etwas Großes machen, doch die Rechte der Abfüller werden absolut gewahrt bleiben, ihre Annullierung wird nicht erwogen.«[43]

Hirsch irrte sich, und er sah sich bald gezwungen, sich in der erbitterten Schlacht zwischen dem neuen Management und den Abfüllern für eine Seite zu entscheiden.

Bürgerkrieg bei Coca-Cola

> Familienstreitigkeiten sind bitter. Sie folgen keinen Regeln. Sie sind nicht mit Schmerzen oder Wunden zu vergleichen; sie gleichen eher Hautrissen, die nicht zuheilen, da es dafür an Substanz fehlt.
>
> F. Scott Fitzgerald, *Der Zusammenbruch*

> Wenn man es genau betrachtet, hassen wir uns in Wirklichkeit alle.
>
> Sebert Brewer jr., ehemaliger Coca-Cola-Abfüller

Nach dem Triumph des Syndikats verwandelte sich Ernest Woodruffs Fröhlichkeit angesichts des Vertrags, der ihn auf ewige Zeiten an die Abfüller band, schnell in Griesgrämigkeit. Diese unflexible Vereinbarung hatte bereits 1917 zu Problemen geführt, als die Abfüller die erste vorübergehende Preisanhebung genehmigten. Jetzt war die Lage auf dem Zuckermarkt sogar noch bedrohlicher, obwohl der Erste Weltkrieg vorbei war. Das U.S. Sugar Equalization Board (etwa US-Kommission für die gleichmäßige Verteilung von Zucker), das im Juli 1918 zur Sicherstellung der Versorgung zu neun Cent pro Pound ins Leben gerufen worden war, beendete seine Arbeit Ende 1919. Doch bereits vor diesem Zeitpunkt hatte die Regierung die Kontrolle über die Preise verloren, die sich in jenem Herbst verdoppelten. Der neue Präsident, Sam Dobbs, schrieb im November an die Stammabfüller und bat sie um ihre Zustimmung zum Aufkauf »allen Zuckers, [den wir kriegen können], zu dem Preis, den Mr. [Howard] Candler bereit ist zu zahlen«.[1] Dobbs behauptete, die Firma erziele bei der gegenwärtig geltenden Vereinbarung keinen Gewinn, und er verlangte eine gleitende Preisskala auf der Basis des Zuckerpreises, wobei er betonte, daß es sich hierbei um einen »einstweiligen Vorschlag« handele. Die Abfüller stimmten nur zu bereitwillig zu. Im Dezember gingen sie auch auf eine Forderung der Firma ein, die letztlich ein zeitweiliges Darlehen darstellte. Howard Candler schrieb George Hunter, er sei »wirklich dankbar... für diesen weiteren Beweis Ihrer aufgeschlossenen Einstellung«.

Rainwater und Hunter wußten jedoch *nicht,* daß Dobbs und Candler, während sie sich so einschmeichelnd verhielten, gleichzeitig gegen die Abfüller ein Komplott schmiedeten. Eine Woche, bevor Dobbs den eben zitierten Brief geschrieben hatte, war ein Komitee zur »Prüfung der Abfüllverträge« gebildet worden, und anläßlich der Verwaltungsratssitzung vom 15. Dezember verkündete W. C. Bradley, ein Mühlenbesitzer aus Columbus, den sein ehemaliger Nachbar Ernest Woodruff in das Syndikat und in den Verwaltungsrat gebracht hatte, einen »Vorschlag zur Neuordnung« der Kontrakte mit den Abfüllern.

Die Weihnachtszeit verlief noch friedlich. In der Ausgabe des *Coca-Cola Bottler* vom Januar 1920 entbot Präsident Howard Candler den Abfüllern seine Neujahrswünsche: »Mögen wir miteinander herzliche Kameradschaft und Eintracht pflegen und das neue Jahr gemeinsam angehen: als FREUNDE.« In derselben Ausgabe schrieb Harold Hirsch: »Das neue Management weiß... die Abfüller in vollem Umfang zu schätzen und hegt größtes Vertrauen zu dieser Gruppe.« Veazey Rainwater erwiderte darauf mit einem »HABT VERTRAUEN!« Nicht einmal zwei Wochen später geriet Rainwaters Vertrauen stark ins Wanken, als er hinter die Heuchelei der Firma kam.

Hirsch verlangte eine weitere Konferenz mit den Stammabfüllern über die Zuckerlage, die nicht besonders besorgniserregend war. Als Veazey Rainwater und George Hunter dann allerdings die Tagesordnung der Sitzung lasen, wollten sie es kaum glauben. »Wir sahen«, sagte Rainwater, »daß es nicht um eine Erleichterung ging, wie wir, wegen der ungewöhnlichen Bedingungen, vermutet hatten..., sondern um den Vorschlag, unsere ganzen Geschäftsmethoden zu ändern.« Sie weigerten sich, zur Konferenz anzureisen, und unterbreiteten Hirsch schriftlich das Angebot, eine weitere Preiserhöhung ins Auge zu fassen. Nachdem sie einige

Tage lang mit zunehmender Erregung miteinander korrespondiert hatten, bestellte Harold Hirsch Rainwater und Hunter in sein Büro. »Jungs«, sagte er, »ich habe euch hergebeten, weil ich euch schlechte Neuigkeiten mitteilen muß.« Er informierte sie, daß die Direktoren von Coca-Cola entschieden hatten, »daß eure Verträge Verträge nach Belieben sind und mit einer angemessenen Frist gekündigt werden können«. Hirsch fragte die Stammabfüller, ob sie irgendwelche Vorschläge hätten, damit es nicht so weit käme. Die beiden Männer waren, wie sich Rainwater später erinnerte, »völlig vor den Kopf geschlagen«. Als sie sich etwas erholt hatten, fragten sie Hirsch, was er von der Position der Firma halte. »Ich denke«, erwiderte der Anwalt, der sich in seiner Haut nicht wohl fühlte, »ich werde mich heraushalten.«

Hirsch in der Pflicht

Natürlich konnte Hirsch sich nicht »heraushalten«, doch er befand sich in einer höchst mißlichen Lage. Jahrelang hatte er Firma wie Abfüller beraten und erfolgreich die gemeinsame Verwendung des Markennamens Coca-Cola verteidigt. Die Abfüller vertrauten ihm völlig, zum Teil, weil Hirsch selbst ein Abfüllwerk in Nashville besaß. Nun hatte es den Anschein, als sei Hirsch gekauft worden. Da er beim Aufkauf durch das Syndikat eine bedeutende Rolle gespielt hatte, war er mit einem Sitz im Verwaltungsrat belohnt worden, wobei sein Jahresgehalt gleichzeitig auf unerhörte 37 500 Dollar hochsprang.

Doch Hirsch hatte in der Sache eigentlich keine Wahl. Vergeblich brachte er gegenüber Ernest Woodruff vor, daß eine Aufhebung der Verträge innerhalb der Coca-Cola-»Familie« irreparablen Schaden anrichten würde. Woodruff entsetzte die wenig geschäftsübliche Situation, die er geerbt hatte. Von seinem günstigen Aussichtspunkt aus waren die Stammabfüller überhaupt keine Abfüller, sondern lediglich Blutsauger. Außerdem vertraten Sam Dobbs, Howard Candler und Asa Candler ebenfalls die Meinung, daß die Verträge nach Belieben kündbar seien. Der ältere Candler beharrte darauf, daß er nie die Absicht gehabt habe, die Abfüllrechte für immer abzugeben.

Rainwater und Hunter alarmierten sogleich ihre Abfüller der ersten Stufe, und diese, bereits verärgert über die Veränderungen, die in den weit entfernt liegenden Städten New York und Atlanta beschlossen worden waren, schlugen sich auf die Seite der Stammabfüller, da diese offensichtlich den einzigen Schutz vor dem Ruin ihrer »kleinen Klitschen« boten, wie sie Sam Dobbs verächtlich nannte. Als Hirsch dem Verwaltungsrat berichtete, daß sich alle Parteien weigerten, die Konferenz zu besuchen, wurde er autorisiert, juristisch gegen sie vorzugehen. Doch statt dessen konferierte der geplagte Anwalt mit Veazey Rainwater in dem verzweifelten Versuch, einen Kompromiß auszuhandeln. In einem gemeinsamen Brief schlugen Hirsch und Rainwater am 12. Februar eine komplizierte gleitende Preisskala für Sirup vor, außerdem sollte die Coca-Cola-Formel bei den Abfüllern in einem versiegelten Umschlag hinterlegt werden, der »im Fall von Uneinigkeit über die jeweiligen Anteile« der Ingredienzien geöffnet werden dürfe. Dobbs lehnte den Vorschlag vehement ab. »Wir werden unter keiner Bedingung und auf keinerlei Weise die Anteile der Ingredienzien verraten oder jemandem in die Hand geben«, schrieb er. »Manche Dinge müssen vertraulich bleiben.«

Am Ende verloren beide Seiten das Vertrauen in die Integrität der anderen. Am 2. März 1920 teilte Howard Candler, als Vorsitzender des Verwaltungsrats von The Coca-Cola-Company of Delaware, den Stammabfüllern offiziell mit, daß ihre Verträge am 1. Mai 1920 ausliefen. Als Antwort bestanden Rainwater und Hunter sofort auf dem alten ausgehandelten Preis von 97 Cent je Gallone Sirup. Die Firma sah sich gezwungen, darauf einzugehen, während der Zuckerpreis sich im April auf mehr als zwanzig Cent pro Pound hochschraubte; zu diesem Zeitpunkt schrieb die Firma täglich einen Verlust von 20 000 Dollar.

King und Spalding, die Anwälte der Abfüller in Atlanta, verfaßten am 6. März eine ätzende Widerlegung der Rechte der Firma, den Vertrag zu kündigen. Die Anwälte machten speziell das Woodruff-Syndikat für die Angelegenheit verantwortlich und versprachen, »unsere Klienten... werden eine derartige Ungeheuerlichkeit nicht hinnehmen, sondern auf jede rechtlich nur mögliche Weise dagegen vorgehen, um ihr Eigentum zu schützen und zu verteidigen«. Ein weiterer Kompromißvorschlag sah zwar vielversprechend aus, kam jedoch ebenfalls nicht zum Tragen. Am 16. April reichten die Stammabfüller beim Fulton County Superior Court Klage gegen die Firma ein. »Der Kampf ist eröffnet«, schrieb Sam Dobbs, »und wir sind entschlossen, ihn auszufechten.«[2] Der Bürgerkrieg bei Coca-Cola hatte offiziell begonnen.

Aus Liebe wird Haß

Die Stammabfüller gewannen das erste Scharmützel und erreichten eine Einstweilige Verfügung, laut der die Firma nach dem 1. Mai den Abfüllern der ersten Stufe keinen Sirup liefern durfte. In dem Versuch, diese Verfügung zum Vorteil der Firma umzudrehen, schrieb Sain Dobbs an die Abfüller der ersten Stufe und erklärte ihnen, daß »Ihr Wohlergehen substantiell beeinträchtigt«[3] werde, falls die Firma keinen Sirup liefern könne. Dobbs war zwar wütend auf die Stammabfüller, fühlte sich aber machtlos, wie er einige Tage später seinem Freund Bill D'Arcy schrieb: »Die Bande in Chattanooga setzt Himmel und Hölle in Bewegung, um die Abfüller der ersten Stufe gegen uns aufzubringen.«[4] Hunter und Rainwater scharten die Truppen um sich und verlangten eine Zusammenkunft aller Abfüller am 22. April in Chattanooga. Harold Hirsch war zwar von der Einladung ausdrücklich ausgeschlossen, doch er schrieb wehleidig, er habe stets versucht, »den Geist der Kooperation in der Coca-Cola-Familie«[5] zu stärken, das sei ihm allerdings nicht gelungen. Er hob hervor, daß beide Seiten im Grunde dasselbe Ziel verfolgten – »die ununterbrochene und stets frei fließende Versorgung der Abfüller mit Coca-Cola-Sirup«. Durch den erbitterten Kampf sei jedoch »dieses besondere Ziel in gewissem Grad bei der Firmenumbildung verlorengegangen«. Die wütenden Abfüller, die sich in Tennessee versammelt hatten, ergingen sich lieber in gefühlsgeladenen Verurteilungen der Firma und überhörten Hirschs Bitte, Vernunft zu wahren. »Wenn ich den Bach hinuntergehe«, erklärte George Hunter, »werde ich das ganze Geschäft mit reinreißen.«[6]

Die Firma und die Stammabfüller beendeten ihr rachsüchtiges Spiel, bevor der Siruphahn tatsächlich abgedreht wurde. Sie fanden kurz vor dem Maitermin eine einstweilige Kompromißlösung, nach der die Firma die Abfüller der ersten Stufe zu 1,74 Dollar je Gallone beliefern und die Preise (sehr zur Erleichterung der Firma) den Schwankungen des Zuckerpreises anpassen durfte. Als sich der Gerichtssaal füllte – denn die Bürger von Atlanta wußten, daß dies eine unterhaltsame Verhandlung würde –, kostete Zucker noch immer über zwanzig Cent pro Pound infolge der Vorratswirtschaft eines Konsortiums von Zuckerspekulanten in Kuba, dessen Wirtschaft wie der Absatz von Coca-Cola boomte. In Atlanta allerdings stieg laut der *Constitution* der Preis für eine Coke in den Sodabars im April auf acht Cent pro Glas.

Das Drama im Gerichtssaal

Die Verhandlung geriet rasch buchstäblich zu einem Tauziehen. Ben Phillips, der Anwalt der Abfüller, griff sich das Protokollbuch von Coca-Cola und las daraus, über die wiederholten Einsprüche der gegnerischen Anwälte hinweg, für das Gerichtsprotokoll vor. Schließlich wurde Harold Hirsch handgreiflich und entwand Phillips die Protokolle, wie der *Atlanta Georgian* am 27. April berichtete. Nachdem er sich wieder beruhigt hatte, hörte sich Hirsch eher wie ein verdrießlicher Schuljunge als wie ein Anwalt an: »Das kommt nicht ins Protokoll, und ich verlange das Buch zurück. Geben Sie mir das Buch zurück.« Nachdem die Ordnung wiederhergestellt war, argumentierten Hirsch und seine Kollegen überzeugend, die Stammabfüller seien Parasiten, Mittelsmänner, »die keinen nützlichen Zweck erfüllen, einfach den Sirup zum Festpreis einkaufen und denselben mit Gewinn weiterverkaufen – ohne den Sirup überhaupt zu Gesicht zu bekommen«.[7] Im Kreuzverhör räumte

Veazey Rainwater ein, daß die Stammabfüller durch die Werbemittel, die sie von der Firma erhielten, einen Gewinn von 25 Prozent erzielten. Nahezu ohne jede Investition hatte der Stammabfüller der Southeastern Company in den vergangenen zwanzig Jahren 2,5 Millionen Dollar verdient.

Die Stammabfüller erwiderten darauf mit dem genauso berechtigten Einwand, daß es ohne sie *überhaupt kein* Abfüllgeschäft gegeben hätte. Hunter und Rainwater schilderten in zeitlicher Abfolge die schwierigen Anfangsjahre, das Scheitern so mancher Abfüller und die Kämpfe gegen Nachahmer. Die Abfüller der ersten Stufe hatten über zwanzig Millionen Dollar in Grundstücke, Werke und Ausrüstung investiert. The Coca-Cola-Company habe für das ganze Unterfangen nicht einen Finger rühren oder auch nur einen Cent ausgeben müssen. Sie seien alles andere als Blutsauger, die Stammabfüller würden statt dessen fortgesetzt ihre Abfüller schulen und ermahnen, ein gleichmäßiges Produkt hoher Qualität herzustellen. Sie sponserten Zusammenkünfte und Fortbildungsseminare, fädelten Großeinkäufe ein und sorgten für die modernste Ausrüstung. Was die 2,5 Millionen Dollar Gewinn in zwanzig Jahren angehe, so sei zu fragen, was denn mit den vom Syndikat an einem Tag erwirtschafteten *zweimal* so hohen Einkünften sei, die durch finanzielle Taschenspielertricks und nicht durch harte, langjährige Arbeit erzielt worden seien.

Die Wahrheit lag irgendwo in der Mitte. Bis 1920 war fast das gesamte Gebiet der Vereinigten Staaten in Abfüllterritorien unterteilt. Die Zahl der Franchise-Unternehmen erreichte 1928 (als auch das Absatzvolumen von auf Flaschen abgefülltem Sirup das in den Sodabars übertraf) mit 1263 Firmen einen Höhepunkt, auf dem es sich in den anschließenden Jahrzehnten dann auf Dauer einpendelte. Obwohl die Stammabfüller in den Anfangsjahren der Abfüllindustrie unbestreitbar wertvolle Dienste geleistet hatten, hatte sich ihre Bedeutung zum Zeitpunkt des Prozesses doch vermindert. Sie hatten ein leichtes Geschäft, was sie auch wußten – deshalb wollten sie ja auch ihren Vertrag nicht gekündigt sehen.

Nachdem etwa die Hälfte der Zeugen gehört worden waren, verschärfte die Stadt Atlanta die Lage noch, indem sie The Coca-Cola-Company auf namentliche Bekanntgabe der Aktionäre verklagte, um sie besteuern zu können.[8] Doch das war nichts im Vergleich zu der verwegenen neuen Taktik der Anwälte der Abfüller. »ABFÜLLER KLAGEN COCA-COLA-REZEPT EIN«, lautete am 15. Mai die Schlagzeile der *Atlanta Constitution*. Die Abfüller attackierten die Firma genau an ihrem empfindlichsten Punkt und behaupteten felsenfest, der ursprüngliche Vertrag habe ihnen das Recht auf die Formel garantiert. Wenn sie den ersten Prozeß verlören, so wären sie doch zumindest in der Lage, ihren eigenen Sirup auszuliefern, falls sie den zweiten gewännen.

Zum Finale zogen die Abfüller am 31. Mai ihre Verfahren völlig unerwartet beim Fulton County Superior Court zurück und reichten sie gleichzeitig beim Bundesgericht von Delaware ein. »Das war wie ein Blitzschlag aus heiterem Himmel«, schrieb Dobbs. »Dieser teuflische Prozeß hängt wie ein Damoklesschwert über mir.«[9] Der Öffentlichkeit wurde dieser Schritt damit erklärt, daß es auch um »nationale Fragen« gehe, doch die Anwälte hofften vermutlich lediglich, in einem anderen Bundesstaat ein unparteiischeres juristisches Klima als in Atlanta zu finden. Der Delaware-Prozeß, der im Juni begann, wurde für die Abfüller von John Sibley aus Atlanta und J. B. Sizer aus Chattanooga geführt. Nachdem er im Barrel-und-Faß-Prozeß so gut mit Hirsch zusammengearbeitet hatte, fand sich Sizer nun auf der anderen Seite wieder; das machte ihm während seiner ersten Ausführungen emotional derart zu schaffen, daß er in Ohnmacht fiel.

Die Haarspaltereien über die Verdienste der Stammabfüller hatten an sich nichts mit der Hauptfrage zu tun – war der Vertrag von 1899 zeitlich unbefristet? Der Vertrag war 1915 auf den Vorschlag von Hirsch hin geändert worden, um eine mögliche Verfolgung nach dem Clayton Act über Handelsbeschränkungen zu umgehen. Ein Abfüller aus Florida hatte die Unterzeichnung des geänderten Vertrages verweigert, bis ihm Hirsch gesondert versicherte, daß er zeitlich nicht befristet sei. Triumphierend legten Sizer und Sibley diesen Brief aus dem Jahr 1916 vor. »Vor allem und völlig außer Frage gilt«, hatte Hirsch geschrieben, »der neue Vertrag ist zeitlich nicht befristet und noch bindender und strenger in dieser Hinsicht als der erste Vertrag.«[10]

Im Zeugenstand versuchte Hirsch sich herauszureden, indem er behauptete: »Ich habe diesen Brief nicht als Rechtsberater für The Coca-Cola-Company, [sondern als] Rechtsanwalt für die Abfüller verfaßt.« Nichtsdestotrotz räumte er ein, daß er die Verträge stets für zeitlich unbefristet gehalten habe, bis er die Frage 1919 »noch einmal prüfte« und zu dem Schluß gelangte, daß er bislang einem Irrtum aufgesessen sei. In einer anderen Zeugenaussage wurde aufgedeckt, daß Asa Candler, Sam Dobbs und Howard Candler mehrfach die Thomas Company mit dem Hinweis auf die erfolgreiche Whitehead/Lupton-Firma gebeten hatten, ihre Zweijahresverträge aufzugeben. Die Bevollmächtigten von The Coca-Cola-Company hatten darauf beharrt, sagte Rainwater aus, daß unbefristete Verträge mit Abfüllern ihnen »den größten Anreiz, stets ihr Bestes zu geben«, und das Gefühl »absoluter Sicherheit« bei notwendigen Kapitalaufstockungen vermittelten.

Der Sommer des Jahres 1920

Am 23. Juni 1920 ging die Zeugenvernehmung zu Ende, und Richter Hugh Morris hatte nun die Aufgabe, sich bis zur Verkündung seiner Urteilsbegründung, die für den Herbst erwartet wurde, durch mehr als 2500 Seiten Protokolle zu wühlen. Um diese Zeit unterlief Howard Candler beim Einkauf ein grober Schnitzer. Da er aus Kuba keinen Zucker in der gewünschten Menge und zu einem vertretbaren Preis beziehen konnte, orderte er in Java eine gigantische Lieferung zum Preis von zwanzig Cent pro Pound. Im Lauf des Sommers scherte eine der Zuckerplantagen auf Kuba aus und offerierte Ware zu einem niedrigeren Preis, was den steilen Verfall des künstlich hochgehaltenen Preises nach sich zog. Bis September war der Preis von 27 Cent pro Pound, dem Höchststand im Mai, auf fünfzehn Cent gefallen, und bis Dezember sank er weiter auf unter neun Cent.[11]

Candler und andere Mitarbeiter der Firma beteten, daß

das Schiff aus Java in einen Taifun geraten und sinken wurde, doch es erreichte pünktlich am 15. Dezember die USA mit 4100 Tonnen teuren Zuckers an Bord, der größten Einzellieferung von Süßstoffen, die jemals in Georgia eintraf. Ein wenig mitfühlender Spaßvogel sagte daraufhin im *Atlanta Journal,* The Coca-Cola-Company habe einen »schrecklichen Fall von Diabetes«. Während bei den meisten anderen Soft Drinks die Preise gesenkt wurden, konnten die Coca-Cola-Abfüller das nicht tun, und sie wurden für etwas verantwortlich gemacht, das außerhalb ihrer Kontrolle lag. »Der Öffentlichkeit fällt es sehr schwer zu begreifen, daß wir NICHT die Hersteller unseres Sirups sind«, schrieb Abfüller Crawford Johnson.[12] Als Reaktion auf die flehentlichen Bitten, doch den Siruppreis zu senken, *erhöhte* die Firma ihn im November,[13] was Rainwater zu einem wütenden Brief veranlaßte.

Im Sommer und Herbst 1920 müssen in den Firmenbüros die Gemüter gekocht haben. Der Abfüller-Prozeß war nicht entschieden und der Koke-Prozeß auch nicht. Der Preisrückgang bei Zucker bedeutete für den Siruppreis des nächsten Jahres eine Katastrophe. Entmutigte Aktionäre jagten den Wert der Aktien stetig weiter in den Keller. Unter diesen Umständen prallten die unterschiedlichen Persönlichkeiten von Sam Dobbs und Ernest Woodruff voll aufeinander. Dobbs hatte rasch eine Abneigung gegen den ungebärdigen Woodruff entwickelt. Bei Prozeßbeginn hatte Dobbs an D'Arcy geschrieben, daß »unser Freund Woodruff in keiner Hinsicht eine Hilfe ist mit seinen fortwährenden Einwänden und Eingriffen... Er ist anscheinend nur darauf aus, uns zu erzählen, was wir zu tun hätten, und wird äußerst wütend, wenn wir ihm nicht zustimmen.« Mitten im Prozeß verärgerte Woodruff Dobbs noch mehr, als er einen Vorschlag äußerte, der seine brillanteste Fusion nach sich gezogen hätte: »Woodruff ist so geschäftig wie ein räudiger Hund mit den Fliegen, er hat den großartigen Plan, The Coca-Cola-Company, die Stammabfüller und alle Abfüller erster Stufe in einer einzigen großen Gesellschaft zusammenzuführen, in der die Abfüller für ihre Lagerbestände und Werke Coca-Cola-Aktien erhalten.« Dobbs verwarf die Idee; er wäre verdammt, wenn er einer Koexistenz mit Woodruff und »Lupton und seinem Haufen«[14] zustimmen würde.

Bei der Julisitzung der Geschäftsleitung in New York explodierte Dobbs schließlich. Woodruff bestand darauf, daß in diesem Jahr nicht mehr als 1,2 Millionen Dollar für Werbung ausgegeben werden dürften, trotz der inflationären Nachkriegspreise. Anstreicher, zum Beispiel, verlangten an Lohn zweimal mehr als in früheren Jahren. Dobbs mußte dem Verwaltungsrat mitteilen, daß er bereits 1,1 Millionen Dollar verbraucht hatte und bis zum Jahresende noch erheblich mehr ausgeben müßte (tatsächlich beliefen sich die Werbekosten für 1920 letztlich auf 2,3 Millionen Dollar). Nach der Sitzung nahm Dobbs Woodruff beiseite und machte ihn mit einer ungewohnten Lektion fertig. »Ich fragte ihn geradeheraus, was er denn von Werbung und ihren Kosten verstehe«, erzählte er später D'Arcy. »Dann fragte ich ihn, was seine Meinung über Reklame wert sei, wenn er davon absolut keine Ahnung habe.«[15]

Von diesem Augenblick an war das Schicksal von Dobbs natürlich besiegelt. Harold Hirsch traf den Präsidenten, nachdem er von einer Reise in den Westen zurückgekehrt war, und erklärte, Woodruff habe die volle Unterstützung des Verwaltungsrats, wenn er den Rücktritt von Dobbs verlange. Dobbs wurden nicht nur die überzogenen Werbeausgaben angelastet, sondern auch die überhöhten Kosten für den Zucker aus Java. Am 4. Oktober erklärte er seinen Rücktritt und stimmte zu, darüber bis zur Novembersitzung des Verwaltungsrats Stillschweigen zu bewahren. Dann sollte sein Ausscheiden vollzogen werden. Er bemerkte gegenüber D'Arcy, daß »Woodruff, der mit allen, die sein Büro betreten, vertrauliche Gespräche führt, es bald in der ganzen Stadt bekanntgemacht haben wird«.[16] Er hatte recht. Die Gerüchte über Meinungsverschiedenheiten innerhalb der Firma ließen den Wert der Aktien an einem einzigen Tag um fünf Dollar fallen.[17] Obwohl es niemandem so recht zusagte, wurde Howard Candler zum zweitenmal zum Präsidenten ernannt. Als dann die Dividendenauschüttung verschoben wurde, fielen die Aktien auf einen neuen Tiefstand von 25 Dollar das Stück.

Von Managementproblemen gebeutelt, durch den überbezahlten Zucker stark belastet und durch die noch nicht entschiedenen Gerichtsverfahren bedroht, schien die neue Coca-Cola-Company ins Wanken zu geraten. Am 3. November entschied der Fulton County Superior Court, daß Coca-Cola der Stadt Atlanta die Namen der Aktionäre zu nennen habe. Fünf Tage später verkündete Richter Morris endlich sein Urteil. Der Vertrag war tatsächlich unbefristet. »Ich habe nie eine machtvollere und schlüssigere Urteilsbegründung gelesen«, triumphierte Sizer. »Das ist die einmalige Gelegenheit für The Coca-Cola-Company, in diesem Verfahren zu einer fairen und vernünftigen Beilegung zu kommen.«[18] Zunächst schien er recht zu behalten. Die Firma legte Berufung ein, bat aber gleichzeitig um Verhandlungen. W. C. Bradley und Veazey Rainwater wurden von ihren jeweiligen Prozeßparteien als Vertreter benannt und trafen sich zu einer langen Reihe von Sitzungen.

Ein Silberstreifen am Horizont

Während Bradley und Rainwater noch miteinander verhandelten, gab Richter Oliver Wendell Holmes jr. vom Obersten Gerichtshof eine Urteilsbegründung bekannt,[19] die das zur Neige gehende miserable Jahr rettete. Mit seiner endgültigen Entscheidung hob Holmes das Urteil der vorhergehenden Instanz auf, und zwar zugunsten von Coca-Cola und gegen Mayfields Koke Company of America. Mit Worten, die von den Coca-Cola-Angestellten in den folgenden Jahren immer wieder begeistert zitiert werden sollten, kam er zu dem Schluß, Coca-Cola sei »ein Einzelding, das aus einer einzigen Quelle stammt und der Allgemeinheit gut bekannt [ist]. Es geht kaum zu weit, wenn man sagt, daß das Getränk den Namen genauso stark charakterisiert wie der Name das Getränk.«[20] Mit anderen Worten, es spielte keine Rolle, daß das Getränk ursprünglich nach seinen Hauptingredienzien benannt worden war oder daß es einst Kokain enthalten hatte. Der Richter entschied, daß Koke eine Verletzung des Warenzeichens darstelle, Dope jedoch ein Gattungsbegriff sei, den Mayfield uneingeschränkt benutzen dürfe.

Endlich konnten die zerstrittenen Abfüller und Firmenangestellten über einen gemeinsamen Triumph frohlocken. Wäre das Urteil anders ausgegangen, hätte ihr Gezänk jede Bedeutung verloren, denn dann wäre Coca-Cola selbst schwer geschädigt worden. »Die Entscheidung ist von höchster Bedeutung«, teilte Hirsch im Dezember einem Reporter des *Atlanta Journal* mit. »Damit wird ohne jede Einschränkung die Gültigkeit des Warenzeichens und der Handelsmarke von The Coca-Cola-Company bestätigt und die Firma auf ewige Zeiten gegen diesbezügliche Verletzungen geschützt.« Hirsch und seiner kurzzeitigen Euphorie sei diese Übertreibung verziehen. Er sollte noch viele Fälle gerichtlich verfolgen, aber sie waren auch wesentlich leichter zu gewinnen.

Howard Candler legte immer noch den Siruppreis auf der Grundlage des zwanzig Cent teuren Zuckers in seinem Lager fest. Abfüller Crawford Johnson stöhnte, daß seine Abnehmer nicht verstehen könnten, »warum wir gezwungen sind, unser Produkt auf der Basis des Zuckers zu zwanzig Cent zu verkaufen, wenn der Marktpreis im Augenblick bei 8,5 Cent liegt«.[21] Bradley und Rainwater hatten sich festgefahren, als sie über den Anspruch der Firma, die Abfüllwerke zu inspizieren, und über die Forderung der Abfüller, die Firmenbücher einzusehen, debattierten. Das neue Jahr brach ohne Aussicht auf eine Einigung an. Im Februar reichten die Abfüller eine weitere Klage gegen die Firma ein, in der Howard Candler beschuldigt wurde, falsche Zuckerpreise zugrunde zu legen.

Einige Tage später brachte *The Wall Street Journal* die Firma mit der Unterstellung in Verlegenheit, ihr Jahresbericht verberge etwas – was natürlich auch der Fall war. »Der Bericht der Coca-Cola Co. läßt der Phantasie viel Spielraum. Er ist vollkommen anders als jeder Jahresbericht, der seit Beginn des Jahres erschienen ist.« Der Wert der Aktien setzte zu einem neuen Sturzflug an, und Howard Candler gab eiligst eine Gewinn- und Verlustrechnung heraus, in der für 1920 ein Verlust von über zwei Millionen Dollar ausgewiesen wurde. Im April ließ The Coca-Cola-Company im Capital City Club von Atlanta[22] einen Knüller los – als Teil einer Großoffensive, eine günstigere

Publicity zu erzielen – und stellte den Herausgebern und Verlegern neue Großanzeigen vor.

Am 4. Mai 1921, nach nur zwei Tage während Anhörung, bestätigte der Richter des Berufungsgerichts in Philadelphia praktisch das Urteil von Richter Morris. Ein ungewöhnliches Vorgehen anwendend, rief er die Anwälte zu sich und schlug ihnen vor, sie sollten zum beidseitigen Vorteil einer gleitenden Preisskala zustimmen. Im Anschluß daran einigten sich Hirsch und Sizer darauf, es sei am besten, dies einem vom Gericht ernannten Beauftragten zu überlassen, da Rainwater und Bradley einen toten Punkt erreicht hatten.[23] Bis Ende Juni war der Krieg innerhalb der Coca-Cola-Familie beendet. Die Verträge waren unbefristet – sogar die Verträge der Thomas Company mit ihren Abfüllern. Ab dem 1. November sollte der Preis für Sirup auf 1,1725 Dollar je Gallone für die Stammabfüller und auf 1,30 Dollar für die Abfüller der ersten Stufe festgesetzt werden, worin jeweils ein Anteil in Höhe von fünf Cent für Werbung enthalten sein sollte. Für jeden Cent, den Zucker über sieben Cent je Pound hinausschoß, sollte der Preis für Sirup um sechs Cent steigen. Die Abfüller zogen ihre anderen Klagen zurück.

Coca-Cola hatte seine schlimmste Krise überstanden. Der überteuerte Zucker war beinahe verbraucht, und der Umsatz stieg weiter, trotz einer landesweiten wirtschaftlichen Talfahrt. Ein Großhändler erklärte den depressionssicheren Status von Coca-Cola so: »Es ist ein Geschäft mit einem Massenartikel, der vergleichsweise wenig kostet, für den aber universelle Nachfrage besteht.«[24] Im Juni wurde ein weiteres Verfahren wegen Verletzung des Warenzeichens gegen Chero-Cola – ein Getränk, das in seinem Heimatgebiet Columbus, Georgia, weit verbreitet war – zugunsten von Coca-Cola entschieden.

Harrison Jones springt in die Bresche

Der mörderische Kampf war zwar vorüber, aber er hatte tiefe psychische Wunden hinterlassen, die nie wieder ganz verheilten. Die Abfüller brachten der Firma kein volles Ver-

231

trauen mehr entgegen. Doch einem Mann, der in The Coca-Cola-Company eingetreten war, gelang es mit leichter Hand, die Kluft zwischen den beiden Parteien zu überwinden. Harrison Jones stieg bei den Abfüllern bald zu einer mythischen Gestalt auf. Mit seinem kräftigen Körperbau und seiner Größe von knapp 1,90 Meter war Jones ein imposanter Mann, dem das gelockte Haar vom übergroßen Kopf wallte und dessen antreibende Stimme jede Konversation beherrschte. Ein verschüchterter Journalist, der sich noch nicht völlig von der Begegnung mit Jones erholt hatte, beschrieb ihn als einen »sehr großen Gentleman, der seinen freundlichen und geduldigen Charakter hinter einem leicht wilden Äußeren und einem Vokabular versteckt, das kaum zu berichten, sondern besser bildlich wiederzugeben ist... Mr. Jones scheint immer kurz davor zu stehen, mit einer Axt zuzuschlagen.«[25] Jones war 1910 in die Firma Candler, Thomson & Hirsch eingetreten und hatte auch mit dem Aufkauf von 1919 zu tun gehabt. Vielleicht aus der Erkenntnis heraus, daß er nicht so sehr für juristische Fragen als vielmehr für den Verkauf geeignet war, hatte Hirsch vorgeschlagen, Jones solle zu Coca-Cola überwechseln und dort den Verkauf reorganisieren. Der neue Beschäftigte teilte das Land in zehn Verkaufsgebiete auf, für die er jeweils einen Verkaufsleiter bestellte, und führte Jahresversammlungen ein. 1921 veröffentlichte Jones das erste Mitteilungsblatt für die Sodabarvertreter, das er *The Friendly Hand* nannte. Es gelang ihm sogar, Ernest Woodruff Geld für dreißig brandneue Autos abzuschwatzen.

Zur gleichen Zeit wurde ihm klar, daß die Abfüller ebenfalls dringendst ein freundliches Zeichen von Seiten der Firma brauchten. Als ersten Akt der Versöhnung plante er eine riesige Versammlung aller Abfüller für 1923 – ein in diesem Rahmen erstmalig stattfindendes Ereignis, denn die früheren Treffen hatten die einzelnen Stammabfüller gesponsert. Als Assistent warb er den Verkaufsveteranen Ross Treseder an. Laut Treseder stand Jones wegen des Zwangs, die Versammlung zu einem denkwürdigen, effektiven Ereignis zu machen, das zu einer »anhaltenden, engeren Zusammenarbeit« zwischen der Firma und den Abfüllern führen sollte, sozusagen »unter Dampf«.

Harrison Jones wurde bei seiner Rede anläßlich der Beilegung des Streits mit den Abfüllern wahrhaft pathetisch, als er sagte: »Heute ist ein großer Tag! Es ist der Tag der Wiedervereinigung, ein Familienfest, wenn die starken Söhne von Coca-Cola... sich in ihrem alten Vaterhaus treffen... um Inspiration zu geben und zu erlangen.«

Jones wollte, daß sich die Botschaft in die Herzen und die Köpfe der Abfüller eingräbt: »Für einen Verbraucher sollte es unmöglich sein, Coca-Cola auszuweichen.«

Bei seinen Rundreisen über Land zur Hebung der Moral seiner Vertreter war Jones genauso enthusiastisch. So blühte beispielsweise das Geschäft in Kanada, trotz der langen, kalten Winter. Eines Tages setzte Harrison Jones in St. Louis zu einer lebhaften Beschreibung der Lage in Kanada an und erklärte, daß die Bewohner des frostigen Nordens ihre Häuser im Winter sehr warm hielten und praktisch von Coca-Cola lebten. »Halt«, unterbrach ihn ein Vertreter. »Habe ich irgendeine Chance, die Abfüll-Lizenz für den Nordpol zu kriegen?«[26] Wenn man an die Überzeugungskraft von Jones denkt, so hat der eifrige potentielle Abfüller vielleicht nicht einmal im Scherz gesprochen. Oder wie ein anderer Coca-Cola-Mann bemerkte: »Harrison Jones könnte Ihnen in Alaska einen Schneeball verkaufen.«[27]

Archie Lee auf der Suche noch Ruhm und Reichtum

Während Harrison Jones die Firma verjüngte, plante Archie Lee, der Mann, der die Coca-Cola-Werbung revolutionieren sollte, gerade seine ersten Kampagnen in der Agentur von D'Arcy. Im Gegensatz zu den meisten Coca-Cola-Männern war Lee ein in sich gekehrter, ruhiger Typ, der vor seinem Eintritt bei D'Arcy ernsthaft nach dem Sinn seines Lebens gesucht hatte.[28] Kurz nachdem Amerika 1917 in den Ersten Weltkrieg eingetreten war, hatte der junge Archie Lee einen langen, sinnsuchenden Brief an seine Eltern geschrieben, in dem er äußerte, er wolle »etwas wirklich Wertvolles tun. Ich würde glücklich sterben, wenn es auch nur eine einzige anerkannte Sache von Dauer wäre.«[29] Der

»große Ehrgeiz« seines Lebens war es, wundervolle Bücher zu schreiben. Natürlich wäre es angenehm, wenn er damit auch anständiges Geld verdienen könnte. »Reichtum und Ruhm! Das macht einen großen Unterschied.« Zwei Jahre später, bei D'Arcy, befand er sich tatsächlich auf der Straße zu Ruhm und Reichtum, wenn auch nicht als Romancier. Er hatte jedoch etwas gefunden, das eine »echte und befriedigende Hoffnung« bot. Coca-Cola war seine neue Religion. Archie Lee sollte die fundamentalen menschlichen Sehnsüchte auf einige der wirkungsvollsten Anzeigen für Coca-Cola übertragen.

»Es ist harte Arbeit«, gestand Archie 1920 seinen Eltern, »vielen Geschichten über dieselbe Sache ein jeweils anderes Gewand zu schneidern.«[30] Doch in Coca-Cola hatte er, so meinte er, auch den Schlüssel zum Reichtum gefunden. Er lieh sich von seinem Vater 1000 Dollar und investierte sie 1920 in Coca-Cola-Aktien, als diese einen Tiefststand erreicht hatten, wobei er akkurat vermerkte: »Es besteht die große Chance, daß sie einen guten Profit bringen, ja, sich vielleicht als Weg zu wirklichem Reichtum erweisen.« Ein Jahr darauf schrieb er, er sei gerade an »der besten Arbeit, die ich jemals gemacht habe«. Er hatte die ganze Jahreskampagne für Coca-Cola entworfen und kam nun Bill D'Arcy näher. »Ich bin zuversichtlich, daß meine Belohnung nicht unbeträchtlich sein wird.[31] Er hatte sein Ziel, Literarisches zu schreiben – »zumindest einen Roman und einige Erzählungen« –, noch nicht aufgegeben, doch er kam einfach nicht dazu. Im Herbst 1921 schilderte er eine Präsentation in Atlanta, wo sie mehr als fünfzig Anzeigen vorlegten, die meisten davon in Farbe.[32] Lee sonnte sich in Howard Candlers Lob über »das beste Material, das jemals präsentiert wurde«. Jetzt war keine Rede mehr von dem Wunsch, Schriftsteller zu werden. Archie Lee hatte seine Berufung gefunden.

Lee war vermutlich verantwortlich für mehrere Veränderungen bei der Anzeigenwerbung von Coca-Cola. Als er 1919 in die Agentur eintrat, war die Methode von D'Arcy bereits raffinierter geworden und setzte Text wesentlich sparsamer ein als die langatmigen »Weshalb«-Anzeigen von 1907. Negativwerbung und medizinische Argumente waren nahezu völlig verschwunden.

1920 trieb die D'Arcy-Agentur den Trend zu wenig Text zum äußersten, möglicherweise aufgrund eines Vorschlags des kreativen Archie Lee. Eine Anzeige in *Life* zeigte einfach nur eine belebte Straßenecke, die von einer bemalten Hauswand mit der Aufschrift »Trink Coca-Cola. Köstlich und Erfrischend« dominiert wurde.

Lee entwickelte auch ein Projekt, um den Abfüllern bei der Suche nach neuen Märkten zu helfen, und versandte im April 1923 ein Paket mit Anzeigen und Direktmailings, die sich auf die jeweiligen Bedingungen zuschneiden ließen. An Einzelhändler und Frauen gerichtet, konzentrierten sich diese Werbebriefe erstmals auf den Mitnahmemarkt und drängten die Adressaten, sich vom örtlichen Lebensmittelgeschäft Kästen anliefern zu lassen. Der Kasten mit 24 Flaschen war zwar unhandlich, doch der Einfall von D'Arcy erschloß einen riesigen neuen Markt.

Archie Lees wirkliches Talent lag allerdings in der Entwicklung von überzeugenden, schönen Slogans, und 1922 erfand er seinen ersten großen Wurf: »Durst kennt keine Jahreszeit.«[33] Der Slogan wurde mehrere Jahre lang eingesetzt. Die Anzeigen für Februar und Dezember trugen diesen Slogan und zeigten Coca-Cola in belebten Skiszenerien. Der Satz wurde 1922 anläßlich einer Versammlung der Vertreter für Sodabars in Atlanta ständig wiederholt. Obwohl die Firma Coca-Cola stets als Ganzjahresgetränk beworben hatte, war dies die erste tatsächlich durchgezogene Winterkampagne.[34]

Robert Woodruff übernimmt die Macht

Im Juli 1923 schrieb Archie Lee, daß er mit einem großen neuen Klienten beschäftigt sei – der White Motor Company aus Cleveland, Ohio. D'Arcy hatte diesen Auftrag an sich ziehen können, weil der neue Präsident von Coca-Cola, eine frühere Führungskraft bei White, die Verbindung hergestellt hatte. Lee und der neue Chef bei Coca-Cola waren dazu bestimmt, ein symbiotisches Team zu werden, das die Firma in ein goldenes Zeitalter führen sollte. Lee stellte den Mann vor, dessen Name gleichbedeutend mit Coca-Cola werden sollte:

Ein Kerl ungefähr meines Alters und Sohn eines prominenten Bankiers aus Atlanta, ein Bursche, den ich vor
Jahren bei meinem ersten Besuch in Atlanta kennen-
lernte und der ungefähr zu der Zeit, als ich bei einer
Zeitung in Atlanta zu arbeiten begann, Lastwagen von
White zu verkaufen anfing. Er hatte bemerkenswerten
Erfolg, und nach dem Krieg wurde er nach Cleveland ge-
holt, wo er bald zum Generaldirektor von The White
Company aufstieg... Obwohl er in Cleveland einen Hau-
fen Geld verdiente, ging er vor einigen Monaten als Prä-
sident von The Coca-Cola-Company zurück nach Atlanta.
Dieser Mann ist Robert Woodruff.[35]

TEIL III

Das goldene Zeitalter
(1923–1949)

Georgi Schukow war erschöpft. Er hatte die Einsatzbespre-
chung mit seinen Offizieren für den nächsten Tag noch
nicht beendet, und die Sonne war bereits vor Stunden un-
tergegangen. Mit einem Seufzer bat er seinen Assistenten,
ihm etwas zu essen zu holen. Der sowjetische General hatte
nicht ein einziges Mal ausgespannt, seit er Moskau gegen
Hitlers Sturmtruppen verteidigt, anschließend den deut-
schen Widerstand in Stalingrad gebrochen, die Belagerung
von Leningrad aufgehoben und den triumphalen sowjeti-
schen Vormarsch von Warschau nach Berlin durchgefoch-
ten hatte. Er hatte seine Truppen gnadenlos angetrieben,
um vor den Amerikanern dort zu sein, und hatte damit eine
persönliche Rechnung beglichen. »Bald habe ich das schlei-
mige Biest Hitler in den Käfig gesperrt«, hatte er seinem
Freund Chruschtschow versprochen. Obwohl Schukow alles
andere gelang, vereitelte Hitler dieses Vorhaben, indem er
sich erschoß.

Jetzt, während er in den ihm verhaßten Verwaltungsauf-
gaben steckenblieb, überblickte er die sowjetisch besetzte
Zone des besiegten Deutschland. Er verabscheute zwar den
Feind, doch die am Hungertuch nagenden, bedauernswer-
ten Deutschen, die um Essen bettelten, taten ihm leid.
Während Schukow dem Großteil der amerikanischen Trup-
pen gegenüber nur Verachtung empfand – diese Angeber,
die spät in den Krieg eingetreten waren und sich als Retter
der Welt aufspielten –, hatte er doch in Dwight Eisenhower
einen Soldatenkameraden gefunden, und die beiden schlos-
sen bei der Potsdamer Konferenz Freundschaft.

Als er an Ike dachte, fiel Schukow das Lieblingsgetränk

der Amerikaner ein. In den Augen des Russen sah es unangenehm aus – ein dunkler, sprudelnder Trunk –, doch er konnte seinen neuen Bekannten schlecht beleidigen, als Ike es ihm angeboten hatte. Mit einem Lächeln schluckte er das Getränk hinunter, als sei es Wodka, und dann fühlte er, wie es in seiner Nase explodierte. Er mußte prusten und glaubte, das Opfer eines derben Scherzes von Eisenhower geworden zu sein, der lachte und ihm riet, es langsamer zu trinken. »Du kriegst immer noch Kohlensäure ab«, sagte er, »aber daheim in Kansas sagen sie, ein kräftiges Rülpsen ist gut für die Verdauung.« Schukow mochte es beim zweiten Versuch und entwickelte in der Folge Geschmack an dem Getränk.

Genau das brauchte er als Stärkung für den restlichen Abend. »Nikolaj!« rief er »Bring mir zu meinem Essen eines dieser speziellen Getränke mit rotem Stern.« In dem Wunsch, das neuentdeckte Getränk weiterhin trinken zu können, hatte Schukow General Mark Clark, den Befehlshaber der amerikanisch besetzten Zone, gefragt, ob er ihm nicht Ikes Soft Drink beschaffen könne. »Aber es darf nicht wie das amerikanische Produkt aussehen«, hatte er gewarnt. »Füllt es nicht in diese komische Flasche. Und ändert die Farbe.« Schukow wußte, daß Stalin, dieser eifersüchtige Verrückte, nur allzu erfreut wäre, wenn er einen Grund fände, den Volkshelden liquidieren zu können. Der General durfte nicht mit dem kapitalistischen Soft Drink erwischt werden.

Ah, hier kam es. Sein Assistent brachte Borschtsch und etwas, das wie eine Mineralwasserflasche aussah. Der sowjetische Held schnappte den Verschluß mit dem roten Stern zurück, legte den Kopf nach hinten und nahm einen tiefen Schluck, dann ließ er ein kleines Rülpsen hören. »Ahh«, sagte er luftholend. »Coca-Cola!« [1]

Robert W. Woodruff:
Der Boß übernimmt das Ruder

> Große Dinge werden durch die Hingabe an eine Idee
> vollbracht; es gibt eine Klasse von Genies, die nie das
> werden würden, was sie sind, wenn sie eine Sekunde be-
> greifen könnten.
>
> JOHN HENRY CARDINAL NEWMAN, *Historical Sketches*

1923, als Ernest Woodruffs dynamischer Sohn Robert im
zarten Alter von 33 Jahren Präsident von The Coca-Cola-
Company wurde, nahmen die meisten Leute an, das sei auf
Wunsch des bärbeißigen alten Bankers geschehen. In
Wahrheit wurde Robert Woodruff, die jüngste Führungskraft eines Großunternehmens in jenen Tagen, gegen den
anfänglichen Widerstand seines Vaters engagiert. Ernest
Woodruff war in seinen Geschäfts- wie in seinen Fami-
lienaktivitäten konsequent – in beidem war er ein Bastard.
Wie Robert Woodruffs offizieller Biograph bemerkte, stellte
seine Beziehung zum Vater »eine niemals endende Abfolge
von Zuneigung, Rebellion, Respekt, Mißtrauen, Ergebenheit, Toleranz und Bewunderung« dar.[1] Laut dem jüngeren
Woodruff vermochte sein »diktatorischer« Vater niemals
etwas gutzuheißen, das er tat. »Er war mir gegenüber wesentlich härter als gegenüber seinen anderen Söhnen.«
   Wenn Robert Woodruff am 6. Dezember 1889 mit einem
goldenen Löffel im Mund das Licht der Welt erblickte, so
hat sein Vater diesen prompt konfisziert und in einen Bar-
ren umschmelzen lassen. Als der älteste von drei Söhnen
wurde Robert ohne jede Nachsicht behandelt und sollte so
spartanisch wie sein Vater leben. Er wuchs zwar mit zahlreichen Bediensteten in einem entsprechend prunkvollen
Haus im Inman Park von Atlanta auf, doch er war in mehr
als einer Hinsicht ein armer reicher Junge. Im Haushalt

herrschte eine ernste, gezwungene und strenge Atmosphäre; die drei Jungen durften nie herumtoben oder sich gegenseitig durch die hallenden Säle jagen. Kinderbilder von Robert Woodruff, selbst als er erst zweieinhalb Jahre alt war, zeigen ein widernatürlich stilles, erwachsenes Gesicht – grüblerisch, ernst, berechnend, selbstbewußt und zutiefst melancholisch. Seine tiefliegenden Augen scheinen eine grimmige Welt zu taxieren, ohne jedes Anzeichen von Furcht. Die Welt wäre gut beraten aufzupassen.

Er war auf allen Gebieten ein schlechter Schüler. Im Alter von dreizehn Jahren besuchte er eine Sommerschule, die Mrs. W. F. Johnson leitete, die den schwierigen, ernsten Jungen mochte. Mit ihrer Hilfe blühte er auf. »Es hat mir sehr gefallen«, schrieb sie, »zu sehen, wie sehr Du Dich angestrengt hast, seit Du in meine kleine Sommerschule gekommen bist, und wenn Du so weitermachst, wirst Du eines Tages ein Mann sein, auf den Deine Eltern mit Stolz zeigen werden.« Woodruff bedeutete diese Bemerkung viel, und er bewahrte sie bei seinen Erinnerungsstücken auf. Als er später Präsident von Coca-Cola wurde, setzte er Mrs. Johnson eine kleine monatliche Pension aus und erklärte dazu: »Sie hatten eine große Anzahl Schüler, von denen viele weitaus besser als Robert W. Woodruff waren, aber ich hatte nur eine Mrs. Johnson.«

Woodruffs Reaktion auf diese gütige Frau hatte vermutlich mit seiner Liebe zu seiner Mutter, Emily Winship Woodruff, zu tun, die laut allen Berichten eine Heilige gewesen sein muß. Sanft und verständnisvoll, wie sie war, förderte sie bei ihren Kindern die Liebe zur Musik und Poesie. Sein ganzes Leben lang besaß Robert Woodruff neben der vom Vater geerbten Schroffheit auch eine sentimentale Seite, und er suchte stets mütterliche Frauen neben seinen männlich sportiven und spielbegeisterten Kameraden.

Trotz des Besuchs der Sommerschule fiel Woodruff schnell an der Boys' High School durch und wurde auf die Georgia Military Academy (GMA) geschickt, wo er ein schlechter Schüler blieb, allerdings auch seine Führungsqualitäten entdeckte. Aufgrund seiner grauslichen Zahnspangen konnte Woodruff nicht am Sport teilnehmen. Statt dessen leitete er praktisch alles an der GMA – das

Footballteam, die Schülerzeitung, den Theaterverein – und nutzte seinen natürlichen Charme.

Nachdem er die GMA hinter sich hatte, unterwarf sich Robert Woodruff den Forderungen seines Vaters und ging aufs College. Im Herbst 1908 fuhr er zum Emory College in Oxford, wo er sich besonders darin hervortat, daß er den Unterricht schwänzte, Geld hinauswarf und in seinen Briefen nach Hause die vielfältigsten Klagen äußerte – seine Augen machten Probleme, er habe nicht genug Bargeld, das Dach des Schlafsaals habe ein Loch, er habe sich erkältet. Er bezahlte andere Studenten dafür, daß sie seine Mathematikhausaufgaben erledigten,[2] worüber er zeit seines Lebens nie Reue zeigte. Einer seiner vielfach zitierten Aussprüche lautete: »Wenn man jemanden findet, der etwas besser kann als man selbst, so ist das stets eine gute Idee.«[3] Am Ende des Semesters mußte sich selbst Ernest Woodruff geschlagen geben, als James Dickey, der Präsident von Emory, einen niederschmetternd direkten Brief schickte: »Ich halte es nicht für ratsam, daß er im nächsten Trimester ans College zurückkehrt... Er hat nie gelernt, selbst etwas zu tun, und da er zudem äußerst häufig fehlt, ist es unmöglich für ihn, ein erfolgreicher Student zu sein.«* Wütend bestand Woodruffs Vater darauf, daß Robert sich einen Job suchte und ihm die verschwendeten Kosten für Unterricht, Unterbringung und Verpflegung erstattete.

Die unglückliche erste Karriere

Robert Woodruff hegte zwei Jugendträume über sein Erwachsenenleben – er wollte entweder eine Million Dollar verdienen oder Großwild jagen wie Buffalo Bill Cody, den er einmal kennengelernt hatte. Am Ende erreichte er beide Ziele, doch für den Neunzehnjährigen müssen sie in weiter

---

* Robert Woodruff behielt von seinem kurzen Collegeaufenthalt vermutlich ein Gefühl von Unterlegenheit zurück. Er nahm schließlich Asa Candlers Tradition der Coke-Philanthropie gegenüber Emory, der »Coca-Cola School«, wieder auf. Selbst der Collegesong behauptet: »Wir werden mit Coca-Cola groß, kein Wunder, daß wir Mordskrach schlagen.«

Ferne gelegen haben, als er im Februar 1909 bei der General Pipe and Foundry Company als ungelernter Arbeiter anfing, Sand zu schaufeln und zu sieben. Das ging nur eine Woche lang so, dann stieg er zum Lehrling eines Maschinenbauers auf und lernte die Arbeit an der Drehbank und an anderen Geräten. Nach einem Jahr wurde er ohne ersichtlichen Grund gefeuert, aber von der Muttergesellschaft, der General Fire Extinguisher Company, als Assistent des Lagerverwalters wieder eingestellt, wo er bald als Verkäufer glänzte. So schien es zumindest. Doch dann wurde er unerklärlicherweise wieder gefeuert.

Nachdem er von einem Arbeiterjob zum nächsten gewechselt war, erhielt Robert Woodruff von seinem Vater ein großmütiges Angebot: die Stelle als Einkäufer bei der Atlantic Ice and Coal Company. Er stand kurz vor der Heirat mit Nell Hodgson, die aus einer prominenten Familie in Athens stammte, und er brauchte dringend einen festen Arbeitsplatz. Trotz seiner wenig erfolgversprechenden Laufbahn noch immer vollkommen von sich überzeugt, entsetzte Woodruff bald seinen Vater durch den Kauf einer ganzen Flotte von White-Lieferwagen, die an die Stelle der Pferdewagen treten sollten, die bislang Eis und Kohle ausgeliefert hatten. Ernest Woodruff stand kurz vor dem Kollaps, als er von dieser Extravaganz hörte, und er legte gegen eine anfangs zugesagte Gehaltserhöhung sein Veto ein.

Als Robert Woodruff über seinen unmittelbaren Vorgesetzten herausfand, daß sein Vater hinter der Weigerung, sein Gehalt aufzustocken, steckte, wurde er mißtrauisch und kam dahinter, daß sein Vater auch für seine Entlassungen aus den früheren Jobs verantwortlich war. Ernest Woodruff wollte ihm eine harte Lektion erteilen und beweisen, daß das Leben als Sohn eines reichen Mannes nicht automatisch leicht sei.[4] Der wütende Sohn kündigte auf der Stelle und schwor, niemals mehr mit seinem Vater geschäftlich zusammenzuarbeiten – ein Schwur, den er später brach.

Noch in seiner Zeit als unterbezahlter Vertreter bei der Eisfirma war Woodruff in den Norias Shooting Club eingetreten, einen Jagdklub im Südwesten Georgias, in dem sich wohlhabende Führungskräfte aus ganz Amerika zum Jagen, Trinken, Pokerspiel und zu diskreten Geschäften einfanden. Er erkannte, daß er durch eine Mitgliedschaft in diesem Klub in Kontakt mit »mächtigen, wichtigen Männern« käme. Viele Jahre später riet er seinem Neffen: »Es ist genauso einfach, Freunde unter einflußreichen Leuten zu finden wie unter solchen ohne Einfluß. Ich meine nicht nur Leute mit Geld, ich meine Leute, die auf ihrem Tätigkeitsgebiet etwas geworden sind.« Woodruff lebte ein Leben lang nach diesem Rezept und umgab sich mit bekannten Geschäftsleuten, Schriftstellern, Politikern, Entertainern und Sportlern.

Walter White, ebenfalls Mitglied im Norias Club, war von Woodruffs Verhandlungsgeschick beim Kauf seiner Lieferwagen wie auch von seinem Benehmen im Klub beeindruckt. Er offerierte dem jungen Mann einen Job als Vertreter für die White Motor Company im Südosten. Beinahe über Nacht wurde Woodruff ein sensationeller Lastwagenverkäufer, indem er stets eine Nase für die richtige Ansprechperson, den »Mann mit Einfluß« bewies. Im Gegensatz zu vielen anderen Verkäufern war Woodruff direkt, ehrlich, entspannt und strahlte Zuversicht und Verläßlichkeit aus. Er vertrat ein Qualitätsprodukt, das er freundlicherweise der bedürftigen Allgemeinheit anbot. Er stieg rasch zum Verkaufsleiter des Südostens auf. Im Ersten Weltkrieg verließ er White, um im U.S. Ordinance Department, dem Zeugamt, zu dienen, wo er ein Truppentransportfahrzeug entwickelte, das der White Motor Company ein gutes Geschäft sicherte; nach dem Krieg kehrte er zu White zurück. Ernest Woodruff, der seinem Sohn von dem »schrecklichen Fehler«, Lastwagen zu verkaufen, abgeraten hatte, muß zu dem Schluß gelangt sein, daß sein Sohn doch etwas tauge. Er bot ihm einen Platz im Vorstand der Trust Company of Georgia an, wo Robert an der Planung des Syndikats zum Aufkauf von Coca-Cola im Jahr 1919 beteiligt war. Er erwarb eine Unmenge Insideraktien zu fünf Dollar das Stück und überzeugte auch seinen Jagdgefährten, Ty Cobb, Coca-Cola-Aktien zu kaufen, womit er den Grundstein für Cobbs Vermögen legte.[5]

Als Vizepräsident von White war Woodruff sehr erfolgreich und erhielt 75 000 Dollar jährlich, zuzüglich Provisionen. Er lebte auch auf großem Fuß, sehr zum Abscheu seines Vaters, und nahm hohe Kredite auf, um seinen luxuriösen Lebensstil und weitere Investitionen zu finanzieren. Während der Rezession im Jahr 1921 konnte er gerade noch verhindern, daß seine Wechsel platzten, und er beobachtete entsetzt, wie seine Coca-Cola-Aktien fielen. Bis Ende 1922 hatten sich zwar die Aktien erholt und der Absatz verbessert, doch die Zukunft des Soft Drinks stand noch immer in den Sternen. Der Verwaltungsrat von Coca-Cola war mit seinem Präsidenten Howard Candler nicht zufrieden. Candler besaß weder den richtigen Schwung noch Führungsqualitäten und war für den katastrophalen Zuckerankauf verantwortlich gewesen. In zahlreichen Gesprächen wurde darüber diskutiert, einen aggressiveren Präsidenten zu suchen, der die Company wieder auf Trab bringen könnte. Die Wahl fiel selbstverständlich auf Robert W. Woodruff. Anfangs war Ernest Woodruff dagegen, doch schließlich mußte er einräumen, daß Robert ein begnadeter Verkäufer war, und er bot seinem Sohn den Präsidentenposten bei Coca-Cola für ein Jahresgehalt von 36 000 Dollar an.

Die junge Führungskraft war nicht gerade darauf erpicht, White für eine Gehaltskürzung von 39 000 Dollar zu verlassen. Außerdem wurde seine Entscheidung noch dadurch erschwert, daß ihm Walter Teagle die Präsidentschaft von Standard Oil für ein Gehalt in Höhe von 250 000 Dollar angetragen hatte.[6] Woodruff war New York jedoch leid, und er sehnte sich zurück nach Atlanta. Er sah bei Coca-Cola auch ein enormes Potential für Absatzsteigerungen, sowohl im In- wie im Ausland. Die 3500 Coca-Cola-Aktien, die er besaß, motivierten ihn letztendlich: »Ich habe den Job nur angenommen«, sagte er später, »um mein Geld zurückzubekommen, das ich investiert hatte... Ich nahm mir vor, meine Aktien wieder zu veräußern, wenn ich den Preis wieder auf den Stand gebracht hätte, zu dem ich sie gekauft hatte, um wenigstens keinen Verlust zu erleiden. Danach wollte ich wieder Autos und Lastwagen verkaufen.«

Woodruff unterbreitete ein Gegenangebot: Er wolle die Präsidentschaft für ein Grundgehalt und fünf Prozent des jährlichen Absatzzuwachses übernehmen. Sein Vater lehnte diesen Vorschlag ab. Schließlich erklärte sich Woodruff zur Annahme des Postens unter der Bedingung bereit, daß er freie Hand erhalte, wobei er eindeutig klarstellte, daß er von seiten seines Vaters keinen Widerstand dulden würde. Mit dem Angebot von Standard Oil in der Tasche und der Zusage, wieder seinen alten Job bei White zu bekommen, falls etwas schiefgehen sollte, trat Robert Woodruff den Präsidentenposten bei Coca-Cola an. Howard Candler wurde auf einen Posten im Verwaltungsrat abgeschoben. Mehr als sechzig Jahre lang sollte der charismatische Führer Woodruff die Geschicke des Soft Drinks lenken und ihn zum berühmtesten Produkt der Welt machen.

Der Boß

Selbst für die ihm Nahestehenden blieb Robert Woodruff ein Rätsel. Er war 1,80 Meter groß, doch seine dominierende Präsenz ließ ihn viel größer erscheinen, wenn er an der bei ihm unvermeidlichen Zigarre kaute und ruhig einen Raum musterte, den er gerade betreten hatte. »Man wußte es, wenn der Boß gekommen war«, erinnerte sich ein Bekannter, »selbst wenn man in die andere Richtung sah. Man konnte es fühlen. Er besaß eine unbeschreibbare Präsenz, eine magnetische Anziehungskraft.« Die Coca-Cola-Männer unternahmen alles, um seine Gunst zu gewinnen, und zeigten ihm gegenüber in all den Jahren eine fanatische Loyalität. Doch auf den ersten Blick war Woodruff ein ungewöhnlich uninteressanter Mann. Er las kaum. Mehrere ihm Nahestehende schworen, daß er zeit seines Lebens nicht ein Buch zu Ende gelesen habe. Er weigerte sich, Korrespondenz zur Kenntnis zu nehmen, die länger als eine Seite war, und beschäftigte Assistenten, die für ihn vorsortieren mußten. Er hielt nichts von Kultur oder von Geschichte oder von Kunst. Als er in der Nähe der Peterskirche in Rom im Verkehr steckenblieb, befahl er seinem Fahrer ungeduldig umzukehren. »Aber Mr. Woodruff, es sind nur noch fünf Minuten!« rief sein Sekretär aus. »Das ist nah genug«, brummte Woodruff.[7]

Woodruff war ein schlechter Redner und mied das Rampenlicht, doch viele seiner Aussprüche wurden von den Coca-Cola-Männern häufiger zitiert als Bibelverse. Woodruffs schlichte Äußerungen, wie etwa: »Jeder, der etwas mit Coca-Cola zu tun hat, sollte zu Geld kommen«,[8] trafen oft haargenau ins Schwarze. Aber er gab auch triviale Verallgemeinerungen von sich, wie: »Für das, was ein Mann tun kann oder wohin er gelangen kann, gibt es keine Grenze, wenn ihm gleichgültig ist, wer dafür die Ehre einheimst.«

Während sich der gesellige Harrison Jones in der Firmencafeteria unter die einfachen Mitarbeiter mischte, hatte sich Woodruff einen eigenen Fahrstuhl einbauen lassen, so daß er auf direktem Weg in sein Büro gelangte, wo er in seinem privaten Eßzimmer mit ausgewählten Leuten speiste. Woodruff schlich wie ein Bär durch die Hallen der Firmenzentrale, kaute auf seiner Zigarre herum und ging an den meisten Leuten vorbei, als ob er sie nicht kenne. Wenn jemand so tollkühn war, ihn mit »Guten Morgen, Mr. Woodruff« anzusprechen, knurrte er oft zurück: »Was ist so gut daran?«[9] Der Boß konnte allerdings auch freundlich und charmant sein und seinen Arm um einen Mitarbeiter legen, während er mit ihm redete.

In seiner Phobie vor dem Alleinsein sorgte Woodruff dafür, daß er stets von Menschen umgeben war. Es kam ständig vor, daß er um 17.00 Uhr jemanden anrief und ihm auftrug: »Kommen Sie heute abend zum Essen.« Was auch immer der Mitarbeiter oder Bekannte für den Abend geplant hatte, er folgte der Aufforderung. Genauso weckte der Boß, wenn er nicht schlafen konnte, jemanden auf, der ihm Gesellschaft leisten mußte. »Mr. Woodruff zu nahe zu stehen war gefährlich«, erinnerte sich ein Mitarbeiter der Firma. »Man fühlte sich wie eine Motte in der Nähe des Lichts.«[10]

Woodruff besaß eine gewisse Ähnlichkeit mit Asa Candler. Er war ruhelos, dauernd auf dem Sprung. Einmal lud er ein paar Freunde zu einem einwöchigen Urlaub nach Florida ein. Nach zwei Tagen verkündete er abrupt, er fahre ab, doch selbstverständlich sollten sie alle dableiben und sich amüsieren. Er hatte alles erreicht, was er sich zum Ziel gesetzt hatte, und er mußte weitermachen. »Die Welt gehört den Unzufriedenen«, lautete eine seiner Maximen, womit er Asa Candlers Hawthorne-Zitat wiedergab. Woodruff fühlte sich anscheinend nur auf Ichauway wirklich zu Hause, der 30 000 Morgen großen Plantage, die er 1929 im Südwesten Georgias kaufte, wo er den alten Norias-Jagdklub in größerem Maßstab nachbaute – und wo der Boß eindeutig den Oberbefehl hatte. Ansonsten fuhr er häufig von seinem Haus in Atlanta in sein Penthouse in New York oder später zur T. E. Ranch in Wyoming, wo er auf den Spuren Buffalo Bills Großwild jagte.

Das Lieblingsgedicht von Candler wie Woodruff war *If* (Wenn) von Rudyard Kipling, wenn es Woodruff auch besser als Candler gelang, dem Gedicht nachzuleben. Im Lauf der Jahre behielt Woodruff tatsächlich einen klaren Kopf, wenn andere ihn verloren. Woodruff ähnelte Candler auch in seiner Gewohnheit, niemals exorbitante Gehälter zu zahlen, obwohl er zumindest den Wert zum richtigen Zeitpunkt gezahlter Prämien begriff. Schließlich bewiesen beide Männer ein Engagement für Coca-Cola, das fast an Götzendienst grenzte. Noch in hohem Alter kauerte sich der Multimillionär neben den Verkaufsautomaten einer Tankstelle und zählte die Flaschenkappen, um herauszufinden, wie viele davon von Coca-Cola stammten.[11]

Doch vor allem anderen schätzte Robert Woodruff die Kontrolle, die er auch sich selbst gegenüber ausübte. Hughes Spalding pries ihn für seine »Fähigkeit, es nicht zu zeigen, daß er wütend war«. Statt dessen verhandelte der Boß mit seinen Feinden ruhig, aber wirkungsvoll, wobei er wie selbstverständlich in praktisch jeder Situation das Kommando übernahm. Zu gesellschaftlichen Ereignissen ging er kaum. »Ich gebe Partys«, sagte er, »ich besuche sie nicht.« Schon frühzeitig erkannte er, daß die Mächtigsten sich häufig im Hintergrund hielten, und so wurde er zu einem Meister der subtilen Einflußnahme oder setzte seine Autorität mit Samthandschuhen ein.

Doch Woodruff nutzte diese Macht nicht in einem Vakuum. Als hervorragender Zuhörer erbat und hinterfragte er fortwährend Ratschläge. Häufig hatte er sich über den Ablauf einer Aktion bereits eine Meinung gebildet, doch er wollte auf alle Fälle die Ansicht anderer hören – um festzustellen, daß er recht hatte, und um jedem das Gefühl zu vermitteln, an der Sache beteiligt zu sein. Seine Ratgeber reichten von den obersten Führungskräften bis zu seinen Bediensteten. Einmal fragte ein Vizepräsident Woodruffs Chauffeur, ob der Boß bereits seine Meinung über eine wichtige Angelegenheit eingeholt habe. »Nein, Sir«, antwortete der Fahrer, »aber das wird er noch.«

Veränderungen in den zwanziger Jahren

Zwar schreibt man Robert Woodruff im allgemeinen das Verdienst zu, die Firma »gerettet« zu haben, doch in Wirklichkeit übernahm er ein gutgeführtes Unternehmen, das seine schwierigste Zeit bereits hinter sich hatte und sich auf dem besten Weg zur Gesundung befand. Der Jahresbericht für 1922 vermerkte stolz, daß ein Riesenkredit in Höhe von 8,4 Millionen Dollar (wegen der Verluste durch den Zucker) in den zurückliegenden zwei Jahren vollständig abbezahlt worden sei. Harrison Jones hatte die Moral wiederhergestellt und das Land in effizientere Verkaufsgebiete aufgeteilt. Archie Lee und Bill D'Arcy hatten begonnen, der Werbung für Coca-Cola mehr Raffinesse zu geben. Der Absatz boomte. Die Inflation und die Zuckerpreise hatten sich beruhigt und somit den obligaten Nickel (fünf Cent) pro Glas für die kommenden Jahrzehnte gesichert.

Und was noch wichtiger war: Woodruff erbte die Unternehmenskultur von Coca-Cola, eines Getränks, das bereits von einer halbmystischen Aura umgeben war. Die Firmenmänner hielten einen tiefverankerten Glauben an das Produkt selbst hoch, ungeachtet dessen, ob irgendwelche Candlers oder Woodruffs seine Zukunft prägten. Der wirkliche Hauptdarsteller in der Entwicklung des Erfrischungsgetränks sollte Coca-Cola selbst sein. Woodruffs Genie bestand darin, daß er dieses grundlegende Prinzip erkannte und auf ihm aufbaute – und allen Überlegungen zu diversifizieren widerstand. Woodruff hielt stolz an seinem einzigartigen Produkt in der Standardflasche von sechs Unzen fest, bis er Jahrzehnte später buchstäblich gezwungen wurde, dies zu ändern.

In gewisser Hinsicht war Coca-Cola ein typischer Vertreter der Großunternehmen in den zwanziger Jahren – der Ära der ersten Profimanager, die zunehmend Anwälte, PR-Fachleute, Marktforscher, Psychologen und Werbefachleute beschäftigten. Woodruff, ein meisterhafter Manager, brachte eine fast militärische Präzision in ein Unternehmen, das im Grunde bis dahin ein Familienbetrieb gewesen war, der zwar brillant, aber amateurhaft von Asa Candler und seinen Verwandten geführt worden war. Der Boß setzte erstmals Verfahrensvorschriften für alle Belange der Firma durch.

Noch besser als sein Vater verstand Robert Woodruff, wie man die Firmenstruktur formen muß, um Gewinne, Geheimhaltung und Kontrolle zu maximieren, während man gleichzeitig die Steuern und die Überprüfung seitens der Regierung minimiert. Anfang des Jahres 1923, als er gerade in den Verwaltungsrat gewählt worden war, überwachte Woodruff die Gründung von Coca-Cola International. Trotz ihres Namens hatte diese Holding nichts mit dem Auslandsabsatz zu tun; sie ersetzte lediglich den unbeholfenen Drei-Mann-Trust mit Stimmrecht. Der Zweck war derselbe – nämlich sicherzustellen, daß Woodruff und seine Freunde die Kontrolle über die Gesellschaft behielten. Die Stammaktien von Coca-Cola (mehr als 251 000 Stück) wurden auf einer 1:1-Basis für International-Aktien gehandelt, obwohl die New Yorker Börse anfänglich die Zulassung der Emission verhinderte, indem sie sich gegen Holdings aussprach, die keine Geschäftstätigkeit entwickelten.

Überhaupt kamen die Bedingungen in den zwanziger Jahren Woodruff zugute. Mit dem wirtschaftlichen Aufschwung nach der kurzfristigen Nachkriegsrezession traten die Vereinigten Staaten in die schwingende, selbstbewußte Jazzära, und Coca-Cola sprudelte als vitaler Bestandteil der Zeit mit. Die reformfreudige Ära des Fortschritts war an sich vorbei, und Coca-Cola tauchte aus den Schatten der Kontroversen auf und erfüllte das Image, das es immer angestrebt hatte – das eines gesunden Getränks für die ganze Familie, einer gemäßigten Alternative zum Alkohol vom Schwarzmarkt. Wer weiterhin den Soft Drink attackierte, wirkte nun wie ein altmodisches Überbleibsel einer vergangenen Epoche. 1929 verkündete *The New York Times* förmlich das Ende der öffentlichen Verfolgung Coca-Colas und bemerkte, daß ein zukünftiger »eifriger Historiker« die Angriffe gegen den Soft Drink nur noch eines kurzen Absatzes wert erachten würde.

Woodruff hatte wohl eine funktionierende Firma übernommen, doch er besaß das Talent, den Kern ihrer Stärke zu erkennen. Er hat die Firma vielleicht nicht gerettet, doch er hat sie unbestreitbar auf eine höhere Stufe katapultiert. Von Anbeginn seiner Herrschaft an mit allen Unternehmensaspekten befaßt, brauchte man für jede wichtige Entscheidung seine Zustimmung, während seine eigenen hingeknallten Einschätzungen, die auf einer einfachen Philosophie gründeten, sich jedesmal als unheimlich zutreffend erwiesen.

Zum Teil lag das an Woodruffs Gabe, sich die richtigen Leute auszusuchen, diejenigen, die er für die besten auf dem jeweiligen Gebiet hielt. »Er kann einen Mann so schnell einschätzen«, schrieb ein Woodruff-Kenner 1930, »daß der Mann nicht einmal merkt, daß er beurteilt wird.« Viele Männer, die die Geschicke der Firma leiten sollten, wurden in den zwanziger Jahren in den Verwaltungsrat berufen: Eugene Kelly, der Kanada übernahm; Lee und John Talley, die in die oberste Führungsebene aufstiegen; Al und John Staton, Fußballhelden und Gelehrte von der Georgia Tech; William »Pig Iron« Brownlee,[12] ein entschlossener, fairer, aber harter Manager. Viele der von Woodruff Rekrutierten waren in Georgia geboren, und ihr weicher Südstaatenakzent bezauberte die Klienten, wo sie auch hinkamen – sei es nun New York, Montreal oder Paris –, während ihren flinken Augen keine einzige Chance für ein Geschäft entging.

Wenn ein Gegenspieler Woodruff beeindruckte, heuerte er ihn häufig an. Arthur Acklin, ein aus Georgia stammender IRS-Agent, der Coca-Cola Steuern abzuluchsen versuchte, trat bald in die Firma ein und kämpfte auf der anderen Seite weiter. John Sibley, der aggressive junge Rechtsanwalt von King & Spalding, der im Abfüller-Prozeß noch kurz zuvor die gegnerische Seite vertreten hatte, arbeitete bald für die so hart bekämpfte Firma. Sibley wurde ein lebenslanger Freund und Berater von Woodruff, und ihm wuchs desto mehr Macht zu, je mehr die Autorität von Harold Hirsch schwand. Sibley erkannte, daß Woodruffs Stärke in seinem intuitiven Geschäftssinn lag, wie er einmal dem Boß schrieb:

> Bei der Leitung einer großen Firma, die national und international tätig ist, gibt es zwei grundsätzliche Dinge, auf die geachtet werden muß... das erste nenne ich tagtägliche und jährlich wiederkehrende Vorgänge, zu denen die richtigen Produktions- und kaufmännischen Methoden, die angemessene finanzielle Kontrolle und die Fähigkeit zählen, mit den Menschen aus einer verwaltungstechnischen und einer führungstechnischen Perspektive heraus umzugehen. Das zweite nenne ich eine gesunde Firmenpolitik, zu der es gehört, alle Beziehungen im rechten Lot zu halten; das heißt, das Geschäft in die richtige Richtung zu lenken... Zu jedem angenommenen Zeitpunkt sollte die Bilanz den Stand des Geschäfts widerspiegeln, sie darf jedoch nicht die Entwicklung der Stärke oder Schwäche der verfolgten Firmenpolitik darstellen: Diese darf nur intern unter die Lupe genommen werden, oder es kommt früher oder später zur Katastrophe.[13]

Werbung für die »wilden Zwanziger«

Einer der Gründe, warum Coca-Cola bis zum Ende der zwanziger Jahre nicht mehr mit Verleumdungen zu kämpfen hatte, liegt in der Erkenntnis Woodruffs, daß eine defensive, negative Haltung schlecht sei; deshalb untersagte er weitere Broschüren, die Dr. Schmiedeberg über Koffein zu Wort kommen ließen. Der Boß schlug einen bescheidenen, höflichen Ton an, der in der Firma noch heute vorherrscht. Das Getränk, so sagte er, habe keine weltbewegende Bedeutung – es sei nur eine kleine Sache, mit der das Leben ein bißchen entspannter und angenehmer werde, mehr nicht. Durch diese an den Tag gelegte falsche Bescheidenheit verschaffte er Coca-Cola natürlich stärkere

Bedeutung; darauf abzuheben, daß sich die Verbraucher für ein angenehmes, freundliches Getränk einen Augenblick Zeit nehmen sollten, entsprach dem Hedonismus und der Energiegeladenheit der Zeit.

Archie Lee und Robert Woodruff, die über das Getränk gleich dachten, wurden rasch enge Freunde. Lee war neben Sibley einer der wenigen Menschen, die Woodruff tatsächlich mit Bob anzusprechen wagten. Der Werbefachmann besaß das Talent, Woodruffs tastende Überlegungen in schöne, anspruchslose Slogans zu übersetzen – die einen starken Kontrast zum Großteil der Werbung jener Zeit bildeten, die mehr als je zuvor mit langatmigen Negativtexten arbeitete und mit den Ängsten der Verbraucher spielte.

Die Coca-Cola-Werbung muß in den zwanziger Jahren für die beunruhigten und besorgten Konsumenten etwas erfrischend Anderes gewesen sein. Die Anzeigen zeigten nicht mehr die tyrannische Sonne, die auf die verzagten, erschlafften Käufer herunterbrannte. Statt dessen lautete Archies Botschaft 1923: »Freude am Durst bei der Arbeit oder beim Spiel«. Coca-Cola war »stets wunderbar«[14] und an einem »kühlen und fröhlichen Ort« zu finden. Der Text wurde auf ein Minimum reduziert, während die Bilder die Botschaft vermittelten, daß aktive, zufriedene, gutaussehende, erfolgreiche junge Männer und Frauen Freude an dem Getränk hatten.

1929 prägte Lee den Satz: »Die Pause, die erfrischt.«[15] In den nächsten zwanzig Jahren, als die gestreßten Geschäftsleute der Imbißstube einen festen Platz in ihrem Tagesablauf einräumten, wurde diese »Pause« gleichbedeutend mit Coca-Cola.

Die Slogans von Lee und die Werke der hervorragenden neuen Künstler, die sich Coca-Cola holte, waren bald überall entlang der neuen Highways zu sehen, die in den zwanziger Jahren gebaut wurden. Auf 24 großflächigen Reklametafeln, deren erste 1925 aufgestellt wurde, hielt der »Ritz boy«, ein weißgekleideter Hotelpage, ein Tablett mit einer Flasche Coca-Cola und einem Glas in der Hand. Darunter stand nur: »6 000 000 täglich.«[16] Der Reklametafel folgte das »Spectacular«, wie die Coca-Cola-Männer die riesigen Leuchtreklamen nannten, die strategisch geschickt in der

Mitte einer Stadt aufgestellt wurden. Die erste riesige Leuchtreklame wurde 1929 am Times Square in New York aufgebaut, den ein Coca-Cola-Mann im *Red Bottler* frohlockend als »belebtesten Punkt der Welt« bezeichnete, als »Mammut-Paradeplatz des Universums«. Forscher schätzten, daß dort in 24 Stunden mehr als eine Million Augenpaare die dortige Reklame wahrnahmen.

Schließlich startete die Firma – in dem gewitzten Versuch, »wissenschaftlich« Werbung zu treiben – den Wettbewerb der »Sechs Schlüssel zur Popularität«. In variierten Anzeigen wurden die unterschiedlichen Motive für den Kauf von Coca-Cola in den Mittelpunkt gerückt: Geschmack, Reinheit, Erfrischung, Gesellligkeit, Preis und Durst. Wenn die Konsumenten schriftlich erklärten, warum ihr Lieblings-»Schlüssel« der wichtigste war, konnten sie einen von 635 Preisen gewinnen. Die Kampagne war 1927 in Wirklichkeit nichts anderes als ein Instrument massiver Marktforschung, doch sie ließ den Verbrauchern auch Raum zur Beteiligung und gab ihnen das Gefühl, bei der Werbung mitmachen zu können. Der Hauptpreis in Höhe von 10 000 Dollar ging nicht ganz zufällig an eine perfekte Repräsentantin der Landesmitte: Mabel Millspaugh, eine Stenotypistin aus Anderson, Indiana.

Die Entstehung der Marktforschungsteams

1923 hatte Robert Woodruff die ehemalige Informationsabteilung zur Statistischen Abteilung erweitert, die bald, wie wir heute sagen würden, Pionierleistungen auf dem Gebiet der Marktforschung vollbrachte. In den letzten drei Jahren des Jahrzehnts legte diese Abteilung den Grundstock zu einer wissenschaftlichen Methode für weitere Verkaufssteigerungen von Coca-Cola. Zu diesem Zeitpunkt kamen praktisch keine neuen Ausschankstellen hinzu. In nahezu jeder Stadt stand eine Abfüllanlage. Coca-Cola war in jeder der 115 000 Sodabars in den Vereinigten Staaten präsent. In der Überschrift eines Artikels, der zu den wenigen gehört, die er selbst schrieb, stellte Woodruff 1929 in *Nation's Business* die Frage: »Landesweiter Vertrieb – und was kommt

dann?« War es denkbar, daß der Soft Drink seinen Sätti-
gungspunkt erreicht hatte?

Woodruff hatte natürlich nicht die Absicht, diese Frage
mit ja zu beantworten. 1927 wies er Turner Jones, den Werbechef, an, eine großangelegte Marktumfrage zu starten.
Über einen Zeitraum von drei Jahren hinweg untersuchten
die Feldforscher von Coca-Cola 15 000 Verkaufsstellen im
Einzelhandel, um herauszufinden, ob es eine Beziehung
zwischen Verkehrsaufkommen und Absatzvolumen gab.
Wie vorauszusehen, stellte sich heraus, daß die Händler mit
dem stärksten Umsatz auch die größte Anzahl potentieller
Laufkunden hatten. Sie zahlten ferner meist höhere Laden-
mieten, da sie sich Geschäfte in bester Lage ausgesucht hat-
ten. Ungefähr ein Drittel der Ausschankstellen erwirtschaftete sechzig Prozent des Gesamtabsatzes von Coca-
Cola, während das untere Drittel nur zehn Prozent beitrug.
Die Untersuchung deckte auf, daß viele der absatzstarken
Verkaufsstellen sowohl innen als auch außen nur wenige
Coca-Cola-Schilder aufgehängt hatten. Infolgedessen besuchten die Vertreter diese Geschäfte nunmehr viermal im
Jahr (zweimal war allgemein üblich) und offerierten ihnen
besondere Serviceleistungen, Hilfen und Anreize. Nach diesem ersten Projekt wandten sich die Forschungsteams der
Beobachtung von 42 000 Drugstorekunden im ganzen Land
zu. Sie fanden heraus, daß 62 Prozent aller Käufer das Getränk erstmals in einer Sodabar erstanden hatten. Und von
diesen wiederum fragten 36 Prozent nach Coca-Cola. 22
Prozent der Kunden, die am richtigen Getränk nippten,
tätigten einen zweiten Kauf an einer anderen Ladentheke.

Mit diesen Informationen ausgestattet, führte Woodruff
nicht nur noch bessere Vertriebs- und Verkaufsmethoden
ein, sondern er initiierte auch eine innovative PR-Kampagne auf der Basis einer Reihe von Filmen [17] mit Titeln wie
Sodabarservice, Tritt ein, Kunde und *In diesen sich wan-
delnden Zeiten,* die unaufdringlich für Coca-Cola warben
und in denen professionelle Schauspieler die Rollen des
Drogisten und Verkäufers spielten.

Diese Methode der Verkaufsförderung fiel auch anderen
auf. Handelsverbände, andere Unternehmen und die Presse
zeigten sich von der Qualität der Marktforschung bei Coca-

Cola und ihrer Umsetzung beeindruckt. »COCA-COLA STEHT MIT DEM KONSUMENTEN AUF UND GEHT MIT IHM ZU BETT«, lautete eine Schlagzeile.[18] Während ein derartiges Verhalten doch wohl etwas klebrig gewesen wäre, stand es allerdings außer Frage, daß der engagierte Soft-Drink-Mann nahezu alles tat, damit sein Getränk durch noch mehr Kehlen rann. »Folgt den Massen!« wurde zum Schlachtruf von Coca-Cola, und mit den neuen Marktuntersuchungen waren die Massen leicht zu finden.

Tankstellen, Sechser-Kartons und Schwarze Witwen

Zu Woodruffs allerersten Entscheidungen gehörte sein Beschluß, die Flasche zu puschen. Woodruff hegte nicht wie Candler Vorbehalte gegen diesen separaten Geschäftszweig, und ihm war klar, daß die Zukunft in den tragbaren grünen Flaschen lag. Als ehemaliger Verkäufer von White wußte er besser als mancher andere, daß die Amerikaner desto rastloser und mobiler wurden, je mehr feste Straßen und Highways kreuz und quer durchs Land gebaut wurden. Es war Woodruff, der darauf bestand, daß Coca-Cola buchstäblich überall in den Vereinigten Staaten verfügbar sein müsse, und der die Tankstelle als wichtige neue Ausschankstelle entdeckte. Nach dem Firmendogma sollte der Soft Drink stets »in Reichweite des Begehrens« sein. Bis 1929 boten eineinhalb Millionen amerikanische Tankstellen perfekte Verkaufsstellen für Soft Drinks. Diese »raffinierten attraktiven Oasen für den Motoristen«, unterstrich ein Coca-Cola-Journalist, stellten eine einmalige Gelegenheit dar, den Fahrer, der »für kurze Zeit eine Pause eingelegt [hat] und sich müßig mit locker sitzendem Geld umsieht«, zu schnappen.[19]

Woodruff förderte den Flaschenverkauf auch auf andere Weise. 1923 finanzierte Harrison Jones die Entwicklung des ersten »Sixpack« (der bis in die fünfziger Jahre »Sechser-Karton« genannt wurde) in Form einer Pappschachtel mit einem »Zugreif-Henkel«. Die Verpackung wurde erst Ende der zwanziger Jahre verstärkt gepuscht, doch bis sie sich durchsetzte, dauerte es noch weit bis ins vierte Jahrzehnt unseres Jahrhunderts, als immer mehr Kühlschränke Eingang in die amerikanischen Haushalte fanden.

Inzwischen plagten die Abfüller weiterhin Verunreinigungsklagen. 1923 war die Abfüllervereinigung nahezu bankrott und hielt sich mit einer Teilzeitsekretärin in Harold Hirschs Büro gerade noch so am Leben. Als Hirsch von seinem Posten als Rechtsberater der Vereinigung zurücktrat, um sich nur noch der Firma zu widmen, holten sich die Abfüller Ralph Beach,[20] einen großen, humorlosen Mann mit Brille und kurzgeschorenem Haar, der dem Verband neues Leben einhauchte. In der Erkenntnis, daß er dringend juristisches Wissen benötigte, studierte er abends Jura. Durch die steigende Anzahl von Prozessen um fremde Zutaten frustriert, schuf er ein umfangreiches Dokumentationssystem zur Erfassung von Wiederholungstätern. Als Verteidigungsstrategie in den Verfahren wegen explodierter Flaschen verfiel er auf eine Demonstration, die vor Gericht eingesetzt werden sollte und in deren Verlauf er aus unterschiedlichen Höhen Kugellager auf unschuldige Coca-Cola-Flaschen werfen ließ.

Doch der wirkliche Star in diesen Prozessen war Perry Wilbur Fattig, ein Biologieprofessor von der Emory University, der untersuchte, was nach dem Verzehr von in Coca-Cola marinierten Insekten passierte. In einem Artikel schrieb Fattig 1933 majestätisch in der ersten Person Plural und bemerkte, daß »die allergiftigsten Insekten und kleinen Tiere, derer wir habhaft werden konnten, benutzt worden sind. Wir haben die Schwarze Witwe (*Latrodectus mactans*) nicht nur an uns selbst, sondern an 39 weiteren Personen getestet.« Es überrascht wohl nicht, daß er mit offensichtlicher Frustration schrieb, es sei »nicht so einfach, Freiwillige zu finden«.

Die Anwälte von Coca-Cola behaupteten natürlich, daß das Ungeziefer erst in das Getränk gelangt sein könne, nachdem es geöffnet worden war. Wenn jedoch wie durch ein Wunder ein Tierchen dennoch in die Flasche eingedrungen *war,* benannten sie Fattig als Zeugen der Verteidigung. Er erklärte, daß das kohlensäurehaltige Wasser in den Erfrischungsgetränken keimtötend wirke und somit das Ungeziefer unschädlich mache. Und dann schritt er zur De-

monstration. Die Geschworenen müssen von Fattigs Eßge-
wohnheiten fasziniert, wenn nicht angeekelt gewesen sein,
denn er mampfte seelenruhig Eidechsen, Skorpione,
Schmeißfliegen, Kakerlaken, Spinnen, Raupen, Flöhe, Gras-
hüpfer, Käfer, Schnecken, Frösche, Bienen, Gottesanbete-
rinnen, Tausendfüßler, Würmer und Wanzen, denen er
eine Schwarze Witwe oder auch zwei hinterherschickte.
Vor Gericht war Fattig wohl ein unbestrittenes Phänomen,
doch in der Gesellschaft war er nicht so beliebt. Die Ehefrau von Ralph Beach beispielsweise weigerte sich, zu Fattigs Dinnerpartys zu gehen, da er die Getränke häufig mit
Schaben spickte.

Coca-Cola wird standardisiert

Ein Dogma von Robert Woodruff lautete, daß Coca-Cola
standardisiert werden sollte. Überall in den Vereinigten
Staaten sollte jede Flasche und jedes Glas in der Sodabar
exakt gleich schmecken. Er wußte aus Erfahrung, daß die
Qualität des Getränks von Ort zu Ort beachtliche Unterschiede aufwies, was vom dafür verwendeten Wasser, dem
Kohlensäuregehalt, dem Verhältnis von Sirup zu Soda und
der Sauberkeit abhing. Das sollte sich ändern, verkündete
er. 1929 gründete er die Fountain Training School, in deren
Seminaren die Vertreter haarklein lernten, wie der perfekte
Soft Drink zu mixen sei, wie man den Kohlensäuregehalt
prüft usw. Sie mußten diese Informationen an die Abnehmer weitergeben und ihnen zudem die höchst wichtige
Lektion der richtigen Temperatur erteilen. Coca-Cola mußte
eiskalt verkauft werden, oder es mundete nicht.
   In einem brillanten psychologischen Schachzug lud
Woodruff 1926 alle für Sodabars zuständigen Vertreter zu
einer speziellen Tagung ein. Er teilte ihnen mit, daß sie aus-
nahmslos gefeuert seien. Coca-Cola brauche keine Vertreter, denn das Getränk verkaufe sich mittlerweile von selbst.
Doch wenn sie Lust hätten, sollten sie am nächsten Tag
wiederkommen, er gründe eine neue Abteilung, und vielleicht seien sie ja interessiert. Als die schockierten Männer
am folgenden Tag erschienen, wurden sie von neuem en-

gagiert, diesmal als »Serviceleute«, die Coca-Cola nicht mehr »verkaufen«, sondern gratis Hilfe und Reparaturdienste anbieten sollten. Um dem Ganzen ein neues Gesicht zu geben und den Händlern die Veränderung deutlich zu machen, wurde jedem Mann ein neues Gebiet zugewiesen.

Woodruff hielt auch den Abfüllern Standardisierungspredigten, eine wesentlich delikatere Aufgabe, nachdem sie erst vor kurzem vor den Kopf gestoßen worden waren. Durch Veazey Rainwater ließ er 1924 das Standardization Committee[21] der Abfüller ins Leben rufen. Dabei ging es im Grunde lediglich darum sicherzustellen, daß Coca-Cola in jedem der 1200 Werke unter hygienischen Bedingungen mit gleichem Kohlensäuregehalt und derselben Sirupmenge hergestellt wurde. Der Vertrag der Abfüller beließ unglücklicherweise die Frage der Qualität in den Händen des einzelnen Abfüllers und spezifizierte nur, daß jeder Soft Drink mindestens eine Unze Sirup auf acht Unzen kohlensäurehaltiges Wasser mit mehr als einer Atmosphäre Druck enthalten solle.

Woodruff setzte allerdings trotz dieses Vertrages seinen beträchtlichen Einfluß ein. Er war entsetzt gewesen, als er zu Beginn seiner Präsidentschaft ein Abfüllwerk besichtigt hatte. Die Maschinen trugen eine dicke Staubschicht, zerbrochene Flaschen lagen in einer Ecke auf einem Haufen, und der überall verspritzte Sirup zog Fliegen an. Der Boß rief den Besitzer zu sich und teilte ihm mit, er tue gut daran, das Werk bis zum nächsten Tag zu reinigen, ansonsten werde er sich in einem anderen Tätigkeitsfeld wiederfinden. »Aber Mr. Woodruff«, protestierte der Abfüller, »es hat keinen Sinn sauberzumachen. Am nächsten Tag sieht es wieder genauso aus.« Darauf folgte ein Augenblick gespannten Schweigens, während Woodruff langsam und bedächtig seine Zigarre aus dem Mund nahm und mit den Augen Löcher in den Abfüller starrte. »Sie wischen sich doch auch den Arsch ab, oder?« sagte Woodruff.[22] Damit steckte er die Zigarre wieder in den Mund und ging.

Diese Geschichte aus der Firmensaga mag vielleicht übertrieben sein, doch es besteht kein Zweifel, daß Robert Woodruff gegenüber den Abfüllern ausgesprochen unangenehm werden konnte, vor allem durch die Änderung des

Firmenanteils an der »Werbekooperation«, den er, spezifiziert nach ihrem Gallonenrabatt, über den Mindestbetrag erhöhen konnte.

In den zwanziger Jahren fand Woodruff eine andere Lösung für schlechte Abfüller: Er zahlte sie aus. Am Ende des folgenden Jahrzehnts besaß The Coca-Cola-Company 25 Abfüllwerke, die zumeist in Großstädten standen. In den darauffolgenden Jahren dienten diese Werke als Schulungseinrichtungen für neue Beschäftigte und zukünftige Manager. Die unabhängigen Abfüller verwiesen mit Vorliebe darauf, daß die firmeneigenen Werke nie besonders florierten, größtenteils aufgrund des ständigen Managementwechsels.

Die Saat für Auslandseroberungen

So eindrucksvoll diese Veränderungen auch waren, sie hielten dennoch einem Vergleich mit Robert Woodruffs größter Tat für Coca-Colas Zukunft nicht stand. Unter Einsatz seiner ganzen Energie und seines Organisationstalents erschloß er die überseeischen Märkte. Seine Unabhängigkeit und sein Vorausblick werden daran deutlich, daß er dies entgegen dem ausdrücklichen Wunsch seines Verwaltungsrats durchsetzte.

Die alten Männer im Verwaltungsrat von Coca-Cola – Ernest Woodruff und seine Kohorten – hatten zu Anfang den Einmarsch in Europa als eine ihrer vorrangigen Aufgaben verstanden. Der letzte Satz in der offiziellen Pressemitteilung des Syndikats zum Aufkauf der Firma im Jahr 1919 besagte, daß das neue Management »die Tätigkeitsbereiche... breiter als bislang streuen [würde], nicht nur in den Vereinigten Staaten, sondern auch im Ausland«. jahrelang hatte sich Sam Dobbs jeder Anfrage interessierter Möchtegern-Unternehmer aus Europa widersetzt und darauf beharrt, die Zeit sei für eine Expansion über die Vereinigten Staaten hinaus noch nicht reif. Dem Willen der neuen Besitzer folgend, hatte Howard Candler jedoch schließlich der Auswertung nach Europa zugestimmt. »Unsere Verkaufsabteilung wird momentan mit Bitten überschwemmt, Coca-Cola weltweit zu vertreiben«, bemerkte

Candler 1921 im Jahresbericht. »Wir sind der Ansicht, wir sollten im Ausland direkt präsent sein, mit eigenen Werken, wo wir unser eigenes Produkt fertigen und abfüllen.« 1922 wurden mit einem Aufwand von rund drei Millionen Dollar in ganz Europa Abfüll-Lizenzunternehmen gegründet, die überwiegend von Coca-Cola finanziert und von Einheimischen geleitet wurden.

Die neuen Ausschankstellen entpuppten sich sofort als katastrophale Fehlinvestition. Sechs Monate lang hatten »Rätselreklamen« für Coca-Cola die Neugier und Erwartungshaltung der Verbraucher für die großartige Einführung des Getränks aufgebaut. Die Massen strömten in die Cafés, Restaurants und Läden, um das neue auf Flaschen abgefüllte Getränk zu probieren. Nachdem sie die Kronkorken entfernt hatten, folgte ihrer Neugier bald eine kräftige Magenverstimmung. Der amerikanische Soft Drink machte sie krank. Die Menschen erbrachen sich, und die Cafés und Bars leerten sich schnell.

Was war geschehen? Obwohl die Abfüller sich streng an die Anweisungen gehalten hatten, den richtigen Anteil Sirup in jede Flasche gegossen und sie mit ausreichend kohlensäurehaltigem Wasser unter korrektem Druck gefüllt hatten, hatte sich niemand bemüßigt gefühlt, dafür zu sorgen, daß das verwendete Wasser sauber und nicht alkalisch war. Und niemand hatte ihnen erzählt, daß die Kronkorken zunächst sterilisiert werden mußten. Die bakterienverseuchte Coca-Cola reagierte schnell mit den von Keimen infizierten Kronkorken, was das Gebräu giftig werden ließ. Nur ein einziger französischer Abfüller hielt durch. Georges Delcroix[23] löste seine Hygieneprobleme und überwand dann das Verbot der Regierung, »Arzneimittel« zu importieren, doch sein Verkaufsvolumen, vor allem an amerikanische Touristen in Harry's Bar und am Eiffelturm, blieb bemitleidenswert klein.

Da die Erinnerung an diese Katastrophe in Europa noch frisch war, verhielten sich die Mitglieder des Verwaltungsrats ablehnend, als der junge Robert Woodruff ihnen mitteilte, er beabsichtige zu testen, ob nur Amerikaner Geschmack an dem Soft Drink fänden. Sein Vater suchte also wieder einmal die Pläne des Juniors zu durchkreuzen, doch

Woodruff nahm die Sache selbst in die Hand und schickte im Herbst 1924 Colonel Hamilton Horsey zu einer genauen Prüfung vor Ort nach England.

Nach seiner Rückkehr empfahl Horsey, im Gebiet von London ein Abfüllwerk zu errichten und für eine Einführungsperiode von drei Jahren 500 000 Dollar bereitzustellen. Er schlug ferner vor, den Sirup aus politischen und fiskalischen Gründen von Kanada zu importieren, da dieses Land Mitglied des Commonwealth war. Außerdem sollte eine eigene britische Gesellschaft, die völlig unter Kontrolle von The Coca-Cola-Company stehe, gegründet werden. Da der potentielle Verbraucher »nicht begeistert reagiert, wenn er es zum erstenmal probiert«, sagte Horsey voraus, daß »die Arbeit der englischen Firma zu Anfang der Pionierarbeit gleichkommen wird... wie sie vor vierzig Jahren in Amerika geleistet wurde«.

Woodruff setzte Horseys Vorschläge erst 1932 in England um, vermutlich weil ihm der Verwaltungsrat vorher keine ausreichend hohen finanziellen Mittel gewährte. Statt dessen gründete er 1926 die Auslandsabteilung und sandte Horsey nach Kontinentaleuropa, wo dieser das Geschäft mit einem begrenzten Budget neu beleben sollte. Zur gleichen Zeit schickte er andere Abgesandte nach Mittelamerika und China, und im darauffolgenden Jahr begab er sich selbst auf eine dreimonatige Reise durch Südamerika. Woodruff hielt Kontinentaleuropa für ein entscheidendes Gebiet und unterstellte es direkt Gene Kelly, dem Leiter der kanadischen Tochtergesellschaft. In Georgia geboren und vordem ebenfalls bei White beschäftigt, war Kelly der einzige Lastwagenverkäufer, den Woodruff für Coca-Cola anwarb. Kelly war sogar noch detailbesessener als Woodruff und verfaßte die Aktenschränke füllenden Dienstvorschriften, in denen jeder nur denkbare Gesichtspunkt des Coca-Cola-Geschäfts behandelt wurde. Er hatte den Pro-Kopf-Verbrauch an Coca-Cola in Montreal fast so hoch wie in New Orleans getrieben. Wenn irgend jemand den Handel in Europa in Gang bringen konnte, dann war es Kelly. Woodruff schob der kanadischen Tochter auch Kuba zu, was einige allzu massiv gebaute Abfüllwerke auf dieser tropischen Insel zur Folge hatte – die Dächer waren für starken Schneefall ausgelegt.

Am Ende der zwanziger Jahre hatten die Coca-Cola-Missionare auf der ganzen Welt Abfüller gefunden, und Woodruff hatte sichergestellt, daß die Neugründungen auch genügend Werbemittel erhielten. Da es im Ausland nichts der amerikanischen Sodabars Entsprechendes gab, sahen die Absatzzahlen für in ausländischen Bars ausgeschenkte Coca-Cola eher mager aus. Statt riesige Mengen Sirup containerweise nach Übersee zu verfrachten, beauftragte Woodruff seine Chemiker, ein spezielles Extrakt in Pulverform ohne Zucker zu entwickeln, was der Firma noch einen weiteren Vorteil verschaffte. Die ausländischen Abfüller fügten ihren eigenen Zucker hinzu, so daß The Coca-Cola-Company nicht unmittelbar betroffen war, falls die Zuckerpreise erneut anzogen.

Woodruff beging nicht den Fehler, sich an unbefristete Überseeverträge zu knebeln, vielmehr sorgte er dafür, daß er den Preis für das Konzentrat nach Belieben ändern und schwache Abfüller ersetzen konnte. In anderer Hinsicht wiederum orientierte er sich an den jeweiligen einheimischen Abfüllern und bestand darauf, daß die Firma und das Produkt nicht unter dem Stigma litten, aufdringlich amerikanisch zu sein. Die Zweigunternehmen arbeiteten mit im jeweiligen Land hergestellten Flaschen (in der Humpelrock-Form nach Angaben von Coca-Cola), Verschlüssen, Maschinen, Lastwagen und einheimischem Personal. Wo immer Coca-Cola auftrat, nützte es der Wirtschaft. Jeder konnte Geld verdienen. Jeder wurde damit glücklich.

Der systematische Aufbau einer weltweiten Industrie warf allerdings auch unvorhergesehene Schwierigkeiten auf. Coca-Cola mußte entweder mit bereits etablierten lokalen Abfüllern zusammenarbeiten, die sich für das Produkt vielleicht nicht stark genug einsetzten, oder mit wohlhabenden Unternehmen, die keine Ahnung von Soft Drinks hatten. Im letzteren Fall ging die Firma vorzugsweise mit berühmten Lokalen Geschäftsbeziehungen ein, doch häufig spannte sie auch amerikanische Gesellschaften ein.

In jedem neuen Land heuerte die Firma einheimische Anwälte an, denen die delikate Aufgabe oblag, das Warenzeichen schützen zu lassen, eine Angelegenheit, die hin und wieder andere Firmen erschwerten, die schon länger dort tätig waren. Der Erfolg von Coca-Cola in Amerika hatte bereits eine Flut von Imitatoren auf den Plan gerufen. Eine britische Firma, Duckworth & Company, braute Sirup für eine *Ersatz*-Coca-Cola, den sie in großem Maßstab nach Südamerika und anderswohin exportierte. 1928 reichte The Coca-Cola-Company die erste Überseeklage bei der Chancery Division (Kammer für Billigkeitsrecht des Höchsten Gerichtshofs) von Großbritannien ein, um den Duckworth-Sirup zu stoppen.[24] Andere Unternehmen, die schon länger Schutzrechte angemeldet hatten, kaufte Coca-Cola einfach auf, etwa Tino-Kola in Holland und Peru. Im benachbarten Mexiko entpuppte sich der Schutz des Warenzeichens als katastrophale Angelegenheit, die noch durch politische Unruhen erschwert wurde. Es gab dort bereits vier Plagiatseintragungen für den identischen Namen »Coca-Cola« und daneben noch einen Haufen registrierter Nachahmer. 1925 fuhr Harrison Jones zusammen mit dem Firmenchemiker W. P. Heath und einem Anwalt nach Mexiko, um die Lage zu entwirren, doch selbst der respekteinflößende Jones mußte die Rückreise antreten, ohne irgend etwas erreicht zu haben. Auch auf Kuba schwirrten unzählige Nachahmer herum, doch hier erwies sich das Justizsystem als wesentlich geschmeidiger, da es sich der seit Jahren währenden amerikanischen Intervention nicht hatte entziehen können. Doch selbst wenn das Geschäft in Übersee kurzfristig nicht viel abwarf, wußte Woodruff dennoch, daß es großen PR-Wert besaß. Er schickte Fotografen durch die ganze Welt, die in 78 Ländern das neue Auftreten von Coca-Cola aufs Negativ bannen sollten. Anschließend veröffentlichte er diese Fotos, offensichtlich mit Zustimmung des Verwaltungsrats, Anfang 1929 in einer Sondernummer des *Red Barrel.*

Andere Sprachen und Kulturen brachten für die Werbung für Coca-Cola auch eine Reihe von Problemen mit sich. Die chinesischen Schriftzeichen, die phonetisch Coca-Cola am nächsten kommen, bedeuten grob übersetzt: »Beiß in die Kaulquappe.«

Es stimmte zwar, daß ein bißchen Coca-Cola-Sirup und ein paar Exportflaschen mit Banderolen aus goldfarbener Metallfolie in 78 Länder verschafft wurden, doch wirklich abgefüllt wurde das Getränk lediglich in 27 Ländern – und die Quantität war mitleiderregend winzig, die Qualität häufig erbarmungswürdig. Aber dennoch betrachtete Woodruff diese Entwicklung zu Recht als beachtlichen Erfolg für die kurze Zeit.

Eine unbedachte Blankoabgabe

Ende des Jahres 1927 konnte Robert Woodruff auf seine ersten fünf Jahre bei Coca-Cola vollauf zufrieden zurückblicken. Der Absatz war stetig von etwas über siebzehn Millionen Gallonen im Jahr in 1923 auf knapp 23 Millionen im Jahr 1927 angestiegen. Mit dem hereinströmenden Geld hatte Woodruff 1926 alle Vorzugsaktien zurückgekauft, wodurch die Firma völlig schuldenfrei wurde. Es war eine Delkredererückstellung in Höhe von fünf Millionen Dollar und daneben ein Überschuß von zehn Millionen Dollar vorhanden. Von seinem Tiefstand in Höhe von 65 Dollar im Jahr 1923 war der Wert der Coca-Cola-Aktie bis 1927, als Woodruff einen Aktiensplit von zwei zu eins verkündete, auf knapp unter 200 Dollar hochgeklettert.

Der Boß wußte, daß der ganze Aktienmarkt vor dem Zusammenbruch stand, und er war sicher, daß auch seine überbewerteten Coca-Cola-Aktien mit in den Strudel gerissen würden. Dieser Anstieg war zu schnell erfolgt, zu leicht. Natürlich hatte er Vertrauen in die Zukunft des Soft Drinks, doch keine Aktie hält einen ständigen Höhenflug durch. Infolgedessen verkaufte Robert Woodruff Anfang 1928 im stillen seine 6600 Anteile. Mit anderen Worten, er verwettete praktisch alle Aktien, die er besaß, gegen seine eigene Firma.

Wie jeder weiß, der den Börsenkrach im Oktober 1929 erlebte, hat Woodruff mit seiner Einschätzung des Marktes im allgemeinen recht behalten. Doch in bezug auf Coca-Cola hatte er sich geirrt. Nach dem Aktiensplit von 1927 hatten die Aktien einen Wert von jeweils 96 Dollar. Am Tag des Börsenkrachs standen sie bei 137 Dollar. Im Lauf des Tages rutschten sie auf fast 128 Dollar ab, am Ende des Jahres hatten sie sich auf 134 Dollar erholt und stiegen in den folgenden Jahren stetig an. Als er seine Baissespekulationen zusammenrechnete, hatte Woodruff knapp 400 000 Dollar verloren.[25] Von da an hegte er niemals wieder Zweifel an Coca-Cola, doch dieses Vertrauen hat er auf die harte Tour erworben.

Als Woodruffs ehemaliger Chef und guter Freund Walter White 1929 bei einem Autounfall ums Leben kam, sprang der Boß in die Bresche und fungierte gleichzeitig als Präsident der White Motor Company wie von The Coca-Cola-Company – ein bis dahin unerhörtes Bravourstück, das allseits Bewunderung und Aufmerksamkeit erregte. Über ein Jahr lang lebte Woodruff in einem Pullman-Wagen und führte die Geschäfte für beide Unternehmen im Zug zwischen Atlanta und Cleveland. Nur wenige wußten, daß der Hauptbeweggrund für diese Doppelbelastung seine »ernste und kritische finanzielle Situation« war, eine Umschreibung, die einem geheimen Memo entnommen ist, in dem sein katastrophaler Aktienverkauf in allen Details aufgeführt ist. Trotzdem überstanden Robert Woodruff und Coca-Cola die große Depression in bemerkenswert guter Verfassung. Im darauffolgenden Jahrzehnt sollte praktisch jede Firma in Amerika darniederliegen, da die Wirtschaft schwere Einbußen erlitten hatte. Doch die Titelmädchen von Coca-Cola lächelten – aus gutem Grund – die ganze Zeit hindurch. Der Horizont wurde von einer einzigen Wolke getrübt, von einem Nachahmer, der bereits mehrfach zuvor beinahe über den Jordan gegangen war. Der Emporkömmling sollte sich als mächtigerer Gegenspieler erweisen, als irgend jemand bei Coca-Cola 1929 hätte ahnen können.

Die euphorische Depression und die Offensive von Pepsi

Diese heitere Symphonie von Nickeln und Dimes, die in die Myriaden von Kassen im ganzen Land und schließlich in die Schatztruhe der Coca-Cola-Company rollen, hat für bemerkenswert konstante Einkünfte gesorgt... in guten wie in schlechten Zeiten. Wer Coca-Cola-Aktien zum Spitzenpreis von 154,50 Dollar im Jahr 1929 erstand, sie während der großen Depression und der letzten Wirtschaftsrezession behielt und sie dieses Jahr an ihrem Tiefpunkt verkaufte, der hatte einschließlich Dividenden einen Gewinn von annähernd 225 Prozent erzielt.

Joseph D. Kelly, *Barron's*, 7. November 1938

Pepsi-Cola hits the spot,
Twelve full ounces, that's a lot.
Twice as much for a nickel, too,
Pepsi-Cola is the drink for you.
Nickel nickel nickel nickel,
Trickle trickle trickle trickle.

Radiosong, 1939

»Mit welchem Zaubertrick gewinnt Coca-Cola seine universelle Anziehungskraft? Es muß irgend etwas geben, denn die Nachfrage steigt und steigt«, schrieb ein verblüffter Journalist im April 1932 im *Magazine of Wallstreet Journal*. Zu Beginn der dreißiger Jahre war das Coca-Cola-Geschäft geradezu eine Offenbarung geworden, die Wirtschaftsbeobachter in bewundernde Verblüffung versetzte. »Ungeachtet der Depression, des Wetters und des intensiven Wettbewerbs hat Coca-Cola eine stetig größere Nachfrage zu verzeichnen«, schrieb ein anderer Investmentanalytiker und fügte die Einschränkung an: »Coca-Cola ist alles in allem [nur] ein Spezialartikel.« Der »Spezialartikel« schien allerdings überall zu sein. Als das Empire State Building im Frühjahr 1931 die Wolkenkratzer New Yorks überflügelte, tat es dies beinahe in Form einer gigantischen Coca-Cola-Flasche. Douglas Leigh, der die riesige Leuchtreklame am Times Square geschaffen hatte, schlug die vertrauten Umrisse der Flasche als passenden Abschluß des neuen Wolkenkratzers vor.

Im gleichen Jahr wurde die Popularität von Coca-Cola noch in völlig anderer Weise auf den unten vorbeiziehenden Straßen deutlich, als der Polizei endlich ein riesiges Coca-Cola-Fälscherunternehmen auf einem Speicher in der Bronx ins Netz ging, zusammen mit einem 200-Gallonen-Kessel, einem chemischen Labor, Druckerpresse und gefälschten Etiketten. Der listige »Abfüllring«, wie die *New York Times* die fünf Männer taufte, die den Betrug begangen hatten, hatte es im zurückliegenden Jahr geschafft, dem Gesetz in 25 Großstädten im zurückliegenden Jahr stets einen Schritt vorauszubleiben. In dem Betrieb in der Bronx standen 6800 Gallonen Sirup auslieferungsbereit, als die Polizei zuschlug.

Als alkoholische Getränke im Dezember 1933 endlich wieder erlaubt wurden, sagten die Börsenanalytiker den Niedergang von Coca-Cola voraus. »Die Aufhebung der Prohibition«, schrieb ein Journalist ein Jahr später, »würde The Coca-Cola Co. einen schrecklichen Schlag verpassen, denn wer trinkt noch ›Soft-Zeug‹ wenn er legal *echtes* Bier und *richtigen* Whiskey kaufen kann? Die Sache schien klar: Mit The Coca-Cola Co. ging es abwärts.« Natürlich geschah nichts dergleichen. »Das Auftauchen von legalem Bier versetzte Coca-Cola einen kleinen Stoß, doch die Neuheit nutzte sich bald ab, und die Coca-Cola-Süchtigen kehrten *in Massen* zu ihrer alten Gewohnheit zurück.« 1932 waren die Aktien der Soft-Drink-Firma in den Dow Jones Industrial Average (amerikanischer Aktienindex) aufgenommen worden. 1935, als ihr Kaufpreis bei über 200 Dollar stand, war die Coca-Cola-Aktie zur teuersten Industrieaktie in den Vereinigten Staaten aufgestiegen, bevor sie im November im Verhältnis vier zu eins gesplittet wurde. In einem Schreiben an einen Firmenangestellten im gleichen Jahr merkte ein Beobachter an, »der Wert der Aktien sei derart rasch in die Höhe geschossen, als hätte man einen Treibsatz unter sie gelegt«. Als die Firma 1936 kurz vor ihrem fünfzigjährigen Jubiläum stand, schien sie nichts mehr aufhalten zu können.

Die großartige Feier
des fünfzigjährigen Jubiläums

Als über 2000 Coca-Cola-Männer es in Atlanta zur Feier des fünfzigsten Geburtstages von Pembertons Getränk drei Tage lang knallen ließen, blickten sie von einem höchst zufriedenstellenden Vorsprung zurück. Der Kampf zwischen den Abfüllern und der Firma erschien nun nebensächlich, betrachtete man ihn im Licht des enormen Erfolgs unter der Leitung von Robert Woodruff. Veazey Rainwater streifte ihn nur kurz als »Familienstreit« und fügte hinzu, da sie »voneinander abhängig« seien, könnten sie es »sich unter keinen Umständen... leisten, sich zu bekämpfen«. [1]

Die wohlhabenden Abfüller der dreißiger Jahre sahen kaum einen Grund zur Sorge. Sie hatten ein einfaches, aber profitables Geschäft. Wie sich ein Firmenveteran erinnerte: »Der Werksvorarbeiter drehte einen Schalter um, und diese Humpelrock-Flaschen füllten sich, dann drehte er den Schalter wieder aus.« Viele Coca-Cola-Werke, die in dieser Zeit errichtet wurden, glichen Monumenten des Reichtums, der Stabilität und Eitelkeit ihrer Besitzer, sie besaßen Wandgemälde, Goldintarsien, Skulpturen und Kuppeln. Ein Abfüller baute sein Werk zu Ehren seiner Frau als Miniatur-Tadsch-Mahal.

Viele Pioniere im Abfüllgeschäft waren noch immer aktiv, so auch der gefeierte Joe Biedenham aus Mississippi, der Coca-Cola erstmals 1894 auf Flaschen gefüllt hatte. Als Tribut an diese Männer schilderte ein Theaterstück mit dem Titel *Pioniertage* die »Krähwinkel Coca-Cola-Abfüllfirma« und zeigte, wie widerstrebende Einzelhändler schließlich das neue Getränk zu schätzen lernten. Als gute, harmlose Unterhaltung bekamen die Coca-Cola-Männer und ihre Gattinnen Box- und Ringkämpfe vorgesetzt, bei denen die Frauen ihren Lieblingsringer anfeuerten, seinen Gegner von der Matte zu ziehen. An anderer Stelle im Saal erinnerten antiquierte Geräte die Abfüller daran, wie weit sie gekommen waren, und in einem »Visomatik«-Vorführraum wurden die technischen Schulungsprogramme für zukünftige Beschäftigte vorgestellt. Während er sich die Filmstreifen ansah, wurde dem neuen Soft-Drink-Mann die positive Coca-Cola-Einstellung eingebleut. Wenn er all diese Visomatiks gesehen hatte, hatte er auch seine erste Transfusion in einem ein Berufsleben andauernden Prozeß hinter sich. In den Adern eines Coca-Cola-Mannes floß, wie Firmenangehörige laut lachend feststellten, kein Blut, sondern Sirup.

Robert Woodruff sprach bei der Feier nicht direkt zu den Abfüllern, er hielt jedoch anläßlich eines Abendessens für die Sodabarleute, den Elitekader, den er häufig als sein »Marinekorps« bezeichnete, eine kurze Ansprache. »Wir sind immer noch Pioniere«, sagte er. Und er merkte an, daß der Erfolg von Coca-Cola zu »sorgenfreier und finanzieller Unabhängigkeit« führe, die »zu viele von uns zu schnell weich macht«. Warnend wies er darauf hin, daß »in diesem Gerede vom Erfolg Risiken stecken. Im langen Leben von Coca-Cola ist dieses halbe Jahrhundert nichts weiter als ein Augenblinzeln; aber wir können es, wenn wir wollen, dazu benutzen, ein Leuchtfeuer anzuzünden, das uns und denen, die folgen werden, als Lotse dient.«

Woodruffs ruhige Warnungen wurden von einer Woge des Optimismus weggespült. Zum Abschluß der Feierlichkeiten hielt Harrison Jones eine Rede, die er mit dem schlichten Titel »Morgen« versehen hatte: »Es wird Versuchungen und Widrigkeiten geben. Die Menschen werden gequält werden, und ihre Seelen werden der Versuchung anheimfallen... Es kann Krieg geben. Das können wir aushalten. Es kann Revolutionen geben. Wir werden sie überleben. Die Steuern können bis zum Äußersten steigen. Wir halten durch. Die vier Reiter der Apokalypse können über die Erde hinwegreiten – und Coca-Cola wird fortbestehen!« Das Lebensmotto laute, schloß Jones: »Coca-Cola ist nicht die *Vergangenheit*, Coca-Cola ist die *Zukunft*.« So warfen die Coca-Cola-Männer einen selbstgefälligen Blick zurück und verließen die Feier 1936 in der sicheren Gewißheit, daß sich ihre Hoffnungen für die Zukunft erfüllen würden.

Mit glücklicher Hand durch die Depression

Die Männer hatten allen Grund zum Jubel. 1936 war klar, daß Robert Woodruff und seine Leute es geschafft hatten, die Depression von den Füßen auf den Kopf zu stellen, und zwar mittels wohlkalkulierter, entschlossener und vielfacher Attacken auf die Verbraucher. Wie ein Reporter von *Fortune* zwei Jahre später feststellte, gaben die Lochkarten der Statistikabteilung »den genauen Stand der Coca-Cola-Geschäfte in ihren weitverzweigten Verästelungen« wieder und konnten mit einer Fehlerquote von nur zwei Prozent Absatz und Gewinn für das kommende Jahr vorhersagen.

Gelenkt von der wohlkalkulierten Werbung, sah die Öffentlichkeit in Coca-Cola nicht nur einen Durstlöscher, sondern auch einen gesellschaftlichen Funktionsträger, wie ein zeitgenössischer Beobachter bemerkte: »Überall, aber vor allem im Süden, scheint es an die Stelle von Kaffee – oder anderen Getränken – zu treten, wie etwas, bei dem sich die Männer zum Reden hinsetzen müssen.« Das Schlürfen begann bereits zur frühen Morgenstunde. Sam Dobbs hatte 1910 festgestellt, daß Coca-Cola überall, nur nicht am Frühstückstisch, zu finden sei. 1932 gab es sogar Sprudel am Vormittag: »Besuchen Sie einen von Schraffts Läden in New York am frühen Morgen, und achten Sie auf die vielen Leute, die zum Frühstück Coca-Cola und Brötchen verzehren oder auch nur Coca-Cola.« Die Sodabar war ein Magnet für Verbraucher jeden Alters. Coca-Cola war das akzeptierte Getränk, bei dem die Teenager schmachteten und schmusten. Im verbreiteten Swingjargon war der Soft Drink auch als »starker Tau« bekannt, während Wasser »Himmelssaft« hieß. Am Abend trafen sich hier die Arbeiter und Frauen aus der Nachbarschaft unter den Deckenventilatoren, um gemeinsam zu süffeln, während die privilegierten Kinder mit ihren eigenen Gläsern auf den hohen Stühlen thronten und dem müßigen Tratsch der Erwachsenen lauschten. Niemand wußte besser als die Firma selbst, wie wichtig diese Plazierung des Erfrischungsgetränks mitten im Herzen des amerikanischen Gesellschaftslebens war. »Puscht die Sodabar zu einer Institution hoch, zu einem

Treffpunkt«, hatte Turner Jones, der Leiter der Werbeabteilung, Archie Lee 1934 geraten.[2] Der D'Arcy-Mann stellte
die Sodabar groß heraus, doch in der Zeit der Depression
reichte ihm das noch nicht.

Lee war einer der ersten Werbefachleute, der erkannte,
daß das Image eines Produkts tatsächlich noch entscheidender ist als das Produkt selbst. Während eines Urlaubs
am Meer fiel Lee auf, daß seine vierjährige Tochter ihrem
kleinen Plüschbären so viel Aufmerksamkeit schenkte, daß
die anderen Kinder um das Tier stritten, obwohl andere
Spielsachen auf ihn wesentlich attraktiver wirkten. Lee verstand den Vorfall als Parabel. »Es geht nicht darum, was
ein Produkt ist«, schrieb er an Robert Woodruff, »sondern
was es tut, interessiert uns« – und er machte sich daran,
die richtigen Vorstellungen über Coca-Cola durchzusetzen,
das er genauso populär und heißgeliebt wie den kleinen
Bären sehen wollte. Die umfangreiche Werbung in der Zeit
der Depression zeigte das Getränk als angenehme, wenig
kostspielige Abschaltpause in einer zunehmend schwierigen Wirklichkeit. Jeder konnte noch ein Fünfcentstück her-
vorkramen und »rasch wieder zur Normalität zurückkeh-
ren«, wie Archie Lees Slogan versprach. Ein Historiker, der
sich die Coca-Cola-Anzeigen der dreißiger Jahre betrachtet,
hätte größte Probleme, anhand von ihnen nachzuweisen,
daß die Vereinigten Staaten gerade harte Zeiten durchleb-
ten.

Coca-Cola geht zum Film

Eine ähnliche Fluchtmöglichkeit boten Kinofilme, die wie
das Erfrischungsgetränk im Aufwind trieben. Archie Lee
stellte Fotografen mit großem Spesenkonto nach Hollywood ab, wo sie Coca-Cola in Filmszenen einkaufen sollten. Im Verlauf der dreißiger Jahre warben beispielsweise folgende Filmstars auf Coca-Cola-Anzeigen: Wallace
Beery, Joan Blondell, Claudette Colbert, Jackie Cooper,
Joan Crawford, Clark Gable, Greta Garbo, Cary Grant,
Jean Harlow, Carole Lombard, Frederic March, Maureen
O'Sullivan, Randolph Scott, Johnny Weissmüller und Lo-

retta Young. »Kinofilme besitzen größere Anziehungskraft als alles andere im Land«, schrieb Lee 1935 an Turner Jones.[3] Im gleichen Brief frohlockte er über die »kostenlose Werbung, die wir... in den neuesten Fahnen erhalten«. *Imitation of Life,* ein mittlerweile in Vergessenheit geratener Film, der »sehr populär« war, »baute wirklich auf Coca-Cola auf«, wie Lee sagte. *Broadway Bill* erwähnte den Soft Drink mehrfach, und Dizzy Dean schluckte es in einem Film, während er Baseballspiele ankündigte. Lee gefiel diese Kinowerbung ungemein, denn das Getränk gerate dadurch »vielen Leute so sehr ins Bewußtsein, daß sie es unbewußt kaufen«.

Am Ende des Jahrzehnts stellten die Firmen Spezialagenturen an, die ihre Produkte in Filmen unterbrachten. Coca-Colas berüchtigte Barbee-Brüder,* die ihr Abfüllwerk in Los Angeles in der Form eines Ozeandampfers komplett mit Bullaugen gebaut hatten, holten sich J. Parker Read, der in den Hollywooder Ateliers Coca-Cola herumreichte – zwei Kartons allmonatlich für große Stars, fünf Kartons täglich für alle laufenden Produktionen. Für Read, den ehemaligen Filmmogul aus der Zeit der Stummfilme, war es eine demütigende Aufgabe, doch er entledigte sich ihrer höchst stilvoll. Als Spencer Tracy 1939 in *Test Pilot* »zwei Coca-Cola verlangte, bitte«, sahen ihm sechzig Millionen Verehrer zu, wie er sein Erfrischungsgetränk genoß. »Die Kinofilme«, schrieb ein Reporter von *Business Week,* »die Bilder mit Ton verbinden, können sich eines bemerkenswerten Vorteils gegenüber den Magazinen wie dem Radio rühmen, wenn es darum geht, ein Produkt in Gebrauch zu zeigen.« Dieses »unaufdringliche Verkaufen« sei wirkungsvoll, so der Autor, aufgrund seiner »subtilen Suggestion«.

Die meisten weiblichen Filmstars auf den Coca-Cola-Anzeigen trugen Badeanzüge, die mehr enthüllten als die züchtigen Schwimmanzüge zwanzig Jahre zuvor. Entlang

---

* Die eineiigen Zwillinge Stanley und Al Barbee waren manisch-depressiv. Sie waren von Sex und dem glitzernden Lebensstil in Hollywood besessen, während ihr Bruder Cecil die Geschäfte führte. Stan sammelte Kunst, und Al gab sein Geld für Weltreisen und Boote aus.

der hauchdünnen Grenze zwischen offener Sexualität und »sauberer« Verführung zu balancieren, stellte mittlerweile eine echte Herausforderung dar, und ohne dies öffentlich auszusprechen, verlegten sich einige Coca-Cola-Männer in ihrer Werbung eindeutig auf Sex.

Zu Hause bei der Hausfrau

Mit Ausnahme des Kinobesuchs, der den Alltag vergessen ließ und Raum für sexuelle Phantasien bot, gab es für die meisten Amerikaner kaum andere öffentliche Vergnügungen. Da sie weniger Geld als früher hatten, vergnügten und verköstigten sich immer mehr Familien zu Hause. Gleichzeitig war es wesentlich einfacher geworden, Erfrischungsgetränke eiskalt zu halten – mit dem technischen Wunder namens Kühlschrank. Infolgedessen entwarf die Firma Großkampagnen, um Frauen und Kinder dazu zu bringen, mehr Coca-Cola zu Hause zu konsumieren.

Die Firma erkannte »die enorme Bedeutung dieser wahren Heerschar von Käuferinnen«, sagte ein Journalist und fügte hinzu, daß sie »den Tagesbedarf für etwa 25 000 000 amerikanische Haushalte« einkauften. Mit dem neuen Karton war Coca-Cola erstmals in Tausenden von Piggly-Wiggly- und A&P-Geschäften erhältlich. Die Hausfrauen wurden gedrängt, nach einem Sechserkarton für den Kühlschrank zu greifen, und fast über Nacht erblühte der Mitnahmemarkt. Um das weitere Wachstum zu sichern, schickte Woodruff Frauen von Haus zu Haus, wo sie den vertrauten Coca-Cola-Flaschenöffner hinterließen und Coupons für Gratispackungen anboten.[4]

Zur weiteren Verkaufsförderung der Verpackung wurde auf den Coca-Cola-Anzeigen das Getränk zum ersten Mal zusammen mit Lebensmitteln abgebildet, als »natürlicher Partner zum guten Essen«. Die typische amerikanische Mahlzeit war dabei ein Hot Dog oder ein Hamburger mit Pommes, die mit Coca-Cola hinuntergespült wurden.

Der Weihnachtsmann im Coca-Cola-Rot

Die Coca-Cola-Abfüller hatten schon immer gewußt, daß sie die nächste Generation von Verbrauchern frühzeitig erreichen mußten, ungeachtet des Tabus, offen die noch nicht Zwölfjährigen mit der Werbung anzusprechen. Nun, da Kinder Coca-Cola im häuslichen Kühlschrank fanden, wandte sich die Firma auch dem Markt der Schüler zu, wobei sie allerdings darauf achtete, daß niemals ein Kind im Grundschulalter mit dem Getränk abgebildet wurde. Eine auf Kinder abzielende Methode sollte schließlich die amerikanische Volkskultur tiefgreifend verändern, und zwar durch ein Kunstwerk von Haddon Sundblom.

»Sunny«, der trinkfeste Schwede, dessen Arbeiten brillant waren, jedoch meist nicht rechtzeitig abgeliefert wurden, machte sich trotz seiner Säumnisse unersetzlich, als er 1931 den klassischen Weihnachtsmann von Coca-Cola schuf. Sundbloms Weihnachtsmann war der perfekte Coca-Cola-Mann – größer als normal, hellrot, immer fröhlich und in drolligen Situationen eingefangen, in denen er als Belohnung dafür, eine ganze Nacht lang Spielzeug verteilt zu haben, einen berühmten Soft Drink erhielt. Zu jedem Weihnachtsfest lieferte Sundblom eine neue, schon sehnlichst erwartete Santa-Claus-Anzeige. Nachdem sein erstes Modell, ein pensionierter Coca-Cola-Verkäufer, gestorben war, nahm Sundblom sein eigenes Gesicht als Vorlage. Während Coca-Cola seinen eminenten Einfluß auf die amerikanische Kultur im allgemeinen eher subtil ausübt, hat die Firma unsere Vorstellung vom Weihnachtsmann direkt geformt. Vor den Sundblom-Illustrationen wurde der Weihnachtsmann ganz unterschiedlich dargestellt, in Blau, Gelb, Grün oder Rot. In der europäischen Kunst war er zumeist groß und hager, wohingegen Clement Moore ihn in seinem Gedicht *Die Nacht vor Weihnachten* als Elfengestalt gesehen hatte. Seit den Anzeigen für das Erfrischungsgetränk ist der Weihnachtsmann stets ein riesiger, dicker, unweigerlich glücklicher Mann mit breitem Gürtel und schwarzen Stiefeln – und er trägt das Rot von Coca-Cola. [5]

Das Radio wird erwachsen

Ende der dreißiger Jahre hörten die Familien im Durchschnitt bis zu viereinhalb Stunden täglich Radio. »Kein Medium hat jemals die Vorstellungskraft – gar nicht zu reden von der Freizeit – der Öffentlichkeit mit derselben Geschwindigkeit gefesselt wie der Rundfunk«, kommentierte ein Historiker. Die Firma erkannte die Zeichen der Zeit und stürzte sich 1930 mit einem Budget von fast 400 000 Dollar auf den Rundfunk. Grantland Rice, einer von Woodruffs Gefährten und ein bekannter Sportjournalist, ging mit einem Sportprogramm in den Äther,[6] das mit Interviews von Ty Cobb sowie Bobby Jones begann und in dem Leonard Joy ein Streichorchester leitete, das jede Show mit einem besonderen Coca-Cola-Song ankündigte. Diesen Song hatte er ursprünglich als Tango geschrieben – was Robert Woodruff allerdings haßte. Auf einen getragenen Walzer verlangsamt, bezauberte das Thema, das schluchzende Streicher spielten, die Radiogeneration und entwickelte sich zum Erkennungszeichen für jede Show, die die Firma sponserte.

Die Radiosendungen von Coca-Cola bereiteten Archie Lee Kopfschmerzen, da er zwischen den Künstlern, Woodruff und der Zuhörerschaft stand. Woodruff bestand darauf, daß die mit Coca-Cola verknüpften Shows so wohltuend und beschwingt wie das Produkt sein müßten, und wollte eine schöne, unaufdringliche Verkaufsmethode verwenden, nicht diese Sirenen, Gongs und Pistolenschüsse, mit denen häufig die Spots anderer Produkte angekündigt wurden. Er verbat sich reine Nachrichtenbeiträge, denn diese seien zu negativ, um ein Sponsoring attraktiv zu machen. Es sollten keine Kontroversen auftauchen. Lee wies einen Komiker sorgsam an, nicht nur schlüpfrige Witze zu unterlassen, sondern auch »alle Bemerkungen über Politik, Religion, Prohibition und dergleichen« – alles, das auch nur im entferntesten »negative Empfindungen auslösen« könnte.

Woodruffs liebste Rundfunkpersönlichkeit war »Singin' Sam«, eigentlich Harry Frankel, ein Country-Bursche aus Indiana (Archie Lee nannte ihn nur »Indiana-Trottel«), der von 1937 bis 1942 für das Erfrischungsgetränk seine schmalzigen Lieder sang. Lee wiederum zog den seidenweichen Sound von André Kostelanetz vor. Unglücklicherweise war der Künstler eine Primadonna sondergleichen und bestand auf einem großen Orchester mit 45 Musikern. Kostelanetz weigerte sich sogar, in einem nagelneuen, millionenteuren Studio zu spielen, weil ihm dessen Akustik nicht zusagte. 1940 bezeichnete Archie Lee das vergangene Jahrzehnt im Rückblick als seine »Kampf- und Kummerjahre mit dem Radio«, doch er hatte das Gefühl, das Coca-Cola-Programm habe eine angemessene Balance erreicht. Singin' Sam sprach die Typen vom Land mit Latzhose an, während der temperamentvolle Orchesterleiter die anderen Erwachsenen anzog. Für die Backfische gab es eine neue Sendung mit Swing- und Jazzbands, wo Männer wie Tommy Dorsey und Jimmy Lunceford gespielt wurden, den Lee als einen »Neger« bezeichnete, der durch seine Trompete »kreischt und heult«. Die große Ironie der dreißiger Jahre war, daß die technischen Innovationen wie Rundfunk und Kühlschrank das häusliche Leben Amerikas genau zu dem Zeitpunkt stark veränderten, als das Land seine erste langwierige wirtschaftliche Katastrophe erlebte. Als die Technik sich weiterentwickelte, verwandelte sich der geeiste Coca-Cola-Kühler der zwanziger Jahre zu einem elektrisch betriebenen Kühlgerät mit gleitendem Deckel. Westinghouse stellte 1934 ein elektrisches Standard-Kühlgerät für nur 76,50 Dollar vor. Im nächsten Jahr wurden 75 000 Kühlgeräte, denen die Wettbewerber schnell den Spottnamen »Rote Teufel« anhängten, an Händler verkauft. Drei Jahre später kam das Mills »47«, ein Münzkühlgerät mit einer Fassungskapazität von mehr als hundert Flaschen, auf den Markt.

»Das Coca-Cola-Kühlgerät«, schrieb ein Abfüller, »ist Werbemanager, Vertreter, Sekretär, Zustellbursche, Lagerarbeiter und manchmal sogar Registrierkasse in einem.« Ein Jumbomodell dieses Typs wurde auf der Versammlung von 1936 in Form eines sprechenden Kühlgeräts vorgestellt, das feierlich verkündete: »Ich bin der Freund des Abfüllers.« Die Arbeiter in den Werken entdeckten ebenfalls schnell ihre Liebe für die Roten Teufel und nutzten ihren Anteil an den Gewinnen aus dem Erfrischungsgetränk zum Kauf von Uniformen oder zur Gründung von Klubs. 1937 standen in öffentlichen Räumen bereits 8000 Münzkühlgeräte.

Coca-Cola stieg in den dreißiger Jahren noch in eine weitere technische Innovation ein, als im Flugverkehr neben den Doppeldecker eine zuverlässigere Transportart trat. Robert Woodruffs Freund Eddie Rickenbacker gründete die Eastern Airlines, deren Stewardessen auf allen Flügen mit den achtzehn Passagiere fassenden Condor-Flugzeugen den eiskalten Soft Drink servierten. Die Familien Biedenham und Freeman, beides Abfülldynastien, griffen C. E. Woolman bei der Expansion von Delta Airlines unter die Arme und unterstützten die Fluglinie, die bis dahin das Image des Schädlingsbekämpfers aus Mississippi genoß, bei ihrem Vorhaben, sich auf die Beförderung von Passagieren zu konzentrieren, indem sie in den Maschinen gratis Coca-Cola anboten. Das Erfrischungsgetränk gelangte über eine Fokkermaschine mit dem Namen »Stimme des Himmels«, deren übergroße Flügel an der Unterseite das berühmte Logo trugen, auf den Luftweg über Georgia. Auf die Bürger von Atlanta rieselten »seltsame Musik und merkwürdige Stimmen« herab, wenn drei Verstärker den Coca-Cola-Song aus der Höhe herunterplärrten. Um die fliegenden Konsumenten mit Werbung zu erreichen, errichtete die Birmingham Coca-Cola Bottling Company im Hinterhof des Werkes ein dreißig Meter großes Logo, das die Passagiere der American Airways auf dem Flug von und nach Alabama City leicht erkennen konnten.

Die Leute von D'Arcy unter Druck

So wie sich die Werbung für Coca-Cola durch die neuen Technologien diversifizierte, so bekam auch die D'Arcy Advertising Company mit praktisch jedem Aspekt des Coca-Cola-Geschäfts zu tun. Die Leute der Agentur erfüllten für The Coca-Cola-Company in jenen Jahren eine erstaunliche Vielzahl von Aufgaben, die weit über die Entwicklung der Werbung hinausreichten. 1934 beispielsweise reagierte die Firma frustriert auf die eigene Unfähigkeit, in einem Chicagoer Bürogebäude, das einem Drucker namens Donnelly gehörte, Kühlgeräte aufzustellen. »Warum können Sie nicht einige Zeitschriften, in denen wir werben, veranlassen,... auf Donnelly loszuschlagen?« wollte Turner Jones von Archie Lee wissen.[7] Die Agentur führte daneben auch Verbraucher- und Händlerumfragen für die Firma durch. Die bedauernswerten Werbefachleute mußten sogar Kronkorken zählen,[8] eine ganz besonders stupide Art der Marktforschung, bei der die neben den Kühlgeräten liegenden alten Flaschenkappen eingesammelt wurden, um herauszufinden, welcher Prozentsatz zu Coca-Cola gehörte.

Nahezu jeder, verlautbarte ein Werbemann für Coca-Cola einmal frustriert, hielt sich auf seinem Gebiet für einen Experten. »Selbst Geisteskranke äußern Ideen und Meinungen zur Werbung«, bemerkte er säuerlich. Archie Lee müssen ähnliche Gedanken bewegt haben, wenn sich Turner Jones beschwerte: »Das ist nicht einfach und klar ausgedrückt – das ist hoffnungslos verwirrend.«[9] Falls dem so war, behielt Lee seine Gedanken jedenfalls für sich. The Coca-Cola-Company war ein zu wichtiger Kunde, als daß er sie hätte vor den Kopf stoßen dürfen. Natürlich bedeutete das nicht, daß sich die Werbeleute nicht untereinander ihr Leid klagen konnten. Jack Drescher, ein Beschäftigter bei D'Arcy, erzählte Lee schriftlich von einer Illustration, die verändert werden mußte: »[Ralph] Hayes und [Robert] Woodruff sagen, daß der Mann für das Poster richtig wäre, wenn man ihn zehn Jahre jünger und ein bißchen fröhlicher machte. Ich sage, daß dann genau das herauskommt, was wir jetzt schon haben.«

Im Dezember 1934 schrieb Robert Woodruff William D'Arcy einen Brief, der dem Werbemogul das Weihnachtsfest vergällt haben muß. Woodruff schlug vor, daß D'Arcy sein Personal verstärken solle, damit die zunehmend unterschiedliche Coca-Cola-Werbung besser betreut werden könne. Gleichzeitig riet Woodruff D'Arcy, »das Image Ihrer Agentur aufzufrischen..., indem Sie sie in engeren Kontakt zur Werbe- und Geschäftswelt... im Osten bringen«. Eindeutig hielt Woodruff St. Louis für zu isoliert; er wollte eine Filiale auf der Madison Avenue haben und betonte, daß die Sache »dringend« sei. Im darauffolgenden Jahr eröffnete D'Arcy ein Büro in New York. Am Ende der dreißiger Jahre war die heimgesuchte D'Arcy-Agentur fast nur noch eine Verlängerung von The Coca-Cola-Company, was einengende pedantische Vorschriften zur Folge hatte, damit die Federn der leitenden Führungskräfte auch ja nicht gesträubt wurden.

Der Schutz des heiligen Markennamens

In den späten dreißiger Jahren wurden die Maßnahmen der Firma zur Unterbindung von Ersatz-Colas und Verletzungen des Markennamens standardisiert und raffinierter gestaltet. Die Anwälte des Erfrischungsgetränks waren sich der Tatsache schmerzlich bewußt, daß sie den Markennamen abschreiben konnten, wenn er in den allgemeinen Sprachgebrauch abglitt. Dieses Schicksal war bereits Aspirin und Zellophan widerfahren. Von »Cola«-Getränken zu reden stand unter einem Bannfluch, genauso wie das Bestellen von »Dope«.

1938 stand Jasper Yeomans, gerade frisch von der juristischen Fakultät der University of Georgia abgegangen, nervös sein Vorstellungsgespräch als Coca-Cola-Ermittler durch. »Als Sie noch Jurastudent waren, wie haben Sie da in der örtlichen Sodabar eine Coca-Cola bestellt?« Yeomans hatte sich auf diese spezielle Frage nicht vorbereitet. »Dope mit Kirsch, Sir.« Der Fragesteller verzog das Gesicht. »Jasper, das war das letzte Mal, daß Sie Coca-Cola ›Dope‹ genannt haben. Und außerdem ist Coca-Cola ein Produkt, das nicht zu verbessern ist; deshalb braucht es auch keine Zusätze.« Als ihn seine Freundin abends fragte, wie das Gespräch verlaufen sei, antwortete Yeomans: »Du kannst kein Dope mit Limo mehr haben.«

Yeomans gehörte zu den »Ermittlern«, die mit der Überprüfung von Gerüchten über Ersatz-Colas beschäftigt waren. Die Coca-Cola-Spione, überwiegend junge Rechtsanwälte, die versuchten, Geld für eine eigene Kanzlei anzusparen, hatten die strikte Anweisung, anonym zu bleiben. Der Agent hatte eine verdächtige Sodabar zu betreten, mit einer Flasche voll heißem Wasser im Trenchcoat, Coca-Cola zu bestellen und dann unbemerkt eine Probe für die spätere Analyse zu nehmen. Sofort nach dem Raubzug notierte er detaillierte Angaben über Zeitpunkt, Ort und Aussehen des Sodamixers. Die Proben in kleinen, mit heißem Wachs versiegelten Fläschchen wurden ans Labor geschickt. »Wir haben sie immer die Gummischuh-Abteilung genannt«, erinnert sich ein Firmenveteran. »Diese Jungs waren mit dem FBI zu vergleichen.«

Falls die Bar tatsächlich eine Coca-Cola-Fälschung ausschenkte, fand sie in der Post eine schriftliche Verwarnung vor. Falls zwei aufeinanderfolgende Proben weiterhin Beweise für Ersatzgetränke lieferten, wurden *zwei* Agenten gleichzeitig hingeschickt – der eine als Zeuge für das anschließende Gerichtsverfahren. Nur wenige derartige Klagen wurden auch tatsächlich vor Gericht verhandelt, denn die meisten Missetäter einigten sich lieber außergerichtlich. Im Fall der Minderheit, die vor Gericht landete, hat Coca-Cola nicht ein einziges Mal verloren, doch die Firma war nicht auf finanziellen Schadenersatz aus, sondern nur auf die Anordnung des Richters, daß ein derart schuldhaftes Verhalten fürderhin nicht mehr vorkommen dürfe.

Woodruffs stille Manöver

Robert Woodruff selbst hielt sich im Hintergrund und vollführte fortwährend Manöver, mit denen er die Abfüller, die Regierung und die Konkurrenz austricksen wollte. Woodruff kaufte die Stammabfüllfirmen eine nach der anderen zurück. [10] Die schwache Firma in New England hatte er bereits 1923 zurückerworben, nachdem er gerade die Präsidentschaft übernommen hatte. Zehn Jahre später kassierte er die Region des Südostens, der 1935 der Westen folgte. 1940 erwarb er das Gebiet von Texas, dessen Stammabfüller als 1903 Company bekannt war. Und 1942 erreichte Woodruff fast das gesteckte Ziel, die letzten beiden Stammabfüller aufzukaufen. Zu diesem Zeitpunkt besaß Arthur Pratt die Abfüllrechte für die Pazifikküste, die er George Hunter abgekauft hatte, der noch immer die ursprüngliche Thomas Company leitete. Pratt verkaufte, doch Hunter stieg in letzter Minute aus dem Handel aus und hielt dem Gedenken an seinen Onkel Ben die Treue. Als letzter verbliebener Stammabfüller sollte die Thomas Company Woodruff weitere dreißig Jahre lang ein Dorn im Auge sein. Das anhaltende Wachstum Coca-Colas weckte, wie vorauszusehen, das Interesse der Steuereintreiber. 1933 gab der Gouverneur von Georgia, Eugene Talmadge, seine Absicht bekannt, ein altes Steuergesetz über nicht greifbare Aktien verstärkt durchzusetzen. Diese »ad valorum«-Steuer auf Aktien und Obligationen erschien als einfache Möglichkeit, verzweifelt benötigtes Geld am Tiefpunkt der Depression aufzutreiben. Aufgrund des Wahlrechts dominierten in der Politik von Georgia die armen ländlichen Gebiete, und so wurde diese Steuer zur Schröpfung der Reichen mit einem noch höheren Satz für alle »auswärtigen« Gesellschaften – Firmen wie Coca-Cola, die, technisch gesehen, außerhalb des Bundesstaats eingetragen waren – verabschiedet. Das bedeutete, daß ihre gesamten Gewinne steuerpflichtig waren, sogar wenn sie außerhalb Georgias erzielt wurden.

Woodruff warnte den Gouverneur, er würde eher die Firma verlagern, als sich dieser Steuer unterwerfen. Jeder glaubte, der andere bluffe, bis Coca-Cola seine Drohung wahrmachte und sich am 1. Januar 1934 als Holdinggesellschaft neu gründete.[11] Das Timing war so knapp, daß das Personal von Coca-Cola kurz vor Mitternacht am Silvesterabend gerade noch mit Packen fertig wurde und dem Steuerbeamten entwischen konnte. Die Verwaltungszentrale wurde in Wilmington angesiedelt. Während der Sirup auch weiterhin in Atlanta hergestellt wurde, blieben Woodruff und sein Verwaltungsstab zehn Jahre lang in Delaware, bis die Gesetze in Georgia geändert wurden. Harold Hirsch jedoch weigerte sich, von Atlanta wegzugehen. Infolgedessen trat John Sibley 1935 an seine Stelle als leitender Rechtsbeistand der Firma. Hirsch war weiterhin ein wichtiger juristischer Berater, doch seine beherrschende Stellung in der Politik von Coca-Cola hatte er dadurch praktisch verloren. Er starb fünf Jahre später.

Wie Woodruff die Abkehr von der »ad valorum«-Steuer durchsetzte, ist ein beredtes Beispiel für seine geduldige, aber hartnäckige Strategie. Der Boß achtete sorgsam darauf, nichts Illegales zu unternehmen, doch er wendete alle anderen Mittel der Einflußnahme und Überredung für die Abschaffung dieser Steuer an. In diesem Fall betraute er den Anwalt Hughes Spalding aus Atlanta mit der Aufgabe, eine Verfassungsänderung zuwege zu bringen, mit der die Steuer aufgehoben würde. 1937 heuerte Spalding den Journalisten Frank Lawson an, wöchentlich zwei Kolumnen zu verfassen, in denen gegen die Soft-Drink-Steuer in Georgia gewettert wurde. Eine Kolumne zielte auf den Farmer auf dem Lande ab; sie kopierte den hysterischen, aufhetzenden Stil von Tom Watson und arbeitete mit Fett- und Kursivschriften, vielfachen Ausrufungszeichen und jeder nur denkbaren Propagandataktik. Die andere, im Tonfall weitaus weniger schrille, war ausgewogener und mehr im Stil eines Leitartikels gehalten. Beide wurden in beinahe 100 Provinzzeitungen von Georgia abgedruckt, die stets nach einem Spaltenfüller suchten. Einflußreiche Geschäftsleute und Mitglieder der gesetzgebenden Körperschaft erhielten ebenfalls Abzüge.

Das führte dazu, daß die Soft-Drink-Steuer im Dezember 1937 abgeschafft wurde. Zu Beginn der vierziger Jahre wies Gouverneur Ellis Arnall von Georgia die Gesetzgebung an, den Soft-Drink-Firmen bis zur Verabschiedung einer Verfassungsänderung, mit der die auswärtigen Gesellschaften von der Steuer auf immaterielle Werte ausgenommen würden, eine Sonderbehandlung in bezug auf die steuerliche Veranlagung angedeihen zu lassen. Diese Änderung ging ohne eine einzige Gegenstimme durch. »Was gut für Coke ist«, unterstrich der Gouverneur, »ist gut für Georgia.«

Eine weitere Folge der mehrfachen Steuerverstrickungen war Woodruffs Entscheidung im Jahr 1939, die Präsidentschaft von Coca-Cola Arthur Acklin, dem früheren IRS-Mitarbeiter, zu übertragen. Acklin war auf den Job nicht besonders erpicht, vor allem da Woodruff eindeutig keinerlei Neigung zeigte, auch nur ein Quentchen seiner Macht abzugeben, die er als Vorsitzender des Verwaltungsrats weiterhin auszuüben gedachte. Auf diese Weise konnte Woodruff im Hintergrund bleiben, was er ja wollte, und dem Bürokraten die Routineaufgaben der Verwaltung überlassen. Daneben vermutete Woodruff wahrscheinlich, mit dem gewohnten Blick über den Horizont hinaus, daß die Vereinigten Staaten letztlich in den Zweiten Weltkrieg eintreten würden, und dann wären Acklins Regierungskontakte von höchster Bedeutung.

Selbst als Präsident hatte Woodruff schnell und insgeheim die Fäden gezogen und so dafür gesorgt, daß die Beschaffung des umstrittensten Bestandteils von Coca-Cola nicht stockte. Die Legislative der Vereinigten Staaten hatte 1927 eine Vorlage verabschiedet, mit der die Einfuhr von Kokablättern nur noch für medizinische Zwecke erlaubt wurde. Das störte nicht unbedingt die Kreise von Coca-Cola, da die Firma die Kokablätter verwenden konnte, nachdem man das Kokain extrahiert hatte. Das Problem war vielmehr, daß der Coca-Cola-Konsum nach mehr Blättern verlangte, als die Ärzte für die Gewinnung von Kokain benötigten. 1931 verbrauchte Coca-Cola jährlich 200 000 Pound Kokablätter. Auf Druck von Woodruff drückte der Senator von Georgia, Walter George, eine Vorlage durch, mit der die Einfuhr von zusätzlichen Kokablättern zugelassen wurde, wenn das daraus gewonnene Kokain auf Kosten von Coca-Cola vernichtet wurde.

Anfang der dreißiger Jahre erwogen die Vereinigten Staaten jedoch den Beitritt zur Genfer Konvention, nach der die Einfuhr von Kokablättern *allein* für medizinische und wissenschaftliche Zwecke erlaubt war. Außerdem wandte sich Harry J. Anslinger, der Leiter der Behörde für Lebensmittel und Medikamente, vehement gegen Drogen, und ihm war »Merchandise Nr. 5« verdächtig. Die Situation war zu unsicher, als daß man sie den Politikern überlassen durfte. Robert Woodruff flog insgeheim nach Peru, wo er Vereinbarungen über ein Werk zum Dekokainisieren der Blätter traf. Im Herbst 1937 war die Fabrik in Lima fertig, doch sie erwies sich am Ende als unnötig.

Woodruff war noch aus einem anderen Grund wegen der Kokablätter besorgt, was mit seinen Überseeaktivitäten zu tun hatte. 1930 hatte er die Coca-Cola Export Corporation gegründet, die seine Auslandsabteilung ersetzen sollte. In den nächsten zehn Jahren legten die bereits vorhandenen Außenposten von Coca-Cola in Übersee langsam zu, und es kamen neue Länder hinzu – kleine Inseln wie Curaçao, Java, Trinidad und Jamaika genauso wie bedeutende Verkaufsgebiete, wie England, Schottland, Irland, Norwegen, Dänemark, Hongkong, Peru, Bolivien, Chile, die Schweiz, Österreich, Australien, Neuseeland und Südafrika. Als der Absatz im Ausland stieg, beschloß Woodruff, weltweit für die Produktion des Konzentrats Werke zu bauen. Auf diese Weise müßten lediglich die geheimen Geschmacksingredienzien, 7X und Merchandise Nr. 5 (der Kola- und Koka-Extrakt), exportiert werden. 1935 entschied das U.S. Narcotics Bureau (Betäubungsmittelbehörde) mit einer Logik, die nur ein Regierungsbürokrat nachvollziehen kann, daß es illegal sei, Nr. 5 zu *exportieren,* [12] selbst wenn es absolut in Ordnung war, die Kokablätter zu importieren und sie unter direkter Regierungsaufsicht zu entkokainisieren. Mittels einer gründlichen Lobbyarbeit (zu der auch die diskrete finanzielle Unterstützung von Antidrogen-Vereinigungen gehörte) brachte die Firma 1937 die Abschaffung dieser Verordnung zustande. Wäre das nicht gelungen, wäre Woodruffs Fabrik in Peru unerläßlich gewesen.

1932 suchte Woodruff nach jemandem mit Verbindungen, der ihn bei der Einfuhr von Kokablättern unterstützen, mit Beamten in Washington verhandeln und ihm die geeignetsten (und nützlichen) Zielobjekte für die Coca-Cola-Philanthropie nennen könnte. Er fand Ralph Hayes. Höflich, einfallsreich und ungemein taktvoll, stand Hayes, ein früherer Berater von Verteidigungsminister Newton Baker, in Washington in dem Ruf, einer der wenigen zu sein, die ein Geheimnis für sich behalten können. Nachdem Baker in den Ruhestand gegangen war, trat der junge Mann an die Spitze des New York Community Trust, einer der ersten gemeinnützigen Stiftungen, und häufte – indem er sich die richtigen Leute warmhielt – bis zu seiner Pensionierung im Jahr 1967 ein Vermögen von über 175 Millionen Dollar an.

Als Woodruff 1932 Hayes ansprach, fühlte sich der einsame, weltmännische Junggeselle sofort zu dem charismatischen Coca-Cola-Boß hingezogen, der an die Stelle von Ersatzvater Newton Baker treten sollte. Hayes und Woodruff bildeten ein seltsames Paar. Während der Boß verschlossen und nahezu unkultiviert war, las Hayes viel und schrieb lange, witzige, kenntnisreiche Briefe voller Shakespeare-Zitate. Er liebte es, nach dem Dinner Reden zu halten, und genoß es, all die Partys zu besuchen, die Woodruff mied. In den folgenden 35 Jahren arbeitete Hayes hinter den Kulissen als Woodruffs Diplomat, Lobbyist und gelegentlich als sein Sprachrohr und Redenschreiber.[13]

Stubbs und Farley auf Reisen

Hayes konnte die kleinen Sticheleien seitens der amerikanischen Regierung leicht aus der Welt schaffen, doch gegen Ende der dreißiger Jahre bereitete es ihm Kopfzerbrechen, in jedem Land auf der ganzen Welt die gleichen Schlachten schlagen zu müssen. Die Kubaner rissen sich eine große eingeführte Menge Koffein unter den Nagel, während die deutschen Gesundheitsbehörden gegen die Kokablätter in dem Getränk protestierten. Mexikanische Regierungsbeamte wollten zuerst das Rezept sehen, bevor sie den Import des Konzentrats genehmigten. In Peru erhoben die Leute von Coca-Soda Einwände gegen eine amerikanische Firma, die versuchte, das Monopol auf das Wort »Coca« zu beanspruchen, obwohl die Blätter selbst aus Peru stammten. Die ausländischen Kalamitäten schienen kein Ende zu nehmen.

Zur Unterstützung in diesem Schlachtgetümmel holte sich The Coca-Cola Export Corporation Stephen P. Ladas, einen gebürtigen Griechen, der sich in New York auf Auslandspatente und Markenschutz im Ausland spezialisiert hatte. In den folgenden 25 Jahren leitete Ladas zusammen mit dem Rechtsbeistand von Coca-Cola die weltweite Strategie. 1940 schlug der Coca-Cola-Lobbyist Ben Oehlert, der mit Ralph Hayes wiederholt in den nächsten drei Jahrzehnten immer dort auftauchte, wo stiller Druck und geheime Diplomatie angesagt waren, der Firma vor, einen erfahrenen Anwalt zu suchen, der für die Firma herumreisen und die Feuer löschen sollte. Und so stellte Coca-Cola Roy Stubbs ein, einen Anwalt aus einem kleinen Provinzstädtchen in Georgia.

In den folgenden fünfzehn Jahren reiste Stubbs für Coca-Cola kreuz und quer über den Globus. »Ich wurde so eine Art juristischer Reisender«, schrieb er, »von einem Problempunkt in Lateinamerika, Australien, Europa oder dem Mittleren Osten zum nächsten.« Er war bereits 55 Jahre alt, als er seine neue Karriere startete, doch Stubbs erwies sich als unschätzbarer Mitarbeiter, der seine scharfsinnigen Beobachtungen und Nachforschungen in einer eindrucksvollen Reihe von Kompilationen, die jeweils ein Land betrafen, aufzeichnete.

Stubbs brauchte ein ganzes Jahr, in dem er nebenbei Spanisch lernte, um die Registrierung von Coca-Cola durch die mexikanische Regierung zu bringen, ohne die Formel zu verraten. Dann begab er sich wie ein Wirbelwind auf eine Tour durch Lateinamerika, wo er sorgfältig potentielle Märkte studierte sowie ansässige Patentanwälte befragte und so kompetente Zuarbeiter mit guten Verbindungen zur Politik suchte.

Stubbs stellte fest, daß er sich dem lethargischen Tempo des lateinamerikanischen Lebens anpassen mußte, wo die Anwälte gewohnheitsmäßig gegen 11.00 Uhr im Büro eintrudelten, bald wieder zu ausgedehnten Mittagessen nach Hause entschwanden, ein oder zwei Stunden oberflächlich arbeiteten und dann ihr Tagwerk beendeten. Obwohl frustriert, zeigte Stubbs doch, wie so viele von Woodruffs Abgesandten aus Georgia, viel Verständnis für fremde Kulturen. »Es dauert unabsehbar lange, bis hier die Dinge in Gang kommen«, schrieb Stubbs einem Coca-Cola-Anwalt 1941.

Die Amerikaner, so erkannte Stubbs, wurden von den Ausländern häufig als arrogant empfunden und waren verhaßt – mit gutem Grund. »Ein Amerikaner stellt sich im allgemeinen auf die Hinterbeine und gerät mit seiner Ignoranz ins Rutschen«, schrieb er, »und dabei denkt er die ganze Zeit, was er doch für ein smarter Bursche sei.« Stubbs unterlief dieser Fehler nicht, und er entwickelte schnell aufrichtigen Respekt für seine lateinamerikanischen Kollegen, die Tradition, Kultur und Stil hochhielten und Zeit fanden für »das Protokoll der Etikette«.

Zur gleichen Zeit, als Stubbs Lateinamerika nach einer juristischen Begabung durchkämmte, unternahm James Aloysius Farley *seine* erste Good-will-Reise für Coca-Cola durch dasselbe Gebiet. »Big Jim« Farley, der imposante

Postminister, der Franklin D. Roosevelts brillanten Wahlkampf von 1932 geleitet hatte, brach öffentlich mit »FDR«,
als der Präsident sich 1940 zum drittenmal zur Wahl stellte.
Robert Woodruff erschnupperte eine Gelegenheit und heuerte Farley als Verwaltungsratsvorsitzenden der Coca-Cola
Export Corporation an, eine Position, die speziell für Farley
geschaffen wurde. Dann schickte er ihn sofort nach Lateinamerika, wo er nicht wie eine Führungskraft von Coca-
Cola, sondern vielmehr wie ein zu Besuch weilender Wür-
denträger empfangen wurde. Sein Reisetagebuch füllte die
Spalten der *New York Times*. In den folgenden 35 Jahren
sollte Farley, der Freund jedes neuen Präsidenten, Coca-
Colas Interessen weltweit vertreten.

Die liebe FDA

Während Stubbs und Farley Gesundheitsfragen im Ausland
ausfochten, hatten sich mit der wiederauflebenden Ver-
braucherschutzbewegung auch in den Vereinigten Staaten
derartige Probleme aufgetan. »Die Flut hat sich gegen uns
gewandt«, teilte W. C. D'Arcy 1934 seinen Werbeleuten düster mit. Das Gerede über den Kokaingehalt in dem Erfrischungsgetränk und dessen Auswirkungen auf die Gesundheit schwappte mit der Regelmäßigkeit von Ebbe und Flut
immer wieder einmal hoch. Abgesehen von den Gesundheitsfragen wurde in den dreißiger Jahren und in der Zeit
des sogenannten New Deal auch Kritik am Opportunismus
des Big Business laut. J. B. Matthews und R. E. Shallcross,
die Autoren von *Partners in Plunder* (etwa Raubgenossen),
eines Buches aus dem Jahr 1935, in dessen Untertitel vor
der »Wirtschaftsdiktatur« gewarnt wurde, überhäuften
Coca-Cola geradezu mit Schmähreden und wiesen darauf
hin, daß die Ingredienzien des Fünf-Cent-Getränks nur
wenig mehr als eineinhalb Cent kosteten.

Die Mitglieder der überlasteten Lebensmittelaufsicht der
FDA mußten während der FDA-Jahre eine stattliche Anzahl
von Briefen beantworten. Schulbehörden und besorgte Eltern fragten an, ob das Getränk Kindern schadet, die Coca-
Cola mit »fanatischer Inbrunst« tranken. Eine ältere Frau

fragte in einem mit krakeliger Schrift verfaßten Brief, ob Coca-Cola Narkotika enthielt, weil es die Gereiztheit ihres Enkels, der auf eine konfessionelle Schule ging, verstärkt hätte, wo er doch sowieso schon ein »übersensibles Nervensystem« hätte.

Letztendlich beweist der Brief besser als alle anderen, um was es eigentlich ging. »Jeder sagt ›trink es nicht‹, doch wie ich festgestellt habe, tut man es trotzdem. Und mir schmeckt es.«

Die Coca-Cola-Leute hatten sich gegenüber der Behörde für Lebensmittel und Medikamente (FDA) stets mehr als herzlich verhalten, doch 1939 wurden sie geradezu kriecherisch. Im Jahr zuvor, während einer neuen Welle aufkommenden Verbraucherbewußtseins, hatte der Kongreß einen strengeren Pure Food, Drug and Cosmetic Act verabschiedet, der verlangte, daß auf dem Etikett aller Lebensmittel und Getränke die Inhaltsstoffe angegeben werden müßten, was die ganze Soft-Drink-Industrie in Aufruhr versetzte. Vor allem die Coca-Cola-Company hatte viel gegen eine Etikettierung einzuwenden, denn dann hätte sie den Koffeingehalt des Getränks angeben müssen, ein Thema, das Robert Woodruff nachgerade tabuisierte.

Nachdem eine freundschaftliche Visite von Ralph Hayes und Ben Oehlert bei Dr. Dunbar von der FDA nichts bewirkt hatte, scharte die Firma ihre Abfüller um sich, die eine gutorganisierte Lokallobby bildeten. Die FDA wurde mit Briefen von Personen aus der Legislative und Beamten der bundesstaatlichen Gesundheitsbehörden überschwemmt, die forderten, daß Erfrischungsgetränke von den neuen Etikettierungsvorschriften ausgenommen würden. Im November trafen sich neun Mitglieder der American Bottlers of Carbonated Beverages (ABCB, etwa Vereinigung der amerikanischen Abfüller von Erfrischungsgetränken), zu denen auch Harrison Jones gehörte, mit Beamten der FDA und klagten, daß die Umsetzung des Gesetzes ihre Branche allein beim Austausch des Flaschenlagerbestands etwa achtzig Millionen Dollar kosten würde.

Wie vorauszusehen, dominierte Harrison Jones das Treffen. Er behauptete, daß die Forderung nach Etikettierung zu verstärktem unfairen Wettbewerb und zu Betrügereien fuhren würde, da eine Nachahmer-Cola legitimerweise beanspruchen könnte, die gleichen aufgeführten Grundzutaten zu besitzen. Jones erwärmte sich für das Thema und erklärte, daß die Kontur der Coca-Cola-Flasche praktisch eine heilige Sache sei und nicht verändert werden dürfe – und auch nicht etikettiert. »Sie wird achtzehnmillionenmal jeden Tag angefaßt«, tönte er dramatisch. »Selbst ein Blinder kann eine Coca-Cola-Flasche erkennen.«

Die FDA lenkte ein und garantierte eine zeitlich begrenzte Ausnahmeregelung, damit die Soft-Drink-Branche Zeit habe, einen geeigneten »Identitätsstandard« festzulegen. War ein derartiger Standard einmal gefunden – mit dem zulässige Mengen an Kohlensäure, Koffein, Säure und Zucker festgelegt wurden –, wären Etiketten überflüssig, da sich die Verbraucher an den Richtlinien orientieren könnten. Einig in der Ablehnung eines derartigen eisenharten Standards, gelang es der Branche, die »zeitweilige« Ausnahmeregelung auszudehnen, wobei sie zuerst einmal den Ausbruch des Zweiten Weltkriegs als Vorwand benutzte. Während die Verbraucher weiterhin bei der Behörde wegen des nicht angegebenen Koffeingehalts von Coca-Cola vorstellig wurden, konnte die FDA jahrelang keine zufriedenstellende Antwort erhalten. Als 1966 schließlich ein Identitätsstandard festgelegt wurde, machte das für die Öffentlichkeit keinen Unterschied, denn Coca-Cola trug weiterhin kein Etikett.

Pepsi erlebt seine Wiederauferstehung

Die bürokratischen Händel stellten allerdings für Coca-Cola in der Zeit der großen Depression nicht das Hauptproblem dar. Nachdem es mehrmals dem Tode nahe gewesen war, machte sich Pepsi-Cola erstmals während der dreißiger Jahre als ernsthafter Wettbewerber bemerkbar. Coca-Cola, unbestrittener König der Erfrischungsgetränke, mußte plötzlich gegen einen aggressiven jungen Konkurrenten bestehen. Die Ursprünge von Pepsi reichen fast so weit zurück wie die von Coca-Cola, bis ins Jahr 1894, als Caleb Bradham, ein Apotheker aus North Carolina, ein Cola-Getränk mit Pepsin entwickelte und als Tonikum gegen Verdauungsstörungen verkaufte. Als Bradhams Drink bekannt, wurde es zunehmend populärer, bis Bradham es 1898 in Pepsi-Cola umtaufte. Bis zum Ersten Weltkrieg erzielte das Getränk nur einen mäßigen Erfolg und wurde von lizenzierten Abfüllern in rund 25 Bundesstaaten vertrieben. Zu seinem Leidwesen wurde auch Bradham von demselben wilden Strudel auf dem Zuckermarkt erfaßt, mit dem Coca-Cola zu kämpfen hatte. 1920, als der Preis sich auf über zwanzig Cent pro Pound hochgeschraubt hatte, mußte seine Firma Konkurs anmelden.

Zwei Jahre später versuchte Bradham, Pepsi an The Coca-Cola-Company zu verkaufen, doch das Woodruff-Syndikat zeigte sich an dem kränkelnden Soft Drink nicht interessiert. Ein Wall-Street-Spekulant namens Roy Megargel erwarb 1923 Pepsi von Bradham, nur um zwei Jahre später ebenfalls ins Schleudern zu geraten. In der Hoffnung, aus seiner Investition doch noch etwas herausholen zu können, reorganisierte Megargel die Firma und schlängelte sich bis 1931 so durch, als er nur noch zwei Abfüller hatte. Am Rande des zweiten Bankrotts bot er Pepsi Coca-Cola an. Zum zweitenmal lehnte die Firma den Ankauf des fast dahingeschiedenen Wettbewerbers ab.

An diesem Punkt, daran kann kein Zweifel bestehen, wäre Pepsi den gleichen Weg wie die meisten Coca-Cola-Nachahmungen gegangen, hätte es nicht Charles Guth gegeben. Guth, ein New Yorker, der lange als der »Sturmvogel« [14] der Süßwarenbranche galt, hatte 1929 die Süßwarenkette Loft übernommen und im darauffolgenden Jahr sein Imperium noch um die Läden von Happiness und Mirror erweitert. Über die Sodabars der drei Ladenketten verkaufte Guth eine Unmenge Coca-Cola – genug, seiner Meinung nach jedenfalls, um das Anrecht auf einen kräftigen Rabatt geltend machen zu können. Die Firma dachte darüber anders. Wütend über die Inflexibilität von Coca-Cola, rief Guth an einem schönen Freitag des Jahres 1931 in Atlanta an und hinterließ bei einer Sekretärin eine Nachricht. »Wir werden nicht bei irgendeinem Großhändler einkaufen. Wir werden direkt von Ihnen kaufen oder überhaupt nicht. Wenn ich bis heute abend nichts von Mr. Judkins [dem Verkaufssachbearbeiter für Sodabars] höre, werde ich die Order ausgeben, daß in keinem einzigen Soft-Laden auch nur noch ein einziger Tropfen Coca-Cola ausgeschenkt wird. Einmal rausgeflogen, für immer rausgeflogen.«[15] Er wiederholte das Ganze nochmals, um sicherzustellen, daß die Dame es wortwörtlich mitbekam.

In der Zwischenzeit leierte Guth mit Megargel einen Handel an, bei dem dieser die dritte Pleite von Pepsi auslösen und dafür einen Berg Aktien der »neuen« Firma erhalten sollte, die Guth aus dem Konkursvermögen aufkaufen würde. Megargel sollte ferner sechs Jahre lang eine Lizenzgebühr in Höhe von zweieinhalb Cent pro Gallone bekommen. Im Juli 1931 wurde die neue Pepsi-Cola-Company aus der Taufe gehoben. Der Chemiker von Guth nahm das Pepsin heraus und probierte an der Formel herum, um Coca-Cola geschmacklich so nahe wie nur möglich zu kommen. Guth gab dann die Anweisung, daß all seine Sodabars nur noch Pepsi-Cola servieren dürften, das er als »bestes Getränk für fünf Cent in Amerika« proklamierte: »Es weckt wirklich die Lebensgeister.« Dem gerissenen Guth war vollkommen klar, daß Coca-Cola den Versuch unternehmen würde, gegen ihn vorzugehen; im Oktober wies er seine Angestellten schriftlich an: »Unter keinen Umständen darf Pepsi-Cola als Coca-Cola angeboten oder mit ihr verglichen werden.« Und er bot jedem, der eine seiner Ausschankstellen dabei erwischte, wie sie Pepsi für einen anderen Soft Drink ausgab, 10 000 Dollar Belohnung.

Die emsigen Ermittler von Coca-Cola schwärmten bald in die Loft-Läden aus und stießen zumindest auf einige Angestellte, die ihnen statt Coca-Cola Pepsi vorsetzten. Im Frühjahr 1932 reichte Coca-Cola Klage ein. Zur gleichen Zeit schrieb Harrison Jones an Guth einen Brief, in dem er 30 000 Dollar forderte, weil in den Läden von Loft, Happiness und Mirror Coca-Cola durch Pepsi ersetzt worden sei. Guth reagierte mit einer Flut von sieben Gegenklagen. Vier davon, die einzeln von Pepsi-Cola und drei Süßwarengeschäften eingereicht wurden, behaupteten, Coca-Cola habe den Abverkauf gestört und ihr Personal unter Druck gesetzt. Die anderen drei waren Verleumdungsklagen, in denen behauptet wurde, der Brief von Harrison Jones sei »diffamierend«.

Guth sandte The Coca-Cola-Company bald selbst ein diffamierendes Schreiben. Im Juli 1932 schickte er der Firmenzentrale in Atlanta einen Cartoon, auf dem eine Pepsi-Flasche einen Karren mit »Coke«- und »Dope«-Äpfeln umkippte, die von »Coke«-Schweinen verzehrt wurden. Darunter hatte Guth geschrieben: »Pepsi-Cola wird in Bälde der bestverkaufte Fünf-Cent-Drink in Ihrer Stadt sein, auf dem Markt von Flaschen wie auf dem der Sodabars.« Die Führungskräfte müssen sich wohl fürchterlich über Guths Bosheit aufgeregt haben, doch sie besaßen keinerlei Hinweise dafür, daß er in Atlanta oder anderswo eine ernsthafte Gefahr darstellte. Der Absatz von Pepsi war trostlos niedrig, selbst bei dem garantierten Ausschank in den Süßwarengeschäften. Als Guth im darauffolgenden Jahr Pepsi The Coca-Cola-Company für 50 000 Dollar anbot, lehnte der Soft-Drink-Koloß zum dritten und letzten Mal ab. [16]

Guth war verzweifelt, doch er unternahm einen unerwarteten Schachzug: Er entschied, daß er nichts mehr verlieren könne, wenn er eine zwölf Unzen fassende Pepsi-Flasche zu genau dem gleichen Preis von einem Nickel oder fünf Cent offeriere, den Coca-Cola für seine jeweils sechs Unzen großen Flaschen erzielte. 1934 suchte er sich Baltimore als Testmarkt für die übergroße Flasche aus und füllte das Getränk auf gebrauchte Bierflaschen ab. Der Absatz schoß in den Arbeitervierteln sofort nach oben, denn hier fiel in der Zeit der Depression die Wahl – trotz der überall hängenden Coca-Cola-Werbung – unweigerlich auf Pepsi, das für einen Nickel die doppelte Menge bot. Bald verkaufte sich Pepsi landesweit in einer bunten Mischung recycelter Bierflaschen, und Guth machte Gewinn – bei einem Bruttoumsatz von 450 000 Dollar im Jahr 1934 einen Nettogewinn von 90 000 Dollar. Die Mehrkosten für das Zwölf-Unzen-Getränk waren minimal, da der Löwenanteil der Kosten auf Abfüllanlagen, Flaschen, Vertrieb und Werbung entfiel. Um 1935 erkannte Guth, daß Pepsi zukunftsträchtiger als Loft war, und er seilte sich von letzterem ab, um sich nur noch Pepsi-Cola widmen zu können, wo er freie Fahrt hatte, da Megargel zwei Jahre zuvor verstorben war.

Die Direktoren von Loft, an deren Spitze der neue Präsident James W. Carkner stand, merkten, daß sie nur noch eine beinahe bankrotte Süßigkeitenkette in Händen hielten, und sie beschlossen, Guth zu verklagen, da er Gelder und Personal von Loft für die Entwicklung des Erfrischungsgetränks verwendet hatte. Sie wußten jedoch, daß sie ohne eine schnelle Kapitalspritze den Kampf mit Guth um die Geschäftsvollmacht bei der Jahrestagung 1936 sehr wohl verlieren könnten. Die Phoenix Securities Corporation, die sich auf die Rettung schwankender Unternehmen spezialisiert hatte, sprang in letzter Minute mit dem notwendigen Kapital ein. Der Boß von Phoenix, Walter Mack, der das entscheidende Problem einer Firma stets unzweifelhaft zu benennen wußte, übernahm in so einem Fall gewöhnlich die verantwortliche Leitung. Im Fall von Loft entschied er, daß die Ausrichtung auf den hochpreisigen Markt ein Fehler gewesen sei, und drehte die Verkaufsbemühungen auf die billigen Süßwaren zu fünf Cent zurück. Er wußte allerdings, daß die Zukunft des Unternehmens davon abhing, ob sie das Gerichtsverfahren gegen Guth gewann. Als Loft erneut mit Schwierigkeiten kämpfte, lieh Phoenix der Süßwarenfirma weiterhin Geld. Im September 1938 wurde die Klage fast ohne jede Einschränkung zugunsten von Loft entschieden. Guth mußte seine Geschäftsanteile an Pepsi in Höhe von 91 Prozent wieder abtreten.

Walter Mack erbt weltweit angestrengte Prozesse

Sechs unbehagliche Monate hindurch – so lange lag die Klage beim Berufungsgericht – hatte Walter Mack die Funktion des Präsidenten von Pepsi inne, während Guth als Geschäftsführer Mack das Leben so unangenehm wie nur möglich machte, ihn beispielsweise aus der Herrentoilette aussperrte und ihn in ein winziges Loch von Büro direkt über dem Heizungsraum steckte. Schließlich verlor Guth im April 1939 das Berufungsverfahren, und Mack übernahm die volle Verantwortung für die Zukunft des Erfrischungsgetränks. Er mußte entdecken, daß er in 24 Ländern in gerichtliche Auseinandersetzungen mit The Coca-Cola-Company verstrickt war, was der meisterhaften Strategie von John Sibley zuzuschreiben war.

Als Sibley 1935 offiziell Harold Hirsch als obersten Rechtsberater ersetzt hatte, hatte er eine genaue, Jahre währende Untersuchung eingeleitet und war zu dem Schluß gekommen, daß Coca-Cola sich wegen »eines organisierten und hinterhältigen Versuchs... das Markenzeichen dieser Firma ernsthaft zu schädigen oder sogar zu ruinieren«, in Gefahr befinde. Die Hälfte des Logos, sagte er, stehe auf dem Spiel. »Cola« sei auf bestem Wege, ein umgangssprachlicher Gattungsbegriff zu werden. In der Vergangenheit hatte Harold Hirsch nur solche Imitatoren verklagt, die Coca-Cola stark ähnelten – und die gewöhnlich, wie etwa Chero-Cola, mit einem »C« begannen und den vertrauten Schriftzug nachahmten. Sibley gelangte zu der Einschätzung, eine derart laxe Haltung stelle einen riesengroßen und vielleicht sogar fatalen Fehler dar. Er glaubte »ultimativ« daran, daß »Coca-Cola ein zusammengezogenes Wort aus zwei untrennbaren Teilen [sei] und daß jeder Teil im öffentlichen Bewußtsein so sehr mit dem anderen verknüpft und zusammengeschmiedet [sei], daß bei Benutzung des einen Teils der andere mitgedacht [werde]«. Mit anderen Worten, alle anderen Erfrischungsgetränke, die das Wort »Cola« verwendeten, sollten als Verletzer des Warenzeichens angesehen werden. Vor allem beunruhigte es ihn, daß ein Richter 1930 Roxa-Cola als gültige Handelsmarke abgesegnet hatte. Auch war erst kürzlich Nehi mit dem zwölf Unzen schweren Royal Crown Cola herausgekommen und hatte damit großen Erfolg. In seiner abschließenden Empfehlung erachtete Sibley es als zu gefährlich, Pepsi in den Vereinigten Staaten gerichtlich zu belangen, und schlug deshalb ein aggressives Vorgehen im Ausland vor, während man im Inland Klage gegen R. C. Cola und »die offenkundigsten Verletzer« mit ähnlich lautenden Namen wie etwa Cleo-Cola erheben sollte.

1938 verklagte The Coca-Cola-Company gleichzeitig Pepsi überall auf der Welt, wobei das aufwendigste Verfahren unmittelbar jenseits der Landesgrenzen in Kanada angestrengt wurde. Im Juli entschied der Canadian Exchequer Court (kanadisches Finanzgericht) zugunsten von Coca-Cola. Zu diesem Zeitpunkt noch in der Verantwortung, legte Guth sogleich Berufung ein und startete einen Gegenangriff mit zwei Speerspitzen in den Vereinigten Staaten. Mit einem dreisten Schuß direkt aufs Herz reichte Guth beim Patentamt eine Klage wegen Kollision zweier Patenteintragungen ein, wobei er behauptete »Koka« und »Kola« seien beschreibende Begriffe und könnten insofern nicht geschützt werden. Zur gleichen Zeit strengte er in Queens, New York (der Zentrale von Pepsi), eine Klage an mit der Begründung, Coca-Cola habe zu »illegalen und betrügerischen« Methoden gegriffen, zum Beispiel zu Einschüchterungsversuchen, Drohungen und »gefälschten Aufträgen«, um den Absatz von Pepsi in New York City und anderswo zu beeinträchtigen. [17]

Dadurch aufgestachelt, etwas zu unternehmen, schluckte Sibley den Queens-Köder und verklagte Pepsi wegen Verletzung des Markennamens. Der Kreis der weltweiten juristischen Verfolgung hatte sich geschlossen. Bei derart vielen anhängigen Prozessen verwundert es kaum, daß ein Kollege von Sibley im Hinblick auf das kommende Jahr schrieb: »1939 kann leicht das bislang kritischste Jahr in der Geschichte der Juristischen Abteilung werden.« Ohne Kosten zu scheuen, suchte sich Sibley die besten Anwälte des Landes auf dem Gebiet des Warenzeichenrechts aus, darunter auch Edward S. Rogers und Harry D. Nims, um den geheiligten Namen von Coca-Cola zu verteidigen. Er warb auch Richter Hugh Morris an, der im Abfüller-Prozeß zuständig gewesen war und sich mittlerweile wieder als Rechtsanwalt niedergelassen hatte. So also sah die unklare juristische Lage aus, die Walter Mack mit dem Erbe übernommen hatte.

Von E. J. Kahn jr. 1950 im *New Yorker* als »langgliedriger Mann mit traurigen Augen, der in Aussehen, Eifer und Zähigkeit einem Bluthund gleicht«, beschrieben, ging Mack sofort daran, die weitgestreuten Gerichtsverfahren zu meistern und daneben den weiteren Absatz seines Erfrischungsgetränks zu planen. Er zwang sich, jeden Tag die Vorverhandlung im Gerichtsgebäude von Queens mitzuverfolgen, die 1941 begann. »Jeden Morgen«, erinnerte er sich später, »fuhr ein großer Coca-Cola-Lieferwagen vor dem Gerichtsgebäude vor und marschierten all diese Coca-Cola-Männer in Livree mit Bücherbergen ein, in denen alle Gerichtsverfahren aufgeführt waren, die sie gewonnen hatten. Es war einfach überwältigend.«

Eines Morgens erhielt Mack einen Anruf von Mrs. Herman Smith, der Witwe eines Coca-Cola-Nachahmers. Sie wollte ihm ihr Bedauern ausdrücken. »Coca-Cola wird Sie aus dem Geschäft jagen... Mein Mann hatte auch geglaubt, er sei im Recht, aber sie haben ihn trotzdem aus dem Geschäft getrieben. Und ich habe immer noch ein Foto von dem Scheck, den sie ihm gaben.« Der Puls des Bluthundes beschleunigte sich, und Mack fragte, ob er sich das Bild ausleihen dürfe, das bewies, daß Coca-Cola sich den Sieg mit Bestechung in Höhe von sage und schreibe 35 000 Dollar verschafft hatte. Mit diesem Beweis vor Gericht konfrontiert, baten die Anwälte von Coca-Cola hastig um eine dreitägige Aussetzung des Verfahrens.

Am nächsten Tag telefonierte Woodruff mit Mack und lud ihn zum Mittagessen in sein Apartment im Waldorf-Astoria ein. Bevor Mack je etwas von Pepsi gehört hatte, waren die beiden 1934 freundschaftlich verbundene Bekannte geworden, als sie zufällig mit demselben Ozeandampfer reisten. Nun, nach einigen Drinks, sagte der Coca-Cola-Magnat: »Wissen Sie, Walter, ich habe nachgedacht. Dieser Prozeß zwischen uns nützt keinem etwas... Meinen Sie nicht, wir sollten uns einigen?« Auf einem Waldorf-Briefbogen schrieb Mack eine Vereinbarung, derzufolge Coca-Cola sich hinfort bereit erklärte, die Marke Pepsi in den Vereinigten Staaten anzuerkennen, und Woodruff setzte seinen Namen darunter. Als Sibley erfuhr, daß Woodruff die Sache außergerichtlich beigelegt hatte, fühlte er sich betrogen und wollte alles hinschmeißen. Woodruff wollte davon nichts hören. Ende des Jahres 1941 verfaßte Sibley ein verbittertes Memo, in dem er seine »grundlegende Uneinigkeit« mit Woodruff darlegte. »Die Verantwortung in der Position, die ich bekleide, ist schwer, und die Arbeit ist sehr anstrengend. So wie die Situation jetzt aussieht, bin ich nicht bereit weiterzumachen, höchstens auf einer zeitweiligen Basis.« 1943 überließ er schließlich seine Position als Generalbevollmächtigter Pope Brock, einem anderen Anwalt von King & Spalding, doch Sibley befaßte sich weiterhin bis zum Ende seines Lebens mit den Angelegenheiten von Coca-Cola.

Sibley war sogar noch unglücklicher, als der British Privy Council (Kronrat) im März 1942 zugunsten von Pepsi-Cola entschied (das kanadische Verfahren war mit der Verwerfung des Entscheids des Finanzgerichts von 1939 durch den Obersten Gerichtshof zu Ende gegangen). Der bedauernswerte Coca-Cola-Anwalt muß zwei Monate später dem Selbstmord nahe gewesen sein, als Woodruff und Mack *alle* Prozesse um den Markennamen ein für allemal beilegten. Coca-Cola versprach, nie wieder gegen die Markenrechte von Pepsi vorzugehen, und zog weltweit alle Klagen zurück. Coca-Cola hatte unwiderruflich das Exklusivrecht auf »Cola« verloren. Durch diese Aussicht in Angst und Schrecken versetzt, hatte sich Sibley 1941 entschlossen, den *ersten* Teil des Namens zu schützen. In der Entscheidung zum Koke-Prozeß hatte Oliver Wendell Holmes praktisch angeordnet, daß »Coke« der Firma gehöre. Jetzt ging Coca-Cola in einer wohlüberlegten Kampagne von seiner langjährigen Politik ab und förderte aktiv die Verwendung des Spitznamens »Coke«.[18] Dahinter stand die Absicht, diesen Markennamen patentieren zu lassen, nachdem er allgemein in Gebrauch gekommen war.

Während vor Gericht die Schlachten tobten, traf Walter Mack bei der Pepsi-Cola-Company alle Vorbereitungen, Loft zu schlucken. Zur Ausweisung der Abfüll-Lizenzen verfiel er auf ein geniales System. »Auf meinen Reisen durchs Land«, schrieb er, »stellte ich fest, daß es in jedem Gebiet einen wohlhabenden Abfüller gibt und daß das immer der Coca-Cola-Abfüller ist... Deshalb zog ich los und suchte mir die besten kleinen Abfüller und versuchte, sie für die Übernahme von Pepsi-Cola zu gewinnen.« Mack kaufte eine Unmenge gebrauchter Bierflaschen und verkaufte sie an die Lizenzabfüller für einen Viertelcent je Flasche weiter. Mit Pepsi gefüllt, erbrachten die Flaschen einen Gewinn von zwei Cent, also sofortiges Startkapital. Später, als seine Franchise-Unternehmer einmal existierten, entwarf Mack

Standardflaschen, die jeweils vier Cent kosteten, sich durch Mehrfachverwendung jedoch amortisierten. Das in die neuen Flaschen geprägte Pepsi-Logo war rot, weiß und blau, wobei Blau die unterscheidende Farbe zum Rot und Weiß von Coca-Cola wurde.

Mit einem winzigen Werbebudget erzielte Mack ein Maximum an Ergebnissen. Während Coca-Cola nach einem Flop auf Kuba zwanzig Jahre zuvor auf Dauer die Lust an der Himmelsschrift verloren hatte, besaß Mack keine derartigen Vorbehalte. Er jagte den Piloten Sid Pike die Ostküste hinauf und hinunter, wobei er im Winter in Florida startete und sich von dort langsam nach Norden vorarbeitete. Mit einem patentierten Mechanismus schrieb Pike das Pepsi-Logo an den Himmel über den Städten, was einen Cartoonisten prompt veranlaßte, Flugabwehrgeschütze von Coca-Cola zu zeichnen, die den Himmelsschreiber aus seiner Pepsi-Wolke herunterzuschießen suchten.

Macks eigentlicher Triumph jedoch war der Werbesong. Zwei ausgefallene Schreiberlinge namens Alan Bradley Kent und Austen Herbert Croom Croom-Johnson spielten Mack eines Tages im Jahr 1939 eine phonographische Aufzeichnung vor. Zur Melodie von »Do Ye Ken John Peel« hatten sie fröhliche Knittelverse verfaßt. »Pepsi-Cola hits the spot«, hörte Mack und begann sofort mit den Fingerspitzen mitzuklopfen. »Twelve full ounces, that's a lot./ Twice as much for a nickel, too,/Pepsi-Cola is the drink for you.« Mack gefiel das Liedchen so gut, daß er seine Werbeagentur anwies, den Song allein als Dreißig-Sekunden-Spot im Rundfunk zu senden und das begleitende Verkaufsgeschwätz hinauszuschmeißen. Zwar akzeptierte kein großer Radiosender diese Werbung – die in einer Zeit, in der Werbeeinspielungen mindestens fünf Minuten dauerten, zu kurz war –, doch Mack fand kleine Sender in New Jersey, die dringend Geld brauchten und alles annahmen. Der Werbesong, der erste seiner Art, wurde sofort ein Hit. Bald baten auch die großen Rundfunksender, ihn ausstrahlen zu dürfen. Als Mack eine Orchesterversion pressen ließ, verkaufte sich diese in einer Auflage von 100 000 Stück. Die Musik wurde als Marsch, Walzer, Rumba und Country-

Song adoptiert und zum Ohrwurm oder zur »Geißel des Kontinents«, wie sich ein Kommentator ausdrückte. 1941 ertönte der Song knapp 300 000 Male aus dem Äther. Mack hatte einen Trend gesetzt.

Die Würfel sind gefallen

Normalerweise warnte Robert Woodruff ständig vor einer Erstarrung, die verhinderte, daß die Firma mit dem Wandel der Zeit Schritt halte. In einer Sache allerdings blieb er stur: Er lehnte es ab, daß das Getränk – selbst angesichts der anderen Colas mit zwölf Unzen Inhalt – auch in größeren Mengeneinheiten und nicht nur als Sechs-Unzen-Flasche verkauft wurde. Gegenüber der Öffentlichkeit vertrat Harrison Jones die offizielle Meinung, doch im privaten Kreis drängte er Woodruff, ein Umdenken sei dringend geboten. »Jeder Tag, den wir damit warten,... verschlimmert die Situation und macht das Fort immer verwundbarer«, schrieb er im August 1941 in einem siebenseitigen Memo zur aktuellen Marktlage. Coca-Cola besetzte zwar 46 Prozent des Marktes für Erfrischungsgetränke, doch andere Colas, die er als »X-Drinks« bezeichnete, hatten sich einen Anteil von vierzehn Prozent erobert, und die verbliebenen vierzig Prozent wurden von Ginger Ale, Trauben- und Orangensaftgetränken, Kräuterbier und ähnlichem gehalten. »Das Bett haben wir gebaut«, sagte Jones, »und gerade krabbeln die Bettwanzen hinein.« Die Lösung bestand nach Jones darin, den Abfüllern »eine wahrheitsgetreue Vorstellung davon zu vermitteln«, was »schon vor langer Zeit und nicht erst jetzt hätte unternommen werden müssen und noch nicht einmal jetzt getan wird«. Er riet zu einer gewagten Diversifikation, wobei die Firma und die Abfüller eine neue Gesellschaft zur Herstellung von Cola in Zwölf-Unzen-Flaschen mit völlig anderem Markennamen und zudem noch anderen Geschmacksrichtungen gründen sollten. Am Ende, so hoffte Jones, würde die Konkurrenz »weggeblasen oder aus dem Weg geräumt« sein.

Woodruff ignorierte die Warnung. Statt dessen versuchte er vergeblich, Walter Mack mit dem Angebot des Präsidentenpostens von White Motors zu einem Gehalt von 250 000 Dollar im Jahr von Pepsi wegzulocken. Doch es war zu spät, Pepsi ließ sich nicht mehr aus dem Markt verdrängen, das Muster für einen, wie Walter Mack es nannte, »fundamentalen amerikanischen Kampf« war vorgegeben. Letztlich nützte der Wettbewerb Coke allerdings, wie ein Journalist 1938 in *Fortune* prophezeite: »Pepsi kann sich, falls es die Gerichtsverfahren überlebt, für Coca-Cola als gute Sache erweisen; der Absatz des letzteren ist an Orten, an denen die Kampagnen von Pepsi am heftigsten geführt wurden, steil nach oben geschossen.«

Pepsi gab sich als frecher Emporkömmling und war gewillt, auch schlechten Geschmack zu zeigen, wenn es damit nur Aufmerksamkeit erregen konnte. Wie um das zu beweisen, unternahm Walter Mack den Versuch, die Rechte an Popeye zu erstehen, um den magischen Spinat des Heroen durch magisches Pepsi zu ersetzen. Als das nicht klappte, erdachte er »Pepsi und Pete«, zwei Polizisten, die durch einen Comic strip schwankten und stets das Böse zu besiegen vermochten, indem sie im letzten Augenblick einen Schluck vom richtigen Stoff nahmen. In der ganzen Pepsi-Werbung steckte stets ein Stich gegen den Mitbewerber Coca-Cola; sonst hätte ja das »Zweimal soviel« keinen Sinn ergeben. Coke blieb das Maß des Erfolges.

Als Beweis für die zentrale Rolle der Soft-Drink-Giganten in der amerikanischen Kultur war Coca-Cola die erste Firma, die für die Weltausstellung von 1939 in New York zugelassen wurde, wo die Besucher eine echte Abfüllanlage, ein riesiges Wandgemälde und eine Farbkopie des Films *Refreshment Through the Years* (etwa: Erfrischung im Laufe der Jahrzehnte) ansehen konnten. Im darauffolgenden Jahr wurde eine Flasche Coke in Georgia in einer »Krypta der Zivilisation«[19] versenkt, die im Jahr 8113 ausgegraben (und vermutlich getrunken) werden soll.

Die Coca-Cola-Männer zeigen wohl bei vielen Dingen Sinn für Humor, doch wenn es um ihr heiliges Getränk geht, sind sie völlig humorlos. Vor Ausbruch des Zweiten Weltkriegs wandte sich Robert Woodruff kurz vor dem japanischen Angriff auf Pearl Harbor an seine eigenen Truppen. »Wir besitzen das großartigste Produkt der Welt«, sagte er. »Ich kann mich, meine Gefühle, mein Leben nicht von Coca-Cola trennen, und das können Sie alle auch nicht.« Er warnte vor Selbstzufriedenheit und erinnerte die Männer an Sapolio, das einmal ein berühmtes Reinigungsmittel gewesen und zum damaligen Zeitpunkt bereits völlig in Vergessenheit geraten war. »Wen die Götter vernichten wollen, den machen sie zuerst fett... Lassen Sie nicht zu, daß jemand über unser Geschäft sagen kann: ›Das ist eine nette, hochklassige alte Firma‹.«[20] Der Boß forderte »junge, virile, ehrgeizige Männer«, die das Coca-Cola-Evangelium verbreiten sollten.

Woodruff konnte es in jenem Augenblick nicht wissen, doch die Japaner waren gerade im Begriff, seinen virilen jungen Männern die Chance zu geben, das größte Coca-Cola-Abenteuer ihres Lebens zu bestehen.

Die 4000-Dollar-Flasche:
Coca-Cola zieht in den Krieg

Heute war ein so großer Tag, daß ich Dir alles sofort schreiben und erzählen muß. Jeder in der Kompanie bekam eine Coca-Cola. Das erscheint Dir vielleicht nicht besonders wichtig, aber ich wünschte, Du könntest einige dieser Jungs sehen, die seit zwanzig Monaten in Übersee sind. Sie drücken ihre Coke an die Brust, rennen in ihr Zelt und starren sie einfach nur an. Von ihnen hat noch kein einziger seine Flasche ausgetrunken, denn wenn man sie geleert hat, ist sie alle; deshalb wissen sie nicht, was sie machen sollen.

SCHÜTZE DAVE EDWARDS aus Italien
in einem Brief an seinen Bruder, *CC Bottler*, Mai 1944

Als Amerika in den Zweiten Weltkrieg eintrat, war Coca-Cola über fünfzig Jahre alt und in der Kultur des Landes so gut verankert, daß eine im September 1942 in *Newsweek* abgedruckte Anzeige für die U.S. Rubber Company behauptete, zu »den wohlvertrauten Dingen des täglichen Lebens«, für die amerikanische Soldaten kämpften, gehörten »die Flaschen Coke, die sie bald wieder im Drugstore an der Ecke schlürfen werden«. Außerhalb der Vereinigten Staaten sah die Sache allerdings ganz anders aus. Es stimmt, Woodruff hatte sich um den weltweiten Vertrieb des Getränks bemüht, doch fast überall war Coke nur recht *spärlich* präsent. Coca-Cola hatte zwar in Kanada, Kuba und Deutschland gut Fuß zu fassen vermocht, doch andernorts hatte es kaum den großen Zeh in der Tür. Die Japaner erkannten nicht, daß sie durch die Bombardierung von Pearl Harbor indirekt The Coca-Cola-Company weltweit zu Auftrieb verhalfen, was letztlich der Erfrischungsgetränke-Firma die unbestrittene globale Führungsposition in dieser Branche sichern sollte. Wahrscheinlich haben die

Japaner sich überhaupt keine Gedanken über Erfrischungsgetränke gemacht, wenn auch vier hawaiianische Coke-
Kühlgeräte an diesem Tag in Hickan Field den »Märtyrer-
tod« starben. Nichtsdestotrotz sollte der Krieg für Coca-Cola
ein Dreh- und Angelpunkt sein, und die Kriegszeit sollte
dem Anspruch von Coca-Cola, »das globale Zeichen« zu
sein, Gültigkeit verleihen. Für die Coke-Männer bereits hei-
lig, sollte das sprudelnde Getränk auch für den amerikanischen Soldaten beinahe religiöse Bedeutung gewinnen.

Von grundlegender Bedeutung
für die Moral der Jungs

Kurz nach dem Angriff auf Pearl Harbor gab Robert Woodruff eine außergewöhnliche Anordnung aus: »Wir werden
dafür sorgen, daß jeder Mann in Uniform für fünf Cent
eine Flasche Coca-Cola bekommt, wo immer er gerade ist
und was immer das die Firma kostet.«[1] Woodruffs Geste
war zweifellos eine aufrichtige patriotische Handlung, doch
mindestens genauso stark trieben ihn sein ausgeprägter Geschäftssinn und sein Gefühl für Publicity zu dieser
Großherzigkeit. Ihm war mit Sicherheit klar, daß die jungen
Soldaten einen unstillbaren Durst auf Bier und Coke hatten. Schon einige Zeit vor Pearl Harbor hatte er George
Downing (der später hinter den Fronten in Europa Abfüllwerke einrichten sollte) beauftragt, die Truppen während
der Manöver in den Vereinigten Staaten mit Coca-Cola zu
versorgen. Bei den Armeemanövern unter der drückenden
Sonne Louisianas im Spätsommer, also noch vor Pearl Harbor, war Coca-Cola natürlich, wie vorauszusehen, höchst
beliebt. »Eine Militäreinheit marschierte geradewegs in ein
kleines Abfüllwerk, um sich Coke zu holen«, erinnerte sich
Downing. »Der Vorrat war aufgebraucht, und so kauften
die Soldaten die Flaschen buchstäblich vom Band, bevor
sie noch mit Kronkorken verschlossen waren.« Die Nachfrage nach Coca-Cola seitens des Militärs klang geradezu
erbarmungswürdig dringend, schon bevor Amerika in den
Krieg eintrat, wie die Berge von Briefen in den Coca-Cola-
Archiven belegen. Im September 1941 beispielsweise

suchte ein Stützpunktarzt um ausreichende Versorgung nach und erklärte: »Ich kann mir kein größeres Unglück vorstellen als den Verlust des Coke-Nachschubs.«

Nach Pearl Harbor schwoll die Flut von Briefen infolge der Zuckerrationierung in der Postabteilung von Coca-Cola sintflutartig an. Im Januar 1942 schrieb ein Offizier an seinen lokalen Abfüller:

Nur sehr wenige Menschen haben sich jemals überlegt, welch große Rolle Coca-Cola bei Aufbau und Erhaltung der Moral unter Militärangehörigen zukommt. Offen gesagt, wir stünden auf verlorenem Posten, wenn wir ein genauso zufriedenstellendes und erfrischendes Getränk suchen sollten, das Coca-Cola ersetzen könnte. Deshalb hoffen wir inständig, daß Ihre Firma weiterhin in der Lage ist, uns in dieser kritischen Situation zu beliefern. Unserer Ansicht nach kann Coca-Cola als eins der grundlegenden, die Moral hebenden Produkte für die Jungs eingestuft werden.[2]

Ben Oehlert schaltete als Washingtoner Lobbyist für Coca-Cola einen höheren Gang ein. Er wußte schon immer bestens, wie er sich durch die Hallen des Kongresses und der Behörde für Lebensmittel und Medikamente winden mußte, doch jetzt bewegte sich Oehlert unablässig durch den politischen Dschungel und wurde salbungsvoll und hartnäckig wegen Coca-Cola vorstellig. Er drängte die Firma, ihren Zuckervorrat von 23 000 Säcken als Geste des guten Willens ans Militär zu verkaufen, was der Firma zu einem »besseren psychologischen Stand und zu besserer PR«, verhelfen würde. Gleichzeitig bot Oehlert seine »Hilfe bei der Festlegung der Vorgehensweise« der War Production Boards' Sugar Section (Zuckerzuteilungssektion des Amts für Kriegswichtige Güter) an und half ihr, zur Verwaltung der vorhandenen Bestände »die richtigen Anordnungen zu formulieren«. Er versandte Marktforschungsergebnisse, die belegten, wieviel Mengen Coca-Cola auf militärischen Stützpunkten konsumiert wurden, und 100 Briefe von Heer- und Marine-Einheiten, USO (United States Organization)-Abteilungen, Abteilungen des Roten Kreuzes und Rüstungsbetrieben, die alle »die Bedeutung unseres Produktes für sie unterstreichen«. Oehlert fügte hinzu, daß »es die gedankenlose Tendenz geben mag... die Soft-Drink-Branche in einer derartigen Zeit als etwas Unwichtiges anzusehen«. Nichts konnte von der Wahrheit weiter entfernt sein!

Um dies zu belegen, erdachten Oehlert und die D'Arcy-Agentur 1942 ein Prachtexemplar an Pseudowissenschaftlichkeit mit dem Titel »Die Bedeutung der Ruhepause bei der militärischen Höchstleistung«. Auf den ersten acht Seiten wurden schlicht nur zahllose Autoritäten zitiert, die beweisen sollten, daß Industriearbeiter und Soldaten mehr leisteten, wenn sie immer wieder Pausen einlegen konnten. Coca-Cola wurde noch mit keinem Wort erwähnt. Dann folgte auf der neunten Seite die riesige Abbildung einer geleerten Coca-Cola-Flasche mit dem treffenden Text: »Männer arbeiten erfrischt besser. Zeit regiert die Gegenwart wie nie zuvor. Eine Nation im Krieg strengt sich in der Produktion in neuem Tempo bis zum äußersten an... In Zeiten wie diesen leistet Coca-Cola den Arbeitenden einen notwendigen Dienst.«

Zu seinen Hilfsdiensten gehörte es auch, daß es Oehlert gelang, Coca-Colas leitenden Manager Ed Forio ins Amt für die Zuckerrationierung zu hieven; die Firma stellte die Soft-Drink-Führungskraft auf unbefristete Zeit frei, so daß Forio dem Bedürfnis des Landes nach Süßem dienen konnte. In der Zwischenzeit konzentrierte sich James Farley, der neue Chef von The Coca-Cola Export Corporation, auf seine Spezialität, nämlich im stillen hinter den Kulissen Politik zu treiben. Das gleiche tat der Washingtoner Anwalt für Steuerrecht Max Gardner, der bedrängt wurde, die Bürokraten »fügsam, aufnahmebereit, lenksam und beeinflußbar« zu machen.

Die Lobbyarbeit zahlte sich aus. Anfang 1942 wurde Coca-Cola von der Zuckerrationierung ausgenommen, sobald es an das Militär oder an Einzelhändler verkauft wurde, deren Kunden Soldaten waren. Schließlich, im Juni, ersuchte Brehon Somervell, der Generalquartiermeister der Armee, den Vorsitzenden des Zuckeramts um eine Ausweitung der Ausnahmegenehmigung und nannte hierbei speziell Coca-Cola. Die Haltung der Armee gegenüber dem Erfrischungsgetränk hatte sich um 180 Grad gewandelt, seit sie 35 Jahre zuvor Coca-Cola von ihren Stützpunkten verbannt hatte. Harrison Jones, dem bei Beginn der Zuckerrationierung Obszönitäten entschlüpft waren, war begeistert. Während die anderen Unternehmen der Soft-Drink-Branche unter der Achtzig-Prozent-Quote (auf der Grundlage des Vorkriegsbedarfs berechnet) zu leiden hatten, traf man bei Coca-Cola alle notwendigen Vorbereitungen für die Riesenaufgabe, das süße Getränk durch so viele GI-Kehlen wie nur möglich sprudeln zu lassen. In der schlimmsten Zeit sank die Zuckerrationierung auf fünfzig Prozent, doch das traf nur die inländischen Coca-Cola-Abfüller schwer, in deren Umkreis es zu ihrem Leidwesen keinen Militärstützpunkt gab.[3]

Die Coca-Cola-Colonels

Zuerst versuchte die Firma, auf Flaschen abgefüllte Coca-Cola ins Ausland zu verschiffen. Doch trotz seines privilegierten Status hatten andere Militärlieferungen Vorrang vor Coca-Cola. In einer Radiosendung des NBC kritisierte Agronsky 1942 einen umfangreichen Coca-Cola-Transport nach Australien, der stattfand, als dort ein dringender Bedarf an Waffen und Flugzeugen bestand. Da ihnen von seiten der Logistik und der Medien der Wind ins Gesicht blies, ersannen die Firmenleute einen anderen Plan und bereicherten einfach die Bandbreite der dehydrierten Lebensmittel, die die Armee benutzte, um eine weitere Substanz. Warum nicht einfach nur das Konzentrat ausliefern und das Zeug in Übersee anrühren und auf Flaschen füllen? Und wenn kein Abfüllwerk hinzustellen war, warum nicht tragbare Sodabars zur Front schaffen?

Die Firma befaßte sich bereits ungefähr einen Monat nach dem Angriff auf Pearl Harbor mit derartigen Ideen und sandte Albert »Red« Davos nach Reykjavik auf Island, um für den dortigen im Bau befindlichen Militärstützpunkt Coca-Cola auf Flaschen zu ziehen. Mittels Zeichensprache führte Davis den Abfüller vor Ort in die klirrenden Geheimnisse einer veralteten Dixie-Einheit ein,[4] und dieser verkaufte seine ersten kohlensäurehaltigen Getränke im Mai

1942 ans Militär, in demselben Monat, als Agronskys Klage bei NBC über den Äther ging. Nazi-Sympathisanten und Einheimische reagierten anfangs skeptisch auf das amerikanische Getränk, da sie die sexuellen Großtaten der GI-Besatzer ablehnten, doch Coca-Cola bewies schnell seine universelle Anziehungskraft. Bislang in Island unbekannt, erreichte das Getränk eine derart hohe Beliebtheit, daß der Premierminister forderte, die Hälfte des rationierten Zuckers müsse die Getränke der Zivilisten versüßen, die der Meinung waren, Coke sei »Heilnaemt og Hressandi« (köstlich und erfrischend). Heutzutage übertrifft der jährliche Pro-Kopf-Verbrauch von 365 Flaschen den aller anderen Länder auf der Welt, einschließlich der Vereinigten Staaten.

Davis war der erste von 248 Coca-Cola-Beschäftigten, die hinter den Soldaten herzogen und ihnen in der Folge zehn Milliarden Cokes servierten, vom Dschungel auf Neu-Guinea bis zum Offiziersklub an der Riviera. Während des Krieges wurden auf jedem Kontinent – mit Ausnahme der Antarktis – 64 Abfüllwerke errichtet, größtenteils auf Regierungskosten. Die Abenteuer der Coca-Cola-Männer in Übersee sollten in der Firma legendär werden, während die Früchte ihrer Arbeit nach dem Krieg zu einer wahren Absatzexplosion führten.

In einer bemerkenswerten Vereinbarung verlieh die US-Armee den Coca-Cola-Vertretern den pseudomilitärischen Status von »Technischen Beobachtern«,[5] eine Bezeichnung, die im Ersten Weltkrieg für »kriegswichtige« Zivilisten ersonnen wurde, die beispielsweise das militärische Gerät instand hielten. Charles Lindbergh etwa diente eine Zeitlang während des Zweiten Weltkriegs als Technischer Berater für die United Aircraft Corporation. So unglaublich es erscheinen mag, die Techniker, die hinter der Front Coca-Cola-Werke aufbauten, wurden als genauso wichtig eingestuft wie diejenigen, die Panzer oder Flugzeuge zusammensetzten. Die Coke-Repräsentanten trugen Armeeuniformen mit dem Abzeichen »T. O.« auf der Schulter. Jeder Coke-Mann erhielt entsprechend seines Firmengehalts einen militärischen Rang, was einige Witzbolde veranlaßte, sie die »Coca-Cola-Colonels« zu taufen.

Die Technischen Beobachter von Coca-Cola waren zwar

vom aktiven Dienst befreit, gerieten selten wirklich in Gefahr und genossen im Vergleich zum gemeinen Soldaten häufig ein sehr angenehmes Dasein, doch sie oder die Gewinne, die sie aus diesem Markt abschöpften, stießen nicht auf Ablehnung. Vielmehr waren die Soldaten dankbar, daß The Coca-Cola-Company sich so um sie kümmerte und ihnen Vertreter schickte, die ihnen inmitten dieser Hölle einen Geschmack von zu Hause brachten. Eine von dem Technischen Berater Quint Adams erzählte Anekdote verdeutlicht, wie sie behandelt wurden. Nördlich von Neapel wurden Adams und ein Offizier von einem Wachposten gestoppt, der einen Ausweis der Fünften Armee zu sehen verlangte, den sie nicht dabei hatten. Der Wachposten blieb hartnäckig. Der Offizier fügte sich und sagte zu Adams, daß die Abfüllanlage dann eben warten müsse. »Warum, zur Hölle, haben Sie nicht gesagt, daß er ein Coca-Cola-Mann ist?« beschwerte sich der Wachposten und schritt zur Seite, um sie durchfahren zu lassen.

Allgemeine Zuneigung

Nicht nur die Mannschaftsgrade mochten Coca-Cola; die Generäle schienen das Getränk ganz besonders zu lieben. Für Patton gehörte ein geheimer Vorrat an Coke schlicht zur Lebensnotwendigkeit, und er sorgte dafür, daß die Technischen Beobachter überall, wo er war, ein Abfüllwerk errichteten – vielleicht wegen seines wohlbekannten Durstes auf Coke mit Rum. Er schlug einmal – nicht nur so zum Spaß – einen Weg vor, den Krieg rasch zu beenden: »Zur Hölle, wir sollten zuerst Coke hineinschicken, dann müßten wir nicht mehr gegen die Bastarde kämpfen.« MacArthur versah die erste Flasche Coke, die nach seiner berühmten Rückkehr auf den Philippinen hergestellt wurde, mit seinem Autogramm.

Doch der wirklich Coca-Cola-Süchtige war Eisenhower, der nach dem Krieg ein enger Freund und Golfpartner von Robert Woodruff wurde. Eisenhower sandte am 29. Juni 1943 aus Nordafrika ein drängendes Kabel, das die Technischen Beobachter zum Rotieren brachte.

Anforderung mit dem ersten Konvoi: Lieferung von drei

Millionen Flaschen Coca-Cola (gefüllt) und komplette Ausrüstung für das Abfüllen, Reinigen und Verschließen der doppelten Menge jeden Monat. Betreffs der Ausrüstung vorzugsweise zehn Maschinen zum Aufbau an verschiedenen Standorten, jede komplett zum Abfüllen von 20 000 Flaschen am Tag. Dazu ausreichend Sirup und Kronkorken für sechs Millionen Füllungen. Sirup, Kronkorken und 60 000 Flaschen monatlich sollten automatisch geliefert werden. Monatliche Lieferung an Flaschen muß zu erwartenden Glasbruch und Verlust decken. Geschätzte Schiffstonnen der ersten Lieferung 5000. Verschiffung, ohne militärische Fracht zu verschieben. Daten zu diesen Installationen und Abläufen hier sehr mager. Fordern, daß sie von voll qualifizierten Leuten geprüft werden, und dem Oberkommando raten wir die rasche Empfehlung zur Errichtung der Anlagen für einen Bedarf von 200 000 Flaschen täglich und bitten es mitzuteilen, wann geliefert werden kann.

Eisenhowers Forderung, daß die Werke »keine militärische Fracht verschieben« sollten, verfolgte eindeutig den Zweck, alle, die Einwände erheben könnten, zu beschwichtigen, obwohl mit Sicherheit kaum jemand den Befehl des Generals widerrufen hätte. Und so setzte der Mann, der Jahre später die amerikanische Öffentlichkeit vor den Gefahren des »militärisch-industriellen Komplexes« warnen sollte, eine Vereinbarung zur offenen Zusammenarbeit zwischen der Armee und The Coca-Cola-Company in die Tat um.

Der Stabschef der Armee, George C. Marshall, setzte ohne zu zögern das Eisenhower-Telegramm mit einem harmlos formulierten Befehl des Verteidigungsministeriums um: »Lebensnotwendige und dem Wohlbefinden dienende Artikel werden den Truppen in Übersee in entsprechenden Mengen zur Verfügung gestellt.«[6] Anfang 1944, nachdem die Firma an der Durchsetzung einer härteren Formulierung gearbeitet hatte, gab Marshall Zirkular Nr. 51 heraus,[7] mit dem den Kommandeuren insbesondere erlaubt wurde, Coca-Cola-Abfüllanlagen anzufordern und mit Technischen Beobachtern, die sie errichten und betreiben sollten, auszustatten.

Die Fahrt mit dem Red-Ball-Express

Woodruff entsandte eiligst den Technischen Beobachter Albert Thomforde mit einem militärischen Frachtflugzeug zu Ikes Truppen. Thomforde kam noch vor seiner Lieferung an und fand dieselben Schwierigkeiten vor, auf die Technische Beobachter meistens stießen: veraltete einheimische Abfüllanlagen, verschmutztes Wasser und ein frustrierendes Verhältnis zum Army Exchange Service. Nichtsdestotrotz rollte bis Weihnachten 1943 in Oran die erste Coke vom Band. Hatte Coke einmal einen Brückenkopf errichtet, brachte die Firma rasch ihr Abfüllpersonal zu jeder nur verfügbaren Front auf den Weg. Thomforde flog nach Italien, um dort das Abfüllen anzufangen, gefolgt von anderen Beobachtern, die hinter den amerikanischen Soldaten her den italienischen Stiefel hochwanderten. Von England aus überquerten sie kurz nach dem D-Day den Kanal.* Der Technische Beobachter Paul Bacon fuhr im ersten »Red Ball Express« (einem offenen Armeejeep) mit, der nach der Befreiung nach Paris hineinholperte. Als die Alliierten Streitkräfte die Deutschen zurück nach Berlin trieben, brausten die Coca-Cola-Männer mit ihren Abfüllanlagen nach Deutschland hinein, polierten die europäischen Mineralwasserfabriken wieder auf und servierten den Truppen ihr Lieblingsgetränk.

In der Zwischenzeit strömten die Technischen Beobachter auch zu den pazifischen Kriegsschauplätzen, doch aufgrund der Geographie des Krieges und der sich schnell ver-

---

* Coke erreichte nicht direkt mit den Jungs zusammen die Strände, obwohl GI Mike Barry kurz vor der Invasion in der Normandie seiner Schwester einen humorigen Brief schrieb über die »wichtigste Frage bei Amphibienlandungen: Geht die Coke-Maschine mit der ersten oder mit der zweiten Welle an Land? Ich habe Dir schon erzählt, was das für ein Problem ist. Wenn man die Coke-Maschine mit der ersten Welle schickt, strömen die folgenden Wellen herein ohne ausreichend Nickels in der Tasche. Es ist klar, daß es sehr schwierig ist, an einem feindlichen Strand einen Dime oder Quarter wechseln zu lassen. Wenn man andererseits die Coke-Maschine bis zur zweiten Welle zurückhält, warten die Männer der ersten Welle am Strand, bis sie kommt, anstatt vorwärtszustürmen und den Feind anzugreifen.«

schiebenden Fronten ging das Abfüllen hier nicht so einfach wie in Afrika oder Europa. Infolgedessen tranken die durstigen pazifischen Truppen Coke aus Bechern, die aus tragbaren »Dschungel-Zapfanlagen«[8] gefüllt wurden. In der Wildnis von Neuguinea waren schwarze und weiße Soldaten zumindest zeitweise integriert und tranken, im Gegensatz zu den getrennten Soft-Drink-Ausschankstellen auf amerikanischen Stützpunkten, vom selben Coke-Spender.

»Die Technischen Beobachter gewinnen den Krieg«

Im großen und ganzen nahmen die Technischen Beobachter – deren Erkennungslied mit der obigen Überschriftenzeile begann – ihre Aufgabe ernst und versuchten unter schwierigen Umständen, einen ausreichenden Nachschub ihres Getränks sicherzustellen. Einige ihrer Heldentaten waren wahrlich Herkulestaten, etwa John Talleys Suche und Bergung eines Füllgeräts, das in den Hafen von Le Havre gefallen war, oder die 1300 Meilen weite Reise von Fred Cooke »über den Hügel« des Himalajagebirges, um eine Abfüllanlage nach China zu bringen. Im normalen Alltag der Technischen Beobachter wurden prosaischere Schlachten geschlagen. »Es wird mir noch lange ein Rätsel sein«, schrieb Gene Braendle 1944 über einen anderen Coke-Mann, »wie Bill Musselman diesen Schrotthaufen, den er Abfüllmaschine nennt, volle siebzehn Stunden täglich ununterbrochen in Gang hält. Sein Haupthilfsmittel ist anscheinend Draht und dazu Schweißen und nochmals Schweißen an praktisch jedem beweglichen Teil.«

Das Schweißen wie andere Reparaturen besorgten zumeist Angehörige des Militärs. Die Grenze zwischen der Privatindustrie und den Regierungstruppen hatte sich, milde ausgedrückt, während des Krieges vermischt. So konnte der Technische Berater Gene Braendle aus Neuguinea schreiben: »Es ist für uns von höchster Bedeutung, daß alle, vom Stützpunktkommandanten bis hinunter zu den unteren Mannschaftsgraden, lebhaften Anteil an der Coke-Lage nehmen und uns helfen, wo sie nur können.«

Wären sie nicht zur Zusammenarbeit bereit gewesen, hätten sie sich in einer schweren Klemme befunden, meinte Kriegsberichterstatter Howard Fast, der wegen der Befürchtung eines Piloten, Coca-Cola zu verärgern, beinahe gestorben wäre. Zunächst konnte Fast nicht ergründen, warum seine Transportmaschine auf einem entlegenen Außenposten der Armee in Saudi-Arabien landete, wo das Thermometer siebzig Grad Celsius anzeigte. Sie hatten hier einen Zwischenaufenthalt eingelegt, um Tausende von leeren Coca-Cola-Flaschen abzuholen. Als die überladene C46 die Wüstenbahn entlangrumpelte, gewann sie nicht ausreichend an Höhe und kam gerade noch über die Sanddünen hinweg. Der Schriftsteller schlug logischerweise vor, Flaschen abzuwerfen. Das, so wurde ihm gesagt, sei unmöglich. »Waffen können Sie abwerfen, Jeeps, Munition, selbst eine Haubitze... aber Coca-Cola-Flaschen? Keinesfalls. Nicht, wenn Sie Ihre Punkte behalten und nicht wieder Hauptgefreiter werden wollen.« Der Pilot hatte die Moral gelernt: »Mit Coca-Cola macht man keinen Scheiß.«[9]

Auch Kriegsgefangene wurden zur Arbeit in den Coca-Cola-Werken eingesetzt. Die Coca-Cola-Männer zogen die fleißigen deutschen und japanischen Gefangenen den Einheimischen vor, deren Arbeitsethos nicht so hoch war. Ein Beobachter beklagte sich, daß französische Arbeiter »kaum eine Vorstellung hatten, was die Wörter Sauberkeit und Hygiene bedeuten. Es ist ihnen reichlich gleichgültig, ob sie arbeiten oder nicht, und wenn sie arbeiten, so ist ihnen die Art der Arbeit, die sie ausführen, gleichgültig, um es milde auszudrücken.« Auf der anderen Seite seien die deutschen Kriegsgefangenen »sehr gute Arbeitskräfte und einfach zu behandeln. Wenn man ihnen zeigt, was man haben will, fangen sie an und machen es, und sie machen es gut.«

So wie die Soldaten Gefahren, Todesangst sowie ausgedehnte Phasen der Langeweile erduldeten und gelegentlich ein Freß- und Saufgelage abhielten, bestand auch das Leben der Technischen Beobachter von Coca-Cola aus einer Berg- und Talfahrt mit harten und unbeschwerten Zeiten. In der unveröffentlichten Firmengeschichte dieser Jahre ließ sich James Kahn in poetischen Tönen über das harte Leben der Technischen Beobachter aus, die oftmals nur kümmerliche, unzureichende Rationen bekamen und sich mit unbequemen Schlafmöglichkeiten zufriedengaben. »Sie infizierten sich mit Malaria und litten unter Erfrierungen und Dschungelfieber«, schrieb er, »und kamen mit gelb verfärbter Haut nach Hause, weil sie unzählige Kapseln Atabrin eingenommen hatten.« Drei von ihnen, so schloß er, kehrten nicht mehr heim, sie wurden »bei Flugzeugabstürzen getötet«.

Auch wenn Kahns Bericht allzu dramatisch klingt, schildert er doch die Wahrheit. Allerdings versäumte er es, die angenehmen Seiten des Lebens der Coca-Cola-Mannen in Übersee zu erwähnen. Die Technischen Beobachter erzählten von Jagdausflügen, daß sie in den Offiziersklubs einen hoben und Poker spielten, sich Segelboote anschafften und mit Rote-Kreuz-Schwestern übers Wochenende in die Alpen fuhren. »Sie bringen Ihre besten Wünsche für meine persönliche Bequemlichkeit zum Ausdruck«, schrieb ein Technischer Beobachter 1945 aus Italien laut *T. O. Digest.* »Was das betrifft, so schäme ich mich fast meines Berichts.« Und er beschrieb im weiteren seine luxuriöse Mittelmeervilla, zu der sogar Zimmer für die Bediensteten gehörten.

Die Heimatfront und das globale Zeichen

Zu Hause in den Vereinigten Staaten beuteten die Anzeigenkampagnen für Coke den patriotischen Einsatz des Getränks im Ausland aus. Damit sie nicht noch mehr Steuern für Gewinnüberschüsse zahlen mußte, pumpte die Firma während des Krieges Geld in die Werbung. Die Anzeigen waren in Hawaii, Großbritannien, der Sowjetunion, Schottland, Neufundland und Neu-Guinea angesiedelt und trugen den neuen Slogan: »Das globale Zeichen«.

Diesen internationalen Anzeigen wurden solche mit Szenen von der Heimatfront gegenübergestellt, die zeigten, wie Coca-Cola den Durst von geschäftigen Gärtnern von Siegesparks, Verkäufern von Kriegsanleihen und heimkehrenden Soldaten löschte, deren liebende Frauen und Kinder sie mit Soft Drinks verwöhnten, während sie mit weit aufgerissenen Augen den Erzählungen vom Krieg lauschten.

Wie in der Zeit der Depression mieden die Anzeigen auch jetzt die bedrückenden Realitäten.

Die Firma pflegte ihr patriotisches Image während des Zweiten Weltkriegs mit Inbrunst. Für zehn Cent das Stück verkaufte sie Tausende von Broschüren mit dem Titel »Know Your War Planes« (etwa: Lerne deine Kampfflugzeuge kennen) – eine richtige Attraktion für kriegsbegeisterte Kinder. Die Flugschriftenreihe »Unser Amerika«, die für Junior-High-Schüler gedacht war, schilderte die Geschichte der amerikanischen Stahl-, Holz- und Bergbauindustrie oder der Landwirtschaft ohne viel Werbung. Coca-Cola vertrieb Markiertafeln, Spielkarten, Damespiele, Dominospiele, Dartbretter, Bingo, Tischtennissets und komische Postkarten mit Militärbildern. Als Sponsor der beliebten Rundfunkreihe »Siegesparade der Bands im Rampenlicht« heuerte Coca-Cola über hundert bekannte Bands an, die im ganzen Land auf den Militärstützpunkten Konzerte gaben und Coke tranken. Der irische Tenor Morton Downey, der nach dem Krieg in den Firmenangelegenheiten eine Rolle spielen sollte, sang in seiner eigenen, von Coca-Cola gesponserten Radioshow.

Trotz der Versuche von Oehlert, das War Production Board (Amt für Kriegswichtige Güter) davon zu überzeugen, daß Coca-Cola auch für die Moral der Zivilisten von entscheidender Bedeutung sei, war die Versorgung der Allgemeinheit streng rationiert. Ein Herausgeber aus Kansas schrieb, daß die Verknappung von Coke den *Ernst* des Krieges erst wirklich nach Hause bringe, während Coca-Cola-Süchtige in Texas besonders wütend auf die Rationierung waren, laut einem Journalisten, der Angst vor Protestlern hatte, »die einen Sechsschüssigen in der einen Hand schwingen und in der anderen eine mit TNT gefüllte Cokeflasche«. Ein Kunde, der sich beeilte, eine warme Flasche Coke aus dem Kühlgerät zu holen, wo sie gerade erst hineingestellt worden war, erklärte: »Diese Leute haben zwanzig Jahre daran gearbeitet, aus mir einen Trinker zu machen, und können mich jetzt nicht einfach so vom Nachschub abschneiden.«

Acklins qualvoller Krieg

Der großgewachsene, zerbrechliche, sanfte Mann, der für das Tagesgeschäft der Firma während des Zweiten Weltkrieges zuständig war, Arthur Acklin, wurde kurz vor Kriegsausbruch Präsident von Coca-Cola, offensichtlich weil Robert Woodruff nicht mehr länger im Scheinwerferlicht stehen oder mit weltlichen Angelegenheiten zu tun haben wollte. Acklin haßte Druck; er hatte bereits einmal, 1934, einen Zusammenbruch erlitten, und er bat Woodruff 1939, ihn nicht zum Präsidenten zu ernennen, doch es war umsonst. Wie er es ausdrückte, besaß Acklin ein »Temperament, das jedes Problem ernst nimmt, dem ich mich gegenübersehe«. Es fiel ihm schwer, nur von einem Tag auf den anderen planen zu können – und das passierte während des Krieges oft genug, um jede Führungskraft nervös zu machen. Ihn beunruhigte der Ankauf von peruanischem Zucker für das Inlandsgeschäft zu inflationären Preisen. Er mußte mit der Monsanto Chemical Company verhandeln und sie dazu überreden, spezielle Anlagen für die Herstellung von Koffein in Brasilien und Mexiko zu errichten. Aufgrund der Metallknappheit schloß er Verträge über recycelte Flaschenkappen ab. Jeden Monat verbrauchte Coke 25 000 Gallonen Vanille-Extrakt, jedes Jahr eine Million Pound »Merchandise Nr. 5« (Extrakt des Kokablatts und der Kolanuß). Beide Ingredienzien drohten knapp zu werden.

Der ständige Druck wirkte sich auf Acklin aus. Er wurde von Tag zu Tag dünner. Er bat Woodruff, einen »Verfahrensausschuß« zu gründen, der ihn unterstützen sollte, doch der Boß lehnte ab. Das schlecht geführte Baseballteam von Coca-Cola, die Atlanta Crackers, schrieb rote Zahlen. Die Regierung fror Löhne und Preise ein. Die Thomas Company wollte alles umsonst haben. Mehr als die Hälfte der Firmenbeschäftigten war eingezogen. Drei Wochen, nachdem die Deutschen kapituliert hatten, brach Acklin zusammen. »Natürlich kann man sich überhaupt nicht die Vielzahl der Probleme vorstellen, mit denen ich konfrontiert war«, schrieb Acklin wehleidig. »Der Druck

315

hat einen ziemlich hohen Zoll gefordert.« Woodruff mußte vorübergehend erneut die Präsidentschaft übernehmen. Acklin gelang es, die inländische Coca-Cola in guter Verfassung durch den Krieg zu steuern, doch er selbst zählte zu den Kriegsopfern.

Zeugnisse aus der Kriegszeit

Der Triumph von Coca-Cola während des Krieges ist in vielerlei Hinsicht auf die relative Knappheit des Getränks zurückzuführen, wodurch sich sein Wert und das Verlangen danach steigerten. Ein junger, in Neuguinea stationierter Soldat beschrieb in einem Brief an seine Eltern seine selbstgebraute Coke. »Der Sirup ist alt, und die Kohlensäure perlt kaum, aber sie ist doch unser größter Luxus. Der Sirup wird mit einem Teelöffel in einen Feldbecher aus Aluminium gefüllt und mit einem Stock aufgerührt, aber wir lieben sie.« Zum Schluß merkte er an, daß der Einfallsreichtum der Amerikaner wahre Wunder vollbringen könne. »Dieser Krieg sollte jetzt ein leichtes Spiel sein.« In vielen anderen Briefen heimwehkranker junger Amerikaner, für die Coca-Cola eine verblüffende Bedeutung erlangte, kam dieselbe Meinung zum Ausdruck:

Es sind die kleinen Dinge, nicht die großen, für die der einzelne Soldat kämpft oder die er sich sehnlichst wünscht, wenn er fern von zu Hause ist. Es ist die Freundin daheim in einem Drugstore bei einer Coke oder die Musikbox oder das Sommerwetter.

Ich habe sie schon immer für ein wunderbares Getränk gehalten, doch auf einer Insel, auf die bislang nur ganz wenige Weiße einen Fuß gesetzt haben, ist sie ein Gottesgeschenk. Ich kann mit aufrichtigem Herzen sagen, ich habe noch nie so ein Lächeln auf den Gesichtern der Jungs aufblitzen sehen wie das, als sie an diesem gottvergessenen Ort Coca-Cola sahen.

...eine echte Flasche Coca-Cola, die erste, die mir hier begegnet ist. Sie kam unter dem Hemd eines Piloten hervor... Er streichelte sie, seine Augen wanderten an ihr hinauf und hinunter, er schmatzte mit den Lippen vor Erwartung, sie zu trinken. Ich habe ihm einen Dollar für die halbe Flasche geboten, dann zwei, drei und fünf Dollar.

Ihr denkt vielleicht, Euer Sohn war mit dem Kopf zu lange in der Sonne. Doch neulich marschierten drei von uns zehn Meilen weit, um einen Kasten Coca-Cola zu erstehen, dann trugen sie ihn denselben Weg zurück. Ihr könnt Euch überhaupt nicht vorstellen, wie gut sie geschmeckt hat.

Die Krönung unserer Weihnachtspakete waren die Coca-Cola-Flaschen. Wie seid Ihr nur auf die Idee gekommen, sie mitzuschicken? Hier Coke zu haben, die Flasche umzudrehen und auf dem Boden »Ronceverte, Westvirginia« zu lesen, machte das Ganze noch besser.

Ein Soldat faßte die Empfindungen so zusammen: »Wenn uns jemand fragte, wofür wir kämpfen, würde vermutlich die Hälfte von uns antworten, für das Recht, wieder Coca-Cola zu kaufen.« Briefe wie diese kamen zuhauf in den Firmenbüros an, sie wurden jedoch nur den Firmenangehörigen gezeigt. Folglich reagierte die Firma erfreut, als Colonel Robert L. Scott in seinem Bestseller *God Is My Co-Pilot* (Gott ist mein Kopilot) erklärte, daß ihn das Denken an »Amerika, Demokratie und Coca-Colas« motiviert habe, »meinen ersten Japsen abzuschießen«. Vor dem Zweiten Weltkrieg hatte man den Coca-Cola-Männern beigebracht, an ihr Getränk zu glauben, es Tag für Tag mit vollem Elan zu verkaufen und, wohin sie auch gingen, die tollen Eigenschaften ihres Produkts zu beschwören. Mit Sicherheit erlebten sie jetzt den Beweis, daß Coca-Cola Amerika war, zumindest 1945. George Brennan, ein Corporal, schrieb seinem alten Chef bei Coca-Cola, daß seine Erfahrungen aus der Kriegszeit ihm eine neue Wertschätzung für das Getränk vermittelt hätten: »Im Zivilleben, wenn es mehr als genug Coca-Cola gibt, ist man überzeugt, daß sie gut ist, und dabei beläßt man es mehr oder weniger. Aber man muß die Knappheit an Coca-Cola erleben oder darunter leiden, daß sie überhaupt nicht erhältlich ist, um vollständig ermessen zu können, was sie für uns Amerikaner bedeutet.«

Angesichts der Popularität und des Symbolgehalts, den Coca-Cola während des Krieges erhielt, war es nur ganz natürlich, daß Coca-Cola auf dem schwarzen Markt oder bei Versteigerungen beträchtliche Summen erzielte. Auf einer Auktion im Iran ging eine Flasche für 1000 Dollar weg. Die berühmteste und teuerste Flasche wurde in Italien verkauft: Sie erzielte bei einer Versteigerung 4000 Dollar.

Isolatoren, »Radler« und Urinale

Coca-Cola entwickelte eine psychologische Bedeutung, die der einer Ikone oder einer seltenen religiösen Reliquie nahekam; viele Flaschen blieben auch nach dem Krieg ungeöffnet, wurden wie heilige Erinnerungsstücke versteckt. Es war nur angemessen, daß Mary Churchill, Winstons Tochter, einen neuen Zerstörer mit einer Flasche Coke taufte.

Die beinahe religiöse Scheu, mit der viele Soldaten Coca-Cola betrachteten, hinderte andere nicht daran, die überall anzutreffende Flasche anderen Zwecken zuzuführen, wie 1944 im *CC Bottler* und im *Red Barrel* nachzulesen war. Coke-Flaschen wurden als elektrische Notisolatoren im Pazifik beschlagnahmt, über japanischen Flugplätzen auf »Coke-Startbahnen« abgeworfen, um die Reifen der Flugzeuge aufzuschlitzen, von Seeleuten auf Rettungsflößen geschwungen, um Seeschildkröten zum Essen zu töten. Die Briten verursachten bei den GIs einen Skandal, als sie Coke mit Bier vermischten und das Ergebnis »Shandies« (Radler) nannten, während ein angesäuselter Soldat sich jeden Morgen mit dem Erfrischungsgetränk die Zähne putzte. Coca-Cola-Kästen erfreuten sich großer Nachfrage als tragbare Briefkästen und Schemel.

»Coca-Cola« hieß die Parole bei der Überquerung des Rheins.

Andere Verwendungszwecke waren riskanter. Wie die Jungs zu Hause rieten viele Soldaten ihren Freundinnen, mit dem sprudelnden Getränk eine Spülung zu machen. Die vielleicht einfallsreichste Form des Flaschenrecyclings, bei der Nostalgie mit Respektlosigkeit eine Bindung einging, konnte man auf der Herrentoilette des Marineoffiziersklubs auf den Neuen Hebriden bewundern. Hunderte von Coke-Flaschen, in die der Standort des heimischen Franchise-Unternehmens geprägt war, wurden mit herausgeschlagenem Boden in die Urinalwand aus Zement eingelassen. Die dahinter befindliche mehrfarbige Beleuchtung verursachte ein grausiges Glühen zur ständig laufenden Wasserspülung. »Das mußte man gesehen haben«, erinnerte sich später ein Veteran nostalgisch. »Die Leute kamen von weit her, ›nur um auf die alte Heimatstadt zu pissen‹.«

Krankheitskeime

Die Symbolkraft von Coca-Cola und seine schleichende Infiltration wirkten auch bei den Achsenmächten. Otto Dietrich, der Leiter der Pressestelle im Führerhauptquartier, erklärte 1942: »Der einzige Beitrag Amerikas zur Zivilisation der Erde bestand in Kaugummi und Coca-Cola.« Der japanische Rundfunk verkündete: »Mit Coca-Cola haben wir die Krankheitskeime der amerikanischen Gesellschaft importiert. Diese Keime wurden allerdings auf so angenehme Weise eingeführt, daß wir es überhaupt nicht bemerkten.« Die »angenehme Weise« wirkte nur zu gut, trotz der Propaganda. Deutsche, japanische und italienische Soldaten, sie alle kannten und schätzten den Geschmack von Coca-Cola. Das Foto eines amerikanischen Gefangenen an Bord eines deutschen U-Boots zeigte ihn beim Trinken von – natürlich – Coke. Auch die Japaner waren nicht immun. Als eine luxuriöse japanische »Dschungelstadt« eingenommen wurde, stieß man kästenweise auf eroberte Coca-Cola. Und an einem heißen Sommertag weigerten sich italienische Kriegsgefangene weiterzuarbeiten, wenn sie nicht eine erfrischende Pause erhielten. Die Technischen Beobachter waren sich durchweg bewußt, daß sie mögliche Märkte erschlossen. »Ich bin sicher, viele der kleineren Kinder hatten noch nie zuvor Coca-Cola probiert«, schrieb ein Technischer Beobachter aus Neuguinea, »doch von jetzt an werden sie bestimmt treue Kunden sein.«

Die Coca-Cola-Männer entdeckten auch bei »primitiven« Kulturen eine Marktchance und berichteten begeistert, daß Zulus, Buschmänner und Fidschianer das Getränk liebten. Sie machten zwar vorübergehend Zugeständnisse, doch im Grunde war ihre Einstellung häufig rassistisch, herablassend und ethnozentrisch, wie an der Schilderung eines Technischen Beobachters auf Neuguinea deutlich wird, in der die erste Begegnung eines Eingeborenen mit Coke beschrieben wird, die er zu rasch trank. »Dann ging der Spaß los. Er rülpste, die Kohlensäure stieg ihm in die Nase und trieb ihm Tränen in die Augen. Ein paar Minuten lang war er ein ängstlicher Eingeborener. Dennoch können wir nun sagen, daß wir einen neuen Ausschankstandort geprüft und eröffnet haben – den Wuschelkopf-Markt.«

Gewinnbringender Patriotismus

Als der Krieg sich dem Ende neigte, nahm der Eifer, mit dem die Technischen Beobachter ihr Produkt Coca-Cola verkauften, nur noch zu. Das Programm der Technischen Beobachter hatte noch für weitere drei Jahre Bestand, bevor es gnädig in eine zivile Organisation überführt wurde, was durch die Einstellung des Blattes *T. O. Digest* und die Geburt eines anderen, nämlich *Coca-Cola Overseas,* 1948 symbolisiert wurde. Die Pseudomilitärs von Coke befanden sich in einer delikaten Lage. Obwohl sie um die möglichen Gewinne und zukünftigen Märkte, für die sie den Grundstein legten, wußten, mußten sie ihre Verkaufsmasche mäßigen. Infolge der erlernten Verkaufsmethoden, der Verteilung von Gratisproben und der guten Slogans, die man ihnen in die Köpfe gehämmert hatte, fiel es ihnen jedoch schwer, bei der Verkaufsförderung für ihr Produkt behutsam vorzugehen. In einer Reihe unveröffentlichter Notizen,[10] die er als Technischer Beobachter 1946 in Deutschland verfaßte, erklärte George Downing: »Die einzige Verkaufsmethode des Technischen Beobachters war ein Wort in freundlichem Ton. Gewinne, Absatzsteigerungen, rasche Gewinnüberschüsse, geringe Investitionen durften nicht hervorgehoben werden. Unsere Aufgabe war es, Hilfe anzubieten, damit die GIs, wo immer sie gerade steckten, Coca-Cola erhielten.« Anschließend listete Downing in zwei Spalten auf, wie die Coca-Cola-Sprache für den patriotischen Kriegseinsatz übersetzt werden mußte:

Normale (gewohnte) Sprache für Coca-Cola	*Militärisch bestimmter Jargon*
»Wenn wir den Absatz steigern wollen, Jungs, müssen wir Verkaufsförderung betreiben.«	»Kameraden, als Vertreter des Army Exchange Service im Bereich Produktion und Vertrieb von Erfrischungsgetränken würden wir euch gerne bei euren Problemen unterstützen.«
»Wenn sie verkäuflich sein soll, muß sie kalt sein.«	»Wir haben herausgefunden, daß die Menschen ihre Coke lieber unter sieben Grad trinken, und wir würden euch gerne zeigen, wie man das am besten schafft.«
»Mr. Großhändler, damit Ihnen die Werbung Gewinn bringt, würden wir gerne dieses attraktive Schild aufhängen, damit jeder sieht, daß Sie Coca-Cola im Angebot haben.«	»Kameraden, wir können euch Lithographien zur Verfügung stellen, die eurer Sodabar, Coke-Bar etc. ein bißchen etwas von zu Hause geben.«

Da Downing und seine Kohorten sich praktisch auf einem ihnen vollkommen sicheren Markt tummelten, funktionierten die Beschönigungen und Appelle an die »Kameraden« – so gut, daß Jim Farley und andere Führungsmänner von Coke, als sie zu einer Inspektionstour eintrafen, von dem Ausmaß an offener Werbung in den PX-Läden peinlich berührt waren und die Technischen Beobachter drängten, »ein bißchen auf die Bremse zu treten«. Trotz der Behauptungen seitens der Firma, ihr Kriegseinsatz sei eine rein philanthropische Geste, war er natürlich ein eindeutig gewinnbringendes Unterfangen, was die Nachkriegszeit betrifft.

Weiße Coke für einen roten Russen

Zu den Technischen Beobachtern gehörte auch Mladin Zarubica,[11] den man 1946 mit dem Auftrag nach Österreich entsandt hatte, dort eine gigantische Abfüllanlage aufzubauen. Er ging auf direkte Anweisung von Präsident Truman, der sich wegen der vielen unerfahrenen Truppen Sorgen machte, die giftigen Schnaps tranken und erblindeten. Zarubica, im Krieg Kommandant eines Schnellboots, All-American-Footballspieler an der University of California of Los Angeles und Sohn eines jugoslawischen Einwanderers, warf sich mit Feuereifer auf die neue Aufgabe und half bei der Errichtung von 38 Coke-Werken in Südeuropa innerhalb von zwei Jahren. Er kaufte auch soviel Lagerraum an, wie er nur konnte, zum Teil, um Pepsi außen vor zu halten, und zum Teil, um einen Vorrat an Materialien lagern zu können, für den die Armee noch immer den Transport bezahlte. Sein größtes Werk im österreichischen Lambach war vier Straßenblocks lang und lief ununterbrochen mit einem Ausstoß von 24 000 Kästen Coca-Cola in 24 Stunden. »Ich hatte mir um Mitternacht aus der russischen Zone ein Rangiergleis organisiert [d. h. gestohlen]«, erinnerte sich Zarubica. »Ich errichtete sogar mein eigenes Kohlensäurewerk, da ich mich auf die Reinheit der einheimischen Säure nicht verlassen konnte.« Zum Schutz seiner Lieferung vor Schwarzmarktdieben bewachten 500 amerikanische Soldaten seinen Zuckerzug auf der Fahrt nach Österreich.

Zarubica hegte hochfliegende Pläne und hatte riesige Ausgaben. Auf den Vorschlag von James Farley hin polierte er in der Nähe von Berchtesgaden eine riesige Villa zum Jagdsitz für einflußreiche Besucher aus Paris, London und New York auf, die am Flugplatz abgeholt und zu dem wunderschönen Haus mit Blick auf einen Bergsee begleitet wurden. »Wir hatten Wartelisten – Senatoren, Potentaten, was Sie wollen.«*

Der erstaunlichste Coup, den Mladin Zarubica landen konnte, war allerdings die Sache mit der Weißen Coke. Als Dwight Eisenhower seinem neuen Freund, General Georgi Konstantinowitsch Schukow, der zu der Zeit Oberbefehlshaber der sowjetischen Truppen in der von seinem Land besetzten Zone war, das amerikanische Getränk anbot, sagte es dem Russen zu. Er bat General Mark Clark, damals Verantwortlicher der amerikanischen Zone, um Nachschub, stellte allerdings eine Bedingung: Es durfte nicht wie Coke aussehen. Da er der sowjetische Kriegsheld war, konnte Schukow es sich nicht leisten, beim Trinken eines amerikanischen Symbols des Imperialismus erwischt zu werden. Clark reichte die Anfrage weiter bis zu Präsident Truman, der James Farley zu sich bestellte. Bald hatte Zarubica die Genehmigung in Händen und suchte sich einen Chemiker, der die Karamelfarbe aus dem Getränk ziehen konnte. Dann ließ der Coca-Cola-Mann bei der Crown Cork and Seal Company in Brüssel eine gerade, durchsichtige Flasche und einen weißen Verschluß mit einem roten Stern in der Mitte anfertigen. »Meine erste Lieferung an Schukow bestand aus fünfzig Kästen«, sagte Zarubica. »Weiße Coke für rote Russen. Das war ein riesengroßes, tiefes Geheimnis.« Die List lohnte sich allerdings. Die reguläre Coke-Lieferung aus Lambach mußte auf dem Weg zum Lagerhaus in Wien durch die sowjetische Zone. Während andere häufig

---

* Zarubica behauptete, er habe in diesem Haus Hitlers rechte Hand, Martin Bormann, als Carlo, einen Jagdführer, getroffen. Auf diesem Vorfall baut sein Thriller *The Year of the Rat* (Das Jahr der Ratte) aus dem Jahr 1964 auf.

wochenlang warten mußten, bis die sowjetische Bürokratie sie passieren ließ, wurden die Coke-Lieferungen nie angehalten.

Universelle Akzeptanz

Die Säbelraßler und die ernsthaften Coke-Männer konnten 1947 die Schrift an der Wand sehen, als die Anwesenheit des Militärs in den besetzten Zonen langsam abbröckelte, und damit auch der Absatz des Erfrischungsgetränks. Am Ende des folgenden Jahres hängten die Technischen Beobachter ihre Militäruniformen an den Nagel,[12] doch die Werke und die Nachfrage nach ihrem Getränk, die sie aufgebaut hatten, blieben bestehen. Alle Welt wollte das Erfrischungsgetränk der amerikanischen Soldaten kosten. Die GIs waren Helden, Befreier mit scheinbar unbegrenztem Vorrat an Schokoladenriegeln, Zigaretten und Coke inmitten einer ausgebombten Welt. Unter die Bewunderung mischte sich häufig Neid, doch selbst der Neid wurde ohne Schwierigkeiten in Nacheiferung umgemünzt. Die Welt war reif für Coca-Cola. Wie ein Coca-Cola-Mann nach dem Krieg anerkannte, führte der Zweite Weltkrieg zur »nahezu universellen Akzeptanz von Coca-Cola als etwas Gutem... Alles, was der kämpfende Amerikaner wollte und mochte, wollten [andere] auch haben.«

Und an der Heimatfront wurde Coca-Cola sogar noch beliebter, denn die zurückkehrenden Veteranen brachten eine entschiedene Vorliebe für das Getränk mit, das ihnen in Übersee so viel bedeutet hatte. 1948 nannten bei einer vom *American Legion Magazine* durchgeführten Umfrage unter Veteranen 63,67 Prozent Coca-Cola ihr Lieblingsgetränk, während Pepsi nur lahme 7,78 Prozent verbuchen konnte.[13] Im gleichen Jahr erreichte der Bruttoumsatz von Coke die Riesensumme von 126 Millionen Dollar, der von Pepsi hingegen nur 25 Millionen Dollar; der Unterschied bei den Nettoeinkünften nach Steuern war sogar noch aussagekräftiger. Coke übertrumpfte mit 35,6 Millionen Dollar meilenweit Pepsi mit seinen bemitleidenswerten 3,2 Millionen. Die unveröffentlichte Firmengeschichte stellt fest, daß das Kriegsprogramm »11 000 000 GIs als Freunde und Kunden für den inländischen Verbrauch gewann [und] die Test- und Expansionsaufgabe im Ausland erfüllte, für die [ansonsten] 25 Jahre und Millionen Dollar notwendig gewesen wären«.[14] Der Krieg war vorbei, und es sah, zumindest für den Augenblick, so aus, als habe ihn Coca-Cola gewonnen.

Coca-Cola über alles

Ein Führer (ist) ein Mann, der Anhänger hat. Ein Führer
verdient, daß er Anhänger hat. Er hat sich Anhänger erworben... Ein Führer vervielfacht sich in anderen. Er ist
ein Menschenformer... Er ist ein Mann des Geistes und
der Tat – Sinnender und Schaffender zugleich.

CLAUS HALLE,
in einer Rede über Max Keith, 1963

Anfang 1945 ging in Hoboken, New Jersey, eine Gruppe
deutscher Kriegsgefangener, die sich in der Fremde ängst-
lich und einsam fühlten, vom Schiff. Als einer von ihnen
auf ein Coca-Cola-Schild an einer Hauswand in der Nähe
zeigte, fingen die Gefangenen an, aufgeregt zu gestikulieren
und sich zu unterhalten. Verblüfft rief sie der Wachmann
zur Ordnung und verlangte von einem Mann, der Englisch
sprach, eine Erklärung. »Wir sind überrascht«, antwortete
dieser, »daß Sie hier auch Coca-Cola haben.«
  Die Führungsriege von Coca-Cola erzählt diese Anekdote
gerne, um zu beweisen, daß Coke, wo sie auch auftritt, ein
einheimisches Produkt ist, doch die eigentliche Bedeutung
der Geschichte ist nur vor dem Hintergrund von Hitlers
Drittem Reich zu verstehen. Um auch in Nazi-Deutschland
florieren zu können, hatten die Coca-Cola-Lizenznehmer
eine rigorose Kampagne angeleiert, mit der sie ihre amerikanischen Ursprünge abstreiften. Während das Erfrischungsgetränk zum Symbol der amerikanischen Freiheit
aufstieg – für all die guten Dinge zu Hause stand, für die
der GI kämpfte –, stellte sich dasselbe Coca-Cola-Logo be-
haglich neben das Hakenkreuz. Das Drama, wie das deutsche Coke vor, während und nach dem Zweiten Weltkrieg
überlebte, dreht sich um eine zentrale Gestalt – Max Keith,
den alles entscheidenden Coca-Cola-Mann und Nazi-Kolla-
borateur.

1933, in dem Jahr, in dem Hitler an die Macht gelangte, begann der dreißigjährige Keith für die Coca-Cola GmbH zu arbeiten. Wie so viele Deutsche suchte Keith verzweifelt nach finanzieller Sicherheit, aber auch nach etwas, woran er glauben konnte. Wo andere das Vaterland und die Überlegenheit der Arier hochhielten, fand Max Keith Coca-Cola. »Ich war voller Tatendrang und Begeisterung«, erinnerte er sich dreißig Jahre später, »und die Sache, die dann voll und ganz von mir Besitz ergriff und die… mich nie mehr losgelassen hat, war Coca-Cola. Von da an, und bis in Ewigkeit, war ich im Guten wie im Schlechten an dieses Produkt gebunden.«[1]

Die deutsche Erfrischungsgetränke-Branche steckte noch in den Kinderschuhen. Ray Rivington Powers, ein gebürtiger Amerikaner, hatte nach einer bewegten, wenn nicht gar trüben Karriere in der Zeit nach dem Ersten Weltkrieg 1929 erstmals deutsche Coca-Cola abgefüllt.[2] Ein voluminöser Mann – fast zwei Meter groß und beinahe genauso breit, mit dazu passendem Charakter –, genoß er es, mit seinem von englischen Brocken durchsetzten Deutsch den amerikanischen Possenreißer zu spielen, obwohl er die deutsche Sprache fließend beherrschte. Doch Ray Powers besaß die Gabe, auf diese Weise Gefolgsleute zu gewinnen. »Eines Tages«, erzählte er zukünftigen Coca-Cola-Männern, »werden Sie eine Villa in Florida haben und zu den reichsten Männer der Welt gehören.«* In den ersten vier Geschäftsjahren trieb er den Coca-Cola-Absatz von knapp 6000 Kästen auf mehr als 100 000 im Jahr 1933 hoch.[4]

Powers, der ein großer Verkäufer, aber ein fürchterlich schlechter Manager war, den man nicht mit finanziellen Einzelheiten quälen durfte, hatte Woodruff gerade über-

---

* Keineswegs überraschend ist, daß Powers einen Propagandistenkollegen bewunderte: Adolf Hitler.[3] 1930 verteidigte Powers Hitler gegenüber Woodruff, und im Frühjahr 1936 schloß der Amerikaner einen Brief an den Boß mit dem Gruß »Heil Hitler«. Drei Jahre später wurde anläßlich einer internationalen Zusammenkunft der Baptisten auf der Peachtree Street von Atlanta ein Hakenkreuz aufgestellt. Es war zu diesem Zeitpunkt nicht ganz ungewöhnlich, daß manche Amerikaner Hitler bewunderten, aber die Tatsache, daß Woodruff Baptist war, sagt uns noch nichts darüber, wie er zum »Führer« stand.

redet, ihm die Lizenz für das ganze Land zu überlassen, als sich sein deutscher Geschäftspartner aus dem Geschäft herauszog und Ende 1929 sein Geld zurückverlangte. Verzweifelt flog Powers nach New York, um Geld aufzutreiben, und erbat von Woodruff über 100 000 Dollar. Darauf folgten verwickelte Unternehmensgründungen und Fusionen, die die amerikanische Geschäftsstruktur nachzuvollziehen suchten. Die zur Überprüfung der Bücher nach Essen entsandten Buchprüfer fanden die Bücher »im Zustand des Chaos« vor, wie Hamilton Horsey in einem internen Memo berichtete. Die Revisoren und Anwälte, schrieb Horsey, »rieten uns, uns aus Mr. Powers' Firma in Essen völlig herauszuhalten«, und deshalb wurde eine komplett neue GmbH gegründet, die deren Vermögenswerte aufkaufte.

Am Ende kristallisierten sich aus dem Schlamassel zwei Hauptbereiche heraus. Die Coca-Cola GmbH sollte den Sirup herstellen und den Markennamen besitzen, während die Deutsche Vertriebs GmbH für Naturgetränke, gemeinhin als Deverna bekannt, als Stammabfüller fungieren sollte. Powers, der Deverna leitete, sollte von den Lizenzgebühren der Abfüller leben, die er auftat. Leider konnte er niemanden auftreiben, der das Risiko des Abfüllens auf sich nahm, zu dem sehr viel Kapital nötig war. Statt dessen verkaufte er über »Konzessionäre«, Großhändler, die das Erfrischungsgetränk kästenweise abholten und es in bestimmten Gebieten in der Nähe von Essen verkauften.

Als Keith die Schublade von Powers' Schreibtisch öffnete und nur unbezahlte Rechnungen und ungeöffnete Kontoauszüge fand, fühlte sich der frühere Buchhalter gefordert. Er brachte schnell die Finanzen der Coca-Cola GmbH in Ordnung und wandte sich mit seinen hervorragenden Organisationskünsten der Verkaufsförderung zu. Ihm fehlte zwar die gewinnende Persönlichkeit des Amerikaners, doch das machte er mit seinem kraftvollen Stil mehr als wett. Die Männer lachten mit Ray Powers, aber sie zitterten vor Max Keith.

Keith war ein imposanter Mann, fast 1,90 Meter groß, mit hohen teutonischen Wangenknochen, die nur selten ein Lächeln zierte, und einem kleinen, bürstenartigen Schnurrbart, der wie bei Hitler alarmierend zitterte, wenn er wütend war. Auch Keiths Manierismus und Führungsstil ähnelten denen des Diktators. Seine hohe Stimme wirkte hypnotisierend, wenn sie in einem Wutanfall ertönte. »Max Keith konnte einen anmeckern, wie man noch nie im Leben angemeckert worden war«, erinnerte sich einer seiner Mitarbeiter, »aber er konnte einen auch wieder aufbauen.« Er konnte charmant, freundlich und versöhnlich sein, wenn es ihm paßte. Hatte er sich einmal für etwas entschieden, änderte er seine Meinung nicht mehr, und er ertrug keine öffentlich geäußerte Opposition. Es war glatter Selbstmord, bei einer Mitarbeitersitzung eine gegenteilige Einschätzung zu vertreten. »Er war der geborene Führer, ein sehr charismatischer Mann«, meinte Klaus Pütter, ein langjähriger Angestellter. »Man arbeitete gerne für ihn, obwohl er so etwas wie ein Sklaventreiber war... O ja, ich hatte vor ihm Angst. Wir *alle* hatten Angst, selbst Leute, die älter als ich waren.« Doch, so Pütter, die meisten seiner Anhänger »wären für diesen Mann gestorben«.

Keiths Taktik konnte brillant sein. Gegen ungeheure Widerstände und das Unheil, das sowohl von Seiten der Nazis als auch der amerikanischen Eroberer drohte, baute er das Coca-Cola-Geschäft zu einem blühenden Unternehmen auf. Mit List, Bluff, Einschüchterung, Schmeichelei, Einflußnahme, Verkaufsförderung und reiner Willensstärke überlebte Max Keith zusammen mit seinem geliebten Getränk. Für Keith, so Pütter, galt nicht die Parole »Deutschland über alles«, sondern »Coca-Cola über alles«.

Der Aufschwung

So begab sich auch Keith auf die Suche nach verlorenen Seelen, die zu treuen Gläubigen werden sollten. »Es waren überwiegend Leute, die in ihrem Leben bereits nahezu alles versucht hatten und gescheitert waren«, erinnerte sich Keith 1966 in einem Interview mit Hunter Bell. »Sie überlegten, was sie denn noch zu verlieren hätten, wenn sie es bei Coca-Cola probierten.« Der Coca-Cola-Manager konnte sich seine Beschäftigten nicht aussuchen, denn eine deutsche Erfrischungsgetränke-Industrie existierte praktisch nicht. Nichtalkoholische Getränke standen in dem Ruf, ein sirupartiges Gebräu für Kinder zu sein, aber nichts für robuste erwachsene Biertrinker. Auch war die Ansicht weit verbreitet, daß kalte Getränke (mit Ausnahme von Bier) Magenschmerzen verursachten. Entschlossen, diese Einstellung zu ändern, zwang Keith sich und seine Mannen zu einem Arbeitstag von zwölf Stunden und mehr und brach manchmal um 2.00 Uhr morgens zusammen, bevor er sich frühzeitig wieder erhob und von vorne begann. Zu Fuß, per Fahrrad, Schubkarre, dreirädrigen Motorrollern und einem alten Chevrolet-Lastwagen lieferten die Konzessionäre von Keith die Ware aus. 1934 errichtete er eine Abfüllanlage in Frankfurt und daneben Lagerhäuser in Köln und Koblenz. Er drängte vorwärts, trotz der lästigen Überwachung durch den Kanadier Gene Kelly, der sich weigerte, einen zweiten Lieferwagen anzuschaffen, bevor Keith nicht mehr als 600 Einzelhandelsabschlüsse zugefallen waren.

Zumindest stellte Kelly so viele kleine Werbeschilder für Verkaufsstandorte zur Verfügung, wie die Deutschen nur annageln konnten, und er erlaubte Keith, Millionen von Blättchen mit der Überschrift *Was ist Coca-Cola?* zu drucken, die seine Männer bei Sportveranstaltungen und in Restaurants verteilten. »Wir gingen am Wochenende in die Restaurants [und] legten auf jeden Tisch einen Prospekt«, erinnerte sich Keith, und wenn er von den erregten Eigentümern hinausgeworfen wurde, ersetzten die Coke-Männer ihn. Viele, die zu dem Prospekt griffen, weil sie erwarteten, darin eine Auflistung der Ingredienzien zu finden, reagierten verärgert, da in dem Prospekt nichts weiter stand, als daß Coke ein erfrischendes Getränk sei. Doch die endlose Wiederholung des Produktnamens hatte die beabsichtigte Wirkung.

Als Anreiz für seine Großhändler heuerte Keith zu Anfang drei Außendienstmitarbeiter an, die die geeigneten Verkaufstechniken vorführen und neue Ausschankstandorte erschließen sollten. Diese überarbeiteten Vertreter mußten eine große Tasche, die *Seufzertasche* genannt wurde, mit sich herumschleppen. Sie war innen mit Blech ausgekleidet und enthielt zehn Coca-Cola-Flaschen und Eis.

Sobald sie ein Lokal betraten, erschlossen sich die ersten Außendienstler wie Joe Knipp den Markt, indem sie Proben verteilten und *eiskalte* Getränke anboten. »Ja, buuh! Das kenne ich schon, ich würde die Finger davon lassen«, sagten die Besitzer zumeist, doch wenn sie einmal eiskalte Coke probiert hatten, riefen sie oft aus, daß sie völlig anders schmecke, wenn man sie richtig kühle.

War ein Einzelhändler einmal überzeugt, daß sich Coca-Cola für ihn rentieren würde, so mußte er oftmals die Flaschen im Eis unter dem Bier verstecken, denn mehr als die Hälfte aller Kneipen und Restaurants gehörten den örtlichen Brauereien, die den Verkauf eines anderen Getränks untersagten. Manchmal half es schon, wenn Keith persönlich vorstellig wurde; zehn Minuten mit Keith reichten aus, die meisten Brauer in die Knie zu zwingen. Zu anderen Zeiten zog Keith Walter Oppenhoff hinzu, den Anwalt, der 1930 an der Firmengründung mitgewirkt hatte und der nahezu tagtäglich mit Firmenangelegenheiten befaßt war. Der Anwalt bewerkstelligte zumeist eine befriedigende außergerichtliche Einigung. Unter der Führung von Keith und mit den unablässigen Verkaufsanstrengungen von Powers legte der Absatz von Coca-Cola in diesem Jahrzehnt rasch zu. 1934 verdoppelte er sich auf 243 000 Kästen, und zwei Jahre später wurde erstmals eine Million Kästen gefüllt. 1939, bei Kriegsausbruch, verkauften die Coca-Cola-Männer fast 4,5 Millionen Kästen in Deutschland.

Keith gebührt zwar in großem Maße das Verdienst für dieses phänomenale Wachstum, doch er selbst stellte fest, daß »die Zeit mit uns ging«. Wie in Amerika drangen in den dreißiger Jahren auch in Deutschland erstmals Kühlschränke in die Haushalte vor, und das Reisen mit dem Auto wurde durch das Autobahnnetz erleichtert, das von Tankstellen mit Coke im Angebot gesäumt wurde. Ungeachtet des Terrors, mit dem die Nazis regierten, verzeichnete Deutschland einen ersten wirtschaftlichen Aufschwung. Bis 1937 hatte sich das deutsche Volkseinkommen verdoppelt. »Deutschland Mitte der dreißiger Jahre«, schrieb William L. Shirer in *Aufstieg und Fall des Dritten Reiches*, »erschien wie ein einziger riesiger Bienenstock.« Die fleißigen Arbeiter brauchten eine Erfrischungspause.

»Die Wünsche der Menschen vergrößerten sich im Vergleich zur Vergangenheit«, sagte Keith. »Sie mußten schwerer arbeiten, schneller arbeiten, und im Umgang mit dem technischen Gerät mußten sie nüchtern sein.«

Natürlich war das »technische Gerät« Teil der ungeheuren Militärmaschinerie, die neue Arbeitsplätze schuf. Und während die Zahl der Arbeitslosen gegen Null schrumpfte, waren die Arbeiter doch kaum mehr als Leibeigene, denen nicht nur verboten war zu streiken, sondern die auch den Job nicht wechseln durften. Der Arbeitgeber entwickelte sich zu einer Art Mini-Diktator, zu einem Geschäfts*führer*. Die Löhne wurden mit Absicht ziemlich niedrig angesetzt, doch die meisten Arbeiter waren glücklich, überhaupt eine Stelle zu haben, und glaubten an Hitlers Propaganda, daß das »Volk« der Teutonen alle Hindernisse überwinden würde. Weit davon entfernt, Einspruch gegen eine brutale Diktatur zu erheben, schöpften die meisten Arbeiter, laut Shirer, »neue Hoffnung und neue Zuversicht und einen erstaunlichen Glauben an die Zukunft ihres Landes«. Da wundert es nicht, daß Max Keiths vertrauensvolle Arbeiter so fleißig zu Werke gingen. Bis 1939 füllten 43 deutsche Werke Coca-Cola ab, und neun weitere befanden sich zu diesem Zeitpunkt im Bau. Mehr als 600 Konzessionäre, unabhängige Franchise-Firmen, die beträchtlich mehr als die meisten Arbeiter in Deutschland verdienten, vertrieben das Getränk. Ein jeder war sein eigener Mini-Führer, wenn sie auch letztlich vor Max Keith auf die Knie sanken, der ihnen das alles erst ermöglicht hatte.

Coke bei der Olympiade in Berlin

Die olympischen Sommerspiele von 1936 in Berlin markierten einen Augenblick des Triumphs für Max Keith, der die Sportler und Besucher mit ungeheuren Mengen Coca-Cola versorgte. Dieser August in Berlin war für Hitler genauso zufriedenstellend, der als stolzer Gastgeber der Staatengemeinschaft seine blonden arischen Athleten und sein »wiederbelebtes« Deutschland vorführen konnte. Kurz vor Beginn der Olympiade hatte Max Schmeling gezeigt, daß ein weißer Deutscher einen »minderwertigen« schwarzen Amerikaner schlagen konnte, als er Joe Louis im Madison Square Garden in New York in der zwölften Runde k.o. schlug. Als er bei seiner Rückkehr nach Deutschland aus dem Zeppelin Hindenburg stieg, wurde Schmeling von einer riesigen Menschenmenge empfangen und dann von Hitler zum Mittagessen eingeladen, der sich jedesmal anerkennend auf den Oberschenkel schlug, wenn er in dem Film über den Kampf sah, wie Schmeling Louis schlug. *Das Schwarze Korps,* eine bekannte Nazi-Zeitung, frohlockte hämisch: »Schmelings Sieg war nicht nur ein sportliches Ereignis. Es war eine Frage des Prestiges für unsere Rasse. Mit seinen harten Fäusten hat er den Respekt der Welt für die deutsche Nation gewonnen.« Die deutschen Sportler beherrschten die Olympiade und sicherten sich 36 Goldmedaillen, während Amerika nur 25 erste Plätze mit nach Hause nehmen konnte. Obwohl Hitler vor Wut kochte, weil der schwarze Superstar Jesse Owens vier Goldmedaillen gewann, verfiel er doch über seine Berlin-Charade in Selbstgefälligkeit. Schilder wie »Juden unerwünscht« hatte man für die Dauer der Spiele entfernt, und das Land zeigte eine schöne Fassade. Max Schmeling, der die Spiele mit Hitler in dessen Privatloge verfolgte, drückte die Gefühle der Mehrheit der Deutschen aus, als er einem amerikanischen Reporter gegenüber äußerte: »Wir haben in Deutschland keine Streiks. Fast alle haben Arbeit. Wir haben nur eine Gewerkschaft. Wir haben nur eine Partei. Alle sind einverstanden. Alle sind glücklich.«

Göring und Goebbels veranstalteten aufwendige Partys für ausländische Gäste,[5] die sich meist angemessen beeindruckt von dem Gesehenen zeigten. Einer dieser Gäste war Robert Woodruff, der eine ganze Begleitmannschaft von Coca-Cola-Leuten mitgebracht hatte.[6] Woodruff allerdings ließ sich von Hitlers Fassade nicht täuschen. Seine feingestimmten Antennen spürten das Rattern, das ein Geschäft vernichten konnte. Es stimmt, Woodruff äußerte sich zufrieden über die moderne Abfüllanlage in Berlin, die eine Maschine mit vierzig Abfülldüsen besaß. Doch während es ihm zusagte zu sehen, wie hervorragend Coca-Cola bei der Olympiade verkauft wurde, war er über die Binde am Hals einer jeden Flasche höchst unglücklich, auf der *Koffeinhaltig* stand. Das deutsche Gesundheitsministerium bestand darauf – vielleicht durch die Ernährungsmarotten des Führers angespornt –, daß jede Flasche mit dieser Warnung versehen wurde. Auf viele deutsche Verbraucher wirkte der Aufdruck jedoch nicht abschreckend, sondern eher wie eine Werbung, denn Kaffee war ein seltenes Gut.

Nichtsdestotrotz verletzte das Etikett eins von Woodruffs heiligsten Dogmen, und er wies seine mächtigen Chemiker und Anwälte in dem Versuch, den Schaden ungeschehen zu machen, an, beeidete Erklärungen abzugeben. John Sibley schrieb mit Bezug auf diesen Vorfall im November 1936 an Woodruff: »Dieses Land besteht nur aus Vorurteilen, das ist nur ein weiterer Beweis dafür. Ich hoffe, wir kommen ohne viele Narben durch.« Bei seinem Treffen mit Max Keith und Walter Oppenhoff verweigerte Woodruff ihnen die Erlaubnis, gegen die Gerüchte bezüglich des Koffeingehalts vorzugehen. Als Keith das Thema nicht fallenließ, schickte Woodruff mit einer dramatischen Geste die ebenfalls anwesenden Amerikaner aus dem Raum, um allein mit den Deutschen sprechen zu können, wie Walter Oppenhoff überlieferte. »Ich bin es nicht gewohnt, meinen amerikanischen Leuten Erklärungen zu geben«, sagte er, »doch für Sie breche ich die Regel. Sie dürfen nie Negativwerbung betreiben. Das verleiht unseren Gegnern nur Ansehen und hält das Thema länger am Kochen.«

Da hatte Keith seinen Meister gefunden. Ohne die Stimme zu erheben oder Irritation zu zeigen, hatte Robert Woodruff stahlharte Führung demonstriert. »Als Max Keith Robert Woodruff kennenlernte«, erinnerte sich einer seiner engen Mitarbeiter, »war er überwältigt. Das war also der Mann, für den er arbeitete, der einzige Mann auf der Welt, vor dem er zutiefst Respekt empfand.« Für seinen Teil erkannte Woodruff in Keith eine kraftvolle Persönlichkeit, die das deutsche Geschäft aufbauen konnte. Die beiden Männer blieben zeit ihres Lebens Freunde.

Während seines Berlin-Aufenthalts befaßte sich Woodruff auch mit Ray Powers. Deverna hatte sich als Stammabfüllfirma nicht bewährt, und Powers war es nicht gelungen, aus seiner Vertragsvereinbarung Geld zu machen.

Nach einer langen Sitzung stimmten die Firmenanwälte zu, Deverna aufzulösen, Max Keith zum offiziellen Geschäftsführer der Coca-Cola GmbH zu ernennen und Powers eine pauschale Lizenzgebühr auf alle bis 1950 in Deutschland verkauften Getränke zuzubilligen.

Im September 1936, einen Monat nach der Olympiade, wurde Hermann Göring, Hitlers enger Mitarbeiter und Chef der Luftwaffe, für einen neuen Vierjahresplan zuständig, der die deutsche Autarkie im Falle eines Krieges zum Ziel hatte. Der Nazi-Führer beschränkte die Einfuhren auf das notwendige Minimum und schreckte ausländische Firmen ab. In einem Brief vom 6. Februar 1936 an das deutsche Zollamt hatte sich Oppenhoff große Mühe gegeben, die Coca-Cola GmbH als *deutsche* Firma darzustellen, obwohl sie zum überwiegenden Teil The Coca-Cola-Company gehörte (Oppenhoff bezeichnete das ausländische Kapital als »Darlehen«). Unter Görings eiserner Herrschaft waren derartige Winkelzüge nutzlos, und die Versorgung mit dem US-Konzentrat schien in den Sternen zu stehen, bis Robert Woodruff an seinen Zauberfäden zog.

Woodruff gehörte zu einem Netzwerk von Unternehmensführern, von denen sich viele um ihre deutschen Tochterfirmen und Beteiligungen sorgten. Als die Kriegswolken den Himmel immer stärker verdunkelten, unternahmen diese Titanen der amerikanischen Industrie im stillen Manöver, um sich vor allen Eventualitäten zu schützen. Einige, wie Henry Ford, sympathisierten mit den Nazis, während andere, etwa Walter Teagle von Standard Oil, sich tunlichst weder auf die eine noch auf die andere Seite schlugen, jedoch nichts Falsches darin sahen, mit den Nazis Geschäfte zu tätigen. Wie sein Freund und Jagdgenosse Teagle verhielt sich auch Robert Woodruff opportunistisch. Seine Politik hatte schlicht und einfach nur Coca-Cola zum Inhalt.

Durch seine New Yorker Bankverbindungen suchte Woodruff hinter den Kulissen Einfluß auf Göring zu nehmen. 1936 versicherte er sich der Hilfe von Henry Mann,[7] einem deutschen Agenten für mehrere amerikanische Banken, der Göring dazu brachte, die Einfuhr des Coca-Cola-Konzentrats zu genehmigen. »Er hat nichts gegen Geschenke«, hatte ein Bekannter hilfreich einem Mann zugeraunt, der Göring zu Anfang seiner Karriere um einen Gefallen bitten wollte. Um die Einfuhren auf ein Mindestmaß zu beschränken, fing Keith an, sein eigenes Konzentrat herzustellen, so daß er nur Merchandise Nr. 5 und 7X aus Amerika beziehen mußte. Woodruff spielte mit der Idee, selbst diese Ingredienzien in Nazi-Deutschland produzieren zu lassen, falls es zum Krieg käme. »Wir sollten uns vielleicht mit der... Möglichkeit befassen, Nr. 5 in Deutschland herzustellen, falls die Entwicklungen das wünschenswert erscheinen lassen«, schrieb er an Sibley,[8] doch schließlich legte er den Plan als undurchführbar ad acta.

Der Schriftwechsel zwischen Robert Woodruff und John Sibley während der entscheidenden Europareise im Jahr 1936 enthüllt, daß Woodruff – während er nach außen angesichts jeder Feindseligkeit gelassen wirkte – in Wirklichkeit äußerst angespannt und rastlos war. In einem Brief aus London sagte Woodruff vor seinem Deutschlandbesuch, er sei »nervös und einsam«, doch zumindest könne er gut schlafen.* Trotz der Probleme, die ihn in Deutschland erwarteten, schrieb er, würde sein auf fünf Tage angesetzter Besuch »recht schnell vorbeigehen (hoffe ich)«. Sibley spürte Woodruffs Anspannung und drückte die Hoffnung aus, daß sein Freund »völlige Ruhe« beim Golfspielen in Schottland finden möge.

»Ariernachweis« gefordert

Woodruff konnte wohl Max Keith durch Fürsprache bei Göring helfen, doch andere sich abzeichnende Probleme vermochte er nicht zu kontrollieren. Die Gerüchte über

---

* Woodruff reiste mit seiner Frau Nell; obwohl er ein guter Ehemann war, wirkte ihre Begleitung offenbar nur wenig tröstlich auf ihn. Er bat Sibley ziemlich wehleidig, über den Atlantik nachzukommen, mit ihm eine knappe Woche in Deutschland zu verbringen und anschließend mit ihm per Schiff zurückzufahren. Sibley lehnte höflich ab. Möglicherweise war Woodruff latent homosexuell, wie ein Insider meinte. Allerdings hielten alle anderen, die Woodruff nahestanden, diese Idee für absurd. Woodruff zog einfach die Gesellschaft von engen Freunden der etwas vergeistigten von »Miss Nell« vor, die bei Zigarrenrauch und Pokerspielen mißbilligend die Stirn runzelte.

den Koffeingehalt bildeten nur den Anfang der Kontroversen. Als sich Coca-Cola in Deutschland höchst erfolgreich verkaufte, setzten die Mineralwasserbrunnen, Brauereien und Cola-Nachahmer auf jede miese Taktik, die ihnen einfiel. Die Phosphorsäure, behaupteten sie, zerfresse die Magenwände, und sie belegten diesen Anwurf mit einem Stück Kalbfleisch, das – über Nacht in Coke eingelegt – morgens weiß geworden war. Einige Mitbewerber beschwerten sich, daß Coca-Cola falsch bezeichnet sei, da es kein Kokain enthalte; andere streuten das Gerücht, daß es wirklich das »Gift« enthalte, das eine »stimulierende Wirkung auf das Gehirn« habe. Sogar mit der Karamelfarbe gab es wegen »künstlicher Verfärbung« Probleme. Die heilige Humpelrock-Flasche selbst wurde angegriffen, da sie statt der in Deutschland üblichen 0,2 Liter nur 0,192 Liter faßte.

Am verheerendsten wurde die Zukunft Coca-Colas in Deutschland allerdings durch Herrn Flach bedroht, der eine Nachahmung namens Afri-Cola herstellte. Flach war Mitglied der sogenannten Deutschen Arbeitsfront, der Nazi-Organisation, die 1934 an die Stelle der Gewerkschaften getreten war. 1936 besuchten Flach und andere Vertreter der Arbeitsfront auf einer Goodwill-Tour der amerikanischen Industrie die Vereinigten Staaten. Ray Powers arrangierte eine Besichtigung des Coca-Cola-Abfüllwerks in New York, wo Flach eine Handvoll Flaschenkorken mit hebräischer Beschriftung herausfischte, die besagte, daß Coca-Cola koscher sei – keine große Überraschung, denn der riesige jüdische Bevölkerungsanteil New Yorks stellte einen aufnahmefähigen Markt dar. Nach Deutschland zurückgekehrt, verteilte Flach Tausende von Flugblättern mit dem Foto des Flaschenverschlusses.[9] Coca-Cola, so behauptete er darin, sei eine jüdisch-amerikanische Firma und werde von Harold Hirsch, einem prominenten Juden aus Atlanta, geleitet.

Der Absatz sackte ab. Die Zentrale der NSDAP stornierte hastig ihre Aufträge. Die ganze Firma stand auf dem Spiel, und Keith, dem die Veröffentlichung von Verteidigungsschriften untersagt war, konnte nur wenig dagegen unternehmen. Walter Oppenhoff kämpfte in Köln um eine einstweilige Unterlassungsverfügung gegen die Verleumdung,

Coca-Cola sei jüdisch, doch F. A. S. Gwatkin, Cokes Rechtsbevollmächtigter in London, und Sibley verhinderten weitere juristische Schritte, da sie die daraus entstehende Publicity fürchteten. Die unabhängigen Abfüller und Konzessionäre fühlten sich betrogen und reichten selbst Klagen ein, in denen in manchen Fällen die Coca-Cola GmbH trotzig als Mitklägerin angeführt wurde. Oppenhoff schrieb am 1. Februar 1939 an Gwatkin und erklärte, daß niemand außerhalb Deutschlands »eine Vorstellung haben könne« vom Ausmaß des Problems. Auf der verzweifelten Suche nach einem Ausweg bat Keith Woodruff, Harold Hirsch aus dem Verwaltungsrat von Coca-Cola zu entfernen oder zumindest klarzustellen, daß diesem die Firma nicht gehörte.[10] Woodruff stellte sich vor Hirsch, doch er forderte die juristische Abteilung auf, eine Erklärung abzufassen, in der die große Anzahl der Anteilseigner deutlich gemacht werde, um somit zu beweisen, daß die Firma niemandem »gehörte«. Angesichts der auftrumpfenden Diffamierungen von Flach war die Liste der Aktienbesitzer nur eine stumpfe Waffe.

Ins Zentrum des Nationalsozialismus

Letztlich überstand Coca-Cola sogar diese Katastrophe, wenn auch die Bilder von dem kosheren Flaschenkorken jahrelang lebendig bleiben sollten. Wie Woodruff in Amerika, konzentrierte sich Keith auf »besondere Ereignisse«, etwa patriotische Massenveranstaltungen, weil er erkannt hatte, daß das Verteilen von Probeflaschen der beste Weg für den Ausbau des Geschäfts darstellt. Coca-Cola tauchte bei Radrennen auf und unterstrich auf diese Weise seine erfrischende Wirkung auf Sportler. Wenn junge Männer bei Massenveranstaltungen der Hitlerjugend im Paradeschritt antraten, begleiteten Lieferwagen von Coca-Cola die Marschierer in der Hoffnung, damit gleich die nachwachsende Generation erfassen zu können.

1937, ein Jahr nach den ersten Beschuldigungen von Flach, plazierte Keith Coca-Cola im Kern des industriellen Neuaufschwungs durch die Nazis. In diesem Jahr öffnete die Reichsausstellung »Schaffendes Volk« in Düsseldorf ihre Pforten und präsentierte die Erfolge der deutschen Arbeiter in den ersten fünf Jahren der Regierungszeit Hitlers. Eine voll arbeitende Abfüllanlage mit einer Miniaturbahn, die Kinder hindurchbeförderte, wurde direkt im Zentrum der Ausstellung errichtet, unmittelbar neben dem Propagandabüro. Beim Besuch der Düsseldorfer Industrieschau legte Hermann Göring für ein Coke eine Pause ein, und ein aufmerksamer Firmenfotograf schoß rasch ein Foto.[11] Die Geschmacksvorlieben des Führers wurden zwar durch kein Bild belegt, doch Hitler mochte dem Vernehmen nach ebenfalls Coca-Cola und schlürfte das Getränk aus Atlanta, wenn er sich in seinem eigenen Vorführraum *Vom Winde verweht* ansah.

Im März 1938, als Hitlers Truppen die Grenze zu Österreich überquerten und den Anschluß vollzogen, veranstaltete Max Keith die neunte Jahresversammlung der Konzessionäre mit 1500 Besuchern. Hinter dem Vorstandstisch verkündete ein riesiges Banner auf deutsch: »Coca-Cola ist der weltberühmte Markenname für das einzigartige Produkt der Coca-Cola GmbH.« Direkt darunter ragten drei gigantische Hakenkreuze Schwarz auf Rot hervor. Am Vorstandstisch, an dem Max Keith inmitten seiner Stellvertreter Platz genommen hatte, war unmittelbar vor ihm ein weiteres Hakenkreuz drapiert.

Keith äußerte sich anerkennend über die glorreichen Leistungen in der Vergangenheit, legte jedoch mehr Gewicht darauf, daß die Mitarbeiter für die Zukunft vorausdenken und erst zufrieden sein sollten, wenn jeder deutsche Bürger ein Coke-Konsument geworden war. »Wir wissen, wir erreichen unser Ziel nur, wenn wir all unsere Kräfte völlig darauf konzentrieren«, sagte er. »Unser wundervolles Getränk besitzt das Durchhaltevermögen, auf diesem Weg zum Erfolg voranzukommen.« Wenn er sich wie Hitler anhörte, so war das vermutlich beabsichtigt. Die Versammlung endete mit einem Toast auf Coca-Cola und einem schallenden dreifachen »Sieg Heil« für Hitler.[12]

Weit davon entfernt, sich über die Aggression der Nazis entsetzt zu zeigen, folgten Keith und seine Mannen den Truppen rasch nach Österreich und gründeten im September in Wien eine Zweigniederlassung. Keith meldete keinen Protest an, als zwei Monate später, am 10. November 1938, eine neue Stufe des Terrors gegen Juden anbrach. In der sogenannten Reichskristallnacht wurden jüdische Geschäfte zerstört, Synagogen in Brand gesteckt und viele Juden willkürlich verhaftet. Auch Woodruff und Powers zeigten keine Beunruhigung, obwohl der Anschluß zwischen den beiden Männern Spannungen heraufbeschwor. Powers war der Ansicht, daß seine Lizenzansprüche für alle Coca-Colas galten, die innerhalb der deutschen Grenzen verkauft wurden, wie weit sich diese durch Hitlers Expansion auch ausdehnen mochten. Woodruff erhob Einwände und sagte, im Vertrag seien die Grenzen angeführt, wie sie bei der Unterzeichnung bestanden hätten. Kurz nachdem der Streit geschlichtet war, kam Powers bei einem Autounfall ums Leben, und Keith wurde der unangefochtene Führer des deutschen Coca-Cola-Geschäfts.

Keith leitete die deutsche Coca-Cola GmbH als Präsident, als diese im April 1939 ihren zehnten Geburtstag feierte. Bei dieser Gelegenheit erging er sich in Lobeshymnen über den kürzlich verstorbenen Ray Powers, wenn er auch seine Freude über die unbestrittene Alleinkontrolle kaum verbergen konnte. Das vergangene Jahr, frohlockte er, sei ein historisches Jahr gewesen, da Hitler Österreich und das Sudetenland annektiert und damit diese Länder heim ins Reich gebracht habe. Die phänomenale Ausbreitung von Coca-Cola im Jahr 1938 rangiere allerdings gleich dahinter auf dem zweiten Platz. Dann rief Keith dazu auf, in ein »Sieg Heil« auf Hitlers fünfzigsten Geburtstag einzustimmen, »um unsere tiefste Bewunderung und Dankbarkeit für den Führer zum Ausdruck zu bringen, der unsere Nation in eine höhere Sphäre gehoben hat«.[13]

Ausgebombte Abfüllwerke

Nachdem deutsche Truppen am 1. September 1939 in Polen einmarschiert waren und England und Frankreich daraufhin Deutschland den Krieg erklärt hatten, kam Max Keith in Schwierigkeiten. Zwar hatte Göring bislang den

Nachschub an 7X genehmigt, doch nun war es lediglich eine Frage der Zeit, wann die Versorgung infolge der Kriegsereignisse ernsthaft eingeschränkt oder ganz abgeschnitten wurde. Darüber hinaus fürchtete Keith, daß die Coca-Cola GmbH als »ausländische« Firma verstaatlicht und ihre Leiter inhaftiert werden könnten. Er agierte deshalb an zwei Fronten, um eine Katastrophe abzuwenden.

Zunächst setzte er alles daran, eine Funktion in der riesigen deutschen Bürokratie zu bekommen. Hitler mochte die oberste Macht innehaben, doch die Details des Regierungsgeschäfts langweilten ihn, und so überließ er viel den alten Staatsbeamten, die den Nöten des Geschäftsmanns zum größten Teil Mitgefühl entgegenbrachten. Zum Glück für Keith war Walter Oppenhoff ein guter Freund eines hohen Beamten im Reichsjustizministerium. Oppenhoff gelang es, sich selbst und Max Keith in das Amt für Feindbesitz zu bugsieren, wo sie alle Soft-Drink-Werke überwachen sollten, in Deutschland wie in den eroberten Gebieten. Als die deutschen Truppen Europa überrannten, folgten Keith und Oppenhoff ihnen und assistierten bei den Coca-Cola-Gesellschaften in Italien, Frankreich, Holland, Luxemburg, Belgien und Norwegen oder übernahmen sie gleich.

Keiths zweiter Schritt bestand darin, ein anderes Produkt zu suchen. Während er einerseits Coca-Cola vorsichtig in den verschiedenen Werken rationierte, [14] forderte er andererseits seine Chemiker auf, ein alternatives Getränk zu erfinden, das der Firma durch den Krieg helfen könnte. Sie kreierten ein Getränk mit Fruchtgeschmack. Wie bei Coca-Cola handelte sich um eine einzigartige koffeinhaltige Mischung, deren Geschmack in diesem Fall nicht eindeutig als Orange, Trauben oder Zitrone zu identifizieren war. Infolge der Verwendung aller nur verfügbaren Ingredienzien – oftmals die Abfälle anderer Lebensmittelfirmen –, enthielt das neue Getränk zum Beispiel Molke, ein Nebenprodukt der Käseherstellung, und Apfelreste aus Mostpressen. Keith vermerkte dazu später, das Getränk sei aus den »Abfällen von Abfällen« hergestellt worden. Die Mischung der Fruchtingredienzien schwankte, je nachdem, welches Erzeugnis in Italien gerade lieferbar war. Zunächst mußte das Getränk mit Saccharin gesüßt werden, doch 1941 wurde es von der Zuckerrationierung freigestellt und durfte 3,5 Prozent Rübenzucker enthalten, was dazu führte, daß es weitaus besser schmeckte als alle Konkurrenzgetränke der Kriegszeit.

Um einen Namen zu finden, forderte Keith seine versammelten Beschäftigten auf, ihre *Phantasie* schweifen zu lassen, und der Verkaufsveteran Joe Knipp platzte sofort mit dem siegreichen Namen heraus: Fanta. Walter Oppenhoff ließ die neue Marke in Deutschland und in allen besetzten Ländern schützen, obwohl der Chef von Belgien, Carl West, für den Namen Cappy optierte, da er meinte, Fanta höre sich für die erzürnten Belgier allzu germanisch an. Eine neue unverwechselbare Flasche wurde entwickelt, und Fanta verkaufte sich so gut, daß die Firma den Krieg überstand, selbst nachdem die Vereinigten Staaten Ende 1941 in den Krieg eintraten und die Coca-Cola-Lieferungen versiegten. 1943 verkaufte Keith knapp drei Millionen Kästen Fanta. Viele Flaschen wurden allerdings nicht ausgetrunken, sondern zum Süßen und zur Geschmacksverstärkung von Suppen und Eintöpfen verwendet, da Zucker streng rationiert war. Zur gleichen Zeit unternahm Keith alles ihm Mögliche, den Namen Coca-Cola in der deutschen Öffentlichkeit wachzuhalten. Die Nazis untersagten »erinnernde Werbung« für Produkte, die nicht mehr erhältlich waren. Dennoch rückte er in alle Fanta-Anzeigen den Hinweis »ein Produkt der Coca-Cola GmbH« ein. Bevor der Nachschub an Coca-Cola Ende 1942 zur Neige ging, stellte er seinen deutschen Vorrat ausschließlich für Krankenhäuser mit verletzten deutschen Soldaten zurück, wenn es auch Teilen des deutschen Militärs gelang, sich ein paar Kästen unter den Nagel zu reißen.

Als die Armee seine besten Lieferwagen requirierte, flickten Keiths Mechaniker die alten immer wieder zusammen. Auch die Ford Motor Company machte weiterhin in Nazi-Deutschland Geschäfte [15] und belieferte den Geschäftsführer mit besonderen holzkohlebetriebenen Lieferwagen. Um sicherzustellen, daß seine ihm noch verbliebenen Lastwagen nicht konfisziert wurden, gab Keith (wie Woodruff) seine Firma als »kriegswichtig« aus, füllte in seine nun leeren Coca-Cola-Flaschen Mineralwasser und lagerte sie in Bergwerksstollen, wo sie vor Luftangriffen geschützt waren. Seine Wagen verwandelten sich in Notfahrzeuge, die kostenlos »Katastrophenwasser« verteilten – und das Firmenansehen hoben.

Keith konnte seine Flaschen vor den Bomben schützen, nicht jedoch seine Abfüllwerke. Alle 43 Coca-Cola-Werke wurden irgendwann im Krieg zerbombt – einige mehrfach. Die Firmenzentrale in Essen und das dortige Werk wurden öfter als alle anderen getroffen. Im industriellen Zentrum Deutschlands angesiedelt, wurde die Stadt bis zum Kriegsende völlig zerstört. Dennoch füllte Keith weiter Fanta und Wasser ab, selbst als die Bombardierungen ihren Höhepunkt erreichten. »Ich suchte kleine Anwesen in den Außenvierteln der Städte, wohin wir das Abfüllen verlegten«, erklärte er. In alten Bauernhäusern oder Molkereien untergeschlüpft, hielten diese Notfabriken die Versorgung mit Fanta aufrecht, solange das Hauptwerk in der Stadt repariert wurde.

Wenn seine Beschäftigten zum Militär eingezogen wurden, ersetzte Keith sie durch Exsträflinge, die von der Armee nicht genommen wurden. »Einer unserer besten Vertreter in Essen«, erinnerte sich Keith stolz, »hatte seinen Vater getötet und dafür zwanzig Jahre hinter Gittern gesessen.« Später griff Keith auf Chinesen zurück und auf »Menschen, die aus ganz Europa kamen – der Krieg schwemmte sie von überall her«. Diese unverbindliche Umschreibung scheint anzudeuten, es habe sich um willige Flüchtlinge gehandelt. In Wahrheit transportierten die Eisenbahnzüge während des Krieges nicht nur Juden, Zigeuner und andere mißliebige Gruppen in die Konzentrationslager, sondern verschleppten auch rund neun Millionen »Fremdarbeiter« oder ausländische Zwangsarbeiter, die 1944 ein Fünftel der Arbeiterschaft in Deutschland stellten. Max Keith war eindeutig gewillt, nahezu alles zu tun, damit das Coca-Cola-Geschäft weiterlaufen konnte, und dazu gehörte auch die Kollaboration mit den Nazis. Seine Mitarbeiter entschuldigen dieses Verhalten mit der Behauptung, er habe keine andere Alternative gehabt. »Ja, Max Keith versuchte, die Mächtigen nicht vor den Kopf zu stoßen«, räumt Klaus Pütter ein. »Er war ein sehr erfahrener Verhandlungsführer, ein vorsichtiger Mann. Wissen Sie, wenn man in einem von einem Diktator geführten Land lebt, muß man seine Zunge hüten und höchst vorsichtig sein. Wenn der Nachbar hörte, daß man etwas gegen Hitler sagte, kamen sie nachts und holten einen ab, und weg war man. Sie hier in den Vereinigten Staaten können das unmöglich verstehen.« Infolgedessen betrieb Keith als Repräsentant einer ausländischen Firma eine Diplomatie der leisen Töne. »Ein einziger falscher Schritt, eine einzige falsche Bemerkung wäre fatal gewesen.«

Als seine Loyalität gegenüber Coca-Cola in die Schußlinie geriet, bewies Keith, daß er bereit war, für sein Getränk eher zu sterben, als den Nazis nachzugeben. Anfang 1945 war jedem mit Ausnahme Hitlers und seiner fanatischen Anhänger klar, daß der Krieg verloren war. Daraufhin wurden die Nazis paranoid und suchten einen Feind im Inneren, dem sie die Verantwortung zuschieben konnten. Keith und Oppenhoff wurden im Januar jenes Jahres ins Handelsministerium bestellt, um dem verantwortlichen General Bericht zu erstatten, und angewiesen, die Firma zu verstaatlichen. »Ändern Sie den Namen irgendwie«, befahl der General. »Nennen Sie sie meinetwegen Max Keith GmbH, aber tun Sie es in den nächsten zwei Tagen, oder Sie landen in einem Konzentrationslager.«

Keith blieb unnachgiebig. Er und Oppenhoff suchten ihren alten Freund im Justizministerium auf, der fürchtete, selbst inhaftiert zu werden, wenn er eingriffe. Völlig im ungewissen, was geschehen würde, bereiteten sich die beiden Coca-Cola-Männer auf die Kraftprobe am nächsten Tag vor, doch dazu kam es nicht. Der General wurde bei einem Luftangriff getötet, die Firma war gerettet.[16] Drei Monate später erschoß sich Hitler in seinem Berliner Bunker. Der Krieg war vorbei.

Der Einmarsch der Technischen Beobachter

Max Keith hatte, gewonnen. »Coca-Cola GmbH läuft noch«, telegraphierte er Woodruff. »Schicken Sie Buchprüfer.«[17] Höchst erstaunt entsandte Woodruff prompt Stephen Ladas, den New Yorker Anwalt für Coca-Cola Export, der Walter Oppenhoff in seiner von Bomben zerstörten Heimatstadt Köln auftreiben sollte, wo früher eine Million und jetzt nur noch 35 000 Menschen lebten. Ladas konnte Oppenhoff nicht finden, doch er erfuhr von Nachbarn, daß er noch lebte. Ladas hinterließ einen aufmunternden Brief und kehrte nach Amerika zurück.

In der Zwischenzeit strömten die Technischen Beobachter unmittelbar hinter den amerikanischen Truppen nach Deutschland und beschlagnahmten rasch eine Mineralwasserfabrik bei Niedermendig[18]; bereits im April füllten sie dort Coke ab, noch vor der Kapitulation des Deutschen Reiches. Die drei leitenden Technischen Beobachter rumpelten in einem Jeep durch die Gegend und begaben sich auf die Suche nach Max Keith und den »Überbleibseln unserer deutschen Vorkriegsfirma«, erinnerte sich später Ward Wells. Als sie Keith auftrieben, füllte er in einer halbzerstörten Anlage emsig Fanta ab.

Die Unternehmensleitung zu Hause sah Max Keith als Helden an. Harrison Jones sagte 1946 in einer Rede vor dem nächsten Trupp Technischer Beobachter, die nach Deutschland reisen sollten, daß Max Keith »ein grooßartiger, grooßartiger Mann« sei, der die Abfüller während des Krieges zusammengehalten habe. Zu diesem Zeitpunkt klang diese Lobpreisung für Keith jedoch hohl, denn er fühlte sich verraten und war wütend. Er hatte den Krieg überlebt, sein kleines Abfüllreich am Leben erhalten, nur um es dann von amerikanischen Technischen Beobachtern besetzt zu sehen. Später nannte er diese Nachkriegszeit einen »noch schlimmeren Zusammenbruch« als den, den er unter den Nazis erlitten hatte.

Keiths Kummer war verständlich, die Haltung der Technischen Beobachter in ihren Militäruniformen allerdings auch, die den Befehl hatten, nicht mit Deutschen zu fraternisieren. Eisenhower hatte angeordnet, die Industrie zu »entnazifizieren«. Zusammen mit Walter Oppenhoff (der alles gesund überstanden hatte) versuchte Keith mit Armee-Offizieren und den amerikanischen Coke-Männern zu verhandeln. »Wir hatten ganz schön viele Diskussionen«, erinnerte sich Oppenhoff. Der Technische Beobachter George

Downing, der Keith glattweg als »einen zweiten Hitler« bezeichnete, war über dessen Unverschämtheit entsetzt. »Können Sie sich vorstellen, daß da ein Deutscher im besiegten Deutschland daherkommt und den Amerikanern erzählt, wie sie etwas machen sollen?« Downing war sicher, daß Keith geplant hatte, die weltweiten Geschäfte von Coca-Cola zu übernehmen, falls Deutschland den Krieg gewonnen hätte. Keith hat vielleicht derartige Aspirationen gehegt, doch er war auch ein geduldiger Diplomat und versuchte sich nun bei den Siegern einzuschmeicheln. Anfangs weigerten sich die Amerikaner nicht nur, Keith Coke-Sirup zu liefern, sondern stellten auch seine Fanta-Produktion ein. Schließlich gaben sie nach und erlaubten der Coca-Cola GmbH, Fanta abzufüllen, während die Technischen Beobachter das Monopol auf das amerikanische Getränk für die GIs beanspruchten.

In diesem unsicheren Waffenstillstand füllten die Technischen Beobachter Coke auf der einen Seite des Frankfurter Werks ab, während Keith in der anderen Hälfte Korken auf Fantaflaschen setzte. Doch in der darniederliegenden Nachkriegswirtschaft konnte er nicht genug Zucker oder Obst auftreiben – und die Mehrheit der Deutschen konnte es sich nicht leisten, sein Getränk zu kaufen. Der Absatz fiel von über zwei Millionen Kästen im Jahr 1944 auf eine halbe Million im Jahr 1945, obwohl Keith sogar anfing, Sodawasser und eine neue Geschmacksrichtung mit der Bezeichnung Rosalta abzufallen.

Keith war entschlossen, das Geschäft wieder zu übernehmen, sobald die amerikanischen Soldaten abzogen. Er wies seine Männer an, sich in die Unternehmungen der Technischen Beobachter einzuschleusen, und die Amerikaner waren nur zu glücklich, erfahrene Hilfskräfte zu finden. »Als sich das Leben rund um dieses Werk normalisierte«, berichtete ein Technischer Beobachter im August 1945 aus Stuttgart, »kamen die einheimischen Coca-Cola-Männer erneut groß ins Geschäft. Gute Maschinisten und fleißige Arbeit haben etwas, das zunächst als hoffnungsloser Schlamassel erschien, zu einem strahlenden Erfolg geführt.«[19] Kein Wunder, daß ein Technischer Beobachter sagte: »Ich konnte mich nicht dazu durchringen, die Deutschen zu hassen – sie waren so fleißig.« Niemand kümmerte sich groß darum, daß diese »einheimischen Coca-Cola-Männer« Exnazis oder Kollaborateure waren; das beruhte zum Teil darauf, daß sich mit dem amerikanischen Sieg über Nacht eine wundersame Wandlung vollzogen hatte. »Es war verblüffend«, bemerkte ein naiver Technischer Beobachter in der Folge, »doch kein einziger Mensch aus der Bevölkerung war ein Nazi, alle waren sie gegen die Partei und entschieden gegen Hitler und dessen Ziele gewesen.«[20]

Trotz der prekären Situation versuchte Max Keith den Kontakt mit diesen ehemaligen Beschäftigten aufrechtzuhalten, während er gleichzeitig den Betrieben der Technischen Beobachter seine »Hilfe« anbot. In Augsburg erklärte Cliff Johnson seinem Assistenten Don Sisler: »Dieser Kraut, Max Keith, kommt zu Besuch, und wir haben Anweisung, nett zu ihm zu sein.« Als Keith, eingehüllt in einen dicken Pelzmantel, eintraf, fielen seine alten Mitarbeiter, die jetzt in Augsburg arbeiteten, »praktisch in Ohnmacht«, wie sich Sisler erinnert. »Elsie schwanden die Sinne, weil Herr Keith da war, und Herr Kohler machte fortwährend seinen Diener.« Sisler selbst zeigte sich von Keiths »hoheitsvoller Präsenz« beeindruckt.

Schließlich bekam Keith 1949 die Gelegenheit, die Amerikaner auszutricksen, als er dahinterkam, daß eine riesige Lieferung abgestandenen Coke-Sirups, die während des Weges von der Militärverwaltung rund um die Welt geschickt worden war, in Deutschland eingetroffen war. Er überredete Paul Lesko, damals Chef der deutschen Technischen Beobachter, ihm den Sirup zu verkaufen, damit er aus ihm Zucker für Fanta gewinnen könne. Um zu verhindern, daß der Sirup noch verwendet wurde, färbte Lesko den Sirup ein, bis er grün schillerte, doch Keith überzeugte ihn davon, daß derartige Vorkehrungen überflüssig seien.[21] Er schickte seine Chemiker an die Arbeit, um den Sirup insgeheim zu filtern und neu gären zu lassen, und dann füllte Keith hastig seine erste Coca-Cola seit 1942 ab. Lee Talley, der die Coke-Niederlassungen in Europa leitete, rief zufällig bei Keith an und teilte ihm mit, er habe vor, Frankfurt einen Besuch abzustatten. »Das ist wunderbar«, sagte

Keith, »denn ich möchte, daß Sie morgen früh ein Band durchschneiden. Wir fangen wieder mit Coca-Cola an.« Am 3. Oktober durchschnitt Talley, der höchst überrascht war, daß Keith Sirup hatte, das Band durch, und die Lieferwagen von Keith zogen mit riesigen Schildern los, die verkündeten: »Coca-Cola ist wieder da!« Lesko war wütend, weil Keith ihn hereingelegt hatte, doch da Talley die Sache stillschweigend billigte, konnte er nichts dagegen unternehmen.

Keith hatte den Zeitpunkt perfekt gewählt. Als sich die amerikanischen Soldaten und die Technischen Beobachter zurückzogen, ordnete Woodruff an, daß das Abfüllen wieder in die Hände der Einheimischen gelegt werden solle, und Lesko mußte auf einmal Keith Rede und Antwort stehen, der erneut das Kommando übernommen hatte. Um mit den Amerikanern Frieden zu schließen, überließ Keith ihm die Bremer Abfüllrechte.[22] Max Keith brauchte nicht lange zum Wiederaufbau der deutschen Firma, nun da er freien Zugang zum Coca-Cola-Konzentrat hatte. Es war unmöglich, Deutsche zu finden, die soviel Kapital besaßen, wie die Export-Firma verlangte – einen Dollar pro Kopf für jeden im Franchise-Gebiet. Keith reduzierte den Betrag willkürlich und verlangte eine Mark pro Kopf, damals der Gegenwert von einem Vierteldollar. Doch selbst dann besaßen nur wenige soviel Geld, so daß Keith für viele Interessenten bei Darlehen mit unterzeichnete, womit er sich den Schwur lebenslanger Loyalität erzwang. »Ich wähle Sie aus«, sagte er zu seinen Abfüllern, »und ich werde Sie reich machen, aber Sie tun, was ich Ihnen sage.«

Keith stand zu seinem Wort. Als der ehemalige Technische Beobachter Don Sisley viele Jahre später Deutschland wieder besuchte, stellte er fest, daß Elsie und Kohler das Augsburger Abfüllwerk besaßen und »im Reichtum schwammen«. Sie bewirteten ihn im besten Restaurant der Stadt und lachten nachsichtig in Erinnerung an jene schwierigen Tage gleich nach dem Krieg. Eines allerdings hatte sich nicht geändert: Sie krochen noch immer vor Max Keith, nunmehr Coca-Cola-Chef von ganz Europa. Mutigere Abfüller nannten ihn im Flüsterton »Super-Führer«.[23]

Schmeling schwenkt zu Coca-Cola

Selbst Max Schmeling zeigte sich Max Keith gegenüber gebührend folgsam, als er 1957 Coca-Cola-Abfüller wurde. Der deutsche Held nahm mit James Farley, dem New Yorker Box-Commissioner der Vorkriegszeit, Kontakt auf, als der Coke-Manager 1954 zur Feier des 25jährigen Jubiläums von Coca-Cola in Deutschland nach Essen kam. Farley erkannte sofort, daß Schmeling ein guter Fang sei. Vom Glück verlassen, sprang der Boxer geradezu auf die Chance an, in Hamburg Coke abzufüllen, und er hat seit dieser Zeit dem Getränk in Deutschland stets als Botschafter des guten Willens gedient.[24] Einst als Personifizierung der vermeintlichen Überlegenheit der Nazis angesehen, trat der Mann, der in seinem Arbeitszimmer ein Autograph von Hitler aufbewahrte, in die gemütliche Coca-Cola-Familie ein.*

---

* Fairerweise muß man sagen, daß es Schmeling nie behagte, ein Symbol für den Nationalsozialismus zu sein, und er immer darauf beharrte, er sei lediglich Profiboxer – der eine Zeitlang sogar einen jüdischen Manager gehabt habe. Nach dem Zweiten Weltkrieg freundete sich Schmeling mit Joe Louis an und begleitete ihn auf einem Rundgang durch seine Coca-Cola-Abfüllanlage.

TEIL IV

Probleme im Gelobten Land

(1950–1979)

»Into the Eighties With Coke!« Die blitzenden roten Schilder in dem großen leeren Saal, der ihm einmal so vertraut gewesen war, erschienen Paul Austin nun bizarr und verwirrend. Warum waren sie so grell, erinnerten sie so stark an einen Aderlaß? Sein Herz schlug unregelmäßig; ihm war schwindlig.

Als er auf die Bar neben dem Amphitheater zustolperte, stieß Austin auf ein riesengroßes Foto mit dem wunderschönen Gesicht einer Frau, deren gigantische Zähne sich zu einem wilden Grinsen entblößten. »Have a Coke and a Smile!« befahl sie. Er lehnte sich gegen den Tresen und beruhigte sich. »Einen Scotch on the rocks, bitte«, hörte er sich sagen, seine Stimme klang in seinen Ohren unwirklich und weit entfernt, als würde sie als Echo aus einer Ecke des Saales kommen. Die Techniker hasteten zielstrebig durch den Raum, während ein paar Abfüller mit ihren Frauen zwischen den Displays durchbummelten. Mit einem gemurmelten Dankeschön kippte Austin den Drink.

Ein Mann eilte auf ihn zu, nickte respektvoll mit dem Kopf und streckte ihm eine Hand entgegen. »Oh, da sind Sie, Mr. Austin«, sagte er. »Würde es Ihnen etwas ausmachen, für einen zweiten Mikrofontest aufs Podium zu gehen, Sir?« Der großgewachsene Coca-Cola-Manager schenkte sich rasch noch ein Glas ein und begab sich zur Bühne. Vielleicht würde ihn noch ein Drink beruhigen, die Verwirrung lindern. Bedächtig, beinahe schwerfällig stieg er die Stufen hoch und ging zum Mikrofon. Seine Hand zitterte leicht, vorsichtig stellte er das Glas auf den Tisch neben sich, wie er es bereits unzählige Male in der Vergangenheit getan hatte. Er lehnte sich über das Podium und hielt sich mit beiden Händen fest.

Paul Austin starrte in den pulsierenden roten Raum vor ihm. Mit einem tiefen Atemzug beugte er sich vor und stellte mit leicht verschliffener Stimme eine Frage, die durch den Saal hallte. »Entschuldigung, aber kann mir jemand sagen, warum ich hier bin?«[1]

John Pemberton, der Schöpfer von Coca-Cola, in jüngeren Jahren. Das Bild variiert sehr stark von dem bekannten Ölportrait, das später von ihm angefertigt wurde.

Asa Candler, der sich 1888, nach dem Tod von Pemberton, seinen Anteil an Coca-Cola sicherte. (Candler Papers, Special Collections, Emory University)

Die berühmte Ma Candler, die den Familienclan mit harter Hand und spitzer Zunge regierte. Asa Candler ist der dritte von links, sein Bruder John, der Rechtsanwalt und Richter, links außen. Vorne links auf dem Stuhl Bischof Warren. (Candler Papers, Special Collections, Emory University)

Die Mitarbeiter der Coca-Cola Company im Jahre 1899. Erste Reihe: links Frank Robinson, neben ihm Asa Candler. In der zweiten Reihe in der Mitte mit Schnurrbart Candlers Neffe Sam Dobbs. Rechts neben ihm Candlers ältester Sohn Howard. Hinter ihm die Frau von Sam Dobbs, vor ihm sein jüngerer Bruder William.

Coca-Cola-Verkäufer stellen sich im Jahre 1914 vor einem der großen Werbegemälde, die die Coca-Cola Company überall hatte anbringen lassen, in Positur.

Der Prototyp der wohlbekannten
Coca-Cola-Flasche im Jahre 1915.
Diese Variante war aber für die
Abfüllmaschinen nicht geeignet.

Die Werbung für Coca-Cola hat
sich immer eng am Zeitgeschmack
orientiert. So hier auf einem Werbe-
bild aus den zwanziger Jahren, wo
eine verführerische Schönheit das
Getränk anbietet.

In chronologischer Reihenfolge die verschiedenen Coca-Cola-Flaschen, vom
ersten Modell bis zu der noch heute gebräuchlichen klassischen Form.

Selbst im Dritten Reich zeigte Coca-Cola Flagge, wie hier 1939 in Essen auf dem Adolf-Hitler-Platz.

Max Schmeling, ehemaliger Schwergewichts-Weltmeister, als Coca-Cola-Abfüller in Hamburg.

Coca-Cola im Zweiten Weltkrieg. Die „Berater" der Coca-Cola Company folgen der Frontlinie, um den Soldaten mit Coca-Cola ein Gefühl von Heimat zu geben und sie natürlich auch als Konsumenten zu gewinnen.

Ganz in Sinne der Herrschenden Ideologie des 3. Reiches wurde in Deutschland für Coca-Cola geworben. Diese Anzeige erschien im Mai des Jahres 1939 in folgenden Zeitungen: *Illustrierter Beobachter, Münchner Illustrierte Presse, Berliner Illustrierte Zeitung, Deutsche Illustrierte Zeitung* und dem *Frankfurter illustrierten Blatt.*

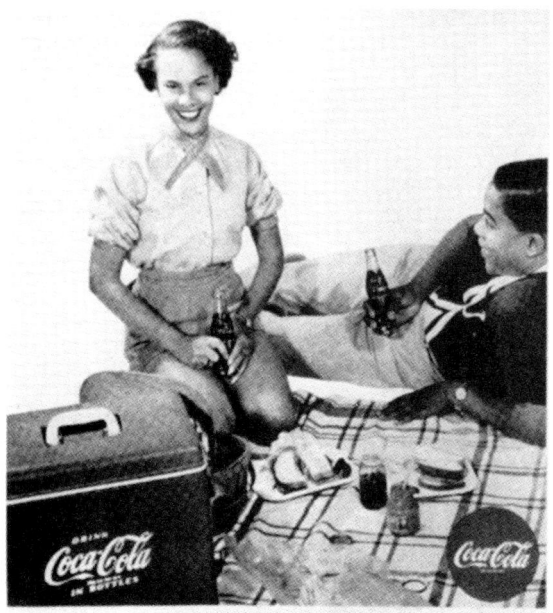

That Great Taste of Coke makes life more fun!

You taste the difference ...
Even the bubbles taste better

You feel the difference ...
There's life, there's lift in Coke.

Guests notice the difference ...
serving Coca-Cola says you do things right.

Mitte der fünfziger Jahre versuchte Coca-Cola mit solcher Werbung die schwarze Mittelklasse für sein Produkt zu begeistern und brach dabei auch mit einem Tabu der Werbung.

Robert Woodruff, der von 1923 an über sechzig Jahre lang die Geschicke von Coca-Cola bestimmte. Er starb 1985 im Alter von 95 Jahren.

Coca-Cola in den Händen der amerikanischen Präsidenten

Dwight »Ike« Eisenhower

Lyndon B. Johnson

Harry S. Truman

John F. Kennedy

Aber auch die sozialistischen Führer verschmähten das kapitalistische Getränk nicht.
Hier Fidel Castro.

Sogar die Beatles posierten bereitwillig mit der Coca-Cola-Flasche in der Hand.

Die Coca-Kolonisation
und die Kommunisten

> Offenbar haben einige unserer Freunde in Übersee
> Schwierigkeiten, die Vereinigten Staaten und Coca-Cola
> auseinanderzuhalten. Vielleicht sollten wir uns darüber
> nicht allzusehr beklagen.
>
> Ein Coca-Cola-Manager zu einem anderen, 1950 [1]

Im April des Jahres 1945 trafen sich Vertreter von fünfzig
Staaten auf einer Konferenz in San Francisco, die sich die
idealistische Aufgabe zum Ziel setzte, die Vereinten Nationen, eine Nachkriegsorganisation zur Erhaltung des Friedens, zu gründen. Robert Woodruff spürte die Geschichts-
trächtigkeit des Augenblicks und entsandte James Farley
nach San Francisco. Er erhielt ein unbegrenztes Spesenkonto und den Auftrag, die mächtigen Delegierten, die sich
in einer Stadt zusammengefunden hatten, mit Wein, Coca-
Cola und Diners zu bewirten. »Die Beziehungen, die ich
aufbaute«, schrieb Farley später in der für ihn typischen
Untertreibung, »könnten bei unseren Bemühungen, Coca-
Cola-Abfüllanlagen [auf der ganzen Welt] zu errichten, von
Nutzen sein.«
   Farley war als Politiker unübertrefflich und bekannt für
sein außerordentlich gutes Namensgedächtnis sowie die
Papierflut höflicher Korrespondenz, die er stets mit grüner
Tinte unterzeichnete. Er erklärte einmal: »Es sind die klei-
nen Dinge, die Ärger verursachen, und es sind die kleinen
Wunden, die bittere Gefühle verursachen.« Infolgedessen
gelobte er bereits in jungen Jahren, immer ein verläßlicher
Freund zu sein; kein Detail war zu nebensächlich, kein Geschenk zu klein, als daß er sich nicht dafür erkenntlich gezeigt hätte. Während der Parteiversammlung der Demokraten im Jahr 1932 schrieb ein Journalist, daß, wo immer Far-

ley auftauche, »Regenbogen durchbrachen und zuckten«, die vielleicht von seiner enormen Glatze reflektiert wurden, einem Leuchtfeuer am oberen Ende seiner kräftigen, rund 1,90 Meter großen Gestalt. »Laßt ihm Zeit«, meinte der Reporter, »und er kennt bald jeden in den Vereinigten Staaten beim Vornamen.«

Als Mitglied der Demokraten setzte Farley Loyalität über die Politik. Von Natur aus gesellig, rauchte und trank er nicht und benötigte nur sechs Stunden Schlaf in der Nacht. Er liebte es zu reisen, neue Menschen kennenzulernen und seinen Einfluß subtil auszuüben – kurz, er war der perfekte Coca-Cola-Mann. 1941 schrieb Ralph McGill, der bekannte Journalist aus Atlanta und Freund von Robert Woodruff, feierlich in der *Atlanta Constitution,* Farleys neue Aufgabe bei Coca-Cola habe »ihn vollkommen von der Politik losgelöst«. Farley war alles andere als vom Geschehen abgeschnitten, seine diplomatischen Missionen für seinen Soft Drink in der Nachkriegswelt erforderten jedes Gran seiner Erfahrung. Coca-Cola *wurde* zunehmend selbst Politik, vor allem bei den Kommunisten.

Kurz vor Kriegsende sah es einen Augenblick lang so aus, als ob die traditionell feindselige Beziehung zwischen der UdSSR und den USA der Freundschaft siegreicher Alliierter weichen würde. Doch Stalins Säuberungsaktionen, sein Machthunger und seine Zurückweisung der vorsichtigen amerikanischen Fühlungnahme führten schnell zur ersten Abkühlung, die in den kalten Krieg mündete. In jenem Frühjahr 1945, als Farley mit Faisal von Saudi-Arabien, Lord Halifax aus Großbritannien und den Abgesandten Ägyptens, Mexikos, Brasiliens und zahlreicher anderer Staaten auf du und du stand, schnitt er ostentativ Andrei Gromyko, den sowjetischen Delegierten. In nur wenigen Jahren sollte sich die amerikanische Feindseligkeit gegenüber den Sowjets in Paranoia verwandeln.

Farley war gegenüber Coca-Cola genauso loyal wie früher gegenüber den Demokraten. Er mochte das Produkt wirklich, das ihn zu einem unparteiischen Botschafter des Guten Willens machte und ihm ein Entree bei den Reichen und Mächtigen verschaffte. Nach einer dreimonatigen Weltreise erzählte Farley 1946 der Presse voller Überzeugung, daß die Staaten der Welt »auf die amerikanische Nation blicken, die sie aus ihren Schwierigkeiten herausführen soll«. Und er setzte hinzu, es bestehe »kein Zweifel an der Zuneigung«, die diese Ausländer den Amerikanern entgegenbrächten. Der Coca-Cola-Botschafter war sich auch sicher, daß die Chinesen, die gerade von einem Bürgerkrieg zwischen Chiang Kai-shek und Mao Zedong gebeutelt wurden, »eine Lösung für ihre Probleme finden« könnten.

The Coca-Cola-Company baute auf das Entgegenkommen der Bevölkerung, das der amerikanische Soldat und sein Erfrischungsgetränk gepäppelt hatten, und vergab zügig Lizenzen für Abfüllwerke in neuen Ländern. 1948 hielt sie in Atlantic City ihre erste internationale Versammlung ab, mit der die neu angeworbenen überseeischen Abfüller zweifelsohne beeindruckt werden sollten. »Wenn wir an Kommunisten denken, denken wir an den Eisernen Vorhang«, stand auf einem Transparent in der Versammlung. »ABER wenn SIE an Demokratie denken, denken sie an Coca-Cola.« Anläßlich dieser Konferenz betete eine Führungskraft inbrünstig: »Möge die Vorsehung uns das Zutrauen geben,... diese zwei Milliarden Verbraucher zu bedienen, die bereits darauf warten, daß wir ihnen unser Produkt bringen.« Ende 1950 war das Geschäft in Ägypten, Marokko, Barbados, Liberia, Rhodesien, Guadeloupe, Algerien, Gibraltar, Kenia, Thailand, Tunesien, Indien, Kongo, Irak, Libanon, Zypern und Saudi-Arabien in vollem Gange. Außerdem trieben zusätzliche Abfüllanlagen und aggressive Verkaufsmethoden in den Ländern, in denen die Industrie bereits etabliert war – vorrangig in Europa und Südamerika – den Pro-Kopf-Konsum weltweit kräftig nach oben.

Der erste Schritt, in einem Land Fuß zu fassen, bestand darin, einen wohlhabenden, in der Gesellschaft bekannten Abfüller mit politischem Einfluß zu gewinnen. Im Anschluß daran wurden die wichtigen Beschäftigten zu einer breitangelegten, achtmonatigen Schulung – die die Arbeit in den Werken, das Fahren der Lieferwagen, die Werbung, die richtige Kühlung der Kühlgeräte und das Erdulden endloser Visomatiks in der jeweiligen Sprache umfaßte – in die USA geschickt. Wenn sie wieder nach Hause fuhren, hatten die neuen Coca-Cola-Männer eine Vielzahl von Siruptransfusionen hinter sich. »Sie sind eingebunden«, schrieb ein Firmenangehöriger, »durch ein allgemeines Vertrauen in Coca-Cola, ihren Glauben an die Ehrlichkeit des Produkts und seinen Wert für die Menschheit.«

Das geschäftliche Wachstum in Übersee faszinierte die amerikanischen Medien. *Time* stellte die Firma in der Ausgabe vom 15. März 1950 groß heraus und vermeldete, daß ein Drittel der Firmengewinne aus dem Ausland stammten. Der *Time*-Reporter merkte an, es sei doch seltsam, daß »etwas so von Grund auf Amerikanisches in einem halben hundert Sprachen an allen Kreuzungen in der Welt von Arequipa bis Zwolle« verkauft würde – »als läse man Dick Tracy auf französisch«. Nichtsdestotrotz, so schloß er, sei es auch recht beruhigend. Dem konnte James Farley nur beipflichten. In einer Rede vor der American Trademark Association (Amerikanische Warenschutz-Vereinigung) hob er hervor, daß die amerikanische Flagge selbst »die ruhmreichste aller Handelsmarken« sei und die »großartigste Flut von Produkten und Dienstleistungen in der Geschichte der Menschheit« repräsentiere. Als Beispiel für den Beitrag Amerikas zum weltweiten Fortschritt nannte Farley die Philippinen, wo ihn zu Anfang die primitiven Zustände – die auf Stelzen erachteten Häuser aus Bambus und Gras, die schäbig gekleideten Einheimischen und die nackten Kinder, die die schlammigen Straßen entlangwanderten – gestört hätten. »Doch wenn man in dieser armseligen Gegend um eine Ecke biegt«, sagte Farley und lächelte in der Erinnerung, »erblickt man plötzlich ein wunderschönes Coca-Cola-Abfüllwerk.« Mitten in all dem Schmutz stand da eine stabil gebaute, glänzendweiße Fabrik mit »den neuesten und modernsten Flaschenfüllern, Flaschenreinigern und Wasseraufbereitungsgeräten«. Die Böden seien, so Farley, peinlich sauber. Die einheimischen Beschäftigten nähmen täglich, trotz ihres sonst so unhygienischen Lebens, im Werk eine Dusche und trügen frischgewaschene Monturen. Im Krankheitsfall stand ein Werksarzt zur Verfügung. Abschließend prahlte Farley, die Coca-Cola-Anlagen hätten »den Lebensstandard auf jeder dieser Inseln gehoben«.

Naiv und zutiefst ethnozentrisch, wie er war, akzeptierte Farley blindlings die Armut, die er sah; er verdammte auch mit leichter Hand die ansässige Kultur und ging davon aus, die amerikanische Lebensweise, die durch Coca-Cola repräsentiert wurde, sei die einzig mögliche Lebensweise schlechthin. Er fügte hinzu, das Erfrischungsgetränk »beeinflusse« wirkungsvoll positive Einstellungen zu Amerika und werde letztendlich alle Nationen in »einer Bruderschaft des Friedens und Fortschritts« umfangen. Es stimmte allerdings auch, daß Coke häufig die dringend benötigte Technik zur Wasseraufbereitung brachte, daß die Beschäftigten von Coca-Cola nach ortsüblichem Standard anständig entlohnt wurden und daß das Abfüllwerk zumeist im Besitz von Einheimischen war und von diesen auch betrieben wurde. 1950 waren nur ein Prozent der Beschäftigten bei Coca-Cola Export Amerikaner. Wie eine Führungskraft von Coke unterstrich: »In Deutschland ist es eine deutsche Firma; in Frankreich ist es eine französische Firma; in Italien ist es eine italienische Firma.« In jedem neuen Land entstanden lokale Industrien, die Glas, Kartonagen, Kronkorken und Abfüllmaschinen herstellten. The Coca-Cola-Company lieferte dafür sogar technische Beschreibungen sowie Blaupausen und stellte Wirtschaftsberater.

Nicht alle lieben uns

Dennoch endete Coca-Colas Nachkriegsoffensive keineswegs in einer »Bruderschaft des Friedens und Fortschritts«. Das Schicksal von China stand symbolhaft für die neuen Nöte von Coca-Cola. Farleys optimistische Voraussage, daß die gegnerischen Parteien auf freundschaftlicher Basis »eine Lösung finden« würden, traf voll daneben. 1949 gründete Mao Zedong das kommunistische China, während Chiang Kai-shek nach Taiwan floh. Alle chinesischen Abfüllanlagen für Coca-Cola wurden verstaatlicht, nur der britische Vorposten in Hongkong blieb verschont.*

Die Kommunisten betrachteten Coca-Cola als treffliches Symbol für den »degenerierten Kapitalismus«. Rund um den Globus diffamierten sie in der Presse zahlreicher Länder das amerikanische Erfrischungsgetränk, bearbeiteten die Legislativen und malten in finsteren Seitengäßchen im Flüsterton seine widerwärtigen Wirkungen aus.

Die Expansion von Coca-Cola in der Nachkriegszeit bereitete jedoch nicht nur den Kommunisten Sorgen. Die jeweiligen einheimischen Abfüller waren wohl glücklich, viele ihrer Landsleute allerdings weniger, vor allem wenn sie konkurrierende Getränke wie Wein, Bier, Mineralwasser oder Erfrischungsgetränke verkauften. Viele Menschen jenseits des Atlantiks hatten auch etwas gegen die ungehobelten und aggressiven Amerikaner und ihre machtvolle neue Stellung in der Welt. Das traf insbesondere auf Europäer zu, deren positive oder negative Einstellung gegenüber Amerikanern sich leicht auf Coca-Cola übertrug.

Mit Hilfe des Marshallplans, nach dem alten Coke-Freund George C. Marshall benannt, wurde Europa mit kräftigen Kapitalzuschüssen aus Amerika wiederaufgebaut. Diese Hilfestellung war allerdings nicht als rein altruistischer Akt gedacht, sondern ermöglichte den amerikanischen multinationalen Gesellschaften auch gezielt einen enormen Auftrieb. Ein verbitterter Engländer beobachtete in den fünfziger Jahren, daß »der Sieg eine Intensivierung des Belagerungszustands« für sein Land nach sich zog, während er in den Vereinigten Staaten zu »einem Konsumparadies« führte. Die verschwenderischen Ausgaben und das infantile Benehmen der amerikanischen Soldaten, die auf riesigen Stützpunkten (die von den Einheimischen feixend »Coca-Cola-Städte« genannt wurden) stationiert

---

* Als China hinter dem Eisernen oder Bambusvorhang verschwand, brach bei Coca-Cola Panik aus, wie Robert Broadwater in einem Interview berichtete. Eine der wichtigsten Zutaten von 7X war Kassia-Zimt. Über einen Londoner Mittelsmann konnte Coke jedoch weiterhin mit den Chinesen ins Geschäft kommen, die bereitwillig das geheime Ingredienz des kapitalistischen Getränks verkauften.

blieben, waren einem Abbau solcher Vorbehalte nicht gerade förderlich. Sparsame Deutsche waren über die GIs entsetzt, die die ganze Nacht hindurch das Licht brennen ließen, im Winter die Fenster öffneten und das Radio nie abschalteten.

1949 und 1950 schlugen die Franzosen und mehrere andere Völker aus Angst vor einer bevorstehenden »Amerikanisierung« ihrer Kulturen blindlings auf das nächstliegende und marktschreierischste Symbol des amerikanischen Gehabes ein, auf ein Produkt, das die Konsumgewohnheiten und die Lebenseinstellung der nachfolgenden Generation zu verändern drohte – auf Coca-Cola, das Getränk mit dem Singsang-Namen, den verführerischen Postermädchen und dem niedrigen Preis. »Es gibt zahlreiche Europäer«, kommentierte ein Journalist 1964 im *New York Times Magazine,* »die aufrichtig überzeugt sind, daß es sich bei dem Ding, das die Freiheitsstatue hochhält, um eine Coke-Flasche handelt.«

Die unheilige französische Allianz

Als die Firmenmanager planten, wie Coca-Cola in Frankreich wieder auf den zivilen Markt kommen könne, bemühten sie sich tapfer um kulturelle Harmonie und zerbrachen sich die Köpfe über Themen wie das Geschlecht ihres Getränks. In den franko-kanadischen Anzeigen war Coke männlich, doch in allen anderen romanischen Sprachen, also Spanisch, Italienisch und Portugiesisch, hatte es das weniger aggressive weibliche Geschlecht. Nach erheblichem Hin und Her beschlossen sie, die Frage mit der schlichten Anzeige »Buvez Coca-Cola« (Trink Coca-Cola) auszuräumen, also auf das »le« oder »la« zu verzichten. Der Trick erwies sich als Schuß, der nach hinten losging, denn die in puncto Grammatik heiklen Franzosen beschwerten sich darüber, daß der richtige bestimmte Artikel fehle. Die amerikanische Firma, so sagten sie, vergewaltige ihre Sprache.

Mit solchen Neuigkeiten gaben sich die französischen Kommunisten nicht ab, die 1948 aufheulten, als Coca-Cola bei den Behörden um die Abfüllerlaubnis in Frankreich nachsuchte. 1947 zwangsweise aus der Regierungskoalition ausgeschieden, waren die Kommunisten in der französischen Nationalversammlung noch immer die stärkste Partei, wo sie gegen den »amerikanischen Imperialismus« und den Marshallplan auftraten. Das ganze Jahr 1949 hindurch warnten die Kommunisten mit schmierigen Taktiken vor der »Coca-Kolonisation« Europas und trommelten die Wein- und Mineralwasservertriebsfirmen zusammen. Als die ersten Flaschen im Dezember 1949 in Paris verkauft wurden, verstärkten sie die Propaganda und behaupteten, die Vertriebsorganisation von Coca-Cola sei gleichzeitig ein Agentennetz. Über Nacht tauchten auf Pariser Coke-Schildern Totenkopfzeichen auf. In der Nationalversammlung machten die Kommunisten vergebens Druck für ein Gesetz, mit dem Coca-Cola als Gift verboten werden sollte.

Cokes Mann vor Ort war Prinz Alexander Makinsky,[2] ein verbindlicher, mehrsprachiger, weißrussischer Emigrant. Der französisch erzogene Antikommunist hatte in Paris für die Rockefeller Foundation gearbeitet, bevor er 1945 bei Coke anfing. Nun konferierte er klammheimlich mit dem amerikanischen Botschafter und französischen Regierungsbeamten, um die Wogen zu glätten und die Bekanntgabe der Coke-Zutaten zu verhindern. Diplomatisch geschickt wies er darauf hin, daß ein französisches Untersuchungslabor einen »unbeabsichtigten Fehler«, begangen habe, als es in dem Getränk auf Kokain stieß, doch er konnte nichts gegen das Aufsehen ausrichten, das der Nachweis von Phosphorsäure und Koffein erregt hatte. Die Angelegenheit erreichte Ende Februar 1950 ihren Höhepunkt, als die Kommunisten eine von Farley so genannte »seltsame Allianz« mit den Interessenvertretern der Wein- und Mineralwasserbranche eingingen und eine von Paul Boulet, dem stellvertretenden Bürgermeister von Montpellier und Sprachrohr zahlreicher Winzer, eingebrachte Gesetzesvorlage unterstützten. Boulet schlug generelle Schritte gegen alle nichtalkoholischen Getränke mit Pflanzenextrakten vor – ein nur schlecht verschleierter Angriff auf Coca-Cola. Am 28. Februar wurde das Gesetz, in einer Kammer des französischen Parlaments verabschiedet. Bald danach wurde eine Klage angestrengt, in der Coca-Cola zur Last gelegt wurde, ein Gesetz aus dem Jahr 1905 verletzt zu haben, das den Verkauf von Pharmazeutika ohne Anführung der Inhaltsstoffe auf dem Etikett untersagt.[3]

In Wirklichkeit bestand kein Anlaß zur unmittelbaren Sorge, denn das Gesetz *ermöglichte* es dem Gesundheitsministerium lediglich, falls es beide Kammern passierte, Coca-Cola zu verbieten. Das Gerichtsverfahren, das sich jahrelang durch die Instanzen zog, würde schlimmstenfalls eine Änderung der Etikettierung erforderlich machen. Die gemäßigte Koalitionsregierung unter Premierminister Georges Bidault war nicht darauf erpicht, die Amerikaner zu verärgern, die immerhin den Geldhahn zudrehen konnten. Außenminister Dean Acheson feuerte auf David Bruce, den amerikanischen Botschafter in Frankreich, ein Memo ab und wies ihn an, Bidault mitzuteilen, daß das Außenministerium durch die Gesetzgebung »beunruhigt« sei, die »gegen legitime amerikanische Interessen Vorurteile hege«. [4] Er trug Bruce ferner auf, auf die »ungünstige öffentliche Meinung in den Vereinigten Staaten zu verweisen«, die der Vorgang unweigerlich zur Folge hätte. Der ängstliche und zu Zugeständnissen bereite Bidault versicherte dem amerikanischen Botschafter, er würde die »Diskriminierung des Produkts« nicht unterstützen und das Gesundheitsministerium daran hindern, irgendwelche negativen Schritte einzuleiten. Er sah sich allerdings außerstande, die kommunistische Propaganda zu beeinflussen, die er als »weit verbreitet und wirkungsvoll«, beschrieb.

Die Voraussage von Acheson, daß die amerikanische Öffentlichkeit zornig aufschreien würde, erfüllte sich. Billy Rose verbannte französischen Champagner aus seinem New Yorker Nachtclub. Die *New York Daily News* meinte, »Frankreich sei gut beraten, mit seinen schicken kleinen Dummheiten vorsichtig zu sein. Im schlimmsten Fall könnten wir die Marshallplan-Hilfe streichen.« Der *Philadelphia Inquirer* bemerkte, »das ist schlimmer als Marie Antoinette. Die Kommis lassen sie nicht einmal Coke trinken.« Eine Zeitung aus Denver beschwerte sich über die Angewohnheit der Franzosen, »auf unsere weichen wie harten Getränke herabzusehen, als handele es sich um Spülwasser«.

Die französische Presse stellte sich hinter die Coke-Gegner. Die gemäßigte Zeitung *Le Monde* sah die »Gefahr, die Coca-Cola für die Gesundheit und Kultur Frankreichs darstellt«, und verglich die Werbung der Firma mit der Nazi-Propaganda – beide »vergifteten« die Massen. »Das moralische Klima Frankreichs steht auf dem Spiel«, schloß das Blatt. Der französische Intellektuelle Raymond Aron sah die Zerstörung seiner Kultur voraus, wenn »Coca-Cola an die Stelle des edelsten Produkts des Bodens tritt (ich meine damit natürlich den Wein)«. Dadurch ermutigt, hielt der kommunistische Abgeordnete Gérard Duprat in der französischen Nationalversammlung eine spontane siebenstündige Dauerrede; zu seinen leidenschaftlichen Ausbrüchen gestikulierte er wild mit den Händen und erging sich in Angriffen gegen Kriegshetzer und Coca-Cola.

Der Mob stürzte Coke-Lieferwagen um, zerschmetterte Flaschen, trampelte auf ihnen herum, und der braune Inhalt sprudelte in die Gullys.[5] Bei einem französischen Radrennen, das Coca-Cola sponserte, protestierten wütende Zuschauer, indem sie die Bahn mit Schutt vollwarfen. Die Hysterie erreichte ein derartiges Ausmaß, daß die Frau von Alexander Makinsky schon befürchtete, die Kommunisten könnten ihr Haus mit einer Bombe in die Luft jagen. Es war, sagte Makinsky, »umgekehrter McCarthyismus«, und er setzte philosophisch hinzu, daß »das beste Barometer für das Verhältnis zwischen den Vereinigten Staaten und anderen Ländern die Art und Weise ist, wie man dort Coca-Cola behandelt«. Mit Zeit und Geduld, das wußten Woodruff und seine Freunde, war die Misere zu bewältigen. Bis dahin suchten sie so schnell wie möglich in ganz Frankreich neue Abfüller.

Stephen Ladas, der Anwalt für Markenschutz der Export Corporation, schrieb im Juli 1950 in einem Brief: »Wenn die Franzosen ihre Millionen in Anlagen und Fabriken und Lastwagen etc. stecken, werden sie über ihre Abgeordneten und Freunde dafür sorgen, daß ihr Geschäft nicht mehr gestört wird.« Der Anwalt schlug vor, mit Vertretern aus der Wein-, Bier-, Fruchtsaft- und Erfrischungsgetränke-Branche Abfüllverträge zu schließen. Auf diese Weise, sagte er, »schlagen wir den Feind von innen«. Ladas hatte recht.

Durch Abfüllverträge mit Pernod und anderen französischen Firmen aus der Getränkeindustrie konnte Coca-Cola im Land einige Freunde gewinnen. Außerdem setzte sich ein Führer der Temperenzlerbewegung in Paris für das amerikanische Getränk ein, indem er behauptete, die Hälfte seiner Landsleute seien Alkoholiker. Das Gesundheitsministerium wandte das Boulet-Gesetz nicht an, und das Gerichtsverfahren wurde 1953 schließlich eingestellt.

Die französische Kontroverse hat dem Absatz von Coke nicht geschadet, ihn im Gegenteil eher gefördert. Die Behauptung der Kommunisten, Coca-Cola würde unschuldige französische Männer, Frauen und Kinder mit seinem mysteriösen 7X-Inhaltsstoff vergiften, erhöhte nur die Neugier und machte Coke zu »einer entzückenden exotischen Versuchung: DAS VERBOTENE GETRÄNK!« Während Bellis in einer französischen Spelunke, die nach Haschisch roch, einer Bauchtänzerin zusah, bemerkte er, daß ein Drittel der Gäste Coca-Cola vor sich stehen hatte. Auch Makinsky erkannte, daß die jüngere Generation Coke als »Emanzipation« von der elterlichen Autorität begriff.

Nichtsdestotrotz erwiesen sich die Befürchtungen der Franzosen, Coca-Cola werde ihr Land beherrschen, zumindest auf kurze Sicht als unbegründet. Jahrzehntelang lag der gallische Pro-Kopf-Verbrauch weit hinter dem anderer Länder. Oder wie ein amerikanischer Journalist 1950 zutreffend feststellte: »Die Franzosen sollen Wein gegen ein Erfrischungsgetränk eintauschen? Phantastischer Gedanke!« Nicht einmal Coca-Cola, so schrieb er, könnte »die Franzosen von ihrem Wein entwöhnen«.

Weltweite Unruhe

Noch während der Aufruhr in Frankreich die Schlagzeilen beherrschte, sah sich Coca-Cola in der Mitte der fünfziger Jahre weltweit ähnlichen Bedrohungen und Gerüchten ausgesetzt, vor allem in den benachbarten europäischen Staaten. In Italien behaupteten die Kommunisten, Coca-Cola bleiche das Haar und verursache die gefürchtete Krankheit Coca-Kolitis. »Zittert!« riet eine österreichische Zeitung.

»Coca-Cola ist auf dem Vormarsch!« Die alarmierten Wiener bekamen zu hören, die amerikanische Erfrischungsgetränke-Firma beabsichtige, Kuckucksuhren zu vermarkten, deren Vögel die vollen Stunden mit einem gezwitscherten »Coca-Cola! Coca-Cola!« verkündeten. Mit einer anderen erfundenen Geschichte setzten die Kommunisten die Behauptung in die Welt, die riesige Abfüllanlage in Lambach stelle in Wirklichkeit Atombomben her. Sowjetische Wachsoldaten in Österreich schlugen sich auf den Bauch und riefen: »Coke nix gutt, macht kaputt.« Die belgischen Bierbrauer drängten ihren Verband, Coca-Cola-Lizenzen zu kaufen und sich dann zu weigern, das Getränk abzufüllen, dem das Gesundheitsministerium des Landes eine stark abführende Wirkung unterstellte. In Marokko attackierten Frankophile, die Pepsi-Flaschen schwangen, Coke-Trinker und umgekehrt, da Coca-Cola mit der Unabhängigkeitsbewegung identifiziert wurde. Auf Zypern verunstalteten Vandalen Coca-Cola-Schilder mit Hammer und Sichel. Selbst die Briten zogen beunruhigt die Brauen hoch, als ein weibliches Mitglied der Labour-Partei Coca-Cola im House of Commons verleumdete und den Landsleuten ans Herz legte, sie sollten für das amerikanischen Getränk kein Geld zum Fenster hinauswerfen.

In der Schweiz hatten die Firmenmänner eine erbitterte Schlacht gegen die Gesundheitsgesetzgebung zu bestehen, die das Getränk beinahe wegen der darin enthaltenen Phosphorsäure verboten hätte. Wie in anderen Ländern auch ging die Lobby der Mineralwasser-, Fruchtsaft- und Bierindustrie aktiv gegen Coca-Cola vor. Burke Nicholson jr., den die Firma aus Amerika als »Feuerlöscher« in die Schweiz entsandt hatte, stellte fest: »Wir hatten ein paar Leute, die den Mund sehr weit aufgerissen« und geprahlt hatten, die Werbung werde in Kürze wie eine Lawine durch die Alpentäler rollen. In Wirklichkeit, meinte er, steckte das Coke-Geschäft noch in winzigen Kinderschuhen. »Es war, als ob die Leute auf die Stühle steigen und ›Schlange! Schlange!‹ schreien würden, und alles, was zum Vorschein kam, war nichts weiter als ein kleiner Wurm.«

Schließlich setzte sich die Firma durch, indem sie starke Zurückhaltung übte, Geduld zeigte und das Getränk etwas subtiler puschte. Hill & Knowlton, das Unternehmen, das die Public Relations für Coke betrieb, veranstaltete für Schweizer Friseure und Friseusen eine »Schulungs«-Tour durch Abfüllwerke; diese PR-Aktion gründete auf der Annahme, daß die Coiffeure mit ihren Kunden intensiv Konversation pflegen und so für Coke die Trommel rühren würden. Die Firma sponserte einen Wettbewerb mit sorgfältig formulierten Quizfragen über Coca-Cola wie etwa: »Wie viele Prozent von jedem Schweizer Franken, der für Coca-Cola ausgegeben wird, verbleiben im Lande?« Antwort: »94,2 Prozent.« Der Gewinner, zufällig der Sohn eines schweizerischen Bierbrauers, erhielt eine Gratisreise in die Vereinigten Staaten.

In Deutschland schlossen sich die Bierbrauer, Winzer und Produzenten von Erfrischungsgetränken im Koordinationsbüro für deutsche Getränke zusammen, das die Coca-Cola-Männer als »Komplottzentrum« betrachteten. Alle altbekannten Geschichten kamen wieder hoch. Daneben tauchten diffamierende Pamphlete mit dem Titel »Coca-Cola, Karl Marx und die Beschränktheit der Massen« auf. Darin wurde behauptet, nicht die Religion, sondern Coca-Cola sei Opium für das Volk. Walter Oppenhoff konnte dann Pope Brock, den Leiter der Rechtsabteilung in Atlanta, überreden, wegen übler Nachrede eine Klage anzustrengen, und das deutsche Gericht ordnete die Einstellung der Kampagne an. Doch die Kämpfe von Coke gegen derartige verleumderische Berichte beschränkten sich nicht allein auf Europa. Weltweit folgten der Einführung des Getränks die haarsträubendsten Gerüchte auf dem Füße. In Ägypten sackte der Coke-Absatz vorübergehend ab, als ein muslimischer Demagoge die Behauptung in die Welt setzte, das Getränk werde aus Schweineblut hergestellt – was nicht nur ekelhaft sei, sondern auch einen Verstoß gegen das muslimische Verbot, Schweinefleisch zu essen, darstelle. Auf den Philippinen wurde ausgestreut, der Genuß von Coca-Cola führe zu Zahnausfall; auch sei ein Beschäftigter im Coke-Werk von San Miguel in ein Sirupfaß gefallen, und sein aufgelöster Leichnam habe dem Getränk zusätzliches Aroma gegeben. Die Firmenmänner verbreiteten schnell ein Gegengerücht: Die

Geschichte sei wahr, doch es habe sich dabei um ein *Pepsi*-Faß gehandelt.

In Japan, wo nur die amerikanischen Soldaten Coke konsumieren konnten, behauptete man, das Getränk mache Frauen unfruchtbar. In Brasilien wiederum verursachte Coca-Cola angeblich Krebs und machte den lateinamerikanischen Macho impotent. Dieser Vorwurf war so schwerwiegend, daß die Coke-Männer mit einem wissenden Zwinkern flüsterten, der Soft Drink sei in Wahrheit ein Aphrodisiakum. Tatsächlich fielen diese negativen Geschichten häufig auf die Gegner des Getränks zurück. Unbeabsichtigt wurde verbreitet, das geheimnisvolle Getränk besitze seltsame und magische Kräfte. Auf Barbados kamen spontane Mythen auf, Coke könne Kupfer in Silber verwandeln. Auf Haiti verlautete, eine alte Frau sei mit dem Getränk wiederbelebt worden – sie lebte jedenfalls lange genug, um ihren Letzten Willen neu zu fassen, so daß auch ihr Enkel darin bedacht wurde. Und in der Sowjetunion versuchten Frauen mit eingeschmuggeltem Sirup Gesichtsfalten zu glätten.

In Trinidad allerdings war die Verknüpfung von Coca-Cola mit der Anwesenheit amerikanischer Truppen eher von Nachteil. Vor dem Zweiten Weltkrieg hatten die Einheimischen es begrüßt, daß nun die Amerikaner an die Stelle der verhaßten Briten traten, doch bis zum Ende des Krieges waren die Ortsansässigen wegen des amerikanischen Rassismus und der Prestigekäufe aufgebracht. Der Song »Rum and Coca-Cola« stammte aus Trinidad und erreichte in den Vereinigten Staaten mit seinem munteren Calypso-Beat enorme Popularität. Im Text jedoch wurde die Verbitterung der Insulaner deutlich. Während die Männer sich mit Cola-Rum betranken, arbeiteten »Frauen und Kinder für den Yankee-Dollar«.

Coca-Cola, merkten die Männer in Übersee schnell, mußte generell mehrfach mit Probeflaschen beworben werden, bevor die Menschen Geschmack daran fanden. Durch die kommunistische Propaganda beeinflußt, versuchten sich die Erstkonsumenten gegenseitig bei der Beschreibung des Geschmacks in angeekeltem Lächeln zu übertrumpfen. Ein Schuhputzjunge in Tokio meinte, es erinnere an Hundemedizin; und ein Brasilianer blieb dabei, es habe ein Bukett wie ein angesengter Kamm. Ein poetisch veranlagter Ire verglich den Geschmack, während er einen Schluck Coke im Mund schmatzend prüfte, mit dem von »eingeschlafenen Füßen«. Die Italiener behaupteten etwas bildhafter, das Trinken von Coca-Cola komme dem »Nuckeln am Bein eines gerade erst massierten Sportlers« gleich. Eine gefühlsbetonte japanische Kellnerin allerdings beschrieb Coke mit dem »bittersüßen Geschmack der ersten Liebe«.

Woodruff interpretierte die kommunistische Ablehnung philosophisch und meinte, es sei ganz natürlich, daß die Roten Coca-Cola nicht mochten, sei es doch »die Essenz des Kapitalismus«. Ein anderer leitender Angestellter erklärte, »mit Coca-Cola macht jeder Ladenbesitzer Gewinn und steigt in die Bourgeoisie auf. Deshalb sind die Kommunisten gegen Coke.« In Amerika erkannten die Roten, daß sie die Schlacht verloren, und rieten ihren Anhängern, sie sollten das amerikanische Proletariat nicht gegen sich aufbringen, indem sie das Arbeitergetränk herabsetzten. Nach einem Treffen der Linken, bei dem tapfer Reden gegen das imperialistische Getränk aus Amerika geschwungen worden waren, suchten die Kommunisten Italiens ein Café auf, wo sie alle Coca-Cola süffelten. Selbst in Frankreich klagte einer der kommunistischen Abgeordneten mit einer halbgeleerten Coke-Flasche in der hochgehaltenen Hand: »Ist das nicht eine Tragödie? Ich trinke es und muß dagegen stimmen.«

Lieber Gott, segne diese Flasche

Die Firmenmänner paßten sich klugerweise den lokalen Gepflogenheiten an, vor allem, wenn religiöse Führer die heilige Natur des Getränks anerkannten. Als Jim Farley an der Eröffnungsfeier des Werks im irischen Cork teilnahm, sprach er zusammen mit dem katholischen Priester, der die Anlage segnete, ein Gebet. In Bangkok schritten neun orangefarben gekleidete buddhistische Priester barfuß durch das neue Abfüllwerk und weihten es, indem sie die Maschinen und die Stirnen der Arbeiter mit Goldfarbe betupften. Die

Coke-Angestellten sorgten dafür, daß die regierenden Muftis, als sie den Fastenmonat Ramadan ausriefen, Coke-Flaschen in den Händen hielten und es nach Einbruch der Dunkelheit genug Flaschen zum Stillen des Durstes gab.

Da »jeder ein Kunde für Coca-Cola ist«, so Burke Nicholson jr., »können wir nicht offensiv sein und dennoch im Geschäft bleiben. Wir können nicht mit einem Getränk ein gewisses Maß an Gastfreundlichkeit offerieren und selbst ungastlich sein.« Infolgedessen waren die Coca-Cola-Repräsentanten gutmütig und anpassungsfähig, solange die Menschen ihre braune Flüssigkeit tranken. Sie trugen die Hoffnung, Coca-Cola zu »einem integralen Bestandteil einer jeden Gemeinschaft zu machen..., der in das Verhalten und die Sitten eines jeden Landes eingebettet ist«.[6]

Die eifrigen Firmenmänner, denen man beigebracht hatte, das Getränk niemals mit anderen Substanzen zu vermischen, mußten bald erfahren, daß es im Geschäft mit anderen Staaten am besten war, in die andere Richtung zu schauen. Signor Pretti erzählte skeptischen Italienern: »Ah, Sie müssen aber Coca-Cola in Wein probieren.« In der Karibik waren Coca-Cola und Rum natürlich als Cuba Libre bekannt. In Bolivien mischten die Einheimischen das amerikanische Erfrischungsgetränk mit Pisco, einem einheimischen Schnaps, was Poncho Negro ergab. Die Österreicher mochten Coke mit Schnaps, während die Briten ihr Bier mit dem Soft Drink verlängerten. Die Philipinos schütteten Coke mit einem kräftigen einheimischen Getreideschnaps zusammen und verkauften das Gebräu in Geleegläsern. Schließlich schlugen einige Sowjets, als der kalte Krieg anläßlich des Genfer Gipfeltreffens von 1955 gerade in eine Tauperiode eintrat, vor, einen »Koexistenz-Cocktail« aus Wodka und Coke zu mixen.

War der anfängliche Widerstand einmal überwunden, puschten die Repräsentanten von Coca-Cola ihr Produkt auf jede nur erdenkliche Weise, unter anderem mit Autotests auf Tasmanien, Wettrennen mit geöffneten Flaschen für brasilianische Kellner, mit Hauslieferungen in Peru und in Südafrika mit einer weißen Feier anläßlich des Jubiläums des Sieges über die Zulus. Was die Werbemittel betraf, so sahen die weltweit verteilten Schilder alle nahezu identisch aus, denn die Firma leitete die »schematisierte Werbung« mit denselben Illustrationen und derselben Botschaft ein – bei der stets weiße Amerikaner aus der Mittelschicht abgebildet wurden.

Um Unterstellungen, Coca-Cola sei ein Gesundheitsrisiko, den Wind aus den Segeln zu nehmen, sponserte die Firma zahllose Sportveranstaltungen, wodurch Coke mit widerstandsfähigen Radrennfahrern, Fußballspielern und Boxern identifiziert wurde. Bei den Olympischen Spielen von 1952 in Helsinki beschenkte Coca-Cola die sowjetische Mannschaft mit einem Kühlautomaten und ließ Fotos von den sowjetischen Sportlern beim Trinken der imperialistischen amerikanischen Limonade schießen. Vier Jahre später, bei den Olympischen Spielen in Melbourne, leerten die sowjetischen und tschechischen Teilnehmer 10 776 Flaschen Coke – und die Firmenvertreter notierten natürlich sorgfältig jeden kommunistischen Schluck.

Die lateinamerikanischen Nachbarn

Während des Zweiten Weltkriegs hatte Coca-Cola in Südamerika, einem bedeutenden, noch nicht erschlossenen Markt in der westlichen Hemisphäre, der vom Krieg in Übersee nicht beeinträchtigt war, erhebliche Fortschritte gemacht. Nach dem Krieg boomte das Geschäft jenseits der südlichen Grenze der Vereinigten Staaten, trotz des weitverbreiteten Geredes über die gesundheitsschädigende Wirkung von Coca-Cola. Als Gegenstück zum europäischen Marshallplan förderte die Weltbank, die in der Nachkriegszeit als weitere amerikanisch dominierte Institution zu globaler Bedeutung gelangte, Projekte in Lateinamerika und arbeitete wohlwollend mit Coca-Cola zusammen. Die weitere Karriere von Mladin Zarubica beleuchtet das engmaschige Netzwerk zwischen Militär, Regierung und der Firma. Eugene Black, der neue Direktor der Weltbank, war vormals oberster Zahlmeister der Armee in Italien gewesen. Da es ihn beeindruckte, wie Zarubica die riesige Coke-Anlage in Österreich leitete, fragte Black den Export-Präsidenten James Curtis, ob er sich den Coke-Mann »ausleihen«

dürfe. Curtis ging nur zu bereitwillig darauf ein, denn Zarubica konnte so gleich zwei Fliegen mit einer Klappe schlagen. Während er auf der Gehaltsliste der Citibank in Montevideo stand, zog Zarubica gleichzeitig Erkundigungen über mögliche Interessenten an den Abfüllrechten ein, und zwar mit Wissen der Bank. »Vergessen Sie nicht, daß Coke für die Citibank ein wichtiger Kunde war«, erinnerte Zarubica sich erst kürzlich. Die detaillierten Studien befaßten sich mit jedem Aspekt eines Gebiets, etwa mit der Altersstrukturierung und der Geschlechterverteilung, mit den natürlichen Ressourcen, der Wassersituation, kulturellen Vorurteilen, vorhandenen Kühlmöglichkeiten und dem Wetter.

Zarubicas Untersuchungen führten dazu, daß Robert Woodruffs Neffe Morton Hodgson[7] eine Kette von Abfüllwerken in Uruguay, Argentinien und Chile eröffnete und leitete. An diesen Anlagen war auch die Joroberts Corporation[8] beteiligt, ein Syndikat von vierzig Mitgliedern des Auguste National Golf Club, die der Golfspieler und Investor Bobby Jones und der New Yorker Investment-Banker Cliff Roberts um sich geschart hatten. Die meisten Mitglieder dieses Klubs aus Georgia waren Unternehmensgrößen mit besten Verbindungen, die für einige Runden Golf und ein paar Geschäftsabschlüsse von New York einflogen. So zählten zu den Investoren bei Joroberts unter anderen die Spitzen von U. S. Steel und General Motors.

Zur gleichen Zeit baute Bill Bekker,[9] ein Niederländer, der die Abfüllwerke in Italien und Spanien hochgebracht hatte, in Argentinien ein Coca-Cola-Reich auf, über das er mit demselben eisernen Willen herrschte wie Max Keith über seins in Deutschland. Ein cleverer, aber knickeriger Geschäftsmann, hatte Bekker etwas gegen jede Einmischung und jeden Rat aus dem New Yorker Export-Büro und warf Direktiven einfach in den Papierkorb, wenn er sie für Unsinn hielt. Alle, die für Bekker arbeiteten, lebten in der ständigen Angst, ihn näher kommen zu hören. Während sie in ihren Bürokabäuschen über der lauten Abfüllhalle dahinschmachteten, waren sie von der Angst gebeutelt, Bekker könne herumschleichen und sie dabei ertappen, wie sie gerade abschlafften. Der große Mann selbst hatte draußen vor seiner Tür eine rote Lampe, die, sobald sie brannte, anzeigte, daß er tief in Gedanken versunken war und nicht gestört werden durfte. Er arbeitete genauso hart wie seine Angestellten, oftmals bis spät in die Nacht hinein.

Trotz seiner tyrannischen Art – oder vielleicht gerade deswegen – päppelte Bekker das Geschäft in einem schwierigen Gebiet hoch. Jahrelang war die Gewinnmarge für Coke in Südamerika ziemlich mager, was nicht nur auf die Armut der dort lebenden Menschen, sondern auch auf die von der Regierung erlassenen Preiskontrollen zurückzuführen war. Zur gleichen Zeit mußte Bekker mit einer gut etablierten Lastwagenfahrer-Gewerkschaft fertigwerden. Er löste das Problem, indem er die festen Coca-Cola-Fahrzeuge aufgab und *fleteros* anheuerte, unabhängige Spediteure, die für weniger Geld arbeiteten und klaglos mehrtägige Touren fuhren. Das Hauptbüro in New York verlangte, daß Bekker seine Gewinne in den Norden schicken solle, doch er weigerte sich und steckte das Geld statt dessen in sein argentinisches Geschäft.

Die Firma in Südamerika brachte zwar nicht besonders viel Gewinn, doch sie konnte die Vorurteile gegen Coca-Cola größtenteils abbauen. 1953 sah ein brasilianischer Intellektueller in dem Getränk ein Symbol für die »völlige Überwindung der düsteren Vorstellungen einer dunklen, modrigen Vergangenheit«. Coca-Cola sei, so sagte er, das Sinnbild für »Licht, Gesundheit, Luft, Offenheit, Einfachheit, Stärke und Hoffnung auf eine bessere Zukunft für Brasilien«. Coca-Cola, behauptete er, bedeute Fortschritt und bilde den Gegensatz zu diversen Übeln wie korrupten Politikern, schlechten Straßen, Gangstern, Malaria, Gelbfieber und nackten Füßen.

Das königliche Erfrischungsgetränk

Um Coca-Cola als Produkt mit hohem Prestigewert durchzusetzen, fotografierten die Firmenfotografen mit Vorliebe Reiche und Berühmtheiten beim Trinken von Coke. König Faruk hatte, wie verlautete, eine derartige Vorliebe für

Coke, daß jedes Restaurant in Ägypten einen eisgekühlten Vorrat eingelagert hatte, falls der Monarch unerwartet auftauchen sollte. Zwei Kinderkönige, Hussein von Jordanien und Feisal von Irak, süffelten zusammen Coca-Cola, wie auch vier holländische Prinzessinnen. Batista trank es auf Kuba, während in den Vereinigten Staaten Nixon und Eisenhower Coke-Flaschen an die Lippen setzten. Der Sultan von Marokko hielt sich in seinem Palast einen gutgekühlten Vorrat, während alle eleganten Ausländer mit Feingefühl Coca-Cola behandelten, als sei es der kostbarste Champagner – behaupteten leitende Mitarbeiter der Firma wenigstens.

Viele Potentaten, die Coke so treu und brav konsumierten, hatten dazu auch einen wirtschaftlichen Anreiz. »Die oberen Führer aus Wirtschaft, Gesellschaft und Regierung in allen Ländern auf der Welt wollen mit unserem Produkt assoziiert werden«, prahlte ein Coca-Cola-Mann, und er lag gar nicht so weit daneben. Wie die amerikanische Regierung war auch The Coca-Cola-Company glücklich, Geschäfte mit Diktatoren machen zu können, solange diese sich als gestandene Antikommunisten gebärdeten. Mehrere Minister im Dienste Francos, des Faschisten an der Spitze Spaniens, waren gleichzeitig Coca-Cola-Abfüller. James Farley traf und befreundete sich mit Getulio Vargas, dem brasilianischen Diktator; und in Nicaragua erbat er von Anastasio Somoza ein Autogramm für seine Tochter. Big Jim wurde selbstverständlich stets in Taiwan von Chiang Kai-shek und seiner Frau aufwendig bewirtet. Er versuchte sogar – erfolglos – den autokratischen Herrscher von Portugal, Antonie de Oliveira Salazar, für sich zu gewinnen, wobei es ihn keineswegs abschreckte, daß Salazar an der Spitze eines Polizeistaates stand. 1954 trug die United Fruit Company, Cokes Abfüller in Guatemala, mit dazu bei, die demokratische linke Regierung unter Präsident Jacobo Arbenz zu stürzen und eine Militärdiktatur einzusetzen, der weitere folgten. In einem in *Coca-Cola Overseas* abgedruckten Feature ignorierte die Firma drei Jahre später einfach den Umsturz und lobte United Fruit dafür, daß deren Arbeiter auf den Bananenplantagen mit Coca-Cola, ihrem bevorzugten Erfrischungsgetränk, versorgt wurden.

In Indien kontrollierte der Maharadscha von Patiala seine Coca-Cola-Beteiligungen von seinem riesigen, reich-verzierten Palast aus, zu dem ein Golfplatz, Tennisplätze, vier Swimmingpools, Gärten und Seen gehörten – die von Hunderten von Bediensteten in gepflegtem Glanz gehalten wurden. Der Export-Verkaufsmanager Frank Harrold, der zwecks Förderung des Coke-Absatzes kreuz und quer durch die Welt reiste, versank vor dem opulenten Lebensstil des Maharadschas in Ehrfurcht. »Seine Juwelen hat man auf 100 Millionen Dollar geschätzt«, schrieb er und fügte beiläufig hinzu: »Außerhalb der Palastmauern und im Um-kreis von 3000 Meilen herrschen Verkommenheit, Dreck und Armut, wie man es sich auf der Welt nicht schlimmer vorstellen kann.«

Die Abenteuer von Frank Harrold

Harrold führte während seiner Reisen durch die Welt in den fünfziger Jahren ein Tagebuch,[10] das ein faszinieren-des Bild des Geschäfts zeichnet. Als er zwei Tage lang in Bombay Coca-Cola-Lastwagen fuhr, sah er »eine wim-melnde und kochende Menschenmasse, die versucht, vom einen auf den nächsten Tag zu überleben«.[11] Trotz ihres schrecklichen Lebens schaffte sie es dennoch, in wunder-sam hohem Umfang Coca-Cola zu kaufen. Am Ende des Tages hatte Harrold den überwältigenden Wunsch, sich im Tadsch-Mahal-Hotel einzuschließen »und all das Elend aus-zusperren«. Am nächsten Tag beschrieb Harrold, ohne jeden erkennbaren Anflug von Ironie, die »absolut präch-tige« Coca-Cola-Abfüllanlage mit ihrem fünf Acres großen Areal. »Dem kommt in Bombay nichts gleich, wurde mir ge-sagt«, notierte er voller Stolz. Eines Abends traf er auf einer Party mehrere indische Filmstars. »Coca-Cola hat eine her-vorragende Verbindung zur hiesigen Kinobranche«, schrieb er und erklärte, die Filmstars fühlten sich als Teil der Coca-Cola-Familie. Ein glücklicher Umstand, denn die Filmindu-strie in Indien rangierte weltweit von ihrer Größe her gleich hinter der aus den Vereinigten Staaten.

Wo er auch hinfuhr, immer stellte Frank Harrold fest:

»Am besten entwickelt man ein Gefühl für eine Stadt, wenn man eine Coca-Cola-Montur anzieht« und sich einen Tag lang an die Fersen der örtlichen Straßenverkäufer heftet. »Ein Coca-Cola-Lieferwagen kommt überall hin«, schrieb er, »zu den feinsten Café und Hotels genauso wie zu den miesesten Löchern in den Slums«. Seine Montur verschaffte ihm Zutritt, wo sich ansonsten kein weißer Mann hinwagte, etwa zur berüchtigten Kasba in Algier, einem »Puzzle verwinkelter Gäßchen«, wo verzweifelte Hände nach buchstäblich allem grapschten.

In Hongkong sah Harrold Rikschas, Tätowierkünstler und kleine buddhistische Heiligtümer in den örtlichen Kramläden. Später schwärmte er von den philippinischen Frauen und Kindern, die auf ihren Köpfen Coca-Cola in »Eimern, Kisten, Körben und Nachttöpfen« transportierten. In Marrakesch lernte er Malika kennen, eine berühmte Edelprostituierte, »die allerschönste Farbige«, die er jemals gesehen habe. In Casablanca war er gefangengenommen von »den flackernden Kerzen, den klingelnden Glöckchen, den schreienden Schauspielern, dem Haschischduft«. Er posierte für ein Bild mit Iola, dem Coca-Cola-Löwen, der als Maskottchen auf einem Auslieferungswagen in Kenia mitfuhr. In Kairo verkehrte Harrold mit König Faruk, der ihm schmutzige Witze erzählte.

»Wie bin ich nur hierhergekommen?« fragte sich der Mann aus Americus, Georgia, häufig. Die Antwort lautete natürlich: durch Coca-Cola, ehemals Patentmedizin und jetzt in der ganzen Welt bekannt als Soft Drink. Infolge des Wachstums im Ausland schnellte der Absatz hoch. Während der Verkauf von Coca-Cola-Sirup erst 1944 einen Umfang von einer Milliarde Gallonen erreicht hatte, war die zweite Milliarde bereits 1953 durch durstige Kehlen hinabgeronnen. [12]

Die Grenzen der Zivilisation

Die Coca-Cola-Männer verwiesen mit Vorliebe darauf, daß sie, wohin sie auch gingen, den Getränkemarkt für *alle* puschten. Sahen sich die lokalen Wettbewerber erst einmal mit den Coke-Proben und Cokes Werbekampagnen konfrontiert, stellten sie sich zumeist der Herausforderung, was zu verstärktem Wettbewerb, aber auch zu einer Marktausweitung führte.[13] Die Menschen tranken weniger Wasser und Milch und ließen sich von den Zuckergetränken verlocken. Tatsächlich prahlte ein Coca-Cola-Präsident in den fünfziger Jahren damit, daß Coke häufig von Menschen konsumiert werde, die noch nie in ihrem Leben Milch getrunken hätten.

Zum Leidwesen der Coke-Männer konnten die Vertreter von Pepsi bestätigen, daß Coca-Cola in der Tat attraktive neue Märkte erschloß. Dem Branchenführer auf den Fersen, hatten die Pepsi-Verkäufer bald einen alarmierenden Marktanteil besetzt, vor allem in armen Gegenden wie etwa Ägypten, Thailand, Mexiko und den Philippinen, wo das süßere und in der größeren Flasche angebotene Getränk breite Breschen schlug. Nichtsdestotrotz betrug 1950 das Verhältnis der Marktanteile von Coca-Cola und Pepsi weltweit fünf zu eins.[14] In den Vereinigten Staaten litt Pepsi unter seinem Billigimage. »Der Unterschied glich dem zwischen einer Orchidee und einem Strauß Gänseblümchen«, wie ein Coca-Cola-Repräsentant konstatierte.

Bereits Anfang der fünfziger Jahre konnten Reisende den kirschroten Coke-Schildern nicht mehr entfliehen, die, laut einem britischen Autor, »wie ein Masernausschlag in einer Vielzahl von Ländern« auftauchten. Den Coke-Männern sagte dieser Vergleich vielleicht nicht unbedingt zu, doch der Gedanke an sich gefiel ihnen. »Ganz gleichgültig, wohin jemand geht, eine kühle, erfrischende Coca-Cola ist gleich zur Hand«, stand in einer Firmenpublikation. »Kein anderes Erfrischungsgetränk hat jemals eine derart hohe weltweite Popularität genossen. Keins ist von so vielen unterschiedlichen Rassen in so vielen verschiedenen Gegenden so begeistert akzeptiert worden.« Als Beleg erzählten Firmenmitarbeiter gerne die Geschichte über den mexikanischen Indio, der noch nie vom Zweiten Weltkrieg gehört hatte, doch sogleich ein Grinsen aufsetzte, als die Sprache auf das Erfrischungsgetränk kam. »Sí, sí, Coca-Cola es perfecto, es magnifico!« rief er aus.

Auf der anderen Seite der Welt fragte ein Amerikaner

während einer Fahrt durch die Sahara den Chauffeur, wann sie denn die Zivilisation hinter sich lassen würden. Der Einheimische fragte zurück, was er mit dem Begriff meine. »Nun, wann kommen wir an den Punkt, ab dem es keine Coca-Cola mehr gibt?« Der Fahrer zuckte mit den Achseln. »Nie«, antwortete er, und er zeigte auf eine Werbetafel, die hinter der nächsten Sanddüne auftauchte. [15]

Der Verstoß gegen die Gebote

Jede Veränderung, selbst eine zum Besseren, wird stets von Rückschlägen und Verdruß begleitet.

ARNOLD BENNETT

Es mag pure Sentimentalität sein, doch einige von uns können niemals ohne Bedauern zusehen, wie eine alte Methode verschwindet.

ROBERT LYND: *The Blue Lion*

Zu Beginn der fünfziger Jahre übte Robert Woodruff auf lokaler, staatlicher und nationaler Ebene eine bis dahin noch nie dagewesene Macht aus. Von seinen Untergebenen liebevoll der Alte[1] genannt, war er 1950 ein dynamischer Sechzigjähriger, der noch immer seinem gewohnten Lebensstil anhing. Als Arthur Acklin 1945 ausfiel, hatte Woodruff vorübergehend von neuem die Präsidentschaft übernommen. Im darauffolgenden Jahr ernannte der Boß Bill Hobbs, einen ehemaligen Regierungsbeamten, zu seinem Geschäftsführer. Von der Last des Tagesgeschäfts befreit, nahm Woodruff wieder die ihm genehme Lebensform eines Nomaden auf,[2] ging im Herbst und Winter nach Ichauway auf die Wachteljagd und im Sommer auf seiner Ranch in Wyoming auf die Pirsch nach größerem Wild. Er besuchte einmal im Jahr Europa, wobei er zumeist auch Zeit für einen Golfurlaub im schottischen Gleneagles fand. Dazwischen hielt er sich jeweils für kurze Zeit in seinen Häusern in Atlanta und New York auf. Woodruff besuchte häufig die New Yorker Bars mit dem Sänger Morton Downey, der ihm hier und in Ichauway als eine Art Hofnarr diente. Der Boß konnte erstaunlich viel Scotch schlucken, ohne daß sein durchtrainierter Körper irgendeine Reaktion gezeigt hätte.

Überall, wo er auch war, tätigte Woodruff Geschäfte, was

ihm ein eifriger Stab erleichterte, der jeden seiner Befehle umgehend ausführte. Von 1943 bis zum Ende seines Lebens hatte Woodruff seinen »Freitag«, Joseph W. Jones, einen ruhigen und taktvollen Mann aus Delaware, der Woodruffs Reiserouten plante, seine maßgeschneiderte Kleidung und seine Zigarren einkaufte, die Korrespondenz erledigte und dem Boß als Türsteher diente. Joe Jones war immer im Einsatz, hatte einen 24-Stunden-Tag und eine Sieben-Tage-Woche ohne Urlaub. Praktisch Woodruffs Sklave, verlor Jones zwei Ehefrauen, doch er blieb bis zum Ende Woodruffs ergebenes Faktotum.

Woodruffs Machtbasis lag fraglos in Atlanta, wo der Einfluß des Coca-Cola-Magnaten auf subtile Weise allumfassend war.[3] Wenn Woodruff eine Idee hatte, »kann man sich darauf verlassen, daß andere die Idee erfahren werden«, erklärte der Rechtsanwalt Hughes Spalding 1950, denn der Boß würde ein paar Leute aus dem inneren Zirkel zu sich bestellen und die Idee knapp vorstellen, manchmal um 3.00 Uhr morgens. Um diese Zeit hatte der ruhelose Woodruff häufig spontane Ideen. »Wir reden nicht allgemein über Ideale und derartiges Zeug. Wir kommen direkt zum Problem. Uns allen werden Aufgaben zugewiesen, die wir auszuführen haben.« Spalding räumte liebenswürdig ein, daß er, wie viele andere auch, für The Coca-Cola-Company ein »Handlanger« sei. »Ich denke, ich bin ein *Top*-Handlanger«, sagte er. »Wenn Mr. Woodruff etwas getan sehen möchte und ich es möglicherweise tun kann, mache ich es!«*

So erzählte auch Bürgermeister Bill Hartsfield, der früher mit Woodruff bei der Feuerlöschgeräte-Firma gearbeitet hatte, Hunter: »Ich habe niemals eine wichtige Entschei-

---

* Robert Woodruff mißbrauchte hin und wieder seine außergewöhnliche Macht. Wenn ihm einer seiner Manager auf die Nerven ging, konnte er ihn nach Atlanta zitieren, ihn eine Woche lang auf ein Gespräch warten lassen und ihn dann ohne viel Federlesens feuern. Als Woodruff entschied, Bill Hobbs sei kein guter Präsident, ließ er ihn das auf die rüdeste Weise, die überhaupt vorstellbar ist, wissen – eines Montagmorgens fand Hobbs seine Bürotür versperrt vor und erhielt die Auskunft, seine Habseligkeiten würden ihm nachgeschickt. Woodruff konnte, wie eine Quelle sich ausdrückte, »rücksichtslos wie die Hölle« sein.

dung getroffen, ohne vorher Bob Woodruff zu konsultieren.« Der Bürgermeister war periodisch zur Jagd Gast auf Ichauway und hatte ein gerahmtes Bild von Woodruff in seinem Büro hängen. Als erste Geste südstaatlicher Gastfreundschaft bot er seinen Besuchern stets eine Coke an. Ohne sich erkennbar über einen Interessenkonflikt Gedanken zu machen, nahm Hartsfield während seiner Amtszeit als Bürgermeister jährlich 6000 Dollar von The Coca-Cola-Company.

In dem klassischen Soziogramm über die Machtstruktur in Atlanta, das der Soziologe Floyd Hunter 1950 anfertigte, hatten sich Hartsfield und Spalding offensichtlich im Zentrum eingenistet, während Woodruff an der Seite schwebte, von wo er durch strategisch entscheidende Linien mit wichtigen Punkten verknüpft war – wie eine Spinne, die vom Rand aus ihr Netz im Auge behält. »Die Handlungen der Spitzenleute, die eventuell die Treffen niedrigerer Ränge besuchen, werden aufmerksamt beäugt«, schrieb Hunter. »Selbst eine gemurmelte Mißbilligung wird sorgfältig vermerkt.«[4] In Wahrheit sprach Woodruff, je älter er wurde, immer weniger, und seine Lakaien gewöhnten sich daran, sein Geknurre zu dechiffrieren, das je nach Tonfall Zustimmung, Unentschiedenheit oder absolute Mißbilligung bedeuten konnte.

Das Reich von Atlanta, über das Woodruff 1950 herrschte, bestand aus einem peinlich genau austarierten, liebevoll kultivierten und reibungslos funktionierenden Netzwerk von »old boys«. Aber es gab dennoch Anzeichen für Reibungen. Floyd Hunter stellte mit Entsetzen fest, daß kein einziger Schwarzer in der offiziellen Machtstruktur von Atlanta zu finden war, wenn er auch für die Schwarzen ein eigenes (jedoch an das andere nicht heranreichendes) Soziogramm konstruieren konnte. Als Hunter Benjamin Mays, den vornehmen schwarzen Präsidenten des Morehouse College, interviewte, teilte ihm der Erzieher mit: »Meine früheste Erinnerung bezieht sich auf einen weißen Mob, der einen Schwarzen zum Lynchen sucht.«[5] Bezeichnenderweise bildete für Hughes Spalding die Rassentrennung *das* Hauptproblem in Atlanta. Die jährlich 2000 schwarzen Collegeabgänger von Atlanta wurden Richtung Norden abgeschoben. »Vielleicht ist es nicht das, was die Schwarzen wollen«, sagte Spalding, »doch es ist das, was sie bekommen!«

Woodruff hatte mit derartigen Petitessen des Alltags von Atlanta jedoch nichts zu tun, er richtete seine Energie vielmehr auf nationale und internationale Fragen und teilte Hunter mit, er wolle »Atlanta in den Mittelpunkt der Welt rücken«. In Wirklichkeit saß der Boß natürlich im Zentrum der Aktivitäten. »Wie wird Politik wirklich entwickelt?« fragte Hunter ihn. »Wird sie in den Vorstandszimmern gemacht oder wo?« Mit unverwandtem Blick sagte Woodruff: »Überall dort, wo ich bin. Ich kann in Ichauwy, auf einem Schiff, überall sein.« Alexander Makinsky verglich Robert Woodruff einmal mit einem russischen Zaren, der auf die Bitte hin, die wichtigen Personen an seinem Hof zu benennen, antwortete: »Es sind die Personen, mit denen ich spreche – und nur, solange ich mit ihnen spreche.«

Der Boß mag Ike

Ein Indiz für Woodruffs ehrfurchtgebietende Macht, die weit über die Grenzen von Georgia hinausreichte, war eine beiläufige Bemerkung, die er 1950 gegenüber Floyd Hunter fallenließ, als ihn der Soziologe fragte, warum an der Wand ein Bild von General Eisenhower hänge. »Einige von uns wollen ihn als Präsidenten sehen«, sagte Woodruff. »Wir haben ihn nach Übersee geschickt, damit er ein internationales Flair bekommt, wir haben ihn zum Präsidenten der Columbia[-Universität in New York] gemacht, damit ihn auch die Eierköpfe mögen.«[6] Noch habe niemand entschieden, schloß Woodruff, ob Eisenhower sich als Demokrat oder als Republikaner um die Präsidentschaft bewerben solle.

Der populäre General hatte einer Bewegung widerstanden, die ihn 1948 zum Kandidaten ernennen wollte, doch bis 1952 war er von seiner »Gang«, wie er sie titulierte – einer Gruppe berechnender Geschäftsleute mit großer Macht, die alle mit Ike im Auguste National Club Golf spielten* –, sorgfältig vorbereitet worden. Neben seiner im Krieg nachgewiesenen Liebe zu Coca-Cola besaß Eisenhower noch andere Qualitäten, die ihn bei Woodruff und seinen Freunden beliebt machten. Zum einen war er kein auf die Wirtschaft einschlagender Anhänger des New Deal. Statt dessen glaubte Ike aufrichtig an die Partnerschaft der freien Wirtschaft und einer moderaten Regierung. Er war auch der geeignete Führer, der die antikommunistischen Nachkriegswehen beruhigen und das Land in ein Jahrzehnt des Wohlbefindens und eines aufwendigen, prestigeträchtigen Lebensstils führen konnte.

Als gerissener Investor und Soldat behielt Eisenhower sein Auskommen scharf im Auge. Im Oktober 1951 zum Beispiel schrieb er von Paris aus an Cliff Roberts, seinen (und Woodruffs) Finanzberater, und fragte an, ob er nicht einige Obligationen aufgrund der gestiegenen Inflation in Aktien umtauschen solle. Zu diesem Zeitpunkt hatten der General und sein Sohn in die Joroberts Corporation investiert, der, wie erwähnt, Coca-Cola-Abfüllwerke in Südamerika gehörten. Morton Hodgson, der die Werke von seinem Büro in Montevideo aus leitete, lud Eisenhower nach Uruguay ein, damit er die Coke-Betriebe selbst in Augenschein nehmen könne. Wenn sich Ike auch nie dorthin wagte, so entsandte er als Präsident doch regelmäßig Berater hin, die den Fortschritt seiner südamerikanischen Coca-Cola-Werke beurteilen sollten.

Für die Führungsebene von Coca-Cola stellte Eisenhower das perfekte Gegenmittel zum Vermächtnis von Franklin Roosevelt dar. Ike glaubte an den »angemessenen Schutz der amerikanischen Industrie« und erklärte, das ausdrückliche Ziel der Außenpolitik solle es sein, ein gastfreundliches Klima für US-amerikanische Investitionen im Ausland zu fördern. Darüber hinaus kehrte er aus dem Zweiten Weltkrieg als genauso populäres Symbol wie Coca-Cola zurück, mit einem jungenhaften Grinsen, das der Traum

---

* Eisenhower und Woodruff standen sich nahe genug, daß Ike den Boß wegen seines Golfspiels hochnehmen konnte. Als die beiden eines Tages als Partner zusammen spielten, fragte jemand Eisenhower, was ein Handikap sei. »Woodruff«, gab er prompt zurück.

eines jeden PR-Mannes war. »Ike, mit dieser Fresse wirst du garantiert Präsident«, sagte James Forrestal, einer seiner Freunde, zu ihm. Mit Woodruff und seiner Gang im Rücken, war die Wahl des populären Kandidaten sichergestellt. Eisenhowers Präsentation in der Öffentlichkeit war genauso sorgfältig kalkuliert wie eine Flasche Coca-Cola. Ike erweckte den Anschein, ein etwas naiver, direkter Kerl zu sein, nicht gerade ein Politiker, aber ein Repräsentant aller amerikanischen Tugenden. In Wirklichkeit berechnete Eisenhower jeden Schritt, den er machte, haargenau.

1952 wurde Eisenhower mit einem überwältigenden Ergebnis gewählt, und Robert Woodruff hatte einen engen Freund im Weißen Haus plaziert. Als gütige ironische Geste gemeint, begann Woodruff nun seine Briefe an den Präsidenten mit »lieber Boß«, doch es stand zu keinem Zeitpunkt in Frage, wer eigentlich die dominierende Persönlichkeit war. In den fünfziger Jahren ging Eisenhower mehrfach mit Woodruff auf Ichauway zur Jagd, die beiden trafen sich auch anderswo zum Mittagessen oder zum Golfspielen. 1959 beschimpfte Woodruff Eisenhower wegen eines Fotos, auf dem der Präsident Coke mit einem Strohhalm aus der Flasche trank – so zu trinken sei weibisch. Ike antwortete: »Wenn ich eine Flasche Coca-Cola kippe, so dauert das nur ein paar Sekunden – mit dem Strohhalm, einer längeren Unterhaltung und vielem Hin- und Hergehen konnte ich mit viel mehr Fotografen und Zeitungskorrespondenten in Kontakt treten.«

Der Kampf um die Nickel-Coke

Trotz des immensen Einflusses von Woodruff und eines Coca-Cola-Investors im Weißen Haus bescherten die fünfziger Jahre der Erfrischungsgetränke-Firma und ihren Abfüllern bestürzend viele Kümmernisse, die sofort mit der Inflation nach dem Krieg einsetzten. Die Vereinigten Staaten hatten sich während des Zweiten Weltkriegs aus der Depression herausgearbeitet, und zahlreiche Wirtschaftsfachleute erwarteten nach dem Ende des Krieges eine erneute Rezession. Sie irrten sich. Statt dessen gaben die Amerikaner ihre zurückgehaltenen Ersparnisse in einer wahren Konsumorgie aus. Im übrigen war der Krieg nie wirklich zu Ende, denn bald flackerte der Konflikt in Korea auf. Als auch dieser Krieg vorbei war, führte der Rüstungswettlauf mit der Sowjetunion zu einem stetig steigenden Verteidigungsbudget. 1945 setzte Amerika eine konstante inflationäre Spirale in Gang, die den Wert des Dollars bis 1970 halbieren sollte.

Zu Anfang wirkten sich die gestiegenen Kosten für die Coca-Cola-Abfüller aus, denn sie arbeiteten mit einer größeren Gewinnspanne als ihre Gegenspieler von Pepsi und Royal Crown, die sich recht und schlecht durchzuschlagen versuchten, während sie ihre Zwölf-Unzen-Flaschen für fünf Cent oder einen Nickel verkauften. Schon zwei Jahre nach Kriegsende mußte Walter Mack seinen populären Werbesong in »zweimal soviel für einen Cent mehr« umschreiben, da die Pepsi-Abfüller es sich nicht mehr leisten konnten, das Getränk für einen Nickel zu verkaufen.[7] Manche Abfüller hoben den Preis auf sechs, sieben oder zehn Cent an, während andere die Flaschengröße auf zehn oder acht Unzen reduzierten. Es herrschte Chaos. Ein neuer Slogan mit dem Versprechen »more bounce to the ounce« (mehr Schwung für die Unze) half auch nicht weiter. Die Pepsi-Gewinne fielen von mehr als sechs Millionen Dollar 1946 auf etwas mehr als zwei Millionen Dollar im Jahr 1949. In der gleichen Zeit sank der Aktienkurs von vierzig Dollar auf acht Dollar.

Robert Woodruff war allerdings entschlossen, den traditionellen Preis von fünf Cent zu halten, auch wenn die exorbitanten Zuckerkosten gemäß den Vereinbarungen von 1921 die Siruppreise für die Abfüller automatisch in die Höhe trieben. Die Coke zu fünf Cent war, wie Woodruffs Freund Ralph Hayes 1948 erklärte, »eine nationale Erwartung und eine amerikanische Institution« geworden, und weder er noch der Boß hießen ein Abgehen von dem heiligen Preis gut. Hayes bemerkte, daß mit dem entsprechenden »Bekehrungseifer« alle potentiellen Abtrünnigen in Schach gehalten werden könnten.

Natürlich konnten die Firmenmänner problemlos spuren, denn es war der Abfüller, der in Wirklichkeit unter dem

Druck des niedrigen Einzelhandelspreises stand. 1950 entfielen fünfzig Prozent des Gesamtabsatzes von Erfrischungsgetränken in den Vereinigten Staaten auf Coca-Cola, und diejenigen, die mit dem Soft Drink zu tun hatten, waren an ein gutes Leben gewöhnt. »Coke-Abfüller«, kommentierte ein Wirtschaftsjournalist 1951 in *Fortune,* »haben in ihren Garagen und denen ihrer Kinder seit so langer Zeit zwei Cadillacs stehen, daß sie meinen, ihre Rechte würden angekratzt, wenn die Gewinne einmal nicht einfach nur so hereinrollen.« 1950 hatte sich der Druck durch die Inflation verstärkt, und viele Coca-Cola-Abfüller hoben ihre Großhandelspreise über die traditionellen achtzig Cent pro Karton an. Die meisten Einzelhändler im Gebiet setzten dann wiederum den Endabgabepreis auf über fünf Cent je Flasche hoch.

Die Situation war zwar für die Coke-Abfüller wenig erfreulich, doch für ihre Opponenten war sie tödlich. Die Branchenzeitschriften für die Erfrischungsgetränke-Industrie empörten sich darüber, daß Coca-Cola nicht von den fünf Cent abgehe, und bejubelten jeden Abtrünnigen mit lautem Hurragebrüll. Ein leitender Mitarbeiter der Birley's Bottling Company bettelte 1950 Coca-Cola wehleidig um »eine kleine Erleichterung« an für »diejenigen, die gerne im Geschäft bleiben möchten«. Die Situation wurde so verzweifelt, daß einige konkurrierende Marken tatsächlich Lobbyarbeit für eine Besteuerung der Erfrischungsgetränke auf bundesstaatlicher Ebene betrieben, wodurch selbst die Coke-Abfüller gezwungen worden wären, die fünf Cent aufzugeben.

Dr. Pepper schlug eine andere Taktik ein und verklagte Coca-Cola 1951 auf 750 000 Dollar Schadensersatz wegen »Behinderung des Handels« und beschuldigte den Giganten in der Erfrischungsgetränke-Branche, den Markt zu monopolisieren. Die rivalisierende Getränkefirma behauptete, Coke drohe Einzelhändlern, die den Soft Drink zu einem höheren Preis als fünf Cent verkauften, den Nachschub abzuschneiden. Zur gleichen Zeit untersuchte ein Senatsausschuß die »Krise in der Soft-Drink-Abfüllindustrie«, beschuldigte Coca-Cola desselben Komplotts und forderte, die Firmenmitarbeiter sollten »die Industrie aus dem Würgegriff befreien und die Abfüller selbst den Preis auf der

Grundlage der Wettbewerbssituation festsetzen lassen«.[8] Doch die Medien und die Allgemeinheit schlugen sich auf die Seite des Nickel-Getränks. »Es stimmt, daß der Preis von nahezu allem gestiegen ist«, schrieb ein Leitartikler für die *Pittsburgh Post-Gazette* 1951, »aber soll diese Firma dafür bestraft werden, wenn ihre Abfüller noch immer günstiger als ihre Konkurrenten verkaufen können?« Coca-Cola verdiene »eine Medaille anstatt eines Gerichtsverfahrens«, schloß er.

Es war allerdings unvermeidlich, vom Nickelpreis abzugehen, wie der Chicagoer Verkaufsrepräsentant erkannte, als er die Firma bekniete, auf der örtlichen Neonwerbewand kein riesiges »5c« einzubauen. Da die Kosten für Löhne, Transport, Energie, Flaschen und Ingredienzien in den fünfziger Jahren stetig weiter stiegen, sahen sich selbst die reaktionärsten Abfüller gezwungen, den Boß zu mißachten. Anfang 1951 hörte die Firma auf, in den landesweiten Anzeigen den Preis von fünf Cent zu erwähnen, und bis zur Mitte des Jahrzehnts war das Nickel-Getränk nahezu ausgestorben.

Als Woodruff weiter versuchte, den Preis zu halten, fielen die Coke-Aktien zum erstenmal nach vielen Jahren, worauf einige verstimmte Abfüller meinten, der Boß habe seine Führungsfähigkeit eingebüßt. Veazey Rainwater jr. plante im April 1951 einen verwegenen Aufstand. Er mietete in Florida einen riesengroßen Saal und lud die großen Abfüller und andere Aktionäre zu einem Bankett, bei dem die Strategie festgelegt werden sollte. Sein Vater, der Wind von den Absichten seines Juniors bekam, verschickte an die Abfüller Telegramme mit dem dringenden Rat, *nicht* hinzugehen. Am nächsten Tag tauchte nur ein einziger neugieriger Aktionär auf, Veazeys versuchter Putsch schlug fehl.

Die Parabel von den neuen Schuhen

Das Preisdebakel war die erste einer ganzen Reihe von ungewollten Veränderungen, die Woodruff abgezwungen wurden. Der Coca-Cola-Magnat hatte die Firma mit geradezu unheimlicher Brillanz durch die wilden Zwanziger, die Tiefpunkte der Depression und einen Weltkrieg geführt, indem er sich an mehrere einfache, eiserne Prinzipien hielt: Coca-Cola war das großartigste Erfrischungsgetränk der Welt. Kein Markt sollte unerschlossen bleiben. Die 6,5 Unzen fassende Humpelrock-Flasche zu fünf Cent offerierte das Getränk in dem perfekten Behältnis zum optimalen Preis. Mit Hilfe von Qualitätskontrollen, eines effizienten Vertriebssystems und massiver Werbung würden alle, die mit dem Getränk zu tun hatten, immer mehr Geld verdienen. Es bestand kein Grund, noch ein anderes Getränk zu vermarkten. Es bestand kein Grund, in andere Geschäftsbereiche zu diversifizieren.

Obwohl er sich davor zu schützen suchte, wurde Woodruff dennoch ein Opfer seines eigenen Erfolgs. »Schmeichelei ist wie Tabakkauen«, sagte Woodruff gerne. »Sie schmeckt süß, ist sehr befriedigend und schadet nicht, solange man sie nicht schluckt.« Woodruffs Umfeld bestand jedoch unausweichlich aus Speichelleckern, die, laut Ralph Hayes, eine »andauernde Litanei« von »JaSir, jaSir, das-istrichtig, wiesiegesagthaben« anstimmten.[9] Der Rechtsanwalt Hughes Spalding etwa sagte zu Woodruff. »Von dir hängt mehr ab als von jedem anderen Mann im Südosten.« Woodruff nahm deshalb selbstverständlich an, er sei unfehlbar. Zudem haßte der sentimentale Coca-Cola-Mann jede Veränderung. Er hob so viele Kinkerlitzchen auf, daß sein Büro einem Ramschladen glich. Sobald Woodruff die richtige Vorgehensweise gefunden hatte, blieb er dabei, bis er unausweichlich genötigt war, es anders zu machen. Joe Jones verdeutlicht diesen Punkt mit der Geschichte von Woodruffs handgefertigten englischen Schuhen. Der Boß beschwerte sich, daß ein neues Paar nicht so gut paßte wie das alte, das er 25 Jahre lang getragen hatte. »Ja, Mr. Woodruff«, sagte Jones, »tragen Sie diese auch 25 Jahre, und dann geben wir sie zurück, wenn Sie Ihnen nicht zusagen.«

Woodruff mag wohl gezwungen worden sein, beim Preis für das Getränk eine Niederlage einzugestehen, doch im Vergleich zu der Auseinandersetzung um die geliebte kleine Flasche, die so gut in der Hand lag, erschien das nur als kleine Sache. 1948 schockierte Cecil Barbee, der älteste der kalifornischen Abfüllbrüder, seine Coca-Cola-Kameraden bei einer Versammlung, als er sich Woodruff offen widersetzte. »Männer«, sagte er und hielt ein braunes Päckchen hoch, »ich habe hier die Antwort auf all unsere Schwierigkeiten.« Während er sprach, wickelte er eine Schicht Papier nach der anderen von dem Päckchen und hatte schließlich einen speziell angefertigten Karton für Zwölf-Unzen-Humpelrock-Flaschen in der Hand. Es war allerdings mehr als ein abtrünniger Abfüller nötig, um Woodruffs Meinung zu ändern. Am Ende fiel diese Aufgabe einem Hochverräter namens Alfred N. Steele aus der Führungsmannschaft von Coca-Cola zu.

Der Zirkus von Pally Steele

Steele, einer der Werbeleute von D'Arcy, stieg 1945 im Alter von 43 Jahren bei The Coca-Cola-Company als Vizepräsident mit dem Tätigkeitsgebiet Verkauf an die Abfüller ein. Steele, ein hochgewachsener Mann mit Schildpattbrille und gewelltem eisgrauen Haar – eine jüngere, weniger profane Ausgabe von Harrison Jones –, strotzte vor Energie und großen Ideen. »Nennen Sie mich Al«, befahl er seinen Untergebenen großzügig, die er regelmäßig mit »Hey, Schöner« oder »Laß uns das probieren, Pally« anpöbelte, begleitet von einem kräftigen Schlag auf den Rücken. So verschaffte er sich den Spitznamen Pally.*

Der neue Verkaufschef von Coca-Cola hatte früher einmal einen Zirkus gehabt, wo seine Lieblingsattraktion nicht die Trapezkünstler oder die Löwendompteure, sondern die Pausenfüller waren. Wie diese konnte er »einem Bronzebullen die Hörner abschwatzen«, wie Delony Sledge, der Werbechef von Coke, sich ausdrückte. Er konnte auch in der Firma alle im Geldausgeben übertreffen. 1948 setzte Steele alles daran, die raffinierteste Anfeuerungssatire zu kreieren, die eine Abfüllerversammlung

---

* Pally bedeutet hier Kamerad, Kumpel, dicker Freund. (Anm. d. Übers.)

jemals erlebt hatte. Leider fiel die Tonanlage aus, und das Drama floppte, da die Akteure herumfuchtelten und -sprangen, ohne verstanden zu werden, während die Abfüller nervös kicherten.

Steeles Persönlichkeit irritierte Woodruff, doch der Boß hätte die Exzesse des bombastischen Verkaufsmanns toleriert, wenn sie Ergebnisse gezeitigt hätten. Unglücklicherweise ereignete sich bald nach dieser katastrophalen Veranstaltung im Atlanta Biltmore Hotel ein unverzeihlicher Vorfall. Steele, zum zweitenmal unglücklich verheiratet, brachte ein Callgirl mit nach Atlanta und gab die Frau öffentlich als Mrs. Steele aus. Das erfuhr der Boß. Wie in den Südstaaten üblich, verzieh der Moralkodex von Coca-Cola außereheliche Seitensprünge, bestrafte aber jeden, der so dumm war, sich dabei erwischen zu lassen. Steele fand sich bald in einem neuen Büro ohne Post, ohne Telefonanrufe, ohne Sitzungen, ohne Verantwortlichkeit wieder – Woodruffs Version von Sibirien. Der Boß feuerte ungern Leute, doch er hatte nichts dagegen, sie so lange zu erniedrigen und zu schikanieren, bis sie kündigten. Für einen Mann wie Steele, der sowieso nie ruhig hinter einem Schreibtisch sitzen konnte, war eine derartige Behandlung eine Tortur. 1949 ging er als Vizepräsident unter Walter Mack zu Pepsi. Und mit sich nahm er eine Gruppe wagemutiger Coke-Männer, die Steele glaubten, als er ihnen sagte, bei Pepsi würden sie nicht durch die Tradition erdrückt – und es schade auch nicht, daß er ihr altes Gehalt bei Coca-Cola verdopple.

Doch Walter Mack war nicht gewillt, etwas von seiner Macht an Steele abzugeben, und er hatte seine eigenen Traditionen – die Förderung von Squaredance-Veranstaltungen, die Himmelsschriften und Kunstexponate –, während seine demoralisierten Abfüller in hellen Scharen gegen eine Abschlagszahlung davonliefen. Steele informierte den Verwaltungsrat von Pepsi, er werde kündigen, wenn er nicht die völlige Kontrolle über die Firma erhalte. Infolgedessen wurde Walter Mack am 1. März 1950 in einer dramatischen Verwaltungsratssitzung ausgebootet, indem man ihn zum Vorsitzenden dieses Gremiums machte, und Al Steele wurde Präsident der Pepsi-Cola-Company.[10] Mack kündigte einige Monate später.

Pepsi, erkannte Steele, litt unter seinem alten Image, viel Getränk für wenig Geld zu bieten – eine zuckersüße Magenspülung für Kinder und Arme zu sein. Im Süden betrachteten es rassistische Weiße als »Nigger-Getränk«, und selbst in den übrigen Staaten füllten die Menschen es lieber in Gläser und servierten es als Coke. Steele erkannte die Notwendigkeit, Pepsi aus der Küche heraus ins Wohnzimmer zu holen, wie er es nannte. Um die Werbung neu zu beleben, lockte er seinen alten Freund John Toigo von D'Arcy weg und setzte ihn in die Agentur von Pepsi, in die Biow Company. Gleichzeitig überarbeiteten Steeles Chemiker die Zusammensetzung des Getränks und verringerten den Zuckergehalt, um an die Herbheit von Coke heranzukommen.

Die Amerikaner waren in den fünfziger Jahren sehr kalorienbewußt, und so propagierte Toigo Pepsi als »Light Refreshment« (Light-Erfrischung)[11], die »erfrischt, ohne satt zu machen«. Die vornehme Schickeria trank es aus einer Flasche, die ein neues Design mit eleganten Spiralen erhalten hatte. Im Fernsehen, dem neuen, überaus beliebten amerikanischen Unterhaltungsmedium, führte die vornehme Faye Emerson durch eine fünfzehnminütige Pepsi-Show, während der sie sich in ihrem tiefausgeschnittenen Kleid über eisgekühlte Flaschen lehnte. Als Al Steele sah, daß das Studio dafür einen einfachen Kübel benutzte, rannte er zu Tiffanys, erstand einen silbernen, mit Ornamenten verzierten Sektkühler und stellte ihn ins Bild. »Pepsi-Cola's up to date/With modern folks who watch their weight« (Pepsi-Cola ist auf der Höhe der Zeit mit modernen Leuten, die auf ihr Gewicht achten), sang die kesse Polly Bergen in Fernsehspots.

Zur gleichen Zeit drang Steele auf den Automatenmarkt vor, den Mack Coke überlassen hatte, da die Zwölf-Unzen-Flasche nicht in die Standardgeräte paßte. Es war eindeutig sowieso unmöglich, in dem großen Behältnis den Preis von fünf Cent zu halten, und so schuf Steele eine Acht-Unzen-Flasche (die fürs Geld immer noch mehr bot als die winzige Coke), die in die Verkaufsautomaten paßte. Dann vergab er Darlehen für die Automaten zu einem niedrigen Zinssatz, deren erste Tilgungsrate erst sechs Monate nach der Anschaffung fällig wurde. Auf diese Weise konnten ärmere Abfüller die 1000 Dollar teuren Geräte auf Kredit kaufen und sie aus den Gewinnen abstottern. Er begann auch als erster mit Pappbecher-Automaten in der zutreffenden Annahme, daß die Coke-Abfüller, gefangen wie sie in ihrer eigenen Geschichte und ihrem Vertrag waren, nicht in den Wettbewerb einsteigen würden, da sie dafür den Sodabarsirup nicht verwenden konnten.

Der extravagante Steele wußte, daß keine seiner Innovationen einschlagen würde, wenn es ihm nicht gelänge, seine Abfüller mit neuer Zuversicht und neuem Stolz zu erfüllen. Unbeeindruckt von seiner katastrophalen Erfahrung mit der Coke-Versammlung von 1948, gab er für Pepsi-Lizenznehmer riesige Feten, bei denen er sie bedrängte, das Geld wieder in ihre Geschäfte und in die Lokalwerbung zu stecken. »Sie können sich mit einer konservativen Einstellung in den Bankrott treiben«, sagte er ihnen, »oder Sie können es zu Wohlstand bringen.« Steele demonstrierte seinen Glauben an diese Maxime, indem er 1952 glatte sechs Millionen Dollar für die Werbung hinblätterte. Er wies seine rechte Hand, Herb Barnet, an, die Strategien von Coca-Cola zu kopieren – auf Qualitätskontrolle zu bestehen, auf standardisierten blauen Monturen, auf Regalen voller Arbeitsdirektiven und einer militärisch straffen Organisation. Steele sammelte eine Clique von Managern um sich, die seinem eigenen Bild entsprachen. »Der ganze Trick bei der Anwerbung von Führungskräften«, sagte er einem Untergebenen, »besteht darin, einen guten Mann zu finden und diesen in ein Arschloch zu verwandeln. Ein guter Mann wird das durchstehen, doch wenn der Typ schon vorher ein Arsch war, wird er unterwegs zusammenbrechen.«

Steeles charismatische Ermahnungen inspirierten auch seine Sirupverkäufer. Die Pepsi-Männer peilten 25 großstädtische Gebiete für besonders starke Verkaufsbemühungen an. Steele kaufte für dreizehn Millionen Dollar die wichtigen Pepsi-Abfüller auf, die das Produkt nicht puschten, und besetzte die Werke mit eigenen Leuten. Diese von

Pepsi direkt geführten Anlagen warfen rasch Gewinn ab. Steele wagte sich sogar in die Festung Coca-Colas, in den Sodabarhandel, in dem Coke praktisch das Monopol hatte. Für 30 000 Dollar plazierte er Pepsi in sechzig Fox-Theatern (Kinokette) an der Westküste. Schließlich überließ er das Inlandsgeschäft Barnet und fing an, durch die Welt zu jetten und den Pepsi-Handel in Übersee hochzukatapultieren.

Diese radikale Rundumerneuerung bei Pepsi erwies sich als unglaublich wirkungsvoll. Wie Delony Sledge von Coke meinte, sprangen die Pepsi-Umsätze »wie eine verbrühte Katze« in die Höhe. In nicht einmal fünf Jahren sank Coca-Colas weltweite Führungsposition von vormals fünf zu eins auf drei zu eins, während der Anteil von Pepsi am Inlandsmarkt gleichzeitig von 21 auf 35 Prozent stieg.[12] Selbst in Atlanta, dem Mekka von Coca-Cola, legte der Pepsi-Absatz in einem Jahr um dreißig Prozent zu. Nachdem Al Steele in der Heimatstadt seines Konkurrenten zur Eröffnung eines neuen Pepsi-Abfüllwerks eingetroffen war, hatte er die Stirn, die Journalisten von Atlanta zu informieren, daß Coca-Cola nicht der Hauptkonkurrent von Pepsi sei – das seien vielmehr Tee und Kaffee. Und er rieb noch Salz in die Wunde, als er hinzusetzte: »Es ist ein Verdienst von The Coca-Cola-Company, daß eine Reihe ihrer ehemaligen Beschäftigten heute im Managementteam sind, das Pepsi beim Aufstieg hilft.«

Coca-Cola tritt ins Fernsehzeitalter

Während Pepsi unter der Leitung von Al Steele zum Leben erwachte, schrieb ein Coca-Cola-Aktionär, daß die Firma »friedlich schlummert und über ihren ganzen zurückliegenden Fortschritt in Selbstzufriedenheit verfallen ist«.[13] Der PR-Berater von Coke, Steve Hannagan, verglich Coke mit einer altmodischen Hausfrau, »bescheiden, gesetzt, hübsch für eine lange Zeit«, während Pepsi die Marilyn Monroe der Branche sei. »Viele Leute meinen, sie sei zu gewöhnlich. Aber sie schauen hin – und viele, die es nicht einmal zugeben würden, wollen sie spüren.« Einen Augenblick lang wuchs Hughes Spalding über seine »Handlanger«-Rolle hinaus und schrieb besorgt an Woodruff, daß sein Verwaltungsrat zu alt werde. »Entschuldige, daß ich das sage«, schrieb er, »aber ich habe so eine Ahnung, als verliere ein Mann, dem man die Prostata entfernt hat, seinen Ehrgeiz, zumindest in mancher Hinsicht.« Coca-Cola wurde in gewisser Weise alt und fett, genau wie Woodruff befürchtet hatte. Die Abfüllwerke feierten ihre fünfzigjährigen Jubiläen; viele Abfüller der dritten Generation nahmen Gewinne als gegeben hin. Ihnen mangelte es an dem Feuer, das ihre hungrigen Gegenspieler von Pepsi kennzeichnete, und sie haßten jegliche Veränderung genausosehr wie Woodruff.

Anfang der fünfziger Jahre konnte man The Coca-Cola-Company allerdings kaum Stagnation anlasten. In dem Bewußtsein, daß das Fernsehen die häusliche Unterhaltung noch mehr revolutionierte als der Rundfunk in den dreißiger Jahren, sponserte Coca-Cola 1950 eine Spezialsendung zum Erntedankfest, in dem die Radiostars der Firma, Edgar Bergen und seine Puppe, Charlie McCarthy, im TV ihr Debüt gaben.[14] Die Puppe amüsierte die Zuhörerschaft mit ihrer Klage über die hölzernen Nickels, die sie als Honorar erhalte, und verlangte echtes Geld, damit sie sich Coca-Cola kaufen könne. Vier Wochen später trat Bergen auch in einem Special zu Weihnachten auf, *One Hour in Wonderland* (Eine Stunde im Wunderland). Hier sah man erstmals Coke mit Walt Disneys Trickfilmfiguren. Ende des Jahrzehnts sponserte Coca-Cola *The Mickey Mouse Club.*

Mit dem Aufkommen des Fernsehens, wie auch anderen Trends der fünfziger Jahre, veränderten sich die Freizeitgewohnheiten der Amerikaner. Die Sodabars im Drugstore an der Ecke fielen einem langen, langsamen Niedergang anheim, je mehr die Menschen vor dem Fernsehapparat klebten und sich nicht mehr in der Öffentlichkeit trafen. Der Mitnahmemarkt, auf dem Pepsi seine größten Zugewinne zu verzeichnen hatte, umfaßte nun schon zwei Drittel des Gesamtabsatzes der Soft-Drink-Branche. Um die Angelegenheit noch zu verschlimmern, verwandelten sich die Lebensmittelläden an der Ecke, in denen Coca-Cola so gut präsent war, zu den Supermarktketten in den neuen Vorstädten.

Die Firma hatte zwar schon immer die Kinder als Abnehmer im Auge gehabt, doch nun wurden sie aufgrund des Geburtenanstiegs in der Nachkriegszeit eine noch wesentlich attraktivere Zielgruppe. *The Adventures of Kit Carson* (Kit Carsons Abenteuer) mit dem Star Bill Williams, mit ordentlichem Haarschnitt und geschliffener Aussprache, flimmerte 1951 über den Fernsehschirm.

Delony Sledge, der Marketingleiter von Coca-Cola, studierte das Zahlenmaterial immer sehr genau, und sein Verhältnis zu Leben und Tod wurde stark von seiner Hingabe zu Coca-Cola bestimmt. »1951«, so sagte Sledge einmal vor einer Versammlung, »starben in den USA 1 535 406 Menschen. Trotz unserer besten Anstrengungen, ist diese Gruppe als Konsument unseres Produkts ausgefallen.... Glücklicherweise«, so bemerkte er weiter, »wurden fast vier Millionen potentielle Coke-Trinker im gleichen Jahr geboren.«

Delony Sledge erkannte, daß die Coca-Cola-Werbung praktisch alle Verbrauchergruppen erreichen mußte. »Unser Produkt hat Anziehungskraft auf die gesamte Bevölkerung, ungeachtet der Rasse, Hautfarbe, des wirtschaftlichen Status, des Wohnorts oder der Konfession«, sagte er. »Wir glauben aus tiefstem Herzen, daß Coca-Cola das beste Getränk ist, das es auf der Welt zu kaufen gibt.« Infolgedessen sei »jeder zu jeder Zeit an jedem Ort eine vielversprechende Aussicht für Coca-Cola«. Das Problem bei diesem messianischen universellen Vorgehen, so bemerkte Sledge mit Bedauern, liege darin, daß damit besondere Kampagnen für bestimmte Verbrauchergruppen unmöglich wurden. Die Firma befand sich fortwährend auf der Suche nach einem Sprachrohr, das auf alle Altersgruppen gleichermaßen attraktiv wirkte. 1953 dachten sie, mit Eddie Fisher hätten sie den Richtigen gefunden.

Zweimal wöchentlich sang der 24jährige Fisher Hits wie »Oh! My Papa« und »I'm Walking Behind you« für ein Wohnzimmerpublikum, das vom Kleinkind bis zu den Großeltern reichte. Der jungenhafte Schnulzensänger besaß

»das Gesicht, das Damen mittleren Alters durchs College bringen wollen«, wie ein Kritiker behauptete; doch sein kunstvoll zerzaustes Haar sprach vor allem die Backfische an, die »bei Eddie, nicht bei Frankie in Ohnmacht fielen« und sich zunehmend zu einer eigenen Käufergruppe für Erfrischungsgetränke und andere Konsumprodukte entwickelten.

Coca-Colas Agenten in Hollywood kümmerten sich weiterhin um die Kinofilme, wenn es auch inzwischen nicht mehr nur darum ging, die Ateliers mit Soft Drinks zu beliefern. Jetzt kostete die »Schleichwerbung« die meisten Firmen 250 Dollar pro Erwähnung. Um derartige Ausgaben zu vermeiden, vereinbarte Coca-Cola eine Honorierung durch »reziproke Publicity«, wie bei dem Film *Destination Moon* aus dem Jahr 1950, in dem vier Astronauten in ihrem Raumschiff Coca-Cola tranken.

Daneben lief natürlich die traditionelle Werbung in vollem Umfang weiter. Dennoch schmolz der Marktanteil von Coke zu Anfang der fünfziger Jahre langsam dahin, während der Kurs von seinem Höchststand von 200 Dollar im Jahr 1946 auf 109 Dollar im Jahr 1952 sank. In diesem Jahr feuerte Woodruff Bill Hobbs, der durch keine besonderen Leistungen auf sich aufmerksam gemacht hatte. Gerüchte wollten wissen, er habe versucht, sich seine Unabhängigkeit von Woodruff zu bewahren, was eine Todsünde war.* An seine Stelle setzte Woodruff Burke Nicholson, einen sein Leben lang für Coca-Cola engagierten Manager, der bis dahin die Export-Firma geleitet hatte. Woodruff nahm Nicholson als Präsident allerdings niemals richtig ernst, er betrachtete ihn vielmehr als Interimslösung.

---

* Eines Abends sagte ein Spitzenmanager anläßlich eines Dinners in New York zu Woodruff, der einzige Job, der ihm gefallen könnte, sei die Präsidentschaft von The Coca-Cola-Company. »Du bist eingestellt«, sagte der Boß. Später am gleichen Abend fragte Woodruff ihn, wie er sich die Leitung der Firma vorstelle. »Mit eiserner Hand«, antwortete der Freund. »Ich werde dir die Last von den Schultern nehmen. Ich werde die Entscheidungen treffen und das Sagen haben.« Unbewegt sagte Woodruff: »Du bist gefeuert.«

Starke Kopfschmerzen verlangen
starke Gegenmittel

»Man kann kaum behaupten, daß Coca-Cola gerade den Bach hinuntergeht«, berichtete 1955 ein Wall-Street-Analytiker. »Doch es ist im Schwanken begriffen.« Bis auf Robert Woodruff schien nahezu jeder zu merken, daß »das einzige, was mit Coca-Cola nicht stimmt, Pepsi-Cola« ist, wie ein Veteran zutreffend feststellte. Zum ersten Mal wurde Coca-Colas Spitzenposition als fahrendes Erfrischungsgetränk in Frage gestellt, und solange Coke nicht Unze für Unze[15] und Penny für Penny gegen Pepsi anträte, würde sich der Abstand zwischen den beiden stetig weiter verringern. Lee Talley, der kleine Junge aus Alabama mit den Sommersprossen im Gesicht, der 1923 in die Firma eingetreten war und nun das Export-Unternehmen leitete, konfrontierte den Boß im Herbst 1954 damit. »Mr. Woodruff«, sagte er, »ich habe mein Leben lang noch nie auf der Verliererseite eines Geschäfts gestanden, und ich fange auch jetzt nicht damit an. Wenn Sie mir nicht gestatten, die Flaschen größer zu machen, müssen Sie meine Kündigung akzeptieren.« Am nächsten Tag fügte sich Woodruff ins Unvermeidliche. Er ließ zwar seine Billigung nicht offiziell verlauten, doch er gewährte sie.

Als sich die Neuigkeit verbreitete, daß Coke plane, in den Vereinigten Staaten auf dem Markt größere Flaschen zu testen, erbebte die Industrie. Der Soft-Drink-Gigant hatte Probleme, aber er war noch immer dominant und hielt vierzig Prozent des inländischen Konsums an Erfrischungsgetränken. Der Herausgeber eines Wirtschaftsmagazin, der »die ehrfurchtgebietende Reichweite und alle Konsequenzen« von Cokes Entscheidung zu verdauen versuchte, meinte, die Wettbewerber würden den Entschluß mit »Interesse, Besorgnis, Spekulation und... Beklommenheit größten Ausmaßes« aufnehmen; und sie standen damit nicht allein. Obwohl zahlreiche Abfüller größere Coca-Cola-Einheiten verlangt hatten, widersetzten sich doch andere der Veränderung, da dies große Kapitalinvestitionen in neue Maschinen bedeutete. Daneben war die emotionale Bindung an die kleine Standardflasche überwältigend stark. »Eine andere Flasche herauszubringen«, stellte Ed Forio fest, »kam einem Bruch der ehelichen Treue gleich.«[16]

Lee Talley konnte die versuchsweise Vermarktung überhaupt nicht schnell genug gehen, er wünschte sich auch in Übersee sehnlichst eine größere Flasche. Anfang 1955 sprach der Export-Chef seine überall in der Welt auftauchenden Probleme in einem langen Memo an den Verwaltungsrat offen aus.[17] Auf den Philippinen, wo die Coke-Abfüller sehr »aggressiv« vorgingen, war der Verkauf dennoch um vierzig Prozent im Vergleich zum Vorjahr zurückgegangen. Das gleiche galt für Thailand, während in Ägypten ein »langanhaltender Abwärtstrend« zu verzeichnen war. Der einzige Lichtblick war Europa. Der Fehler sei, so Talley, in »unserer dunklen, abgewetzten kleinen Flasche« zu suchen, die neben den größeren, helleren Pepsi-Flaschen in den Regalen der Welt »mitleiderregend schlecht« aussehe. Coke brauche wie sein Konkurrent ein aufgeklebtes Farbetikett,[18] sagte er. Und ganz vordringlich sei es, eine Zwölf-Unzen-Flasche einzuführen.

Im Februar testete Coca-Cola eine Flasche in Familiengröße mit 26 Unzen und zwei beinahe identische King-size-Flaschen mit zehn und zwölf Unzen, alle in der vertrauten Humpelrock-Form. Diese Packungsgrößen waren zeitgemäß, denn die Amerikaner fanden Freude an übergroßen Autos und übermäßigem Konsum. Die Führung von Coca-Cola bestand darauf, daß die Marktforschung belege, »die Mehrheit der Öffentlichkeit [bevorzuge] die Standardflasche«; die Firma offeriere lediglich andere Größen zur »gemeinsamen Erfrischung zu Hause«. Pepsi wußte es besser und schaltete jubilierend Anzeigen – so in der *Time* am 24. Oktober 1955 –, in denen verkündet wurde: »Es macht Spaß, Nachahmer zu haben – als Führer anerkannt zu werden.« Die Flasche zu 6,5 Unzen hatte zwar tatsächlich einige Jahre lang den größten Anteil am Absatzvolumen, doch der Umschwung auf größere Einheiten war nicht mehr zu bremsen. 1958 konnten 81 Prozent der amerikanischen Bevölkerung in den Regalen zur King-size-Coke greifen, wenn auch die traditionelle kleine Flasche noch immer achtzig Prozent des Coke-Umsatzes bestritt.[19]

Pepsi reagierte auf die King-size von Coke und ging mit

einer 6,5-Unzen-Flasche zum Gegenangriff über, doch auf diesem so vertrauten Coca-Cola-Terrain hatte es kaum eine Chance. Nun in der Offensive, bekamen die Coke-Männer Wind von den Vorhaben des Wettbewerbers und pumpten die Märkte voll, damit die neue Pepsi-Größe keinen Platz in den Kühlgeräten fand. In den Vereinigten Staaten wie auf den Auslandsmärkten intensivierten sich gegen Ende der fünfziger Jahre die Cola-Kriege. Die Coca-Cola-Männer spionierten wie besessen Pepsi und dessen Pläne aus; die Coke-Archive enthalten aus diesem Zeitraum eine Unmenge von Berichten über Sitzungen, Telefonanrufe und Nielsen-Marktbewertungen für den Imitator.[20]

Die Entscheidung, die Flaschengröße zu ändern, öffnete dem Wandel die Schleusen. In seiner Botschaft an den Verwaltungsrat der Export-Firma empfahl Lee Talley eine »zweite Produktlinie«, da es seinen Abfüllern »schwerfallen [werde], allein mit Coca-Cola im Geschäft zu bleiben«. Folglich suchte er um die Erlaubnis nach, die Marke Fanta wieder zum Leben zu erwecken, die Max Keith vorausblickend in mehreren von den Nazis kontrollierten Ländern während des Zweiten Weltkrieges hatte schützen lassen. Im April 1955 wurde in Italien Fanta Orange eingeführt, doch Woodruff verweigerte seine Zustimmung zur Vermarktung von »Regenbogen-Geschmacksrichtungen« in den Vereinigten Staaten. »Der Wettbewerb hat die Multigeschmacksrichtung mit Erfolg dazu benutzt, uns Exklusivkunden abzujagen«, schrieb der gestreßte Joseph M. Collins, ein leitender Manager, 1957 an den Boß, »und dieser Trend verstärkt sich weiter«. Im darauffolgenden Jahr genehmigte Woodruff den Test einer ganz neuen Linie von Fanta-Geschmacksrichtungen in den Vereinigten Staaten, was letztlich dazu führte, daß die Firma die Verkaufsautomaten auch mit anderen Getränken füllte.

Zur gleichen Zeit wurde das »Prä-Mix«-Coca-Cola eingeführt, was die Beziehungen zwischen der Firma und den Abfüllern rapide verschlechterte. In großen Edelstahlcontainern wurde der Coke-Sirup mit kohlensäurehaltigem Wasser gemischt. Die Prä-Mix-Apparate kamen in den kleinen Sodabars, bei Baseballspielen und anderen Sonderveranstaltungen gut an, wo die Verkäufer mittels umgebauter

»Rucksäcke« Einzelgetränke ausschenken konnten. Die Firma akzeptierte, daß die Abfüller das deutlich bessere Vertriebssystem besaßen, und überließ ihnen das Prä-Mix, kreierte aber einen speziellen »B-X«-Sirup und verlangte dafür zehn Cent mehr pro Gallone als für den normalen Abfüllsirup. Mitarbeiter der Firma räumten ein, daß der B-X in der Herstellung exakt genausoviel kostete. Der Preisunterschied resultierte, schrieb Lee Talley, daraus, daß sie »darüber frei verhandeln« konnten und auf diese Weise endlich ein Schlupfloch aus dem alten Vertrag gefunden hatten. Der Abfüller Tom Moore aus Minneapolis verklagte die Firma wegen des Prä-Mix[21] und behauptete mit einiger Berechtigung, der Originalvertrag betreffe jede Art von abgefüllter, kohlensäurehaltiger Coca-Cola, die Abgabegröße spiele dabei keine Rolle. Der große Edelstahlcontainer sei im Endeffekt nichts anderes als eine riesige Flasche. In der Befürchtung, er könne seinen Prozeß verlieren, einigte sich Moore schließlich außergerichtlich mit der Firma. Al Steele und seine Pepsi-Männer waren natürlich über diese innere Zerrissenheit bei Coke höchst erfreut und dankbar, daß sie nicht mit so einem hinderlichen Vertrag belastet waren, der weiterhin für Coca-Cola ein Problem blieb.

Das Aufkommen der Supermarktketten im ganzen Land löste ebenfalls Spannungen zwischen der Firma und ihren Abfüllern aus. Um Pepsi auszubooten, offerierten die überregionalen Verkaufsrepräsentanten der Firma oftmals bei einem Geschäft Rabatte, ohne vorher den örtlichen Abfüller zu konsultieren. »Niemand, der sich um landesweite Abnehmer bemühte, war ein Engel«, erinnerte sich Tut Johnson, »und alle taten, was sie tun mußten.« Und so kochten die selbständigen Lizenzinhaber vor Wut und ärgerten sich über die eigenmächtigen Aktionen der Leute aus Atlanta. Zur gleichen Zeit verabschiedete sich Coke von der antiquierten Stammabfüllorganisation – zumindest von der, die unter Firmenkontrolle stand. Nachdem Woodruff bereits alle bis auf die Thomas Company aufgekauft hatte, schaffte er nun diese zusätzliche Verwaltungsebene ab und ersetzte sie durch die Abteilung »Flaschenverkauf«. Zu seinem Leidwesen blieb die Thomas Company, deren Gebiet vierzig Prozent der amerikanischen Bevölkerung abdeckte, sturerweise unabhängig. Als Woodruff seinen Manager und Freund DeSales Harrison 1941 ermutigte, die Kontrolle über den Stammabfüller zu übernehmen, war der Boß davon ausgegangen, daß damit seine Probleme aus der Welt geschafft seien. Doch nachdem George Hunter 1950 gestorben war, weigerte sich Harrison zu verkaufen; er liebte sein Königreich, und Firmenvertreter, die sich ohne Erlaubnis ins Thomas-Gebiet wagten, handelten sich erhebliche Schwierigkeiten ein.

Das Regime von Robinson

Im Februar 1955, als die King-size-Coke eingeführt wurde, verkündete Robert Woodruff die Ernennung von Eisenhowers Freund Bill Robinson zum neuen Präsidenten von The Coca-Cola-Company. Loyale Firmenmänner waren schockiert. Als völliger Außenseiter – von Haus aus Marketing- und PR-Mann – besaß Robinson nur sehr begrenzte Erfahrungen mit Coca-Cola, und er war – Atlanta vernahm es mit Entsetzen – ein Yankee. Und das war noch nicht alles, denn Woodruff beabsichtigte offenbar, tatsächlich Macht an Robinson abzugeben. Gerade 65 Jahre alt geworden, zog sich Woodruff offiziell in den Ruhestand zurück [22] und übernahm den Vorsitz des neu geschaffenen Finanzausschusses. Später im gleichen Jahr engagierte Woodruff auch Curt Gager von General Foods als ersten Stellvertreter. Robinson und Gager, die hauptsächlich von den New Yorker Büros aus arbeiteten, bildeten ein hervorragendes Team. Der neue Präsident entsprach zumindest dem Coca-Cola-Format: Der große, rauhe, aber herzliche, rotgesichtige Promoter unternahm den kühnen Versuch, sich an die vorherrschende Kultur anzupassen, und reiste durch das Land, um mit skeptischen Abfüllern zu sprechen. Gager andererseits war ein kleiner frettchenhafter Mann, den seltsamerweise vorrangig nur interessierte, was unter dem Strich für die Firma heraussprang. Außerdem ging das Gerücht um, er sei bei General Foods ein Scharfmacher gewesen.

Ungefähr zu dem Zeitpunkt, als Gager an Bord kam,

wechselte Robinson die Werbeagentur; er kündigte die langjährige Beziehung mit D'Arcy auf und ging zu McCann-Erickson, einer größeren, erfahreneren New Yorker Agentur mit Filialen in aller Welt. McCann hatte bereits die Werbung für Coke in Südamerika gemacht. Der Agenturwechsel symbolisierte allerdings auch formell das Ende des kultivierten goldenen Zeitalters der Coca-Cola-Werbung. Dessen Poet, Archie Lee, war 1950 gestorben, und nun trennte sich die neue Agentur abrupt von den klassischen Ölgemälden Haddon Sundbloms und Norman Rockwells und setzte statt dessen auf Farbfotos, die Angehörige der Schickeria und glänzende King-size-Flaschen in den Vordergrund rückten. Marion Harper jr. von McCann, eine arbeitsbesessene Frau, »die der Teufel ritt«, und eine stramme Anhängerin der sozialwissenschaftlichen Forschung, brachte einen zeitgemäßen »wissenschaftlichen« Zug in die Coca-Cola-Werbespots. Harper stellte Murray Hillman für die Zusammenarbeit mit Curt Gager ab und konzentrierte all ihre Anstrengungen auf das Ziel, die Pepsi-Gewinne zu stoppen.

Die fünfzehn Millionen Dollar teure Werbekampagne hatte eine spürbare Ähnlichkeit mit Al Steeles entsprechenden Aktionen und setzte für die moderne Jugend auf denselben schrecklich vornehmen Appeal. Die Aufmachung, bei der weltgewandte Pärchen vor dem Tadsch Mahal und den Pyramiden Coke tranken, fiel beim Volk zu Hause allerdings durch. »Man kann in Pakistan soviel Coca-Cola verkaufen, wie Sie wollen«, beklagte sich Delony Sledge über die Arbeit von McCann, »aber wir wollen es im Punkin Center verkaufen.« Es dauerte wohl eine Weile, bis die neue Agentur den richtigen Stil gefunden hatte, doch Harpers Bereitschaft, sich mit dem Wettbewerb zu kabbeln, stimulierte die schwerfällige Soft-Drink-Firma. Der erste Kampagnen-Slogan, »Fast jeder weiß das Beste zu schätzen«, bedeutete eindeutig eine Revolution, denn es war eine aggressivere Werbung, mit der zumindest unterschwellig die Existenz von Pepsi anerkannt wurde.

Bis zu diesem Augenblick hatten die Coke-Männer Pepsi hochnäsig ignoriert. In der Firma wurde das »P-Wort« niemals ausgesprochen. Statt dessen war in den Memos stets vom Wettbewerber, dem Imitator oder dem Feind die Rede. Pepsi zu trinken, war ein Kapitalverbrechen. Wenn ein Coke-Mann und seine Familie in ein Motel kamen und dort einen Getränkeautomaten der Konkurrenz vorfanden, zogen sie auf der Stelle aus. Ein Coke-Abfüller, der über einen Pepsi-Automaten in seinem Gebiet in Wut geriet, holte sein Jagdgewehr und schoß auf ihn. In den fünfziger Jahren versteckte sich der Sohn eines Coke-Abfüllers mit Freunden an seinem siebten Geburtstag auf dem Dachboden, um insgeheim Zigaretten zu rauchen und Pepsi zu trinken. Als sein Vater hinter diese Schandtat kam, hielt er ihm eine gewaltige Standpauke, nicht über die Schädlichkeit des Rauchens, sondern über das Trinken der falschen Limonade. Morton Downey, der Schnulzensänger, [23] der in den fünfziger Jahren überall im Dienste Coca-Colas auftauchte – bei Drogistentagungen, Abfüllerversammlungen und Veranstaltungen der American Legion, des Verbands der Veteranen des Zweiten Weltkriegs –, war einer der besten Freunde von Robert Woodruff. »Jede Woche brachte der Coke-Mann sechs oder sieben Kisten vorbei«, erinnert sich sein Sohn, »und wann immer wir ausgingen, mußten wir alle eine Coca-Cola-Flasche für ein Bild vor uns haben. Mein Vater war die beste PR, die sie jemals hatten.« Derartiger Druck auf die Kinder konnte allerdings auch ein Schuß in den Ofen sein. Heutzutage hat Morton Downey jr. an seinem Vater Rache geübt. Als »Mortification Mort« entwickelte er mit Absicht eine unausstehliche, obszöne Talk-Show-Figur in direktem Kontrast zum Schmalz seines Vaters. »Mein Vater wollte, daß ich eine seiner Abfüllanlagen übernehme«, erinnert sich der Sohn. »Das letzte, was ich wollte, war für Coke arbeiten. Bis zum heutigen Tag trinke ich nur Pepsi.«

In den fünfziger Jahren gab es derartige Rebellen jedoch noch nicht. Der ungeheure Stolz und die enorme Loyalität Coca-Cola gegenüber standen notwendigen Geschäftsentscheidungen im Wege. Gager und Hillman waren beide der Meinung, daß es nicht ausreiche, einfach nur eine größere Flasche anzubieten. Damit war der Unterschied zwischen Pepsi und Coke noch nicht deutlich genug, um eine höhere Coca-Cola-Nachfrage zu garantieren. Zu ihrem Entsetzen hatten sie darüber hinaus in Blindversuchen herausgefunden, daß Pepsi einen leichten Vorsprung hatte, und sie beschworen Woodruff vergeblich, den Sirupgehalt zu erhöhen, damit das Getränk süßer werde. Die Reaktion auf die geheimen Geschmackstests in der Coke-Zentrale erfolgte rasch: »Machen Sie das *nie* wieder.«[24] Der Boß widersetzte sich generell *jeglicher* Veränderung in Werbung und Marketing.

Die Preisfestsetzung für die King-size-Flasche erwies sich als problematisch, da die Abfüller dazu tendierten, ihren Abgabepreis erheblich höher als den für die Standardflasche und sogar höher als den für die gleich große Pepsiflasche anzusetzen. Murray Hillman von McCann überredete die Abfüller, den Preis für die Großflasche herunterzusetzen und gleichzeitig den für die herkömmliche Flasche zu *erhöhen*. »Der Absatz der normalen Flasche ging sowieso stetig nach unten«, sagte er. »Die Leute, die es tranken, waren ungeachtet des Preises loyal.« Der Schachzug funktionierte. Zur gleichen Zeit schlug Hillman vor, für die 26-Unzen-Familienflasche im Gebiet von New York City, wo der riesige jüdische Bevölkerungsanteil die meiste Coke kaufte, einen Aufschlag vorzunehmen. »Die jüdischen Verbraucher wollten eine große Flasche, die sie auf den Tisch stellen und aus der sie sich während des Essens einschenken konnten«, erinnerte sich Hillman. »Sie legten Wert auf Qualität und verlangten ein Markenprodukt.« Infolgedessen wurde nicht die Preisersparnis in den Vordergrund gestellt – was auch schwierig gewesen wäre, da die große Flasche pro Unze teurer war als die kleine –, sondern die Werbung für die große Flasche prahlte: »In meinem Haus ist ein Riese.«

Andernorts allerdings fielen die King-size-Käufe nach einem anfänglichen Hoch unerklärlicherweise ab. Testverbraucher klagten, ihr Coke schmecke in der großen Flasche nicht so gut. »Sie müssen es gestreckt haben«, überlegten sie. »Wie können sie es sich sonst erlauben, es zu einem so günstigen Preis anzubieten?« Als Reaktion darauf durchtränkten die McGuire Sisters in den späten fünfziger Jahren Fernsehen und Rundfunk mit einem fröhlich geträllerten Werbesong: »King-size-Coke hat mehr für dich,/King-size-Coke hat mehr für dich,/King-size-Coke hat mehr für dich,/Geschmack, Auftrieb und auch Wert.«

Mit den Psycho-Jungs auf Schnüffeltour im Unterbewußtsein

Hillman stand mit seiner Entdeckung, daß das Verhalten der Verbraucher häufig irrational war und auf unbewußten psychologischen Motiven beruhte, nicht allein. Mitte der fünfziger Jahre hatten sich die Psychologen auf Motivationsforschung gestürzt. Plötzlich stürmten Soziologen, Psychologen und Anthropologen aus ihren Elfenbeintürmen heraus und boten ihren Expertenrat Firmen wie The Coca-Cola-Company an. Zum erstenmal versuchte die Firma, die Tiefen des Unbewußten auszuloten. Wie Delony Sledge 1955 im *Coca-Cola Bottler* erklärte, forschten die Psychologen in langen Tonbandinterviews »lange und tief genug herum, um herauszufinden (in manchen Fällen fast gegen den Willen des Interviewten)«, was repräsentative Verbraucher motivierte, entweder zu Coke oder zu Pepsi zu greifen. Die unablässige Frage lautete, so Slegde: »Warum? Warum? Warum?«

Bei Coca-Cola hat man die Psychologen wohl mit Freuden empfangen, doch zahlreiche Kritiker zeigten sich wegen dieser neuen manipulativen Methode beunruhigt, die die Sozialwissenschaftler in »Superreklamefritzen« verwandelte, die rieten, wie man einen Werbetext mit »Verkaufsanreiz« verfaßt. In dem Buch *Die geheimen Verführer* warnte Vance Packard vor dieser exotischen neuen Methode, bei der die Menschen unbewußt beeinflußt wurden. Normalerweise, sagte er, »sehen uns« die Motivationsforscher als »Bündel von Tagträumen, in Nebel gehüllten Sehnsüchten und Schuldkomplexen«. Die Menschen seien »Imageliebhaber, die impulsiven und zwanghaften Handlungen verfallen sind«. Zumeist erkannten die im Fachjargon schwelgenden Akademiker jedoch nur, was die Coca-Cola-Männer bereits seit Jahren wußten. Das Color Research Institute fand heraus, daß Rot »hypnotisch« sei und vor allem weibliche Käufer anspreche. Ähnlich erklärten die Forscher, warum Gratisproben in Supermärkten zu einer Absatzsteigerung in anderen Regalgängen führten. Ohne es genauso auszusprechen, hatte Archie Lee schon lange zuvor erkannt, daß das Image wichtiger ist als die Substanz. Dennoch gingen die Coca-Cola-Männer erstmals über das bloße »Nasen-Zählen« hinaus und zu einer ausgefeilteren Positionierung des Getränks über.

In den späten fünfziger Jahren entfachten Sensationsberichte über »unterschwellige Werbung« in der Öffentlichkeit die Angst vor einer ruchlosen, über das Unterbewußtsein laufenden Manipulation der Menschen. Sechs Wochen lang projizierte ein Kino in New Jersey an wechselnden Abenden »Coca-Cola« und »Iß Popcorn« alle fünf Sekunden für eine 3000stel Sekunde auf die Leinwand – zu schnell, um vom Bewußtsein wahrgenommen werden zu können. Die Manager der Subliminal Projection Company, des Instituts von James Vicary, das diesen Test durchführte, behaupteten, der Verkauf von Coke sei in der Folge um 18,1 Prozent gestiegen. In Sondervorführungen sahen sich dann Journalisten einen Kurzfilm über die Unterwasserwelt an, in dem 169 verborgene Coca-Cola-Botschaften zwischen den Fischen mitschwammen. Ein Reporter der *New York Times* zeigte sich unbeeindruckt, denn er empfand nicht den Drang, nach der Beobachtung von Barschen und Makrelen zu einer Coke zu greifen. Die Coca-Cola-Männer fanden anfangs Gefallen an der unterschwelligen Werbung, doch sie stellte sich als Ente heraus[25] und der eindrucksvolle Anstieg des Coke-Verkaufs im Vorraum des Kinos als reine Erfindung.

Eine nichtssagende neue Welt

Die eifrigen Motivationsforscher waren symptomatisch für das Amerika der fünfziger Jahre während des »Zeitalters des Wohlstands«, wie John Kenneth Galbraith diese Zeit nannte, in der ein Verkaufsmanager jubelte: »Der Kapitalismus ist tot – der Konsumerismus ist König!« Die Frage war nicht länger, wie man genug Produkte zur Bedürfnisbefriedigung herstellen könne, sondern sie lautete vielmehr, wie die Verbraucher dazu gebracht werden könnten, die Flut von Produkten anzunehmen. Mitte der fünfziger Jahre war das Bruttosozialprodukt in nur fünfzehn Jahren um mehr als 400 Prozent gestiegen. »Wir müssen mehr und mehr verbrauchen«, schrieb ein Kommentator, »ob wir wollen oder nicht, zum Wohle unserer Wirtschaft.«

Zumindest an der Oberfläche schienen die Amerikaner ein selbstzufriedener, konformistischer Haufen zu sein, der sich in gleich aussehenden kleinen Häusern in Trabantenstädten im ganzen Land einnistete und entgegenkommenderweise ständig mehr Autos, Fertiggerichte und Erfrischungsgetränke kaufte. Es war, wie Vance Packard schrieb, eine »nichtssagende neue Welt«, in der der amerikanische Pro-Kopf-Verbrauch an Soft Drinks von 177 im Jahr 1950 auf 235 zum Ende des Jahrzehnts anschwoll.

»Nichtssagend« ist das einzige Wort, mit dem sich die ersten TV-Spots von McCann-Erickson mit Johnny, einem stämmigen Vierzehnjährigen mit glatt gekämmtem Haar und Doppelkinn – einem Langweiler selbst für die Zeit von 1958 –, beschreiben lassen. »Hi, Mom. Hi, Schwester«, rief er, wenn er mit seinen Schulbüchern durch die Tür kam. »Gibt es eiskaltes Coke?« Die Mutter blickte vom Bügelbrett hoch und antwortete: »Was soll das, Johnny King, du weißt, daß wir welches haben. Erst heute morgen hast du eine ganze Kiste Coca-Cola gebracht«, und die zauberhafte Familienszene endete in der Glückseligkeit gemeinschaftlichen Coke-Konsums, während der Sprecher bekräftigte: »Jeder mag Coke.«

Nirgendwo wurde die Gleichförmigkeit der Zeit deutlicher als in »dem neuen Dschungel, genannt der Supermarkt«, schrieb Vance Packard, wo Hausfrauen, mit den Kindern im Schlepptau, pflichtschuldig ihre Einkaufswagen füllten. Coca-Cola und Pepsi kämpften mit glänzenden tragbaren Ständern um die besten Standorte, die in Augenhöhe lagen.[26] Das Gerangel um die Regalfläche im Supermarkt forderte engagierten Coca-Cola-Verkäufern wie Charles Bottoms wahre Heldentaten ab. Mit seiner Coke-Montur betrat er beispielsweise ein Geschäft mit einem großen Pepsi-Display und erzählte dem Leiter, er führe eine Umfrage zur Verkaufsförderung durch. »Der Klugscheißer sagte: ›Kommen Sie, ich kaufe Ihnen ein Pepsi, die haben diese neue Sechzehn-Unzen-Flasche.‹ Ich sagte zu ihm, das gefiele mir, da ich noch nie Pepsi getrunken hätte.« Bottoms setzte die Flasche an die Lippen, trank und würgte auf einmal. »Ich spuckte alles über das verdammte Display und sagte dabei: ›Ich habe nicht gewußt, daß es so *schlecht* schmeckt.‹ Die Frauen stoben mit ihren Einkaufswagen davon, und dem Filialleiter war es nur peinlich. Er wußte nicht, was er tun sollte. Er nahm das Pepsi raus und kaufte von unserem Produkt so viel, daß wir eine wunderschöne Coca-Cola-Auslage hatten.« Draußen im Wagen drehte sich sein Begleiter zu Bottoms um und sagte: »Schaffst du das noch einmal?«

Die Hausfrau, die ihr Heim mit eiserner Hand regierte, während der Ehemann seinen grauen Flanellanzug zum Büro trug, beschäftigte sich mit den Tiefen des amerikanischen Konsums. *Ozzie* und Harriet Nelson gaben in der von Coca-Cola gesponserten Fernsehshow die Rollenvorbilder für Millionen Familien in den fünfziger Jahren ab.

Die Werbeleute reagierten angesichts dieser neuen, mächtigen Frau etwas beklommen. Wie die Coca-Cola-Beraterin Charlotte Montgomery warnte, war »Mrs. 1956« ein neuer Verbraucher, der »durch eine bequemere Verpackung, große Verkaufsförderung und eine etwas interessantere Präsentation gewonnen« werden konnte. Die unsichere junge Hausfrau, die sich nach ein wenig Aufregung in ihrem auf Einkaufen und Kinderhüten beschränkten Alltag sehnte, wollte daneben auch ihre Nachbarinnen beeindrucken. Mrs. Montgomery riet den Coke-Männern 1955 im *Coca-Cola Bottler,* »auf den Unterhaltungszug aufzuspringen« und das Erfrischungsgetränk als integralen Teil von TV-Partys und -Barbecues darzustellen. Wenn »Mrs. 1956« in den Supermarkt gehe, *denke* sie vielleicht, sie agiere »völlig unabhängig«, doch mit guten Promotionaktionen, so versicherte Mrs. Montgomery den Coke-Männern, »haben Sie sie in der Hand«.

Natürlich war die Hausfrau in Wirklichkeit nichts anderes als eine Verbindungslinie zum am schnellsten wachsenden Markt des Jahrzehnts – zu den Kindern. In den fünfziger Jahren stieg die Gesamtbevölkerung des Landes um beinahe dreißig Millionen Menschen, das war der größte Anstieg in der Geschichte Amerikas. Signifikanterweise erfolgten 83 Prozent dieses Wachstums in den Vorstädten.

In den fünfziger Jahren wurde eine neue Möglichkeit ausgemacht, die Kinder zu erreichen. 1954 erwarb Ray Kroc eine kleine Kette von Hamburger-Buden von den McDonald-Brüdern. Am Ende des Jahrzehnts sprossen seine in Lizenz vergebenen Fast-food-Filialen mit dem goldenen Bogen im ganzen Land aus dem Boden. Kroc bot seinen Kunden Coca-Cola an, eine Geschäftsbeziehung, die Coca-Cola seit jener Zeit eifersüchtig gehütet hat. Die McDonald-Imbißstuben lockten die Kraftfahrer von den nahe gelegenen Interstate-Highways, den tollen neuen Verkehrsadern, auf denen die autobegeisterten Amerikaner ihrer Sucht nach Reisen mit hoher Geschwindigkeit nachgingen. Im Wissen, daß die Tankstellen perfekte »Nutzungsgelegenheiten« – ein Begriff von McCann-Erickson – darstellten, brachte Coca-Cola die Verkaufsförderung für fünfzig Händler auf Touren. Die Broschüre *Automobilus Americanus* von Murray Hillman vermittelte die grundlegende Botschaft: »Krieg den Kumpel aus seinem Auto, und er wird Geld ausgeben.« Marktforscher der Firma spähten mehr als 20 000 Tankstellenkunden aus und gelangten zu dem Schluß, daß Coca-Cola an allen getätigten Käufen einen Anteil von vierzehn Prozent hatte.

Schwachpunkte in den Systemen

Noch immer lauerten in Gottes Land die Teufel. Das biblische Harmageddon war nur einen Knopfdruck entfernt in der Nation, die in den fünfziger Jahren mit Billy Graham, Bischof Fulton Sheen und Norman Vincent Peale an der Spitze ein erneutes Aufflackern von Religiosität erlebte. Deshalb besaß der normale Haushalt des oberen Mittelstands nicht nur zwei Autos, sondern auch einen Bunker. Die Kinder wurden regelmäßig für den Atomkrieg gedrillt, bei dessen Eintritt sie sich unter ihre Schultische ducken sollten.

Vielleicht zum Teil als sublimierte Reaktion tauchten auch andere Ängste auf. Während sich die Kinder mit Bonbons, Coke und Cornflakes vollstopften, wurden ihre Zähne durchlöchert. Coca-Cola, das stets verwundbar durch Angriffe seitens Gesundheitsaposteln war, bekam dafür übermäßig stark die Schuld zugeschoben. Clive M. McCay, ein Professor von Cornell, tat sich als Ankläger des Soft Drinks hervor.[27] Als er vor dem Kongreßausschuß von James J. Delany über Lebensmittelzusätze aussagte, lieferten McCays Behauptungen, Coke würde die Marmorstufen des Kapitols in Washington, D.C., zerfressen und Zähne aufweichen, die in ein mit dem Getränk gefülltes Glas gelegt würden, die Schlagzeilen des nächsten Tages. »Die Backenzähne von Ratten wurden bis zum Zahnfleisch aufgelöst«, teilte McCay den Politikern mit, als »sie nichts anderes als Cola für einen Zeitraum von sechs Monaten zu trinken erhielten«. Der Chefchemiker von Coca-Cola, Orville May, antwortete darauf, McCay habe ein »verzerrtes Bild« gezeichnet, das die arglosen Verbraucher verängstigen solle. May wies darauf hin, daß der Phosphorsäureanteil in Höhe von 0,55 Prozent weit unter den 1,09 Prozent Säure in einer Orange liege und daß McCays Untersuchungen die neutralisierende Wirkung des Speichels außer acht ließen. Schließlich merkte er an, daß Orangensaft oder Limonade ebenfalls Nägel auflösen und Löcher in die Stufen des Kapitols fressen würde. Bill Robinson äußerte sich bildhafter. »Unser Produkt könnte Kindern nur Schaden zufügen«, sagte er, »wenn eine Kiste Coke aus dem Fenster fallen und sie treffen würde.«[28]

Widerspenstige Hausfrauen, rebellische Teenager, unglückliche Schwarze

Den Firmenangestellten war klar, daß Gesundheitsfragen von Zeit zu Zeit immer wieder aufkommen würden. Andere Anzeichen gesellschaftlicher Unruhe waren allerdings verwirrender. Die Frauen zum Beispiel waren ruhelos und langweilten sich in ihren vorstädtischen Küchen. Tatsächlich sprengten zunehmend mehr Frauen die Grenzen des Hauses und suchten sich eine Arbeit. Bis 1960 machten die Frauen bereits ein Drittel aller amerikanischen Erwerbstätigen aus, wenn sie auch unterbezahlte Sekretärinnen, Lehrerinnen, Krankenschwestern und Montagearbeiterinnen waren. Häufig leiteten die Frauen das Büro und trafen Führungsentscheidungen, ohne dafür Anerkennung zu ernten. Bei The Coca-Cola-Company, wo intelligente junge Sekretärinnen wie Claire Sims und Mary Gresham wichtige Verkaufskampagnen durchführten, war dieses Muster weit verbreitet.

Die gefügigen, verwöhnten Kinder der fünfziger Jahre äußerten ebenfalls Zeichen von Unzufriedenheit. Gesellschaftskommentatoren hängten diesen unerklärlich gewalttätigen Jugendlichen das Etikett »jugendliche Delinquenten« an. Die kritischen Heranwachsenden gaben Robert Woodruff Rätsel auf und beunruhigten ihn. Vergeblich suchte er nach einer Lösung für das Problem, das einige seiner besten Abnehmer in Rowdys verwandelte. 1955 spielten Bill Haley and the Comets in dem Kinofilm *Die Saat der Gewalt* »Rock Around the Clock« und läuteten damit die neue Ära des Rock 'n' Roll ein. Die Eltern fühlten sich von den suggestiv schwingenden Hüften eines Elvis Presley und den treibenden Rhythmen der Musik ihrer Teenager abgestoßen. Selbst der niedliche Sohn Ricky von Ozzie und Harriet ließ sich einen Entenschwanz wachsen und wurde zum Rockstar. Während Woodruff weiterhin auf dem Satin-Sound der McGuire Sisters für seine Coca-Cola-Werbung bestand, führten Chuck Berry und Ray Charles eine ganze Generation in den schwarzen Soul und Funk ein. Die Schwarzen selbst bereiteten auch Schwierigkeiten. Auf ihren Fersehschirmen erlebten sie eine verlockende, wohlhabende weiße Mittelstandswelt. Im Anschluß an die Gerichtsentscheidung im Fall Brown vs. the Board of Education im Jahr 1954 flackerten im Süden schwelende Rassenspannungen auf. Mehrere konservative Coca-Cola-Abfüller wurden prominente Mitglieder der neugegründeten White Citizens Councils (etwa: Rate der weißen Bürger) und gelobten, eher die öffentlichen Schulen zu schließen, als der

Forderung nach Rassenintegration nachzugeben. Als Reaktion darauf führten ansässige Schwarze Coca-Cola-Boykotte durch. An einer schwarzen Tankstelle in South Carolina stand auf einem unheilschwangeren Schild an einem Coke-Automaten zu lesen: »Dieses Gerät steht unter wirtschaftlichem Druck. Geld einzuwerfen ist gefährlich.«

Zum ersten Mal begriff The Coca-Cola-Company die Notwendigkeit, schwarze Konsumenten direkt anzusprechen. 1955 beschrieb James Farley, der Export-Chef, vor einer Gruppe strebsamer schwarzer Wirtschaftsstudenten die Chancen auf dem »fünfzehn Milliarden Dollar schweren Neger-Markt« und erklärte, daß die »amerikanische Wirtschaft erst spät einen riesigen ungenützten Markt innerhalb des Marktes entdeckt« habe. Diese Rede wurde im *Coca-Cola Bottler* abgedruckt. Zu diesem Zeitpunkt hatte Coke Werbemaßnahmen gestartet, die auf den schwarzen Markt abzielten und in denen prominente schwarze Sportler wie Jesse Owens, Satchel Paige, Floyd Patterson, Sugar Ray Robinson und die Harlem Globetrotters auftraten. Die Anzeigen in *Ebony* bildeten schwarze Models in exakt denselben Positionen wie ihre weißen Gegenparts ab. »There's nothing like Coke«, verkündeten die Anzeigen. Die Botschaft war die gleiche, jedoch strikt nach Hautfarbe getrennt.

Die Firma heuerte auch den PR-Fachmann Moss Kendrix aus Washington, D.C., an, einen hellhäutigen Schwarzen, der den Posten eines umherziehenden Botschafters erhielt und in den fünfziger Jahren in einer unglaublichen Anzahl schwarzer Veranstaltungen auftauchte. So vergab er Preise für das Erraten der richtigen Anzahl von Coke-Kronkorken bei einer Tagung der National Negro Insurance Association (des Verbandes Schwarzer Versicherungen), leitete eine Beamtentagung an der Howard University, applaudierte dem Tuskegee Institute Choir in Eddie Fishers Show *Coke Time* und tätschelte schwarzen Kindern anläßlich der National Baptist Sunday School Convention (Landesversammlung der baptistischen Sonntagsschulen) und bei Treffen der Negro Scouts (Schwarzen Pfadfinder) den Kopf. Die Firma forderte ihre Abfüller aus dem Süden auf, schwarze Verkaufsleute einzustellen. Widerstrebend engagierten ältere weiße Abfüller wie Uncle Jim Pidgeon in Memphis und Dick Freeman in New Orleans ihre ersten farbigen Führungskräfte. Angesichts der Spannungen zwischen den Rassen mußten die Firmenangestellten »eine Gratwanderung« vollführen, um bei jedermann beliebt zu bleiben, wie Delony Sledge einem Interviewer erzählte.

Alle forderten eine starke moralische Haltung, beschwerte sich Sledge. »Sicher, wir werden aufstehen und gezählt werden, doch wir stehen auf beiden Seiten des Zaunes«, sagte der Werbefachmann; er setzte hinzu, daß die Schwarzen dreißig Prozent des Marktes im Süden ausmachten. »Um Himmels willen, ziehen wir doch einfach los und verkaufen wir jedem Coca-Cola, der eine Kehle besitzt, durch die wir es rinnen lassen können.« Mit Mühe gelang es der Firma, größere Katastrophen zu verhindern, wobei ihre Stellung in der Öffentlichkeit wie stets vom Umsatz bestimmt wurde. Auf Druck von seiten Woodruffs änderte Bürgermeister Hartsfield, ein überzeugter Verfechter der Rassentrennung, seine Einstellung und nannte Atlanta »eine Stadt, die zuviel zu tun hat, um hassen zu können«. Nichtsdestotrotz nahm er nur langsam Veränderungen vor: Anstatt die Schilder »Weiße« und »Schwarze« aus den Wartehallen des Flughafens zu entfernen, verringerte der Bürgermeister lediglich ihre Größe.

Woodruff selbst konnte sich für die Bürgerrechtsbewegung nicht erwärmen. 1956 entzog er seinem langjährigen Verbündeten, Senator Walter George, das Vertrauen und ließ den 78jährigen zugunsten von Herman Talmadge fallen, der an die Überlegenheit der weißen Rasse glaubte. Auf Ichauway hielt er weiterhin »die traditionelle Beziehung zwischen Master und Sklave« aufrecht, wie sein Faktotum Joe Jones es nannte. Woodruff schätzte Schwarze als Bedienstete, und er behandelte sie – genau wie die meisten Weißen – mit Güte, Freundlichkeit und Herablassung. Die Feldarbeiter auf Ichauway sangen bewegende Spirituals, die Eisenhower so sehr liebte, daß er vom Weißen Haus aus anrief, um sie durchs Telefon zu hören. In einem unbedachten Augenblick allerdings enthüllte Woodruff seinen Widerstand gegen die Gleichberechtigung der Schwarzen in einer Notiz an Ralph Hayes, in der er sarkastisch auf die Verabschiedung »angemessener Bürgerrechtsgesetze« drängte, die »das Wahlrecht eines Schimpansen« schützen würden.[29]

Schließlich gab es, als reichten die Probleme mit den Frauen, Jugendlichen und Schwarzen noch nicht, in den fünfziger Jahren auch noch Schwierigkeiten mit der Arbeiterschaft. In der patriarchalischen Zentrale wäre niemand auf die Idee gekommen, einer Gewerkschaft beizutreten, doch viele firmeneigene und unabhängige Abfüllwerke sahen sich mit starker Agitation und Streiks konfrontiert. In Tennessee ließen militante Teamsters (Mitglieder der Lkw-Fahrer-Gewerkschaft) in den örtlichen Zeitungen Anzeigen abdrucken, in denen stand: »Coca-Cola wird von Streikbrechern ausgeliefert.« Die Gewerkschafter schlitzten die Reifen von Coke-Lieferwagen auf oder durchschossen sie und bombten lokale Lebensmittelgeschäfte in die Luft, die es noch wagten, Coca-Cola auf Vorrat zu nehmen. In Houston wiederum heuerte der Abfüller Texas Rangers an, die die Lieferwagen mit der Anweisung fuhren, »auf den Bauch zu zielen«, wenn Agitatoren auftauchten.

Schwarzer Freitag und blutige Stühle

Derartige Unruhen waren jedoch in dem komfortablen Backsteingebäude an der North Avenue undenkbar, wo loyale Mitarbeiter eine lebenslange Sinekure genossen, für 35 Cent zu Mittag aßen und umsonst soviel Coke trinken konnten, wie sie wollten. Eine Arbeitsstelle in der Firma war vielleicht nicht mit der besten Bezahlung der Stadt verbunden, doch sie bedeutete Prestige und Sicherheit. Das dachten alle. Bis zum Herbst 1957, als Curt Gager, der ehemalige Scharfmacher von General Foods, nach Atlanta kam und eine Reihe mysteriöser Sitzungen mit den Abteilungsleitern abhielt.

Am Freitag, den 8. November, wurde von jeweils zehn Beschäftigten, die wie gewöhnlich um 9.00 Uhr morgens zu arbeiten anfingen, einer ohne großes Federlesen gefeuert, wobei er eine Abfindung und die Anweisung erhielt, bis

9.30 Uhr den Schreibtisch auszuräumen und zu verschwinden.* Einige Manager fanden ihre Büros abgesperrt und ihre Habseligkeiten auf dem Flurboden vor. Der Schwarze Freitag, wie der Tag laut Charles Bottoms schnell genannt wurde, war für nahezu alle ein völliger Schock. Für die Entlassungen schien es auch keinen logischen Grund zu geben. »Wir hatten ein paar Leute, die keinen Pfifferling wert waren, doch die blieben«, erinnert sich Charlie Bottoms. Andere langjährige Angestellte, die »phantastisch arbeiteten«, wurden entlassen. In der Werbeabteilung war Troy Neighbors, ein beliebter 27jähriger Angestellter, ein Opfer. Den jungen Mann, der an Neighbors Tisch weiterarbeiten sollte, schauderte es. »Ich werde mich nicht auf diesen Stuhl setzen«, sagte er. »Das Blut ist noch nicht einmal getrocknet.«

Der Vorfall kostete Menschenleben. Ein Mann ertränkte sich im nahe gelegenen Lake Spivey. Am Ende des Tages, nachdem alle anderen das Büro verlassen hatten, jagte sich eine von Schuldgefühlen geplagte Frau in der Personalabteilung eine Kugel in den Kopf. Da ihre Identität so stark an ihren Status als Coca-Cola-Männer oder -Frauen gebunden war, gerieten diejenigen, die man so plötzlich aus der Soft-Drink-Familie ausgeschlossen hatte, in Panik. »Für die meisten Leute«, sagt Bottoms, »war der mit dem Weggang verbundene Gesichtsverlust so riesig, daß sie geblieben wären, selbst wenn sie die Toilette hätten putzen müssen.«

In den Firmenarchiven findet sich keine Spur von diesem Schwarzen Freitag, und auch in den Zeitungen von Atlanta erschien nichts über die Entlassungen oder die Selbstmorde. »Damals konnte Coca-Cola absolut alles aus den Zeitungen heraushalten«, erinnert sich Bottoms. »Robert Woodruff hätte bei Flutlicht nackt übers Firmendach laufen können, in den Zeitungen hätte darüber nichts gestanden.« Es ist fast nicht vorstellbar, daß der Boß die Massenentlassungen nicht sanktionierte, doch er tat mit Sicherheit alles, damit das Ereignis nicht mit ihm in Verbindung gebracht

---

* Wie viele gefeuert wurden, ist nicht klar, denn darüber wird in der Firma offiziell nicht gesprochen. Einige Quellen beharren darauf, jeder dritte sei entlassen worden.

wurde. Einige Monate später, im Frühjahr 1958, fand sich Bill Robinson nach oben zum Vorsitzenden des Verwaltungsrats weggelobt, und kurz danach wurde Curt Gager in die Wüste geschickt. Die beiden Außenseiter hatte schmutzige Arbeit geleistet und die traditionsverbundene Firma erschüttert. Die Beschäftigten waren erleichtert, als Lee Talley, ein alter Coke-Mann, der sich von unten hochgearbeitet hatte, zum neuen Präsidenten ernannt wurde. Talley, der Sohn eines Methodistenpredigers, trug rote Hosenträger und sprach weich und schleppend, doch hinter dem Grinsen eines Jungen vom Lande war er ein stahlharter, durchsetzungsfähiger Manager.

Das Ende eines wilden Jahrzehnts

Als die lärmende, materialistische und konformistische Ära Eisenhower auf die turbulenten sechziger Jahre zuschritt, sahen sich Coca-Cola und Pepsi in einem grimmigen Kampf um die Weltherrschaft verstrickt. Cokes Abstand zum Zweiten hatte sich auf zwei zu eins verschlechtert, und »eine Ära unnahbarer Grandeur hatte ihr Ende gefunden«, wie 1956 *Business Week* schrieb. Das ältere Erfrischungsgetränk würde nie wieder allein dastehen, wenn sich auch die Führungsleute der Firma mit dem Wissen trösteten, daß der intensive Wettbewerb für beide Colas auf Kosten anderer Getränke den Absatz nach oben spülen würde. Die Coca-Cola-Aktie lag wieder im Aufwärtstrend und wurde 1960 im Verhältnis drei zu eins gesplittet.

Die Männer von McCann-Erickson hatten nach der katastrophalen Einmal-um-die-Welt-Kampagne wieder wirkungsvollere Themen gefunden. Die McGuire Sisters, die in Rundfunk und Fernsehen sangen, schärften den Verbrauchern ein, mit Coke »*wirklich* erfrischt« zu sein, was unterschwellig bedeuten sollte, daß das mit Pepsi einfach nicht gelang. Zum ersten Mal machten sich die Fotografen auf die Suche nach Szenen aus dem täglichen Leben für die Coke-Serie »American Pauses«. Coke war das »Zeichen für guten Geschmack«, ein Slogan, der hinsichtlich der überall hängenden Schilder, der vorausgesetzten verfei-

nerten Sensibilität der Coke-Konsumenten und des wortwörtlich guten Geschmacks des Produkts gleich drei Fliegen mit einer Klappe schlug. Die Serie »Party aus Ihrer
Speisekammer« stellte Coke als die geeignete Ergänzung
zu den Verlockungen von kaltem Fleisch, Obstsalaten und
auf dem Spieß gebratenem Hühnchen hin – und zielte direkt auf Käufer in Supermärkten. Spezielle Displays zeigten Coke mit Ritz-Crackern und Triscuits, während die
Firma Pakete mit Menüs, Fotos und Ideen für Partyspiele
an die Herausgeber von Ernährungszeitschriften versandte.

Das innovativste Programm der späten fünfziger Jahre
war der »Hi-Fi Klub« von Coca-Cola, der für Teenager gedacht war. Die Public-Relations-Agentur der Firma, Hill &
Knowlton, setzte auf die enorme Popularität der örtlichen
Diskjockeys in den vierzig besten Rundfunksendern und
erarbeitete zusammen mit McCann-Männern fertige Tee-
nager-»Klubs«, die um Popmusik und das angemessene Erfrischungsgetränk herum aufgebaut waren. »Dem Disk-
jockey ging der Stoff zum Reden aus«, erinnert sich der
McCann-Mann Neal Gilliatt. »Wir gaben ihm etwas zum
Quasseln und erhielten dafür eine gute Plazierung. Wir
führten Tonbandinterviews mit aktuellen Berühmtheiten
durch, und er konnte seine eigene Stimme einschneiden.
Das funktionierte wie geschmiert.« Bis Ende 1959 gab es
in 325 Städten Klubs mit mehr als zwei Millionen Mitgliedern. Der Coca-Cola-Abfüller vor Ort veranstaltete all-
wöchentlich Tanzpartys, zu denen die Rundfunkshow die
Musik und Unterhaltung lieferte. Der Abfüller und seine
Frau spielten häufig die Anstandsdame und sorgten dafür,
daß das Licht nicht gelöscht und nichts Stärkeres als Coke
ausgeschenkt wurde. Die 1,5 Millionen Dollar für die Hi-
Fi-Klubs waren eine gute Investition, denn Coke schloß
zur Führungsposition von Pepsi auf dem Teenagermarkt
auf.

Angesichts dieser Coca-Cola-Strategien verdoppelte Al
Steele seine Bemühungen, die Pepsi-Abfüller anzufeuern.
Mehr als jeder andere Mann verkörperte Steele die sich ins
Zeug legenden fünfziger Jahre. 1955 hatte er die Schau-
spielerin Joan Crawford geheiratet – die ironischerweise in

der Werbung der dreißiger Jahre ein Coca-Cola-Girl gewesen war. Die beiden führten ein Leben aus dem Koffer; sie legten jährlich 100 000 Meilen zurück und eröffneten in einem Land nach dem anderen neue Pepsi-Werke. 1957 besuchten sie zwanzig fremde Länder, wo die Schauspielerin, stets mit einer Pepsi-Flasche in der Hand, von ekstatischen Fans begrüßt wurde. Wie sich ihre Tochter Christina erinnert: »Sie hatte Flaschen mit Pepsi neben sich auf Pressekonferenzen; wenn sie zu Talk-Shows ging, standen hinter der Bühne Pepsi-Kisten; und sie lernte, den Firmennamen zu erwähnen, wann immer sie aus welchem Grund auch immer interviewt wurde.«[30]

In der Öffentlichkeit war Joan Crawford für ihren vierten Ehemann die perfekte Frau, aber sie verbrauchte viel Geld, und der Führungsmann von Pepsi verschuldete sich hoch, was seinen rasenden Drang, den Absatz zu erhöhen, nur noch steigerte. Am 18. April 1959, in der Nacht nach dem Ende einer höchst strapaziösen Tour, starb Steele unerwartet an einem Herzinfarkt, nur wenige Tage vor seinem 58. Geburtstag. Seine Witwe nahm bald darauf im Verwaltungsrat Platz, wo sie sich als »ein hochwertiger und von der Firma sehr geschätzter Zugewinn« erwies. Letztendlich trug sie für Pepsi mehr als drei Millionen Meilen ins Bordbuch ein.[31]

Einige Monate später stritt der amerikanische Vizepräsident Richard Nixon in Moskau lautstark mit dem sowjetischen Premier Nikita Chruschtschow über die kapitalistischen Tugenden der Vereinigten Staaten, wie sie beispielhaft in einer Modellküche im Ausstellungsgelände der USA vorgeführt wurden. Trotz der angespannten Situation löste Nixon sein Versprechen gegenüber Don Kendall, dem Chef des internationalen Verkaufs von Pepsi, ein. Er führte den streitsüchtigen sowjetischen Führer zum Stand des Erfrischungsgetränks – Coca-Cola hatte sich geweigert, an der amerikanischen Verbrauchsgüterausstellung in einem kommunistischen Land teilzunehmen – und überredete Chruschtschow, unter dem Blitzlichtgewitter der Fotografen Pepsi zu probieren.[32] »CHRUSCHSCHOW LERNT, GESELLIG ZU SEIN«, verkündeten auf der ganzen Welt die Schlagzeilen.

Obwohl Nixon als Held in die Heimat zurückkehrte, da

416

er während des Küchenstreits standgehalten hatte, befand sich dieser stille Freund von Pepsi kurz vor einem erbitterten Präsidentschaftswahlkampf, den er gegen John F. Kennedy, den Coke-Trinker, verlieren sollte. Als die sechziger Jahre das Zeitalter der New Frontiers (Nette Grenzen) einleiteten, wies Coca-Cola den Weg.

Die turbulenten sechziger Jahre und Paul Austin

> Things go better with Coca-Cola,
> Things go better with Coke.
>
> Werbeslogan, 1963–1968

> Do your own thing.
>
> Inoffizieller Wahlspruch der Gegenkultur

In seiner Antrittsrede nahm John F. Kennedy für sich in Anspruch, eine »neue Generation« zu repräsentieren, er sprach von Erneuerung, Veränderung, Energie, Glauben, Hingabe und Verzicht.[1] Mit seinen inspirierenden Worten trat der Adrenalinstoß der Jugend an die Stelle der Selbstgefälligkeit der fünfziger Jahre, wenn auch niemand aufhörte, genau nachzufragen, was den Leuten des Präsidenten vorschwebte. Eisenhower beklagte sich in einem Brief an Robert Woodruff bitter darüber, daß es Kennedys Kabinett an Erfahrung mangele. Einer sei ein »Spinner«, der andere unentschlossen und der dritte »berühmt nur für seine Fähigkeit, die Finanzen eines großartigen Staates zu ruinieren«.[2] Warum, wollte Ike wissen, pries der Journalist Ralph McGill aus Atlanta Kennedy so?

Woodruff jedoch, der von Kennedys Charisma fasziniert war, hatte bereits für Coca-Cola Verbindungen zu dem neuen Präsidenten geknüpft. Boisfeuillet Jones, ein Verwaltungsmann an der Emory University und Spießgeselle von Woodruff, nahm eine Spitzenposition unter Abe Ribicoff am HEW (Gesundheitsministerium) an. Ben Oehlert, der langjährige Kenner der Politszene in Washington, freundete sich mit Vizepräsident Johnson an, nannte ihn beim Vornamen Lyndon und posierte mit ihm und der Gewinnerin eines Schönheitswettbewerbs für die Fotografen. Morton

Downey, bereits ein Vertrauter des Kennedy-Clans, und der Demokrat James Farley knüpften schnell enge Bande zum Weißen Haus. Farley bot John F. Kennedy an, »jederzeit zur Verfügung zu stehen«, um »über alles und jedes«[3] zu reden. 1963 kritzelte Kennedy: »Von einem Konsumenten«[4] auf ein von ihm signiertes Foto, das ihn zeigte, wie er Coke trank, und schickte es Big Jim. »Es war wirklich sehr nett von Ihnen«, antwortete der Coke-Botschafter, »öffentlich die Tatsache zu belegen, daß Sie das Produkt – um einen Begriff aus der Werbung zu verwenden – ›köstlich und erfrischend‹ finden.« Laut einer Quelle bot Kennedy Robert Woodruff den Job des US-Botschafters in England an – den schon Kennedys Vater innegehabt hatte –, doch der Boß lehnte ab.

Kennedys Pläne für die bemannte Reise zum Mond, die er in seiner ersten Rede zur Lage der Nation vorstellte, wirkte auf eine ganze Reihe von ehrgeizigen Unternehmern inspirierend. »Ich habe gerade Präsident Kennedy gehört«, schrieb ein Mann aus Michigan im Mai 1961 an The Coca-Cola-Company. »Ich bewerbe mich hiermit formell um die Exklusivlizenz für Coca-Cola auf dem Mond.« Er verlangte auch bescheiden das Alleinvertriebsrecht für alle Wesen und Planeten im All, wobei er hinzufügte, daß er »sich nichts Symbolhafteres für unseren Lebensstil als das Coca-Cola-Zeichen vorstellen« könne. Dem stimmte der Astronaut Gus Grissom offenbar zu, der seinem Sohn versicherte: »Wenn du einmal so alt bist wie ich jetzt, werden sie auf dem Mond Coke-Automaten haben.«

Die Lizenzanfragen für Coke im Weltraum waren höchstens amüsant, doch unter der Leitung von Lee Talley sprang Coca-Cola aggressiv in die sechziger Jahre. Landesweit wurden Fanta-Geschmacksrichtungen eingeführt, und Sprite[5] wurde als Zitronen/Limonen-Alternative zum Marktführer 7-Up offeriert. Die ersten Einwegflaschen kamen auf den Markt, um den Wunsch nach einer »praktischen« Verpackung zu erfüllen.[6] Gleichzeitig befaßte sich Talley intensiv mit dem riesigen ungebundenen Kapital von Coca-Cola und erstand für 72,5 Millionen Dollar Minute Maid.[7] Mit dem Orangensaftriesen erwarb Coke auch Tenco, einen Tee- und Kaffeeproduzenten. »DAS IST COCA-

COLA?« wollte im Oktober 1960 eine Schlagzeile in *Business Week* wissen. Die traditionell auf ein Produkt konzentrierte Firma befand sich in »Expansionslaune«, wie das ganze Land, vermerkte der Journalist. Coca-Cola war sogar in Dosen erhältlich.

Als langjähriger Coca-Cola-Getreuer führte Talley in der Firma einen entschlossenen, sachlichen Managementstil ein. 1961 legte die Firma sozusagen nicht einmal eine Verschnaufpause zur Feier ihres Jubiläums ein, aus Angst, Pepsi könne an die sich selbst gratulierende Firma herankommen. Und Talley brachte auch keine Geduld für Spannungen zwischen dem Sodabar-, Flaschen- und Prä-Mix-Verkauf von Coca-Cola auf. Niemand, schrieb er am 16. Oktober 1961 streng in einem Memo, »darf das Produkt Coca-Cola jemals in einer seiner akzeptierten Vertriebsformen herabsetzen oder unvorteilhafte Vergleiche zwischen der einen und einer anderen Form ziehen«. Als Zeichen ihrer aggressiven neuen Einstellung sponserte die Firma eine »Tour of the World Sweepstakes« (Wetten aus aller Welt), bei der als erster Preis 25 000 Dollar in Reiseschecks winkten. Das Postamt legte Beschwerde ein, als seine neuen elektronischen Sortiergeräte von einer Flut von Briefumschlägen mit Kronkorken überschwemmt wurden.

Der Kampf um ein Leitthema

Derartige Aktionen zur Verkaufsförderung trieben zwar vorübergehend den Absatz nach oben, doch sie reichten nicht, um eine Marktausdehnung aufzubauen und aufrechtzuerhalten. Die Firma brauchte dringend einen neuen Archie Lee. Die Kinder des Geburtenbooms kamen gerade ins Teenageralter, und das Werbeteam von Coke quälte sich mit der Aufgabe ab, eine Kampagne zu finden, die der sprühenden Energie der Jugend entsprach. Sie holten sich die Sängerin Anita Bryant, eine Christin, die als ehemalige Miss Oklahoma Frömmigkeit und Sex-Appeal in der altbewährten Coca-Cola-Manier in sich vereinte. Als passendes Lebewohl an die fünfziger Jahre stoppte Coke das Sponsoring von *Ozzie and Harriet* im Fernsehen und kaufte statt dessen Sendezeit für die Bryant, die den neuen Werbesong vortrug. »Nur Coca-Cola gibt dir das erfrischende neue Gefühl«, zwitscherte sie. »Zing! Was für ein Gefühl mit Coke.« Die Werbefachleute ließen das Wort »Pause« aus dem Text fallen, denn es erschien für die neue Zeit allzu bedächtig. Unglückseligerweise klang auch »Zing!« nach der Künstlichkeit der fünfziger Jahre, während die Werbung des Imitators verkündete: »Nun ist Pepsi für die, die sich jung fühlen«, was Joanie Sommers mit ihrer frechen Stimme trällerte – in der ersten Pepsi-Kampagne von Batten, Barton, Durstine and Osborn (BBDO). Beide Werbestrategien, die von Coca-Cola wie die von Pepsi, zeigten junge Leute, die sich mit Soft Drinks vergnügten, doch Coca-Colas direkter Zugang auf jedes einzelne Segment seines riesigen Marktes wurde durch die Strategie, jeden nur möglichen Verbraucher anzusprechen, behindert – wenn auch der Hi-Fi-Klub noch immer die Teenager zu Coke zog. Pepsi andererseits war besser positioniert, einen einzelnen Markt anzupeilen, da es weniger zu verlieren hatte. Während die Coke-Werbung dahintrudelte und ein alle einendes Leitthema suchte, verliefen die Anstrengungen von Pepsi, sich mit dem dynamischen Jugendmarkt zu identifizieren, erfolgreicher.

1962 forderte ein unglücklicher Lee Talley eine »dringend gebotene Neubewertung« des Programms von Coca-Cola. In dem Versuch, Werbespots »wissenschaftlich und mathematisch haltbar« zu machen, stellte er fest, hätte die Werbung von McCann die Richtung verloren. Im zurückliegenden Jahr hatten sie Coca-Cola als leichte Erfrischung am Skilift und am Swimmingpool präsentiert. »Wir haben es mit einer Scheibe Zitrone oder Limone garniert«, beklagte Talley, »oder Coke als Hauptzutat eines Lemonengrogs in einer Bowleschüssel verkauft. Wir verlieren aus dem Blick, WAS WIR SIND«, schrieb er, »wenn wir versuchen, für alle Menschen alles zu sein, und indem wir das tun, vermischen und verzerren wir unser Image.« Talley schlug für das Jahr 1963 ein neues Werbekonzept vor, das »DAS PRODUKT HEBEN und ES AUF EIN PIEDESTAL STELLEN«[8] sollte.

Die Männer von McCann hatten fast drei Jahre lang auf der Suche nach der passenden Kampagne intensiv geforscht und waren durch »recht tiefe Gewässer der Motivationsforschung geschwommen«, wie ein Autor in *Business Week* meinte. Sie kamen dahinter, daß Coke in erster Linie als gesellschaftlicher Katalysator wirkte. McCann heuerte einen dürren, sanft sprechenden jungen Texter und Lyriker namens Bill Backer an, der die Forschungsergebnisse in einen Song ummünzen sollte. Backer, der aus einer wohlhabenden Familie aus Charleston stammte und stets Markenschlipse trug, stellte sich als der neue Archie Lee heraus; er zeigte in den nächsten beiden Jahrzehnten ein unheimliches Geschick, das Herz von Amerika zu treffen. Mit der Kampagne für 1963, »Things Go Better With Coke«, wurde eine »ein-sichtige, ein-stimmige, ein-verkäufliche« Methode mit einem Slogan eingeführt, der die sechziger Jahre beherrschen sollte. Die »Things«, die gemäß diesem vagen Versprechen mit dem Erfrischungsgetränk besser gehen sollten, paßten zu Cokes traditionell universellem Vorstoß. Oder wie die Limelighters, eine populäre Folkgruppe, in Backers Auftaktsong tönten: »Food goes better with/Fun goes better with/You go better with Coke.« Diese Leitwerbung deckte die disparaten Methoden ab, die Talley so gestört hatten. Wie es ein Mann von McCann ausdrückte, versuchte die Werbung »in‹ genug [zu sein], um die jungen Erwachsenen anzuziehen, ohne so weit ›out‹ zu sein, daß sie Menschen aus anderen Altersgruppen befremdet«.

Die Coke-Kampagne trieb die Werbeleute von Pepsi zum Wahnsinn. »»Things Go Better‹ brachte uns um«, erinnert sich der Pepsi-Angestellte John Bergin. »Ganz gleichgültig, was wir sagten, sie sagten immer: ›Jaa, aber alles läuft besser mit Coke‹.« Obendrein stellte ein wichtiges Unterthema die magischen Qualitäten des Produkts in den Vordergrund. Eine Coca-Cola krempelte zum Beispiel in einem Spot plötzlich einen unglücklichen Jungen um, während in einem anderen eine Coke die wechselseitige Hingabe eines Pärchens garantierte. Die Werbung von McCann hatte tatsächlich das Getränk auf ein Piedestal zu heben verstanden.

Pepsi konterte mit verheerend wirkungsvollen Anzeigen, die in völligem Widerspruch zu den faden alten Geselligkeitsspots standen. In den neuen Fernsehspots, die John Bergin von BBDO kreierte, wurde ein kurzes ruhiges Zwischenspiel von dem lauten Dröhnen eines Motorrads unterbrochen, das um eine Biegung kam, oder einer Achterbahn, die einen Kamm erklomm. Nach einer geblasenen Fanfare lockte Joanie Sommers verführerische Stimme die Verbraucher: »Wach auf, wach auf, du gehörst zur Pepsi-Generation.« Mittels neuer Techniken – Handkameras, »echten« Kids aus Kalifornien anstelle von Schauspielern, dem Einsatz eines Helikopters, der mit einem Pepsi-Automaten daherflog – identifizierten diese Pepsi-Spots den Drink erfolgreich mit den Teenagern und Kennedys Beschwörung einer »neuen Generation« bei seiner Amtseinführung.

Mit diesen beiden Grundkampagnen war der Fortgang der Pepsi- wie der Coke-Werbung vorgezeichnet. Die Werbung von Pepsi war frech, laut, offen sexuell und stellte nicht das Produkt, sondern den Konsumenten in den Mittelpunkt. Wer Pepsi trank, würde beliebt und ein Teil der neuen Generation werden. Durch diese Lifestyle-Werbung gedachte Pepsi die 75 Millionen Teenager einzufangen. Die Coca-Cola-Werbung konzentrierte sich stets auf das Produkt selbst. Es stimmt schon, sie mischte Themen des Lifestyles mit solchen zu Produktattributen, doch im Kern der Spots lag eine Flasche Coca-Cola. Sie war der Star, nicht die Schauspieler.

»Things Go Better« lief durch alle herkömmlichen Werbemittel, zu denen Verkaufsschilder, Werbegeschenke und Rundfunk gehörten, doch 1963 dominierte das Fernsehen die Verkaufsförderung und fraß achtzig Prozent des Werbeetats in Höhe von 53 Millionen Dollar. Die Nickel-Gallonen-Abmachung im alten Vertrag mit den Abfüllern wirkte nun wie ein unzureichendes kleines Häppchen. Die Firma mußte die Abfüller überreden, die Ausgaben für die Fernsehwerbung Dollar für Dollar mitzutragen, eine Aufgabe, die dadurch kompliziert wurde, daß die Empfangsbereiche der lokalen Fernsehstationen sich mit den Franchise-Grenzen überschnitten. Das Problem wurde mit Vereinbarungen über eine kooperative Fernsehwerbung gelöst, wenn diese auch fortwährend zu Streitigkeiten und Angleichungen führten.

Paul Austin, der Beste und Intelligenteste

1962 schrieb Hughes Spalding erneut an Robert Woodruff, da er sich Gedanken über ein neues Management machte. Lee Talley ging auf die obligatorische Pensionierung im Alter von 65 Jahren zu; die Firma brauchte jüngere Männer – »intelligent, raffiniert, vorsichtig und ein wenig mißtrauisch. Sie müssen die Ziellinie kennen.« Damit hatte er eine perfekte Beschreibung von J. Paul Austin gegeben, der im Mai 1962 der zehnte Präsident von The Coca-Cola-Company wurde.

Austin war zwar in Georgia geboren, gehörte aber zu der neuen Riege von Managern der Ivy League, also der Absolventen einer Eliteuniversität. Austin, der an der Harvard Law School Jura studiert hatte und Spanisch, Französisch und Japanisch sprach, hätte problemlos einer von Kennedys »besten und intelligentesten« Beratern sein können. Austin hatte wirklich mehrere Charakteristika mit dem Präsidenten gemein. Wie Kennedy hatte Austin, nun 47 Jahre alt, während des Zweiten Weltkriegs ein Schnellboot kommandiert. Der neue Coca-Cola-Präsident war ein großgewachsener Mann und besaß dickes, rötlichbraunes Haar, das wie bei John F. Kennedy in die Stirn fiel. Doch hier hörte die Ähnlichkeit bereits auf. Während Kennedy sich auf Charme und Witz spezialisiert hatte und für die Kameras bereitwillig sein Lächeln aufblitzen ließ, bildete Austins Mund zumeist einen entschlossenen dünnen Strich. Als Student hatte Austin bei den Olympischen Spielen von 1936 in Berlin für die Mannschaft der Vereinigten Staaten mitgerudert. »Wenn man Paul Austin besiegen wollte«, bemerkte sein Trainer Bill Mackey, »hätte man ihn töten müssen.«

Austins nüchterner Führungsstil veranlaßte einen Journalisten im Oktober 1966 in *Dun's Review* zu einer Bemerkung über sein »scheinbar anmaßendes Verhalten«. Obwohl er seit Woodruff der jüngste Präsident war, versetzte Austin mit Absicht seine Mitarbeiter in Schrecken. »Ein gewisses Maß an Beunruhigung und Spannung muß vorhanden sein«, beharrte er, »damit die Leute auf der höchsten Stufe ihrer Möglichkeiten arbeiten«,[9] wobei er diese »nervöse Aufgewecktheit« mit einer gutgestimmten Violinensaite verglich. Normalerweise sehr beherrscht, kam gelegentlich sein wildes, schnell aufblitzendes Temperament zum Vorschein, das Austin nur noch furchtbarer machte. Selbst seine Metaphern wirkten beunruhigend. »Wir schießen uns wirklich auf ein Problem ein«, erzählte er 1971 einem Journalisten von *Forbes,* »wir reißen dem Tausendfüßler alle Beine aus und schauen uns an, wie er aussieht.«

Der kalte Krieg wird frostig

Wie Austin hatte auch Kennedy nichts gegen Spannung einzuwenden, und 1961 sah sich der Präsident gerade einmal neunzig Meilen vor der Küste Floridas seiner ersten großen Herausforderung gegenüber. Ein guter Gefolgsmann der Sowjets, hatte Fidel Castro angefangen, amerikanische Unternehmen zu verstaatlichen, darunter auch Abfüllwerke von Coca-Cola im Wert von mehr als zwei Millionen Dollar.[10] Kuba war seit 1899 ein florierender Markt für Coca-Cola gewesen, und nun brach das gut entwickelte Geschäft einfach über Nacht zusammen. Austin reagierte auf Castro mit der für Coca-Cola typischen Zurückhaltung, doch Kennedy stürzte sich in das schlecht vorbereitete Abenteuer in der Schweinebucht, das mit einem Fiasko endete. Ein Jahr später folgte die schreckliche Raketenkrise auf Kuba, die die Welt an den Rand eines Atomkriegs brachte.

Obwohl die Coca-Cola-Männer in derart schwerwiegende Entscheidungen nicht eingebunden waren, litten auch sie unter der Mentalität des kalten Krieges, die ihrem Wahlspruch, jedes menschliche Wesen auf dem Planeten mit Coke zu versorgen, zuwiderlief. Nach der kommunistischen Propaganda gegen das Erfrischungsgetränk zu Anfang der fünfziger Jahre ein gebranntes Kind, ignorierte die Firmenpolitik schlichtweg den riesigen potentiellen Markt hinter dem Eisernen Vorhang. Pepsi hegte keine solchen Bedenken, wie sich 1959 an Nixons PR-Coup in Moskau gezeigt hatte. Nachdem er 1962 in der Wahl für den Gouverneursposten von Kalifornien eine Niederlage hatte hinnehmen müssen, trat Nixon mit einem Jahresgehalt von 250 000 Dollar in die Anwaltskanzlei ein, die für Pepsi arbeitete. Don Kendall, der kurz zuvor Präsident von Pepsi geworden war, schickte den ehemaligen Vizepräsidenten als Pepsi-Botschafter rund um den Globus. Während er Pepsi die Türen öffnete, erwarb Nixon auch Erfahrung und Format auf internationaler Ebene. Kendall, eine unternehmerische Persönlichkeit mit Grips,[11] der Pepsi mehr als zwanzig Jahre lang führen sollte, päppelte Nixon bewußt für ein politisches Comeback hoch.

1961 drehte Billy Wilder *Eins, zwei, drei,* eine Satire über die Kommunistenphobie von Coca-Cola. James Cagney spielte die Hauptrolle des treibenden, ehrgeizigen Coca-Cola-Managers im Berlin der Nachkriegszeit, zu dessen Stab auch mehrere Ex-Nazis gehörten, die ihre preußischen Hacken zusammenschlugen, wann immer sie der amerikanische Chef ansprach. Nachdem Cagney mit der sowjetischen Bürokratie zwecks des Verkaufs von Coca-Cola in der Sowjetunion in Verhandlungen getreten war, jauchzte er diebisch über »dieses riesige jungfräuliche Gebiet – 300 Millionen durstige Genossen, Wolgaschiffer und Kosaken, Ukrainer und Menschen in der Äußeren Mongolei, die nach der Pause, die erfrischt, lechzen«. Er teilte seinen Vorgesetzten in Atlanta mit: »Napoleon hat die Sache verpatzt, Hitler hat die Sache verpatzt, aber Coca-Cola wird die Sache schaukeln.« Cagney war wie vor den Kopf geschlagen und frustriert, als der Boß das Geschäft ablehnte: »Ich würde die Sowjets nicht einmal mit einer zehn Fuß langen Stange anrühren. Und mit den Polen will ich auch nichts zu tun haben.«

Austins Expansion in Übersee

Austin empfand vermutlich den gleichen Expansionsdrang wie Cagney in Wilders Film. Wie viele von Woodruffs Favoriten besaß er viel Erfahrung mit überseeischen

Ländern, vor allem mit Südafrika, wo er während der fünfziger Jahre das Geschäft aufgebaut hatte, bevor er 1959 zum Präsidenten von Coca-Cola Export aufstieg. Austins internationale Ausrichtung bedeutete für die Firma ein kontinuierliches Wachstum in Übersee, vor allem in Japan. Dort setzte Coke um die Wende zu den sechziger Jahren zum Höhenflug an. Die Coca-Cola-Männer hatten erkannt, daß die Japaner, insbesondere die Jugend, sich von ihren alten Traditionen zu verabschieden und sich an der westlichen Lebensweise zu orientieren begannen. 1959 wurde endlich die Beschränkung, Coca-Cola nur an amerikanische Truppen im Land zu verkaufen, aufgehoben, und die Japaner bekamen überall freien Zugang zu Coke.

Bei den Olympischen Spielen von 1964 in Tokio sprudelte denn Coca-Cola auch überall aus den Hähnen, während die Abfüller die Berichterstattung im japanischen Fernsehen finanzierten. Im darauffolgenden Jahr sponserte Coke die Meisterschaft der Sumo-Ringer und präsentierte als Trophäe eine Coke-Flasche, die von gleichem Umfang wie die Ringer war. Der Absatz boomte und verdoppelte sich fast jedes Jahr – von 2,62 Millionen Kästen im Jahr 1962 auf sechs Millionen in 1963 und auf nahezu zwanzig Millionen zwei Jahre darauf. Diese Gallonenflut ließ, zusammen mit den rund vierzig alljährlich in Übersee neu eröffneten Abfüllanlagen, den Auslandsumsatz anschwellen, bis er 1966 bereits 45 Prozent des Gesamtumsatzes der Firma ausmachte. Unter Austin wurden die überseeischen Aktivitäten von Coca-Cola zunehmend standardisiert und besser geleitet. Coke wurde nun nicht mehr nur in Englisch, Deutsch, Französisch etc. beworben, sondern in mehr als sechzig Sprachen, darunter Aschanti, Ewe, Ga, Ibo, Lingala, Sindebele, Suaheli, Tagalog, Urdu, Xhosa und Zulu. Ungeachtet des jeweiligen Dialekts war die Werbung, wie Austin 1963 anmerkte, »eine Weltsprache – das Esperanto der Geschäftswelt«. Und er setzte hinzu: »Wir waren früher ein amerikanisches Unternehmen mit Auslandsniederlassungen. Heute sind wir eine multinationale Firma.« [12] Zur Erleichterung von notwendigen Entscheidungen erhielten die Export-Manager von Coke in Austins dezentralem Führungssystem weltweit immer mehr Autonomie.

Zur gleichen Zeit führte der neue Präsident von Coca-Cola Managementschulungen für seine leitenden Angestellten und die Abfüller ein. Mittels Fallstudien brachten Harvard-Professoren den manchmal wenig aufnahmebereiten Coca-Cola-Männern die neuesten Wirtschaftskonzepte bei. »Es gibt eine wachsende Zahl von Managementtechniken«, sagte Austin, »die aus neuen und unterschiedlichen Bereichen abgeleitet werden – etwa, wie man es anstellt, einen Mann auf den Mond zu bringen.« Als großer Verfechter von Ausschüssen unterteilte Austin Probleme in mehrere Bestandteile und setzte für ihre Bearbeitung kleine Teams ein.

Die Kontrolle schwellender Taillen

Eine der ersten Aufgaben, vor die sich Austin als Präsident 1962 gestellt sah, war die Kreation eines neuen Diätgetränks. Bis dahin hatte Coke den Diätmarkt völlig ignoriert, da er eine Bedrohung für seine süßen, kalorienreichen Getränke darstellte. Die amerikanischen Frauen wurden jedoch in den fünfziger Jahren zunehmend kalorienbewußter, und nun eiferten sie verzweifelt der schlanken, eleganten Gestalt von Jackie Kennedy nach. 1961 hatte Royal Crown seine Diet-Rite Cola aus der medizinischen Abteilung herausgenommen und sie landesweit als Erfrischungsgetränk zu bewerben begonnen, womit das Getränk auf den herkömmlichen Cola-Markt vordrang. Coke und Pepsi überschlugen sich, um mit Diet-Rite gleichzuziehen, vor allem nachdem die Marktforschung aufgedeckt hatte, daß 28 Prozent der Bevölkerung auf das Körpergewicht achteten.

Austin gab dem Diätgetränk von Coke den Codenamen »Projekt Alpha« und wies dem Projekt so viel Personal und Aufmerksamkeit zu, daß es einer Reise zum Mond angemessener gewesen wäre. Fred Dickson, der Chef der neuen Marketingabteilung von Coke, leitete das Projekt, während Dr. Cliff Shillinglaw mit der traditionellen Coca-

Cola-Formel herumexperimentierte und eine Cola mit Saccharin und Cyclamat zu mixen versuchte, die das richtige »Gefühl auf der Zunge« und keinen Nachgeschmack nach Kerosin hätte. Noch mehr Aufwand wurde betrieben, um die passende Verpackung und den richtigen Namen zu finden. Tom Law, der Chef der Tochterfirma Fanta Beverage Company, die das Getränk verkaufen sollte, machte sich für die Bezeichnung Diet Coke stark. Doch selbst für einen so fortschrittlichen Manager wie Paul Austin war ein derartiger Vorschlag gleichbedeutend mit Ketzerei. Wie Neal Gilliatt von McCann meinte: »Wenn Gott gewollt hätte, daß Coca-Cola Saccharin enthält, hätte er es gleich von Anfang an so gemacht.« Statt dessen suchte Austin in seinem riesigen Computer, einem Gerät, das mehr als 250 000 Wörter mit drei und vier Buchstaben willkürlich zusammensetzen konnte, die von ABZU über ACHU und ACK bis zu ZAP, ZORG und ZUFF reichten, nach einem geeigneten Namen. Auch die Firmenmitarbeiter ersannen Vorschläge. Dieses elefantenhafte Labor stieß schließlich auf TaB – kurz, leicht zu merken und völlig anders als Coke, konnte es auch suggerieren, daß man seine Gewichtsprobleme damit kontrollieren könne (nach dem amerikanischen »keeping *tab*«, was soviel heißt wie »im Auge behalten«)

Coca-Cola führte TaB in Zeitschriftenanzeigen mit der Frage ein: »Wie kann eine Kalorie nur so gut schmecken?« Fast entschuldigend erklärte die Firma den Abfüllern, sie beabsichtige nicht, »das bestehende Coca-Cola-Abfüllgeschäft zu schädigen«, sehe sich jedoch gezwungen, ein Diätgetränk anzubieten, um zu verhindern, daß der Wettbewerb »dieses wichtige Marktsegment durch ein Versäumnis« ihrerseits mit Beschlag belege. Ferner, so wurde in dem Memo behauptet, unterliege TaB, da es *kein* Coca-Cola sei,[13] auch nicht dem einengenden Abfüllervertrag. Auf Grund der ambivalenten Haltung der Firma gegenüber dem neuen Diätgetränk konnte sich TaB keinen großen Anteil am Diätmarkt erobern – der mehr als ein Zehntel des Gesamtverbrauchs an Erfrischungsgetränken in den Vereinigten Staaten ausmachte. 1964 hatte TaB, wie im Juni des gleichen Jahres in *Printer's Ink* zu lesen war, einen Anteil von nur zehn Prozent am Markt der kalorienbewußten Verbraucher. Als Pepsi, weniger an Traditionen gebunden als Coke, in diesem Jahr sein Diät-Pepsi vorstellte, konnte es auf Anhieb einen höheren Anteil am Segment erzielen.

Schwarze fordern ihre Rechte

John F. Kennedy und Paul Austin sahen sich allerdings mit weitaus verhängnisvolleren Problemen als dem neuerdings gewichtsbewußten Amerika konfrontiert. Kennedy hatte während seines Präsidentschaftswahlkampfes die Schwarzen umworben, doch während seiner Regierungszeit ignorierte er die Bitten der Bürgerrechtsführer um Unterstützung weitgehend, was die aggressive Bewegung, die im Süden auf überzeugten Rassismus stieß, zu Konfrontationen und Blutvergießen veranlaßte, in die auch Coca-Cola unausweichlich einbezogen wurde. An die Stelle der passiven Busboykotte der fünfziger Jahre traten nun bedrohliche Aktivitäten. Als sich am 1. Februar 1960 vier schwarze Collegeerstsemester an der Speisetheke bei Woolworth in Greensboro, North Carolina, niederließen, wurden ihnen Hamburger und Cokes verweigert. Sie blieben einfach störrisch sitzen, und am nächsten Tag kamen sie mit 23 Kommilitonen wieder. Das Sit-in war geboren, und die Gewalt und Raserei, die in den nächsten drei Jahren folgten, brachten die Selbstgefälligkeit Amerikas ins Wanken. Mit ihrer Forderung nach Gleichberechtigung bei Coca-Cola zielten die Bürgerrechtsaktivisten direkt ins Herz der Kultur Amerikas und der Südstaaten. Außerdem äußerten sie die Absicht, den amerikanischen Mittelstand nicht zerstören, sondern vielmehr in ihn aufsteigen zu wollen. Coca-Cola-Männer wie Delony Sledge, der über einen gewissen Durchblick verfügte, müssen gemerkt haben, daß der Süden die Schwarzen doch als gleichberechtigte Verbraucher hätte umarmen sollen. Tatsächlich war dem Sit-in von Greensboro letztlich aus wirtschaftlichen Gründen Erfolg beschieden. Der Woolworth-Besitzer, der sah, wie sein Geschäft langsam den Bach hinunterging, kapitulierte schließlich.

Im darauffolgenden Jahr, als die Freedom Riders in Alabama und Mississippi zusammengeschlagen wurden, schien auf Ichauway bei dem traditionellen Barbecue zum 4. Juli eine gelassene Atmosphäre zu herrschen. Woodruff gab stets eine riesige Party für seine schwarzen Bediensteten und deren Familien. In diesem Jahr kamen 3000 Gäste in den Genuß der Großzügigkeit des Bosses, wobei Coca-Cola und Bier in Strömen flossen, doch auch hier schwelten unter der Oberfläche Rassenspannungen. Seit Jahren hatte Guy Touchstone, der weiße Leiter und Aufseher von Ichauway, seine schwarzen Arbeiter drangsaliert, beraubt und bedroht und mit jeder schwarzen Frau geschlafen, die ihm gefiel. Woodruffs Faktotum Joe Jones hatte in dem Bewußtsein, daß ein derartiges Benehmen auf Ichauway demoralisierend wirkte – und in der Wut darüber, daß Touchstone Holz und Rindfleisch von der Farm klaute –, mehrfach den Boß zu überreden versucht, ihn zu feuern, doch vergebens.

Während der Festivitäten unterlief Charlie Ware, einem Schwarzen, der Fehler, mit einer von Touchstones Mätressen zu flirten. Der Aufseher beschwerte sich bei seinem Freund »Gator« Johnson, dem örtlichen Sheriff, der im Ruf großer Brutalität stand. In derselben Nacht noch ging Sheriff Johnson zu Charlie Wares Haus und verdrosch dessen Frau, bis Ware heimkam. Dann langte der Sheriff, während der Schwarze mit Handschellen auf dem Beifahrersitz des Wagens saß, zum Hörer und sagte: »Dieser Nigger geht auf mich mit einem Messer los! Ich werde ihn erschießen müssen.« Er verwundete Ware zweimal am Hals, sagte: »Er hört nicht auf«, und schoß zum drittenmal.* Wie durch ein

---

* Das war keineswegs das erste Vorkommnis dieser Art auf Ichauway. 1932 hatte Woodruff einen Detektiv von Pinkerton angeheuert, der eine Reihe von Lynchmorden auf der Plantage untersuchen sollte. Der Detektiv fand heraus, daß ein weißer Angestellter eine Bande anführte, doch Woodruff warf diesen nicht hinaus, aus Furcht, er könne wiederkommen und Schaden anrichten. Die Schwarzen gaben Woodruff nicht die Schuld an den Lynchmorden, doch sie haßten, wie ansässige Weiße auch, den reichen Mann aus Atlanta dafür, daß er das Anwesen gekauft und damit den freien Auslauf ihrer Schweine und Rinder unterbunden hatte. Allerdings schuf der Boß wenigstens Arbeitsplätze – für fünfzig Cent am Tag.

Wunder überlebte Ware, und der Vorfall löste die Albany-Bewegung aus, wie sie später genannt wurde. Unter der Anklage schwerer Körperverletzung saß der verletzte Schwarze mehr als ein Jahr lang im Gefängnis, da Woodruff die Kaution für ihn nicht stellte.[14] Woodruff ignorierte augenscheinlich den ganzen Vorfall, wenn er auch gezwungenermaßen Touchstone im nächsten Jahr »pensionierte«, ihm eine an die Plantage angrenzende 300 Acres große Farm schenkte und ihm dort ein Haus baute, wie sich Jones erinnert.

1963 konnten Kennedy und auch Austin die zusehends militanteren Schwarzen nicht mehr übersehen. Im August verkündete Martin Luther King vor dem Lincoln Monument: »Ich habe einen Traum!« Einen Monat später forderte der Congress of Racial Equity (CORE, Kongreß zur Gleichberechtigung der Rassen), daß Schwarze in der Fernseh- und Zeitschriftenwerbung von Coca-Cola vertreten sein sollten. »Wir appellieren an Sie aus moralischen Gründen«, schrieb der Programmdirektor Clarence Funnye an Paul Austin, doch er fügte die kaum verschleierte Drohung hinzu, »Komitees für selektiven Einkauf« würden »uns in unserer Verhandlungsposition unterstützen«.[15] Mit anderen Worten, es käme zu einem Coke-Boykott, wenn die Firma nicht entsprechend reagierte.

Paul Austin konnte es sich nicht leisten, sich CORE zum Feind zu machen, doch er riskierte auch, weiße Verbraucher zu verlieren, wenn er im Süden rassenintegrierte Spots ausstrahlen ließ. In einem langen Memo schob Austin verbittert Harvey Russell,[16] dem schwarzen Vizepräsidenten von Pepsi, die Schuld für die Attacke seitens COREs zu. Zudem, so schrieb er, biete Coca-Cola »als Institution des Südens« eine hervorragende emotionale Zielscheibe. »Wir sind der größte Bewerber eines Einzelprodukts; wir sind durch einen organisierten Boykott verwundbar.« Um aus dieser Zwickmühle herauszukommen, schlug Austin vor, einen Fernsehspot am Strand zu drehen »mit einem weißen Kellner, der abwechselnd weiße und schwarze Verbraucher bedient«. Die Firma konnte sich auch dazu entschließen, eine rassenintegrierte Zeitungsanzeige zu produzieren, aber »wir könnten sie nur in einer schwarzen Publikation, wie etwa *Ebony,* schalten, *wenn wir uns überhaupt entschließen sollten, sie zu verwenden«.* Im Grunde versuchte Austin, Zeit zu schinden in der Hoffnung, der Aufruhr werde sich legen und andere würden bald rassenintegrierte Werbung treiben, so daß »wir nicht alleine dastehen«.

Zur gleichen Zeit drängte die Operation Breadbasket (Operation Brotkorb), ein Zusammenschluß von Priestern aus Atlanta, die Firma, Schwarze in der Produktion der Abfüllwerke einzustellen. Ein örtlicher weißer Aktivist beurteilte die Coca-Cola-Männer als höflich und anscheinend kooperativ, sie »täten unter den Umständen ihr Bestes«. In den Abfüllwerken im Norden waren schwarze Arbeiter bereits eine verbreitete Erscheinung. Die Südstaatler allerdings hingen immer noch der Überzeugung an, Syphilis würde durch Trinkbrunnen und Toiletten übertragen, und sie wollten nicht, daß Schwarze ihre Coke abfüllten. Als allerdings ein Boykott drohte, versprach die Abfüllfirma von Atlanta, Schwarze einzustellen und die Schilder »Farbige« und »Weiße« an den Umkleideräumen zu entfernen.

Ivan Allen jr., der 1962 William Hartsfield als Bürgermeister von Atlanta ablöste, trug die Hauptlast der Bürgerrechtsforderungen. Allen und Austin waren gleichzeitig an die Macht gelangt und miteinander befreundet. Sie gehörten zu einer Gruppe von WASPs (White Anglo-Saxon Protestants, weißen angelsächsische Protestanten), die Austin später als »aufs Geschäft konzentriert, unpolitisch, gemäßigt, vornehm, gut ausgebildet, pragmatisch« beschrieb. Es war, erinnerte er sich, »keine besonders farbige Gruppe«, in jeder Hinsicht. Als sich diese selbstgefälligen jungen Aufsteiger mit aufgebrachten schwarzen Männern und Frauen konfrontiert sahen, hatten sie keinerlei Ahnung, wie sie sich verhalten sollten. 1963 bat Präsident Kennedy Bürgermeister Allen persönlich, vor dem Kongreß zugunsten seiner Bürgerrechtsvorlage auszusagen, da der Bürgermeister der einzige gemäßigte Politiker aus den Südstaaten war, der dazu vielleicht den Mumm besaß. Allen rang mit der Entscheidung und schüttete schließlich Robert Woodruff sein Herz aus. Er erzählte dem Boß, er fühle sich gezwungen, aus moralischen wie praktischen Gründen zugunsten der Vorlage auszusagen. Die Bürgerrechtsbewegung sei anscheinend nicht zu stoppen, und Atlantas Wirtschaft würde unter noch mehr Gewalt zu leiden haben, wenn nicht irgendwelche Übereinkommen erzielt würden.

Woodruff ließ sich durch den Kopf gehen, was der Bürgermeister gesagt hatte. Er haßte jede Art von Veränderung, vor allem, wenn sie die Störung einer gutgeölten Gesellschaftsordnung bedeutete. Erst drei Jahre zuvor hatte er sich bissig über das Wahlrecht für »Schimpansen« geäußert. »Sie haben vermutlich recht«, sagte er zu Allen, aber er schlug vor, der Bürgermeister solle den Kongreß bitten, ländlichen Gemeinden eine vernünftige Schonfrist einzuräumen. Auf ähnliche Weise konnte Austin Woodruff überzeugen, Charles Boone einzustellen, den ersten schwarzen Verkaufsrepräsentanten der Firma für das Flaschengeschäft. Immerhin wiesen Untersuchungen nach, daß Schwarze, die elf Prozent der Bevölkerung ausmachten, siebzehn Prozent aller Erfrischungsgetränke konsumierten.

Als der weiße Coke-Veteran Charlie Bottoms erfuhr, daß er Boone sechs Monate lang einarbeiten sollte, schmeckte es ihm ganz und gar nicht, den Schwarzen für eine besser bezahlte Position zu präparieren. Das seltsame Pärchen fand gezwungenermaßen jedoch bald zueinander. Und der Weiße Bottoms sammelte in dieser Zeit einige erhellende Erfahrungen. »Wenn wir an eine Tankstelle kamen, entdeckten sie Charles und sagten, ihre Toiletten seien defekt«, erinnert sich Bottoms. »Als wir in einem Hotel in Greenville abstiegen, riefen sie die ganze Nacht hindurch alle fünfzehn Minuten in meinem Zimmer an, um mir zu sagen, am Morgen sei ich tot.« Die Abfüllwerke mußten Boone und Bottoms durch die Hintertür betreten. Willie Barron, der Abfüller in Rome, Georgia, meinte zu Bottoms, er solle zu einem Servicebesuch nicht mit seinem Wagen fahren, »denn wenn Sie wegfahren, wird er voller Blut sein«.

Langsam jedoch akzeptierten die Abfüller den schwarzen Coca-Cola-Mann, der seine Aufgabe außergewöhnlich gut erfüllte. Ein großer Mann mit tiefer, brummender Stimme und einer verblüffenden Ähnlichkeit mit Martin Luther King jr., war Boone am College ein Footballstar gewesen, er hatte den Master-Grad erworben und Rundfunkshows angesagt, bevor er bei einer Abfüllfirma in South Carolina eintrat und den Absatz bei den ansässigen Schwarzen in die Höhe trieb. Als auf klassische Weise engagierter Coca-Cola-Mann stieg Boone schließlich zum Vizepräsidenten für Sondermärkte auf, bevor er an einem Samstagmorgen bei der Arbeit in seinem Büro einem Herzinfarkt erlag.

Von Camelot zur großen Gesellschaft

Genau zu dem Zeitpunkt, als Präsident Kennedy im Amt Format gewann, in der Frage der Bürgerrechte einen festen Standpunkt bezog und den Sowjets Friedensangebote unterbreitete, wurde er in Dallas ermordet. Sein Nachfolger, Lyndon B. Johnson, strebte nach der »Großen Gesellschaft« und hoffte, Weiß und Schwarz, Arm und Reich einen zu können. Ein vollendeter Politiker und Vermittler von Kompromissen, fand Johnson in Robert Woodruff einen Freund und eine verwandte Seele. Lyndon B. Johnson stellte sich das gleiche ideale Amerika vor – gegründet, wie er sagte, auf »der Sehnsucht nach Schönheit und dem Hunger nach Gemeinschaft« –, wie es die Werbung von Coca-Cola zeichnete.

Außerdem brauchte Johnson dringend eine stabile Vaterfigur. Während seiner Jahre im Weißen Haus wählte sich Johnson häufig Robert Woodruff als Saufkumpan und Berater. Oberflächlich betrachtet, waren die beiden Männer ziemlich verschieden – Woodruff der ruhige, zurückhaltende Gentleman, Johnson der laute, rohe Possenreißer –, doch sie hatten ähnliche Philosophien und einen ähnlichen Südstaatenhintergrund. Als Johnson 1964 Barry Goldwater in einem Erdrutschsieg bezwang, schrieb Woodruff an Johnson: »Es tut mir leid, daß die Wahl nicht einstimmig ausfiel.« [17] Der Präsident wiederum kritzelte eine undatierte Nachricht für Woodruff. »Sagen Sie Bob, er soll mich besuchen, wann immer er in der Stadt ist.« [18] Johnsons Wagenkolonne hielt einmal mit quietschenden Reifen, als er Ovid Davies auf dem Bürgersteig erblickte, den Lobbyisten für Coca-Cola. »Hei, da ist der Junge von

Bob!« rief der Präsident. »Sie sagen Bob, daß ich Hallo gesagt habe, ja?«

Noch wenige Jahre zuvor waren weder Woodruff noch Johnson für die Gleichberechtigung eingetreten, doch allmählich veränderten sie sich. Sei es aus Pragmatismus oder aus ethischen Gründen, die beiden Führer wurden wichtige Befürworter einer Mäßigung und der Beendigung des Rassismus. Als Martin Luther King jr. 1964 den Friedensnobelpreis erhielt, scheiterte das gemischtrassige Bankett von Ivan Allen zu Ehren Kings beinahe, weil das weiße Establishment in Atlanta es zunächst ablehnte, zu einem Ereignis zu erscheinen, das »Martin Luther Coon« (Neger) galt, wie sie privat den schwarzen Führer nannten. In der Erkenntnis, daß die nationalen Medien Atlanta und somit auch Coca-Cola bloßstellen würden, ließ Woodruff durch Paul Austin verbreiten, daß er das Dinner für gut halte, und prompt folgte der Rest der Südstaatengesellschaft seinem Beispiel.*

Zur selben Zeit gestattete Woodruff endlich, daß in der Coke-Werbung Schwarze auftreten durften. 1965 erschien Barbara McNair im ersten Fernsehspot von Coca-Cola mit einer schwarzen Berühmtheit. Der fröhliche folkloreartige Sound der Limelighters wurde abgelöst von Ray Charles, The Supremes, The Fifth Dimension, Aretha Franklin, Gladys Knight & the Pips und Marvin Gaye, die seelenvoll die Botschaft rüberbrachten: »Alles läuft besser mit Coke«.[19] Jeder Künstler schuf eine eigene Version des Liedes. Die Variante der Supremes beispielsweise hörte sich fast genau so an wie ihr Hit »Baby Love«.

Die neue Werbung stellte jedoch nicht einfach nur ein Zugeständnis an kämpferische Schwarze dar. Die ganze

---

* Es läßt sich nur schwer feststellen, wie Robert Woodruff tatsächlich 1964 zu den Bürgerrechtlern stand. Er blieb ein guter Freund von J. Edgar Hoover, der Martin Luther King jr. an die Spitze seiner »Liste von Feinden« gesetzt hatte und sich am Abspielen von Tonbändern erfreute, auf denen die sexuellen Seitensprünge des schwarzen Führers festgehalten waren. Im August 1963, im gleichen Monat, als King seine berühmte »Ich-habe-einen-Traum«-Rede hielt, versicherte Hoover Woodruff brieflich, daß »wir alle im FBI danach streben, auch weiterhin die Unterstützung zu verdienen, die Sie uns haben zukommen lassen«.

Stimmung in Amerika wandelte sich. Die gefügigen Backfische der fünfziger Jahre hatten sich zu rebellischen Teenagern gemausert, die in der revolutionären neuen Musik der langhaarigen Beatles, ihrem antreibenden Beat und den suggestiven Texten einen Sinn suchten. Coca-Cola konnte es nicht zulassen, daß allein Pepsi bei der neuen Generation ankam. Neben den schwarzen Künstlern heuerte Coke auch weiße Popstars an, etwa Leslie Gore, The Moody Blues, Petula Clark, Neil Diamond, die Everly Brothers und Jan & Dean, die optimistische, jugendliche Versionen des Werbesongs darboten.[20] Wie Murray Hillman erzählt, verhandelten die Männer von McCann sogar mit den Beatles, die sich häufig mit Coke zeigten, doch sie waren für Woodruffs Geschmack zu teuer.

Mitte der sechziger Jahre lebte der Mittelstand allerdings immer noch so ähnlich wie im vorherigen Jahrzehnt, obwohl ein Hauch von Veränderung in der Luft lag. *Pause for Living,* eine seit 1953 überaus populäre Coca-Cola-Publikation, befaßte sich mit »Blumenarrangements, Tischwäsche und -dekoration, Essenszubereitung, Unterhaltung für Teenager und vielfältigsten Bastelarbeiten«. Die Blumenarrangements, von Coca-Cola-Flaschen »verschönert«, übten weiterhin magnetische Anziehungskraft auf Gartenklubs und Hauswirtschaftsklassen in ganz Amerika aus, von denen der Herausgeber jede Woche rund 500 Zuschriften erhielt. Ähnlich zeigte 1966 ein Fernsehspot eine »typische« Hausfrau, die als Mutter, Ehefrau und Studentin durch ihren Tag hastete, ohne irgendwo anzudeuten, daß sie nach einer anderen Befreiung als der durch eine Coke suchte. Vor jedem Büro in The Coca-Cola-Company, schrieb Cameron Day in *Sales Management* im April 1965, »sitzt eine engagierte, kompetente Sekretärin, die wohlgefällig, aber streng über ihren Mann wacht«. Im Amerika Mitte der sechziger Jahre gedieh der Sexismus. Coca-Colas »Smile Girl«-Verkaufsförderung offerierte für die schmackhaftesten Schönheiten Preise, während »kurvenreiche Damen« die Sketche anläßlich der Abfüllerversammlungen mit Sex-Appeal würzten.

Keineswegs beunruhigt von der Flut von gesellschaftlichen Veränderungen, werkelte und rieb sich die Rechtsabteilung von Coca-Cola an der richtigen Verwendung der Schutzmarke. Man sollte das Produkt niemals auf den Stand eines »verbreiteten Adjektivs« degradieren, wie zum Beispiel in »Coke-Party«. Und das Produkt sollte auch niemals im Plural erscheinen – man trank mehrere Flaschen Coke, nie mehrere Cokes. In ihren Ratschlägen für Diskjockeys gaben die Firmenmänner diesen 1965 eine Liste passender »positiver Wendungen, die Sie benutzen können«, wie etwa »Coca-Cola hebt die Lebensgeister« oder »Jedes Essen rutscht besser mit Coke«.

Der Absatz von Erfrischungsgetränken sprudelte 1965 weiter und stieg auf einen amerikanischen Pro-Kopf-Verbrauch von 260 Soft Drinks im Jahr.[21] Coca-Cola besetzte 41 Prozent des Marktes, Pepsi hinkte mit 23,5 Prozent hinterher. Die Firma ruhte sich unter der Führung von Paul Austin allerdings nicht auf ihren Lorbeeren aus. 1964 hatte sie mit den in Houston sitzenden Duncan Foods eine Kaffeefirma im Austausch gegen Coke-Aktien im Wert von dreißig Millionen Dollar erworben. Viele Firmenmänner mutmaßten, Woodruff habe die Fusion in erster Linie angeleiert, um den dynamischen jungen Charles Duncan jr. zu Coca-Cola zu holen. An einer anderen Front brachte Coke den Wettbewerb bei Orangensaft gegen sich auf, indem die Firma Minute Maid bewarb, als sei es ein Erfrischungsgetränk. Ben Oehlert, mittlerweile Präsident der Tochtergesellschaft, verwies darauf, daß die herkömmliche Werbung die Mütter dränge, »darauf zu achten, daß die Kleinen zum Frühstück eine Vier-Unzen-Dosis von dem Zeug nähmen«. Coke ging von der medizinischen Argumentation ab, es stellte die »natürliche Süße, natürliche Frische« von Orangensaft in den Vordergrund und verkaufte ihn in Automaten. Zusammen mit Hi-C, dem gestreckten Fruchtgetränk der Firma, puschte Oehlert Orangensaft als feine Erfrischung zu jeder Tageszeit.

In der Zwischenzeit entwickelte die Firma weitere Geschmacksrichtungen. In Texas führte sie Chime ein, eine Cola mit Kirschgeschmack, die gegen Dr. Pepper bestehen sollte. Das wurde ein Flop, doch Fresca, ein kohlensäurehaltiges Diätgetränk mit Pampelmusen/Zitronen-Geschmack, erwies sich über Nacht als Sensation und überraschte selbst Coca-Cola-Männer. Die kühle Erfrischung, die das Getränk bot, wurde herausgestellt, nicht sein geringer Kaloriengehalt. Während ein Sprecher die Eigenschaften von Fresca aufzählte, rieselte Schnee herab, der langsam in Schneegestöber überging. »Es ist ein Blizzard!« schrie er mit klappernden Zähnen. Zufällig traf am 7. Februar 1967, dem Tag, an dem Fresca in New York City auf den Markt kam, die Stadt der schlimmste Schneesturm seit Jahren. Ein einfallsreicher Werbemann ließ sich mit einer Flasche Fresca in dem weißen Gestöber fotografieren. Und die dazugehörige Bildunterschrift lautete: »New York, es tut uns leid.«

Don Kendall von Pepsi-Cola zog mit Coke gleich, was neue Getränke anbelangte, und brachte Teem, Mountain Dew und weitere Marken auf den Markt. 1965 stieg Pepsi bei Frito-Lay ein und wurde zu Pepsico. »Kartoffelchips machen durstig«, gab Kendall als Erklärung für die Fusion an. »Pepsi stillt den Durst.« Mit der Übernahme von Snacks konzentrierte sich Pepsi wesentlich stärker als Coca-Cola auf Einkünfte aus Bereichen, die nichts mit Getränken zu tun haben, ein Trend, der sich mit den Jahren noch verstärkte. 1968 erwarb Pepsi Trailer Convoy, American Van Lines und Chandler Leasing.

Das Phänomen Coca-Cola konnte allerdings größere Aufmerksamkeit verbuchen. Die Firma »veranstaltet einen Wirbel mit neuen Produkten, neuen Verpackungen und Neuerwerbungen«, schrieb Cameron Day voller Ehrfurcht. Seit Robert Woodruff in den zwanziger Jahren das Kommando übernommen hatte, war die Firma nicht mehr so überladen gewesen. »Wachstum ist entscheidend«, sagte Paul Austin. »Wir müssen als einzelne wachsen, als Firma, als Nation.« Als Zeichen für den Wandel genehmigte Austin die Errichtung eines vielstöckigen Gebäudes an der North Avenue, das das alte rote Backsteinhaus ersetzen sollte. Der neue Marketingchef Fred Dickson betonte: »Wir verkaufen Coca-Cola an eine riesige, wankelmütige, vergeßliche Öffentlichkeit. Gerade im Augenblick kann irgendein neuer Trend entstehen, der die ganze momentane Szenerie verändern wird.«

Eines klaren Trends war sich Coke voll und ganz bewußt. Fast-food-Ketten »schießen wie Pilze aus dem Boden«, vermerkte eine Firmenpublikation und nannte McDonald's, Carrols, Burger Chef, Burger King, Henrys, Biff-Burger, Jiffy's, Chip's und Braziers. Diese neuen Ausschankstellen schluckten zwar eine Flut von Coca-Cola, doch die Firma war dennoch überzeugt, daß sie noch mehr verkaufen könnten.

McDonalds und Jiffys wurden zu Schlachtfeldern in einer bis aufs Messer geführten Auseinandersetzung. Der alte Haudegen Lee Talley genoß die Herausforderung, und sein Ruf, mit dem er im Cola-Krieg zu den Waffen rief, lautete: »Freude am Kampf, nicht nach Geld fragen und auch keins hergeben.«

Der arabische Boykott-Blues

Im gleichen Jahr überzeugte Paul Austin Woodruff, daß alles für Coca-Cola noch besser laufen könne, sowohl hinter dem Eisernen Vorhang als auch in den Drive-ins und auf den Eisbahnen Amerikas. Die bulgarische Regierung unterschrieb als Coca-Cola-Abfüller und importierte von der Firma Konzentrat, da die lokale Imitation, Bulgar Cola, keine Abnehmer fand. Rumänien, die Tschechoslowakei und Jugoslawien folgten kurz danach.

Austin knüpfte erste Kontakte mit der sowjetischen Regierung, doch er fürchtete, daß der Verkauf von Coke in der UdSSR in Amerika zu einem Rückschlag führen könne. Um die Stimmung zu prüfen, entsandte er Boisfeuillet Jones,[22] der nun für die philanthropischen Aktivitäten von Robert Woodruff tätig war, zu einem geheimen Treffen mit Averell Harriman nach Washington. Als Jones fragte, ob das Außenministerium Einwendungen gegen den Verkauf von Coca-Cola in der Sowjetunion habe, antwortete Harriman, das Unterfangen sei »in nationalem Interesse«. Nachdem auch andere Berater dies befürwortet hatten – selbst der »kalte Krieger« Jim Farley stimmte zu und schrieb, daß Pepsi, wenn Coca-Cola nicht »reinkäme«, dies unzweifelhaft gelingen würde –, schickte Austin Alex Makinsky und einen anderen des Russischen mächtigen Coke-

Mann in den Kreml, um die Einzelheiten zu erörtern. Coca-Cola sollte in Moskau abgefüllt und nur in Zweigstellen von Intourist, dem sowjetischen Reisebüro, verkauft werden, als Teil des großen Plans der Sowjets, ausländisches Geld ins Land zu ziehen. Als der bevorstehende Deal jedoch durchsickerte, erhielt die Firma negative Schlagzeilen. Die Profite aus sowjetischem Coke, beklagten die *New York Daily News,* würden »den Kreml-Kumpanen – in Rotchina und Vietnam – helfen, Kumpanen, deren Truppen und Vietkong-Marionetten gute amerikanische Kämpfer töten, verwunden und gefangennehmen«. In der Überlegung, daß die Amerikaner wohl noch nicht für eine Annäherung an die Kommunisten bereit seien, legte Austin – möglicherweise auf Woodruffs Wunsch hin – das Projekt erst einmal auf Eis. 1966 entwickelte sich Coca-Cola, trotz größter Anstrengungen von Austins Seite, zu einem heißen politischen Eisen. Die Firma weigerte sich, einem israelischen Abfüller eine Lizenz zu geben,[23] und die Anti-Defamation League (Anti-Diskriminierungs-Liga) beschuldigte Coca-Cola, sich dem arabischen Boykott Israels zu fügen. Innerhalb einer Woche rief die amerikanische jüdische Gemeinde zu einem eigenen Boykott auf. Das Mt. Sinai Hospital in Manhattan servierte Coke nicht mehr in seiner Cafeteria, und das Imperium Nathan's Famous Hot Dog auf Coney Island drohte, gleichfalls den Hahn zuzudrehen. Laut Dick Halpern warfen verärgerte Juden Coke-Automaten in Chicago und Los Angeles im zweiten Stock aus den Fenstern. Coca-Cola mußte schnell reagieren, wenn es nicht den attraktiven Markt amerikanischer Juden verlieren wollte. James Farley verteidigte die Firma mit dem Hinweis, Coca-Cola habe schon 1949 in Israel Fuß zu fassen versucht, sei damals aber aufgrund grassierender antiamerikanischer Empfindungen gestoppt worden. Des weiteren hatte die Marktforschung zutage gefördert, daß die Bedingungen in Israel einem gewinnbringenden Absatz nicht dienlich seien. Niemand kaufte Farley diese Erklärungsversuche ab, und die Pläne für Boykotte schritten voran.

Rasch begab sich The Coca-Cola-Company auf die Suche nach einem Abfüller und verkündete nur Tage später, daß der New Yorker Bankier Abraham Feinberg, einer der ursprünglichen Bewerber von 1949, an einem Lizenzbetrieb in Israel Interesse zeige und daß die Firma mit ihm eine Absichtserklärung unterzeichnet habe. Der Tumult in den Vereinigten Staaten verebbte, doch da begannen in den arabischen Staaten die Kriegstrommeln zu schlagen, wo Coca-Cola mit mehr als dreißig Abfüllwerken, die Einheimischen gehörten, jährlich 100 000 Kästen verkaufte. Die heißen, dürren Länder des Mittleren Ostens waren ideale Coke-Abnehmer, denn den Muslimen ist es bekanntlich untersagt, Alkohol anzurühren. »Von Marokko bis Pakistan«, schrieb Anthony Carthey 1964 im *New York Times Magazine*, »ist die moderne Oase die Erfrischungsgetränke-Bude.« Jetzt gaben die Araber Coca-Cola Zeit bis zum 15. August, die Vereinbarung mit Feinberg zu stornieren. Die Firma stand kurz davor, rund zwanzig Millionen Dollar an Gewinn im Jahr zu verlieren und obendrein das riesige Gebiet an Pepsi abzutreten, das, ohne es an die große Glocke zu hängen, einen Bogen um Israel schlug. [24]

Die Lobbyisten von Coke legten sich noch mehr ins Zeug. Ben Oehlert überbrachte Mustafa Kamel, dem Botschafter der Vereinigten Arabischen Republik in den Vereinigten Staaten, eine persönliche Bitte von Präsident Johnson. Seine Exzellenz Kamel zeigte sich schrecklich mitfühlend und schrieb: »Nichts liegt mir mehr am Herzen, als durch meine bescheidenen Bemühungen an der Förderung einer Zusammenarbeit zwischen unseren beiden Ländern mitzuwirken.« Doch »in dieser delikaten Angelegenheit« sei er machtlos. Feinberg, so schlug er vor, solle so langsam wie möglich weitermachen, um Zeit zu gewinnen. Inzwischen hetzte Alexander Makinsky durch den Mittleren Osten und versuchte eine Bilanz der düsteren Situation zu ziehen. Ägypten, dessen Führung andere arabische Länder folgen würden, befand sich auf der Suche nach einer Ausrede, um Coke auf alle Fälle über Bord zu werfen, da das Land Devisen sparen mußte. Makinsky hoffte, sein Freund Angel Sagaz, der spanische Botschafter in Kairo, der einst als Vermittler der Coke-Lobbyisten bei Franco tätig gewesen war, könne helfen. Da die Spanier enge Freunde der Araber waren und wirtschaftliche Beziehungen mit Israel ablehnten, konnte Sagaz vielleicht für das Erfrischungsgetränk in Kairo intervenieren.

Die einzige wirkliche Hoffnung für Coke, meinte Makinsky, liege in sofortigen Verhandlungen über den Bau eines Konzentratwerks in Ägypten, was zur Folge hätte, daß der Großteil des Kapitals im Lande verbliebe. Die Ägypter, meinte er, seien Realisten; Geld spreche eine lautere Sprache als der Antisemitismus. Makinsky betonte weiter, daß all diese Abfüllwerke Arabern gehörten und durch den Boykott rund 25 000 Einheimische ihre Arbeit verlieren würden. Außerdem, betonten Coca-Cola-Männer, investierten sie in Israel keinen einzigen Cent – wie Hilton Hotels und andere internationale Unternehmen, die in Israel Franchise-Firmen hatten, ohne dort das Geschäft wirklich zu besitzen.

Es half alles nichts. Coca-Cola fiel seinem eigenen Symbolgehalt als das typisch amerikanische Produkt zum Opfer, und die arabischen Demagogen heizten das emotionale Klima derart an, daß die Soft-Drink-Firma keinen Mittelweg ausfindig machen konnte. Coca-Cola weigerte sich, die Absprache mit Feinberg aufzukündigen, und sah hilflos zu, wie schließlich der arabische Boykott gegen das Produkt im August 1968 begann. Coca-Cola-Männer wie John Brinton, der erleben mußte, wie das Geschäft im Mittleren Osten zusammenbrach, nachdem er fast zwanzig Jahre lang hart dafür gearbeitet hatte, beharrten darauf, daß es letztlich eine wirtschaftliche Entscheidung und keine moralische gewesen sei: »Sie hätten noch viel mehr verloren, wenn sie Israel keine Lizenz gegeben hätten, und zwar wegen des jüdischen Boykotts in den Vereinigten Staaten.«[25]

Eine gespaltene Nation

Zu dem Zeitpunkt, Ende 1968, als der Boykott der Araber wirksam wurde, bot Amerika das Bild einer gespaltenen Nation, vorrangig aufgrund des Protests gegen den eskalierenden Konflikt in Vietnam. Da es beim Krieg in Vietnam angeblich um einen Kampf auf Leben und Tod gegen die Kommunisten ging, war Lyndon B. Johnson entschlossen, um jeden Preis zu gewinnen. Als sich der Krieg ausweitete, sahen die Coca-Cola-Männer zunächst eine weitere patriotische Möglichkeit, wie schon im Zweiten Weltkrieg und in Korea, den GIs Erfrischungsgetränke zu verkaufen. Sie schickten Anita Bryant nach Südostasien, wo sie 1965 vor den Jungs Konzerte gab und ein Foto verteilte mit der Unterschrift: »Unsere Anita heitert zusammen mit Bob Hope die Truppen auf.« Im gleichen Jahr errichtete die Firma Abfüllanlagen in Danang und Qui-Nhon, um den überforderten Betrieb in Saigon zu entlasten. Als die amerikanischen Truppen nach Vietnam hineinströmten, wo Pfandflaschen ein ziemliches Problem darstellten, schickte die Firma auch fast 400 000 Kisten Dosen-Coca-Cola hin. In dem Film *Die grünen Teufel* von John Wayne wird mit dem Fallschirm eine ganze Palette Coca-Cola über durstigen Dschungelkämpfern abgeworfen. Der Schriftsteller Tom Wolfe schlug vor, statt Bombenteppiche zu legen, sollten die Vereinigten Staaten »sich den Weg zum Sieg herbeizaubern«, indem sie Nordvietnam mit Coca-Cola duschten. Ein japanischer Philosoph befürwortete dieselbe Taktik aus einem anderen Grund. »Das wird sie schneller vernichten, als Bomben es vermögen«, sagte er.[26] Der Krieg in Vietnam unterschied sich jedoch stark vom Zweiten Weltkrieg, was die Firma auch bald erkannte. Während die Werbung zur Kriegszeit in den vierziger Jahren Coca-Colas persönliche Anwesenheit in den Schützengräben in den Vordergrund rückte, verkündete die Werbung jetzt nicht mehr, daß alles in Vietnam mit Coke besser laufe. James Farley, der alternde »kalte Krieger« von Coca-Cola, konnte die eskalierenden Antikriegsdemonstrationen nicht begreifen und bot dem Präsidenten seine »keinesfalls zögerliche Unterstützung« an. Ähnlich schrieb Robert Woodruff an Lyndon B. Johnson, daß das »amerikanische Volk Deine Position unterstützt. Ich stehe hinter Dir.«[27]

Johnsons ernste Appelle an seine Landsleute stießen allerdings zusehends auf taube Ohren, als das Fernsehen blutige Dschungelszenen in die amerikanischen Wohnzimmer brachte. Die Tet-Offensive Anfang 1968 war der letzte Nagel zum Sarg einer Präsidentschaft, die sich der Einigung Amerikas verschrieben hatte, mit der die Armut beseitigt und Frieden auf der ganzen Welt gefördert werden sollte. Statt dessen sah sich Johnson mit Rassenunruhen, brennenden Innenstädten, massiven Antikriegsdemonstrationen und einer wachsenden Gegenkultur konfrontiert, die alle amerikanischen Tugenden wie harte Arbeit, Sauberkeit, Respekt vor Autoritäten und Beherrschung ablehnte. Ende März war Johnson vollkommen demoralisiert und verkündete, er werde für eine zweite Kandidatur nicht mehr antreten.

Das triste Jahr 1968 hielt auch eine persönliche Tragödie für Robert Woodruff bereit. Im Januar erlitt seine Frau Nell auf Ichauway einen Schlaganfall und starb bald darauf. Obwohl Woodruff oft von seiner Frau getrennt gelebt hatte, war sie dennoch sein emotionaler Anker gewesen. Jetzt, als er das Amerika, daß er gekannt hatte, in Trümmern sah, wandte sich der 78jährige Woodruff, der stets ein starker Trinker gewesen war, anstatt Coca-Cola immer häufiger dem Alkohol zu.[28] Als die Nachricht von der Ermordung Martin Luther Kings im Weißen Haus eintraf, saßen dort gerade Lyndon B. Johnson und Robert Woodruff zusammen und ertranken ihre jeweiligen Kümmernisse. In dem Bewußtsein, daß das Land, und vor allem der Süden, in rassistischer Gewalttätigkeit explodieren könnte, rief der Boß Ivan Allen, den Bürgermeister von Atlanta, an. »Ivan«, sagte er, »in der Minute, in der sie morgen den Leichnam von King zurückbringen – das heißt von dieser Minute bis zum Begräbnistermin –, wird Atlanta das Zentrum des Universums sein. Ich möchte, daß Sie alles tun, was richtig und notwendig ist, und was die Stadt nicht selbst aufbringen kann, wird gestellt. Verstehen Sie, was ich damit sagen will?«[29] Der Bürgermeister begriff, daß er in die tiefen Taschen von Woodruff und Coca-Cola greifen durfte, und er schickte, wie sich Eugene Patterson erinnert, prompt die *Windship,* den Jet von Coca-Cola, los, um Coretta Scott King zurück nach Atlanta zu fliegen. Als die Schwarzen in mehr als hundert Städten Amerikas vehement ihren Protest artikulierten, entging Atlanta größerem Blutvergießen, größtenteils dank der Mitarbeit von Allen und Woodruff.

Richard Nixon, der von den Pepsi-Männern und ihrer Werbeagentur BBDO neu belebt und mit Redetexten ver-

sorgt wurde, gewann am Jahresende die Präsidentschaftswahl nach einem Wahlkampf, der an die »schweigende
Mehrheit« von Amerikanern appelliert hatte, die entsetzt
vor der Uneinigkeit, die das Land spaltete, zurückschau-
derten. Nixons Wahl allerdings kündigte nur noch mehr
Schwierigkeiten für ein tief gespaltenes Land an. Die in die
Jahre gekommene Werbekampagne von Coca-Cola erschien
ständig weniger zeitgemäß. In dem Versuch, »hip« und
»cool« zu bleiben, heuerte die Firma Bruce Brown, den
Schöpfer des Films *Endless Summer* an, für 1968 einen
»Things Go Better«-Spot zu verfassen, in dem kalifornische
Surfer Coke kippten. »Irgend jemand schlägt auf dieser
Welt immer Wellen«, ließ Brown den Sprecher philoso-
phieren. »Vielleicht ist Coca-Cola gerade deshalb das beliebteste Getränk auf der Welt.« Damit wurde unterstellt,
die Leute, die »Wellen schlagen«, tränken Coke, doch die
jungen Leute, die Amerika durchschüttelten, waren bereits
über die Beachboy-Mentalität hinausgegangen. Der lahme
Johnny im Coke-Spot der fünfziger Jahre hatte sich zu
Johnny, dem Hippie, entwickelt.

Mit anderen Worten, 1968 lief in Amerika sowieso nicht
alles besser, und die sechs Jahre zuvor entworfene Kampagne wirkte alt.

Mit Blick auf die siebziger Jahre suchten die Coke-Männer verzweifelt nach einem neuen, alle einigenden Thema.
Wieder war es der lyrisch veranlagte Bill Backer, der das
perfekte Vehikel fand. Die Psychoforscher bei McCann berichteten, die jungen Leute verabscheuten Heuchler und
Schwindler und schätzten aufrichtige, spontane Gefühle.
Mit diesen Ergebnissen erweckte Backer einen alten Slogan
aus dem Jahr 1942 zu neuem Leben und kreierte die »Real
Thing«-Kampagne. Coca-Cola war »real« oder echt, nicht
falsch. Es war Teil des Authentischen, Natürlichen, Guten,
das die Gegenkultur suchte. Zur gleichen Zeit war der Slogan natürlich auch ein subtiler Schlag gegen Pepsi, das unterschwellig als Schwindel hingestellt wurde. Der neue Slogan gab die alles mögliche abdeckende Beschwörung der
Hippies »Do your own thing«, wieder.[30] Aber gewiß doch,
implizierte das Lied – aber mach es mit dem »Real Thing«
in der Hand.

Die bildliche Darstellung zu dem aufrichtigen neuen Text arbeitete noch immer mit der dokumentarischen Fotografie, wobei die Filmkamera mit Zooms und Schwenks nach oben in jeder Einstellung das Handeln übernahm. Einer der ersten »Real Thing«-Fernsehspots, der im Oktober 1969 anlief, begann in Manhattan mit einer Gruppe weißer und schwarzer Teenager, die Basketball spielten – der erste Fernsehspot von Coke, bei dem die Rassen gleichberechtigt auftraten. Dann fuhr er durch Amerika und zeigte friedliche, schmutzige Landstraßen, Farmen mit Windmühlen, Blockhäuser, hübsche junge Frauen, die amerikanische Fahne und eine kalifornische Strandszene. Die Werbung implizierte, daß *dies* das echte Amerika sei, und nicht die Gewalt und Uneinigkeit, die in den Abendnachrichten über den Bildschirm flimmerten.

Coca-Cola hatte wie durch ein Wunder einen Slogan und eine Kampagne umgesetzt, die auf Falken wie Tauben gleichermaßen anziehend wirkte, auf die Nationalgarde wie den Hippie, auf Eltern wie Kinder. Die Werbung war zwar innovativ, doch sie gründete zutiefst in der alten Coca-Cola-Tradition. Die Spots waren am Lebensstil und an emotionalen Themen orientiert, doch der Star war das Getränk selbst.

Pepsi änderte im gleichen Jahr ebenfalls die Kampagne und besann sich wieder auf die gesellschaftlichen Implikationen der ersten Pepsi-Generation. »You've got a lot to live«, behauptete der Werbesong, »and Pepsi's got a lot to give.« Die Betonung lag auf den Menschen, nicht auf Pepsi. Anders als Cokes stille, beinahe elegische Werbespots führte Pepsi anstrengende Gruppenaktivitäten vor. Diese jungen Cola-Trinker »kommen auf dich zu, werden stark«, bersten vor Energie und verleben eine gute Zeit. Die Coca-Cola-Männer merkten süffisant an, die Pepsi-Leute müßten sich stärker anstrengen, um den Führer einzuholen.

Als die »Real Thing«-Spots Ende 1969 gesendet wurden, nahm die Firma auch bei sich selbst Schönheitskorrekturen vor. Die Coca-Cola-Männer gelangten zu dem Schluß, die Firma habe mit ihren überall zu sehenden Schildern ihre Arbeit *zu* gut erledigt. Ike Herbert, der neue Werbechef von Coke, zeigte gerne von seinem Bürofenster aus auf die

Stadtmitte von Atlanta. »Da unten sind elf Schilder«, sagte er, »aber die meisten Menschen finden nur zwei oder drei, und sie wissen, wonach sie suchen.« Die unzähligen Coke-Zeichen waren in der Landschaft abgetaucht. Vor allem beunruhigt über die verbeulten, alten, roten Scheiben und die vielfarbigen Schilder in den städtischen Ghettos und im ländlichen Hinterland, holte sich die Firma ein New Yorker Unternehmen, Lippincott & Margulies, das Coke ein »modernes« Aussehen verpassen sollte.[31] Bei dem Vorhaben mit dem Codenamen »Projekt Arden«, der auf die berühmte Kosmetikseife anspielte, bestand die Aufgabe darin, »Coca-Cola zu nehmen, den Rock zu kürzen, das Gesicht zu liften, eine neue Frisur zu suchen, dem Unternehmen einen topmodernen Stil zu verpassen und es wieder in das Bewußtsein des Verbrauchers zu katapultieren«, wie ein Firmenmemo ausführte. Entwickelt wurde ein quadratisches Zeichen, das ein weißes »dynamisches Band« – das den Umriß der Humpelrock-Flasche widerspiegelte – unterhalb des traditionellen Schriftlogos trug. Zur gleichen Zeit wurde die schlichte Redewendung »Drink Coca-Cola« in »Enjoy Coca-Cola« geändert – eine passendere Anweisung von der imagebewußten Firma.

In einem Anfall von Wichtigtuerei stellte die Firma ihr neues Aussehen und die »Real Thing«-Kampagne gleichzeitig anläßlich der Landesversammlung der Abfüller im Oktober 1969 mit einer Lichttonshow vor, die wohl als das größte Ding in Atlanta gelten kann, seit dort 1939 *Vom Winde verweht* Premiere hatte. Einige Journalisten fanden diese Großwerbung kaum beeindruckend und verglichen sie, wie in *Time,* mit »einem Trompetenstoß und einem Trommelschlag – gefolgt von zwei Coke-Flaschen, die schwach aneinanderklirren«.

Das neue Gesicht und die neue Kampagne waren allerdings nicht nur Staffage: Die Firma *hatte* sich tatsächlich verändert, und vielen langjährigen Mitarbeitern gefiel das neue Aussehen nicht. 1965, als das Markenmanagement eingeführt wurde, waren die verschiedenen Gruppen in Trabantenstandorten rund um Atlanta verstreut, bis der neue elfstöckige Baukomplex an der North Avenue bezugsfertig war. In den verbliebenen Jahren des Jahrzehnts schwollen die einzelnen Abteilungen an und verdoppelten häufig ihre Mitarbeiterzahl. »Wann immer man etwas getan sehen wollte«, erinnert sich Charlie Bottoms, »hat man einfach eine neue Stelle geschaffen.« Innerhalb weniger Jahre blähte sich der Personalstand von knapp 500 auf 1500 Beschäftigte auf. Als die Firma 1969 ihre neue Zentrale bezog, fand die Sekretärin Mary Gresham ihre Umgebung grau und deprimierend, wenn sie hinter ihrem sargähnlichen schwarzen Schreibtisch in der Halle saß und die moderne Tapete anstarrte, die ihrer Meinung nach aussah wie Alufolie. Das Mittagessen zu 35 Cent, das von Kellnern serviert wurde, gab es nicht mehr. Statt dessen reihten sich die Beschäftigten in die Schlange in der Cafeteria ein, um sich fades, teureres Essen zu kaufen. »So viele Jahre lang«, jammerte Mary Gresham, »hatte man das Gefühl, als ob man in einer kleinen Stadt lebte, wo jeder jeden und dessen Aufgabe kannte. Diese Nähe war jetzt einfach nicht mehr da.«

Kraftnahrung und die große Cyclamat-Panik

Paul Austin hatte Coca-Cola erstaunlich gut durch die turbulenten sechziger Jahre gebracht. Die Aktien waren zweimal, 1965 und 1968, zwei für eine gesplittet worden. 1969 belief sich der Bruttoumsatz der Firma auf 1,3 Milliarden Dollar, wobei der Gewinn in Höhe von 121 Millionen Dollar mehr als doppelt so hoch wie der von Pepsi war. Es stimmte, Coke gab mit seinen 100 Millionen Dollar annähernd denselben Betrag für die jährliche Werbekampagne aus, doch die schmaleren Gewinnmargen waren schlicht eine Lebensgegebenheit in einem wettbewerbsstarken Markt. Coca-Cola wurde nun in mehr als 135 Ländern verkauft, und die Möglichkeiten in Übersee schienen grenzenlos zu sein.

Nichtsdestotrotz konnte sich die Firma kaum auf ihrer neuen Kampagne und dem neuen Logo ausruhen, vor allem auf dem heimischen Markt, der noch immer fünfzig Prozent des Umsatzvolumens umfaßte. Der Vietnamkrieg hatte die Wirtschaft der USA künstlich stimuliert, die nun wegen der angehäuften Schulden ins Wanken geriet. Die Protestler verlagerten inzwischen ihre Aufmerksamkeit vom Krieg auf die Themen Umweltverschmutzung, Armut, Unterernährung, Rassismus, Sexismus, schlechte Ausbildung und chemische Lebensmittelzusätze. Paul Austin, der ein feinfühliges Organ für die wachsende Kritik am Vitamin- und Nährwertmangel in Coca-Cola hatte,[32] genehmigte die Entwicklung von Saci (»Sahsie« ausgesprochen), einem proteinreichen Soft Drink – angeblich so gut wie ein Glas Milch –, der auch noch gut schmecken sollte. Im Jahr zuvor hatte man in Brasilien begonnen, ihn probeweise zu vermarkten, doch die Jugendlichen mochten den Geschmack anscheinend nicht.[33] 1969 griff Ralph Nader Coca-Cola in einer Anhörung vor dem Ausschuß über Ernährung und menschliche Bedürfnisse an. »Während The Coca-Cola-Company ein proteinreiches Schokoladengetränk... in Entwicklungsländern vertreibt«, beklagte der Kreuzritter, »versorgt sie die Vereinigten Staaten mit Cola – eine massive Beeinträchtigung, die vielleicht eines Tages als Krankheit charakterisiert wird.«

Kurzfristig eilte Paul Austin zu seiner Aussage vor den Ausschuß und versuchte sich in Schadensbegrenzung. »The Coca-Cola-Company ist sich zutiefst ihrer Verantwortung als Mitglied der Gesellschaft bewußt, wo immer sie geschäftlich aktiv ist«, informierte er die Senatoren. Trotzdem könne sie das neue Getränk nicht einfach gratis abgeben, sondern müsse ein gesundes Geschäft aufbauen und Saci »gleichermaßen attraktiv für Verbraucher wie Hersteller« machen. Austin versprach, die Firma beabsichtige, Saci den unterernährten Kindern Amerikas anzubieten, sobald die noch vorhandenen Probleme gelöst seien. Der Führungsmann von Coca-Cola räumte ein, daß »wir uns drehen und wenden« und daß der Geschmack zweimal verändert worden, aber noch immer nicht zufriedenstellend sei. Ein Senator, der zwei Flaschen Saci seinen von Coke begeisterten Kindern mitgebracht hatte, teilte Austin mit, diese haßten den Proteindrink. »Ich danke Ihnen für Ihre Offenheit«, antwortete Austin zwischen zusammengebissenen Zähnen.

Der umzingelte Coke-Führer sollte in den kommenden Jahren noch genügend Anlässe finden, mit den Zähnen zu knirschen. Nur eine Woche nach der grellen Abfüllerversammlung, in der das »Real Thing« und das »dynamische Band« vorgestellt worden waren, sprach die Food and Drug Administration (Lebensmittelbehörde) noch ein Thema der näherrückenden siebziger Jahre an, als sie alarmierende Ergebnisse von Cyclamattests bekanntgab, dem Süßstoff, der in den meisten Diätgetränken verwendet wurde. Die Experimente, die zum Teil von der Zuckerindustrie finanziert wurden, erbrachten, daß Laborratten, die auf Cyclamatdiät gesetzt wurden, bösartige Blasentumore entwickelten. Der FDA blieb keine Wahl, sie mußte den chemischen Stoff aus der Generally Recognized As Safe-Liste (Liste im allgemeinen als sicher anerkannter Substanzen) streichen und ihn nach dem 1958 verabschiedeten Delany Amendment verbieten.

Es spielte keine Rolle, daß die Ratten fünfzigmal mehr geschluckt hatten, als ein Mensch wahrscheinlich aufnehmen würde. Fred Dickson von Coke verwies darauf, daß ein Erwachsener täglich 550 Frescas trinken müßte, um die gleiche Dosis Cyclamat zu konsumieren. »Sie wären ertrunken, bevor Sie Krebs bekämen«, erzählte er einem Reporter. Ein anderer Soft-Drink-Manager bemerkte bitter: »Nach diesem Gesetz kann man den Sonnenschein verbieten.« Aber alle Medien berichteten lang und breit darüber, und im Land brach Panik aus. Cyclamat, von dem eine Woche zuvor noch praktisch niemand etwas gehört hatte, war plötzlich gleichbedeutend mit Gift. Schon bevor die Getränke verboten wurden, begann The Coca-Cola-Company damit, TaB und Fresca aus den Regalen zu holen.

Die Firma produzierte rasch alternative Versionen der Getränke, wobei sie Fresca vollkommen auf Saccharin umstellte, während sie das Saccharin in TaB mit Zucker anreicherte. In dem Versuch, die neu hinzugekommenen Kalorien zu verschleiern, besorgte sich die Firma bei der FDA die Genehmigung,[34] TaB mit »sechs Kalorien pro Unze Flüssigkeit« zu bewerben, anstatt den Gesamtanteil je Getränk anzugeben, wie es früher der Fall war. Die Coke-Männer arbeiteten fieberhaft rund um die Uhr an der neuen Formel und an neuen Etiketten. Das Cyclamatverbot fügte der Firma auf dem Inlandsmarkt keinen allzu großen

Schaden zu (einen Verlust von 2,5 Millionen Dollar im vierten Quartal 1969), da ihre Diätgetränke nur zehn Prozent des Umsatzvolumens ausmachten.[35] Royal Crown, dessen Diet-Rite den Markt beherrschte, wurde hart getroffen. Seltsamerweise widerfuhren Coca-Cola die größten Probleme in Japan, wo die Firma cyclamathaltige Getränke nicht einmal vermarktete. Gerüchte verbreiteten sich, daß Coca-Cola selbst den besorgniserregenden Süßstoff enthalte, und die japanischen Verbraucher, die noch pingeliger waren und noch schneller zur Panik neigten als die Amerikaner, hörten auf, das amerikanische Erfrischungsgetränk zu kaufen. Erst mit einer starken PR-Kampagne gelang es, das Verkaufsvolumen wiederaufzubauen.

Ein anderes amerikanisches Problem schwappte über den Teich nach Südafrika, wo die 37 Abfüllwerke von Coca-Cola die Soft-Drink-Branche dominierten. Aufgrund des in Amerika höheren Problembewußtseins in Rassenfragen verabschiedete der Kongreß 1968 erstmals Sanktionen gegen das Apartheid-Regime – ein Schlag für Paul Austin, der das Geschäft in Südafrika während der fünfziger Jahre geleitet hatte. Die neu eingeführten Restriktionen werden »uns zwingen, unser Europageschäft zu schröpfen«, klagte Austin im Juni 1968 in einem Brief an Woodruff.

Als sich das Jahr 1969 dem Ende zuneigte, stellte Paul Austin in einem Memo seine Besorgnis über die »Anti-Establishment-Einstellung« detailliert Robert Woodruff dar. Die Generation der Unter-Dreißigjährigen hatte Lyndon B. Johnson buchstäblich aus dem Amt gezwungen und konzentrierte sich nun auf andere Themen. Aufgrund ihrer dominanten Stellung, so Austin, »symbolisiert« The Coca-Cola-Company »das Establishment« und müsse Programme zur Ablenkung von Kritik in Gang setzen. »Nach dem Rückzug aus Vietnam«, sagte er voraus, »wird sich die Gruppe die Umweltverschmutzung als Thema vornehmen.« Austin beobachtete, daß »wir in bedeutendem Maße an dem Abfallberg mitschuldig sind« durch die Wegwerfflaschen und -dosen, von den Reklametafeln ganz zu schweigen. Das vom Nährstoffgehalt her minderwertige Getränk bot sich für Kritik geradezu an. Seine äußerst gut sichtbare Lastwagenflotte mache Coke zu einer »idealen Zielscheibe«. Coca-

Cola, der Star der Show, brauche dringend unterstützende Produkte und Programme, die der idealistischen Jugend zusagten. Austin drängte auf schnelle Aktionen an mehreren Fronten. Vielleicht wichtiger als jeder Gewinn jedoch erschien ihm, was er »den Heiligenscheineffekt« nannte. Coke müsse den Anschein erwecken, in der Welt Gutes zu tun.

Austins Worte erwiesen sich als prophetisch, wenn sie auch zu spät kamen, um die Schwierigkeiten noch abwenden zu können. Coca-Cola, die »ideale Zielscheibe«, hatte bereits die Aufmerksamkeit der Politiker und Regierungsbeamten erregt. Zudem hatte die Firma den grimmigen Blick von Cesar Chavez, dem Helden der Teenager, auf sich gezogen. Für Coca-Cola sollten die siebziger Jahre mit einem sauren Beigeschmack beginnen.

Big Red döst unruhig
vor sich hin

> Wir sagten immer: »Paß auf, daß Big Red nicht aufwacht.
> Sei aggressiv, aber wecke Big Red nicht auf.«
>
> <small>DEKE DELOACH</small>, Pepsi-Lobbyist im Ruhestand

1979 blickte der Coca-Cola-Manager Brian Dyson auf ein
gräßliches Jahrzehnt zurück. »Wenn wir in Atlanta 1969 an
der Schwelle zu den siebziger Jahren«, erzählte er den versammelten Abfüllern, »die Begabung besessen hätten, in die
Zukunft zu schauen, ich glaube, wir hätten angesichts der
vor uns liegenden Aussichten den Mut verloren.« Paul
Austin besaß 1969 eine derartige Sehergabe nicht, doch er
konnte die Schwierigkeiten riechen, als sich Cesar Chavez,
gleich nach seinem Sieg über die kalifornischen Winzer,
nach Florida wandte. »Sein nächstes Ziel«, jammerte Austin
in einem Memo an Woodruff, »werden Zitrusfrüchte sein.
Er hat unsere Firma namentlich genannt.« Austin wußte,
daß man Chavez nicht so leicht loswurde. »Er hat die Rolle
und das Auftreten eines Messias angenommen«, schrieb er
bedrückt. Die Situation in den Hainen von Minute Maid in
Florida war angreifbar, denn die Firma hatte rund 6000
Wanderarbeiter für die Erntesaison angeheuert. Die meisten waren Schwarze. Der Lohn war kümmerlich. Männer,
Frauen und Kinder lebten in »barackenähnlichen Gebäu-
den« ohne Bad oder Erholungseinrichtungen. »Wenn man
in den Nachrichten mit Bildmaterial über uns berichtet«,
schloß Austin, »sehen wir schlecht aus.«

1960, als Coke Minute Maid übernahm, hatte Edward R.
Murrow erstmals die entsetzlichen Zustände in den Oran-
genhainen Floridas mit der CBS-Dokumentation *Harvest of
Shame* (Beschämende Ernte) ins Scheinwerferlicht gerückt.
Niemand in der Soft-Drink-Firma hatte sich deswegen groß

Gedanken gemacht. Zehn Jahre später, nur wenige Monate nach Austins warnendem Memo, brachte Chet Huntley auf NBC eine Neuauflage mit dem Titel *Migrants* (Wanderarbeiter), in der er zeigte, daß sich in den vergangenen zehn Jahren nichts geändert hatte. Die Zitrushaine von Coca-Cola wurden genau beleuchtet, außerdem kam ein zorniger Aufseher von Minute Maid ins Bild, der dem Fernsehteam kampflustig befahl zu verschwinden. Obwohl Paul Austin und Luke Smith, der Präsident von Coca-Cola Foods, Martin Carr, dem Produzenten, Cokes Strategien zur Verbesserung der Zustände erklärt hatten, erwähnte die Dokumentation sie nicht.

Nur Tage, bevor die Sendung ausgestrahlt wurde, saßen Smith und Austin in einer geschlossenen Vorführung für Houstoner NBC-Tochtergesellschaften. Mit dem, was sie sahen, waren sie nicht glücklich. Wütend rief Austin den Präsidenten von NBC, Julian Goodman, an und brüllte, der Sender leiste »Coke einen Scheißdienst«. Der Fernsehmanager hörte höflich zu, denn Coca-Cola hatte bereits bei NBC für 1970 TV-Spots im Wert von über zwei Millionen Dollar gekauft.[1] Schließlich erklärte sich NBC bereit, einen Satz über Cokes »großen Plan, mit dem nach eigenen Angaben... Versäumnisse korrigiert werden sollen«, einzufügen und die Behauptung, daß Coke den Standard für die ganze Branche vorgebe, zu streichen.

Die kosmetischen Änderungen konnten die schlechte Publicity nicht verhindern. Als Martin Carr der Presse von dem »enormen Druck« berichtete, den die Coke-Männer ausgeübt hätten, um seine Dokumentation zu ändern, stand die Firma wie ein Zensor da. Nicht einmal eine Woche, nachdem die Dokumentation am 15. Juli ausgestrahlt worden war, saß Senator Walter Mondale als Vorsitzender in einem Unterausschuß, der die Nöte der Wanderarbeiter untersuchen sollte. »Es wird sich nichts ändern«, warnte Mondale in seiner Eröffnungsrede, »bevor dieses faule System nicht aufgedeckt und zur Verantwortung gezogen wird.«[2] Philip Moore, der Leiter des Projekts zur Firmenverantwortlichkeit, teilte den Senatoren mit, daß Paul Austin im Jahr 150 000 Dollar verdiene und 55 000 Coke-Aktien mit einer jährlichen Dividende von 79 200 Dollar besitze, während die Wanderarbeiter für Sklavenlöhne schufteten. »Ich würde Mr. Austin gerne fragen«, sagte Moore, »warum die Firmen schnell arbeiten, wenn es um Profite geht, doch sich alles dahinschleppt, sobald es sich um die Bedingungen für die Menschen handelt.« Moore schloß mit einer bissigen Voraussage. »Ich weiß einfach, daß Austin und andere Coke-Angestellte in diese Anhörungen hereinplatzen und sagen werden: ›Jungs, es tut uns leid. Es tut uns leid, daß wir diese Leute ausplündern. Es tut uns leid, daß wir ihnen nicht genug zahlen, damit sie davon einen Monat, geschweige denn ein Jahr lang leben können. Es tut uns leid, daß die Wanderarbeiter mit 49 Jahren sterben... Aber von jetzt an werden wir uns bessern.‹«

Mehrere Tage später, als Austin in Begleitung des Anwalts Joseph Califano vor Mondales Ausschuß erschien, erfüllte er Moores Erwartungen.* Er räumte ein, daß die Bedingungen für die Arbeiter bei Minute Maid »bedauernswert« seien, doch die Firma plane nun, viele Wanderarbeiter mit allen damit verbundenen Vorteilen fest anzustellen. Coca-Cola werde eine anständige Unterbringung und Ernährung gewährleisten, für entsprechende Kinder- und medizinische Betreuung sorgen und Erholungseinrichtungen schaffen. Zum Schluß verlangte Austin eine Nationale Allianz der Agrarwirtschaftler, die dem Vorbild der Nationalen Allianz von Geschäftsleuten nachgebildet werden sollte (allerdings niemals Wirklichkeit wurde).

Austin hielt sich in der harten Befragung durch die Senatoren nahezu makellos. Er merkte an, daß die Wanderarbeiter, abgesehen von Unterernährung und schlechter Unterbringung, auch unter »einem tiefgehenden Gefühl der Sinnlosigkeit« litten. Er gedenke, ihnen »menschliche Würde« und die Chance, »nicht nur in unseren Zitrusbetrieben, sondern in der ganzen Struktur unseres Unternehmens aufzusteigen«, zu geben. Der Coca-Cola-Manager ge-

---

* Califano erinnert sich: »Es war der feindseligste Anhörungssaal, den ich jemals betreten habe, vollgestopft mit Praktikanten und aufgebrachten Studenten. Eine junge, dunkelhaarige Frau mit Brille kam auf mich zu und sagte: ›Du Scheißkerl, du Ausbeuter.‹ Es war Hillary Clinton.«

riet nur einmal ins Schwimmen und verriet versteckten Rassismus. »Diese Leute«, erklärte er, »haben keine Arbeitsdisziplin.«

In Verbindung mit den greifbaren Ergebnissen des nachfolgenden Agriculture Labor Project (ALP, Landarbeiterprojekt) verwandelte Austin die anfänglich feindselige Medienreaktion in eine PR-Goldgrube. *Time* nannte am 10. August 1970 Austins Rede vor dem Senat in ihrer Schlagzeile: »Die Offenheit, die erfrischt«. Der schwarze Orangenpflücker Willy Reynolds wurde der Star vieler Interviews, nachdem er in sein eigenes Haus in Frostproof, Florida, übersiedelt war. »Es ist, als sei man wiedergeboren«, sagte er. »Ich war schon in Häusern wie diesem, aber immer nur als Besucher. Ich hätte nie geglaubt, daß ich so eins einmal besitzen würde.« *Business Week* verlieh Coke 1970 seinen Award for Business Citizenship.[3] Selbst Ralph Nader war, wie er in einem Interview erzählte, von Austins Ernsthaftigkeit beeindruckt, als Joe Califano die beiden bei einem Abendessen zusammenbrachte. Nachdem er höflich zugehört hatte, wie der Coca-Cola-Manager sein Entsetzen angesichts der Zustände in den Orangenhainen beschrieb, fragte Nader: »Wie kommt ein einfühlsamer Mann wie Sie, mit einem Abschluß an der Harvard Law School, dazu, den Leuten braunen Sirupsaft in die Mägen zu pumpen?« Austin blickte dem Verbraucherkreuzritter geradewegs in die Augen und antwortete: »Ich glaube nicht, daß an dem Verkauf eines erfrischenden Getränks etwas Falsches ist.«

Abfall, Umweltverschmutzung und andere Reizstoffe

Als die Firma den Anklagen, die Wanderarbeiter kaltherzig zu vernachlässigen, so gerade noch entkommen war, sah sie sich nunmehr mit wütenden Umweltschützern konfrontiert. Mit Beginn der siebziger Jahre waren vierzig Prozent aller Erfrischungsgetränke in Einwegbehältnissen verpackt, und diese Zahl stieg stetig weiter.[4] Im Sommer 1970 schütteten Demonstranten gleich nach dem Tag der Erde Berge von Einwegflaschen von Coke vor die Zentrale in der North Avenue. Zur gleichen Zeit tauchten in den Gesetzgebungsgremien der Bundesstaaten Vorlagen zur Altglasbeseitigung auf.[5] Eine Umfrage im Jahr 1971 stellte die Behauptung auf, daß fünf Prozent des festen Mülls im Lande aus Behältnissen bestehe, die von The Coca-Cola-Company hergestellt worden seien. Die Firmenmänner erklärten mit einiger Berechtigung, daß sie, wenn Coke zur Mehrwegflasche zurückkehre und Pepsi es nicht tue, eine Katastrophe auf dem Markt heraufbeschwören würden. Die Verbraucher verlangten theoretisch ein Ende des Müllberges, doch zu Hause wollten sie auf die Bequemlichkeit eines Wegwerfbehälters nicht verzichten.

In der Hoffnung, die Kritik zerstreuen zu können, drängte Coca-Cola auf Recycling und betonte, daß die Mehrzahl der firmeneigenen Abfüllwerke Glas und Papier zwecks Wiederverwertung an die Lieferanten zurückgäben. Werbeteams der Firma führten Reklametafeln mit einem cleveren Wortspiel zu der von den Vietnam-Falken abgespulten Leier ein, Amerika entweder zu lieben oder es zu verlassen. »Wenn du mich liebst«, verkündete das Schild mit Coke-Dosen und -Flaschen, »verläßt du mich nicht.« Um die Aufmerksamkeit der Öffentlichkeit zu erregen, brach die Firma im Interesse der Müllvermeidung vorsätzlich mit ihrer Ablehnung offenkundiger Sexualität in der Werbung. »Bück dich ein wenig«, lockte eine Anzeige, auf der die Rückenansicht eines hübschen Mädchens abgebildet war, das sich gerade hinunterbeugte, um eine Flasche aufzuheben.

Während Austin den Aufstand wegen der Wanderarbeiter eindeutig als pragmatisches Geschäftsproblem angegangen war, schien er sich nun wegen der Umweltfragen aufrichtig Sorgen zu machen. In der tropischen Ruhe der Bahamas absolvierten Coca-Cola-Manager eine Reihe von Harvard-Seminaren mit hochklassigen Wissenschaftlern aus den ganzen USA. Im Gegensatz zu den üblichen Managementtreffen hoben diese humanistischen Sitzungen breitangelegte, überwältigende Visionen hervor, Selbstverwirklichung und Umweltbewußtsein. Auf Austin und seine Kollegen hatten sie enormen Einfluß. In der Welt der Zukunft, so erfuhren sie, würde sauberes Wasser wertvoller als Gold sein. Austin beauftragte Bob Broadwater, der bereits mit der Akquisition von Tochtergesellschaften betraut war, einen Kader von strebsamen jungen Absolventen der Harvard Business School einzustellen und praktikable Möglichkeiten auszuarbeiten, wie die Lektion des Seminars umgesetzt werden könne. Direkt Austin unterstellt und somit außerhalb der bei Coke üblichen Verwaltungshierarchie angesiedelt, handelte sich die Gruppe schnell den Spitznamen »Austins Waisen« ein.

Broadwater und seine Waisen fanden Freude daran, in aller Freiheit neue Gebiete zu erkunden. Als erstes stießen sie auf Aqua-Chem, eine fahrende Firma auf dem Gebiet der Entsalzung und Wasseraufbereitung, die vielleicht auch helfen würde, den Boykott seitens der Araber zu beenden, da die trockenen Länder des Mittleren Ostens dringend Entsalzungsanlagen benötigten. Die Waisen erwarben ein Mineralwasser-Abfüllwerk in Massachusetts; zogen auf der Insel Kharg im Persischen Golf in Hydrokultur unter Plastik Obst und Gemüse; erstanden eine Kunststoffverarbeitungsanlage in Wisconsin, um mit biologisch abbaubaren Müllsäcken und Flaschen zu experimentieren; betrieben in Mexiko eine Shrimp-Farm. Nach einer ganztägigen Sitzung mit Sterling Livingstone, einem ehemaligen Harvard-Professor, der seine eigene Managementschulungsfirma in Boston und Washington, D.C., gegründet hatte, schlug der Lehrmeister vor, die unternehmungslustigen Coke-Männer sollten einfach sein Sterling Institute kaufen. »Zur Hölle, das waren nur eine Million Dollar«, erinnert sich Broadwater. »In jenen Tagen gaben wir soviel schon vor dem Frühstück aus.«

Mit Ausnahme der Mineralwasser-Firma brachte keine von Broadwaters Erwerbungen anständige Gewinne ein. Es war klar, Paul Austin wollte auf sofortige Profite verzichten, um seinen »Heiligenschein-Effekt« durchziehen zu können. Insgesamt saß die Firma laut Forbes 1970 auf 150 Millionen Dollar in bar, und weiterhin floß das Geld vom Verkauf der Erfrischungsgetränke nur so herein, 1974 waren es 300 Millionen Dollar. Warum sollte man den idealistischen jungen Managern nicht einmal freie Hand lassen? Austin empfand für sie ein väterliches Interesse. »Es ist faszinierend«, sagte er. »In nur drei Jahren sieht man, wie sich ein Junge zu einem Geschäftsmann mausert.«

Austin war nicht nur ein patriarchalischer Führungsmann, der neue Firmen wie Spielzeuge behandelte, sondern auch ein geborener Umweltschützer.

Und auch die Bevölkerungsexplosion bereitete Austin
Sorgen. »Innerhalb der Lebensspanne eines in diesem Jahr
geborenen Kindes wird es fünfzehn Milliarden Bewohner
auf dieser unglaublich empfindlichen Erde geben.« Austin
hielt diese »riesigen Menschenmengen« für eine furchterre-
gende Aussicht, doch seine Kollegen von Coke müssen geglaubt haben, er verliere den Verstand. Was geschah mit
dem traditionellen Wertesystem, das besagte, die Hauptauf-
gabe des Menschen auf Erden sei es, als Einfüllstutzen für
Coca-Cola zu dienen? Auf einer Ebene glaubte Paul Austin
ernsthaft, was er anderen erzählte; doch er verlor sein letzt-
endliches Ziel, mehr Erfrischungsgetränke zu verkaufen,
niemals aus den Augen. Wie ein Kommentator einige Jahre
später feststellte, schienen The Coca-Cola-Company und
ihre Mannen »auf zwei Ebenen gleichzeitig zu funktionieren: auf einer luftigen, ja platonischen, und auf einer er-
barmungslos praktischen«.[6] Nach all den Knallern von
Austin waren seine konkreten Vorschläge für Coca-Cola
doch reichlich zahm. Sobald es ein »wirkungsvolles Gerät«
zur Beseitigung der Kohlenwasserstoff-Emissionen gebe,
versprach er, werde er die riesige Flotte von Coke-Lieferwagen darauf umstellen. In der Zwischenzeit würden sie
weiterhin ihre umweltverschmutzenden Runden drehen. Er
merkte an, daß siebzig Prozent der Coke-Behälter wieder-
verwendbar waren, und er hoffe, eine Einwegplastikflasche
zu finden, die man ohne Ausscheidung von Kohlenwasser-
stoff verbrennen könne.

Die Attacken der FTC

Ob sie nun ernst gemeint waren oder nicht, die Reden von
Austin und die ökologischen Bemühungen von Coke konn-
ten es nicht verhindern, daß die Regierung erneut auf die
Firma aufmerksam wurde. Jeder Coca-Cola-Mann mit Sinn
für Geschichte muß das vorhergesehen haben, denn die
Federal Trade Commission (FTC, Bundeskommission für

Handel) hatte bereits fünfzig Jahre zuvor Asa Candler verklagt. Nun, unter der Leitung des Kreuzritter-Kommissars Robert Pitofsky und ermutigt von der strengen Verbraucherbewegung, griff die FTC erneut Coca-Cola an.

Der erste Streich betraf »Big Name Bingo«,[7] eine Maßnahme zur Verkaufsförderung. Die Konsumenten von TaB und Coke konnten 100 Dollar gewinnen, wenn sie bei der Beantwortung von zehn Fragen auf der Bingokarte die richtigen Kronkorken, auf denen zwanzig berühmte Leute abgebildet waren, in die Einsteckvertiefungen setzten. Die FTC hatte Einwendungen, weil die Regeln nicht klarstellten, daß für die kniffligen Fragen mehrfache Antworten verlangt wurden. Die meisten Teilnehmer zum Beispiel identifizierten richtig Admiral Byrd als denjenigen, der eine Arktisexpedition unternommen hatte. Um jedoch einen Preis zu gewinnen, mußten sie bei dieser Frage auch das Kronkorkenstück von Horatio Nelson ankleben. Genauso besuchten sowohl Woodrow Wilson als auch Guglielmo Marconi die Pariser Friedenskonferenz. So überraschte es nicht, daß unter den 1 500 000 Einsendern nur 831 Gewinner ermittelt wurden. Kurz nachdem die FTC ihre Beschwerde losgelassen hatte, wurden gegen Coca-Cola und die Glendinning Company, die in Wirklichkeit den Wettbewerb für die Soft-Drink-Firma durchführte, Klagen eingereicht, die sich auf insgesamt 425 Millionen Dollar beliefen.

Die Bingofarce brachte zwar unliebsame Schlagzeilen, kostete die Firma aber kaum Geld. Unerschrocken eröffnete die FTC prompt eine zweite Front. 1971 verklagte sie Coca-Cola wegen der angeblich irreführenden Werbung für Hi-C, in der ein unseliger Vater seinen Kinder den Verzehr von Kartoffelchips, Plätzchen und anderen minderwertigen Speisen erlaubte.[8] »Irgendeine Mahlzeit!« sagte der Sprecher. »Aber Dad weiß, das einzig Wichtige daran ist eiskaltes Hi-C.« Das Getränk sei, so fuhr er fort, »aus echten Früchten hergestellt« und habe »einen hohen Vitamin-C-Gehalt«. Die FTC-Staatsanwälte bemerkten, in Hi-C stecke nur wenig echter Fruchtsaft und es enthalte weniger Vitamin C als Orangensaft, während die Werbung das genaue Gegenteil vermuten lasse. Die Fernsehspots vermittelten auch die Ansicht, es käme nicht darauf an, ob die Kinder minderwertiges Essen verzehrten oder nicht, solange sie nur Hi-C tränken. Die Männer von der FTC zeigten sich insbesondere durch eine gemeinsame Aktion mit Kellog erzürnt, in der ein kleines Mädchen zum Frühstück Pop Tart aß und Hi-C trank. Die Firma verteidigte sich mit der Erklärung, die Klage beruhe auf »persönlichen und unwissenschaftlichen Ernährungsansichten«.[9] Nur weil die Kommission den Verzehr von natürlichen Fruchtsäften vorziehe, bestehe noch kein Grund, Hi-C zu bestrafen und »die amerikanische Öffentlichkeit zu entmutigen, unter den Erfrischungsgetränken ihre freie Wahl zu treffen«. 1972 einigten sich die Kommissare mit den Coke-Anwälten und stellten das Verfahren ein.

Im gleichen Jahr jedoch schlug die FTC ins Herz der Soft-Drink-Branche, als sie vorgab, das System des Exklusivfranchising verletze den Sherman Anti-Trust Act (das Antimonopol-Gesetz), da das Monopol der Abfüller über bestimmte Territorien den fairen Wettbewerb verhindere. Ein mächtiges Protestgeheul überzog die Vereinigten Staaten, während Coke und Pepsi sich verbündeten, um den gemeinsamen Feind in die Knie zu zwingen. Das FTC-Verfahren sollte sich jahrelang hinziehen und das Jahrzehnt verdüstern. The Coca-Cola-Company und ihre Abfüller verfolgten zwei Strategien gleichzeitig; einmal suchten sie nach einer Rechtfertigung vor Gericht, andererseits leisteten sie lobbyistische Schwerstarbeit für eine spezielle Gesetzgebung, die Erfrischungsgetränke von einer juristischen Verfolgung ausnahm. Die juristischen Winkelzüge sollten die traditionelle Beziehung zwischen den Abfüllern und der Firma tiefgreifend verändern, doch das konnte 1972 noch niemand vorhersehen.

Tricky Dick setzt seine Zauberkunst ein

Zur Zeit des dritten FTC-Verfahrens hatten einige frustrierte Coca-Cola-Männer das Gefühl, diese vielzackigen Angriffe könnten nicht auf reinem Zufall beruhen. Präsident Nixon, der Don Kendall von Pepsi sehr viel schuldig war, mußte beschlossen haben, daß ein paar schmutzige Tricks in Ordnung gingen. Natürlich betraf das FTC-Verfahren auch Pepsi, aber die paranoiden Coke-Männer glaubten, daß ein Verbot des Exklusivfranchising dem Marktführer weitaus stärker schaden würde. Besorgt über die Situation, schlug der Coke-Lobbyist Ovid Davis vor, es müsse ein hochrangiger Gefolgsmann aus Washington her, der »einen Draht zur Nixon-Administration« habe.

Richard Nixon jedenfalls erleichterte eindeutig Pepsis Einzug in die Sowjetunion. Paul Austin hatte den Export-Präsidenten John Talley angewiesen, erneut in Verhandlungen mit der UdSSR einzutreten, und im September 1972 berichtete Talley Robert Woodruff, daß »es den Anschein hat, als hätten wir gegenüber der Sowjetunion unsere Einstellung, wir seien etwas Besseres, weit über die wirtschaftlich gerechtfertigten Grenzen hinaus bewiesen«. Doch Talley wußte nicht, daß Don Kendall bereits mit dem sowjetischen Ministerpräsidenten Kossygin knapp ein Jahr zuvor einen Handel geschlossen hatte, und zwar während seines Moskaubesuchs in der Funktion als Vorsitzender einer amerikanischen Delegation für den Handel zwischen den Vereinigten Staaten und der Sowjetunion. Darauf erpicht, amerikanischen Weizen zu kaufen, bildete Kossygin sich ein, ein Handel mit Nixons Pepsi-Freund würde sich politisch auszahlen. Es dauerte zehn Monate, bis alle Details festgelegt waren, doch im November 1972, kurz nachdem Talley sein Memo verfaßt hatte, gab Pepsi einen zehnjährigen Exklusivvertrag mit der Sowjetunion bekannt.

Wütend schalt sich Austin selbst, bei seiner Chance in den späten sechziger Jahren gekniffen zu haben. Entschlossen, einen Fuß auf sowjetischen Boden zu bekommen, versicherte er Coca-Cola-Managern seines Vertrauens, daß »Coca-Cola als das populärste Erfrischungsgetränk der Welt zur gegebenen Zeit auch in der Sowjetunion erhältlich sein wird«. Er delegierte das Projekt an Bob Broadwater, der während der nächsten Jahre mehr als zwanzigmal in die UdSSR fuhr.

Wie man die Welt zum Singen bringt

In den frühen Siebzigern nach Vietnam verlor die Anti-
kriegsbewegung an Schwung, denn viele Mitglieder der
Gegenkultur gaben den politischen Kampf auf und suchten
nach persönlichem Frieden. Sie drängten sich zu Love-ins
und Rockfestivals, lebten in Kommunen, hingen Kulten an
und suchten nach einem Sinn in einer Gesellschaft, die
dazu bestimmt schien, sich selbst zu zerstören. Die populäre Musik spiegelte dieses Streben nach Heiterkeit und
Sicherheit wider. 1970 wurde »Bridge Over Troubled
Water« von Simon & Garfunkel mit Platin ausgezeichnet,
während »Let It Be« von den Beatles eine goldene Schall-
platte erhielt. Doch die »Real Thing«-Kampagne von Coca-
Cola klebte noch immer an dem Song, der 1969 eingeführt
worden war, und den dazugehörigen Vignetten amerikanischen Lebens. Die Kampagne wirkte alt, und ihr freneti-
scher Stil paßte nicht mehr zur Sehnsucht des gespaltenen
Landes nach Ruhe. In Reaktion darauf änderte Bill Backer
den »Real Thing«-Song in eine ruhige Folkballade um:'
»Friendly Feelings«. Der neue Text glitt über Bilder von
glücklichen, jungen Hippies.

Backers Timing war, wie immer, goldrichtig. Ein paar
Monate, nachdem »Friendly Feelings« im Februar 1971 aus-
gestrahlt worden war, kam James Taylors Version von
»You've Got a Friend«, mit ähnlichen Empfindungen heraus.
Da arbeitete Backer bereits an einer anderen Variante des
»Real Thing«, die dieses Streben nach Freundschaft und
Brüderlichkeit über die Grenzen der Vereinigten Staaten
hinaustragen und die ganze Welt in einer Phantasie des Zu-
sammengehörigkeitsgefühls einen sollte. Billy Davis, ein
schwarzer Motown-Producer und früheres Mitglied von
The Four Tops, war zu dem Werbeteam gestoßen und kom-
ponierte die Melodie zu einem der populärsten Spots, die
jemals gemacht wurden.

Auf dem Gipfel eines Hügels in Italien versammelte
Coca-Cola rund 200 junge Erwachsene aus jedem Winkel
der Welt, die ihre jeweilige Nationaltracht trugen. In ordentlichen Reihen zu einer umgekehrten Pyramide aufgestellt und Coke-Flaschen haltend, sahen sie nach vorn,

während sie sangen: »I'd like to buy the world a home and furnish it with love./Grow apple trees and honey bees und snow white turtle doves.« (Ich würde gerne allen ein Haus kaufen und es mit Liebe ausstatten,/Apfelbäume und Honigbienen ziehen und weiße Turtel-Täubchen regnen lassen.) Die Vision, idealistische Jugendliche singen für eine müde Welt, wirkte besänftigend wie eine Hymne in einer Kirche unter freiem Himmel, und die Flaschen Coca-Cola, die sie umklammerten, waren hoffnungsvolle Friedenstalismane. So wie Coke seinen Wanderarbeitern Häuser baute, wollte es jetzt auf nicht genau geklärte Weise der Welt ein Zuhause geben. Da sich die Hippies in die Berge auf Farmen zurückzogen, sprach Backers Lied lyrisch von Apfelzucht und Bienenpflege.

»I'd like to teach the world to sing in perfect harmony«, fuhren die süßen Stimmen fort. »I'd like to buy the world a Coke and keep it company. That's the real thing...« Im Juli 1971 erstmals vorgestellt, rief der Spot eine Sensation hervor. Niemand fand es absurd, daß dem Erfrischungsgetränk zugestanden wurde, die Welt zu retten, daß der Text von stereotypen Gefühlen nur so triefte oder daß die jungen Leute in der Werbung zu den Stimmen der New Seekers, einer britischen Popgruppe, lediglich die Lippen bewegten. Die Firma und die Abfüller wurden mit über 100 000 Briefen und Anfragen nach den Noten überschwemmt. [10] Coke lieferte ihnen zusammen mit Single-Aufnahmen das Lied. Als die Radiosender sich darum bewarben, den Spot gratis auszustrahlen, schrieb Backer die Ballade so um, daß Coca-Cola nicht mehr auftauchte, und die New Seekers nahmen sie auf Platte auf. Als ihre Platte in den Hitlisten ganz noch oben kletterte, veröffentlichte eine hastig zusammengestellte Gruppe namens Hillside Singers eine Country & Western-Version davon. Anfang Januar 1972 hatten sich die beiden Einspielungen zusammen eine Million mal verkauft. Es war, wie *Newsweek* vermerkte, »eine todsichere Form der unterschwelligen Werbung«. Obwohl Coca-Cola im Text nicht erwähnt wurde, dachte doch jeder automatisch an das Erfrischungsgetränk, wenn er das Lied hörte.

Die guten alten Zeiten

Als die Amerikaner sich bemühten, die schwierige Zeit auszuloten, suchten sie nicht nur Trost in einer Welt, wo man harmonisch miteinander singt, sondern blickten liebevoll zurück in eine Zeit, die nun so herrlich unschuldig erschien, eine Zeit, in der die Amerikaner noch an einen wohlmeinenden Gott glaubten, die rebellischen Jugendlichen nichts Schlimmeres taten, als Entenschwänze zu tragen, die Wirtschaft boomte und Amerika und seine Produkte die Welt beherrschten. Als 1972 *Grease* am Broadway herauskam, überschwemmte die Nostalgie der fünfziger Jahre das Land. Und damit gedieh, zur nicht geringen Überraschung der Firma, eine Sucht nach Coke-Erinnerungsstücken.

Im selben Jahr schrieb Cecil Munsey den *Illustrated Guide to the Collectibles of Coca-Cola* (Illustrierter Führer zu den Sammlerobjekten von Coca-Cola), der auch die frühen Serviertabletts mit Hilda Clark und Lilian Nordica enthielt, die Fliegenklatschen der zwanziger Jahre, die sommersprossigen Jungs von Norman Rockwell aus den dreißiger Jahren, die Weihnachtsmänner von Haddon Sundblom, die Fliegerjungs aus dem Zweiten Weltkrieg mit ihren Soft-Drinks an den Lippen und die natürlich wirkenden Schönheiten der fünfziger Jahre, die die Coke-Zeit ankündigten. Quer durchs Land fanden die Sammler durch Antiquitäten-Zeitschriften, zufällige Treffen auf Flohmärkten und Mundpropaganda zueinander. 1975 war der Cola-Clan geboren. Der Architekt Thom Thomson aus Kentucky, heute noch ein aktiver Sammler, gehörte zu den Gründungsmitgliedern. »Als das Buch von Munsey erschien, behandelten wir es wie die Bibel«, erinnert er sich. Das Buch war Wilbur Kurtz jr. gewidmet, dem Archivar der Firma, der inmitten der Tabletts und alten Flaschen abgebildet war. Beim ersten Treffen des Klubs in Atlanta führte Kurtz die Coke-Fans in sein Heiligtum in der North Avenue. »Wilbur war für uns so etwas wie ein Gott«, weiß Thompson noch. »Wir hatten ihn in Munseys Buch gesehen, und hier war er auf einmal in Person. Er war ein großartiger Geschichtenerzähler, wenn auch ein Großteil dessen, was er verkündete, wohl reine Erfindung war.«

Auf einmal stiegen die alten Kalender und Serviertabletts im Wert und verkauften sich für das Mehrfache von zehn, dann sogar 100 Dollar. Kurtz war zunächst verblüfft über dieses große Interesse, dann freute er sich jedoch, daß er im Zentrum der Aufmerksamkeit stand, vor allem da früher bereits mehrere Firmenangestellte versucht hatten, ihn an die Luft zu setzen. »Sie meinten, ich leiste keinen richtigen Beitrag zur Firma«, erinnerte sich Kurtz in einem Interview kurz vor seinem Tod. »Es waren Geschäftsleute. Sie dachten nicht in Begriffen wie Geschichte und Bewährung.« Der Nostalgieboom erhöhte den niedrigen Status des Archivars in der Firma, als die Marketingleute von Coke, in dem Drang, mit den Memorabilien Geld zu verdienen, wegen alter Gegenstände zu Kurtz kamen. Sie reproduzierten diese alten Werbemittel und erweckten frühere Modelle wie Hilda Clark zu neuem Leben, indem sie die Tabletts mit ihrem Konterfei als Prämie oder Preis vergaben.

Die große Stunde des Charles Duncan

Während die kreativen Genies von McCann inspirierte Werbespots drehten, erlebte The Coca-Cola-Company langsam einen Wandel. 1970 hatte Robert Woodruff Charles Duncan aus London zurückgerufen, wo dieser als Leiter des Europabüros von Coca-Cola Export wertvolle internationale Erfahrungen gesammelt hatte. Am Ende des folgenden Jahres ernannte der Boß Duncan zum Präsidenten der ganzen Firma, und Paul Austin blieb Vorsitzender des Verwaltungsrats. Austins elitäre Philosophie hatte zwar Coca-Cola durch die sechziger Jahre gesteuert, doch Duncan bot das dringend benötigte handfeste Management. Gemeinsam waren die beiden ein sich möglicherweise ergänzendes Team. Die wirkliche Macht allerdings verblieb weiterhin bei Austin.*

---

* Bei Coca-Cola lag die Macht, wo man sie suchte. Robert Woodruff, der sich seit 1955 »aufs Altenteil« zurückgezogen hatte, regierte weiterhin von seinem Stuhl im Finanzausschuß aus. Als Paul Austin zum Präsidenten der Firma ernannt wurde, erhielt er die tatsächliche Kontrolle, obwohl Lee Tally Vorsitzender des Verwaltungsrats war. Austin behielt diese letzte Autorität auch, als er Vorsitzender wurde.

Duncan hatte noch immer genug Gewicht, um die Art und Weise, in der Coca-Cola Export geleitet wurde, zu ändern. Als das Geschäft in Übersee in den fünfziger und sechziger Jahren boomte, arbeiteten die Export-Männer unabhängig als aus der Not geborene Abenteurer, bereit zu improvisieren und im Bruchteil einer Sekunde Entscheidungen zu treffen, wobei sie einen machohaften Abscheu gegenüber den Schreibtischmanagern in Atlanta zeigten. Anfang der sechziger Jahre allerdings gerieten die autonomen Export-Manager durch Arbeiterunruhen, sozialistische Regierungen und die Ablehnung von Großunternehmen auf der ganzen Welt in Schwierigkeiten. Als zwei Coke-Mitarbeiter in Uruguay wegen ihres Einsatzes in einer Befreiungsbewegung inhaftiert wurden, revoltierten die anderen Kollegen und besetzten das Abfüllwerk.[11] Die sozialistische Regierung von Salvador Allende »kaufte« alle chilenischen Betriebe von Coca-Cola und stattete sie mit eigenem Personal aus. Eine Anzahl von argentinischen Coke-Mitarbeitern wurde gekidnappt und festgehalten.[12] In Italien besetzten die Arbeiter die Anlage, als ein firmeneigenes Abfüllwerk lieber Bankrott erklärte, als sich einer starken Gewerkschaft zu beugen. Zurück in Atlanta, zuckte ein Coke-Sprecher, kurz bevor Charles Duncan die Präsidentschaft antrat, über die Situation in Italien mit den Achseln. »Es kann ernst sein; es kann auch nicht ernst sein«, sagte er. »Diese Dinge haben die Neigung, bei der Übersetzung zu verlieren.«

Eine derartige Haltung, in Verbindung mit der weltweiten Unruhe, überzeugte Duncan, die Büros von Coca-Cola Export in New York City 1972 nach Atlanta zu verlegen. Auch übertrafen zu diesem Zeitpunkt die Auslandseinkünfte bei weitem die aus dem Inland. »Es bestand tatsächlich die Gefahr, daß der Schwanz mit dem Hund wedeln würde«, erinnert sich der Export-Mann Ian Wilson. Der Umzug in das noch immer engstirnige Herz des Südens rief unter den Überseemännern von Coke heftige Ablehnung hervor. Sie optierten für Büros auf der anderen Seite der Stadt, so weit wie nur möglich von der North Avenue entfernt. Doch die Dezentralisierung, die Austin vorgenommen hatte, wich einem Rückzug nach Atlanta.

Austin nutzte den Vorteil, daß sich nun Duncan um den

Alltagskram des Betriebs kümmerte, und brach zu ausgedehnteren Reisen rund um den Globus auf, die mehr als die Hälfte seiner Zeit in Anspruch nahmen. Zu seiner Bestürzung traf er häufig auf feindselige Einstellungen gegenüber der Firma. Während der Kolonialismus abnahm, wuchs der Nationalismus und damit die Tendenz, mächtige multinationale Unternehmen zu verunglimpfen. Coca-Cola, als das am stärksten präsente Produkt auf Erden, bot ein verlockendes Ziel. Die Verfasser von *Global Reach,* einem 1974 veröffentlichten Buch, gaben Coke die Schuld an »kommerziogenischer Unterernährung«[13] und behaupteten unter anderem, daß mexikanische Familien häufig ihre Eier und Hühner verkauften, um für den Vater Coke zu erstehen, »während die Kinder aufgrund von Proteinmangel dahinschwanden«.

Mit derartigen Unterstellungen wurden Austin und Duncan noch fertig, doch sie mußten sich auch an die Frauenbewegung gewöhnen. Die ganzen frühen siebziger Jahre hindurch kämpften sich die Frauen Schritt für Schritt in die unteren und mittleren Positionen hoch, die bis dahin in The Coca-Cola-Company von Männern besetzt gewesen waren. 1973 stellte der *Refresher* Carol Hinkey vor, den ersten weiblichen Außendienstler.[14] Während sie »in einer Männerwelt lebt und arbeitet«, versicherte der Artikel allen sich bedroht fühlenden Männern, sei sie dennoch »überaus feminin«. Im gleichen Jahr führte die Firma eine interne »gesellschaftliche Prüfung«, durch, um herauszufinden, wie gut sie mit Frauen und Frauenthemen zurechtkam. Der Bericht der Unternehmensberater spezifizierte, daß »ein beträchtlicher Fortschritt« zu verzeichnen sei, daß es aber »immer noch ein ganzes Stück zurückzulegen« gelte.

Zum erstenmal kamen die Beschäftigten von Coca-Cola in kleinen Gruppen zusammen, um etwas jenseits der Wunder des Erfrischungsgetränks zu diskutieren. In »normativen Sitzungen« sprachen sie frei von der Leber weg in einer Art firmengesponserter Encountergruppe. Mary Gresham, die 1942 im Postzimmer angefangen und sich langsam in eine Managementposition in der Werbeabteilung hochgearbeitet hatte, fand sich in einem reinen Frauenseminar wieder. Die jungen Sekretärinnen beklagten sich, daß sie von den Männern bei ihrem Vornamen angespro-

chen wurden, während diese wiederum als »Mister« ange-
redet zu werden erwarteten. Schließlich unterbrach Mary
Gresham: »Sie können mich anreden, wie sie wollen, wenn
sie mir nur dasselbe Gehalt bezahlen würden wie dem
Mann, dessen Job ich übernahm.« Die Sitzungen führten lediglich zu Witzen über Männer.

Selbst mächtige Männer waren jedoch nicht immer sicher. Während Austin 1974 zu einem ausgedehnten Trip in
Afrika weilte, beschloß Robert Woodruff, es sei Zeit für
eine Machtverschiebung. Er holte sich einen unabhängigen
Unternehmensberater, der vorschlagen sollte, daß der Präsident der Firma mehr Autorität erhalten müsse – das heißt,
daß Duncan die Firma wirklich leiten solle. Woodruff hatte
diesen Schritt allerdings zu früh gewagt, denn Duncan
genoß noch keine ausreichende Unterstützung auf der
Ebene des Verwaltungsrats. Als Austin aus Übersee zurückkehrte und erfuhr, was geschehen war, ging er wütend geradewegs zum Verwaltungsrat und forderte Duncans Rücktritt.[15] In einer stürmischen Sitzung setzte er seinen Standpunkt durch und war damit der erste Mann, der sich gegen
Woodruff erhob und überlebte.

Die Beziehung zwischen Paul Austin und Robert Woodruff war seit jeher von Haßliebe gekennzeichnet. »In der
einen Minute standen sie sich so nahe wie Sohn und
Vater«, erinnert sich Ian Wilson. »In der nächsten fauchten
sie sich an wie Katzen.« Nun hatte der jüngere Mann
scheinbar seine Unabhängigkeit von dem alternden Fir-
menpatriarchen ein für allemal behauptet. Woodruff
konnte sich Anfang 1972 von zwei aufeinanderfolgenden
Schlaganfällen erholen, aber sein Gesundheitszustand verschlechterte sich im weiteren Verlauf des Jahrzehnts Schritt
für Schritt. Auf den nun freien Platz von Duncan hob
Austin Luke Smith, einen beliebten traditionellen Coca-
Cola-Mann, der seit 1940 für die Firma tätig war. Obwohl
ein heller Kopf, war Smith dennoch kein dynamischer Führer, sondern blickte stets zu Austin zwecks letztendlicher
Anleitung hoch. Am wichtigsten war jedoch, aus Austins
Blickwinkel, daß Luke Smith ein hervorragendes Verhältnis
zu den allmächtigen Abfüllern hatte – ein Verhältnis, das
bald entscheidende Bedeutung erlangen sollte.

Die Thomas Compony und der FTC-Tango

Zu Beginn der siebziger Jahre hatte Coca-Cola unbestreitbar zu viele Abfüllfirmen. Von der Höchstzahl 1200 in den zwanziger Jahren war die Anzahl amerikanischer Coke-Franchise-Firmen bis 1970 auf 800 gesunken, doch fast zwei Drittel von diesen versetzten ihren Sirup in Städten mit 50 000 oder noch weniger Einwohnern mit Kohlensäure. Während der Kleinstadt-Abfüller weiterhin zur Firmentradition gehörte, war er schlichtweg auf dem modernen Markt nicht besonders effektiv. Mit ihrer neuen Abteilung Abfüller-Zusammenlegung erleichterte die Firma Fusionen und Verkäufe. In den ersten Jahrzehnten des Jahrhunderts hatte das System unabhängiger Franchise-Unternehmen das Erfrischungsgetränk erfolgreich in den Vereinigten Staaten verbreitet. Jetzt allerdings erwiesen sich die Territorien mit einem Radius von fünfzig Meilen, noch der alten Auslieferungsmethode mittels Pferdewagen angepaßt, für die großen Trucks, die vollbeladen die amerikanischen Highways entlangbrausten, als wenig geeignet. Hochgeschwindigkeits-Maschinenstraßen zum Abfüllen und Verdosen konnten genug Produkte ausspucken, um ganze Staaten zu versorgen. Supermarktketten wie Winn-Dixie oder Safeway wollten nicht mit zahlreichen lokalen Abfüllern verhandeln, die unterschiedliche Preise und Serviceleistungen offerierten. Coca-Cola sah sich nicht nur gegenüber Pepsi einem harten Wettbewerb ausgesetzt, sondern in den Ketten wurden auch gegnerische Colas angeboten, die für den Verkauf unter eigenem Markennamen in Massen hergestellt wurden.

Aufgrund des zeitlich nicht befristeten Abfüllvertrags hatte die Firma jedoch nur begrenzt die Macht, eine Veränderung zu erzwingen – im Gegensatz zu Pepsi, wo Walter Mack mit größeren Gebieten, weniger Abfüllern und größerer Flexibilität angefangen hatte. Infolgedessen konnte Pepsi mit Leichtigkeit den großen landesweiten Ausschankstellen niedrigere Preise anbieten. Wenn die Verkaufsleute für Großabnehmer von The Coca-Cola-Company mit den Supermärkten Rabatte aushandelten, wehrten sich die Abfüller, die vorher nicht zur Rate gezogen worden waren, gegen diese Einmischung, denn sie waren gezwungen, mit einer dünnen Gewinnmarge zu verkaufen. Eine unerträgliche Spannung baute sich in den Gebieten der Thomas Company auf, wo der silberhaarige DeSales Harrison noch immer das Heft in der Hand hielt und von jeder Gallone Coca-Cola-Sirup, die an seine Abfüller ging, 12,5 Cent einbehielt, wodurch es letzteren nahezu unmöglich wurde, mit den Preisen von Pepsi mitzuhalten.

1973 starb Harrison, und die Firmenmänner nahmen unverzüglich Verhandlungen zum Erwerb der Thomas Company auf, in deren Gebiet mehr als ein Drittel der US-Bevölkerung lebte. Auch wenn in der Vergangenheit Kaufangebote abgelehnt worden waren, war Paul Austin diesmal optimistischer gestimmt, und zwar aus mehreren Gründen. Zum ersten nagte die Inflation zu Beginn der siebziger Jahre an den auf 12,5 Cent festgeschriebenen Einkünften der Thomas Company. Zum anderen fraßen »verbündete Marken« wie Sprite, Fanta, Fresca und TaB stetig mehr an den Gewinnen der Thomas Company, da der unbefristete Vertrag lediglich für Coca-Cola mit einem Häppchen für TaB galt. Da noch mehr Produkte hergestellt werden sollten – etwa Mr. Pibb, eine Kreation aus dem Jahr 1973, mit der Dr. Pepper angegangen werden sollte –, würde sich die Verhandlungsposition von der Thomas Company noch verschlechtern. [16]

Der eigentliche Druck allerdings kam von dem anhängigen FTC-Verfahren gegen das System des Exklusivfranchising. The Coca-Cola-Company kämpfte zwar nach außen hin heldenhaft gegen die FTC, doch es fanden sich starke Anzeichen dafür, daß sie in Wirklichkeit den Prozeß verlieren *wollte*, um sich auf diese Weise aus dem unbefristeten Abfüllervertrag winden zu können. Als ein Abfüller aus Taft, Kalifornien, gerichtlich die Genehmigung der Firma durchzusetzen versuchte, Produkte auch in einem an das seine angrenzenden Gebiet verkaufen zu dürfen, reagierte Coca-Cola darauf mit einem einfallsreichen Argument. Wenn der Geschäftsmann aus Taft oder die FTC Sieger blieben, schrieb Luke Smith, beabsichtige die Firma den Gerichtsentscheid als Ausrede zu verwenden, um den heiligen unbefristeten Vertrag abzuschaffen. Ohne die Klausel über das exklusive Verkaufsgebiet, argumentierten die Coke-Anwälte, könne der ganz Vertrag für null und nichtig erklärt werden.[17]

Die Drohung von Smith versetzte die Manager der Thomas Company in Panik. Hintenherum erfuhren sie, Paul Austin halte weitere Verhandlungen für überflüssig, da er glaube, mit der Zeit verliere der Vertrag sowieso jeden Wert. Bald darauf stimmten die Vertreter der Thomas Company einem Preis von 35 Millionen Dollar zu, und 1975 wurde der Aufkauf vollzogen. In nahezu jeder Hinsicht erschien der Preis für Rechte, die Asa Candler 1899 umsonst abgegeben hatte, absurd hoch. In den siebziger Jahren besaß der Stammabfüller keine wichtige und nützliche Funktion mehr. Vom Blickwinkel der Firma aus betrachtet, war es jedoch ein Schnäppchen, denn nach dem alten Vertrag erbrachte die Thomas Company jährlich über 8,5 Millionen Dollar, und der Preis stieg jedes Jahr weiter an. In nur vier Jahren würde sich der Kauf rentiert haben.

Gezwungener Patriotismus

Daß die Werbekampagnen nicht mehr so lange vorhielten, war ein weiteres Anzeichen dafür, wie sehr sich die Firma wegen ihrer Abfüller Gedanken machte. Sobald sie einen Slogan und einen Song zur Ausstrahlung freigegeben hatten, fingen die McCann-Männer sofort an, sich etwas Neues auszudenken, denn die Abfüller und ihre Frauen langweilte bereits, was sie schon lange vor allen anderen im Fernsehen gesehen hatten. Und die Abfüller mußten besänftigt werden, denn sie steuerten fünfzig Prozent zum riesigen Fernsehbudget bei. Infolgedessen stellte die Firma im Sommer 1974 eine neue Variante zum »Real Thing«-Thema vor, obwohl die Männer von McCann unglaublich wirkungsvolle Spots produziert hatten. Ike Herbert, der normalerweise ruhige Marketingchef von Coke, ging Bill Backer an die Hemdfliege, wie sich Clisby Clark erinnert. »Geben Sie mir eine Kampagne, die die Abfüller auf die Füße treibt«, sagte er zu ihm, »oder ich packe Sie am Sack.«

Zu diesem Zeitpunkt hatte sich die Düsterkeit, die über

dem Land lag, noch vertieft. Nixon saß im Weißen Haus in einer Art Belagerungszustand, als die Watergate-Anhörungen die Kehrseite der amerikanischen Politik zutage förderten. Die OPEC-Staaten verhängten als Vergeltung für die Unterstützung, die die Vereinigten Staaten Israel angedeihen ließen, ein Ölembargo, und die Energiekrise verschlimmerte sich. Mit der Dollarabwertung legte die Inflation zweistellig zu. Die Arbeitslosenzahlen kletterten. Der Vietnamkrieg war eindeutig verloren. Da Coca-Cola mehr als jedes andere Produkt Amerika symbolisierte, empfanden die Firmenmänner das ins Schwanken geratene Selbstbild des Landes als direkte Bedrohung. Sie zogen sich von Botschaften weltweiter Brüderlichkeit zurück und wiesen die Leute von McCann an, eine Werbekampagne auszuarbeiten, die den Stolz der Amerikaner wieder heben würde.

So schuf Bill Backer »Look Up, America« (Kopf hoch, Amerika), einen Song im Marschtakt mit jeder Menge Blasinstrumente. Mit unverschämtem Patriotismus zeigte der erste Spot die Freiheitsglocke, die Niagara-Fälle, das Empire State Building, Cowboys, gischtende Brandung, eine Farmerfamilie beim Roastbeef, Vergnügungsparks, die Rocky Mountains, einen Adler, einen Markt auf dem Land, eine dahinjagende Büffelherde, Squaredance, die Getreideernte, ein Softballspiel, einen Footballspieler und eine Marschband – alles in sechzig Sekunden. »Wir haben mehr gute Dinge in diesem Land als anderswo auf der Welt!« Die Soft-Drink-Männer meinten wirklich, sie könnten die Nation aus der Verzweiflung holen und in Freude versetzen. »Es ist an Leuten wie uns«, sagte Don Keough zu seinen Mitarbeitern, »die düstere Stimmung der Nation zu vertreiben.« Vier Wochen, nachdem die Kampagne gestartet worden war, ging das Gerücht um, Nixon werde in einer Fernsehansprache am 8. August seinen Rücktritt erklären, und so kaufte Coca-Cola beste Sendezeit bei allen drei Sendern unmittelbar vor der Rede und wiederholte das Ganze nochmals am darauffolgenden Tag, bevor Gerald Ford als neuer Präsident vereidigt wurde. »Laß die Sonnenseite des Lebens herein«, flehte Backers Text. Ganz gleichgültig, wer gerade im Weißen Haus saß, die Amerikaner sollten wieder an ihre Prioritäten denken und weiter Coke trinken.

474

Die Kampagne war nicht annähernd so wirkungsvoll wie ihre Vorgänger. Sie wirkte gezwungen. Das Marschtempo und der Sprecher ließen sich nicht so gut im Kopf behalten und nachsingen wie die früheren Meisterleistungen Backers. »Look Up, America« entsprach allerdings dem intensiven Wunsch des Landes, die mißliche wirtschaftliche Situation und den Verlust an Macht in der Welt zu leugnen. Als die Zweihundertjahrfeier Amerikas 1976 näherrückte, versetzten sich die Amerikaner in ein gekünsteltes patriotisches Fieber, und die Firma gab bekannt, sie sponsere *1600 Pennsylvania Avenue*, eine Broadway-Show von Alan Jay Lerner und Leonard Bernstein, die als beschwingte Unterrichtsstunde in amerikanischer Geschichte gedacht war, mit 800 000 Dollar.

Die Initiation eines kubanischen Flüchtlings

Der weltweite Umsatz im ersten Quartal 1975 erreichte eine nie dagewesene Höhe, doch die Zahlen verdeckten einen besorgniserregenden Trend. In den Vereinigten Staaten war der Bruttoumsatz in Wirklichkeit unter den des Vorjahres gefallen. Trotz aller Bravour der Coke-Werbung legte Pepsi langsam auf dem Inlandsmarkt zu, was Paul Austin veranlaßte, das internationale Geschäft nur noch höher einzuschätzen. Um das weitverzweigte Coke-Imperium besser im Auge behalten zu können, schälte sich Austin aus der normalen Export-Hierarchie und setzte statt dessen auf hochrangige Techniker wie Cliff Shillinglaw, der das höchst geheime 7X-Rezept anmischte, in der ganzen Welt herumreiste und die Ingredienzien prüfte. Da gleichzeitig immer nur zwei oder drei Männer in der Firma die Formel kannten, flogen sie nie im selben Flugzeug. 1974 hatte Shillinglaw, der gerade im Fernen Osten Kassiablätter wiederzufinden hoffte, Schmerzen in der Brust, als er ins Flugzeug nach London stieg, wo er den europäischen Vorrat an 7X aufzufüllen gedachte. In England angekommen, erlitt er einen schweren Herzinfarkt.

In Atlanta führte die Nachricht vom kritischen Zustand Shillinglaws zu einer hektischen Umschichtung von Macht und Wissen. Asa Candler hatte das Geheimnis an seinen Sohn Howard weitergegeben, der es wiederum dem ersten Firmenchemiker, W. C. Heath, mitgeteilt hatte. 1948 hatte Dr. Heath seinen Nachfolger Orville May in die 7X-Formel eingeweiht, der 1966 Cliff Shillinglaw initiiert hatte. Nun, im Februar 1974, kehrte Dr. May aus dem Ruhestand zurück, um einen jungen kubanischen Chemiker namens Roberto Goizueta (»Gohsweta« ausgesprochen) einzuweisen, der 1961 aus seiner Heimat geflohen war, als Castro den kubanischen Firmenableger verstaatlichte. Joe Jones informierte Robert Woodruff, daß Dr. May Goizueta auch »das System für den Kauf der höchstempfindlichen Ingredienzien« gezeigt habe. »Roberto ist jetzt auf diesem Gebiet unser vollinstruierter Mann Nummer zwei.« Am 15. März flogen May und Goizueta getrennt nach London, um den 7X-Vorrat aufzustocken.

Inzwischen nahm Bob Broadwater, auf der Rückreise von Verhandlungen in Moskau, die Kassiablätter von Dr. Shillinglaw mit und schmuggelte sie nach Atlanta. »Ich hatte Angst, daß ich erwischt werde«, erinnert sich Broadwater, »deshalb stopfte ich sie in meinen russischen Pelz, den ich gerade trug.«[18] Trotz der Besorgnis auf der obersten Befehlsebene war die Situation bald bereinigt. Broadwater kam glücklich mit den Kassiablättern in der Zentrale an. Der sanfte Roberto Goizueta, der von Cliff Shillinglaw nach Atlanta geholt und lanciert worden war, nahm sich im stillen einen Großteil der Autorität seines kranken Chefs. Wenn Shillinglaw sich auch rechtzeitig erholte, so erlangte er doch niemals wieder die alte Macht und starb 1979. Für die Zukunft der Firma war das ein höchst bedeutsamer Augenblick, Roberto Goizueta hatte den inneren Zirkel der Macht betreten.

Ein meisterhafter Täuscher

1978 war allen, die Paul Austin nahestanden, klar, daß mit ihm etwas nicht stimmte. Er vergaß dauernd unerklärlicherweise Dinge. Bob Broadwater fiel zum erstenmal im Spätjahr 1975 etwas auf: »Ich wußte, daß Paul ein bißchen trank, und ich schob es einfach darauf. Das taten wir alle.« Im Alter von 59 Jahren glitt Paul Austin in den langsamen, entsetzlichen Abstieg, den die Alzheimer-Krankheit verursacht. In den letzten Jahren der Dekade, als sich sein Zustand langsam immer weiter verschlechterte, reagierte Austin defensiv. »Er verstand es meisterhaft, seinen Zustand zu verbergen«, erinnert sich Broadwater. Schon seit jeher ernst und zurückhaltend, ließ Austin nur seine nächsten Kollegen an sich heran.

Seine Scharade war wirkungsvoll, vor allem, weil er nur zeitweilig an Gedächtnislücken litt. Trotz seiner fortgesetzten Trinkerei und einer erhöhten Reizbarkeit blieb Paul Austin als Befehlshaber präsent und spielte nicht nur das Aushängeschild, sondern war der wirkliche Führer. 1975 gab er den Plan für einen neuen, viele Millionen teuren Bürokomplex bekannt, der unmittelbar neben dem alten roten Backsteingebäude 26 Stockwerke in die Höhe ragen sollte. Da der weltweite Handel so komplex geworden war, reorganisierte er im nächsten Jahr die Firma in drei Betriebsgruppen, die nominell Präsident Luke Smith unterstanden. Zu diesem Zeitpunkt übersiedelte Coca-Cola Export auch endgültig in die North Avenue, wo sie nun fest unter die Firmenfittiche genommen wurde.

Alle drei in Atlanta residierenden Gruppenleiter waren starke Manager, und jeder von ihnen konnte anstelle von Smith Austins Position übernehmen. Der Deutsche Claus Halle, bis 1976 Präsident der Export Corporation, hatte das autokratische Regime von Max Keith überstanden und brachte in seinen Sektor Weltläufigkeit und Präzision. Der Südafrikaner Ian Wilson, der in den fünfziger Jahren unter Austin sein Handwerk gelernt hatte, entpuppte sich als aggressiver, kultivierter, realistischer Manager, der erst vor kurzem das kränkelnde Geschäft in Kanada wieder hochgepäppelt hatte. [19] Don Keough aus Iowa war mit Duncan Foods 1964 zur Firma gestoßen. Ein meisterhafter Redner und Marketingmann, hörte sich Keough schnell mehr nach einem traditionellen Coke-Mann an als alle anderen.

Die Carter-Connection

Die viel beschriebene Freundschaft zwischen Austin und dem demokratischen Präsidentschaftskandidaten Jimmy Carter warf auch ein Licht auf Austins starke Position in der Firma. Als sich der Erdnußfarmer 1970 gegen Carl Senders, einen langjährigen Freund von Coke, um den Gouverneursposten von Georgia bewarb, hatte Austin natürlich Senders unterstützt, vor allem, da Carter öffentlich das »big business« geißelte. Als jedoch immer deutlicher wurde, daß der Mann aus Plains gewinnen würde, spendeten Austin und seine Leute 6200 Dollar für dessen Wahlkampagne. Wie es den Gouverneuren von Georgia routinemäßig zustand, stellte Coca-Cola Carter das Firmenflugzeug für Flüge zu Konferenzen zur Verfügung und bezahlte auch die Wagenfahrt von und zu den Flughäfen. Wie seine Vorgänger bewies Carter eine nahezu unterwürfige Dankbarkeit und ging Austin häufig um Rat an. Normalerweise versucht die Wirtschaft Einfluß auf die Lokalpolitiker zu nehmen, doch in Georgia lief es genau umgekehrt. Wie im März 1979 in *The Nation* nachzulesen war, fühlten sich Leute mit öffentlichen Ämtern, die in der North Avenue mit einer eiskalten Coke willkommen geheißen wurden, »geehrt, als ob ein Normalsterblicher zum Tee bei der Königin eingeladen sei.«

1972 ließ Carter durchblicken, daß sein Ehrgeiz über Georgia hinausstrebe, und er fragte Austin, ob er auf die Unterstützung Coca-Colas rechnen könne, falls er sich um die Präsidentschaft bewerbe. Laut Ian Wilson lachte Austin und sagte: »Sicher.« Wobei er nicht einmal im Traum daran glaubte, daß der landesweit wenig bekannte Carter es tatsächlich schaffen könnte. Dennoch begleiteten den Gouverneur von Georgia, als er sich durch Reisen nach Tokio und Brüssel vorbereitete – vorgeblich um den Handel des Bundesstaats anzukurbeln, doch auch um international Erfahrung und Format zu gewinnen –, die örtlichen Coke-Männer durch das Land und versorgten ihn mit Hintergrundmaterial über die lokale Politik, Kultur und Wirtschaft.[20] Mit Hilfe von Austins Sponsering gelangte Carter in die prestigeträchtige Trilateral Commission.[21]

1974 prahlte Carter: »Wir haben mit The Coca-Cola-Company unser eigenes Außenministerium. Sie versorgen mich weit vor der Zeit mit... tiefgehenden Analysen darüber, wie das jeweilige Land beschaffen ist, welche Probleme es hat, wer seine Führer sind, und wenn ich dann dort ankomme, vermitteln sie mir den Zugang zu den Spitzenleuten des Landes.« Zwei Jahre später, während des Präsidentschaftswahlkampfes von 1976, gab Paul Austin einen Imbiß in dem piekfeinen Restaurant »21« in New York, wo Carter den nervösen Geschäftsleuten versicherte, seine Reden über die »unheiligen, sich selbst verlängernden Allianzen« zwischen Geld und Politik seien nichts weiter als – Gerede. »Ich werde ein Freund der Wirtschaft sein«, teilte Carter der versammelten Wirtschaftselite mit. »Ich werde nichts tun, was die Auslandsinvestitionen untergraben oder reduzieren könnte.« Als die Federal Election Commission (Bundeswahlausschuß) entschied, das Dinner, das 500 Dollar je Gedeck gekostet hatte, stelle eine illegale Wahlkampfspende dar, begann der peinlich berührte Austin, seine Freundschaft zu dem Kandidaten der Demokraten herunterzuspielen.

Trotzdem heuerte er am Ende des Wahlkampfes, als Carters zweideutige Haltung zu wichtigen Fragen seiner Popularität schadete, Tony Schwartz an, einen Medienberater aus New York, der Hunderte von Coca-Cola-Spots entwickelt hatte. »Sei es nun Coca-Cola oder Jimmy Carter«, erklärte Schwartz, »wir versuchen nicht, eine Ansicht zu vermitteln, sondern eine Montage von Bildern und Tönen, die beim Betrachter eine positive Einstellung wecken.« Die kommerzielle Anpreisung wirkte. Carter schlüpfte in die Führungsrolle als ein bescheidener, christlicher Erdnußfarmer, als Außenseiter, der für Gerechtigkeit und Geradlinigkeit stand. Er holte sich eine ganze Reihe von Coca-Cola-Männern – Charles Duncan wurde Stellvertretender Verteidigungsminister (bevor er zum Energieminister aufstieg), Joseph Califano schnappte sich das HEW (Gesundheitsministerium), Griffin Bell von King & Spalding wurde Justizminister, und seine Kollegen Charles Kirbo und Jack Watson blieben nahestehende Berater. Die »Georgia-Mafia« hatte die Macht fest im Griff. Leider brachten Carter und seine

Kumpane nichts von dem guten alten politischen Fingerspitzengefühl, wie es Coca-Cola besaß, mit nach Washington. Der Erfolg war dem neuen Präsidenten offenbar zu Kopf gestiegen, und er benahm sich bereits wie ein Außenseiter, verabscheute das normale Protokoll, befremdete wichtige Demokraten wie etwa Tip O'Neill und die Presse, was gleichfalls von großer Bedeutung war.

Infolgedessen stürzten sich die Medien auf jede Handlung Carters, die nach Begünstigung aussah, etwa auf die Anordnung des Präsidenten, Pepsi aus dem Weißen Haus zu verbannen und statt dessen Coke-Automaten aufzustellen. Als Bert Lance sah, wie eine Sekretärin Pepsi trank, hörte ein Journalist, wie er sie rüffelte, und berichtete wortwörtlich darüber: »Sie wissen, Ma'am, unsere Truppe trinkt das gute alte Getränk der Demokraten, Coke.« Der Präsident konnte nicht einmal eine Ausstellung antiker Masken in der National Gallery besuchen, ohne daß die Zeitungen erwähnten, die Ausstellung werde von Coca-Cola und seinen japanischen Abfüllern mitgesponsert. Und als Jimmy und Rosalynn auf der *Delta Queen* den Mississippi hinabfuhren, verwies der für mehrere Zeitungen arbeitende Reporter Jack Anderson darauf, daß die Gratispublicity für dieses Touristenschiff, das vor dem Bankrott stand, die Rettung bedeutete – und daß das Schiff zufällig der New Yorker Coca-Cola Bottling Company gehörte.

Manche Berichte hatten mehr Substanz. Als die Zuckerpreise 1977 fielen, empfahl eine Studie der US-Handelskommission eine Verbrauchsabgabe in Höhe von zwei Cent auf importierten Zucker zum Schutz der einheimischen Zuckerbauern. Coca-Cola verbrauchte jährlich eine Million Tonnen und war der weltweit größte Zuckerabnehmer. Mit Hilfe der Lobbyarbeit in der Sugar Users Group (der Zuckerverwendergruppe, die der Coke-Mann John Mount leitete) veranlaßte die Firma Carter, einen Plan abzusegnen, nach dem der einheimischen Industrie zwei Cent *gezahlt* werden sollten, was die Preise tatsächlich niedrig hielt. Somit subventionierten die Steuerzahler indirekt Coca-Cola. Als Mount ungeschickt dazu meinte, Coke werde wohl »ein paar Bons einziehen«, müssen, wenn sichergestellt werden solle, daß die Dinge ihren richtigen Lauf nähmen, hängten einige Kongreßmitglieder dem Gesetzeswerk das Etikett Coca-Cola-Gesetz an.

1977 flog Paul Austin nach Kuba, wo er sich insgeheim mehrmals mit Fidel Castro traf – angeblich um eine Rückkehr der Firma ins Land auszuhandeln, obwohl Coca-Cola offiziell von Kuba wegen der Beschlagnahmung seiner Werke im Jahr 1961 Schadenersatz in Höhe von 27,5 Millionen Dollar forderte.[22] Seine Mission scheiterte. Da er Präsident Carter versprochen hatte, ihm über die Reise Bericht zu erstatten, suchte Austin ihn kurz im Weißen Haus auf. Als der mit spitzer Feder schreibende William Safire von der Episode erfuhr, interpretierte er sie als ruchloses Unterfangen zur Beschaffung kubanischen Zuckers. »Die Carter-Coke-Castro-Zuckerdiplomatie ist nicht schlichtweg nur ein möglicher Interessenkonflikt«, schrieb Safire. »Es ist das echte Ding.«

Weltweit öffnen sich die Türen

Mehr Erfolg hatte Austin bei den Verhandlungen über den Einzug von Coca-Cola in Portugal, Ägypten, Jemen, Sudan, der Sowjetunion und China. Zwar konnte keiner dieser Coups direkt mit einer Intervention Cartors in Verbindung gebracht werden, doch die wohlbekannte Vorliebe des amerikanischen Präsidenten für das Erfrischungsgetränk machte die Sache sicherlich um vieles einfacher. Zufälligerweise fiel zum Beispiel die langerwartete portugiesische Zulassung mit der Bewilligung eines dringend benötigten Kredits von 300 Millionen Dollar durch das US-Finanzministerium zusammen. Ähnlich ging es zu, als Austin sich mit Anwar el-Sadat traf, um trotz des Boykotts der Araber vorsichtig einen Wiedereinstieg in Ägypten vorzubereiten, und den ägyptischen Politiker fragte, ob er ihre viele Themen berührende Diskussion vertraulich behandeln oder darüber seiner Regierung berichten solle. »Es wäre mir sehr recht, wenn Sie Bericht erstatten würden«, antwortete der Ägypter gelassen. »Deshalb unterhalten wir uns doch.«[23]

In dem Wissen, daß sie indirekt von Carter unterstützt wurden, triumphierten die Coca-Cola-Männer in einem

Land nach dem anderen – mit Ausnahme von Indien, wo sich Coke 1977 lieber verabschiedete, als die Geheimformel der Regierung zu verraten. Diese Erfolge wurden jedoch in vielen Fällen erst nach jahrelangem geduldigem Verhandeln möglich, das noch vor jeder Hilfe seitens des Präsidenten seinen Anfang nahm. So etwa bei Bob Broadwaters Bemühungen in Moskau. Obwohl Pepsis Exklusivvertrag für sowjetische Cola erst 1984 auslief, entschied die Regierung Kossygin, daß bei besonderen Ereignissen Coca-Cola ausgeschenkt werden dürfe. 1978 unterzeichnete Broadwater einen Vertrag über die Versorgung der Spartakiade mit Coca-Cola im darauffolgenden Jahr. Das war allerdings nur als Aufwärmaktion für die Olympischen Spiele von 1980 in Moskau gedacht, wo Coke zehn Millionen Dollar für die Exklusivrechte auf den Tisch legte.[24] Fanta Orange sollte nicht nur bei Sportveranstaltungen sprudeln, sondern langfristig in der ganzen Sowjetunion. Die eigentliche Rosine fiel für Austin allerdings erst Ende 1978 ab, als der Coke-Manager Ian Wilson in einer Hotelsuite in Peking mit den chinesischen Kommunisten eine Vereinbarung zurechtzimmerte, nur wenige Tage bevor das amerikanische Außenministerium die Beziehungen zu China normalisierte. Nun hatte das symbolhafte Getränk – trotz der Verkündung Mao Zedongs in seinem kleinen *Roten Buch,* daß Coca-Cola »das Opium für die Rennhunde des revanchistischen Kapitalismus« sei – auf dem chinesischen Festland eine Heimat gefunden.

Pepsis unfeine Herausforderung

Während Coca-Cola weltweit die Schlagzeilen füllte, stagnierte das Geschäft zu Hause allerdings, da Pepsi Einbrüche in den wertvollen Mitnahmemarkt gelangen, indem es Coke mit eineinhalb und zwei Liter großen Plastikflaschen den Geldhahn abgrub. Wie ein Symbol für den Richtungsverlust von Coke senkte sich über *1600 Pennsylvania Avenue,* der Broadway-Show, in die die Firma 800 000 Dollar gesteckt hatte, nach nur sieben Vorstellungen endgültig der Vorhang, während der Kritiker Clive Barnes sie in der *New York Times* als »langatmig und zu stark vereinfachend« bezeichnete. Während Coca-Cola 1976 zur glanzlosen »Coke Adds Life«-Kampagne überging, schlug Pepsi mit seiner neuen Beschwörung »Have a Pepsi Day« zurück. Wie gewöhnlich konzentrierte sich Coke auf das Produkt, während sein Rivale Lebensstile in den Mittelpunkt rückte.

Beinahe zufällig startete Pepsi jedoch gleichzeitig eine Strategie, die in direktem Gegensatz zu seiner traditionellen Vorgehensweise stand. Der Pepsi-Mann Dick Alven war mit dem scheinbar hoffnungslosen Auftrag nach Dallas entsandt worden, das Geschäft dort neu zu beleben, wo Pepsi lediglich armselige vier Prozent Anteil am Soft-Drink-Markt hatte. Alven überzeugte seinen Chef davon, daß es nun Zeit für drastische Maßnahmen sei,[25] und so baten sie die Pepsi-Zentrale um die Genehmigung, die in Dallas ansässige Stanford Agency anstelle der Werbeagenturen BBDO einschalten zu dürfen. Bob Stanford, der entdeckt hatte, daß Pepsi in Geschmackstests über Coke triumphierte, schlug einen gewagten Angriff gegen Coca-Cola vor. 1975 strahlten die Fernsehsender von Dallas Werbespots aus, in denen die Zuschauer gedrängt wurden: »Nimm die Pepsi-Herausforderung an«, während in unbemerkt aufgenommenen Einstellungen hartgesottene Coke-Verbraucher gezeigt wurden, die verblüfft feststellten, daß sie in blinden Geschmackstests Pepsi bevorzugten. Nur Pepsi konnte sich zu einem derart unerhörten Vorgehen herablassen, das praktisch einen Tabubruch darstellte, denn vergleichende Werbung galt als unsportlich. Nichtsdestotrotz waren die Ergebnisse nicht zu bestreiten: Innerhalb von zwei Jahren sprang der Marktanteil von Pepsi in Dallas um vierzehn Prozent nach oben.

Zunächst ignorierten die ansässigen Coca-Cola-Franchise-Firmen die skurrile neue Werbung und gaben vor, diese habe nur eine vorübergehende Wirkung und sei einer Reaktion nicht wert. Dann jedoch senkte Coke die Preise und begann einen Preiskrieg. Im »Projekt Mordecai« – so benannt nach dem Mann aus der Bibel, der das Auserwählte Volk vor einem Komplott, mit dem es vernichtet werden sollte, rettete – erwarb Coke Unmengen von Sendezeit auf allen drei Sendern, um die Pepsi-Werbung zu blockieren.

»Einmal nippen reicht noch nicht«, behaupteten die Coke-Spots. Ein anderer Spot zeigte einen nörgelnden Texaner, der sich über Pepsis New Yorker Typen beschwerte mit ihren »kleinen, winzigen Schlückchen... engen Hosen und spitzen Eidechsenlederschuhen«. Andere Werbespots versuchten die Herausforderung als Absurdität abzutun und zeigten Schimpansen beim Geschmackstest oder Schauspieler, die entschieden, welcher von zwei Tennisbällen fusseliger war. Die Veräppelung der Herausforderung in den Coke-Spots war allerdings eine Fehlzündung. Die Pepsi-Männer und die Zuschauer spürten die dahintersteckende Panik. Daheim in Atlanta führten die Techniker von Coke selbst Geschmackstests durch, und zu ihrem Entsetzen fanden sie heraus, daß die Verbraucher tatsächlich Pepsi im Verhältnis 58 zu 42 bevorzugten.[26] Durch die Ergebnisse ermutigt, übernahmen andere Pepsi-Abfüller im Kernland von Coca-Cola die Herausforderungskampagnen, das gleiche tat eine aggressive Franchise-Firma in Los Angeles. Zum Ende des Jahrzehnts befanden sich Herausforderungs-Spots in 25 Prozent aller US-Märkte.

Während Coca-Colas Anteil am Inlandsmarkt relativ mau blieb, kletterte der von Pepsi in den späten siebziger Jahren stetig weiter nach oben. 1977 überflügelte Pepsis Werbebudget erstmals das von Coke. Im darauffolgenden Sommer belegten die Marktzahlen von Nielsen[27], daß Pepsi Coke beim Absatz in Supermärkten, die Pepsi als Arena der »freien Wahl« bezeichnete, schließlich überholt hatte. Defensiv eingestellte Coke-Männer behaupteten, ihr Getränk halte immer noch einen Vorsprung im ganzen Einzelhandel. »Sie müssen mit seltsamen Zahlen arbeiten«, vermutete John Sculley, der kampflustige junge Präsident von Pepsi-Cola.

Da Coca-Cola immer noch den Absatz bei Verkaufsautomaten und in der Gastronomie beherrschte, konnte es mit beträchtlichem Abstand zum Verfolger seine Führungsposition halten, doch der Stolz auf das Unternehmen und das Selbstvertrauen hatten eine Knacks erlitten. Auch die Trends waren entmutigend. 1978 sank Cokes Anteil am US-Markt von 26,6 Prozent auf 26,3 Prozent, während der von Pepsi gleichzeitig von 17,2 auf 17,6 Prozent stieg. In einer

Zeit, in der jeder Bruchteil eines Prozents Millionen Dollars bedeutete, hätten derartige Verschiebungen jedes Unternehmen beunruhigt. Für Coca-Cola, das in seiner Unternehmensphilosophie sein Hauptprodukt zu einem religiösen Artefakt erhoben hatte, waren die Zahlen fürchterlich.

Großes Kopfzerbrechen

Die Coca-Cola-Männer reagierten genauso paranoid auf Themen, die einen Einfluß auf die gesamte Branche hatten. Die FDA kam zu dem Schluß, daß Saccharin, wie die Cyclamate, bei Laborratten Krebs auslöse und deshalb nach dem Delany Amendment verboten werden müsse. Nachdem die Diätindustrie schwere Lobbyarbeit geleistet hatte, verabschiedete der Kongreß ein Moratorium für das Saccharinverbot[28], doch das war im Mai 1978 abgelaufen, und niemand wußte, was nun aus dem ganz auf Saccharin aufbauenden TaB werden sollte. Das Nullwachstum der Bevölkerung stellte allerdings auf lange Sicht gesehen die bedenklichere Bedrohung dar. Seit 1977 *Business Week* in einer Titelgeschichte vor dem »Ergrauen der Soft-Drink-Branche« gewarnt hatte, hatten die Demographen eine düstere Zukunft prophezeit. Der Babyboom war zu Ende, der Inlandsmarkt schien gesättigt zu sein, Preiskämpfe brachen aus, und in der Zukunft würden Fortschritte nur zentimeterweise zu erringen sein. Daneben sahen sich Cola-Getränke, die noch immer sechzig Prozent des amerikanischen Verbrauchs an Soft Drinks ausmachten, mit einer Welle neuer Getränke konfrontiert, die auf ein spezifischeres Publikum abzielten. Die Segmentierung des Soft-Drink-Markts, die in den sechziger Jahren verstärkt einsetzte, war Ende der siebziger Jahre ein gut erforschter und finanzierter Krieg. Mountain Dew von Pepsi, als Getränk der Hinterwäldler lange Zeit nur ein regionales Phänomen, hob durch »Betreten des John-Denver-Lands«, wie ein sarkastischer Analytiker meinte, mit der Werbekampagne »Hello sunshine, hello Mountain Dew« ab. Coke antwortete darauf eiligst mit Mello Yello.[29]

Anstatt innerhalb der Branche die Marschrichtung vorzugeben, beschränkte sich The Coca-Cola-Company auf bloßes Reagieren und war innerlich zerrissen. Obwohl immer noch eine riesige Geldmaschine, schien sie doch ziellos umherzuirren, ohne besonderen Sinn für das Gebotene. In den späten siebziger Jahren stellten Erfrischungsgetränke nur siebzig Prozent des Geschäfts von Coke dar, da der zunehmend verwirrte Austin weiter auf seinen Shrimp-Farmen, Wasserprojekten und ähnlichem beharrte, obwohl sie nur eine schmale oder überhaupt keine Gewinnspanne erzielten. Die Zusammenlegung der Abfüllfirmen hatte die Zahl der US-Franchise-Unternehmen auf 550 heruntergeschraubt, doch das waren nach wie vor viel zu viele. 1977 diversifizierte Coke in die Weinbranche, doch im Gegensatz zum Coke-Sirup benötigt der Weinbau großen Kapitalaufwand und sehr viel Zeit für den Reifeprozeß. Cokes Wine Spectrum (entstanden aus der Kombination mehrere Marken) brachte nie viel Geld ein, während erzürnte baptistische Aktionäre aus dem Süden sich beschwerten, daß ihre saubere Firma keinen Alkohol verkaufen solle.* Coca-Colas Reaktion auf diese vielfältigen Probleme bestand darin, daß es wie nie zuvor Unsummen in Werbekampagnen pumpte.

Coke und die Todesschwadronen

In der Zwischenzeit kamen im Ausland bislang schwelende Krisen zum Ausbruch, und Cokes enge Beziehungen zu Diktatoren brachen auseinander. Nach der Absetzung des Schah von Persien übergab Ajatollah Khomeini 1979, wie sich Claus Halle erinnert, die Coca-Cola-Werke des Landes

---

* Inzwischen hatte Pepsi wesentlich stärker diversifiziert als Coke, wobei die Frito-Lay-Abteilung sehr gut lief. 1978 kaufte Pepsi Pizza Hut und Taco Bell, die natürlich landesweit den exklusiven Verkauf von Erfrischungsgetränken sicherten. Die Coke-Männer trösteten sich damit: PepsiCo sei eher ein Konzern als eine Soft-Drink-Firma und erziele seit 1975 mehr als die Hälfte des Umsatzes mit Unternehmen, die nichts mit Getränken zu tun hätten.

der Vereinigung der Unterdrückten, doch diese wurden keine guten Abfüller, und das Geschäft siechte bald dahin. Im gleichen Jahr jagten die Sandinisten Somoza aus Nicaragua hinaus. Adolfo Calero, der dortige Coke-Abfüller, hatte gegen Somoza opponiert und dafür im Gefängnis gesessen (Jimmy Carter, der Freund von Coke, sorgte für seine Freilassung). Obwohl Calero um die Wende zu den achtziger Jahren weiterhin Coca-Cola abfüllte, gefährdete seine heftige Kritik an den Sandinisten das Geschäft.

Das schlimmste Problem drohte jedoch im benachbarten Guatemala, wo sich die Arbeiter von Guatemala City Coke 1975 gewerkschaftlich organisiert hatten und seitdem Einschüchterungsversuche und Gewalttätigkeiten an den Tag legten, die bei der Jahresversammlung von The Coca-Cola-Company in Delaware im Mai 1979 öffentlich zur Sprache kamen. Die Firma war stets auf diese kurze, problemlose alljährliche Prozedur stolz gewesen, die zumeist nur fünfzehn Minuten dauerte. 1979 allerdings legte Schwester Dorothy Gartland, eine kleine, aber willensstarke Nonne, die 200 Coke-Aktien der Sisters of Providence vertrat, eine Resolution vor, in der die Entwicklung von Mindeststandards für die Beziehungen zur Arbeiterschaft in weltweit allen Franchise-Firmen verlangt wurde. Am stärksten beunruhigt zeigte sich die Nonne über die Zustände in Guatemala. Mit ihr erschienen war Israel Marquez, der frühere Generalsekretär der guatemaltekischen Coca-Cola-Gewerkschaft, der aus Mittelamerika angereist war, um persönlich seine Geschichte zu erzählen.[30]

Der dunkelhäutige Guatemalteke hielt eine gefühlsgeladene Rede, deren Übersetzung die Coke-Manager mit Unbehagen lauschten. Marquez, ein Mechaniker für Kühlapparate in Guatemala City, fand für John Clayton Trotter sr., einen Anwalt aus Houston, der das Lizenzunternehmen für die texanische Witwe Mary Fleming leitete, nur ätzende Worte. Trotter, ein großgewachsener, schlaksiger Rechter mit einer Vorliebe für Polyesteranzüge, hatte die Gewerkschaftsgründung seiner Arbeiter als Verschwörung verstanden, die einerseits von den Kommunisten und andererseits vom konkurrierenden Pepsi-Franchise angezettelt worden sei. Laut Marquez hatte Trotter zunächst ohne Erfolg zu Bestechung, Schikanen und juristischen Winkelzügen Zuflucht genommen, um die entstehende Gewerkschaft im Keim zu ersticken.

Als 1978 der repressive General Romeo Lucas Garcia in Guatemala an die Macht kam, eskalierte die bis dahin sporadisch aufgetretene Gewalt zu einem Blutbad, da das berüchtigte antikommunistische Militär und seine Todesschwadronen das Land terrorisierten. Einige Tage, nachdem Marquez nur knapp dem Tod durch Schüsse auf seinen Jeep entronnen war, wurde der Gewerkschaftsführer Pedro Qevedo mit zwölf Schüssen ermordet, als er gerade Coca-Cola auslieferte. Kurz darauf starb ein Mieter von Marquez, den man irrtümlich für den Gewerkschaftsvertreter gehalten hatte, im Kugelhagel von Maschinengewehren. Nach einem dritten Attentatsversuch auf sein Leben floh Israel Marquez widerstrebend aus Guatemala und suchte Zuflucht im nahen Costa Rica. Er konnte es nicht beweisen, doch Marquez war sich absolut sicher, daß Trotter mit den Todesschwadronen zusammengearbeitet und die Gewaltakte gegen die Gewerkschaft ausgeheckt hatte, wenn ihm auch die Verbindung zu einem einzelnen Vorfall nicht nachzuweisen war.

»Die Situation ist nicht nur unmenschlich«, schloß Marquez, »sondern auch sehr unwirtschaftlich. Coca-Colas Image in Guatemala könnte nicht schlechter sein. Dort *heißt Mord ›Coca-Cola‹.*«

Einen Augenblick lang herrschte Schweigen. Dann schloß Paul Austin rasch die Sitzung. Die Arbeiterresolution der Nonne, sagte er, bedeute eine »unnötige Einmischung in innere Angelegenheiten von... Schwestergesellschaften« und sei den unabhängigen Abfüllern nur unter Schwierigkeiten zu erklären. »Wir bedauern die Probleme in Guatemala«, meinte er, »aber wir müssen auch die Gesetze und Abläufe anderer Nationen achten.« Die Verwaltungsratssitzung endete chaotisch: Die Minoritätsaktionäre protestierten lautstark, während Austin seinen Hammer knallen ließ.

Austins Auftritt war nicht charakteristisch für den Mann, der soviel Interesse für die Wanderarbeiter aufgebracht hatte, als er neun Jahre zuvor vor dem Senat aussagte; in diesem Frühjahr war er häufig verwirrt und streitsüchtig, denn das kritische zweite Stadium der Alzheimer-Krankheit hatte eingesetzt. Dennoch spiegelte seine Erklärung akkurat die Firmenpolitik wider, die jede Zuständigkeit für unabhängige Abfüll-Lizenzbetriebe abstritt. Da es mittlerweile in 135 Ländern Coke-Abfüller gab, waren die möglichen Folgen der vorgeschlagenen Resolution schwindelerregend.

Die Lage in Guatemala besserte sich nicht, und die dramatische Schilderung von Marquez machte im ganzen Land Schlagzeilen. Eigentlich wäre die Firma Trotter gerne losgeworden, doch man wollte nicht den Anschein erwecken, daß man sich dem Druck von außen beuge. Unter Trotters Mißmanagement hatte sich der Marktanteil von Coke in Guatemala auf dreißig Prozent verringert. Er füllte auch Dr. Pepper, 7-Up und andere Limonaden ab, trotz aller Proteste von seiten Coca-Colas, und es wurden Vermutungen laut, daß er der Firma Einfuhrsteuern berechnet habe, die er überhaupt nicht bezahlen mußte.

Unglückseligerweise wußte der verschlagene Trotter, daß er nun für seine in Schwierigkeiten geratene Anlage eine unverschämt hohe Summe verlangen konnte, da die Firma ihn so verzweifelt gerne von der Bildfläche verschwunden sehen wollte. Infolgedessen beschlossen die Coke-Männer, bis 1981, dem Auslaufen des Franchise-Vertrages, abzuwarten. Die Kritiker wurden jedoch immer schriller, je mehr Blut anstelle von Sirup in dem Abfüllbetrieb in Guatemala floß. Der Kongreßabgeordnete Donald Pease verstärkte den Druck auf die Firma durch einen Brief an Präsident Carter über Cokes »gefühllose Gleichgültigkeit« für die »Welle von Morden, Folterungen, Kidnapping und Einschüchterungsversuchen«. Er bezog sich auf Carters enge Bande zu dem Soft Drink und verlangte, daß gehandelt würde. Das »vertrauliche« Schreiben gelangte in die Presse und wurde breit veröffentlicht.

Der heilige Vertrag wird geändert

Während Don Keough erkannte, daß die Lage in Guatemala außer Kontrolle geriet, wurde seine Aufmerksamkeit von einer der Heimat wesentlich näheren Schlacht in Anspruch genommen. Führungsleute der Firma waren zu dem Schluß gelangt, daß eine Vielzahl ihrer Probleme im Inland auf den antiquierten Abfüllvertrag zurückzuführen sei, der keine erhöhten Lohn-, Werbe- und Gemeinkosten sowie keine anderen Ingredienzien als Zucker zuließ. Ende 1977, als die Inflation galoppierte, wies Paul Austin den Präsidenten Luke Smith an, um jeden Preis eine Vertragsänderung zu erzielen, da nun die Thomas Company dem nicht mehr im Wege stand.

Wenn überhaupt jemand die scheinbar unmögliche Aufgabe lösen konnte, so Smith, ein traditionsbewußter, warmherziger Südstaatler, den die Abfüller mochten und dem sie vertrauten. Obwohl ein kleiner Kern vertrauensvoller Franchise-Betriebe zustimmte, daß die Firma etwas Erleichterung nötig habe, damit sie noch effektiver Werbung treiben könne, erwies sich die von Smith vorgeschlagene Vertragsänderung, nach der die Firma uneingeschränkte Flexibilität bei der Preisfestsetzung erhalten würde, als nur schwerverkäuflich. Im Mai 1978 reisten Smith und Keough durchs Land, um zögernde Abfüller zur Unterschrift zu bewegen.

Bill Schmidt, dessen Großvater erstmals 1901 Coke auf Flaschen gezogen hatte, personifizierte den zutiefst überzeugten Coca-Cola-Mann und hatte gerade ein Museum voller Erinnerungsstücke und Artefakte in seinem Abfüllbetrieb in Elizabethtown, Kentucky, eröffnet. Zunächst hörte er sich die Präsentation der Firma aufgeschlossen an, doch die eigenmächtige Änderung durch die Firma rief bei ihm Abscheu hervor. Schließlich, so erinnert er sich, »kochte ich einfach über«, und er versandte eine Reihe von Protestschreiben an eine wachsende Anzahl von Abfüllkollegen. Ohne es zu wollen, war Schmidt auf einmal der inoffizielle Anführer der Opposition. Die geplante Änderung entwickelte sich mit den vernichtenden Kämpfen in den zwanziger Jahren zum zukunftsträchtigsten Thema, das Coca-Cola getroffen hat, und spaltete die Männer, deren Vorfahren Pionierarbeit in dem Geschäft geleistet hatten.

Beide Seiten führten ins Feld, der noch immer anhängige Angriff der FTC auf die Exklusivgebiete stütze ihre Position. Schmidts Gruppe, die »nicht unterzeichnenden Abfüller«, argumentierte, es sei unklug, sich an dem Vertrag zu schaffen zu machen, bevor die Angelegenheit mit der FTC abgeschlossen sei, denn das könne die Bürokraten zu nur noch größeren Anstrengungen verleiten. Luke Smith behandelte die mögliche Auflösung der Gebiete, wie er es schon bei der Thomas Company getan hatte – nur falls die FTC-Klage gegen sie ausginge, sollten die Abfüller die Änderung unterschreiben und damit sicherstellen, daß sie überhaupt einen Vertrag hätten.

In den Mahlstrom trat Brian Dyson, ein Argentinier, der die Kontrolle über die US-Firmen-Abteilung übernehmen sollte. Als sein Freund Don Keough ihn bat, seine Position als Chef der Süd- und Lateinamerika-Abteilung aufzugeben, hatte Dyson anfänglich abgelehnt. »Warum holst du dir keinen Amerikaner?« Er wußte, daß die amerikanische Organisation im Chaos steckte und es das Ende seiner Karriere bedeuten könnte, falls er keine Erfolge erzielte. Doch Keough blieb bei seiner Überzeugung, daß Dyson die Situation retten könne. Immerhin war dem Argentinier im Geschäft in Venezuela der Zahn gezogen worden, einem der wenigen Plätze, wo Pepsi wirklich den Markt beherrschte.[31] Infolgedessen war Dyson daran gewöhnt, alle Verkaufschancen zusammenzukratzen. Außerdem war der Argentinier, ein Enkel britischer Einwanderer, groß, schlank, sportlich und weltgewandt. Nach seiner Übersiedlung nach Atlanta im August 1978 verwickelte er sich sofort in die Streitigkeiten über die Vertragsänderung.

Im darauffolgenden Monat beugte sich die Firma endlich der Kritik und änderte den Vertragsentwurf dahingehend, daß sie eine Obergrenze für den Siruppreis festlegte. Nun würde es zwei gleitende Skalen geben – eine für Zucker und eine für das »Grundelement« aller anderen Ingredienzien, das an den Index für Verbraucherpreise gebunden war. Als Bonus erklärte sich die Firma bereit, den schrecklichen B-X-Prämix-Sirup mit seinem künstlich hochgehaltenen Preis aus der Vereinbarung herauszunehmen und den unterzeichnenden Abfüllern zu gestatten, anstatt des platzfressenden Sirups Konzentrat zu kaufen. Schmidt hatte noch immer Einwendungen, denn der Index für Verbraucherpreise stieg schneller als die Ausgaben für die kostengünstigen Ingredienzien. Trotzdem gelang es der Firma nach schwerer Lobbyarbeit, mehr als die Hälfte der amerikanischen Abfüller im April 1979 zur Unterschrift zu bewegen, nachdem zwei riesige Gesellschaften, New York und United, kapituliert hatten.

Der große Zusammenschluß

Die Vereinbarung kam gerade noch rechtzeitig für Brian Dysons »Großen Zusammenschluß« im Juni zustande – eine gigantische Tagung in San Francisco –, der ersten Versammlung der Abfüller seit der »Real Thing«-Kampagne, die zehn Jahre zuvor in Atlanta gestartet worden war. Noch immer von der Frage der Vertragsänderung arg gebeutelt und gespalten und durch die Erfolge Pepsis entmutigt, fanden sich die Abfüller argwöhnisch ein, um herauszufinden, was dieser Südamerikaner ihnen wohl zu sagen habe. Kaum einer von ihnen hatte ihn schon persönlich gesehen, noch viel weniger hatten ihn reden gehört. Nach der üblichen Tanzliednummer im Stil des Broadway schritt der große, linkische Dyson etwas nervös zum Podium, wobei er die traditionelle Sechseinhalb-Unzen-Flasche umklammerte. Während er sprach, wurde sein Bild auf einen riesigen Videobildschirm projiziert. »In jüngster Zeit«, teilte Dyson den Abfüllern mit, »haben wir alle eine Zeit der Selbsteinschätzung durchlebt.« Die Ohren spitzten sich. Vielleicht würde er tatsächlich einige ihrer Probleme anerkennen und nicht nur die erwartete Hurra-Rede halten. Nachdem er kurz die Debatte über die Vertragsänderung gestreift hatte, nahm er sich die Katastrophen des Jahrzehnts vor – die FTC, das Knirschen im Energiebereich, die Zuckerkrise, den Saccharinangriff, die Rückerstattungsgesetze, die Verbraucherbewegung, die Inflation, die Lohn- und Preiskontrollen. Er räumte ein, daß der Marktanteil von Coke in den zurückliegenden zehn Jahren nur um drei Zehntel gestiegen war. »Im gleichen Zeitraum ist der von Pepsi von 21,4 auf 24,2 Prozent hochgeklettert.« Die Abfüller schnappten nach Luft. Dyson hatte mit allem Gewohnten gebrochen und das »P-Wort« vor fast allen amerikanischen Coca-Cola-

Männern ausgesprochen. Pepsi, fuhr Dyson fort, habe Coca-Cola als »nostalgische Firma, ein Unternehmen, das vollkommen in seinem vergangenen Ruhm schwelgt«, bezeichnet. Falls das stimme, sei die Firma zum Untergang verdammt. Aber, so versprach Dyson, »wir sind alle gewillt, zu tun, *was immer nötig ist,* solange dies nötig ist, um die Firma umzukrempeln... Wir müssen das *Problem gemeinsam lösen,* wie lange das auch dauern mag.«

Dyson sprach zweifelsohne von Geschäften, doch konnte Big Coke die wirklich bieten? Als erstes, das wußten die Abfüller, brauchten sie eine spektakuläre Werbekampagne. War McCann dazu in der Lage? Der riesige Videobildschirm zeigte jetzt die neuen Werbespots. »Verschaff dir ein Coke und ein Lächeln«, sangen überschäumende junge Menschen. »Es schafft es, daß ich mich gut fühle,/es schafft es, daß ich mich schön fühle, verschaff dir ein Coke und ein Lächeln.« Sie tanzten wild herum. Coke sprudelte und rann die Kehlen hinab. Das Publikum klopfte mit den Füßen auf den Boden. Das war richtig. Es hörte sich an, als habe es Bill Backer geschrieben, obwohl er doch vor kurzem McCann verlassen und eine eigene Agentur aufgemacht hatte. »So sollte es sein, und ich hätte gerne, daß die ganze Welt mit mir lächelt.«

Zwischen der Vorführung der neuen Spots erklärte der todernste Verkaufsmann Bill Van Loan, daß entsprechend der Assoziation von Machocowboy mit Marlboro-Zigaretten »die Welt lächelnder Amerikaner buchstäblich Coca-Cola gehören kann«. Doch es durfte nicht irgendein Lächeln sein. »Es muß stets aus dem Produkt selbst kommen.« Im Gegensatz zu den Pepsi-Spots, die die Menschen aufforderten, sich einer mythischen Gruppe anzuschließen, zeigten die neuen Coke-Spots das Produkt als Helden. »*Coke* ruft das Lächeln hervor.«

In der Mehrzahl der Spots war das Lächeln allerdings allzu offensichtlich erzwungen. Es gab nur eine bemerkenswerte Ausnahme. Während andere Vignetten aufblitzen ließen, erzählte dieser Spot eine herzerwärmende Geschichte. Als der verletzte schwarze Spieler der Pittsburgh Steelers »Mean« Joe Greene durch einen Stadiontunnel Richtung Umkleidekabinen humpelte, rief ihm ein scheuer, mondgesichtiger Junge mit einer Sechzehn-Unzen-Coke schüchtern hinterher: »Mr. Greene, Mr. Greene.« Der in die Knie gezwungene Spieler drehte sich halb um. »Yeah?« knurrte er. Der Junge stammelte: »Ich möchte Ihnen nur sagen, daß ich glaube, daß Sie der beste sind.« Von diesem Lob unbeeindruckt, grunzte Greene: »Yeah, sicher«, und wollte weitergehen. Ganz verzweifelt bot ihm der Junge, dem nichts anderes einfiel, seine Coke an, doch sie wurde abgelehnt. »Wirklich«, beharrte er, »Sie können sie haben.« Resigniert gab Greene nach, hob die Flasche an die Lippen und trank sie in einem einzigen langen Zug aus. Die Musik schwoll an, während freudige Stimmen harmonisierten: »Verschaff dir ein Coke und ein Lächeln.« Als sich der Junge niedergeschlagen abwandte, rief der Spieler, nun von Grund auf erfrischt: »Hey, kid!«, und warf ihm sein Trikothemd zu. Mit einem unglaublichen Lächeln, das ihn mit der Welt versöhnte, begab er sich zu den Kabinen.

Das Drama um Mean Joe Greene rief sofort eine Sensation hervor. Eigentlich war die Ausstrahlung des Spots erst für nächstes Jahr geplant, doch die Abfüller bek-nieten nach der Vorstellung Van Loan und verlangten, daß er sofort gebracht würde.[32] Tausende von Zuschauern schrieben der Firma Dankesbriefe für den großartigsten Spot, den sie je gesehen hätten. Den Medien gefiel er genauso gut, und in *Newsweek, People, Sports Illustrated* und *The New York Times* erschienen Artikel über Mean Joes Darbietung, während der Stürmer/Schauspieler der Steelers in den Fernsehsendungen *Good Morning America* und *Today* auftrat. Der Spot bildete sogar den Ausgangspunkt für einen Fernsehfilm. Er war, wie der frühere Werbemann für Pepsi, John Bergin, trübselig bemerkte, »der perfekte Werbespot«.

Ein Dolchstoß in den Rücken

Die Coke-Abfüller fühlten sich gestärkt, als sie in jenem Juni 1979 die große Tagungshalle verließen. Kurz Zeit später allerdings erhielten sie mit der Post ein Schreiben von Paul Austin, das Schockwellen durchs ganze System jagte. Der geliebte, gerade sechzigjährige Luke Smith »trat aus persönlichen Gründen in den Ruhestand«, verkündete Austin. »Der Verwaltungsrat hat noch keinen Nachfolger benannt. Ich werde die Aufgaben des Präsidenten übernehmen.« Gerüchte über den tatsächlichen Hergang schwirrten durch die Coca-Cola-Familie. Jeder in der Firma wußte, daß Luke Smith quasi mit leichter Hand erreicht hatte, daß die Mehrheit der Abfüller die Vertragsänderung unterzeichneten. Er hatte geschmeichelt, seinen Charme spielen lassen, gedroht und gebettelt; er war kreuz und quer durchs Land gereist, hatte stundenlang telefoniert. Zur Entspannung nahm er sich im August zwei Wochen frei, um am Lake Lanier, nördlich von Atlanta, auf seinem Hausboot herumzuwerkeln. An einem Freitag wurde er von Fil Eisenberg, dem Finanzchef bei Coke, über Funk antelefoniert. »Paul will Sie draußen haben«, teilte Eisenberg Smith mit.[33]

Niemand erfuhr jemals genau, warum Austin plötzlich Smith feuerte, wenn dabei wohl auch Austins rapide fortschreitende Alzheimer-Krankheit eine Rolle spielte. Bei dem »Großen Zusammenschluß« im Juni hatte sich Austin, wie Roy Scout und Dick Halpern sich erinnern, mit kurzen Kommentaren durchgewunden und nicht zugelassen, daß die Videokameras ihn auf den großen Bildschirm projizierten, wo alle Welt sein Zucken im Gesicht hätte sehen können. Später in diesem Jahr flog er nach New Orleans, um dort eine Rede zu halten, und vergaß, warum er eigentlich gekommen war. Selbst ohne ausdrückliche Diagnose erkannte Austin, daß etwas mit ihm absolut nicht in Ordnung war, und er reagierte darauf, indem er sich verzweifelt an die Macht klammerte.

Eine Schlagzeile in *Business Week* tönte: »DER ERFOLG BEI COKE IST ERNEUT ZUM PFERDETOTO GEWORDEN.« Austin schuf die neue Position eines Vizevorsitzenden und benannte für den Posten sechs Männer, von denen ein jeder die Kontrolle bekommen könne.[34] In der Firma hieß dieses Arrangement bald die »Vizeschwadron« oder »Schönheitswettbewerb«, und es wurden Wetten auf den Gewinner abgeschlossen. *Business Week* tippte auf Don Keough, die Insider wiederum hielten den Südafrikaner Ian Wilson für den wahrscheinlicheren Kandidaten. Tatsächlich war sich Wilson ziemlich sicher, daß die Wahl auf ihn fallen würde, da

Woodruff wie Austin ihm unter vier Augen mitgeteilt hatten, er würde den Posten bekommen. Jedenfalls vermerkte *Business Week* im September 1979: »Austin sieht nicht aus wie ein Mann, der an Pensionierung denkt.« Er ging zwar auf seinen 65. Geburtstag zu, doch der Verwaltungsrat konnte seinen obligatorischen Ruhestand jedes Jahr aufs neue verschieben.

Da Austin ausfiel, griff seine Frau nach der Macht in der Firma. Die ehemalige Jeane Weed aus Mississippi war Sekretärin bei der Abfüllfirma in Chicago, als Austin sie 1950 kennenlernte. Als ihr Ehemann nun stetig verwirrter wurde, versuchte sie zu helfen und zeigte vor allem Interesse an den Plänen für den nahezu fertiggestellten Büroturm. Den alten Mitarbeitern sträubten sich die Haare, wie sich Charles Bottoms erinnert, als Mrs. Austin bei der Innendekoration ihren hochgestochenen Geschmack durchsetzte und die klassischen Coca-Cola-Gemälde von Norman Rockwell durch Avantgardekünstler ersetzte. Befremdete Beschäftigte tauften sie Mrs. Vizevorsitzende, während andere ihre Gemälde mit vier plus oder fünf benoteten.

Stolpernd in die achtziger Jahre

Als die riesige alte Coca-Cola-Neonwand, die dreißig Jahre lang auf dem Margaret Mitchell Square von Atlanta Uhrzeit und Außentemperatur angezeigt hatte, Ende 1979 zusammenfiel und einem Park Platz machte, war ihr Abbruch ein passendes Sinnbild für die Firmenmoral, die so tief wie nie zuvor gesunken war. In die beginnenden achtziger Jahre trat die Firma im Zustand der Auflösung, die einzige Ausnahme bildete ein brillanter neuer Werbespot.

Die Abfüller waren weiterhin gespalten und wütend. Die Gerichte hatten im FTC-Verfahren gegen die Firma entschieden, und außer Kraft setzende Gesetze standen noch immer aus. Der Marktanteil fiel, und die Firma hatte die Kommunikation mit der Finanzpresse gekappt. Nonnen und Arbeiterführer protestierten gegen die Morde der Todesschwadronen in Guatemala. Anita Bryant, »die Stimme, die erfrischt«, führte einen schrillen Kreuzzug gegen Homosexuelle. Im Jahr 1979 waren die Coca-Cola-Aktien weniger wert als zu Beginn des Jahrzehnts[35], trotz der Splittung zwei für eine im Jahr 1977, mit der kleine Investoren gewonnen werden sollten. Während der Jahresbericht ein jährliches Wachstum für das Jahrzehnt von 12,5 Prozent feststellte, reduzierte die Inflationsrate von 7,1 Prozent diese Zahl doch auf wenig eindrucksvolle 5,4 Prozent. Selbst Cokes vielzitierte Freundschaft zu Jimmy Carter hinderte den Präsidenten nicht, 1980 die Boykottierung der Olympischen Spiele in Moskau als Protest gegen den sowjetischen Einmarsch in Afghanistan zu verkünden, wodurch der Exklusivvertrag von Coke mit den Sowjets jede Bedeutung verlor. Übrigens war die Verbindung zu Carter zu einer Belastung geworden, da der Erdnußfarmer angesichts der sich hochschraubenden Inflation und des Geiseldramas im Iran machtlos und unentschlossen wirkte. Paul Austin wanderte durch die oberen Korridore des Turms an der North Avenue und schrie in der falschen Suite: »Machen Sie, daß Sie aus meinem Büro rauskommen!«, wie sich Sam Ayoub erinnert, während seine Frau allen auf die Nerven ging. Die sechs Vizevorsitzenden rangelten um die Plätze, und Robert Woodruff, der kurz vor seinem neunzigsten Geburtstag stand, lag mit Lungenentzündung angeblich bereits im Sterben.[36]

Niemand hätte vermutet, daß eine hoffnungsvolle neue Ära vor der Tür stand, die durch den Brief einer frustrierten Sekretärin in Gang gesetzt wurde.

TEIL V

Die Ära des Großunternehmens

(1980–1989)

Wenn jemals ein Vater das Recht hatte, auf seinen Sohn stolz zu sein, so Crispulo Goizueta. Als Roberto seinen Abschluß in Yale machte, hatte sich sein Vater vorgestellt, er würde sich im Zuckerimperium seiner Familie auf Kuba einnisten. Nach einem Jahr jedoch wurde der junge Mann unruhig, er wollte allein etwas auf die Beine stellen. 1954 antwortete der 31jährige Roberto auf eine Chiffre-Anzeige und ging als Chemieingenieur zu Coca-Cola.

Seitdem war soviel geschehen, dachte Crispulo. Castro hatte ihm seinen Grund und Boden, sein Erbe und den größten Teil seines Reichtums gestohlen, und nun lebte er als Heimatvertriebener in Mexiko City. In der Zwischenzeit war Roberto in der Firma aufgestiegen und hatte mehr erreicht, als sich er oder sein Vater je hätten träumen lassen. In leitender Funktion hatte er die bedächtige alte Soft-Drink-Firma in nur wenigen Jahren auf Trab gebracht und sie in einen aggressiven Dynamo verwandelt.

Doch Crispulos Stolz wurde durch Besorgnis gedämpft, denn die Mexikaner sagten, sein Sohn habe einen schweren Fehler begangen: Er hatte die Formel von Coca-Cola geändert, und die ganze Welt schien darüber in Aufruhr geraten zu sein. Die Neue Coke war noch nicht einmal nach Mexiko vorgedrungen, doch es schien so, als ob die Menschen kaum von etwas anderem sprechen würden. Der besorgte ehemalige Plantagenbesitzer sah nun zu Roberto hin und erblickte einen gutaussehenden Mann Mitte Fünfzig, der allerdings nicht mehr ganz so schlank wie früher war. Roberto, der an diesem heißen Maitag zur Hochzeit seines Sohnes nach Florida gekommen war, wirkte wie stets unbewegt und schien das Kommando zu haben, doch Crispulo spürte ein Zaudern, das ihm früher nie aufgefallen war.

Als die beiden Männer allein waren, sprachen sie spanisch und machten höfliche Konversation über das Wetter, das freudige Ereignis und andere Nebensächlichkeiten. Schließlich hielt es Crispulo nicht länger aus. Er mußte erfahren, warum sein Sohn so viele Leute vor den Kopf gestoßen hatte. »Roberto«, brach es aus ihm heraus, »das ist schrecklich, entsetzlich! Die Leute beschimpfen dich. Was hast du getan?« [1]

Roberto Goizuetas Aufstieg

> Zwei Aasgeier sitzen auf dem Ast eines abgestorbenen
> Baumes mitten in der Wüste, wo sie seit endlosen Tagen
> frustriert auf etwas Eßbares warten. Der eine Aasgeier
> wendet sich schließlich dem anderen zu und sagt: »Zur
> Hölle mit der Geduld. Laß uns etwas töten!«
>
> ROBERTO GOIZUETA

Mit zusammengebissenen Zähnen stürmte Dianne Smith in
ihr Büro zurück. Die blonde Sekretärin arbeitete nun seit
zehn Jahren für The Coca-Cola-Company, und wie die meisten Beschäftigten war sie fanatisch loyal und stolz darauf,
im besten Unternehmen von Atlanta beschäftigt zu sein.
1972 hatte sie den Miss-Refreshing-Wettbewerb gewonnen.
An diesem Maimorgen des Jahres 1980 jedoch, als der Hart-
riegel in Blüte stand, zersprang etwas im Innern der Sekretärin. Die Firma fühlte sich früher wie eine einzige
große, gütige Südstaatenfamilie, doch in den vergangenen
zwei Jahren waren von oben nur noch lächerliche kritische
Bemerkungen gekommen. Und als sie heute in der Mittagspause über die North Avenue zu dem kleinen Park gegangen war, hatten ihr die Wachleute mitgeteilt, daß hier
niemand mehr sein Mittagessen verzehren dürfe. Mrs.
Austin wolle nicht, daß irgend jemand Tauben und deren
Dreck anlocke, die den gepflegten Boden verschandeln
würden. Die frustrierte Sekretärin widersetzte sich den
Wachmännern und verzehrte entschlossen und ergrimmt
ihr Sandwich auf einer Bank.

Ins Büro zurückgekehrt, legte Dianne Smith ein weißes
Blatt Papier in die Schreibmaschine und hämmerte einen
Beschwerdebrief an Paul Austin in die Tasten. »Ich spreche
für ›die kleinen Leute‹«, schrieb sie, »die dem tagtäglichen
Druck nicht entfliehen können, und der Park ist für uns ein
wunderbares Ventil.« Es sei stets »eine Hauptquelle des

Stolzes für mich gewesen, sagen zu können, daß ich bei dieser tollen Firma beschäftigt bin«, tippte sie, »doch in jüngster Zeit habe ich Grund, an der Quelle meines Stolzes zu zweifeln.« Smith schrieb, sie habe die Moral noch nie auf einem tieferen Punkt erlebt. Mit einer Floskel und ihrem vollen Namen, Constance Dianne Smith, beendete sie den Brief. »Das sollte doch Aufmerksamkeit erregen«, sagte sie zu sich. Nur zur Sicherheit sandte sie einen Durchschlag an Robert Woodruff. Immerhin war der von Tauben heimgesuchte Park ja nach ihm benannt.

Der Brief der Sekretärin brachte den Boß auf die Beine. Gerade erst eine Woche zuvor war Woodruffs Chauffeur unverrichteter Dinge nach einer Irrfahrt durch die North Avenue zurückgekehrt, nachdem ein Wachmann ihm verboten hatte, vor dem Gebäude zu parken – leider, keine Ausnahmen, Anordnung von Mrs. Austin. Kurz danach hatte Grumman Aircraft in Woodruffs Büro angerufen, um einige Einzelheiten wegen des neuen Jets abzuklären, den Mrs. Austin soeben bestellt hatte, damit sie sich leichter auf die Suche nach Kunstwerken begeben könne. Dann kam die Krönung. Am 28. Mai gab die Firma eine 100 Millionen Dollar hohe Schuldverschreibung zur Finanzierung des neuen Büroturms bekannt. Woodruff, der stolz darauf war, daß er die Firma in den zwanziger Jahren schuldenfrei gemacht hatte, wurde aschfahl. Der neunzig Jahre alte Patriarch bestellte nun Paul Austin in sein Büro[1] und verlangte dessen Rücktritt, der im kommenden Jahr wirksam werden sollte, und er bestand darauf, daß Austin seinen Nachfolger auf der Stelle zum Präsidenten der Firma ernennen solle.* Ein schockierter, verwirrter Austin setzte einen Brief auf, in dem er Ian Wilson, seinen Freund, vorschlug, der sich gerade auf einer monatelangen Geschäftsreise in Asien befand. Als seine Empfehlung im Turm an der North Avenue durchsickerte, überzeugten besorgte

---

* In der Zwischenzeit verbreitete sich der Inhalt des Briefes der Sekretärin über die gut funktionierende Gerüchteküche in der ganzen Firma, und Dianne Smith stieg zur Volksheldin auf. Ein cleverer Mitarbeiter stellte im Foyer ein Schild auf. »Was kümmern uns Tauben im Park«, stand darauf, »wenn wir im Turm Puten haben?«

Führungsleute – keiner von ihnen war jemals bereit zu erklären, welche Rolle er hierbei spielte – den Alten, daß Ian
Wilson, ein autokratischer Austin-Meßdiener, einfach nur
die Fortführung des Gehabten bedeuten würde.[2] Die Firma
brauche eine neue Richtung. Im übrigen sei die Ernennung
des weißen Südafrikaners tollkühn und könne schwarze
Verbraucher befremden.

Der Aufstieg von Roberto

Roberto Goizueta wurde am 30. Mai in einer Sondersitzung
des Verwaltungsrats zum Präsidenten von The Coca-Cola-
Company ernannt. Praktisch jeder war darüber überrascht,
denn eigentlich schien Don Keough nach Wilson der aus-
sichtsreichste Kandidat zu sein. Als erfahrener Politiker,
harter Verkäufer sowie der beste Redner und Motivations-
künstler seit Harrison Jones konnte Keough »aus dem Tele-
fonbuch vorlesen und Sie zum Weinen bringen«, wie Wilson bewundernd erzählt. Goizueta andererseits, ein Techniker ohne Führungserfahrung, sprach stockend und mit
Akzent eine seltsame Mischung aus Kubanisch und Dixie.
Es erschien seltsam, daß ein lateinamerikanischer Chemiker
die Firma leiten sollte, deren Produkte nicht amerikanischer sein konnten. Kenner der Szene wie Joe Jones waren
allerdings nicht überrascht.[3] Der 48jährige Goizueta, ein
vollendeter Unternehmenspolitiker, war seit seinem Auftauchen in Atlanta im Jahr 1964 rasch in der Firma aufgestiegen. Von Bedeutung war vor allem, daß er im letzten
Jahr einen sehr engen Kontakt zu Woodruff gefunden und
jeden Tag mit ihm in dessen privatem Speisesaal zu Mittag
gegessen hatte. Goizueta schmeichelte der Eitelkeit Woodruffs, fragte nach seiner Meinung und beugte sich seiner
Weisheit. Der Boß wiederum nannte Goizueta seinen »Partner« und entdeckte in dem Kubaner etwas, das ihn daran
erinnerte, wie er selbst damals bei der Übernahme der
Firma gewesen war.

Wie Woodruff hatte sich Goizueta, der Sohn eines wohlhabenden Mannes, außerhalb des Familiengeschäfts eine
Karriere aufgebaut. Im prunkvollen, mit Zuckerrohr finan-

zierten Herrensitz seines Großvaters aufgewachsen, wurde er in einer Kultur groß, die Traditionen und alte Menschen hochschätzte. Goizueta genoß die Aufmerksamkeit seines Großvaters, und seine Unterhaltung war noch immer von kubanischen Sprüchen durchsetzt, die er von ihm gelernt hatte. In Woodruff fand Goizueta erneut einen weisen, alten Mann. Seine Ergebenheit gegenüber dem Boß war zwar politisch vorteilhaft, doch sie war vermutlich auch aufrichtig. Woodruffs vereinfachende Aphorismen erinnerten ihn an die seines Großvaters, und die Kultur der Südstaaten besaß dieselbe feine Lebensart, die Goizueta in Kuba erworben hatte.

Als Journalisten sich mit Goizueta und seiner Vergangenheit befaßten und den Gewinner aus der Außenseiterposition heraus einzuschätzen versuchten, entdeckten sie, daß es sich um einen bemerkenswert intelligenten Mann handelte. Als der achtzehnjährige Roberto Goizueta 1948 an der prestigeträchtigen Cheshire Academy in Connecticut sein Senior-Jahr antrat, konnte er kein Englisch. Er lernte die neue Sprache, indem er sich im Kino immer wieder dieselben Filme ansah, wobei er auch gleich die amerikanischen Werte übernahm. Seine Disziplin in Verbindung mit seinem fotografischen Gedächtnis halfen ihm zu brillieren. Man kann es kaum glauben, doch am Ende des Jahres hielt er die Abschiedsrede, wie er 1985 *Business Week* gegenüber erzählte. Später ging er als Zehntbester seines Jahrgangs von Yale ab.

Die Kollegen bei Coca-Cola kannten Goizueta als engagierten, tadellos gekleideten Mitarbeiter, der jeden Abend einen leeren Schreibtisch hinterließ. Als Forscher nie besonders hervorragend, war er ein fähiger Verwaltungsmann und ein berüchtigter Perfektionist mit einem Blick fürs Detail. »Er kannte jedes Staubkorn in seinem Büro«, erinnerte sich einer seiner Kollegen. Goizuetas höfliches, leutseliges Wesen und sein gutes, typisch südländisches Aussehen kaschierten seine, wie einige sie nannten, Rücksichtslosigkeit, doch er erkannte Ergebnisse an; er bezog niemals eindeutig Stellung, was er mit einem Spruch seines Großvaters begründete: »Die Qualität der Kompromisse, die jemand schließt, ist viel wichtiger als die Richtigkeit einer Position.«

Höchst pragmatisch und ein bißchen zynisch bemerkte er einmal: »Man kann guten Gewissens darauf wetten, daß die Menschen die meiste Zeit in ihrem eigenen Interesse handeln.« Obwohl Goizueta seine Gefühle unter eiserner logischer Kontrolle hielt – »Er hat einen kristallharten Verstand«, sagte ein Kollege –, wurde die Ruhe doch durch seine Kettenraucherei und ein leichtes Zittern seiner Hände Lügen gestraft. Neben Arbeit und Familie interessierte er sich für Schwimmwettkämpfe und die Lektüre alles nur Greifbaren. Etwas unpassenderweise entwickelte der blaublütige Kubaner auch eine Vorliebe für Countrymusik.

Auf die Frage, was er tun würde, wenn er nicht der Chef von Coca-Cola wäre, antwortete Goizueta völlig unerwartet: »Ich wäre vermutlich ein guter Lehrer an einer Wirtschaftsfakultät.« Was würde er empfehlen? Nicht *In Search of Excellence* oder andere populäre Managementtitel, sondern *Die Brüder Karamasow* und *Das Evangelium des heiligen Lukas.* Mit dieser Antwort enthüllte er nicht nur seine eklektische Bildung, sondern auch tiefgehende philosophische und religiöse Interessen. Trotzdem verlangte die Religion des Coca-Cola-Managers nicht, daß er auch die andere Backe hinhalten solle. Als man ihn nach seinem besten Charakterzug fragte, sprach Goizueta nicht von seinem Glauben an Gott, seinem scharfen Verstand, seiner intuitiven Auffassungsgabe oder seiner Managementerfahrung. »Ich bin sehr beharrlich.« Sein größter Fehler, sagte er, sei seine Ungeduld. Diese beiden Charakterzüge brachten einen Mann hervor, der wie die Aasgeier in seiner Parabel jeglicher Passivität die gut vorbereitete Aggression vorzog.

Der schläfrige Riese wird auf Trab gebracht

Bevor er im März 1981 den Vorsitz von Paul Austin übernahm, mußte Goizueta erst noch ein unbehagliches Jahr als Präsident ohne volle Machtbefugnisse überstehen.[4] Er nutzte die Zeit gut, knüpfte Allianzen mit den entscheidenden Managern und baute ein solides Fundament für seine Macht auf. In der Erkenntnis, daß Don Keoughs Begabung für den Umgang mit Menschen zu seinem Hang zu Zurückhaltung und Analyse eine Ergänzung wäre, sagte Goizueta zu dem Mann aus Iowa, er wolle ihn als Generaldirektor haben.[5] Von nun an tauchten sie überall gemeinsam auf. In ihren Reden verkündeten sie, was Don oder Roberto über dieses oder jenes gesagt habe. In gewissem Sinn war Keough Goizuetas Zeremonienmeister.

Inzwischen sorgte Goizueta dafür, daß Ian Wilsons Stern in der Firma nicht mehr zum Leuchten kommen konnte. »Es bestand nie irgendein Zweifel, daß es Koeugh oder ich werden würde«, informierte er die Journalisten. »Ich glaube nicht, daß Wilson eine Chance hatte.« Er bemerkte, Wilsons Territorium, Kanada und der Ferne Osten, hätten nur fünfzehn Prozent zum Umsatz der Firma beigetragen und auch keine hohe Gewinnspanne besessen.

Auf einmal sah sich Wilson in der Firma in illegale Konzentratlieferungen nach Rhodesien in den späten sechziger Jahren verwickelt, was damals ein Verstoß gegen US-Sanktionen war. Obwohl zu jener Zeit für das Gebiet Südafrika verantwortlich, leugnet Wilson, überhaupt etwas von diesen Lieferungen gewußt zu haben, und behauptet, man habe ihm da etwas angehängt. Eine anonyme Quelle äußert die Hypothese, daß für Goizueta »enorm viel auf dem Spiel stand. Was würden Sie machen, wenn Sie ein vertriebener Kubaner wären, dessen einzige anerkannte Erfahrung in Technik und Qualitätskontrolle für Erfrischungsgetränke bestünde, und Sie sähen sich mit jemandem konfrontiert, der Sie fertigmachen könnte? Auf der einen Seite warteten Macht und Ruhm; auf der anderen lag der Abgrund.«

Als Wilson sich schließlich aus der Firma verabschiedete, arbeitete Goizueta gerade an einem wichtigen Strategiepapier, das, wie er hoffte, die Art, wie die Firma das Geschäft betrieb, revolutionieren würde. Er begriff, daß der leitende Manager der achtziger Jahre ein Finanzkünstler werden müßte, und so brachte sich der neue Präsident entschlossen alles Wissenswerte über das Rechnungswesen, Währungsschwankungen und Nationalökonomie bei, wobei er dieselbe beharrliche Neugier und das schwammartige Gedächtnis für diese Aufgabe an den Tag legte wie damals, als er Englisch gelernt hatte. »Er kam fünfzehn- oder zwanzigmal am Tag in mein Büro«, erinnert sich Sam Ayoub, damals stellvertretender Finanzchef. »Er hatte keine Ahnung vom Rechnungs- oder Finanzwesen, er stellte einfach nur Fragen über Fragen über Fragen.«

Je mehr Goizueta erfuhr, desto unbehaglicher wurde es ihm in Hinblick auf die Managemententscheidungen innerhalb der Firma. Das Gastronomiegeschäft zum Beispiel, das Coke seit jeher beherrscht hatte, wurde als finanzielles Rückgrat der Firma angesehen, da hier der Siruppreis, im Gegensatz zum Abfüllervertrag, der die Firma band, frei festsetzbar war. Goizueta fiel allerdings auf, daß der Kapitalaufwand für diesen Geschäftsbereich seit der Einführung des fünf Gallonen fassenden Aluminiumgeräts in den späten sechziger Jahren erheblich in die Höhe geklettert war. Die Zahlen belegten, daß das Gastronomiegeschäft zwar zwölfeinhalb Prozent Gewinn machte, allerdings auch Kapitalkosten in Höhe von sechzehn Prozent schluckte. Zumindest theoretisch liquidierte sich das Geschäft selbst. Goizuetas Techniker lösten das Problem rasch für ihren alten Chef, indem sie kostengünstige, innen ausgekleidete Behälter erfanden, die man wegwerfen konnte.

Genauso gelangte Goizueta zu dem Schluß, daß die Obsession innerhalb der Firma für den prozentualen Marktanteil den Blick auf das verstellte, was unter dem Strich die Bilanz auswies. Die Pepsi-Paranoia hatte alle vom letztendlichen Ziel einer guten Kapitalrendite abgelenkt. Goizueta hatte bereits seine Fähigkeit bewiesen, seinen technischen Hintergrund mit dem Interesse an einer kosteneffektiven Geschäftätigkeit in Einklang zu bringen, als er im Januar 1980 Robert Woodruff überzeugte, statt des Rohrzuckers für Coca-Cola Maissirup mit hohem Fruchtzuckergehalt zu verwenden.[6]

Maissirup und wütende Gegner des neuen Abfüllvertrags

Luke Smith und Paul Austin hatten beharrlich behauptet, Maissirup verfälsche den Geschmack von Coca-Cola, doch nun konnte man keinen erkennbaren Unterschied nachweisen. Rohrzucker wäre zwar auf dem freien Markt billiger gewesen, doch der Fruchtzucker bot gegenüber den Preisen, die durch die traditionellen Schutztarife auf Zucker bestimmt wurden, eine Ersparnis von zwanzig Prozent. Zunächst war es für Goizueta nicht einfach, Woodruff von dem Umstieg auf Fruchtzucker zu überzeugen, denn das bedeutete immerhin, daß die heilige Formel geändert werden mußte. Vor dem Finanzausschuß erklärte der kubanische Chemiker haarklein die technischen Aspekte und brachte damit Woodruff völlig durcheinander. John Sibley, der noch älter, aber geistig genauso voll da war wie Woodruff, schaltete sich ein und legte Goizueta die geeigneten Worte in den Mund. »Weißt du noch, wie wir in den dreißiger Jahren zu Rübenzucker gewechselt sind, Bob? Nun, das ist nur eine andere Art von Zucker, mehr nicht.«[7] Nachdem die anstehende Entscheidung einmal in so einfache Worte verpackt worden war, stimmte Woodruff schnell zu.

In seinem Krieg gegen Pepsi nahm der Chef von Coca-Cola USA, Brian Dyson, mit langfristigen Verträgen nahezu das ganze Fructose-Angebot in Beschlag, dann verstärkte er die Werbung der Firma. Während er der Mehrheit der Abfüller diese als Bonbon hinhielt, benutzte Dyson den Fruchtzucker aber auch als Stock, um auf die Renegaten loszuschlagen, die den geänderten Vertrag nicht unterzeichnet hatten. Die Änderung von 1978 besagte, daß alle Einsparungen bei den Süßstoffkosten an die unterzeichnenden Abfüller weitergegeben würden. Doch für die Minderheit, die ihre Unterschrift verweigert hatte, berechnete die Firma beinhart den alten Siruppreis.

Bill Schmidt, der bereits über die arrogante Haltung der Firma erbost war, traf wegen dieser finanziellen Erpressung der Schlag. Verlangte sein unbefristeter Vertrag nicht 5,32 Pound Rohrzucker je Gallone Coca-Cola-Sirup? Sie konnten ihm diesen Maissirup nicht einfach ohne seine Zustimmung andrehen. Schmidt machte sich von dem winzigen Elizabethtown in Kentucky auf den Weg und suchte einen Anwalt aus Atlanta, der sich seines Falles annehmen würde, wenn er auch wenig Hoffnung hegte, daß irgendwer bereit wäre, eine Kollision mit dem Monolithen Coke/King & Spalding zu riskieren.

Durch ein gütiges Geschick machte der verärgerte Abfüller Emmet Bondurant aus, der sich bereits einen Ruf als Verteidiger in unpopulären Fällen erworben hatte. Bondurant bestätigte Schmidt, daß er tatsächlich klagen könne, und reichte 1981 für Schmidt und siebzig andere verstimmte Abfüller Klage ein. Bondurant verstand sich als moralischer Kreuzritter, als letzte Hoffnung der Unterdrückten. Mit unersättlichem Eifer häufte er Material für den Fall an.

Der Tod blitzt auf

Da sich nun ein neuer Bürgerkrieg bei Coca-Cola zusammenbraute, war Goizueta erleichtert, daß er zwei andere Bedrohungen, die er aus den siebziger Jahren geerbt hatte, ad acta legen konnte. Die International Union of Food and Allied Workers (IUF) hatte im neuen Jahr aufgrund der Zustände in Guatemala einen Coke-Boykott ausgerufen. Am 2. Januar 1980 verschickte die IUF ein grausiges Bild von Pedro Quevedo, dem ermordeten Gewerkschaftsorganisator bei Coca-Cola, an ihre Zweigstellen. Die internationale Gewerkschaft streckte ihre Muskeln, als die Abfüllbänder von Coca-Cola in Finnland, Neuseeland und Schweden klappernd anhielten, und drohte mit Streiks in noch sechs anderen Ländern. Die relativ kurze Unterbrechung in der Coca-Cola-Produktion sorgte dafür, daß die Firma die beabsichtigte Botschaft begriff. Hastig versicherte Ted Circuit, der Coke-Chef für Lateinamerika, der Gewerkschaft, den Nonnen und anderen Kritikern, daß John Trotters Vertrag im September 1981 gekündigt werde.

Damit konnte weiteres Blutvergießen allerdings nicht verhindert werden. Und der Leiter der IUF, Dan Gallin, bestand darauf, daß The Coca-Cola-Company Trotter sofort loswerde. Als sich im Juli die Lage weiter verschlechterte, wies Goizueta, nunmehr Präsident, Ted Circuit und Anwälte der Firma an, nach Genf zu fliegen und mit Gallin zu sprechen. Als Folge fädelte es Circuit ein, daß Antonio Zash, ein McCann-Manager aus Mexiko mit Betriebspraxis, und Roberto Mendez, der Leiter des Coke-Werkes in Mexiko, Trotter ausbezahlten. Die Firma jedoch übernahm den größten Teil des Kaufpreises und behielt sich ein gewisses Maß an Kontrolle über den Franchise-Betrieb vor. Im Dezember unterschrieben Zash und Mendez einen Gewerkschaftsvertrag, und damit war die Krise in Guatemala vorerst beigelegt.*

Diese rasche und beherzte Aktion zur Beendigung des Boykotts war charakteristisch für Goizueta, der begriff, daß die Coke-Männer nicht einfach in Atlanta herumsitzen und darauf warten konnten, daß die Welt bei ihnen anklingelte. Durch den Flug nach Genf hatten sie Kompromißbereitschaft signalisiert. Goizueta war auch bereit, Kritik von Industriellen einzustecken, die eine harte Linie verfolgten, aber niemals mit einer internationalen Gewerkschaft in Verhandlung treten würden. Als die Coke-Männer abstritten, etwas Derartiges getan zu haben, drehten sie eindeutig an der Semantik. »Wenn das keine Verhandlungssituation ist«, triumphierte Gallin, »weiß ich nicht, was es dann sein soll. Wir haben unsere Zielsetzung exakt erreicht.«

Aggression gegen die Abfüller

Vier Wochen, bevor Circuit in die Schweiz flog, wurde ein anderes, aus den siebziger Jahren mitgeschlepptes Problem zur letzten Ruhe gebettet. Im Juni 1980 wurde der Soft Drink Interbrand Competition Act (Wettbewerbsrecht in der Erfrischungsgetränke-Branche) in beiden Häusern des Kongresses verabschiedet. Damit endgültig ihrer Exklusivrechte in den Territorien sicher, konnten die Abfüller gemeinsam der FTC eine lange Nase machen. Ohne den bodenständigen Schlag von kleinstädtischen Abfüllern wäre die Vorlage niemals als Gesetz durchgegangen. Doch ironi-

---

* Vier Jahre später meldeten Zash und Mendez Konkurs an, doch die organisierten Arbeiter besetzten das Werk und behaupteten, die Besitzer hätten den Franchise-Betrieb kräftig gemolken, bevor sie zwecks Niederschlagung der Gewerkschaft die Tore schlossen. Wieder verlangte die IUF einen Boykott und zwang Coca-Cola ein weiteres Mal zum Handeln, das daraufhin Carlos Porras Gonzalez, einen Wirtschaftsfachmann aus Ecuador, zur Wiederaufnahme des Abfüllbetriebs entsandte.

scherweise machte die Verabschiedung des Gesetzes für Brian Dyson und seine aggressive Mannschaft den Weg frei für den beschleunigten Rausschmiß der kleinen Abfüller.

Von der Bedrohung durch die Handelskommission befreit, die potentielle Lizenznehmer abgeschreckt hatte, setzte eine Flut von Fusionen und Neuerwerbungen ein und schraubte sich der Preis für Abfüllgebiete, der über Jahre künstlich niedrig gehalten worden war, in schwindelerregende Höhen. Viele altvertraute Personen verkauften und zogen sich mit dem Erlös in den Ruhestand zurück. Big Coke forderte nicht nur zum Aufkauf schwacher Abfüllfirmen auf, sondern förderte aktiv eine Zusammenlegung von Gebieten, wobei die Firma in manchen Fällen für eine Übergangszeit ein Aktienpaket erwarb und sich nach einem neuen Besitzer umsah. Dyson, Keough und Goizueta schworen wiederholt, daß sie nicht beabsichtigten, auf Dauer die Besitzrechte zu behalten. Tatsächlich stieß die Firma ihr Werk in Baltimore ab, und Dyson versprach, andere firmeneigene Abfüllwerke loszuschlagen, wenn diese nicht gut liefen.

1980 beschloß John Sculley von Pepsi, der in Dyson einen ebenbürtigen Gegner erkannte, die Pepsi-Herausforderungskampagne landesweit zu puschen, in der Hoffnung, den Schwung der siebziger Jahre beibehalten und die Führungsposition in den Supermärkten wiedererlangen zu können. Sculley bekam es mit einer unerwartet heftigen Opposition aus den eigenen Reihen zu tun; entsetzte Pepsi-Abfüller baten ihn, »mit diesem Wahnsinn aufzuhören«[8], denn sie waren überzeugt, in ihrem Gebiet werde Pepsi bei der Herausforderung den kürzeren ziehen oder Coke werde wilde Preiskämpfe in Gang setzen. Ihre Vermutung war gerechtfertigt. Dyson reagierte darauf, indem er Firmengeld in Gebiete leitete, in denen Geschmackstests veranstaltet wurden. Bei einer Gelegenheit umzingelten Coke-Lastwagen in einem Einschüchterungsversuch das Pepsi-Werk, in dessen Gebiet die Herausforderungskampagne gerade startete. Die Firma holte sich Mean Joe Greene, der bei Coke-Tagungen mit dem Vorschlaghammer auf Pepsi-Automaten einschlug. Dysons unverblümte Botschaft an die Pepsi-Abfüller lautete, nach der Interpretation Sculleys:

»Wenn du beim Herausforderungsprogramm mitmachst, werden wir losziehen und dich umbringen.« Doch die Geschmackstests stellten weiterhin eine Plage für Coca-Cola dar.

Die Suche nach einem besseren Diätgetränk

Bereits 1979 hatte Goizueta Mauricio Gianturco und seine Techniker angewiesen, mit Projekt David[9] zu beginnen, dem letztendlich erfolgreich verlaufenden Versuch, eine Cola-Formel zu finden, mit der Pepsi bei Geschmackstests zu schlagen sei. Von den Wettkämpfen bei den gezuckerten Colas frustriert, konzentrierte er sich auf ein Getränk, das Pepsi LIGHT überflügeln sollte, denn das schnell wachsende Diätsegment würde bald zwanzig Prozent des gesamten Marktes für Erfrischungsgetränke besetzen. Goizueta und Dyson stimmten zu, daß Sergio Zyman das Diätprojekt leiten solle. Der brillante, aggressive, mehrsprachige junge Mexikaner war zusammen mit einer Gruppe anderer wichtiger, in der Herausforderungskampagne tätiger Mitarbeiter von Pepsi abgeworben worden – eine Retourkutsche für den Aderlaß bei Coke, den Al Steele dreißig Jahre zuvor ausgelöst hatte. Im Februar 1980 startete Zyman das Projekt Harvard. Zyman erarbeitete eine Reihe von Codenamen für das neue Produkt, an dem er arbeitete – Fresca Plus, Lucy, Shrimp und BPS, das alternativ stand für »Bottler Productivity Study« (etwa Studie zur Produktivität der Abfüller), »Best Product Under the Sun« oder »Beat Pepsi Soundly«. Hätte der Mexikaner eine dieser Bezeichnungen ernsthaft in die Debatte geworfen, es hätte Austin und andere führende Coke-Männer nicht gestört. Der entscheidende Punkt des Projekts war allerdings, den »Markenwert« des Namens Coca-Cola zu nutzen. Das neue Produkt Diet Coke (in Deutschland: Coca-Cola light) sollte eine »Angebotserweiterung« darstellen.

Zyman, Dyson, Keough und Goizueta waren entgegen allen Einwendungen überzeugt, daß die Einführung von Coca-Cola light das Geschäft beleben würde. Wie Zyman in einem Memo im Februar 1980 zu Brian Dyson meinte:

»In den letzten paar Jahren ist die Firma... merklich in das Image einer traditionellen, festgewachsenen, konservativen Firma abgedriftet.« Die mutige Einführung von Coca-Cola light werde einen »immensen Einfluß« auf dieses Image haben, die Abfüller motivieren und Kapital aus dem Namen Coca-Cola schlagen. Es werde auch profitabel sein, denn ein mit Saccharin gesüßtes Getränk werde in der Herstellung weniger kosten. Auch unter demographischem Aspekt war der Zeitpunkt perfekt gewählt: die alternden Teenager der Sechziger tranken nicht weniger Cola-Getränke, wie Pessimisten gewarnt hatten, sondern sie griffen aufgrund des aufkommenden Fitneßwahns zu Diätgetränken. Zyman schloß: »*Die Konkurrenz kann ihre Bemühungen nicht verdoppeln*«, schlicht aus dem Grund, weil es bereits ein Diät-Pepsi gab. Da sich Coke so lange zurückgehalten hatte, werde diese späte Blüte eine enorme Katalysatorwirkung haben und die Abfüller motivieren, »hinauszugehen und wirklich aggressiv zu werden. Kurz«, schloß der mexikanische Verkaufsmann, »das könnte der goldene Schuß sein.«

Dann zog Paul Austin im April plötzlich und unerklärlicherweise die Bremse für Projekt Harvard, indem er ein kryptisches Telegramm an Don Keough sandte, der gerade mit Zyman und Dyson in Buenos Aires eine Strategie ausarbeitete. Davon überzeugt, daß das Projekt dringend notwendig sei, suchte Goizueta Unterstützung bei Woodruff. Er hatte seine Lektion nach der Präsentation des Maissirups gelernt – um die Zustimmung des Alten zu gewinnen, mußte man den Fall möglichst schlicht und einfach darlegen. Außerdem brachte Woodruff nur begrenzt Geduld und Aufmerksamkeit auf. Goizueta erklärte, daß der Marktanteil für Zucker-Colas seit Jahren sinke, während der von Diätgetränken stetig zulege. »In einigen Jahren, Mr. Woodruff, werden wir den Betrieb in The TaB Company umbenennen müssen, wenn wir nichts unternehmen.« Als sein »Partner«, dem er vertraute, die Sache so beschrieb, stimmte Robert Woodruff Coca-Cola light bereitwillig zu, aber Austin stand immer noch im Weg. Der Boß nahm sich auch dieser Frage an. Als der Verwaltungsrat am 6. August zusammentrat, wurde Goizueta zum

Verwaltungsratsvorsitzenden und CEO gewählt, der Paul
Austin bis zu dessen Pensionierung am 1. März 1981 ersetzen sollte. Als sie sich nach der Sitzung den Fotografen
stellten, sah Goizueta drein wie ein Filmstar, während Austin neben ihm wie ein großer zerzauster Bär Düsterkeit
verbreitete und nur die schmallippige Imitation eines
Lächelns zustande brachte. Unmittelbar im Anschluß
daran gab Goizueta Zyman grünes Licht.

Austins Vermächtnis

Nachdem Austin in den Ruhestand getreten war, wurde bei
ihm schließlich die Alzheimer-Krankheit diagnostiziert, und
nach einem raschen Verfall starb er 1985 im Alter von siebzig Jahren. Sein problematischer Führungsstil in seinen
letzten Jahren mag zwar seine Erfolge bei Coca-Cola über-
lagern, doch das erstaunliche Wachstum der Firma war eindeutig ihm zuzuschreiben. Als er 1962 die Präsidentschaft
übernahm, war die Firma im Grunde noch ein Unternehmen mit einem einzigen Getränk im Angebot, einer nichts-
sagenden altmodischen Werbung und einem tiefsitzenden
Rassismus. Der Gewinn belief sich bei einem Umsatz von
567,5 Millionen Dollar auf 46,7 Millionen, zu dem die
Überseeniederlassungen dreißig Prozent beisteuerten. Austin sorgte für ein visionäres professionelles Management
und leitete die Firma geschickt durch die schwierigen sechziger und siebziger Jahre. Unter seiner Aufsicht führte die
Firma eine Vielfalt an Getränken für einen aufgesplitteten
Markt ein, entwickelte ein soziales Gewissen – wenn auch
unter beträchtlichem Druck von außen – und brachte einige der wirkungsvollsten Werbespots unters Volk, die jemals gedreht wurden.

Austins größtes Vermächtnis allerdings war sein Eifer,
der Firma überall auf der Welt Niederlassungen zu verschaffen. Ende 1980 verdiente Coke 422 Millionen Dollar
bei einem Umsatz von beinahe sechs Milliarden – das
Zehnfache im Vergleich zu 1962 – und strömten 65 Prozent des Gewinns von außerhalb der Vereinigten Staaten
herein.[10] Selbst Austins Lieblingsprojekte – seine leidigen

Shrimp-Farmen, Entsalzungsanlagen und auf Molke aufbauenden Kraftgetränke – spiegelten eine für die Firma bis dahin nie gesehene Neugier und Kühnheit wider. »Paul war für Coca-Cola zu groß«, meinte sein Freund Ian Wilson nachdenklich, der am gleichen Tag kündigte, an dem Austin sich aufs Altenteil zurückzog. »Seine Vision war zu breit, als daß er sich mit dem Verkauf von gefärbtem kohlensäurehaltigem Zuckerwasser zufriedengegeben hätte.«

Heilige Kühe werden geschlachtet

Bald nachdem der Verwaltungsrat von Coca-Cola bekanntgegeben hatte, daß Goizueta an die Stelle von Austin treten werde, kamen Firmenmanager aus der ganzen Welt zu ihrer alljährlichen Tagung im Oktober in Atlanta zusammen, wo sie gewöhnlich für ihre Bereiche einen Fünfahresplan vorlegten. Goizueta verlangte statt dessen Dreijahrespläne, da er annahm, daß niemand so weit vorausschauen könne. Und wieder stellte Goizueta »Fragen über Fragen über Fragen« an die schlecht vorbereiteten Führungsleute, die das zweiwöchige gemeinsame Schmoren bald als »Spanische Inquisition« bezeichneten. Frustriert, weil die Coke-Männer bei der Festsetzung ihrer Zielvorgaben einfach nur auf die Konkurrenz reagierten – einige eine Absatzerhöhung, andere höhere Marktanteile anstrebten und nur einige wenige sich auf den Rückfluß aus investiertem Kapital konzentrierten –, merkte Goizueta, das etwas geschehen müsse.

Entschlossen, die behäbige, muffige Firma aufzurütteln, brütete Goizueta über einem aggressiven Strategiepapier. Noch vor Ablauf eines Monats nach seiner offiziellen Investitur als CEO im März 1981 holte er fünfzig Topmanager von Coca-Cola aus der ganzen Welt zu einer fünftägigen Konferenz nach Palm Springs. »Eine Firma macht sich über die Fortdauer des Erfolgs Gedanken, wenn feststeht, daß sie mehr zu verlieren als zu gewinnen hat«, sagte er zu ihnen. »An diesem Punkt wird sie verschüchtert und beschäftigt sich nur noch mit ihrem Erscheinungsbild.« Goizueta versprach, die Tage der Passivität bei Coca-Cola seien vorbei. »Diejenigen, die sich nicht anpassen, werden zurückbleiben oder draußen sein – ganz gleichgültig, auf welcher Ebene sie angesiedelt sind.« Er stellte rundweg fest: »Es gibt keine heiligen Kühe.«[11] Um zu verhindern, daß die Konkurrenz Sieger blieb, betonte Goizueta, würde er »die Neugestaltung einiger oder aller unserer Produkte« erwägen.

Goizuetas sorgfältig formulierte »Strategie für die achtziger Jahre« wurde in Palm Springs veröffentlicht und zur weiteren Verteilung an Börsenanalytiker, die Medien und die Beschäftigten von Coca-Cola gedruckt. In der in harmlose Worte gekleideten Strategie stand der Gewinn im Mittelpunkt – »eine Rate, die beträchtlich über der Inflation liegt, so daß unsere Aktionäre einen überdurchschnittlichen Gesamtgewinn aus ihrer Investition erzielen«. Um dies zu erreichen, wurde in dem Papier gewarnt, werde die Firma vermutlich diversifizieren. Goizueta schloß dabei die Schwerindustrie aus und versprach, statt dessen nach »Dienstleistungen [zu suchen], die unsere Produktlinien ergänzen oder zu unserem Image passen«.

Obwohl nur wenige Goizueta wirklich ernst nahmen – auch kaum Medienleute –, mußten seine Manager doch bald feststellen, daß er seine Pläne durchzog. Diejenigen, die Goizuetas Autorität angriffen oder das Ergebnis unter dem Strich nicht wirkungsvoll genug anpeilten, wurden rücksichtslos entfernt.

Die Mehrheit der Abfüller reagierte angetan, als Goizueta seine Absicht verkündete, die Inlandsgewinne der Firma nach oben zu treiben, denn sie hatten das Gefühl, sie hätten an Bedeutung verloren, seit die Auslandsgewinne stetig stiegen. Goizueta wollte bis zum Ende des Jahrzehnts ein Fünfzig-zu-Fünfzig-Gleichgewicht erreichen. Da der Dollar gegenüber den meisten anderen Währungen an Stärke gewann, erschien es sinnvoll, im Inland nach größeren Zugewinnen Ausschau zu halten. Außerdem hatte sich der Auslandsumsatz 1980 abgeflacht, was zum Teil darauf zurückzuführen war, daß es in Japan Rekordregenfälle gegeben hatte.

Jesse Jackson und PUSH gegen Coke

Während Goizueta und Keough noch nach Möglichkeiten suchten, der Welt zu zeigen, daß Coke neubelebt war, bekamen sie es 1981 mit genau der Art von Publicity zu tun, die sie nicht gebrauchen konnten. Reverend Jesse Jackson, der freimütige, politisch ehrgeizige schwarze Aktivist, wandte seine Aufmerksamkeit Coca-Cola zu. Bis zu einem gewissen Grad nahm seine Forderung nach mehr Arbeitsplätzen für Schwarze nur die zwanzig Jahre zuvor von CORE geäußerten Wünsche wieder auf, doch mittlerweile waren weder Coca-Cola noch der Süden mehr offen rassistisch. Die Firma unterstützte lokale schwarze Colleges und Bürgerrechtsgruppen; 24 Prozent der Firmenbeschäftigten waren Schwarze. Wie andere vor ihm suchte sich Jackson Coke nicht in erster Linie aus, weil es dort offenkundige Verfehlungen gab, sondern weil die Firma aufgrund ihres gehegten und gepflegten Image so verführerisch verwundbar war. Im Juli drohten er und seine in Chicago ansässigen People United to Save Humanity (PUSH), einen Boykott zu starten – den sie euphemistisch »Abwendung der Begeisterung« nannten –, wenn Coke sich ihren Forderungen nicht beuge. Jackson beschwerte sich, es gebe keine Abfüllwerke im Besitz von Schwarzen und keine schwarzen Großhändler; auch sitze im Verwaltungsrat kein Schwarzer. Coke gebe zwar mehr als 500 000 Dollar an ethnische Werbeagenturen, doch das reiche nicht, wenn man das Jahresbudget von 169 Millionen Dollar bedenke.

Don Keough und Carl Ware, ein beeindruckender schwarzer Coke-Manager, der einmal an der Spitze des Stadtrats von Atlanta gestanden hatte, verhandelten mit Jackson, als dieser abrupt die Publicity noch verstärkte. Und so kam es, daß am 11. August ein triumphierender Jesse Jackson neben Don Keough in einer Pressekonferenz stand, in der letzterer ein neues »moralisches Abkommen« verkündete und den Schwarzen ein Paket im Wert von 34 Millionen Dollar versprach.

Weder Keough noch Goizueta hatten die Reaktion auf ihre gutgemeinten Pläne vorausgesehen, obwohl ihnen die Wahl des erzkonservativen Ronald Reagan einen Hinweis hätte liefern können. Viele weiße Amerikaner hatten die Nase voll von der Bürgerrechtsagitation. Sogar der Name von Jesse Jacksons Organisation brachte sie bereits auf die Palme. Die Soft-Drink-Firma wurde von den Weißen schwer angegriffen. Selbst *Barron's,* die respektable Wirtschaftswochenzeitung, tadelte Coca-Cola, weil die Firma sich darauf eingelassen habe, schwarze Unternehmer zu suchen, die das Getränk abfüllen oder als Großhändler vertreiben sollten, denn dies würde »verdienstvolle Weiße verletzen«. Ähnlich lautende Protestbriefe überschwemmten die Firma, wie der eines Geschäftsmanns aus Tennessee, der schrieb, um gegen den »erpresserischen Druck von seiten einer Minderheitenorganisation« zu protestieren. Keough reagierte beflissen auf diese besorgten weißen Südstaatler und widerlegte taktvoll den Vorwurf, Coca-Cola habe »gekuscht«. Schließlich sah sich der Coca-Cola-Präsident zu dem öffentlichen Eingeständnis gezwungen, daß er einen Fehler begangen habe – er hätte niemals mit Jackson zusammen eine Pressekonferenz geben sollen.[12]

»Coke Is It«

Bald jedoch hatten Goizueta und Keough den ganzen Aufstand wegen Jackson vergessen, denn im Februar wurde die neue Werbekampagne »Coke Is It« vorgestellt, nachdem man ein ganzes Jahr lang so intensiv wie noch nie geforscht und die Meinung der Verbraucher getestet hatte. Der Mann hinter den Werbespots war John Bergin, der die Pepsi-Generation und »You've got a lot to live...« bei der Werbeagentur BBDO kreiert hatte. Nun bei McCann-Erickson, suchte er nach einem bissigeren Schlachtruf als »Verschaff dir ein Coke und ein Lächeln«, um die Zuversicht des führenden Cola-Getränks erneut zu heben. Er entdeckte ihn in einer kanadischen Kampagne, die Ken Schulman, ein weiterer McCann-Mann, mit der New Yorker Songschreiberin Ginny Redington ausbaldowert hatte. Bergin war von der unwiderstehlichen Musik sofort fasziniert: Nach einem langsamen Auftakt kam sie mit dem dreimal hintereinander geschmetterten und mit Bläsern unterlegten

Satz zum Höhepunkt: »Coke is it!«[13] Bergin änderte den Text insoweit, als er alle Bezüge zu Kanada herausstrich, und Goizueta und Keough waren begeistert. Am 4. Februar strahlte Coca-Cola die Spots auf allen drei Fernsehsendern um 21.15 Uhr aus. Zur gleichen Zeit versammelten sich im Atlanta Civic Center 2000 Abfüller, um sich die Spots gemeinsam anzusehen. Um Mitternacht hatten mehr als 150 Millionen Amerikaner »Coke Is It« gehört, das Don Keough als neues Marschlied der Firma bezeichnete. Auf dem Bildschirm warfen, als der Song an Tempo gewann, Schüler, Eltern und Großeltern Latten und Kleinholz auf einen großen Haufen. »Die erfrischendste Möglichkeit,/das Beste aus jedem Tag zu machen«, sangen ausdrucksvolle Stimmen. »Und wo immer du hingehst, und was immer du tust,/es wartet etwas Großes auf dich und mich.« Dann, genau in dem Augenblick, als der Haufen in einem großen Freudenfeuer aufging, kam die Botschaft: »Coke is it!/The biggest taste you've ever found./Coke is it!/The one that never lets you down.« Das Feuer stellte sich als Mittelteil einer Anfeuerungsveranstaltung vor einem Fußballspiel heraus. Natürlich war durchaus nicht klar, ob die Einpeitscher, die passenderweise das Coke-Rot trugen, die Menge zu freudigen Hochrufen für die Heimmannschaft oder für Coca-Cola führten, das in dem sechzigsekündigen Spot fünfzehnmal auftauchte. In allen »Coke Is It!«-Spots – ob es nun die Überraschungsfeier zum Geburtstag eines Farmers oder die Verschnaufpause junger energiegeladener Tänzer war – zogen Verbraucher glitzernde Coke-Flaschen aus Eiskisten. Nachdem sie es getrunken hatten, zeigten sie ihre überschäumende Freude und hielten die Flasche bewundernd und mit einem Ausdruck der Erleichterung hoch.

Robert Goizueta bejubelte die neue Kampagne als passende Einführung seiner Regierungszeit. »Diese starke, positive Botschaft«, erzählte er, laut *Refresher,* seinen Abfüllern, »ist ein Spiegel der heutigen Amerikaner. Wir sagen, was wir meinen, und wir sagen es, wie es ist.« In Wirklichkeit sagte der Text absichtlich *nicht* genau, was »es« war. Wie Brian Dyson mahnte: »Wir sollten nicht allzu präzise sein, allzu beschreibend oder allzu buchstabengetreu.« Auf diese Weise blieb dem Verbraucher die Möglichkeit, seine Phantasie spielen zu lassen. »Wie auch das Gefühl ist, was es auch für ein Bedürfnis ist«, schloß Dyson, »Coke Is It. *Punkt.*«

Zur gleichen Zeit enthüllte Coke seine Geheimwaffe gegen die Pepsi-Herausforderungskampagne: Bill Cosby. Die Liebesbeziehung des schwarzen Komikers zu Coke reichte in seine Kindertage zurück, als er manchmal bis zwei Uhr morgens fünfzehn Cokes leerte, in seinen »Zeiten der Abhängigkeit«, wie er meinte. In den späten sechziger Jahren hatte die Firma Cosbys Radioshow gesponsert. In neuerer Zeit hatte er Spots für die »Coke and Smile«-Kampagne gemacht und war 1979 in höchsteigener Person bei dem »Großen Zusammenschluß« erschienen. John Bergin führte nun Regie bei Cosbys »Coke Is It«-Spots, in denen die Pepsi-Herausforderung auf die Schippe genommen wurde. Cosby wandte sich zum Beispiel direkt ans Publikum, schnitt mit seinem gut einstudierten Charme Gesichter, trank einfach ein Coke und redete. »Das ist eine echte Erfrischung, ein echt guter Geschmack«, sagte er. »Nun stellen Sie sich vor, Sie wären eine andere Cola, Nummer zwei oder Nummer 29, Sie würden Geschmackstests veranstalten und Herausforderungen und so Zeug und versuchen, sich mit dem hier zu vergleichen, das würden Sie doch? Aber sicher, schütteln Sie nicht den Kopf, das würden Sie tun, Sie gemeiner Hund.« Bergin schreibt Cosby das Verdienst zu, die Herausforderungskampagne abgewürgt zu haben, die 1983 eingestellt wurde.[14] »Er war in seiner Verspottung herrlich unterhaltend.« Oder wie der Komiker den Abfüllern anläßlich des »Großen Zusammenschlusses« unbescheiden mitteilte: »Ich glaube nicht, daß es jemanden gibt, der ein Produkt, wenn er daran glaubt, genauso gut verkaufen kann wie ich als Filmvorführer.« Bergin fand Cosby »unvorstellbar arrogant«, doch er mußte einräumen, daß »etwas Magisches passiert, sobald die Kamera zu surren beginnt. Dieser Mann ist das Größte, was ich jemals erlebt habe, wenn es darum geht, was man alles mit einem Gesicht machen kann.« Trotz der Zusammenstöße beim Drehen erkennt der Werbemann an, daß »unsere größte Waffe Bill Cosby gewesen ist, als wir ihn eingesetzt haben«. 1983 investierte Cosby auf einer persönlicheren Ebene in die Zukunft von Coke und kaufte sich gemeinsam mit dem schwarzen Unternehmer James Bruce Llewellyn beim Abfüllwerk in Philadelphia als Teilhaber ein. Mit dem Verkauf erfüllte Coke das Versprechen an PUSH, Schwarzen die Leitung einer Abfüllfirma zu überlassen, wenn es sich auch bei Cosby schwerlich um ein unterprivilegiertes Mitglied einer Minderheit handelte.

Die Image-Künstler sorgen für Abwechslung

Obwohl ihm der allgemeine Beifallssturm für »Coke Is It« sehr zusagte, fühlte sich Goizueta doch durch die nur zwei Wochen zuvor erfolgte feindselige Reaktion auf den Erwerb von Columbia Pictures gekränkt. Der Bereich der Unterhaltung war verlockend, vor allem für Goizueta, den Hollywood schon in seiner Schulzeit verführt hatte. Die Coca-Cola-Spots waren, genau betrachtet, Minifilme. Außerdem verwandelten sich die achtziger Jahre gerade in ein Jahrzehnt des Glanzes, des Image und der sofortigen Wiederholung. Die »Anspruchsgeneration«, wie manche Journalisten die Verbraucher der achtziger Jahre tauften, war besessen vom Video, so daß Columbias Bestand an 1800 Filmklassikern eine Goldmine zu werden versprach. Infolgedessen überraschte Coca-Cola sogar das Managementteam Herb Allen und Fay Vincent von Columbia, als die Firma 750 Millionen Dollar für das Studio zahlte[15], was beinahe dem Doppelten seines Aktienwerts jener Tage entsprach.

Die Börsenanalytiker machten das Geschäft schlecht. Coke habe zuviel bezahlt, sagten sie, und was verstehe im übrigen eine Soft-Drink-Firma vom Filmemachen? Innerhalb weniger Tage verloren die Coke-Aktien zehn Prozent an Wert. Goizueta war verärgert und verblüfft, er hatte doch angekündigt, daß er diversifizieren und die Firmengewinne in den USA so weit steigern wollte, bis sie die Hälfte des Gesamtgewinns ausmachten, und da sich das inländische Wachstum der Erfrischungsgetränke verlangsamte, bot Columbia sich geradezu an. »Wir machten das absolut einzig Richtige, das wir zur Sicherung unseres Wachstums in der Zukunft tun konnten«, sagte Goizueta gegenüber Reportern. In den verbliebenen Monaten des Jahres mußten die Kritiker einräumen, daß Coke gar nicht ganz so dumm gewesen war. Columbia spuckte drei Riesenhits in Folge aus, *Tootsie, Gandhi* und *The Toy.* Außerdem unterschrieb die Firma einen unglaublich süßen Handel mit Home Box Office [16], dem kostenpflichtigen Filmkabelkanal von Time Inc. HBO erklärte sich bereit, ein Viertel der Produktionskosten für alle Columbia-Filme zu übernehmen und auch happige Leihgebühren zu blechen. Zur gleichen Zeit gründeten Columbia, HBO und CBS ein neues Studio mit Namen Tri-Star. Goizueta und Keough hatten bei diesen Vereinbarungen nicht direkt die Hand im Spiel, doch sie hatten sich bald mit Allen und Vincent angefreundet, die einen echten Coup gelandet hatten. Kurz darauf erhielt Herb Allen einen Stuhl im Verwaltungsrat von Coca-Cola.

Obwohl Goizueta und Keough mehrfach abstritten, mit dem kreativen Ausstoß von Columbia zu tun zu haben, installierten sie doch Peter Sealey, einen Topverkäufer von Coke, als neuen Marktforscher des Studios.

Goizueta und Keough pfuschten nicht offen an den kreativen Inhalten bei Columbia herum, aber sie stellten sicher, daß gewisse Produkte in ihren Filmen nicht auftauchten, und schickten den Studiomanagern ein Memo, in dem sie die Verwendung aller Artikel von PepsiCo oder Philip Morris (dem Besitzer von 7-Up) untersagten. Wie zu erwarten, warben die Filme von Columbia unter den neuen Eigentümern in erheblichem Maße für Coca-Cola, vor allem in unterhaltsamen Geschichten mit glücklichem Ausgang wie *Die zweite Wahl,* einem Film mit James Garner und Sally Field, der drei Jahre später Premiere hatte.

Coca-Cola light geht los wie eine Rakete

Im Juli 1982, als Brian Dyson bei einer extra aus diesem Anlaß einberufenen Pressekonferenz die bevorstehende Einführung der Diät-Coke ausposaunte, kam Goizueta schnell dahinter, daß der Columbia-Deal nicht das einzige war, was er zur Steigerung des Inlandwachstums unternehmen konnte. Von dem Projekt war bis dahin nichts durchgesickert, trotz des großen Kreises der damit befaßten Leuten. Allein für die Dose waren 150 mögliche Entwürfe angefertigt worden. Mehr als 10 000 Verbraucher hatten an ausgedehnten Tests zur Verwendung zu Hause und an simulierten Kaufsituationen teilgenommen. Es war, um mit Dyson zu sprechen, »das am sorgfältigsten entwickelte und untersuchte Produkt in der Geschichte von The Coca-Cola-Company«. Quasi als Beleg für die Zuversicht in der Firma sollte Coca-Cola light ausgerechnet in dem harten Gebiet New York vom Band rollen, das zehn Prozent zum gesamten Inlandsabsatz beisteuerte. Im August mietete Charles Millard von der New York Coca-Cola Bottling Company, mit Unterstützung von Big Coke, die Radio City Music Hall und engagierte die tanzenden Rockettes, um das Getränk der Öffentlichkeit zu präsentieren. Danach mietete SSC & B/Lintas (ab jetzt nur noch Lintas genannt), eine Schwester von McCann, die für den Etat von Coca-Cola light zuständig war, in Los Angeles für einen Tag ein Theater, stopfte es mit Dekorationen voll und heuerte eine Reihe von Stars an, die den Anschein erwecken sollten, sie seien bei der Premiere in New York gleichfalls dabeigewesen. Der so entstandene sechzig Sekunden lange Spot kostete rund 2,5 Millionen Dollar,[17] es war der teuerste Spot aller Zeiten.

Doch das Risiko war es wert. Sofort ein Phänomen, übertraf Coca-Cola light alle Erwartungen der Firma. Einen Großteil seiner Durchschlagskraft verdankte das Getränk zweifelsohne seiner klugen Positionierung als Soft Drink für den Lebensstil der Achtziger Jahre. Im Gegensatz zu TaB, das mit »Parfüm und Spitze« ausschließlich Frauen anzusprechen versuchte, verkündete der Titelsong für Coca-Cola Light, daß »du es einfach nur wegen seines Geschmacks trinken wirst«. Die Männer machten sich zunehmend Gedanken über ihr Gewicht, ihre Gesundheit und ihr Aussehen und kauften bereits dreißig Prozent aller Diätgetränke. Die Untersuchungen von Coke hatten erbracht, daß Coca-Cola light die Mehrzahl der Yuppies erreichen könnte – diese jungen berufstätigen Großstadtbewohner, die Aerobic trieben und an Kraftmaschinen trainierten. Wie die

Untersuchung von Roy Scout allerdings gezeigt hatte, fühlten sich viele der neuen Verbraucher schlicht vom Markennamen – Coke – angezogen. In Geschmackstests mit namentlich ausgewiesenen Getränken zogen die Konsumenten TaB mit einem hauchdünnen Abstand Pepsi vor, doch sobald Scout TaB aus einer Dose einschenkte, auf der »Coca-Cola light« stand, verschob allein der Name die Ergebnisse um zwölf Punkte zugunsten von Coke nach oben. Im Grunde wollten die Verbraucher den Geschmack der weltweit bekanntesten Marke, die über neunzig Jahre hinweg bestens aufgebaut worden war. Aus welchem Grund auch immer, Coca-Cola light ging los wie eine Rakete. Ende 1983 besetzte es siebzehn Prozent des Diätlimonadenmarktes, rangierte auf der Liste der meistverkauften amerikanischen Erfrischungsgetränke auf Platz vier und war bereits auf 28 überseeischen Märkten erhältlich.[18]

Nicht allen Coke-Männern gefiel dieser unvorhergesehene Aufstieg der Diät-Coke, denn die Firma verlangte für den neuen Sirup einen höheren Preis als für herkömmliche Coca-Cola, und das, obwohl das mit Saccharin gesüßte Getränk in der Herstellung erheblich weniger kostete. Der Abfüllvertrag für Coca-Cola light, den Big Coke vorlegte, garantierte der Firmenmutter die völlige Preiskontrolle und enthielt zahllose andere Einschränkungen. Als sich viele Abfüller dagegen wehrten, zögerte die Firma die Unterhandlungen hinaus, während die Einführung und landesweite Werbung in der Öffentlichkeit einen lauten Schrei nach dem Diätgetränk auslösten, was die widerstrebenden Franchise-Nehmer zwang, einen zeitlich befristeten Vertrag zu unterzeichnen.[19] An diesem Punkt wiesen der abtrünnige Abfüller Bill Schmidt und dreißig Mitkämpfer, die die Firma bereits wegen des Fruchtzuckers gerichtlich belangten, den Anwalt Emmet Bondurant an, für die Abfüller, die der Vertragsänderung nicht zugestimmt hatten, Klage gegen Coca-Cola light einzureichen. Einige Wochen später strengte Bondurant auch eine separate Klage für ausgewählte Abfüller an, die die Vertragsänderung unterzeichnet hatten.

Juristisch betrachtet, war es zwar eine höchst komplexe Angelegenheit, doch bei dem Fall von Coca-Cola light ging es im Grunde nur um die Frage: Was war Coca-Cola? Bondurant und die verärgerten Abfüller argumentierten, das Diätgetränk sei nichts weiter als eine anders gesüßte Form des alten Erfrischungsgetränks. Immerhin hatte es die Firma selbst als Coke bezeichnet, behauptete die Werbung eine Ähnlichkeit mit dem »Real Thing«. Wenn das der Fall war, mußte die Firma bei ihrem ursprünglichen Vertrag mit den Abfüllern, die der Veränderung nicht ihren Segen gegeben hatten, bleiben. Und dadurch wäre technisch gesehen Coca-Cola light ungesetzlich, denn es enthielt keine 5,32 Pound Zucker. Für die Abfüller, die der Änderung zugestimmt hatten, schien der Fall eindeutig zu sein, denn in ihrem Vertrag aus dem Jahr 1978 wurde verlangt, daß die Firma alle Einsparungen durch alternative Süßstoffe an sie abführen müsse.

All diese Klagen sollten von Murray Schwartz, einem Bezirksrichter in Wilmington, Delaware, entschieden werden. Im Laufe des Jahrzehnts sollte Schwartz, ein ungewöhnlich pingeliger und aufmerksamer Jurist, ungewollt ein Experte für die Geschichte und Nuancen der Soft-Drink-Industrie werden. Öffentlich rümpfte Coca-Cola über die Gerichtsverfahren die Nase und stellte die erbosten Abfüller als eine verärgerte Minderheit hin, die nur wenig Einfluß auf das Gesamtergebnis der Firma ausübe. Die Anwälte von Coke betrachteten die Klagen als einfache Vertragsstreitigkeiten über Gewinnzuwächse. Dennoch war der Ausgang der Verfahren von entscheidender Bedeutung, denn damit wurde getestet, wie weit die Firma die Abfüller nach ihrer Pfeife tanzen lassen konnte. Für Schmidt und Bondurant nahm die Schlacht die Dimension eines moralischen Kreuzzugs an. Da keine der beiden Seiten an einer außergerichtlichen Beilegung Interesse zeigte, kam es zu einem erbitterten juristischen Krieg.

Glorreiche Tage

Ende 1983 fühlte sich Goizueta in den Augen der Welt bestätigt. Columbia, die Geldmaschine, brachte in ihrem ersten vollen Jahr als Coca-Cola-Tochter 91 Millionen Dollar ein, wie im Jahrbuch der Firma zu lesen stand. 1983 führte die Firma, unmittelbar im Anschluß an den unvergleichlichen Erfolg von Coca-Cola light, koffeinfreie Varianten von Coca-Cola, Coca-Cola light und TaB ein. Wie gewöhnlich hinkte Big Coke hinsichtlich von Innovationen dem Rest des Feldes hinterher. Philip Morris trommelte bereits, 7-Up »hatte es nie und wird es auch nie haben«, während Royal Crown im Vojahr mit der ersten Cola ohne jedes Stimulans die Pionierrolle übernommen hatte. Einen Tag bevor Coca-Cola light angekündigt wurde, hatte Pepsi sein Pepsi Free vorgestellt. Zunächst widersetzte sich Coca-Cola jeder Reaktion, die impliziert hätte, daß Koffein ein Gesundheitsrisiko darstellt, denn das Ingredienz sorgte ja für den berühmten »Schwung« des Getränks. Goizueta bewies jedoch, daß Coke anpassungsfähig war, und wenn der Riese sich endlich regte, dominierte er gewöhnlich auch ein Marktsegment.

Später im Jahr enthüllte Brian Dyson, daß der Geschmack von Coca-Cola light mit Nutrasweet, dem Markennamen für Aspartam, einen revolutionären neuen Süßstoff, den die FDA soeben zugelassen hatte, verbessert würde. Der einzige Nachteil von Aspartam – abgesehen von den schwerwiegenden unbeantworteten Fragen nach seiner Auswirkung auf den menschlichen Körper – war seine Instabilität, was bedeutete, daß damit gesüßte Getränke nur eine begrenzte Regallebenszeit hätten. Infolgedessen wurde Coca-Cola light zu Anfang jeweils zur Hälfte mit Saccharin und Nutrasweet gesüßt. Bald danach entschied sich die Firma für einen 100prozentigen Anteil des besser mundenden Süßstoffs, trotz seiner Grenzen und der exorbitanten Kosten. Der Anteil am Markt für Diätgetränke, der 24 Prozent betrug und noch immer stieg, überzeugte Coke sicherzustellen, daß sein neues Getränk an die prahlerischen Behauptungen über den Geschmack wirklich heranreichte.

Wie um die einschneidenden Veränderungen zu symbolisieren, donnerte die Abrißbirne in das 63 Jahre alte rote Backsteinhaus an der North Avenue, das einer modernen neuen Eingangsrotunde Platz machen mußte. Der geduckte, solide gebaute Veteran der Cola-Kriege widersetzte sich seiner Zerstörung, wie nostalgische ältere Mitarbeiter bemerkten, doch im Herbst war dann alles fertig. Die Erinnerungssteine, von denen jeder Coke-Beschäftigte einen erhielt, bildeten nun die einzige Verbindung zur Vergangenheit. Goizueta, plötzlich zum Liebling der Medien aufgestiegen, beherrschte im Frühjahr 1983 eine Ausgabe von *Business Week* mit einer Titelgeschichte über »Coke's Big Market Blitz«. Bei einer Pressekonferenz für 100 Marktanalytiker erklärte der CEO Ende 1983 zuversichtlich, daß die Firma die Absicht hege, sich von der Größe her bis zum Ende der achtziger Jahre zu verdoppeln. Zur Unterstreichung seiner Entschlossenheit hielt er eine Tagung in einem Abfüllwerk in Boston ab, vor dem Hintergrund von drei Millionen Dosen, die fast acht Meter hoch gestapelt waren und die, wie er erzählte, innerhalb der nächsten 48 Stunden in Verkaufsautomaten und den Regalen von Lebensmittelgeschäften landen würden. Emanuel Goldman, ein langjähriger Getreuer der Firma, verkündete, »der Riese ist erwacht«, wie die *Washington Post* schrieb. *Adweek* nannte Goizueta den »Verkäufer des Jahres«, während *Dun's Business Month* ihn dafür pries, eine der fünf bestgeführten Firmen von Amerika zu leiten.

1984

Das nächste Jahr steigerte Goizuetas Triumph noch. Der Kubaner hatte einen dynamischen, den achtziger Jahren entsprechenden Managementstil eingeführt und gleichzeitig weiterhin aus dem beinahe 100 Jahre alten Vorteil, daß Coca-Cola mit der Kultur Amerikas identifiziert wurde, Kapital geschlagen. Natürlich wurde Coke das offizielle Erfrischungsgetränk bei den Olympischen Sommerspielen von 1984 in Los Angeles.

Zunehmend stärker drückten die beiden Cola-Riesen Pepsi und Coca-Cola die Konkurrenz aus den Automaten, Gastronomiehähnen und Geschäftsregalen. Die vielzitierten »Cola-Kriege«[20] waren zwar auf einer Ebene echte kriegerische Auseinandersetzungen gewesen, aber sie hatten im Endeffekt beiden Marken nur genützt. Der Unterschied zwischen Coke und Pepsi war im Grunde nicht größer als die Linie, die die meisten Demokraten von den Republikanern trennt. Als Reagan sich den Werbeguru von Pepsi, Phil Dusenberry, holte, damit dieser seine Spots für den Wahlkampf von 1984 produziere, war das nicht so sehr die Bestätigung für eine bestimmte Erfrischungsgetränke-Marke als vielmehr ein Anzeichen dafür, daß die Politik in Amerika auf die Beherrschung von meisterhaften Image-Manipulatoren reduziert worden war.

Es war so offensichtlich, daß Reagan einen erdrutschartigen Sieg erringen würde, daß Coke Walter Mondale keinen einzigen Dollar zur Verfügung stellte, obwohl die Soft-Drink-Firma aus dem Süden sonst seit jeher die Demokraten unterstützte. Statt dessen gingen 5000 Dollar an Reagan, während Jesse Jackson 1500 Dollar erhielt[21], da Coke Beschuldigungen, rassistisch zu sein, vorbeugen wollte. Daneben ließ die Firma dem erzkonservativen Jesse Helms zum Ausgleich 1000 Dollar zukommen.

Die Marktforscher der achtziger Jahre hatten, ob sie nun für eine politische Kampagne oder für Erfrischungsgetränke tätig waren, raffinierte Techniken entwickelt, mit denen sie in derartigem Umfang Zielgruppen ausmachen konnten, daß die Cola-Trinker aufgeschreckt wären, hätten sie Zugang zu den nur Insidern vorbehaltenen Untersuchungsergebnissen gehabt. Ende 1984 hatten die Psychoforscher bei Lintas ein Profil des »typischen« Coca-Cola- und Coca-Cola-light-Nutzers erstellt. Nach der Studie besaßen Coca-Cola-Trinker unnachgiebige Persönlichkeiten; ein Getränk sollte auf eine bestimmte Weise schmecken. Sie lebten in einer »traditionellen Wirklichkeit, die auf Kindheitserfahrungen, Stereotypen und kulturellen Verallgemeinerungen basierte«. Für einen Coke-Trinker sollte die Welt unveränderlich bleiben und nach »bestimmten selbstverständlichen Wahrheiten« regiert werden. Die Forscher stießen auch auf ein Gefühl der Resignation und einen »Mangel an Selbstbeherrschung«. Infolgedessen verlangten Coca-Cola-Konsumenten eine sofortige Belohnung und kümmerten sich nicht besonders darum, ob sie Gewicht zulegten.

Die Trinker von Coca-Cola light andererseits hatten das Gefühl, »die Welt sei veränderbar« und daß sie Selbstkontrolle üben und bis zu einem gewissen Grad eine freie

Wahl treffen würden. Da sie zu langfristigen Planungen imstande waren, konnten sie auf eine Belohnung warten. Während die Konsumenten von Coca-Cola light, wie ihre Gegenparts von Coca-Cola, häufig das Familienleben sehr schätzten, übernahmen sie manchmal mit größerer Flexibilität einen Rollenwechsel im Alltag. »Ehemann wie Ehefrau können arbeiten, der Ehemann kann einkaufen gehen und das Abendessen machen, während die Ehefrau erst spät aus dem Büro nach Hause kommt.« Ein entscheidender Unterschied lag auch darin, daß die Coca-Cola-light-Trinker größten Wert auf ihr Aussehen legten.

Obwohl die Marktforscher von Lintas es nicht erwähnten, konnten die light-Konsumenten von 1984 sich auf der Suche nach Selbstverwirklichung durchaus auch Kokain in die Nase ziehen. Die peruanische Droge, die bereits 1885 und 1925 in der Oberschicht beliebt gewesen war, kam bei den hedonistischen Yuppies erneut in Mode. T-Shirts mit der Aufschrift »Cocaine« in der Coca-Cola-Schrift riefen in der North Avenue Befremdung hervor, wo niemand über den Gehalt des Erfrischungsgetränks an Kokablättern sprach, seien sie nun dekokainisiert oder nicht. Zur Verteidigung hob die Rechtsabteilung ein seit langem bestehendes Tabu auf und erlaubte, daß das Logo auch für andere Artikel benutzt werden dürfe. Nun vergab die Firma Lizenzen für den Schriftzug Coca-Cola für Bekleidung, Möbel, Spielzeug, Uhren, Kunstobjekte und unzählige andere Gegenstände. Durch den Verkauf der Rechte an Hersteller von Qualitätsprodukten hofften die Anwälte, die Verfolgung von Verstößen leichter bewerkstelligen zu können.

Abgesehen von der peinlichen Verbindung zu Kokain schien Coke unter Goizuetas Herrschaft ein gegen alles gefeiter energiegeladener Moloch zu sein, der nichts falsch machen konnte. Inzwischen hatte sich Coca-Cola von den wenig gewinnträchtigen Unternehmen Auqa-Chem, Wine Spectrum und der Shrimp-Farm getrennt. *Ghostbusters,* der Columbia-Film mit dem höchsten Bruttogewinn, den Columbia jemals produzierte, bot für die lokalen Abfüller ideale Werbegelegenheiten. Für Coca-Cola USA wuchs ein neuer Büroturm an der North Avenue stetig höher in den Himmel. Die gebührenfreie Verbraucher-Hotline ermöglichte ein sofortiges Feedback von seiten der Konsumenten, während die soeben ins Leben gerufene Coca-Cola Foundation [22] für ein hochklassiges Profil der Spendenpraxis des Unternehmens sorgte. Coca-Cola light überholte 7-Up und schob sich auf den dritten Platz der in Amerika meistverkauften Erfrischungsgetränke. Die Firma verpflichtete Julio Iglesias, den beliebten spanischen Schnulzensänger, dessen Schallplattenverkäufe an weltweiter Popularität nur denen von Elvis Presley und den Beatles nachhinkten und der in Ohnmacht fallende alte Damen, ausländische Konsumenten und die dreißig Millionen Hispanios in den Vereinigten Staaten in Bann schlagen sollte. Als Brian Dyson fünf Jahre nach seinem Versprechen von 1979, die Dinge ins Rollen zu bringen, seine Abfüller zu einem neuen »Geselligen Beisammensein«, nach Atlanta lud, barst er schier vor Selbstvertrauen. Er hatte inzwischen für mehr als fünfzig Prozent der Abfüllterritorien von Coca-Cola neue Lizenzen vergeben. Coke belegte 37 Prozent des US-Marktes. Obwohl Burger King 1983 zu Pepsi gewechselt war, kontrollierte die Firma aus Atlanta noch immer 63 Prozent des Gastronomiegeschäfts. [23]

Roberto Goizueta hatte allen Grund, sich selbst zu beglückwünschen. Seit er im Frühjahr 1981 Präsident geworden war, hatte die Coca-Cola-Aktie 95 Prozent an Wert zugelegt, einschließlich Dividenden. Die Firma hatte kürzlich Vertrauen in die eigene Zukunft bewiesen, als sie sechs Millionen Anteile an freiverkäuflichen Aktien erwarb. Doch Goizueta fühlte sich noch immer unbehaglich. Als Herb Greenberg von der *Chicago Tribune* zu ihm sagte, er sehe nervös aus, antwortete der Kubaner: »Wir leben nervös.« Jetzt setzte er eine prophetische Warnung hinzu: »Es ist gefährlich, wenn es einer Firma so gut geht wie uns. Und das heißt, dem Glauben anzuhängen, wir könnten nichts falsch machen. Ich sage den Firmenbeschäftigten immer wieder: Wir können Fehler machen, und wir können große Fehler machen.« Im April 1985 sollte eine schockierte Nation erfahren, wie recht er hatte.

Der Marketingschnitzer des Jahrhunderts

> Für den Meister aller Grünschnäbel, wer es auch ist: Welcher Ignorant hat beschlossen, das Rezept von Coke zu ändern?!?! Der neue Geschmack ist rauh, ekelhaft, langweilig und SCHLECHTER ALS PEPSI!!
>
> Coke-Trinker, Anniston, Alabama, 12. Mai 1985

Trotz aller Erfolge hatte die Firma auch um die Mitte des Jahrzehnts mit einem bohrenden Problem zu kämpfen. Seit zwanzig Jahren nahm der Marktanteil des berühmtesten Getränks der Welt stetig ab. 1984 verlor Coca-Cola ein Prozent seines Marktanteils, während Pepsi eineinhalb Punkte zulegte. Die Firma hatte alles versucht – massive und effektive Werbekampagnen, aggressives Marketing, Preisnachlässe, nahezu universellen Vertrieb –, doch nichts hatte den Rutsch stoppen können. Die Schlußfolgerung ließ sich kaum vermeiden, daß das wirkliche Problem, genau wie es die Herausforderungskampagne von Pepsi behauptet hatte, der Geschmack des Produkts war. Die Menschen mochten die Herbheit von Coca-Cola nicht mehr. Sie wollten ein süßeres Getränk.

Ende 1983 hatte Goizueta das mexikanische Wunderkind Sergio Zyman angewiesen, federführend ein höchst geheimes neues Projekt zu leiten. Ferner hatte er Mauricio Gianturco befohlen, seine Suche nach einem Cola-Geschmack, der besser mundete als Pepsi, beschleunigt voranzutreiben. Der hypermißtrauische Zyman tippte seine Berichte selbst und jagte alle Memos durch den Reißwolf. Wie beim Coke-light-Projekt wechselte er dauernd den Codenamen, von Zeus zu Tampa, dann zu Eton und schließlich zu Projekt Kansas, zu Ehren des Herausgebers William Allen White aus Kansas, dem die Vorstellung, Coca-Cola zu verändern, bestimmt verhaßt gewesen wäre, hätte er noch unter den Lebenden geweilt. Immerhin hatte White das Getränk die »sublimierte Essenz all dessen, für das Amerika steht«, genannt. Während die Technische Abteilung hastig eine siegreiche neue Geschmacksrichtung zusammenzubrauen versuchte, stellten Roy Scouts Marktforscher ausgewählten Verbrauchern eine lange Liste von Fragen, die von der Vorgabe ausgingen, die Firma habe »ein neues Ingredienz zugesetzt«, das Coca-Cola »weicher« mache. Die Ergebnisse erbrachten, daß elf Prozent der ausschließlich Coke Trinkenden verärgert wären, aber Stout ging davon aus, daß die Hälfte dieser Konsumenten darüber hinwegkommen würde. Die verbliebenen fünf Prozent würden sich vermutlich weiter ärgern.

Keiner wagte, offen zuzugeben, daß Coke die Formel zu ändern beabsichtigte. Selbst John Bergin von McCann-Erickson erfuhr nichts von den Plänen der Firma, obwohl er vielleicht etwas vermutet hat. 1982 und 1983 reisten er und Zyman durchs Land auf der Suche nach »Fokusgruppen«, die sich aus lokalen Verbrauchern zusammensetzten, und testeten in erster Linie mögliche Werbespots. Am Ende einer jeden Sitzung legte der Moderator allerdings den Testpersonen ein damit nicht in Beziehung stehendes Szenario vor. Angenommen, sagte er zu ihnen, ein großartiges neues Rezept für Produkt X wäre bereits in einer nahegelegenen Stadt eingeführt worden und dort auf allseitige Begeisterung gestoßen. Nun käme es auch in *diese* Stadt. Würden Sie es befürworten? Niemand hatte etwas gegen eine neue, verbesserte Flasche Budweiser oder eine Hershey-Schokolade einzuwenden, doch Bergin wunderte sich über den Aufstand, den die Frage in bezug auf Coca-Cola auslöste. »Verdammt, Sie wollen damit doch nicht sagen, daß Sie *mir* mein Scheiß-Coke nehmen wollen!« Die Fokusgruppen offenbarten noch eine andere beunruhigende Tatsache. Zwar behaupteten viele der Interviewten mit Nachdruck, daß Coca-Cola ihr Lieblingsgetränk sei, doch wenn sie gefragt wurden, welche Cola sie tatsächlich tranken, schwankten sie – Coke, sicher, aber manchmal auch Pepsi oder sogar ein No-Name-Produkt, wenn es im Angebot war. Stout stellte also fest, daß Coca-Cola einen festen

Platz im Herzen der Verbraucher hatte, doch daß sie deshalb nicht notwendigerweise in ihren Kühlschränken stand.

Im Herbst 1984 erfand Gianturco schließlich eine neue Cola, die, wie er Zyman und Stout versicherte, Pepsi schlagen würde. Und die blinden Geschmackstests, die Stout hatte durchfahren lassen, hatten ja ergeben, daß die Konsumenten ein neues Rezept mit einem Abstand von sechs Prozentpunkten vorzogen. Höchst aufgeregt überzeugte Zyman Dyson, daß die Zeit zum Handeln nun gekommen sei. Die Philosophie »Fertig, Feuer! Treffer« hatte bis jetzt funktioniert, und dieser verwegene, mutige Schritt würde allen Zweiflern die Flexibilität und Vorreiterrolle von Coca-Cola beweisen. Zu diesem Zeitpunkt stellte die Smithsonian Institution eine auf den Aussagen vor Zeitzeugen beruhende Geschichte von Pepsi zusammen, und Scott Ellsworth interviewte dafür Dick Alven von Pepsi. Alven sagte Ellsworth, die Herausforderungskampagne von Pepsi sei vollkommen eingestellt worden, allerdings »sei es gut, sie im Arsenal zu wissen. Sehen Sie, wenn die die Sache endgültig bereinigen wollen, müßten sie etwas mit ihrer Formel machen – ich meine etwas Tiefgreifendes –, und ich glaube nicht, daß sie so etwas tun. Es ist zu riskant.« Alven merkte an, Coca-Cola sei alles in allem ein gutes Produkt, das sich hervorragend verkaufe. »Es ist gefährlich für sie, daran herumzuspielen.«

Goizueta, der 1981 versprochen hatte, er sei bereit, »einige oder alle unsere Produkte« neu zu gestalten, stellte das neue Rezept nicht in Frage, doch er war nicht sicher, ob es wirklich das Standardgetränk ersetzen sollte. Warum es nicht Coke zwei oder so ähnlich nennen? Gegen diese Idee sprach allerdings einiges. Das Produkt namens »Coca-Cola« mußte das Beste, die Nummer eins sein. Es war einfach nicht vorstellbar, ein besser mundendes Getränk in Konkurrenz zu vermarkten. Ein derartiger Schritt würde außerdem vermutlich die Coke-Trinker in zwei kleinere Gruppen spalten, wodurch Pepsi zum unumstrittenen Marktführer aufsteigen könnte. Die Coke-Männer konnten die Formel auch nicht heimlich, still und leise ändern. Den Verbrauchern würde der völlig andere Geschmack auffallen, und dann müßte die Firma die Öffentlichkeit belügen oder gestehen, daß sie am berühmtesten Geheimnis der Welt herumgepfuscht hatte. Es war klar, sie mußten den neuen Geschmack mit großem Tamtam einführen.

Robert Woodruffs Wunsch

Weihnachten 1984 beschlossen Roberto Goizueta, Don Keough, Brian Dyson und Ike Herbert einstimmig, das weltweit bekannteste Produkt kurz vor seinem 100jährigen Jubiläum zu verändern. Aber dazu benötigten sie den Segen vom Boß. Robert Woodruff hatte ein paar Wochen zuvor seinen 95. Geburtstag gefeiert. Trotz seines schlechten Gehörs und seiner abnehmenden Sehkraft war sein Verstand scharf wie eh und je. Am Neujahrstag machte sich Goizueta auf die Pilgerfahrt nach Ichauway.[1] Allein mit dem alten Mann[2] gab der kubanische CEO eine kurze und einfache Darstellung des Sachverhalts, in der er die Gründe für die Änderung der Formel umriß – den sinkenden Marktanteil in Verbindung mit einem überlegenen neuen Geschmack. Am Ende war Woodruff überzeugt, Goizueta habe recht und die Geschmäcker hätten sich geändert, und stimmte zu.* Es war wichtiger, daß Coca-Cola das bestmundende Getränk der Welt blieb, als daß man sich an ein aus der Mode gekommenes Rezept klammerte. Doch seltsamerweise konnte der Boß an diesem Abend von seinem Essen keinen einzigen Bissen hinunterbringen. Am folgenden Morgen lehnte er sein gewohnt üppiges Frühstück ab. Eine Ära ging zu Ende, und Robert Woodruff würde mit ihr sein Leben beschließen. Der Boß demonstrierte ein letztes Mal seine bemerkenswerte Willensstärke. Er hörte einfach auf zu essen.[3]

---

* Da Goizueta und Woodruff bei dieser entscheidenden Unterhaltung allein waren, haben wir für das, was sich dabei ereignete, lediglich die Aussage von Goizueta. Zwar hat niemand Goizueta bezichtigt, die Unwahrheit zu erzählen, doch viele alte Coca-Cola-Männer weigern sich eisern zu glauben, daß Woodruff jemals eine geänderte Formel sanktioniert hätte. Andere fragen sich, ob er noch gut genug hören konnte, um überhaupt mitzubekommen, was Goizueta sagte, oder deutlich genug sprechen konnte, um eine eindeutige Zustimmung zu äußern.

Als Woodruff sich buchstäblich aus dem Leben schrumpfte, pflegte ihn Edith Honeycutt, die alte Krankenschwester seines Vaters. Während er in seiner Privatsuite im Emory Hospital an Schläuchen hing, hielt Woodruff ihre Hand und fragte: »Meine Liebe, wo bin ich?« Als sie es ihm sagte, flüsterte er: »Verlassen Sie mich nicht.« Sie rezitierte sein Lieblingsgedicht, *If* von Rudyard Kipling, wie sie es schon so oft getan hatte, und wie stets zuvor brach er bei der letzten Zeile in Tränen aus: »Und – was noch mehr zählt – du wirst ein Mann sein, mein Sohn!«

Honeycutt wußte, warum er weinte. Ganz gleichgültig, was Robert Woodruff tat, sein Vater war nie mit ihm zufrieden gewesen. Als Ernest Woodruff zum Beispiel in seinen letzten Lebensjahren Ichauway besuchte, war er entsetzt über die Vielzahl der Bediensteten und Gäste gewesen und hatte seinem Sohn prophezeit, er werde bald bankrott sein. Nun, als Robert Woodruff im Sterben lag, kehrte der Mann, der von allen nur der Boß genannt wurde, einer der brillantesten Unternehmer auf Erden, noch einmal in seine unglückliche Kindheit zurück. Trotz eines Lebens voller Erfolge war er in den Augen seines Vaters nie ein echter Mann geworden.

In einem seltenen Augenblick öffentlicher Nabelschau erinnerte sich Woodruff einmal an eine Begebenheit in seiner Jugend, als er nicht bei seinem mißbilligenden Vater Antworten suchte, sondern bei Samuel Jones,[4] einem Nachbarn, der auch Kinder hatte und der seine »jungenhafte und unreife Suche nach den Realitäten des Lebens« verstand. Als sie sich eines Tages unterhielten, forderte Jones den Jungen auf, die größten Dinge, die das Leben zu bieten habe, aufzuschreiben. Woodruff notierte »Reichtum, Macht, Einfluß, Genialität«. Der ältere Mann nickte und sagte, das seien feine Ziele, doch er habe das größte von allen vergessen – Seelenfrieden. »Ich bin nicht sicher, daß ich [jemals] erreicht habe, was er meinte«, sagte Woodruff. »Irgend etwas hat mich stets vorwärtsgetrieben – mich weiter kämpfen lassen.«

Am 7. März 1985, im Alter von 95 Jahren, hörte Robert Woodruff schließlich zu kämpfen auf, etwas mehr als vier Wochen, bevor die Welt erfuhr, daß The Coca-Cola-Company den Geschmack ihres berühmtesten Erfrischungsgetränks veränderte. Während er Coca-Cola zu einem globalen Getränk aufbaute, hatte er diejenigen, die ihn als Visionär priesen, abgetan. »Ich war einfach nur neugierig«, sagte er immer, »zu erfahren, ob die Menschen in anderen Ländern es auch mögen würden.« Obwohl er fast ein Jahrhundert lang gelebt hatte, war er selbst den ihm Nahestehenden ein Rätsel geblieben. »Ich bin mir nicht sicher, daß irgend jemand ihn wirklich kannte«, meint Joe Jones nachdenklich. Woodruff hinterließ Jones, seinem vielgeplagten Sekretär, in seinem Testament eine Million Dollar. »Und er hat *jeden einzelnen Penny* davon verdient«, betonte Wilbur Kurtz.*

Wie die Wahrheit auch aussehen mag, der unergründliche Tycoon hat seine Geheimnisse mit ins Grab genommen und es seinem »Partner« Roberto Goizueta überlassen, sich mit einer erzürnten amerikanischen Öffentlichkeit auseinanderzusetzen. Vielleicht hat Woodruff, nachdem er seine Genehmigung zur Rezeptänderung gegeben hatte, den Sommer der Höllenqualen, den sein Nachfolger durchmachte, von seinem Aussichtspunkt im Himmel mit einem verzerrten Lächeln beobachtet und auf die zukünftige Gesundheit Goizuetas mit einer Sechseinhalb-Unzen-Flasche gute altmodische Coca-Cola getrunken.

Bunkermentalität

Nur Tage nach Goizuetas schicksalsträchtigem Treffen mit Woodruff im Januar zogen sich fünf Mitarbeiter von McCann in ein abgeschirmtes Zimmer im vierten Stock zurück, das mit einem Reißwolf ausgestattet war und vor dessen Tür ein Pinkerton-Wachmann stand. Hier informierten Ike Herbert und Sergio Zyman sie, daß sie eine

---

* Durch Woodruffs Tod wieder zur Freiheit gelangt, ging Jones bald vollkommen in der Verwaltung von Ichauway auf, das er in ein Naturschutzgebiet umwandelte, in dem Biologen mehr als 900 Arten der langblättrigen Föhren gefunden haben – das größte zusammenhängende Naturreservat, das überhaupt noch irgendwo auf der Welt existiert.

aufregende Serie von Einführungsspots in weniger als vier Monaten produzieren müßten, über die sie striktes Stillschweigen zu bewahren hätten. Obwohl John Bergin und die anderen kreativen Talente völlig verblüfft waren, stand die Entscheidung unwiderruflich fest. Zunächst verbat sich Herbert das Wort »neu«, da es eine drastische Änderung anzeige, doch die Fokusgruppen bewiesen, daß ein »neues« Produkt die unmittelbarste Reaktion hervorrief, und Goizueta, der befürchtete, die Einführung werde in Amerika mit einem gigantischen Gähnen begrüßt, erlaubte die Verwendung des Wortes in festen schwarzen Buchstaben auf dem Etikett. Die gehetzten klaustrophobischen McCann-Männer nannten das winzige U-förmige New Yorker Büro bald »den Bunker«.[5] Jeder Filmmeter mußte mit Schauspielern gedreht werden, die keine Ahnung hatten, daß sie einen neuen Geschmack propagierten.

Die Sitzungen im Bunker verliefen katastrophal. Allmählich stießen immer mehr McCann-Männer zu dem Geheimteam, doch keinem fiel eine Kampagne ein, die wirklich durchschlagend wirkte, wie sich John Bergin und Marcio Moreira erinnern. Zum Teil wurden sie von Sergio Zyman gehandikapt, der hartnäckig darauf bestand, das sie sich einer begründenden Werbung zu enthalten hätten, die den neuen Geschmack beschriebe oder erklärte, warum die alte Formel ersetzt wurde. In ihrer Verzweiflung griffen sie auf die erst kurz zuvor geänderte »Coke Is It«-Kampagne zurück, die das Getränk als »Kick« und »Hit« verkaufte. Im »Bunker II« in London überwachte Marcio Moreira, der Brasilianer, der für die internationale Werbung bei McCann verantwortlich war, die High-Tech-Aufnahmen für die neue Dose. Sie sollten später in die in den Vereinigten Staaten gedrehten Spots eingebaut werden. Den britischen Produktionsteams sagte die geänderte Coca-Cola-Aufschrift nicht viel. Als der Filmregisseur fragte, warum auf der Coke-Dose das Wort »Neu« erscheine, antwortete ihm Moreira: »Es ist ein neues Blech«, und zwang sich zu einem desinteressierten Schulterzucken. »Wir haben das ganze verdammte Ding gedreht, ohne irgend jemandem irgend etwas zu verraten«, erinnert sich Moreira. Zu diesem Zeitpunkt, knapp vier Wochen vor der angesetzten öffentlichen Vorstellung des Produkts, riß der ungeduldige Sergio Zyman[6] die kreative Kontrolle an sich, und die McCann-Männer waren nur noch Statisten. In dieser nervenzerfetzenden Atmosphäre schlingerten die ersten Spots in die letzte Schnittphase.

Eine katastrophale Pressekonferenz

Als die Werbeleute in den ersten Monaten des Jahres 1985 fieberhaft in ihren Bunkern auf beiden Seiten des Atlantiks herumlaborierten, bestand die Liebe der Medien zu Coke noch. Im Januar gab Don Keough den Vertrag bekannt, mit dem Coca-Cola erstmals auch für Sowjetbürger erhältlich werden sollte. Dann, im März, warf die Firma Cherry-Coke auf den Markt, womit sie einen weiteren alten Grundsatz kippte, nämlich den, das Getränk niemals mit anderen Geschmacksrichtungen zu versetzen. Infolgedessen war Goizueta am Freitag, den 19. April 1985, als er die Medien für den nächsten Dienstag zu einer Pressekonferenz lud, bei der Neuigkeiten über »die wichtigste Marketingentwicklung für Erfrischungsgetränke in der fast hundertjährigen Geschichte von Coca-Cola« bekanntgegeben werden sollten, zuversichtlich, daß sie freundlich aufgenommen würden. Die dreitägige Wartezeit erlaubte es den verblüfften Pepsi-Führungsleuten, einen Gegenschlag vorzubereiten. Am Dienstag, dem Tag der großen Ankündigung, stießen die Leser der nationalen Tageszeitungen auf eine ganzseitige Anzeige, in der Pepsi-Präsident Roger Enrico in einem offenen Brief an seine Mitarbeiter frohlockte, daß »der andere Kumpel gerade geblinzelt hat« und »die Marke Coke ändert, damit sie stärker Pepsi ähnelt«, offensichtlich, weil »Pepsi besser schmeckt als Coke«.

Keough und Goizueta fühlten sich am Dienstagmorgen in New York City erschöpft, denn sie hatten sich noch nicht völlig von der Abfüllertagung in Atlanta vom vorherigen Tag erholt. Sie schritten im Lincoln Center auf die Hauptbühne zu einer Pressekonferenz vor 700 Journalisten und Filmcrews, zu der auch via Satellit Medien in Los Angeles,

Atlanta und Houston zugeschaltet waren. Als die Lichter erloschen, waren nur noch drei riesengroße rote Bildschirme mit dem Logo zu sehen. »Wir sind, wir werden immer sein...«, schwoll ein Chor an. »Coca-Cola, die Geschichte Amerikas.« Auf den Bildschirmen blitzten Aufnahmen des Grand Canyon auf, von Weizenfeldern, Cowboys, Sportlern, der Freiheitsstatue und alte Coke-Spots. Selbst für die leichtgläubige Öffentlichkeit wäre dies zu viel gewesen. Für die abgebrühte Presse war es schlicht beleidigend. Niemand äußerte Bewunderung oder wischte sich eine Träne aus den Augenwinkeln.

Dann verkündete Goizueta: »Das beste Erfrischungsgetränk, Coca-Cola, ist jetzt noch besser.«[7] Er erklärte, der neue Geschmack sei aus den Experimenten mit Coke light hervorgegangen, und die Firma werde nun »der Welt eine neue Coke anbieten«. Es sei, so behauptete er, »der kühnste einzelne Marketingschritt in der Geschichte der verpackten Verbrauchsgüter«, und er fügte hinzu, es handele sich außerdem um »den sichersten Schritt, der jemals unternommen« worden sei. Keough hob hervor, daß die neue Geschmacksrichtung die alte Coke in zahlreichen Geschmackstests um Längen geschlagen habe. Coke sei stets ein »Spiegel der Zeiten« gewesen, erklärte Keough, ja, es habe die Zeiten manchmal sogar geprägt, und die neue Formel werde »Coca-Cola in ihr zweites Jahrhundert treiben«. Er versprach, der überlegene Geschmack werde zur Hundertjahrfeier im Mai 1986 auf der ganzen Welt sprudeln.

Als dann die Journalisten zum Zuge kamen, stellten sie allerdings nur unfreundliche Fragen. »Sind Sie hundertprozentig sicher, daß das kein Flop ist?« wollte ein Reporter aus St. Louis wissen. Ein anderer Medienvertreter forderte Goizueta auf, den neuen Geschmack zu beschreiben. Zunächst weigerte er sich mit dem Satz: »Das überläßt man besser den Poeten oder Drehbuchautoren.« Als er weiter unter Druck gesetzt wurde, stammelte er sich durch das Vokabular eines Chemikers: »Ich würde sagen, es ist weicher, äh, äh, noch runder, äh, noch kühner... ein harmonischerer Geschmack.« Keough fügte hinzu: »Die Art von Geschmack, die einen umfängt.«

Keough und Goizueta hatten sorgfältig jede Antwort ge-
probt, doch ihre Versuche, witzig und humorvoll zu reagieren, fielen schal aus. Ob sie das Produkt als Antwort auf
die Pepsi-Herausforderungskampagnen geändert hätten?
»Oh, Donner noch eins, nein«, antwortete Goizueta. »Die
Pepsi-Herausforderung? Wann war das?« Ob die alte Formel im Safe der Trust Company liegenbleibe? Angespannt
und elend ohne seine Zigaretten, verlor Goizueta langsam
die Beherrschung. »Sie bleibt dort«, schnauzte er. Eine
feindselige Reporterin, die aus dem traditionellen Kernland
von Coca-Cola, aus Houston, anrief, begann mit einer
Frage, drehte sie jedoch zu einem Protest um: »Wollen Sie
sagen – ich meine, wenn wir Pepsi haben wollten, würden
wir Pepsi kaufen«, was ihre Journalistenkollegen prompt
zum Lachen brachte. »Nun, Süße«, antwortete Keough pa-
triarchalisch, bevor er sich korrigierte und sie mit Ma'am
ansprach, »dieses neue Produkt ist Coca-Cola, sogar noch
besser.« Goizueta fuhr dazwischen: »Es kommt Pepsi nicht
einmal nahe. Überhaupt nicht. Überhaupt nicht.« Unerklärlicherweise weigerten sich die beiden, als man sie fragte,
ob sie die neue Coke gegen Pepsi in Geschmackstests er-
probt hätten, zuzugeben, daß sie Pepsi *wirklich* mit einem
dünnen Vorsprung schlug. Statt dessen gab Goizueta arrogant zur Antwort: »Sicher, das haben wir getan. Aber wir
müssen die Ergebnisse nicht enthüllen, und wir wollen es
auch nicht.«

Als Antwort auf die letzte Frage, ob Coke Light eventuell ebenfalls verändert werde, »falls dies hier ein Erfolg
wird«, antwortete Goizueta unwirsch. »Nein. Und ich habe
nicht *angenommen,* daß dies hier ein Erfolg ist. Es *ist* ein
Erfolg.« Der Moderator Carlton Curtis, der erste Presse-
sprecher der Firma, schnitt den Fragestellern schnell das
Wort ab, und das Martyrium war vorüber. Die Pressekonferenz war nicht gerade eine Glanzstunde der Führungsmänner. Selbst der normalerweise unerschütterliche
Keough räumte an einem Punkt der Ausquetscherei ein:
»Es gibt eine Menge Dinge, die ich jetzt lieber tun würde,
als hier zu stehen.«

»Coke Was It«

Trotz der Tortur waren Goizueta und Keough überzeugt, daß ihrem kühnen Schritt Erfolg beschieden sei. Sie hatten die schlichte Wahrheit erzählt – die Neue Coke, wie sie unvermeidlich genannt wurde, mundete besser als die alte Version. Es war nur eine Frage der Zeit, bis Coca-Cola Pepsi hinwegschwemmen und die begehrte Marktführerschaft beim Supermarktabsatz wiedererlangt haben würde. Mit großem Pomp startete die Firma ihre Testkampagne, wofür sie die Stadtmitte von Atlanta wortwörtlich in eine dreifache Zirkusmanege verwandelte. »Treten Sie näher zum großartigsten Geschmack auf der Welt«, schrie der Kundenfänger. In New York wurden die ersten Dosen, die vom Band rollten, feierlich den Arbeitern gegeben, die gerade die Freiheitsstatue restaurierten. Rote und weiße Ballons, Feuerwerksspektakel und fahnenziehende Flugzeuge füllten den Himmel. »Wir setzen alles ein, was man sich nur denken kann«, gestand ein Sprecher der Presse.

Doch kein noch so massiver Rummel konnte den Schock und das Leid der getreuen Coke-Trinker verschleiern. All die vielen Geschmackstests waren an einem entscheidenden Punkt vorbeigeschossen. Roy Stouts Marktforscher hatten ihren Testpersonen nie mitgeteilt, daß das hypothetische neue Rezept das alte *ersetzen* würde. Unglaublicherweise hatte niemand untersucht, was ein Rückzug des alten Geschmacks psychologisch bewirken würde. In der Hast, die großartige neue Geschmacksrichtung auf den Markt zu werfen, war es in der Firma zu einer Art Massenhypnose gekommen. »Niemand hätte zugehört, wenn jemand gesagt hätte, daß wir schwer eins aufs Dach kriegen werden«, gestand Sergio Zyman später. »Alle sagten nur: ›Das kann nicht schiefgehen‹.« Für eingefleischte Coke-Trinker wie Dan Lauck, den Nachrichtenredakteur eines Fernsehsenders in San Antonio, war die Neue Coke jedoch nicht das richtige, und ihnen waren Geschmackstests gleichgültig. Lauck trank nichts anderes als Sechseinhalb-Unzen-Flaschen eiskalte Coca-Cola, fünfzehn Stück am Tag, wie er in einem Interview erzählte. Der 36jährige stand so sehr auf Coke, daß er Frühstück und Mittagessen ausfallen ließ, damit er sein Gewicht hielt und dennoch mehr trinken konnte. Als er von der Geschmacksveränderung erfuhr, eilte Lauck los und erstand 110 Kästen. Er hatte nicht die Absicht, sich einem Geschmackstest zu unterziehen; er würde nie umsteigen.

Hätte Sergio Zyman den Lintas-Bericht aus dem Jahr 1984 über die Persönlichkeit der Coke-Konsumenten ernster genommen, wäre er über die Reaktion getreuer Verbraucher wie Lauck auch nicht so überrascht gewesen. »Die Welt ist unwandelbar, sie ändert sich nicht, es gibt bestimmte selbstverständliche Wahrheiten«, hatte der Bericht festgestellt. Ihnen wäre direkt wieder Bill Backer eingefallen, der 1969 schrieb: »So ist es,/Und so wird es bleiben,/was die Welt heute will,/ist das ›Real Thing‹.«

Diese Wahrheit drängte sich der Firma schnell und mit Macht auf. Innerhalb einer Woche verstopften mehr als 1000 Anrufe täglich das Verbrauchertelefon der Firma, und praktisch alle Anrufer machten ihrem Schock und Zorn über das Neue Coke Luft. Für die Medien war die heiße Geschichte, die das amerikanische Herz durchbohrte, ein gefundenes Fressen. »Nächste Woche werden sie noch Teddy Roosevelt aus dem Mount Rushmore meißeln«, ächzte ein Kolumnist der *Washington Post.* Die *Detroit Free Press* nahm Goizuetas »weicheren, runderen, kühneren Geschmack« auf die Schippe und fragte sich, ob das alte Getränk dadurch »klumpig, eckig und verschämt« werde. Bob Greene von der *Chicago Tribune* stöhnte über das Dahinscheiden seines alten Freundes. »Jeder Teil meines Lebens ist mit Coke verbunden«, schrieb er; und er schalt die Firma für »eine Art Selbstgefälligkeit – wenn du die Neue Coke nicht magst, wirst du sie schon noch mögen.« Eine Schlagzeile in *Newsweek* verkündete: »Coke pfuscht am Erfolg herum«, und bezeichnete das alte Erfrischungsgetränk als »amerikanischen Charakter in der Dose«. George Pickard, ein Songschreiber aus Nashville, schlug schnell aus der Publicity Profit mit einer Einspielung unter dem Titel »Coke *Was* It«.

Anfangs waren Goizueta und Keough über die Lawine von Gratispublicity begeistert, sei sie nun negativ oder nicht. Innerhalb weniger Tage wußten bereits 96 Prozent der Amerikaner von der Geschmacksänderung. Die Firma begann mit der landesweiten Auslieferung, mit einer neuen Cosby-Kampagne und den geänderten »Coke Is It«-Spots. Selbst wenn man die Hast und die Geheimnistuerei in Rechnung stellt, unter denen diese Werbespots produziert wurden, erschienen sie dennoch unerklärlich plump.

Ein langer, trockener Juni

Zunächst zeigten die wöchentlichen Umfragen von Roy Stout eine positive Reaktion auf den neuen Geschmack; während die Lieferwagen den Mai hindurch in die Städte der Vereinigten Staaten rollten, probierten Millionen neugieriger Verbraucher das neue Getränk. Doch der Tumult legte sich nicht. Mitte des Monats plagten 5000 Anrufe täglich die Ohren der armen Mitarbeiter, die am Ende des Verbrauchertelefons saßen. Roberto Goizueta war erschüttert,[8] als sein Vater, der in Mexiko City lebte, ihm erzählte, daß dort jeder in Aufruhr sei, obwohl die Neue Coke noch nicht einmal nach Mexiko gekommen war. Selbst Goizuetas Nemesis, Fidel Castro, feuerte aufs Geratewohl auf Coke und wies Radio Havanna an zu verkünden, daß der Tod des »Real Thing« symptomatisch für den Niedergang Amerikas sei.

Anfang Juni gingen täglich 8000 Anrufe ein.[9] Die Medien räumten der Sache nach wie vor viel Platz ein. Die Neue Coke wurde, laut einem Journalisten von *Time,* »ein allgemeines Konversationsthema, wie das Wetter oder Geld oder Liebe«. Im Houstoner Astrodome-Stadion buhten die Massen die Spots für die Neue Coke auf dem gigantischen Videobildschirm heftigst aus. Ein Weinhändler in Beverly Hills verschaffte sich einen begrenzten Vorrat der raren alten Geschmacksrichtung und verkaufte die Flaschen zum Dreifachen des Listenpreises. Wie Robert Goizueta verärgert feststellte, war es schick, auf die Neue Coke loszuschlagen. »Wir hätten das Elixier der Götter einführen können«, sagte ein Coke-Mann verbittert, »und es wäre keinen Deut anders gewesen.«

Neben den Telefonanrufen erreichten die Firma mehr

als 40 000 Protestbriefe. Jeder unglückliche Verbraucher erhielt von Lynn Henkel, der stellvertretenden Direktorin bei Coca-Cola USA, einen Formbrief, in dem ihm versichert wurde, daß »unsere neuesten Marktforschungen zeigen, daß … die Verbraucher unseren großartigen neuen Geschmack mit überwältigender Mehrheit mögen«. Diese offizielle Antwort war den meisten Konsumenten, die entweder den beigelegten Freicoupon zurückschickten oder ihn zerrissen, nur ein schwacher Trost. Die Briefe wie auch die Telefonanrufe, waren Schreie, die aus dem Herzen kamen, und sie bewiesen, daß es um wesentlich mehr als nur um ein Erfrischungsgetränk ging. Ein verblüffter Psychologe erzählte den Führungsleuten der Firma, daß die Emotionen, die ihm zu Ohren gekommen waren, denen von gramgebeugten Eltern glichen, die den Tod ihres Lieblingskindes betrauerten. Die meisten Briefe [10] sandten Menschen, die bis dahin noch nie in ihrem Leben an eine Firma geschrieben hatten – es waren junge und alte, gebildete und einfache Leuten; sie stammten aus der Ober-, Mittel- und Unterschicht. Die Botschaft allerdings war im Grunde stets die gleiche – ihre Coca-Cola-Company habe sie verraten:

Ich bin 61 und ein überzeugter »Coke«-Trinker seit dem denkwürdigen Tag, an dein mein Vater mich zu einem kleinen Ausflug zum Mill Mountain in Roanoke, Va., mitnahm und mir meine erste Coke zusammen mit einer Packung Planter's Salted Peanuts kaufte … Ich war fünf Jahre alt … Die »alte« Coke ist sinnlich, sie hat pizzzazz. Gott! An einem heißen Tag wünschte man, man könnte in eine Wanne voll davon hüpfen und dazu eine Sechzehn-Unzen-Flasche vollständig austrinken.

Wir wollen die alte und wundervolle Coke zurück, BITTE. Behalten Sie die »Neue« Coke, wenn Sie wollen, und nennen Sie sie Cokesi, wenn es Ihnen gefällt …

Seit Jahren bin ich gewesen, was sich jede Firma wünscht: ein markentreuer Verbraucher. Ich habe, solange ich mich erinnern kann, jede Woche mindestens zwei Kästen Coke gekauft... Mein »Lohn« für diese Loyalität besteht darin, daß man mir den Boden unter den Füßen wegzieht. Die Neue Coke ist absolut SCHRECKLICH... Schicken Sie mir keine Freicoupons oder irgendwelche anderen Werbegeschenke. Ihr Jungs habt es Euch wirklich verscherzt.

Werbung im Wert von Millionen Dollar kann nichts gegen Jahre der Konditionierung ausrichten. Oder, in meinem Fall, gegen Generationen. Die alte Coke ist im Blut. Bis Sie die alte Coke wieder zurückbringen, trinke ich R.C.

Wo ist das Fizz-zz-zz? Was ist mit dem Fizz passiert? MIR FEHLT DAS FIZZ!!!

Ihre hellen Marketingleute werden lernen, daß sie nicht Pepsi-Trinker bekehren, sondern daß Sie uns Cokaholics in die Gleichgültigkeit, wenn nicht in den Selbstmord treiben... Sie machen nur einen Scherz, oder? Sie haben das als Trick gemacht, um uns allen eine Lektion in Demut und Dankbarkeit zu verpassen... Gut, o. k., ich hab's begriffen. Sie können jetzt aufhören.

Wäre es richtig, die Verfassung umzuschreiben? Die Bibel? Für mich ist die Änderung der Coke-Formel so eine ernste Sache.

Können Sie sich vorstellen, daß jemand Pepsi-Rum bestellt? Ich habe diese Blasphemie gehört.

Meine liebste Coke: Du hast mich verraten. Wir gingen letzte Woche aus, wie schon so oft zuvor, und als wir uns küßten, wußte ich, daß unsere Liebesbeziehung vorüber ist... Ich erinnere mich, wie wir über den Campus spazierten und über Leben und Liebe und all diese Themen sprachen... Ich erinnere mich an die südlichen Sommernächte, die wir mit der leichten Brise teilten, die an deinem Körper zarte Wasserperlen hängen ließ... Aber letzte Woche schmeckte ich Verrat auf deinen Lippen: Du hattest den glatten, verführerischen, süßen Geschmack der Lüge ... Du bist eine Prostituierte geworden, vom Geld korrumpiert, leugnest Du Deine Ideale.

Ein ehemaliger Offizier der Air Force erklärte, wieviel ihm Coca-Cola bedeutet hatte, und verriet, daß in seinem Testament stünde, seine verbrannte Asche solle in einer Coke-Dose versiegelt werden, die auf dem Arlington National Cemetery beerdigt werden sollte, doch nun überdenke er die Sache noch einmal. Ein etwas pragmatischerer Schreiber sagte, Coca-Cola habe immer eine exzellente Spülung abgegeben. »Hat die Coke mit der ›Neuen Formel‹ dieselbe Schlagkraft?«* Ein unternehmungslustiger Schreiber legte einen nicht ausgefüllten unterschriebenen Scheck für eine Summe bis zu zehn Millionen Dollar zu der Notiz: »Da Sie Coca-Cola nicht mehr herstellen, haben Sie vielleicht Lust, mir das Rezept zu verkaufen?«

Noch immer blieb Coke bei der Standardreaktion, die Neue Coke, das besser mundende Erfrischungsgetränk, habe die alte Geschmacksrichtung ersetzt. Punktum. Die selbstbewußten Behauptungen verschleierten Ängste, die Ende Juni bereits an Panik grenzten. Die Abfüller bettelten um das altes Getränk, denn sie verwandelten sich langsam in gesellschaftliche Parias. Im ländlichen Alabama hatte der Priester seine Gemeinde ein Gebet für die Seele des lokalen Abfüllers sprechen lassen, die unzweifelhaft zur Hölle fahren müsse. In Marietta, Georgia, ging eine Frau, wie Jesse Meyers erzählt, mit ihrem Schirm auf einen Coke-Auslieferer los, als er versuchte, das Supermarktregal mit Neuer Coke aufzufallen. »Du Bastard«, schrie sie, »ihr habt sie ruiniert, sie schmeckt wie Scheiße!« Als ein Pepsi-Fahrer, der in der Nähe stand, zu lachen anfing, fuhr sie

---

* Obwohl die Firma auf die Frage nach der Dusche mit Neuem Coke nicht einging, lautete die Antwort »Nein«. Nach einer wissenschaftlichen Untersuchung, die eine Gruppe von Forschern an der Harvard Medical School durchführte, tötete Coca-Cola Classic fünfmal mehr Spermien als die Neue Coke. Die Forscher empfahlen jedoch die postkoitale Spülung in keiner möglichen Form, da »Sperma innerhalb von Minuten in die Eileiter vordringen kann«.

herum. »Sie halten sich da raus! Das ist eine Familienangelegenheit. Ihres ist *schlimmer* als Scheiße.« Klar, daß irgend etwas geschehen mußte. »Ich schlafe wie ein Baby«, erzählte Roberto Goizueta seinen Freunden, wie sich Jimmy Williams erinnert. »Ich wache jede Stunde heulend auf.« Sergio Zyman, der ja bereits sehr dünn war, verlor in diesem Monat nochmals zehn Pfund Körpergewicht. Nach einem Kontrollgang zum Verbrauchertelefon wankte er ungläubig von dannen und murmelte: »Die reden, als ob Coca-Cola gerade Gott umgebracht hätte.« Voller Verzweiflung erhöhten die Chemiker den Säuregehalt in der Neuen Coke, damit sie mehr »Biß« bekäme, doch das half auch nicht. Der Umsatz sackte im Juni ab, und die Umfragen von Roy Stout unterstrichen, daß das Image von Coke einen schweren Schaden erlitt.

Die Wiederkehr

Die Proteste verstummten nicht, und die Medien berichteten weiterhin negativ über die Neue Coke. In der zweiten Juliwoche ging es bei Coca-Cola nur noch darum, wie die alte Coke heißen sollte, wenn sie denn wiederkehrte. Dyson bcfürwortete »Original«, doch dagegen sprachen sich die Firmenanwälte aus, denn sie entdeckten plötzlich eine Möglichkeit, aus der Situation Profit zu schlagen. Wenn sie es »Classic« nannten, wie Goizueta letztendlich entschied, konnten sie argumentieren, es sei ein völlig neues Getränk, das im Originalvertrag mit den Abfüllern nicht abgedeckt sei.[11] Schmidt und Bondurant wären ausgetrickst.

Wie üblich sickerte etwas von den Plänen für Coca-Cola Classic durch, und so mußte die Firma am 10. Juli, einen Tag vor der angesetzten Pressekonferenz, eine knappe Erklärung abgeben. Peter Jennings unterbrach auf ABC eine Seifenoper, um Amerika die Neuigkeit zu verkünden, während der Senator von Arkansas, David Pryor, zwischen der Debatte über den Abzug von Anlagekapital aus Südafrika und der über Maßnahmen zum Safe Drink Water Act feierlich erklärte, daß die Wiederkehr des Originalrezepts »ein bedeutsamer Augenblick in der amerikanischen Geschichte« sei. In der Firma frohlockten die Beschäftigten über die »Wiederkehr«, wie sie es nannten. Am Donnerstagmorgen stand auf praktisch jeder Titelseite der Zeitungen ein Artikel über Classic Coke, das die Berichte über die Krebsoperation von Präsident Reagan in den Hintergrund drängte.

Am selben Tag, nicht einmal drei Monate nach dem großen Debüt der Neuen Coke im Lincoln Center, stellten sich Goizueta, Keough und Dyson in Atlanta geläutert der Presse. Goizueta teilte den Amerikanern kurz angebunden mit: »Wir haben Sie gehört.« Doch Keough stahl allen die Schau mit seinem eloquenten Geständnis, wie sehr sich die Firma doch verkalkuliert habe; er sprach von der »Leidenschaft«, die sie überrascht habe, und nannte sie ein »wunderschönes amerikanisches Rätsel«, das genausowenig meßbar sei wie »Liebe, Stolz oder Patriotismus«. Einige, fuhr Keough fort, würden diesen Augenblick als Rückzieher der Firma bezeichnen, als einen Sieg des kleinen Mannes über ein gigantisches Großunternehmen. »Wie sehr mir das gefällt!« sagte er. »Wir lieben Rückzieher, die uns zu unseren besten Verbrauchern eilen lassen mit dem Produkt, das sie am meisten lieben.« Er schloß mit einer zutreffenden Voraussage. »Einige Kritiker werden sagen, Coca-Cola habe einen Marketingfehler begangen. Einige Zyniker werden sagen, wir hätten das Ganze geplant. Die Wahrheit ist: Wir sind nicht so dumm, und wir sind nicht so klug.« Kurz vor dem Ende der Pressekonferenz fragte ein Reporter Goizueta: »Wenn Sie im April gewußt hätten, was Sie heute wissen, hätten Sie dann die Rezeptänderung weiterverfolgt?« Der CEO lenkte von der Frage mit einem spanischen Sprichwort seines Großvaters ab: »Si mi abuela tuviera ruedas seria bicicleta«, das übersetzt lautet: »Wenn meine Großmutter Räder hätte, wäre sie ein Fahrrad.«

Die Euphorie über die Rückkehr der alten Coke trat an die Stelle der Verzweiflung der zurückliegenden drei Monate. Über der Zentrale in der North Avenue zog ein kleines Flugzeug mit einem Transparent, auf dem »DANKE, ROBERTO« stand, seine Kreise. Dan Lauck seufzte erleichtert auf, denn er hatte nur noch 65 Kästen. 18 000 Dankesanrufe gingen am Tag der Verkündung bei Coca-Cola ein. Nun klangen die Zuschriften, die die Firma überschwemmten, wie Liebesbriefe. »Danke, daß Sie die alte Coke wiedergebracht haben«, schrieb eine 68jährige Frau. »Nur Sex ist besser!« Der erstaunte Coke-Verkaufsmann Ike Herbert bemerkte: »Man hätte meinen können, wir hätten ein Mittel gegen Krebs gefunden.«

Wir lieben Sie dafür, daß Sie nicht gleichgültig geblieben sind! Sie haben uns unseren Traum wiedergegeben! Wir sind dankbar... Sie haben unser hartes Leben erträglicher gemacht und uns Vertrauen zu uns selbst gegeben, daß wir die Dinge zum Besseren ändern können.[12]

Ich trank Coke am Morgen meiner Hochzeit zur Beruhigung... Mein erster Wunsch nach der Geburt meiner beiden Kinder war eine Coke mit Eis. Ich trank eine Coke auf dem Weg zum Begräbnis meines Vaters... Sie haben mir den Tag gerettet, und ich weiß das zu schätzen.

Mit der Rückkehr von »Coca-Cola Classic« könnte man sagen, daß die alte Coke »wieder mit Kohlensäure versetzt« wurde.

Ich fühle mich, als sei ein verloren geglaubter Freund heimgekehrt.

Dank sei Gott für Coca-Cola! Wir haben es WIRKLICH GROSSARTIG in Amerika!

Gott wirkt auf geheimnisvolle Weise, und ich danke ihm, daß er meine Gebete, die »echte« Coke zurückzubringen, erhört hat.

Das alte Coke-Rezept spiegelt die Liebe eines jeden guten Amerikaners von heute wider. Es gibt nur eine Heilige Schrift, nur einen Elvis Presley, andere haben sie zu kopieren versucht, doch es ist ihnen nicht gelungen.

Wie können Sie behaupten, nur die ältere Generation möge die alte Coke? Ich bin dreizehn, die neue Generation. Zufällig mag ich die alte Coke am liebsten!

Ich bin höchst erfreut, daß Sie heute bekanntgegeben haben, daß ich wieder die Coca-Cola, die ich seit 1909 trinke, erstehen kann. Ich bin jetzt 91$\frac{1}{2}$ Jahre alt.

Keoughs brillanter Einzeiler, mit dem er behauptete, die Firma sei weder so dumm noch so gescheit, war nur zur Hälfte richtig. Auch wenn einige wenige Börsenanalytiker und Konsumenten überzeugt waren, daß die Firma das ganze Fiasko einfach nur inszeniert habe, um Publicity zu bekommen und ihre treuen Verbraucher daran zu erinnern, wieviel ihnen Coca-Cola bedeutete, hat die Firma das eindeutig nicht getan. Goizueta und seine Kollegen waren »so dumm« gewesen und hatten naiverweise etwas begangen, das *Business Week* »den Marketingschnitzer des Jahrhunderts« nannte. Und seltsamerweise verblendete der Stolz die Firmenleitung noch immer.[13] Trotz der Wiederkehr von Coca-Cola Classic blieb sie starrköpfig dabei, daß sich die Neue Coke an die Spitze setzen würde. In seinem Brief an die Aktionäre, in dem die Rückkehr der Originalformel bestätigt wurde, beharrte Goizueta darauf, daß die Neue Coke (eine Bezeichnung, die er verabscheute) »die am besten mundende Coca-Cola, die wir jemals hergestellt haben«, sei, wobei er herablassend eine Gruppe älterer Konsumenten im Blick hatte, die nach »einem Nostalgiegeschmack« verlangten. Folglich würde Coca-Cola Classic »neben unserem Markenflaggschiff [Neue] Coca-Cola« erscheinen. Offensichtlich in dem Versuch, die Peinlichkeit auf ein Minimum zu begrenzen, nannte Goizueta die wieder eingeführte Classic unlogischerweise »die neueste Ergänzung zur Produktgruppe der Marke Coca-Cola«, die er als »die hervorragendste Megamarke in der Soft-Drink-Branche« bezeichnete.

Eine dramatische Wendung im Gerichtssaal und andere Katastrophen

In der Zwischenzeit heizte sich die Gerichtsschlacht zwischen Bill Schmidts Gruppe verärgerter Abfüller und der Firma auf. Unter Eid bestand Roberto Goizueta darauf, Coca-Cola sei genau das, was er und die Firma *sagten,* daß es sei. Am 22. April 1985 hatte es nur eine Formel gegeben, am nächsten Tag war es etwas völlig anderes. Nun behauptete die Firma, Coke Classic sei ein vollkommen »neues« Getränk mit einem anderen Namen, was ihr das Recht einräume, zukünftig den Preis flexibel festzusetzen. Emmet Bondurant nannte diese Mentalität »Alice-im-Wunderland-Denken« und zitierte Lewis Carrolls übereifrigen Humpty Dumpty, sehr zum Amüsement von Richter Murray Schwartz:

> »Wenn *ich* ein Wort benutze«, sagte Humpty Dumpty, in ziemlich verächtlichem Ton, »bedeutet es genau das, was ich will, daß es bedeutet – nicht mehr und nicht weniger.«
> »Die Frage ist«, sagte Alice, »ob du Wörtern so viele unterschiedliche Bedeutungen zuweisen kannst.«
> »Die Frage ist«, sagte Humpty Dumpty, »wer der Herr ist – das ist alles.«

Eine gerichtliche Anordnung schmetterten Goizueta und seine Anwälte nieder. Richter Schwartz wies die Firma im August an, die geheime Formel für praktisch jedes Cola-Getränk, das sie herstellte, also für Coca-Cola Classic, die Neue Coke, Coke light und alle entkoffeinierten Versionen, offenzulegen. So könne er feststellen, ob tatsächlich zwischen Coke light und Classic oder der Neuen Coke eine Ähnlichkeit bestehe, die helfen würde, die Behauptungen der klagenden Abfüller zu legitimieren. Es überraschte niemanden, daß Big Coke das rundweg ablehnte. »Die Firma hat ihre Formeln nie mitgeteilt, nicht einmal ihrem eigenen Chef der Rechtsabteilung«, schrieb ein Firmenanwalt, und sie denke nicht daran, jetzt einem Haufen Abfüller Einblick zu gewähren.[14] Die Medien stürzten sich mit Begeisterung auf das Drama. Der *U.S. News & World Report* druckte eine Geschichte über die unverschämte Weigerung der Firma zusammen mit einem Foto eines Wachmannes der Trust Company vor dem Safe, in dem die berühmte Formel aufbewahrt wurde. In den nächsten acht Monaten hing die Sache in der Schwebe, denn Richter Schwartz war, wie verlautete, durch eine mysteriöse Krankheit außer Gefecht gesetzt.

Selbst ein als Erfolg gedachter Coup schlug fehl. Coca-Cola hatte Vereinbarungen getroffen, den neuen Geschmack in einer Spezialdose mit dem Space-shuttle ins All zu schicken und das Getränk dort im Zustand der Schwerelosigkeit zu karbonisieren. Es wäre das erste Erfrischungsgetränk im All gewesen. Die NASA hielt allerdings ihre Zusage nicht ein und erlaubte, daß auch Pepsi mit auf die Reise gehen durfte. Außerdem beschwerten sich die Astronauten, daß lauwarme Cola nicht unbedingt erfrischend sei.

Roberto Goizueta stand wegen der Schadenfreude, mit der die Journalisten bei jeder negativen Neuigkeit über Coca-Cola herfielen, Qualen aus. In den Büros der *Atlanta Constitution* hatte sich der CEO den Ruf erworben, dünnhäutig zu sein, denn er sandte den Reportern häufig handschriftliche pedantische Berichtigungen wegen der geringfügigsten Ungenauigkeiten, wie Thomas Oliver in *Real Coke* schrieb. Die Firmenmänner verstanden unter diesem Charakterzug Perfektionismus, nicht Pedanterie. Dünnhäutig oder nicht, Goizuetas präziser Technikerverstand konnte die Verfasser von Features und ihren Hang zu ergreifenden Ausschmückungen nicht verstehen. Im Oktober 1985 ließ er gegenüber einer überregionalen Gruppe von Chefredakteuren etwas von seinem Frust ab. »Journalisten dürfen nicht vergessen«, hielt er ihnen vor, daß »sie schnell in die Köpfe anderer Menschen vordringen. Sie müssen die Macht, die sie besitzen, begreifen.« Es schien dem Coke-Manager nicht in den Sinn zu kommen, daß die Coca-Cola-Spots genau dieselbe Kritik verdienten und daß sie den Nachrichtenleuten das Stichwort gegeben hatten, indem sie Image und Glanz in den Vordergrund schoben. [15]

»Coke Are It«

Die Wiederkehr der Originalformel als Coca-Cola Classic war für die Coke-Werbung ein großes Rätsel. Der Mißerfolg der Neuen Coke tötete höchst effektvoll die »Coke Is It«-Kampagne, denn es war nicht ganz klar, *welche* Coke gemeint war. Eine Schlagzeile in *Newsweek* erklärte: »Hey America, Coke Are It!« Und die Firma konnte auch Cosby nicht mehr einsetzen. »Dürfen wir nun davon ausgehen, einen Spot mit Bill Cosby vorgesetzt zu bekommen, der aus beiden Seiten seines Mundes gleichzeitig spricht?!« wollte ein gemeiner Verbraucher wissen. Im Herbst 1985 quälten sich die Werbeleute mit zwei schwachen »Megamarke«-Slogans ab – »We've Got a Taste for You« und »Coke Belongs to You«. In den Werbespots wurde versucht, beide Colas gleichzeitig zu puschen, und Neue Coke und Classic tauchten zusammen auf. Sergio Zyman erklärte lahm, daß beiden Getränken »die gleiche Zuneigung für und Identifikation mit der Marke« eigen wäre. Ed Mellett, der erst kurz zuvor von Pepsi als neuer Marketingchef für Coke abgeworben worden war, räumte ein: »Wir kennen die jeweilige Rolle und Bedeutung einer jeden gezuckerten Cola nicht.«

Bis zum Jahresende zog allerdings Classic eindeutig an, während der Marktanteil der Neuen Coke schrumpfte. Was jedoch schlimmer war: Pepsi hatte sich die Führungsposition als bestverkaufte Zuckercola in Amerika geschnappt. Der Absatz von Classic und Neuer Coke zusammen lag noch immer leicht *unter* dem Vergleichsumsatz von Coca-Cola im Jahr 1984. Im Februar 1986 gaben die McCann-Männer den Versuch auf, beide Colas gleichzeitig zu bewerben. Für die Neue Coke forderten sie die Verbraucher auf »Catch the Wave«, in Anspielung auf das dynamische Band des Logos. Die kurvige Linie sollte angeblich zur Neuen Coke führen, der »Welle« der Zukunft. »Die Werbung spricht das Visionäre an«, beharrte Brian Dyson, »diejenigen Verbraucher, die in das Morgen schauen.« Um die Neue Coke als »In«-Geschmack zu positionieren, befürwortete er Werbespots, die »eine High-Tech-Promotion mit höchst zeitgenössischen Bildern« vereinigten. Doch die neue Werbung fand einfach keinen Mittelpunkt.

In der Zwischenzeit blieb die Lintas-Werbung für Coca-Cola Classic näher an den traditionellen Coke-Werten und übertrieb das von Grund auf amerikanische Wesen des Getränks mit dem Slogan »Red, White & You«. Anstatt Coca-Cola Classic als integralen Bestandteil des Alltags zu feiern, folgten diese Spots, die in Seifenopern und in die Cosby-Show eingeblendet wurden, der allzu patriotischen »Look Up, America«-Kampagne aus dem Jahr 1974, mit der Freiheitsstatue, dem Grand Canyon, Landvolk und gefeierten Persönlichkeiten, die als Dreingabe dazwischengeschaltet wurden. Obwohl die Firma bei weitem mehr Geld in die Werbung für die Neue Coke steckte als in die für die Classic, sank der Marktanteil der neuen Geschmacksvariante weiter, während der von Classic stieg. Ende April, zwei Wochen vor der großen Hundertjahrfeier, war die Neue Coke auf einen Marktanteil von unter drei Prozent gesunken, während die Classic erneut die Führerschaft bei Zuckercolas erlangt hatte. Der letzte Schlag kam, als McDonald's seinen riesigen Auftrag auf Classic verschob. Da täglich einer von zwölf Amerikanern durch die goldenen Bögen schritt, bedeutete das eine gigantische Schlappe für die Neue Coke.

Eine teure Geschichtslektion

The Coca-Cola-Company hatte vier Millionen Dollar in Forschung und Entwicklung für die Neue Coke investiert. Die Massen von Daten, die Geschmackstests, die ausgefeilte Strategie waren fehlgeschlagen, hatten lediglich aufgedeckt, welch gute Arbeit doch Asa Candler und Robert Woodruff geleistet hatten. Coca-Cola, so sehr eine Ikone wie ein Erfrischungsgetränk, stand für nationale Werte. In dem sich verschiebenden Kaleidoskop des späten zwanzigsten Jahrhunderts fühlten sich die Amerikaner entwurzelt und unbehaglich. Die Computer schienen mehr zu wissen als die Menschen. Onkel Walter Cronkite war in den Ruhestand getreten und beruhigte nicht mehr jeden Abend die nationale Psyche. Die lateinische Messe beschwichtigte nicht mehr durch ihre Klangfülle. Die Tankstelle mit Bedienung

war eine Seltenheit geworden, und die altmodische Sodabar siechte nur noch in ein paar anachronistischen Klein-
städten des Südens dahin.

Allein Coca-Cola blieb das Immergleiche – das forsche,
sprudelnde Gesellschaftsgetränk, das aus Fremden sofort
Freunde machte, einen kleinen Energieschub vermittelte
und die Belohnung nach schwerer Arbeit an einem Sommertag darstellte. Bei der allgemeinen Volksbelustigung,
den Verantwortlichen für den Mißerfolg der Neuen Cokes
ausfindig zu machen, feixten viele amerikanische Verbraucher und altgediente Abfüller über die »Latin Mafia«, bestehend aus Goizueta, Zyman und Dyson. Da sie ja keine
»echten« Amerikaner waren, konnten sie eben die Leidenschaft der Nation für die gute alte Coke nicht verstehen.
Dieses rassistische Szenario paßte nicht auf Keough, der
sich im Scherz selbst als »Alibi-Amerikaner« in der Firma
bezeichnete und der vom letztendlichen Sieg der Neuen
Coke genauso überzeugt wie Goizueta gewesen war. Die
unternehmensweite Blindheit entstammte nicht so sehr
dem geographischen oder kulturellen Hintergrund als vielmehr der Mentalität der achtziger Jahre. Aggressiv, rücksichtslos und naßforsch wollte das neue Team den bombi-
gen Durchbruch von Coke light wiederholen. Im weiteren
Verlauf übersahen sie dann die wichtigste aller Emotionen – die Liebe.

Die amerikanische Öffentlichkeit brachte den Unterneh-
mensstrategen laut und deutlich eine Lektion in Geschichte
bei. Wie William Allen White verehrte sie ein Getränk, das
Amerika symbolisierte, das mit nahezu jedem Aspekt ihres
Lebens verbunden war – den ersten Verabredungen, Au-
genblicken des Sieges und der Niederlage, fröhlichen Grup-
penfeiern, nachdenklicher Einsamkeit. Wie ein poetisch
veranlagter Verbraucher aus Texas in seinem Liebesbrief
an das Getränk im Juni 1985 geschrieben hatte: »Wann
immer die Dinge allzu düster aussehen, komme ich herüber
und hole Dich, wir verbringen zusammen ein paar Minuten, und ich werde getröstet. Und erinnerst Du Dich an die
Zeiten, als ich und unsere Freunde unsere Sorgen teilten
und Du dabei warst? Es hat den Anschein, als ob Du die
reichsten Stunden meines Lebens miterlebt hättest.« Infolge

des Mißerfolgs der Neuen Coke erhielt die originale Coca-Cola Publicity im Wert von wesentlich mehr als vier Millionen Dollar, was die horrende Werbung der Firma unwichtig werden ließ. Die ehrwürdige Cola donnerte zurück und beanspruchte die Führerschaft als das erste amerikanische Erfrischungsgetränk. Ohne es zu wollen, hatten Goizueta und Keough den gigantischen Marketingschnitzer in einen Werbecoup verwandelt. [16]

Globales Sprudeln

Man kann davonrennen, aber man kann sich nicht verstecken. Früher oder später, ganz gleichgültig, wie weit man sich vom Komfort und den angenehmen Dingen der modernen Welt entfernt zu haben glaubt, wird Coke einen finden. Gehen Sie zu den Vorbergen des Himalaya, zu den von Wirbelstürmen geschlagenen Fischerinseln vor der Küste Nicaraguas – gehen Sie zum Geburtsort der Zivilisation, wenn Sie wollen. Coca-Cola wird Sie schon erwarten.

MICHAEL KONIK, *New York Times*, 24. Februar 1991

Vier Tage lang tauchte Coca-Cola Atlanta für seine 23 Millionen Dollar teure Hundertjahrfeier buchstäblich in rote Farbe.[1] John Pemberton hätte sich hastig in sein Labor zurückgezogen, wenn er am Abend des 7. Mai 1986 ins Omni-Colliseum gestolpert wäre, wo Laserstrahlen blitzten, Coke Lieferwagen in Miniaturausgabe die Durchgänge auf- und abzischten, ein Coca-Cola-Fesselballon über den Köpfen schwebte und spärlich bekleidete Tänzerinnen zu lauter Musik wirbelten – alles zu Ehren des Augenblicks, als der freundliche Apotheker und Morphiumsüchtige die Formel perfektionierte.

Die Firma übertraf sich selbst darin, die 12 500 Abfüller, die aus der ganzen Welt angereist waren, zu beeindrucken. Zunächst purzelten 650 000 Dominosteine über die sechs Kontinente, wie das Publikum live über Satellit verfolgen konnte. Der Abschnitt von Nairobi hätte die Kettenreaktion beinahe unterbrochen, da riesige afrikanische Motten die lange Zeit vorher sorgfältig aufgestellten Steine dauernd umstießen. Es war nicht gerade klar, was das Purzeln sollte – vielleicht war es eine Anspielung auf »Catch the Wave« oder eine Demonstration der weltweiten Verbindungen der Firma –, aber es war ein Riesenspaß, vor allem, da der letzte Dominostein in London eine Bombe zündete, die eine riesige Pepsi-Flasche in tausend Splitter sprengte. Gefeierte Persönlichkeiten zuhauf zierten die Festlichkeiten. Dick Cavett moderierte zum Beispiel das Dominopuzzle und wollte von einem Suaheli sprechenden Interviewten via Satellit gequält wissen: »Haben Sie irgendwelche Hobbys?« Merv Griffin war da, denn Coca-Cola hatte soeben seine Anteile an Fernsehproduktionen erstanden, darunter auch *Jeopardy!* und *Wheel of Fortune.* Chuck Berry bearbeitete die Saiten seiner Gitarre und jagte auf einem Fuß über die Bühne, Kool and the Gang begeisterten, Marilyn McCoo sang schmachtend, Lionel Hampton und sein Orchester brachten Swing rein.

Die Multimedia-Show, die Ike Herbert kommentierte, behandelte die ganze Geschichte von Coca-Cola in der für die Firma typischen Weise und präsentierte sie als eine nahtlose Erfolgssaga, als Aufstieg eines bescheidenen Getränks zu verdienter Größe. Herbert, ein Marketingmann, wie er im Buche steht, sagte: »Menschen in den abgelegensten Ecken der Welt, die nicht einmal die Namen ihrer eigenen Hauptstädte wissen, kennen den Namen Coca-Cola«, weil »wir in der Lage waren, Coca-Cola in die Köpfe und Herzen und den Alltag aller Menschen überall einsickern zu lassen«. Im Publikum johlten und stampften die Abfüller, als Sänger den Refrain anstimmten »Bring es unters Volk«.

Die versammelte Menschenmenge war, wie Herbert sagte, »eine Familie mit einer einzigen mächtigen Stimme, die in frecher Selbstbeglückwünschung erscholl«. Kurz vor Mitternacht wurde eine siebeneinhalb Tonnen schwere Geburtstagstorte auf die Hauptbühne gefahren, aus deren Mitte anstatt eines gigantischen Party-Girls eine fünf Meter hohe Coke-Flasche auftauchte, während die Getreuen »Happy Birthday« sangen. Am Samstag ging fast jeder in Atlanta[2] zur Parade auf der Peachtree Street mit mehr als hundert Festwagen und 500 000 Ballons, die das Coca-Cola-Logo in den Himmel steigen ließen. Zwei Mitglieder des Coca-Cola Collectors Club (die sich inmitten der Memorabilien kennengelernt und ineinander verliebt hatten) tauschten auf einem Festwagen das Heiratsversprechen aus, wie sich Chris Elliot erinnert. Mickey Mouse und Goofy tummelten sich für Coke herum, desgleichen Uncle Sam und eine Freiheitsstatue mit Lamettafrisur, die gerade ebenfalls ihren hundertsten Geburtstag feierte. Dreißig Marschbands schmetterten, während Miss Universum und die Junior Miss von Amerika der Menge zuwinkten. Cobot, der Coca-Cola-Roboter, ruckelte über den Bürgersteig, und in der Nähe schleppte sich ein Elefantenbaby aus dem Zoo von Atlanta dahin. In seinem Kabriolett hielt der Star Michael Talbott aus *Miami Vice* eine Coke-Dose hoch und fragte: »Ist das nun ein großes Land oder was?« Das Monumentalereignis ging zwar gut choreographiert und ohne Störung über die Bühne, doch einige Demonstranten trugen Anti-Apartheid-Plakate, mit denen die Firma gemahnt wurde: »Holt Coke aus Südafrika raus.«

Unter der Oberfläche der Feierlichkeiten war man sich jedoch des katastrophalen Mißerfolgs der Neuen Coke bewußt. Die Firmenleitung hatte wohl versprochen, die neue Geschmacksvariante stehe zum Zeitpunkt des Jubiläums weltweit zur Verfügung, doch sie war nie über die Grenzen Kanadas und der Vereinigten Staaten hinausgelangt. Der Flop der Rezeptänderung in Amerika erschütterte weltweit das Selbstvertrauen der Coke-Männer. In privaten Interviews beschrieb Goizueta das Neue Coke weiterhin als »Produkt der Zukunft«, doch seinen höchsten Marktanteil hatte es bereits hinter sich. Bei einer der wenigen kleinen Krisen während der großen Parade ging einer wandernden Dose Neue Coke symbolisch mitten auf der Straße die Luft aus.

Eine Einschätzung zur Mitte des Jahrzehnts

Sich ihrer mißlichen Lage voll bewußt, betonten Roberto Goizueta und Don Keough gegenüber den Abfüllern, daß die Firma sich in ausgezeichnetem Zustand befinde. In Wirklichkeit war sie das auch. Trotz – oder gerade wegen – des Fiaskos bei der Neuen Coke war der Anteil der Firma am Erfrischungsgetränke-Markt in den Vereinigten

Staaten auf 39 Prozent gegenüber 28 Punkten für Pepsi an-
geschwollen. Zusammen drückten die beiden Riesen andere
Mitspieler hinaus. »Coke und Pepsi trampeln auf den kleinen
Mitgesellen herum«, hatte 1985 eine Schlagzeile in *Fortune*
deutlich gemacht. Unmittelbar vor der Hundertjahrfeier gab
Pepsi bekannt, daß es 7-Up kaufe, und Coke konterte darauf
mit dem Versuch, Dr. Pepper zu schlucken. Die FTC schritt
gegen die beiden Firmenaufkäufe ein, womit Coke eigentlich
auch gerechnet hatte, doch der Firma war das recht gleichgültig. Nicht nur, daß Coca-Cola Classic andere Zucker-Colas
überflügelt hatte, auch Sprite hatte bei den Zitronen/Limo-
nen-Limonaden 7-Up hinter sich gelassen.

Der Unterhaltungsbereich der Firma scheffelte mit dem
Verkauf von Videokassetten und den Fernsehshow-Kopro-
duktionen ebenfalls Geld, doch die kreativen Werke von
Columbia erwiesen sich als peinliche Flops – zudem waren
es ziemlich viele, da Coke die Filmfirma drängte, eine Flut
von Lichtspielen zu produzieren. Den Fernsehshows von
Columbia erging es nicht besser, trotz all der Fokusgruppen
und Umfragen von Peter Dealey.

Im Frühjahr 1986 hatte Goizueta sein eigentliches Ziel
erreicht. Der Ertrag pro Aktie betrug jährlich im Durchschnitt zehn Prozent, und die Aktie war von 35 Dollar im
Jahr 1980 auf 120 Dollar hochgeschossen, was zusammen
einen Jahreserlös von 24 Prozent[3] im Vergleich zu dreizehn Prozent für den S & P 500 (Index der Rating-Agen-
tur) bedeutete. Wie er vorausgesagt hatte, machten nun die
inländischen Aktivitäten der Firma ungefähr die Hälfte der
Gewinne aus. Was bedeutete es da noch, wenn die Neue
Coke und Columbia für schlechte Publicity sorgten?
»Meine Aufgabe besteht nicht darin, recht zu haben«, phi-
losophierte Goizueta gegenüber *Time* im Mai dieses Jahres.
»Sie besteht darin, Ergebnisse zu produzieren.«

Ivester, das Finanzgenie

Goizueta verdankte einen Großteil dieser Ergebnisse
einem hellen jungen Mann aus Georgia mit Namen Doug
Ivester, der zum Finanzchef befördert wurde, als Sam

Ayoub Ende 1984 in den Ruhestand trat.[4] Trotz seines umgänglichen Wesens erkannte Ivester, ein gewiefter Geschäftsmann, daß strategische Schulden die letzte Zeile der Bilanz hervorragend aussehen lassen können, vor allem wenn er das geliehene Geld für einen anständigen Gewinn wiederverwertete. Zum Zeitpunkt der Hundertjahrfeier hatte Coke im Verhältnis zum Eigenkapital zwanzig Prozent Schulden, nachdem der Verschuldungsgrad der Firma fünf Jahre zuvor noch bei praktisch Null gelegen hatte. Außerdem trug die neue Schuldenlast zur Senkung der Körperschaftssteuer von 45 auf 39 Prozent bei, da nun absetzbare Zinszahlungen ausgewiesen wurden. Auch in der Filmbranche führte Ivester finanzielle Innovationen ein, als er die Außenstände von Columbia gegen Bares veräußerte. Dieser Vorgang, besser bekannt unter dem Wort »Factoring«, war in Hollywood völlig neu. Die Fernsehstationen mußten ihren finanziellen Anteil an den Produktionen erst bezahlen, wenn die Shows ausgestrahlt wurden, was sich mehrere Jahre hinauszögern konnte. Durch den Verkauf der Außenstände hatte Ivester sofort Geld zur Hand.

Durch vermehrte Schuldverschreibungen, niedrigere Dividendenausschüttungen und eine einfallsreiche Finanzierung saß Coca-Cola auf enormen Bergen Bargeld, die sich bis zur Hundertjahrfeier auf etwa 1,5 Milliarden Dollar beliefen. Goizueta, Keough und Ivester sahen sich vor die angenehme, wenn auch schwierige Aufgabe gestellt, es anzulegen. In der Vergangenheit hatte man mit überschüssigem Barem noch mehr Töchter erstanden und Firmenaktien zurückgekauft. Jetzt wollte Goizueta die Firma erneut auf ihre vorrangige Mission konzentrieren, alle Welt mit Soft Drinks zu versorgen.

Der Blick nach Übersee

Dazu hatte er allen Grund. In der zweiten Februarhälfte des Jahres 1985 hatte der Dollar einen Höchststand erreicht. Sich während der ersten fünf Jahre des Jahrzehnts auf Inlandsinvestitionen zu konzentrieren, war wegen des starken Dollars sinnvoll gewesen. Die massiven Handels- und Haushaltsdefizite der Vereinigten Staaten in den späten achtziger Jahren trieben den Dollar allerdings Ende 1990 auf siebzig Prozent seines Höchstwertes. Gegenüber bestimmten Währungen, wie etwa dem japanischen Yen, verlor er nahezu die Hälfte an Kaufkraft. Zwar bedeutete der Niedergang des Dollars für die Mehrheit der amerikanischen Firmen eine Katastrophe, doch für das multinationale Unternehmen Coca-Cola war er eine wunderbare Chance. Der Umsatz in Deutschland oder Japan sorgte aufgrund der günstigen Umtauschsätze für fettere Gewinne. Wie Goizueta und Keough sich herauszustreichen beeilten, hatten die Amerikaner lediglich einen Anteil von unter fünf Prozent an der Weltbevölkerung. Die restlichen 95 Prozent waren ein großenteils noch nicht erschlossener Markt. Goizueta beschloß demzufolge, die gleichen Strategien, die er bereits in den Vereinigten Staaten eingesetzt hatte, auch in anderen Ländern rund um den Globus anzuwenden.

Die Möglichkeiten waren verlockend. Wenn der Rest der Menschheit auf Erden pro Kopf nur annähernd die gleiche Menge Coca-Cola wie der Durchschnittsamerikaner trank, würde die Firma ein mehr als exponentielles Wachstum erleben. 1986 konsumierte jeder Mann, jede Frau und jedes Kind in den Vereinigten Staaten durchschnittlich 660 Erfrischungsgetränke zu acht Unzen im Jahr. Das stetige Pro-Kopf-Wachstum des amerikanischen Soft-Drink-Konsums hatte in den frühen sechziger Jahren den von Bier überholt und in den späten siebziger Jahren den von Kaffee und Milch hinter sich gelassen. 1986 hatte er sich jenseits aller Erwartungen hochgeschraubt. »Gerade jetzt«, informierte Roberto Goizueta die versammelten Abfüller bei der Jubiläumsfeier, »verbrauchen die Menschen in den Vereinigten Staaten mehr Erfrischungsgetränke als jede andere Flüssigkeit – einschließlich normalen Leitungswassers.« Der Coke-CEO malte ihnen dann ein glorreiches Szenario aus. »Wenn wir unsere Möglichkeiten voll nutzen«, sagte er, »werden wir eines Tages, irgendwann zu Anfang unseres zweiten Jahrhunderts, erleben, wie die gleiche Welle einen Markt nach dem anderen erfaßt, bis schließlich das Getränk

Nummer eins auf Erden nicht mehr Tee oder Kaffee oder Wein oder Bier sein wird. Es werden Erfrischungsgetränke sein – *unsere* Erfrischungsgetränke.«

International stand Coke mit drei zu eins an der Spitze vor Pepsi, und die Kluft zwischen dem amerikanischen und dem ausländischen Konsum lockte die eifrigen Coca-Cola-Männer. In Afrika betrug der Pro-Kopf-Verbrauch nur vier Prozent desjenigen der Vereinigten Staaten, während die wirtschaftlich aufstrebenden Anrainerstaaten des Pazifik bei acht Prozent standen. In Westeuropa, wo Coca-Cola den Wettbewerb beherrschte, blieb der Pro-Kopf-Konsum bei 23 Prozent von dem in Amerika, während Lateinamerika 29 Prozent hielt. [5] Die Zukunft für Erfrischungsgetränke sah rosig aus, wie Don Keough gegenüber Jesse Meyers, dem Herausgeber von *Beverage Digest,* meinte. »Je komplexer die Bevölkerungszentren werden, desto schwieriger wird es, gutes Trinkwasser zu finden, und hier und im Ausland haben wir das Phänomen des Antialkoholismus.« Sprudelnde, genußreiche, schmackhafte Erfrischungsgetränke könnten in diesen Durstspalt springen.

Keough, der Firmenmotivator, beschloß die Feierlichkeiten zum hundertjährigen Jubiläum mit einem hervorragenden Beweis der Macht und Einigkeit des Coke-Systems, als er alle Anwesenden – mehr als 12 000 Menschen – aufforderte, aufzustehen und sich an den Händen zu halten. »Das ist die Welt von Coca-Cola«, sagte er. »Welche andere internationale Gruppe auf der Welt könnte so etwas in genau diesem Augenblick machen? Aus jedem Kontinent, aus jeder Kultur, aus mehr als 125 Ländern sind hier Menschen versammelt. Das gelingt den Vereinten Nationen nicht. Wir sind auf niemanden wütend. Wir lieben uns. Könnt ihr die Energie spüren – könnt ihr die Liebe spüren – könnt ihr die Gemütsbewegung spüren?« Die Abfüller verließen Atlanta mit Keoughs Worten in den Ohren und kehrten neu inspiriert in ihre Winkel in aller Welt zurück. »Sie sind der Michelangelo von Coca-Cola in Ihrem Gebiet«, hatte Keough zu ihnen gesagt. »Und morgen, wenn wir in das zweite Jahrhundert eintreten, ist die Leinwand für Coca-Cola leer. Sie sind der Künstler.«

Das dreifache A

Die Abfüller mögen die »Künstler« gewesen sein, doch Goizueta und Keough, die äußerst aggressiven Einpauker, rissen den Abfüllern den Pinsel häufig aus den Händen. Zum Zeitpunkt des hundertjährigen Jubiläums besaß die Firma bereits einen Kapitalanteil von 49 Prozent am kränkelnden Abfüllunternehmen in Taiwan und hatte eine Partnerschaft mit Cadbury-Schweppes in Großbritannien vereinbart, die 1987 in Kraft treten sollte. Durch die Ergebnisse auf den Philippinen ermutigt, schloß Coca-Cola für den Rest des Jahrzehnts in einem Land nach dem anderen weiter jointventures. In der Vergangenheit hatte die Firma die »vertikale Integration« sorgfältigst vermieden, wozu auch der Aufkauf von Abfüllwerken gehört hätte. Infolgedessen hing die Qualität des Marktes davon ab, wie motiviert oder kompetent die jeweiligen Abfüller waren. Außerdem hatte ein gewisser Fatalismus in kultureller Hinsicht das Wachstum in einigen Ländern gehemmt. In Großbritannien beispielsweise sahen die Coke-Männer den Grund für ihren mangelnden Erfolg stets im Nieselregen und in dem Hang der Briten, sich lauwarmes Bier hinter die Binde zu kippen: Sie seien eisgekühlte Getränke einfach nicht gewohnt. Ähnlich wurde in bezug auf die Franzosen argumentiert; diese würden Coca-Cola niemals akzeptieren, da sie zu sehr an ihrem Wein hingen und sich der Amerikanisierung ihrer Kultur widersetzten.

Goizueta weigerte sich, diese Ausreden anzuerkennen. Es gebe zwar kulturelle Störfaktoren, doch seien sie nicht unüberwindlich. Dieselben traditionellen Methoden, die in den Vereinigten Staaten funktionierten, würden überall auf der Welt Erfolg zeitigen, wenn man sie der jeweiligen Situation anpaßte. Der kubanische CEO prägte einen alliterativen Slogan – *availability, affordability, acceptability* (etwa Angebot, akzeptabler Preis, Annehmbarkeit).[6] Bevor das Getränk verkauft werden konnte, mußte es im Angebot sein oder, wie Woodruff immer formulierte, »in Armlänge des Begehrens«. Coca-Cola solle sich seinen Weg in jeden nur denkbaren Verkaufsstandort im Einzelhandel mit den Ellbogen erkämpfen, während Verkaufsautomaten am

Straßenrand Tupfen setzen sowie in Sportstadien, Betrieben, Büros und Einkaufszentren Einzug halten sollten. Da die Sodabars seit jeher ein rein amerikanisches Phänomen gewesen waren, war es problematisch, die kleinen Cafés und Bistros zum Ausschank von »Postmix«-Coke zu überzeugen; obwohl das Gastronomiegeschäft von Coke der weltweiten Verbreitung von McDonald's-Filialen hinterhertrabte.

Zum zweiten mußte Coca-Cola einen akzeptablen Preis haben, selbst für diejenigen, die unterhalb der Armutsgrenze lebten. Der Soft Drink sollte wohl eine gute Profitmarge bringen, doch er sollte dennoch nicht zu einem Luxusgut werden. Zunehmend stärker puschte die Firma größere Behälter mit zwei oder drei Litern, wodurch ein Großeinkauf zu niedrigerem Preis möglich wurde. Eine besondere Herausforderung stellte die Aufgabe dar, Coca-Cola für die bargeldarmen afrikanischen Konsumenten preisgünstig zu halten. In Lateinamerika, wo der Preis und die Verpackung durch die Regierungen kontrolliert wurden, blieb der Firma keine andere Wahl, als das Getränk billig anzubieten.

Drittens – was vielleicht am wichtigsten war – mußte Coca-Cola von den Verbrauchern als erfrischendes, gesundes, sprudelndes Getränk akzeptiert werden, das mit schönen Zeiten, Freunden, Erfolg, Sport und Patriotismus assoziiert wurde. Für diese Akzeptanz waren eine massive Werbung und Verkaufsförderung von grundlegender Bedeutung. Attraktive, lächelnde Mädchen mußten Tabletts mit Gratisproben bei von der Firma gesponserten Sportveranstaltungen herumtragen und alle negativen Gerüchte mit einer Welle guten Gefühls ersticken.

In jedem Land, begriffen Keough und Goizueta, würde die Umsetzung ein bißchen anders aussehen, was von der jeweiligen Kultur, Wirtschaft und dem entsprechenden Stand der industriellen Entwicklung abhing. So prägten sie ein weiteres Firmenschlagwort: »Denke global, handle lokal.« In China und Indonesien zum Beispiel bestand die Aufgabe zuerst einmal darin, eine gute Infrastruktur aufzubauen – Fertigungsstätten für das Konzentrat, Glashersteller, Abfüllanlagen, Lieferwagen, Werbeschilder für die

Verkaufsstandorte und ähnliches –, was für die Amerikaner hieß, zurück ins Jahr 1905 zu gehen. In Deutschland wiederum hatte die Firma bereits ein guteingeführtes Geschäft, aber dort wetteiferten, wie in den Vereinigten Staaten auch, zu viele kleine Abfüller in kleinen Gebieten. 1985 ließ Neville Isdell, wie er dem Autor erzählte, auf den Philippinen einen florierenden Geschäftszweig zurück, um sich um Deutschland zu kümmern, wo er die delikate Aufgabe übernahm, die 96 lokalen Abfüller zusammenzulegen.

Die Lösung mit den 49 Prozent

Kurz nach dem hundertjährigen Jubiläum sah sich The Coca-Cola-Company durch Zufall im Besitz, von zwei gigantischen Abfüllunternehmen. Jack Lupton, der Enkel des ursprünglichen Partners von Whitehead, beschloß, die JTL Corporation für 1,4 Milliarden Dollar zu verkaufen, und kurz danach stand die im Besitz von Beatrice Foods befindliche kalifornische Abfüllfirma für eine Milliarde Dollar zur Veräußerung.[7] Coke schnappte in beiden Fällen zu und kontrollierte plötzlich, zusammen mit den anderen bereits firmeneigenen Abfüllanlagen, ein Drittel der amerikanischen Coke-Produktion. Die Käufe entsprachen der Unternehmensstrategie, doch sie führten unter dem Strich zu einer kräftigen Verschuldung. Außerdem beeinträchtigten sie die Gewinnspannen der Firma, da der Verkauf von Sirup und Konzentrat wesentlich profitabler und obendrein weniger kapitalintensiv war als der des Abfüllens.

Doug Ivester löste das Problem, indem er eine völlig neue Firma mit Namen Coca-Cola Enterprises (CCE) schuf.[8] Wie bei anderen Joint-ventures auch, sollte The Coca-Cola-Company daran einen Minoritätsanteil besitzen – in diesem Fall 49 Prozent, womit die Kontrolle gewährleistet war, während der riesige Schuldenberg durch die Aufkäufe der Abfüllfirmen aus der Bilanz von Big Coke verschwand. Goizueta bestellte Brian Dyson, einen hervorragenden »Guerillakämpfer« während der Cola-Kriege, zum neuen

Chef von CCE, womit er ihn aus der Hauptfirma herausnahm, wo er zu eng mit dem Mißerfolg des Neuen Coke verknüpft war.[9]

In den nächsten zwei Jahren schluckte Big Coke herrenlose Abfüllbeteiligungen und unterstellte sie CCE, wodurch der größte Einzelabfüller der Welt entstand. Trotz seiner Mammutgröße und Dysons besten Absichten hatte die neue Gesellschaft von Beginn an Schwierigkeiten. Zunächst geriet CCE in Verlegenheit, als zögernde Kapitalisten zweimal das erste Aktienangebot – das größte der Geschichte – von 24 Dollar je Aktie herunterdrückten. Als sie schließlich an der Wall Street in den Handel gelangten, wurden die CCE-Aktien für 16,50 Dollar verkauft und verloren innerhalb weniger Tage nochmals je zwei Dollar an Wert, nachdem sie in den allgemeinen Verkauf gelangten. Der vielbeschworene Cash-flow, der angeblich den Aktienpreis in die Höhe treiben sollte, beeindruckte die Investoren nicht. Während riesige Geldbeträge in und aus dem Abfüllkonzern schwappten, blieben die Gewinne doch aufgrund der Preiskämpfe mit Pepsi hauchdünn.

Für Big Coke erfüllte CCE jedoch seinen Zweck. Da die Firmenmutter das Sagen hatte, verkaufte sie Konzentrat an die CCE zu relativ hohen Preisen und überließ es dem Abfüller, sich enge Spannen zusammenzukratzen. Emmet Bondurant nannte CCE verächtlich »schlicht und einfach eine Siruppumpe für Big Coke«. Doug Ivester war es egal, wie man das Unternehmen bezeichnete. Die »49-Prozent-Lösung«, wie Insider das Arrangement tauften, war finanziell gesehen sinnvoll. Rasch wandte er denselben Trick bei den firmeneigenen Abfüllwerken in Kanada an und trennte sie als TCC Beverages Ltd. ab, an der die Firma 49 Prozent hielt.

Kurz darauf griff Ivester erneut zu seiner »Finanz-Alchimie«, wie ein Journalist von *Fortune* es ausdrückte. Er packte alle Firmenbeteiligungen an der Unterhaltungsbranche in die Columbia Pictures Entertainment Inc. und fusionierte mit Tri-Star in einem Aktientausch, wodurch Coke zu einem Anteil von achtzig Prozent gelangte. Er umging ein ungünstiges erstes Aktienangebot, indem er 31 Prozent der Aktien als »Dividende« an die Coke-Aktionäre ausgab.

Als der Rauch sich verzogen hatte, besaß The Coca-Cola-Company knapp die Hälfte des neuen Filmkonzerns, was einen Nettogewinn von 1,5 Milliarden Dollar bedeutete – ungefähr denselben Betrag, den sie für alles in diesem Sektor auf den Tisch gelegt hatte. Goizueta sagten diese neuen Arrangements sehr zu, die drei Milliarden Dollar Schulden aus den Firmenbüchern tilgten, das Verhältnis von Verschuldung zu Eigenkapital auf bescheidene zwölf Prozent drückten und Big Coke etwas von den Columbia-Flops wegrückten. Schließlich war diese Strategie noch, wie *The Wall Street Journal* im Oktober 1987 schrieb, eine »machtvolle Übernahmeabwehr«. Goizueta erklärte, daß Coca-Cola die Vorhut »der anbrechenden Postkonzernära« anführe, und verglich die schwerfälligen traditionellen Gesellschaften mit den Autos der fünfziger Jahre und ihren sinnlosen Heckflossen.

Beschwichtigung der Weltverbesserer

Nur Monate, nachdem die Anti-Apartheid-Aktivisten bei der Hundertjahrfeier aufgetaucht waren, gab The Coca-Cola-Company bekannt, daß sie plane, ihr Kapital aus Südafrika zurückzuziehen, womit sie einer Boykottandrohung durch Reverend Joseph Lowery und seine in Atlanta residierende Southern Christian Leadership Conference folge. Außerdem werde sie versuchen, die dortigen Abfüllwerke an qualifizierte Schwarze zu verkaufen. Die Firma richtete einen Equal Opportunity Fund (EOF, Fonds für Chancengleichheit) ein und stattete ihn mit zehn Millionen Dollar aus; er sollte unter anderen von dem Friedensnobelpreisträger Desmond Tutu und Reverend Allen Boesak verwaltet werden. Schließlich übersiedelte das firmeneigene Konzentratwerk von Durban in das von Schwarzen regierte Swasiland, wodurch sich auf der Stelle die Steuereinnahmen dieses winzigen Landes verdoppelten.

Die meisten Apartheidkritiker sparten nicht mit Lob für Coca-Cola, »das stark moralisch Stellung beziehe«, wie Reverend Lowery sagte, während Bürgermeister Andrew Young es »einen mutigen und wichtigen Schritt im Kampf gegen die Apartheid« nannte. In Wirklichkeit hatte Coca-Cola seine Besitzanteile an den Abfüllwerken in Südafrika bereits seit 1976 aufgrund der politisch instabilen Lage reduziert, und der Abzug von Kapital machte nicht ganz fünfzig Millionen Dollar in Vermögenswerten aus. Die Firma trug sich nicht mit der Absicht, ihre beherrschende Stellung auf dem südafrikanischen Soft-Drink-Markt aufzugeben, und belieferte ihre unabhängigen Abfüller weiterhin mit Sirup und Marketinghilfen.

Inzwischen hatte jedoch Coca-Cola Foods einen internationalen Aufruhr ausgelöst. Ende 1985 hatte die in Houston sitzende Firmentochter wegen mehrfacher Frosteinbrüche, die die Orangenhaine in Florida dezimiert hatten, 190 000 Acres Wald und Grasland in Beize erstanden, von denen sie 25 000 Acres zu roden beabsichtigte, um die Versorgung für Minute Maid sicherzustellen.[10] Gegen die Zahlung von lediglich sechs Millionen Dollar besaß Coca-Cola auf einmal ein Achtel des ganzen Territoriums des winzigkleinen Belize, vormals Britisch Honduras. Der Deal, bei dem eine neue wirtschaftsorientierte Regierung in Belize Hilfe leistete, wurde schnell zu einer Cause célèbre für Umweltaktivisten, Nationalisten und wütende einheimische Obstzüchter.

Es ging das unbegründete Gerücht, Coca-Cola habe das Land als Nachschubbasis für die Contras in Nicaragua gekauft, denn der Contra-Chef Adolfo Calero war immerhin ein Coca-Cola-Abfüller.* Als andere Züchter dahinterkamen, daß Premierminister Manuel Esquivel den Vertragsabschluß noch damit versüßt hatte, daß er Coca-Cola eine fünfzehnjährige Steuerbefreiung gewährte, wurden sie kalkweiß. Den Obstzüchtern in den Vereinigten Staaten schmeckte die Situation genausowenig, denn der Schritt von Coke stellte eine direkte Bedrohung ihrer Gewinne dar. Die amerikanische Zitruslobby blockierte die Genehmigung für die wichtige Versicherung gegen politische Risiken.

---

* Caleros Coke-Abfüllwerk war 1983 von der sandinistischen Regierung beschlagnahmt worden, als er sich außer Landes aufhielt. Er stieg bald zur Stütze der Contra-Bewegung auf.

Ohne diese Absicherung konnte die Firma nicht weiter tätig werden.

Am stärksten angegriffen wurde die Firma jedoch von Umweltgruppen wie der International Audubon Society, dem Rainforest Action Network und den Friends of the Earth, die protestierten, weil der betreffende Wald eine einzigartige Tierwelt mit Ozeloten, Pumas, Brüllaffen, Harpyien und der größten Jaguarpopulation auf der Welt beherberge. 1987 füllten die Proteste international die Schlagzeilen, und es kam zu Demonstrationen in Stockholm und zur Besetzung eines Abfüllwerks in Deutschland durch Aktivisten der GRÜNEN. Im September lenkte Coke schließlich ein und verschob das Zitrusprojekt in Belize auf »unbestimmte Zeit«. Außerdem stellte die Firma 40 000 Acres Land als Naturschutzgebiet[11] zur Verfügung und gab die Absicht bekannt, den größten Teil des verbleibenden Besitzes zu verkaufen. Wie üblich gelang es der Firma, die PR-Katastrophe in eine Goldgrube zu verwandeln. Coca-Cola war, wie in einer Publikation des Sierra Club verkündet wurde, »der Regenwaldgeneration« beigetreten.

Das April-Massaker

Inzwischen hatte sich Richter Murray Schwartz von seinem geheimnisvollen Leiden erholt und gab 1986 zwei Zwischenentscheide bekannt, die einen entscheidenden Sieg für die von Bill Schmidt angeführten Abfüller darzustellen schienen. Zunächst erließ Schwartz im Fall von Coke light eine »Unterlassungsanordnung«, da sich die Firma weigerte, ihre geheimen Formeln zu enthüllen. Damit ermöglichte er es Emmet Bondurant zu behaupten, daß der Unterschied zwischen Coke light und Coca-Cola »so dünn wie ein Blatt Papier« sei und lediglich verschiedene Süßstoffe benutzt würden. Zum Leidwesen von Bondurant unterbrach ihn Schwartz mit der Erklärung, daß Coke light *exakt* dasselbe wie Coca-Cola sei und folglich unter den gleichen Vertrag falle.[12]

Etwas später entschied Schwartz im E-Town-Fall, daß der Maissirup mit Fruchtzucker nicht mit Rohrzucker gemäß der Formulierung im ursprünglichen Abfüllervertrag zu vergleichen sei. Die Firma hatte folglich nicht das Recht, ohne Zustimmung der Abfüller auf Fruchtzucker überzugehen. In seiner Zusammenfassung schrieb der Richter: »Dieser Fall war mir aufgrund der hervorragenden Fähigkeiten beider Anwaltteams ein Vergnügen«, doch er setzte hinzu, ihre Begabung sei in die falsche Richtung gelenkt worden. Was nutze dieser langwierige, erbitterte Streit, da doch ein Kompromiß eindeutig im Interesse beider Parteien liege? Diese hervorragenden Anwälte könnten ihre Klienten bestimmt überzeugen, einen geeigneteren Vertrag auszuhandeln mit dem Ziel, »das Endergebnis zu verbessern, anstatt horrende Gerichtskosten heraufzubeschwören«.

Die sanfte Ermahnung des Richters stieß auf taube Ohren. Bondurant und Schmidt, die über ihre augenscheinlichen Siege in Jubel ausbrachen, dachten nicht daran einzulenken. Was auch Big Coke nicht wollte, wie sich rasch zeigte. Im darauffolgenden März reagierte die Firma mit einem unerwarteten Schritt auf das Zuckerurteil von Schwartz, indem sie darauf bestand, die Abfüller, die den neuen Vertrag nicht unterzeichnet hatten, mit rohrzuckergesüßtem Sirup zu beliefern, selbst wenn dies die Firma vermutlich sieben Millionen Dollar im Jahr kosten würde.[13] Zur gleichen Zeit löste die Firma alle Kooperationsfonds für diese Abfüller auf. »Wir unterschätzten die Rachsucht von The Coca-Cola-Company«, jammerte Bondurant und wechselte die Taktik; nun bestand er darauf, daß sich der Maissirup als Standard eingebürgert habe und infolgedessen nach dem Vertrag geliefert werden müsse. »Die Firma«, schrieb er, »versucht mittels unfairer Taktiken und Zwangsmaßnahmen einen Sieg zu erringen, obwohl sie vor Gericht zugunsten der Abfüller verloren hat.« Die Firma antwortete darauf mit der Erklärung, daß die Abfüller, die bislang nicht unterzeichnet hatten, den Vertrag von 1978 bis zum 1. Mai zu unterschreiben hätten. Nach dieser Frist sei die Chance für diesen Ausweg auf immer vergeben.[14]

Viele Abfüller, die bislang die Unterschrift verweigert hatten, gerieten in Panik, besonders die kleineren Unternehmen, die die Dosen und die großen Kunststoffbehälter von anderen Abfüllern bezogen. Sie wußten, daß der größere Lieferant, der den Vertrag unterschrieben hatte, sie eher vom Nachschub abschneiden als einen separaten Rohrzuckerfluß durch ihre Linien arrangieren würde. Bill Schmidt, ein mittelgroßer Abfüller, der nahe gelegene Anlagen mit Dosen-Coke belieferte, befand sich nicht in dieser Klemme, obwohl er nun zwei verschiedene Produktlinien herzustellen haben würde – eine für die Vertragsunterzeichner und eine für die anderen Abfüller. Er versicherte seinen Mitklägern, daß er sie mit Dosenartikeln beliefern werde, doch er konnte den Strom der Abtrünnigen nicht aufhalten, den Schmidt beklagte und als das »April-Massaker« bezeichnete. Viele Abfüller entschuldigten sich unter Tränen am Telefon. »Ich glaube an das, was Sie tun«, sagten sie, »doch ich habe Angst. Das könnte der Ruin meines ganzen Geschäfts sein.« Innerhalb von eineinhalb Monaten hatte sich die Anzahl der Vertragsverweigerer von 64 auf 29 reduziert. Da die Anwälte jedoch weiter herummanövrierten, war der letztendliche Ausgang der beiden Prozesse weiter ungewiß.

Das macht keinen Spaß mehr

Die schrumpfende Zahl der Vertragsverweigerer war die letzte Bastion gegen die dramatischen Veränderungen, denen das ganze Coca-Cola-System in den vorangegangenen zehn Jahren ausgesetzt gewesen war. Der Kleinstadtabfüller, der König seiner Kreisdomäne, war durch ein Lager ersetzt worden. Bill Carson zum Beispiel errichtete 1937 seine prächtige Abfüllanlage in Paducah, Kentucky, mit ausgesuchtem Ahornholz, Buntglas und einer zehn Meter großen runden Kuppel. In diesem vergoldeten Glanz befanden sich nur noch ein paar Büros; niemand füllte mehr in Paducah Coke ab. Statt dessen kamen zwei beladene Sattelschlepper auf den Parkplatz. In den alten Tagen sprach jeder Abfüller seine Kunden noch mit Vornamen an, und jeder Ausfahrer entwickelte eine persönliche Beziehung zu dem Abnehmer. Jetzt versandte der gigantische moderne Abfüller seine Produkte an Orte, die Hunderte von Meilen entfernt waren, und belieferte in erster Linie Ketten: K-Mart, 7-11, Piggly-Wiggly. Aufgrund der Fusionen und Zusammenlegungen, die in nahezu jeder Branche stattgefunden hatten, sowohl bei den Supermärkten wie bei den Tankstellen, waren die wichtigsten Kunden immer größer werdende Ketten, die einen entsprechend guten, effizienten Service erwarteten.

1988 erbrachten die zehn Spitzenabfüller von Coke in den Vereinigten Staaten 78 Prozent des Absatzes der Marke, und Big Coke besaß bei der Hälfte von ihnen Firmenanteile. Die tobenden Preiskriege zwischen Coke und Pepsi ließen die Gewinnspannen immer kleiner werden. Wie der Branchenkommentator Jesse Meyers meinte, war das Diskountgeschäft »nicht nur ein Lebensstil, sondern... das Leben selbst« geworden, was in Preisen resultierte, die je Unze tatsächlich niedriger lagen als im Jahr 1970, wenn man sie mit der Inflation verrechnete. Unausweichlich hatte der Druck auf die Gewinne einen privaten Waffenstillstand zwischen einigen konkurrierenden Coke- und Pepsi-Abfüllern zur Folge – eine illegale Praxis, die unter der Bezeichnung »Preisabsprache« bekannt ist.

Wenn die Beamten des Kartellamts unter der Reagan-Administration bemerkenswert nachsichtig waren, so hatte Toni Nanni, der von Carter ernannte oberste Strafverfolger, kein Erbarmen gekannt, sobald er einmal Soft-Drink-Blut geleckt hatte. In einer Rede vor Abfüllern sprach er von seinem Job als einer »Mission«, und das Schaudern, das durch den Raum lief, war ein Beweis für seine Ernsthaftigkeit und Macht. Nachdem er 1986 seinen ersten Fall wegen unerlaubter Preisabsprachen eingereicht hatte, deckte er schnell noch weitere derartige Fälle auf. Ende 1988 hatte Nanni 29 verschiedene Gerichtsverfahren gegen Abfüller eingeleitet und ermittelte noch in zahlreichen anderen. Jim Harford, der Präsident einer großen Abfüllfirma von Coke, wanderte 1987 wegen unerlaubter Preisabsprachen ins Gefängnis und gestand, daß er »ein Umfeld [geschaffen habe], in dem Menschen verletzt wurden. Offen gesagt, wir waren Straßenkämpfer. Wir waren frech, wirklich frech, und prahlten um die Wette, daß wir alles machen könnten, da wir den Krieg gewannen.«[15]

In dieser Mördergrube konnten nur brutale Typen gewinnen. Royal Crown und andere kleinere Wettbewerber wurden langsam zwischen Coke und Pepsi zerrieben, die ihnen wortwörtlich keinen Raum ließen durch »kalendarische Marketingvereinbarungen«, bei denen die größeren Abfüller den Supermärkten gewaltige Gelder für die Rechte an exklusiven Werbeplätzen am Ende der Regalgänge zahlten und das Jahr untereinander aufteilten. Royal Crown beschwerte sich, daß diese Abmachungen eigentlich richtiger »Aussperrungsvereinbarungen« heißen müßten, und klagte vergeblich dagegen.

Der krampfhafte Versuch, in einem derart unbeständigen Markt noch Gewinne zu erzielen, zwang die Mehrzahl der Coke-Abfüller dazu, ihre Beschäftigten stark unter Druck zu setzen. Traditionell war der Coke-Außendienstler auf seine Arbeit sehr stolz, denn er repräsentierte ein Produkt und eine Firma, die angesehen und beliebt waren. Jetzt wurde der Job für einen Ausfahrer der Coke Consolidated (an der Big Coke einen Anteil von zwanzig Prozent hatte) »psychologisch verheerend«, um den ehemaligen Vertreter Allen Peacock zu zitieren. Während der 54 Wochen, die er bei der Firma tätig war, arbeitete er regelmäßig von 5.30 Uhr morgens bis 23.00 Uhr abends. »Sie drohten mit Entlassung, falls man seine Route nicht zu Ende fuhr«, erinnerte er sich. Wenn das Produkt nicht verkauft war, bevor seine Lagerfähigkeit von neunzig Tagen verstrichen war, mußte der Vertreter dafür mit seinem Gehalt aufkommen. Diese Art von Druck erbrachte Consolidated jährlich einen Warenumschlag von 260 Prozent in Nashville, wo Peacock arbeitete. Auf reiner Kommissionsbasis engagiert, verdiente er 35 000 Dollar im Jahr, doch der Streß und die Behandlung waren das nicht wert. Als sein Wagen zusammenbrach, wurde ihm mitgeteilt, er müsse irgendwie erscheinen oder er sei entlassen. Am nächsten Tag sagte sein Boß zu ihm, er könne noch einmal eine Chance haben. »Ich sagte ihm, er könne mich mal«, erwiderte Peacock. »Ich war nie gelobt worden oder hatte einen Arbeitstag gefehlt. Ich ging, und ich werde nie wieder dort arbeiten.«[16]

Bei The Coca-Cola-Company wurde es nicht so scheußlich oder hektisch, doch die achtziger Jahre brachten auch hier einige unerwünschte Veränderungen. Die Coca-Cola-Männer hatten seit jeher wie der Teufel gearbeitet, doch in der computerisierten Konzernwelt im Turm an der North Avenue gab es nun weniger Raum für ein kreatives Flair. Vor allem unter Ed Mellett, dem früheren Pepsi-Manager, stöhnten die Coca-Cola-Männer über die vermehrte Bürokratisierung, Papierflut und ein System von Anordnungen, das nur noch von oben nach unten lief. Die neue unpersönliche Atmosphäre in der Zentrale drückte den Firmenveteranen aufs Gemüt. Charley Bottoms klagte über eine »andere Rasse« von Mitarbeitern, die die leidenschaftliche Loyalität zum Boß oder zur Firma niemals kennengelernt hätten und ihren Job nur noch als eine Stufe auf der Karriereleiter begriffen. »Manche von denen trinken nicht einmal unsere Produkte. Das ist eine Sünde. Sie arbeiten für Geld. Sie arbeiten nicht für Coca-Cola.« Im Jahr 1988 bemerkte Charley Bottoms eines Tages, daß einer seiner Mitarbeiter in Vorbereitung auf den vorgezogenen Ruhestand seinen Schreibtisch ausräumte. »Warum?« fragte Bottoms ihn. »Du hast doch noch soviel zu geben.« Der Mann seufzte. »Charley«, antwortete er, »ich hatte mir stets versprochen, wenn es keinen Spaß mehr macht, werde ich gehen. Nun, es macht jetzt keinen Spaß mehr.« Bottoms, der einige Jahre später selbst in den vorgezogenen Ruhestand trat, fiel darauf keine Antwort ein.

Eine Hand weit vom Begehren entfernt

Dieselbe Art der Zentralisierung zerstörte auch den Spaß in der Gastronomieabteilung, Woodruffs altem »Marine Corps«, obwohl Coke in den Postmix-Kriegen weiterhin über Pepsi dominierte. Die Einnahmen aus dem Gastronomiebereich machten ein Drittel der Inlandsgewinne der Firma aus. Die wichtigsten Kunden waren mit weitem Abstand die Fast-Food-Restaurants – alle 122 000. Familien mit doppeltem Einkommen, denen das Kochen zu umständlich war, sowie die erst kürzlich Geschiedenen griffen in den Franchise-Läden mehr und mehr zu Schnellgerichten. McDonald's führte die Liste natürlich an. Obwohl die goldenen Bögen seit jeher nur Coca-Cola-Getränke ausgeschenkt hatten, gab es dennoch keinen schriftlichen Vertrag darüber, und den nervösen Coke-Männern war klar, daß McDonald's ohne Ankündigung abspringen und den größten Einzelauftragsposten der Firma streichen könnte. In den späten achtziger Jahren verkaufte McDonald's pro Jahr drei Milliarden Getränke. Um den großen Gastronomiekunden bei Laune zu halten, mußte sich Coke mit nahezu nicht mehr erkennbaren Gewinnmargen zufriedengeben und einen überragenden, schnellen Service bieten.

1986 erwarb PepsiCo Kentucky Fried Chicken, was den Soft-Drink-Konzern mit einem Schlag zum zweitgrößten Restaurateur machte und eine weitere exklusive Ausschankstelle für Pepsi-Cola sicherte. Clevere Coke-Vertreter nutzten den KFC-Kauf, um Wendys zu umwerben, und vermerkten, daß Pepsi nun mit Pizza Hut, Taco Bell und Kentucky Fried Chicken um den Fast-Food-Dollar mitkonkurriere. Wendys wechselte zu Coke. »Pepsi hat seine Expansion mit *unseren* Soft-Drink-Dollars subventioniert«, beschwerte sich ein Sprecher von Wendy's. »Wir haben einen Wettbewerber unterstützt.« Ähnliche Gedanken veranlaßten Domino's Pizza, bald danach Pepsi gleichfalls fallenzulassen. Zur Freude von Coca-Cola verwandelte sich Pepsi gerade in einen Fast-Food-Konzern und war nicht mehr eine reine Getränkefirma, und die Coke-Männer hofften von Herzen, daß Pepsis Aufmerksamkeit von den Cola-Kriegen abgezogen würde.

Entschlossen, jede sich bietende Nische der amerikanischen Gesellschaft zu besetzen, führten die Gastronomie-Männer von Coke 1988 den BreakMate ein, ein kleines Ausschankgerät, das auf jeden Tisch im Büro paßte. »Jetzt peilen wir einen der letzten noch verbliebenen trockenen Kanäle in den Vereinigten Staaten an – den Arbeitsplatz«, jubelte ein Coke-Manager. Wenn auch der Branchenkenner Jesse Meyers meinte, daß das Gerät in Wahrheit der Prototyp für den Soft-Drink-Hahn zu Hause sei. Was immer das letztendliche Ziel des neuesten Zapfgeräts sein sollte, Coke versuchte jedenfalls, seine Erfrischungsgetränke nicht nur in Armlänge des Begehrens zu rücken, sondern sogar in Reichweite der Hand, wie Meyers sich ausdrückte. Die Menschen konnten Coke praktisch überall kaufen, sogar in einigen Überlandbussen. »Vielleicht werden wir in den kommenden Jahren eine Zeit erleben«, meinte Goizueta träumerisch, »in der die Konsumenten zu Hause ihre Coca-Cola-Zapfhähne haben.«

Beating the feeling to death

Anfang des Jahres 1987 war klar, daß die »Rot, Weiß & Du«-Kampagne eher schwarz und blau denn wirkungsvoll war und daß die Neue Coke ausgesprudelt hatte. Folglich gelangte McCann-Erickson zu der Einsicht, daß alle Produkte mit Namen Coca-Cola unter einem »Megamarkenschirm« beworben werden sollten. »When Coca-Cola is a part of your life« versprach der neue Song, »you can't beat the feeling.« Dieser reichlich vage Gedanke sollte die Verbraucher mit einer »besonderen Beziehung« an Coke binden. Am Ende eines jeden Spots tauchte eine Zeile für Classic, Neues Coke, Coke light und Cherry-Coke auf, doch die Werbung stellte die »Flaggschiffmarke« Classic in den Vordergrund. Roberto Goizueta weigerte sich nach wie vor starrköpfig, die Neue Coke aufzugeben, und im Verlauf des Jahres 1987 gab die Firma mehr als 21 Millionen Dollar für Werbespots für die umstrittene Cola aus, während sie für Classic nur 36 Millionen Dollar zur Verfügung stellte – etwas mehr als die Hälfte des Hauptetats von Pepsi.

Pepsi schmiß in dieser Zeit Unmengen Geld für Kampagnen mit berühmten Persönlichkeiten raus und spannte ein weiteres Mal Michael Jackson ein, dessen Album *Bad* seinen Einfluß auf junge Verbraucher erneut bestätigte. Michael J. Fox trat in komischen innovativen Spots für Pepsi LIGHT auf, die Roger Mosconi kreiert hatte (von dem auch der Spot mit Mean Joe Greene stammte), der mit John Bergin in Streit geraten und dann von McCann-Erickson zu BBDO gegangen war. Phil Dusenberry leitete weiterhin die Angriffs-Spots von Pepsi, etwa den, in dem ein Archäologe zukünftiger Zeiten eine Coke-Flasche nicht identifizieren konnte. Schließlich ließ Pepsi eine geänderte Herausforderungskampagne wiederaufleben und strahlte von neuem Geschmackstests aus, die Pepsi als die »Wahl Amerikas« bewarben und einen weiten Abstand vor Classic herausstrichen.[17]

Doch das interessierte niemanden mehr. Die amerikanischen Verbraucher hatten von Geschmackstests die Nase voll, und sie tranken trotz des »Beweises« ihrer Ignoranz weiterhin mehr Classic. In den Jahren 1987 und 1988 erlangte Pepsi allerdings wieder einen leichten Vorsprung auf dem Mitnahmemarkt, während die meisten Analytiker übereinstimmend meinten, die Pepsi-Werbung sei wirkungsvoller als die diffusen Versuche von Coke. Als Chef von Coca-Cola USA hatte Ed Mellett nahezu jeden genervt, und als er wegen des reorganisierten Abfüllsystems 200 Leute entließ, sank die Moral auf einen Tiefpunkt. Ende 1988 trat Ike Herbert an die Stelle von Mellett und versprach, die Werbekampagnen neu zu beleben und in der amerikanischen Abteilung wieder für gute Stimmung zu sorgen.

Die erste Veränderung von Herbert bestand in »einem eleganten Marketingmanöver«, wie Jesse Meyers bemerkte. Da die an dritter Stelle rangierende Coke light ihren Marktanteil rascher steigerte als jedes andere Erfrischungsgetränk, beschloß Herbert, die Diät-Coke der gezuckerten Pepsi-Cola gegenüberzustellen, denn er glaubte, daß das mit Aspartam gesüßte Getränk den Imitator schließlich überholen und an die zweite Stelle aufrücken werde – eine auf kurze Sicht zweifelhafte Behauptung, denn die Diät-Coke hielt 8,5 Prozent am Soft-Drink-Markt im Vergleich zu den 17,7 Prozent von Pepsi. In den Angriffs-Spots von Diät-Coke traten noch immer die schwarze Sängerin Whitney Houston, der Schauspieler Pierce Brosnan und die attraktive Schauspielerin Demi Moore auf und förderten in dem Wettkampf Cokes Position. Don Johnson von *Miami Vice,* der früher für Pepsi getrommelt hatte, gestand nun in Spots für Diät-Coke seinen Irrtum. Der Überraschungsangriff wurde Projekt Manhattan genannt – eine offensichtliche Anspielung auf die Entwicklung der Atombombe. Ike Herbert machte die militärische Analogie deutlich, als er erklärte, daß er sich das Schlachtfeld sorgfältig ausgesucht habe.

Gleichzeitig gab Herbert die Werbung für die Neue Coke praktisch auf. Innerhalb eines Jahres verbesserten die McCann-Männer »Can't beat the feeling« mit einer schlichten Textumstellung. Die Marktforschung hatte ergeben, daß sich niemand an das ätherische »Gefühl« erinnern konnte und daß es auch niemanden interessierte. Wie ein Pepsi-Mann fragte: »Was ist das für ein Gefühl? Warum kann man es nicht schlagen? Es sagt einfach nichts aus.« Nun tönte der Song, anstatt das »Real Thing« an vorletzter Stelle zu erwähnen: »Can't beat the feeling, Can't beat the Real Thing.« Mit dieser unbedeutenden Veränderung erhielten die Werbespots wieder Wärme und Wirkung, wie John Bergin meinte, und die Erinnerungsrate stieg an.

Die Macht der Präsenz

Trotz, der verbesserten Kampagne schätzten sich die Coke-Männer in den späten achtziger Jahren glücklich, daß die traditionelle Werbung in Fernsehen, Hörfunk und Printmedien nicht die einzige Reklameform war, die Wirkung zeigte. Cokes pure Präsenz an öffentlichen Schauplätzen oder »Prestige«-Standorten hatte schon allein eine enorme Ausstrahlungskraft. Don Keough unterstrich 1987 in einem internen Memo »die Macht der Präsenz«. »Sei es im Theater, beim Spiel, bei Studentenvereinigungen oder im Drugstore«, schrieb Keough, »den Namen Coca-Cola hat jeder jeden Tag überall vor Augen.« Das, so betonte er, war der Punkt, der Coke von Pepsi unterschied. Durch seine exklusive Präsenz im Astrodrome von Houston, im Zoo von San Diego, im New Yorker Madison Square Garden, im Yankee Stadium, in Disney World und 400 anderen prestigeträchtigen Plätzen der Vereinigten Staaten erfaßte Coca-Cola jährlich mehr als 280 Millionen Endabnehmer. »Durch diese Kunden stoßen wir in die Seele Amerikas vor«, stellte ein Coke-Mann fest.

Die Werbung über Disney war mit Abstand der wichtigste Weg in die Seele Amerikas, was nicht nur an der Präsenz in den Vergnügungsparks in Kalifornien, Florida und Japan lag. Cokes Verbindung mit den heißgeliebten Trickfilmfiguren reichte in die fünfziger Jahre zurück, zum Sponsoring von *The Mickey Mouse Club* im Fernsehen. 1985 schloß Coke einen weltweit gültigen exklusiven Vermarktungsvertrag mit Disney. Wie in einer Firmenveröffentlichung angemerkt wurde, »hätten selbst eine feenhafte Patin oder ein Hexenmeister große Probleme, wollten sie mit den Zauberkünsten von Mickey Mouse und Coca-Cola gleichziehen«, da sie beide »familienbezogen« seien und »für gute Dinge stehen« würden.

In den späten achtziger Jahren ging Coca-Cola über das reine Product placement in Kinofilmen hinaus und bezahlte für die Werbung auf Leihvideofilmen. Außerdem ging in Tausenden von Kinos im ganzen Land dem eigentlichen Film Coke-Reklame voraus. Die Kinodirektoren waren darüber erfreut, denn die Werbung trieb den Coke-Umsatz an den konzessionierten Verkaufsständen hoch, die einen Preisaufschlag von achtzig Prozent verlangten.[18] Und mehr als je zuvor setzte Coke auf Product placement und Co-Promotion in den Fahnen selbst. Um den mit *Ishtar* erlittenen Verlust von 25 Millionen Dollar auszugleichen, förderte Coca-Cola Bill Cosby, von dem es sich erhoffte, daß er mit seinem *Leonard Part 6,* einer Spionagesatire, die Cosby selbst verfaßt hatte, zu Weihnachten 1987 einen Knüller landen würde. Die Coke-Männer konnten ihre Freude über diese Gelegenheiten der Co-Promotion kaum verhehlen. »Die Synergien zwischen Erfrischungsgetränken und der Unterhaltung sind grenzenlos und im Wachsen begriffen«, jauchzte ein Coke-Verkaufsmann. »Wir wollen aus diesen Möglichkeiten voll Kapital schlagen.«[19]

Das war kein Scherz. Die Soft-Drink-Abteilungen von Coca-Cola waren bereit, mehr als zwölf Millionen Dollar in *Leonard* zu stecken, unter anderem auch in winzige Spionagekameras als Werbegeschenke, Supermarkt-Displays mit Cosbys süffisantem Lächeln über den aufgestapelten Sechserpackungen, Porsches als Gewinne bei Wettspielen und eine Flut von Tassen, Postern, Sweatshirts und Buttons mit Cosby und Coke. Der Film schien ein todsicherer Renner zu sein, die Fernsehshow des Komikers führte die Hitlisten an, und sein Buch über Elternschaft war bis dahin das sich am schnellsten verkaufende Hardcover auf der ganzen Welt. Cosby selbst versicherte allen, bei seinem Film handele es sich um eine »Komödie zum Kugeln mit Pointen, über die sich die Menschen kringelig lachen können. Ich bin seit langem in diesem Geschäft, und ich weiß, das ist wirklich lustig.« Leider irrte er sich. »Das Publikum haßte den Film«, stellte ein direkt Betroffener fest. »Jesus Christus, eine Regenbogenforelle würde stärkere Lacher kriegen als der große Gott Cosby!« Der Film fiel durch, er spielte nur fünf Millionen Dollar ein, was einen Nettoverlust von 33 Millionen Dollar bedeutete.

Unbeirrt engagierte sich Coca-Cola im darauffolgenden Jahr im ultimativen Product-placement-Film. In *MAC and Me* [20], einem unverfrorenen Abklatsch von *E.T.*, ernährte sich der Außerirdische allein von Coke. »Das muß dem ähneln, was sie auf ihrem eigenen Planeten trinken«, informierte Eric seinen Bruder, während MAC seine Coca-Cola schlürfte. Gegen Ende des Films konnten die dem Tode nahen Familienangehörigen des Außerirdischen mit Coke wiederbelebt werden. In der Schlußeinstellung fuhren die Besucher von einem anderen Stern mit einem Chevy-Kabrio in den Sonnenuntergang, wobei sie Kaugummi kauten und Coke tranken. Die Filmhandlung lief zwar nach einem vorhersehbaren Muster ab, das Drehbuch war lahm und die Schauspielkunst der Darsteller armselig, doch mit dem Film konnte eine Menge mehr Coke verkauft werden, und er spielte in etwas mehr als einem Monat über 34 Millionen Dollar ein.

»We'll Build a Better World for You«

Coke befand sich in einem erbitterten Kampf um die Vorherrschaft in den Vereinigten Staaten – wobei es häufig etwas dumm wirkte –, doch das tatsächliche Geschehen hatte sich nach Übersee verlagert, wo sich der Abstand von Coke gegenüber Pepsi zum Ende des Jahrzehnts auf vier zu eins ausgebaut hatte. Durch den Mißerfolg der Neuen Coke in peinlicher Verlegenheit, wies Coca-Cola Marcio Moreira an, einen neuen Werbespot zu produzieren, mit dem weltweit der Stolz des Unternehmens wiederhergestellt werden sollte. Und wieder einmal gelang der freien Mitarbeiterin Ginny Redington ein Volltreffer, in dem mehr als 1000 eifrige, frech aussehende Jugendliche jeder ethnischen und geographischen Herkunft eine erhebende Botschaft intonierten, die an den Spot auf dem Hügel erinnerte.

»I am the future of the world«, sang ein fünfzehnjähriges blondes Mädchen, das allein an einem Tisch saß, mit süßer Ernsthaftigkeit. »I am the hope of my nation. I am the new inspiration«, fuhr sie fort und stand auf, als Heerscharen anderer Teenager in den imposanten Versammlungssaal strömten und in das Lied einfielen. »Please let there be for you and for me a tomorrow«, baten sie, wobei alle ihre Flasche Coke hielten. »If we all can agree, there'll be sweet harmony tomorrow.« Ein Mädchen lehnte den Kopf an die Schulter ihres Freundes. »Promise us tomorrow, and we'll build a better world for you.« Nach einem Schwenk über die Menschenmenge brachte die Kamera noch einmal eine Nahaufnahme von der Solistin, während unten die Zeile durchlief: »Eine Botschaft der Hoffnung von den Leuten, die Coca-Cola machen.« Das Lied war wunderschön, anrührend, bewegend und, wie stets bei den besten Leistungen von Coke, nicht sonderlich spezifisch. Der Gefühlssturm reichte wohl aus, vor allem wenn all diese jungen Menschen weiterhin Coca-Cola tranken. Die McCann-Männer filmten die »Generalversammlung«, ein Beispiel für einen perfekten Werbespot, in der St. George's Hall in Liverpool, einer Hafenstadt, wo sie problemlos Jugendliche aus aller Welt auftreiben konnten. Das Team produzierte an den ersten beiden Tagen die Massenszene und filmte anschließend zahlreiche Solisten in neunzehn verschiedenen Sprachen, da es genauso viele Versionen des Spots geben sollte.[21]

Erstmals 1987 ausgestrahlt, stellte die »Generalversammlung« weltweit ein Coke-Image von Frieden, Brüderlichkeit und allumfassendem Wohlwollen wieder her. In den nächsten Jahren wurde der Spot bei passenden Ereignissen wie etwa dem Gipfeltreffen von Gorbatschow und

Reagan und den Olympischen Spielen von 1992 nochmals ausgestrahlt.

Unter Marcio Moreiras Leitung wurde die Coke-Werbung »universeller«, wie er sagte. In den vorangegangenen Jahren war in den internationalen Werbespots eine sorgfältig ausgewählte Mischung von Schwarzen, Orientalen und Weißen aufgetreten. Nun erbrachte die Marktforschung, daß Schauspieler mit dunklem, südlichem Aussehen überall, mit Ausnahme von Japan und einigen anderen Ländern, gut ankamen. »Alles allzu Aktuelle oder Lokale oder Ethnische funktioniert nicht«, erklärte Moreira. Genauso wurden die Kleidung, die Schauplätze und die Requisiten sorgfältig geprüft, damit sie »nicht gegen kulturelle Hauptströmungen laufen«.

Coke bei Musik und Sport

Rund um den Globus stärkten die Werbung und die Aktionen zur Verkaufsförderung Cokes Verknüpfung mit zwei universell verbreiteten Bereichen – mit Musik und Sport. Alle für die internationale Reklame eingesetzten Sänger – etwa George Michael, Cyndi Lauper, Whitney Houston oder Sting – mußten eine weltweite Anziehungskraft, vor allem auf die Jugendlichen, besitzen. Während Amerika immer mehr ergraute, wurde die Weltbevölkerung als Ganzes stetig jünger, und über Satellit und Kabelfernsehen wurden Rockvideos zur Allgemeinkost. In Brasilien zum Beispiel (Durchschnittsalter: siebzehn Jahre) sponserte Coke »Rock in Rio«, ein gigantisches neun Tage dauerndes Konzert, zu dem mehr als eine Million Menschen strömten. Lulu Santos, ein brasilianischer Popstar, verriet seine Dankbarkeit für die Unterstützung seitens der Firma, indem er in seinen Songtexten häufig Coke erwähnte.

Genauso sponserte die Firma auf der ganzen Welt Sportveranstaltungen. Da die Japaner eine so große Begeisterung für American Football zeigen, flog die Firma zwei College-Mannschaften aus den USA zur »Coca-Cola Bowl« nach Tokio ein, wo Oklahoma State Texas Tech 45 zu 42 schlug. Seit 1982 hatte die Firma in Japan »Sawayaka (Erfri-

schende) Baseballschulen« gesponsert. Als die brasilianische Fußball-Liga 1987 kurz vor dem Bankrott stand, kam
ihr Coke zu Hilfe und unterstützte sie finanziell – allerdings nur, wenn jeder Spieler aus jeder Mannschaft ein gigantisches hellrotes Coca-Cola-Logo trug. »Die visuelle Wirkung ist verblüffend«, jauchzte eine Firmenveröffentlichung. »Im nächsten Jahr wird sogar der Spielball die rot-
weiße Schutzmarke tragen.« Da Coke für alle Veranstaltungen der Fußballweltmeisterschaft – das meistverfolgte
Sportereignis der Welt – die Mittelstücke der Bandenwer-
bung mietete, erreichte die Firma während der Spielrunden
von 1990 25 *Milliarden* Zuschauer. Bei der Tour de France
trugen alle Radfahrer eine Wasserflasche mit dem Firmen-
logo und flitzten obendrein an riesigen Coke-Dosen und
-Tafeln längs der Rennstrecke vorbei, bevor sie die Coca-
Cola-Ziellinie durchfuhren – das war ganz etwas anderes
als 1950, wo die französischen Zuschauer noch handgreiflich gegen die Unterstützung des Radrennens durch Coke
protestiert hatten. Ganz gleichgültig, um welche Sportart es
sich handelte – um Hockey, Basketball, Volleyball, Turnen,
Sumo-Ringen, Motorradrennen –, Coca-Cola sponserte sie
in nahezu jedem Land der Welt.[22]

Die Olympischen Spiele boten dafür natürlich die aller-
beste Gelegenheit. 1988 bezahlte die Firma den Coca-Cola-
Weltchor, einen Chor mit hundert Sängern aus den Teil-
nehmerländern. Bei den Eröffnungszeremonien in Calgary
und Seoul bot der Chor das offizielle Lied der Veranstaltung dar: »Can't You Feel It?« Im Text wurde Coca-Cola
zwar nicht erwähnt, doch die Ähnlichkeit mit »Can't beat
the feeling« vermittelte die gewünschte Botschaft dennoch.
Wie eine Veröffentlichung der Firma verkündete, stellten
die Olympischen Spiele »eine heiße Marketinggelegenheit«
dar, und Coke war entschlossen, olympische Symbole zur
Umsatzförderung zu nutzen – durch Sonderaktionen, Wett-
bewerbe und Jacketts, auf denen die Coke-Schutzmarke
und die Olympischen Ringe angebracht waren. Bei den
Veranstaltungen wurde das Coke-Logo knallig in Neon auf
Wandgemälde und Fahnen, auf riesengroße inflationär verteilte Dosen, auf Hausdächer, auf Schirme und Fesselballons geschmiert, während die Firma ein Ansstecknadel-Ver-

kaufszentrum unterhielt, das sich eines großen Zuspruchs erfreute. Insgesamt investierte Coke rund achtzig Millionen in die Olympia-Werbung.[23]

Der Himmel für Erfrischungsgetränke entsteht

Ende 1988 hatte Coke mit seinem internationalen Engagement neue joint-ventures in Taiwan, China, Indonesien, Belgien und Holland gestartet, und das Programm mit dem dreifachen A lief reibungslos. Zum ersten Mal überstiegen die Nettoeinkünfte der Firma nach Abzug der Steuern eine Milliarde Dollar, wobei 76 Prozent des Betrags nicht aus den Vereinigten Staaten kamen – ein dramatischer Anstieg von 15 Prozent in nur drei Jahren.

Zu diesem Zeitpunkt verkaufte Coke fast die Hälfte aller internationalen Erfrischungsgetränke. In Norwegen (jährlicher Pro-Kopf-Verbrauch von Firmenprodukten: 176) führten Coca-Cola, Coke light und TaB die Liste der Erfrischungsgetränke mit einem Marktanteil von insgesamt 87 Prozent an. Auf der anderen Seite der Welt, in China, standen die Kunden jeden Morgen vor dem Abfüllwerk Schlange, das mit der Nachfrage nicht Schritt halten konnte. Wenn auch der Pro-Kopf-Verbrauch höchst klein blieb – nur 0,4 –, so wurde doch gerade in Schanghai ein neues Konzentratwerk eröffnet, und vor Ablauf eines Jahres sollten noch drei weitere Abfüllanlagen folgen. In der Sowjetunion hatte Coke mit seinem Einsatz noch kaum begonnen. Unter Gorbatschow erschien die Zukunft jedoch für das freie Unternehmertum günstig, und Coke gierte danach, dort die anfängliche Führungsposition von Pepsi zu überflügeln. Bis dahin hatte die Firma sich nur eine einzige ergebnislose gerichtliche Untersuchung unter der Beschuldigung eingehandelt, sich den Weg in die UdSSR durch Bestechung freigeschaufelt zu haben.[24] Doch weder die Bestechungsanschuldigungen noch der Mangel an harter Währung störten Coca-Cola sonderlich.[25] Irgendwann würde der sowjetische Markt schon Früchte tragen.

Als Direktor für den betrieblichen Ablauf der Firma erwies sich Don Keough, der in der Öffentlichkeit so charmant war, als harter Manager, dem manchmal seine Coca-Cola-Geduld abhanden kam. Obwohl Keough äußerst sympathisch war und sofort Kontakt und enge Beziehungen schloß – »Es fällt schwer, von seinem einnehmenden Lächeln, seiner wie ein Düsentriebwerk brummenden Stimme und seinem leutseligen Wesen nicht überwältigt zu werden«, schrieb John Huey in *Fortune* 1991 –, konnte sein hemdsärmeliger Führungsstil in Grobheit umschlagen, wenn jemand keine Ergebnisse vorzuweisen vermochte. Goizueta fand die Beschwerden von verstörten Managern amüsant. »1981«, lachte er, »dachten alle, ich sei der böse und Don der gute Bulle. Heute bin ich der nette Kerl, und er ist der Hundesohn.« Bei Planungssitzungen mit Coke-Männern konnte Keough rücksichtslos sein. Wenn ein Manager über kürzlich erfolgte Einbrüche von Pepsi klagte, schnappte Keough zurück: »Sie werden nie billiger wegkommen, als wenn Sie die gleich am Start aufhalten.«

Langfristig betrachteten Keough und Goizueta die Pazifik-Anrainerstaaten – mit zwei Milliarden Menschen, rund vierzig Prozent der Weltbevölkerung – als das ultimative gelobte Land für Coke. Keoughs Augen glänzten, wenn er von Indonesien sprach, einem Land, das, wie er schnell hinzusetzte, direkt am Äquator schwitzte und hauptsächlich von Moslems bewohnt war (Durchschnittsalter: achtzehn Jahre), die keinen Alkohol anrührten. »Und jetzt sagen Sie mir«, strahlte Keough in einem Interview mit dem Verfasser, »wo sonst sollte der Himmel für Erfrischungsgetränke sein?«

Grütze für Frankreich

Bessere Aussichten für die neunziger Jahre bot allerdings Westeuropa, wo Coca-Cola bereits die Vorherrschaft erlangt hatte. Ende 1992, das wußte die Firma, wollte die Europäische Gemeinschaft die meisten Handelsbeschränkungen zwischen den einzelnen Staaten abbauen, wodurch ein einziger riesiger Markt entstünde, dessen Bevölkerung um ein Drittel größer war als die der USA, aber in einem relativ kleinen, leicht zugänglichen Gebiet lebte. Während sich andere amerikanische Firmen über eine »Festung Europa«

Sorgen machten, besaß Coca-Cola schon die Schlüssel zur Zitadelle.

Dennoch waren Keough und Goizueta mit dem europäischen Pro-Kopf-Verbrauch von nur 81 Getränken im Jahr alles andere als zufrieden. Um sich besser auf dieses Gebiet konzentrieren zu können, strukturierte die Firma im Herbst 1988 ihre drei Weltabteilungen neu und bildete eine vierte Gruppe für die EG. Das zentrale Problem in diesem Sektor – geographisch wie kulturell – war Frankreich, das einen miserablen Pro-Kopf-Konsum von 31 aufwies, obwohl Coke hier seit 1920 vertreten war. Die Firma machte dafür den langjährigen Franchise-Nehmer Pernod Ricard verantwortlich, der sich zu sehr für den Verkauf des eigenen Orangina engagierte und Coke nicht richtig puschte. Nach einer langwierigen Auseinandersetzung vor Gericht entzog Coke schließlich Anfang 1989 Pernod die Konzession. In Dünkirchen wurde bereits an einem riesengroßen Dosenabfüllwerk gebaut, das ganz Europa versorgen sollte, während in Signes die drittgrößte Konzentratfabrik von Coke die Produktion aufnahm. Die Olympischen Winterspiele sollten 1992 in Albertville stattfinden, im gleichen Jahr noch sollte Euro-Disney vor Paris seine Tore öffnen, und die Firma wollte den französischen Gaumen erobern. William Hoffman, so wurde beschlossen, war für diese Aufgabe genau der richtige Mann.[26]

Obwohl Hoffman nicht französisch sprach – er hatte zuvor noch nicht einmal Frankreich besucht, sondern fast die ganzen achtziger Jahre hindurch die starken verkaufsfördernden Aktionen für Supermärkte in Atlanta entwickelt –, stellte er sich zuversichtlich an die Spitze des Unterfangens, den französischen Markt zu beleben, und initiierte ein Programm mit der Bezeichnung »Let's Think Big«, mit dem seine neu angeworbenen Verkaufsleute ermahnt werden sollten, die größten Displays von Europa aufzubauen. Hoffman startete seinen lehrbuchmäßigen Verkaufsblitzangriff für Coke in Bordeaux, dem Herzstück des französischen Weinbaus, wo Verkaufsautomaten und massive Soft-Drink-Werbeaktionen als taktlos galten. Hoffman und seine Truppe überzeugten die skeptischen Supermarktleiter schnell, daß ihre Gewinne mit Coke in die Höhe schössen, wenn sie eine feste Wand mit verbilligtem Coke dekorierten. Wunderschöne Frauen in rotweißer Kleidung verteilten Freicoupons, während die Coke-Männer 35 000 Stecker mit dem Logo den Leuten an die Brust klatschten und 550 Leuchttafeln an Hauswände nagelten. Im Frühjahr 1989 standen auf den Bürgersteigen von Bordeaux 500 Verkaufsautomaten, die eine Firmenpublikation »einen akzeptierten und willkommenen Teil der Landschaft« bezeichnen zu dürfen meinte.

Der Firmenreporter hatte allerdings schockartige Erstarrung mit Akzeptanz verwechselt. Hoffman übte auf die Einheimischen eine bizarre Faszination aus. »Er ist so *amerikanisch!*« riefen sie aus, ohne recht zu wissen, ob sie sich angenehm berührt oder entsetzt fühlen sollten. Nach einer »Georgia-Woche« von Coca-Cola, mit American Football, einer Vorführung von *Vom Winde verweht* und importierter Grütze, die allen die Sprache verschlug, sahen die Cafébesitzer hilflos zu, wie ihre jungen Kunden das von ihnen servierte überteuerte Coke stehenließen und lieber zu der nur neunzig Cent teuren Variante in den Verkaufsautomaten auf den Trottoirs griffen. Als die Cafébesitzer einen Boykott von Coke-Produkten organisierten, beeilte sich die Firma, die Anstoß erregenden Verkaufsautomaten aus Bordeaux zu entfernen. Anderswo in Frankreich nahm allerdings die Welle von Münzautomaten nur noch zu. Als ein rechter Politiker Coke beschuldigte, die französische Kultur zu unterwandern und die Jugend vom Wein wegzulocken, reagierten andere darauf, indem sie ein Glas des schäumenden amerikanischen Jahrgangsgetränks hochhielten und verkündeten: »Unser Antifaschisten-Getränk.«

Der amerikanischen Taktik war schließlich sogar in Frankreich Erfolg beschieden, wo der Absatz 1989 um 23 Prozent anschwoll. Inzwischen sorgte die Allianz mit Cadbury-Schweppes in Großbritannien für eine Verdoppelung des Umsatzes in drei Jahren. In Wakefield, im Norden Englands, wuchs eine überdimensionale neue Abfüllanlage für Flaschen und Dosen in die Höhe, mit der die gestiegene Nachfrage befriedigt werden sollte.[27] In ganz Europa führte dieselbe Dynamik zu einem zehnprozentigen Absatzwachstum pro Jahr. Ende 1989 trug die EG-Gruppe 29 Prozent zu den Betriebsgewinnen der Firma bei.[28]

Schweiß und Schleim schlecken

Anders als die Franzosen liebten die sich ständig auf Achse befindenden Japaner die Verkaufsautomaten – von Coke erstmals in den sechziger Jahren eingeführt –, die sie nun mit Eiskrem, Eiern, Bier, Whiskey, Pornographie oder Zahnbürsten sowie kalten und heißen Getränken versorgten. Infolge des auf dem japanischen Getränkemarkt tobenden Konkurrenzkampfes warben ständig 5000 verschiedene Geschmacksrichtungen um die Gunst der Käufer. Von den 1000 neuen Getränken, die dort jährlich eingeführt wurden, überlebten jeweils nur zehn Prozent. Um nicht aus diesem Wettbewerb zu fliegen, bot Coca-Cola eine verwirrende Vielfalt von kohlensäurehaltigen Frucht- und Kaffeegetränken an, im Durchschnitt jeden Monat eine neue Geschmacksrichtung. Die Hersteller von Verkaufsautomaten paßten sich diesem Trend an, indem sie bis zu dreißig verschiedene Wahlmöglichkeiten einbauten. Von den zwei Millionen Automaten, die in Japan Erfrischungsgetränke anboten, schenkten 700 000 Coca-Cola-Produkte aus.

Wie ein Coca-Cola-Manager 1987 feststellte: »Die Bedeutung unseres Geschäfts in Japan ist kaum zu überschätzen.« In jenem Jahr erbrachte die Insel einen höheren Gewinn als jedes andere Land, einschließlich der Vereinigten Staaten.[29] Am Ende des Jahrzehnts sandte die so wichtige japanische Wirtschaft jedoch erste Warnsignale aus. Der Marktanteil der Erfrischungsgetränke von Coke blieb mit 84 Prozent hoch, doch der Pro-Kopf-Verbrauch stockte und begann zu sinken, wie sich John Bergin und Dick Halpern erinnern, als Gerüchte, die schäumenden Getränke würden Krankheiten verursachen, in der ganzen Branche Wellen schlugen. Japanische Gesundheitsgetränke[30] mit Ballaststoffen, Kalzium, Vitaminen und anderen Nährstoffen eroberten sich höhere Marktanteile, während die kohlensäurehaltigen Limonaden abnahmen.

Wie üblich durchforschten die japanischen Verkaufsleute Englischlexika nach geeigneten Namen, was oft für Amerikaner ekelhafte Ergebnisse zeitigte. »Wenn Ihr Körper und Ihre Haut trocken werden«, schlug eine Werbung vor, »versuchen Sie es doch bitte mit Pokkas Schleim.« Ein isotonisches Getränk, das Gatorade ähnelte, erhielt den Namen Pocari-Schweiß. Coke antwortete mit weniger übel klingenden Getränken wie Aquarius (isotonisch), FiBi mit (löslichen) Ballaststoffen und Mone (Honig-Zitrone), doch der Umsatz von Coke-Produkten sank weiter.

Die Coke-Werbespots zeigten hirnlose japanische Teenager, die an sonnigen Sommernachmittagen ein Getränk schlürften – damit vermittelten sie indirekt die Botschaft, daß Coke ein Getränk für die faule Jugend sei und nicht unbedingt das richtige für fleißige Studenten oder hart arbeitende Erwachsene, wie sich John Bergin erinnert. Die japanischen Angestellten pendelten bis zu vier Stunden am Tag von und zu ihrer Arbeitsstätte, arbeiteten lange und kehrten in ihre beengten Wohnungen in einer grauen Großstadt zurück. Sie taten die Werbespots wahrscheinlich als verantwortungslose Propaganda ab. Außerdem hatte sich das amerikanische Image von Coca-Cola, die vormals in Japan als wahrer Segen gegolten hatte, zu einem fragwürdigen Aktivposten gewandelt. Die Japaner blickten nicht mehr zu Amerika auf – eine Folge der kränkelnden Wirtschaft, der Kriminalität, Armut und AIDS-Epidemie. Für die Japaner waren die amerikanischen Arbeiter faul und selbstzufrieden, und die »I Feel Coke«-Spots verstärkten diese Ansicht nur noch. Trotz der verzweifelten Anstrengungen von Coke – sie belegten einen ganzen Zug mit dem Logo und ließen einen »MOBOTRON«-Lkw mit einem mehr als fünf Meter großen Videobildschirm durch die Straßen Tokios fahren – blieb der Umsatz flau. Als das neue Jahrzehnt anbrach, gaben die frustrierten Marktforscher eine soziologische Studie zu Japan in Auftrag, während der Werbeveteran John Bergin losgeschickt wurde, um eine Einschätzung der Situation vorzunehmen.

Zurück zum Grundsätzlichen

Als die Toyotas und Hondas über die amerikanischen Highways kreuzten und japanische Großunternehmen sich in den Vereinigten Staaten Grundbesitz und Banken einverleibten, eskalierte im Land die niedergeschlagene Stimmung. Nur Tage nach dem Börsenkrach von 1987 hatte die Sony Corporation die Japanfeinde erzürnt, als sie CBS Records kaufte und damit auch deren Schatz an klassischen amerikanischen Musikrechten. Nun, Ende 1989, enthüllte Goizueta, daß Coke Columbia Pictures gerade für 3,4 Milliarden Dollar an Sony veräußere, mit Abstand die größte japanische Übernahme einer amerikanischen Firma. Plötzlich gehörte *Mr. Smith geht nach Washington* den Leuten aus Nippon. Laut einem Kommentator hatten die Japaner »ein Stück der Seele Amerikas gekauft«.

Goizueta ignorierte den Aufruhr, den der Verkauf auslöste; immerhin erbrachte er für den Firmenanteil von 49 Prozent 1,2 Milliarden Dollar netto. Die Japaner bezahlten fast viermal mehr, als die CPE-Aktie bei ihrer Einführung im vorausgegangenen Jahr wert gewesen war.[31] Soweit es den Coke-CEO betraf, war der Verkauf der perfekte Abschluß für das Unternehmen Hollywood, das zwar in bezug auf die PR ein Flop, jedoch hinsichtlich der Finanzen eine Goldgrube gewesen war. Goizueta war froh, daß er Columbia mit einem satten Gewinn losschlagen konnte. Als ungeheure Geldmaschine hatte der Unterhaltungssektor das Bilanzergebnis in die Höhe getrieben, während die Firma ihr Getränkehaus in Ordnung brachte. Nun beabsichtigte Goizueta, das Geld aus dem Verkauf in das internationale Geschäft zu stecken (die Firma kaufte von einem Teil der Einkünfte auch wieder eigene Aktien zurück). Genau wie er eine Diversifikation zu erreichen versucht hatte, als er damals die Firma übernommen hatte, rückte er nun die Erfrischungsgetränke wieder in den Vordergrund. »In diesem Land wird allgemein angenommen, man sei besser dran, wenn man in zwei lausigen Geschäftsbereichen tätig sei als nur in einem einzigen guten – daß man damit das Risiko streue«, klagte er. Er forderte alle Welt auf, »mir etwas zu nennen, das mir die

Gewinne oder das Wachstumspotential von Erfrischungsgetränken sichert«.

Murray Schwartz: Krank durch Coke?

Während der Coca-Cola-Moloch vorwärts hechtete, warteten Emmet Bondurant und Bill Schmidt auf die endgültigen
Entscheidungen von Richter Murray Schwartz. Nach acht-
jährigen erbitterten gerichtlichen Auseinandersetzungen
gingen die beiden Verfahren, die fünf Monate lang verhandelt wurden, im Januar 1989 zu Ende – und füllten 13 000
Seiten Protokoll. Als sich beide Seiten gerade auf ihre
Schlußplädoyers vorbereiteten, litt Schwartz erneut an
einer bis heute geheimgehaltenen Krankheit und konnte
kein Urteil verkünden. Bondurant und Schmidt konnten es
einfach nicht fassen, denn der 58jährige Schwartz kannte
jede Nuance und jeden Gesichtspunkt des Falles, in dem er
bereits zwölf Zwischenentscheide verkündet hatte. Wie
konnte er ihn nun aufgeben?

Niemand wußte genau, was für eine Krankheit der Richter hatte, wenn sie vermutlich auch mit seinen seit langem bestehenden Herzbeschwerden zu tun hatte. Dennoch
schwirrten auch Gerüchte, er habe einen Nervenzusam-
menbruch erlitten, wozu die Coke-Verfahren einiges beigetragen haben könnten.[32] Schwartz hat die erbitterte
Schlacht fast ein Jahrzehnt lang durchlebt, und nun, da das
Urteil anstand, konnte er sich dem offenbar nicht stellen –
so lautete die Theorie.

Das Verfahren wurde an Richter Joseph J. Farnan jr.
überwiesen, einen Reagan-Beamten, der seine feindselige
Einstellung gleich zu Anfang signalisierte, indem er
äußerte: »Die Rechtsanwälte in diesem Fall konnten sich
nicht einigen, durch welche Tür sie den Gerichtssaal betreten sollten.« Als sie erneut ihre Abschlußplädoyers vorbereiteten, erfuhren beide Seiten, daß Murray Schwartz
wundersamerweise genesen war und erneut seinen Rich-
terstuhl erklomm – die Coke-Verfahren jedoch nicht wieder
übernehmen werde. Als das Wiederaufnahmeverfahren begann, tat Richter Farnan sein völliges Desinteresse am Fort-

gang der Verhandlung kund, indem er, wie Bondurant berichtete, während der Zeugenvernehmung ganz offen im Katalog von L. L. Bean las.

Noch einmal zurück auf den Hügelkamm

Während das Wiederaufnahmeverfahren Richter Farnan langweilte, beschloß Coca-Cola, sich in den Cola-Werbeschlachten, die auf den Stand eines reichlich verwirrenden Kriegs der Stars abgesunken waren, auf sein Erbe zu besinnen.[33] In jenem Jahr waren in den Spots für Coke und Coke light 27 verschiedene Berühmtheiten und 31 Footballspieler aufgetreten, während Pepsi unter anderen Billy Crystal, Robert Palmer und Magic Johnson aufgeboten hatte. »Ich glaube, es kann zu echter Verwirrung kommen, wer eigentlich für was steht«, meinte ein außenstehender Werbefachmann. Es half auch nicht gerade, daß Don Johnson von Pepsi zu Coke light wechselte oder Ray Charles,[34] der Musiker aus Georgia, der in der Vergangenheit starke Coca-Cola-Balladen gesungen und bei der Vorstellung der Neuen Coke in vorderster Front gestanden hatte, in »blinden« Geschmackstests Pepsi rühmte. Ende der achtziger Jahre war Werbung teuer geworden, ahmte nur noch nach, und die glorreichen Tage der Innovation gehörten der Vergangenheit an. In technischer Hinsicht waren die aufwendig produzierten Spots mit Spezialeffekten, Tanz und Musik außergewöhnlich, doch im Kern waren sie tot. Die wenigen wirklich bewegenden Spots bezogen sich häufig auf die klassischen Vorgänger aus einer anderen Ära.

Im September 1989 ging McCann-Erickson vorübergehend von der Berühmtheiten-Attacke ab und erstellte ein Remake des Spots »I'd Like to Teach the World to Sing« aus dem Jahr 1970. Die Premiere war zur Austragung der Super Bowl im Januar, zum zwanzigsten Geburtstag der geliebten Spots, angesetzt. Diesmal sollten friedlich Feiernde mit ihren Kindern Coke trinken und »Can't beat the Real Thing« singen, als Gegenpart zu dem traditionelleren Ton ihrer Eltern. Eine Suchaktion förderte 25 der 200 Mitglieder der ersten Besetzungsliste zutage, und Akteure aus anderen Ländern füllten die Reihen auf.

Die viertägigen Dreharbeiten fanden tatsächlich auf dem damaligen Hügel in Italien statt, doch mittlerweile waren für die Herstellung von Spots aufwendigere Vorarbeiten nötig als zwanzig Jahre zuvor. Als die Kinder dann den Eltern in die Arme fielen, holten alle tief Luft, selbst die abgebrühte McCann-Crew konnte sich dem Eindruck nicht entziehen. Die Szene wirkte noch viel stärker auf einen vierzigjährigen Amerikaner, der gerade in Italien Urlaub machte. Als er auf der anderen Seite des Hügels hinaufstieg, um herauszufinden, was das Ganze zu bedeuten hatte, hörte er die schwachen Klänge eines Liedes seiner Jugend: »...and furnish it with love, grow apple trees and honey bees...« Er konnte es nicht glauben. Befand er sich im Dämmerzustand? Gerade als er den Kamm erklomm, stürmten die Kinder den Hügel hinauf. Von dem magischen Augenblick bewegt, brach der Tourist in Tränen aus, wie Scott Seltzer erzählte.

Das Produkt, dem man nicht entrinnen kann

Welch anderes Produkt konnte derart starke, spontane Gefühle wachrufen? Keins, nach wiederholten weltweiten Umfragen, die Landor & Associates durchführte. »Coca-Cola ist so mächtig, daß es praktisch über den Hitlisten steht«, wunderte sich ein Journalist. Goizueta zitierte mit Vorliebe die beeindruckenden Zahlen des Erfrischungsgetränks. Die Firma verkaufte über 45 Prozent aller kohlensäurehaltigen Erfrischungsgetränke auf der Welt, mehr als doppelt soviel wie Pepsi. Die Coca-Cola-Aktie war im Lauf der achtziger Jahre um mehr als 735 Prozent im Kurs gestiegen[35] und hatte somit den Reichtum der Aktionäre um rund dreißig Milliarden Dollar vermehrt und die Leistung des S&P-500-Index mehr als verdoppelt. 1989 legte Goizueta ein überarbeitetes Strategiepapier mit Blick auf die Jahrtausendwende vor.[36] Das Ziel für die neunziger Jahre, so schrieb er, sei es, »unser globales Geschäft zu expandieren und zunehmend mehr Verbraucher anzusprechen, die unsere Marken und Produkte immer häufiger konsumieren«.

Zur Wende des Jahrzehnts schien die Firma für zehn weitere Jahre außergewöhnlicher Expansion gerüstet. Auf der ganzen Welt suchte das engagierte Außendienstpersonal von Coca-Cola nach jeder nur möglichen Nische. Weltweit lieferten Coca-Cola-Männer – manchmal Teams aus Vater und Sohn – ihr Produkt auch in die unzugänglichsten Orte per Packesel, Gondel, Helikopter und Skilift. Je entlegener der Zielort, desto mehr Verbraucher schienen Coke zu schätzen. Die Bewohner von Ushuaia in Argentinien, der südlichsten Stadt auf dem Planeten, tranken im Durchschnitt jährlich 420 Portionen.

Die weltweite Dynamik kam Coke zustatten, und so schien es nur eine Frage der Zeit zu sein, bis das Getränk in jedem Land der Erde erhältlich sein würde. Der Boykott der Araber fiel langsam in sich zusammen, als Kuwait, Saudi-Arabien und die Vereinigten Arabischen Emirate das Coke-Verbot aufhoben, wie im Juli 1989 *The Economist* feststellte. In Lateinamerika folgten die krisengeschüttelten Wirtschaften Mexiko und öffneten sich dem freien Unternehmertum, lockerten die Preiskontrollen und verhalfen so Coke endlich dazu, daß die Gewinne dem Absatz entsprachen. Eine riesige neue Neontafel erleuchtete Moskau, gegenüber dem gewaltigen McDonald's, das im Januar seine ersten sowjetischen Hamburger braten sollte.

Ein Ereignis, das Ende 1989 stattfand, symbolisierte perfekt Coca-Colas Möglichkeiten und Einfluß. Vor den Augen der erstaunten Welt fiel im November die Berliner Mauer, und als sie sich öffnete, schlossen Coca-Cola-Männer die entstandene Lücke und verteilten Gratisproben. Die Autos standen vor der West Berliner Abfüllanlage kilometerweit Schlange. Als ein junger ostdeutscher Soldat auf einem Wachturm von seinem einsamen Posten herunterschrie, warf ihm ein fixer Coca-Cola-Mann einen Zwölferpack zu.[37] Die westliche Zivilisation und ihr schäumendes Lieblingsgetränk strömten durch die zerbröckelnden Mauern. Die Ostdeutschen hatten die verlockenden Coke-Spots jahrelang auf ihren Fernsehbildschirmen verfolgt; nun konnten sie den Inbegriff des Kapitalismus probieren.

»The Coca-Cola-Company ist heute in einer stärkeren Position, als sie es jemals in ihrer Geschichte war«, stellte Roberto Goizueta fest, und da konnte ihm niemand widersprechen. »Offen gesagt«, setzte Don Keough hinzu, »wir sind die Meßlatte für Unternehmen mit globalen Aspirationen geworden.«[38] Wenn Pemberton und Candler die weltweite Verbreitung ihrer blubbernden Stärkung hätten erleben können, hätte es ihnen wohl die Sprache verschlagen. Andererseits wäre ihnen vermutlich die monomane Sicht von Goizueta tröstlich vertraut vorgekommen. »Unser Erfolg«, schrieb er 1990 in einem Brief an *Fortune,* ohne sich bewußt zu sein, daß er eine beinah siebzig Jahre alte Erklärung von Harrison Jones wiederholte, »wird großenteils von dem Grad abhängen, bis zu dem wir es dem Verbraucher rund um den Globus unmöglich machen, Coca-Cola zu entrinnen.«

Welt ohne Grenzen?

> Wir sind, was wir sind, weil wir alles für alle allezeit überall sind.
>
> IKE HERBERT, Rede an das
> Coca-Cola-Verkaufspersonal, 1990

In dem Komplex an der North Avenue, der von ergebenen Beschäftigten »Mekka« genannt wird und in dem ich fünf Monate mit Recherchen für mein Buch zubrachte, ertönt der weltweite Herzschlag von Coca-Cola. Wie Don Keough allerdings begeistert erklärt, stellt die Zentrale nicht einmal die Spitze eines stetig expandierenden Eisbergs dar. Auf die eine oder andere Weise arbeiten auf der ganzen Welt rund eine Million Menschen für Coca-Cola, wie im Geschäftsbericht von 1990 festgestellt wurde – entweder direkt für die Firma oder für ein Abfüllwerk oder einen Großhändler. Und in dieser Zahl sind die acht Millionen Einzelhändler oder die zahllosen Menschen, die ihren Lebensunterhalt indirekt mit Coke verdienen, indem sie Behälter, Lkws, Wasseraufbereitungsapparate, Paletten, Computer und die unzähligen Werbegeschenke produzieren, noch nicht einmal berücksichtigt.

Eine persönliche Anekdote beleuchtet den erstaunlichen Rang des Erfrischungsgetränks. Als ich am 21. Mai 1991 Doug Ivester interviewte, wurden wir durch die Nachricht unterbrochen, daß Rajiv Gandhi nur Stunden, nachdem er bei den Wahlen in Indien seine Stimme abgegeben hatte, einem Attentat zum Opfer gefallen war. Wir versammelten uns um einen Fernsehapparat und schauten in traurigem Schweigen CNN. Als wir zurückgingen, sagte ein anderer praktisch veranlagter Coke-Manager: »Nun, das ist für uns gar nicht so gut.« Und mir schoß durch den Kopf, daß *jedes* große Ereignis auf der Welt auch Einfluß auf Coca-Cola hat, daß aber keiner das unaufhaltsame Voranschreiten des Getränks für lange Zeit wirklich hemmen könnte. Obwohl die Firmenmänner eng mit Gandhi zusammengearbeitet hatten, schlossen sie bald darauf einen Handel mit der neuen Regierung, und heute ist Coke in Indien zum erstenmal seit dem Verbot im Jahr 1977 erhältlich.

Am Beginn des Buches habe ich behauptet, Coca-Cola beeinflusse die Zeitläufte, wie es auch von ihnen beeinflußt werde. Klar ist, daß die Firmenmanager stärker auf Ereignisse reagiert als diese verursacht haben. Coca-Cola hat zum Beispiel die Verabschiedung des Pure Food and Drugs Act oder die Depression oder den Zweiten Weltkrieg nicht verursacht – aber es handelte sich jeweils um Ereignisse, bei denen Coca-Cola eine wichtige Rolle spielte. Die Coke-Männer selbst haben stets betont, daß das Erfrischungsgetränk lediglich ein »kleines Vergnügen« sei, eines, auf das die Menschen, wenn sie müßten, auch verzichten könnten. »Niemand glaubt, daß die Welt sich in ihrer Achse verschiebt, wenn Coca-Cola zu existieren aufhört«, erzählte Dick Halpern mir. Und doch. Und doch...

Es steht außer Frage, daß dieses sprudelnde Sirupgetränk mehr bedeutet, als die Coca-Cola-Männer uns glauben machen wollen. In der Lobby der Zentrale an der North Avenue gibt es ein großes Medaillon mit dem Bild einer Coke-Flasche auf dem Globus und mit Ausblicken auf andere Galaxien, die noch zur Eroberung anstehen und sich in Wirbeln darüber ausbreiten. Diese Jungs *sind* wirklich Missionare.[1] In ihrem Zuhause haben viele etwas, das ich für mich Coca-Cola-Schreine taufte – Fotos mit der Originalunterschrift von Robert Woodruff, goldene Repliken der Humpelrock-Flasche und andere persönliche Erinnerungsstücke. Diese Coca-Cola-»Graduierten«, wie sie genannt werden, treffen sich regelmäßig, um die alten Zeiten wiederaufleben zu lassen, und speisen gratis in der Firmencafeteria.

Die Mitglieder des Coca-Cola Collectors Club International sind von ihren Schreinen besessen. Anfänglich in einem Kellerraum oder in der Garage untergebracht, werfen ihre Sammlungen sie oftmals wortwörtlich aus ihren Schlafzimmern und Heimen. »Es ist so etwas wie eine Drogenabhängigkeit«, erzählte mir ein Sammler bei einer Versammlung im Jahr 1991, die ein ganzes Hotel in Atlanta mit

Beschlag belegte. Bei der Auktion, wo für die einzelnen Artikel schriftlich Gebote abgegeben und von jemand anderem überboten werden konnten, knisterte es vor Spannung. »Es macht einen krank, man hat solche Angst«, stöhnte eine Frau aus Delaware. Noch bis spät in die Nacht hinein tauschen und feilschen die Klubmitglieder bei solchen Gelegenheiten miteinander und drängen sich in die Zimmer der anderen.

Diese fanatischen Sammler mögen vielen schlichtweg lächerlich vorkommen, doch sie sind nicht die einzigen, die Coca-Cola ernst nehmen. Gesellschaftskommentatoren, politische Aktivisten, Ernährungswissenschaftler und Anthropologen, sie alle haben Coca-Cola angegriffen, als wäre es der Inbegriff des Bösen auf Erden. Ein wütender Beobachter nannte die Geschichte von Coca-Cola »die unglaublichste Mobilisierung menschlicher Energie für triviale Zwecke seit der Erbauung der Pyramiden«. Es steht für das, so sagte er, »was mit dem amerikanischen Traum schiefgelaufen ist.«[2] Ein Großteil der Kritik konzentriert sich auf die Werbung, die laut der besorgten Psychiaterin Carol Moog die Ansicht vermittelt, daß »das Leben niemals langweilig, daß man in unvorstellbarem Ausmaß sexuell attraktiv und immer ein hervorragender Tänzer sein wird, wenn man Cola trinkt«.

Die Coke-Männer würden dieser Feststellung nicht widersprechen. Sie wirkt sogar noch sehr zurückhaltend formuliert. Von John Pemberton, Frank Robinson und Asa Candler an haben seine Hersteller das Erfrischungsgetränk/die Patentmedizin als Zaubertrank verkauft, wenn sich auch die Botschaft im Laufe der Zeit geändert haben und die eindeutig medizinische Anmutung zugunsten einer Stimmungshebung, der Freude und anderer imagestarker Eigenschaften fallengelassen wurden. Dennoch hat es noch immer eine verblüffende Ähnlichkeit mit dem sagenhaften Lebenselixier, nach dem die Alchimisten suchten. Ein Nachschlagewerk aus dem achtzehnten Jahrhundert definiert »Elixier« als eine »dunkelfarbige Medizin, zusammengesetzt aus zahlreichen Ingredienzien und aufgelöst in einem starken Lösungsmittel« – eine recht gute Beschreibung des säurehaltigen, karamelfarbenen Erfrischungsgetränks. Der Jungbrunnen, der Ponce de León in die Neue Welt lockte, war eine Variante des Trunkes und sollte seinen Konsumenten ein methusalemisches Alter schenken. Coca-Cola kam aus dieser neuen amerikanischen Welt, um das von ihr wiederbelebte Versprechen ewiger Jugend und Energie über den Rest der Erde zu verbreiten.

Eine neue Religion

Im ganzen Buch wurde Coca-Cola mit einem Augenzwinkern als so etwas wie eine Religion behandelt, doch diese Einschätzung ist gar nicht so weit hergeholt. Immerhin schenkte der erste Münzautomat der Welt, der im ersten nachchristlichen Jahrhundert erfunden wurde, Weihwasser aus. Die Metapher schlich sich in all meine Interviews ein. »Coca-Cola ist der heilige Gral, es ist magisch«, sagte ein Coke-Mann zu mir. »Wohin ich auch gehe, sobald die Leute erfahren, daß ich für Coke arbeite, ist es, als sei ich ein Vertreter des Vatikans, als habe man Gott berührt. Ich bin immer wieder verblüfft. Es gibt eine erstaunliche Ehrfurcht vor dem Produkt.«[3]

Was sonst als ein religiöser Impuls könnte die Götzenverehrung bewirken, mit der interne Verehrer die übergroßen Coca-Cola-Flaschen behandeln, die die Firma zu Anlässen wie der Hundertjahrfeier herstellt? Oder die verrückten Statistiken, die sie an die Presse verteilt? »Eine Flasche, die für alles jemals produzierte Coca-Cola reicht, wäre mehr als eine halbe Meile dick und mehr als zwei Meilen hoch – über achtmal größer als das Empire State Building.« Oder: »Wenn all das Coca-Cola, das jemals hergestellt wurde, in einen ungeheuren Swimmingpool gepumpt würde...« Aber genug. Solange Sie nicht ein Gläubiger sind, kann die Vorstellung, zwanzig Meilen dunklen, süßen, sprudelnden Wassers zu durchschwimmen, Sie vermutlich wenig faszinieren.

Der Anthropologe Clifford Geertz definiert Religion als »ein System von Symbolen, das mächtige, durchdringende und langanhaltende Stimmungen und Motivationen in den Menschen schafft, indem es Vorstellungen einer allgemeinen Ordnung des Daseins formuliert und diese Vorstellungen mit einer derartigen Aura der Faktizität umgibt, daß die Stimmungen und Motivationen einzig realistisch erscheinen«. Das ist recht hoch gegriffen, doch die Beschreibung paßt ziemlich genau darauf, wie Coca-Cola die Welt sieht. Die »Pause, die erfrischt«, tauchte auf, als die Kirchen unter den Schriften von Charles Darwin, Albert Einstein und anderen Wissenschaftlern zu leiden hatten. Coke hat den Status einer modernen Ersatzreligion angenommen, die eine besondere, befriedigende, alles umfassende Weltsicht fördert, die für ewigwährende Werte wie Liebe, Frieden und universelle Brüderlichkeit eintritt.[4] Es ist ein Allheilmittel, wenn einem das Alltagsleben schwierig, hektisch, verwirrend oder unverständlich vorkommt. Wie ein geheiligtes Symbol ruft Coca-Cola nach Clifford Geertz verschiedene »verehrende« Stimmungen hervor, die von Exaltation bis zu nachdenklicher Einsamkeit, von einem fast orgastischen Zusammengehörigkeitsgefühl bis zu ausgelassenen Verfolgungsspielen reichen.

Die meisten Religionen haben mit dem einen oder anderen drogenversetzten Getränk gearbeitet. Das Christentum verehrt den Meßwein, den Coca-Cola zu verschiedenen Zeiten buchstäblich ersetzt hat. Die Götter der Griechen tranken Nektar, und Dionysos belustigte sich als Gott des Weines. Die germanischen Gottheiten schlürften ihren Met. In Indien besänftigte der Saft der Somapflanze die Götter. In der ganzen Geschichte haben die Schamanen mit Koka, Tabak, Koffein und anderen den Geist verändernden Drogen gearbeitet, um Trancezustände herbeizuführen und den Kontakt zu Gott herzustellen. »Der weitverbreitete Einsatz von Drogen auf der Welt«, behauptet ein Autor in *Man, Myth & Magic,* »offenbart, daß der Mensch ein unzufriedenes Wesen ist, das von psychologischen und physischen Problemen geplagt wird, von Langeweile und spirituellen Ambitionen.« Wie Robert Woodruff feststellte, gehört die Welt den Unzufriedenen.

Die stärkste Anziehungskraft von Coca-Cola war letztlich nicht sexueller oder physiologischer Natur, sondern betraf die Erfahrung von Gemeinschaft: Wenn man Coke trinkt, so vermittelt die Werbung, wird man zu einer warmherzigen, liebenden und akzeptierenden Familie gehören, die in perfekter Harmonie singt. Wenn es uns nicht so recht gelingt, heutzutage diese streßfreie Gesellschaft zu finden, so sollten wir uns nichts daraus machen – wir werden sie morgen finden. Wir werden dir und mir und allen eine bessere Welt erschaffen. Das ist eine wunderschöne, verführerische Botschaft, denn sie spricht genau das an, was wir alle haben wollen. Eine harsche Kritikerin von Coca-Cola räumte einmal ein, daß sie den Hügelspot »fast unwiderstehlich« fand, obwohl er sie beunruhigte.[5]

Einige Moralisten halten diese Manipulation grundlegender menschlicher Sehnsüchte für ein Übel. In einem von Goizuetas Lieblingsbüchern, Dostojewskis *Die Brüder Karamasow,* verhöhnt der erschreckend heuchlerische Großinquisitor uns alle als »bedauernswerte Kreaturen«, die »etwas, an das alle glauben und das alle verehren, [finden müssen]; wichtig ist dabei, daß alle darin *zusammen* sein können. Diese Sehnsucht nach *gemeinsamer* Verehrung ist das größte Elend jedes Menschen und der ganzen Menschheit seit Anbeginn der Zeiten.« Für den Großinquisitor sind wir alle mitleiderregende, unsichere Seelen, die verzweifelt nach *irgendeiner* Art Sinn suchen. Folglich müssen wir Geheimnisvolles und Wunder finden – eine Geheimformel zum Leben, ein 7X der Seele.[6]

»Wie alle großen Liebesaffären«, sagte Ike Herbert zu einer Gruppe von Gastronomie-Sachbearbeitern, kurz bevor er in den Ruhestand trat, »hängt die unsere in großem Maße davon ab, daß wir Illusionen, Gefühle kreieren, daß wir etwas Besonderes sind.« Paul Foley, der langjährige Chef der McCann-Erickson-Hauptagentur, faßte es am besten zusammen. »Wir verkaufen Rauch«, erinnerte er stets seine Kreativen. »Sie trinken das Image, nicht das Produkt.«

Die Schatten von Harvey Wiley

Es wundert mich nicht, daß meine Mutter mir untersagte, Coke zu trinken, das Opium des Volkes. Sie dachte, es sei schlecht für mich: Es würde meine Zähne kaputtmachen, mich wach halten und chemische Substanzen in meinem

Körper verbreiten. Doch an dieser dunklen, blubbernden Flüssigkeit war etwas Geheimnisvolles und Verführerisches. Als wir in der High-School die Zauberformel der Hexen in *Macbeth* lasen, nahm ich ganz selbstverständlich an, sie würden in ihrem Kessel Coca-Cola brauen. Wie Generationen vor mir wünschte ich mir sehnlichst das verbotene Getränk. Manchmal, wenn wir mit dem Footballspiel aufgehört hatten, gingen Billy Krenson und ich zu ihm nach Hause, wo uns seine Mutter Coke mit zerstoßenem Eis servierte. Nichts hat jemals so sündhaft gut geschmeckt. Oder wie andere heimliche Coke-Trinker es beschrieben: »Das Sprudeln war adstringierend und so sauber wie ein Messer; der Geschmack erinnerte an die verworfenen Gewürze aus Arabien und ein bißchen vielleicht an Schwefel.«

Seit Harvey Wiley haben Reformer immer Coca-Cola[7] als eine Versuchung des Teufels angesehen, vor allem für die unschuldigen Kinder. In heutiger Zeit hat Michael Jacobson, der Gründer und geschäftsführende Leiter des Center for Science in the Public Interest (Zentrum für Wissenschaft im öffentlichen Interesse), den Kreuzzug aufgenommen und lamentiert, daß eine Zwölf-Unzen-Dose Coke das Äquivalent von zehn Teelöffeln Zucker enthalte und somit »leere« Kalorien verabreiche. Da es in der Hauptsache auf der schnellen Energiezufuhr durch Glukose aufbaue, entgingen den Leuten Vitamine, Mineralien, Ballaststoffe und andere notwendige Nährstoffe. Zwar könne man sich diese wichtigen Nährstoffe auch anderswo besorgen, argumentiert Jacobson, doch je mehr Coke man trinke, desto weniger Platz finde man für gesunde Nahrungsmittel, bei einem normalen Tagesverbrauch von 2500 Kalorien. Es ist wahrscheinlicher, daß Coca-Cola-Süchtige, vor allem diejenigen, die damit fettiges Junkfood hinunterspülen, zu viele Kalorien aufnehmen – einer der Gründe dafür, daß in Amerika acht Prozent der Kinder zwischen fünf und sechzehn Jahren mindestens dreißig Prozent Übergewicht haben. Und was noch schlimmer ist: Arme und schwarze amerikanische Kinder werden mit dreifach höherer Wahrscheinlichkeit fettleibig, obwohl sie unter Unterernährung leiden. Selbst das konservative *Wall Street Journal* druckte kürzlich eine Titelseite zur innenstädtischen »tödlichen Ernährung« mit stark fetthaltiger, salziger, zuckriger Nahrung und entsprechenden Getränken, die in den populären Fast-food-Restaurants verkauft werden, die wiederum eine Zuflucht vor dem Ghetto bieten. »Da gibt es keinen Hip-hop, da gibt es keine Gotteslästerlichkeit«, erklärte ein schwarzer Besucher des McDonald's in Harlem. »Das Bild, die Pflanzen, die Art, wie die Leute hier alles sauber halten, das gibt einem das Gefühl, man befinde sich in der Zivilisation.«

Je mehr die Welt zu einem Dorf schrumpft, desto stärker wird die Anziehungskraft von Coke und Big Macs als »Luxus«-Artikel zunehmen, und manche Ernährungswissenschaftler geben ihrer Besorgnis Ausdruck, daß diese die billigere, traditionelle und gesundere Kost ersetzen werden. »Wenn sie, der jeweiligen Kultur entsprechend, mit attraktiven Symbolen beworben werden«, schreibt der Anthropologe Sidney Mintz, »wird sich der öffentliche Konsum von derartigen Lebensmitteln und Erfrischungsgetränken als Hauptform der Identifikation mit westlichen Lebensstilen und Macht herausstellen... Über die langfristigen negativen Folgen weiß man noch nicht vollständig Bescheid, doch es ist höchstwahrscheinlich, daß sie fortschreitend die altgewohnte [Hauptnahrung] armer agrarischer Gesellschaften unterminieren werden.«

Der andere Hauptschurke in Coke ist laut Jacobson das Koffein, auch wenn eine Zwölf-Unzen-Dose nur ein Drittel des Stimulans enthält, das in einer Tasse starken Kaffees steckt. Wie Wiley lehnt Jacobson es ab, daß Kinder überhaupt Koffein zu sich nehmen, obwohl es noch keine abschließenden Untersuchungen gibt, die die schädlichen Wirkungen der Droge beweisen. Die Wissenschaftler berichten uns, daß Koffein die Ausscheidung von Magensäure erhöhe, vorübergehend den Blutdruck nach oben treibe und einige Blutgefäße erweitere, während es andere verenge. Koffein macht in milder Form süchtig, und wenn es in starkem Umfang konsumiert wird, kann es zu »Koffeinismus« führen, was wiederum mit Nervenflattern und Schlaflosigkeit verbunden ist. Im vergangenen Jahrzehnt haben zahlreiche sich widersprechende Koffeinuntersuchungen mehr unsere Unwissenheit als sonst etwas gezeigt. Koffein kann gutartige Brusttumore bei einigen Frauen auslösen oder verschlimmern. Nach einigen Studien können hohe Mengen Koffein die Fortpflanzungsfähigkeit beeinträchtigen und Fehlgeburten, Mißbildungen oder verminderte Fruchtbarkeit verursachen, doch solange eine Frau nicht zehn oder mehr Dosen Coke täglich trinkt, glaubt Jacobson nicht, daß eine Gefahr besteht.[8]

Die Klagen über Coca-Cola galten neben Koffein und Zucker stets auch der Phosphorsäure, auf die großenteils der sagenhafte Biß von Coca-Cola zurückgeht. Im naturwissenschaftlichen Unterricht lassen Lehrkräfte auch heute noch regelmäßig menschliche Zähne in Coke fallen, um vorzuführen, wie es sie aufweicht und schwarz färbt. Das Erfrischungsgetränk säubert tatsächlich Windschutzscheiben, Chrom und Batterieklemmen recht anständig. Dennoch hat der Säuregehalt von Coke – der dem von Orangensaft entspricht – keine schädigende Wirkung auf den Verdauungsapparat, der eh schon eine saure Umgebung hat. Zahlreiche Ärzte verschreiben demgegenüber zur Besänftigung von Magenverstimmungen immer noch Coke.[9] Die Säure richtet außerdem im Mundraum normalerweise keinen großen Schaden an, wo sie überwiegend vom Speichel neutralisiert wird. Trotzdem ist es, laut Dr. William H. Bowen, dem Vorsitzenden der Abteilung für zahnmedizinische Forschung an der University of Rochester, nicht der Zucker, sondern die Phosphorsäure in Coke, die für die Zähne problematisch werden kann. Die wenigen vorhandenen Untersuchungen deuten darauf hin, daß Coca-Cola nicht zu Karies führt – und das überrascht schon. Vielmehr frißt die Säure den Zahnschmelz, vor allem wenn der Verbraucher gewohnheitsmäßig durch die Vorderzähne trinkt. Folglich empfiehlt Bowen, Coke mit einem Strohhalm zu schlürfen[10] und das Getränk tief in den Mundraum zu ziehen.

Seit Pemberton Coca-Cola erfand, haben die Menschen es wegen seiner angeblichen Gesundheitsrisiken attackiert. Die Firmenangestellten gehen über derartige Kritik üblicherweise einfach hinweg. Meinen Sie nicht, fragen sie, uns müßten nach hundert Jahren enormen Coca-Cola-Konsums zahnlose, neurotische, krebskranke Trunkenbolde auffallen, die an jeder Straßenecke tot umfallen? Goizueta und

Keough scherzen gerne über das »unabänderliche Gesetz der zynischen Elite«, das besagt, daß »nichts, das so leicht erhältlich, so preisgünstig ist und von so vielen mit so großem Vergnügen konsumiert wird... gut für einen sein kann«. Was diejenigen anbelangt, die Coke mit Junkfood in einen Topf werfen und es für die schlechte Ernährung von Einwanderern, von innerstädtischen Schwarzen und von den Menschen in der Dritten Welt verantwortlich machen, die ihre traditionelle Ernährungsweise aufgeben, antworten die Führungsleute von Coca-Cola, daß sie das Getränk nur als Teil einer ausgewogenen Ernährung befürworten. Es sei nicht *ihr* Fehler, wenn die Menschen nicht richtig essen.*

Mit Sicherheit ist Coca-Cola, falls Einzelfälle irgend etwas beweisen, nicht nur harmlos, sondern vielleicht sogar ein Mittel zur Lebensverlängerung, wie Pemberton behauptet hat. Schauen wir uns nur Robert Woodruff an, der im Alter von 95 Jahren starb und vermutlich ein erhebliches Quantum Coke getrunken hatte. Bei seiner jährlichen Untersuchung gestand Dan Lauck, der Nachrichtenmann aus Texas, der häufig täglich eine Kiste 6,5-Unzen-Flaschen trinkt, vor kurzem, daß er Frühstück und Mittagessen ausfallen läßt, damit er sein geliebtes Coca-Cola ohne Gewichtszunahme trinken kann, doch der verblüffte Arzt bestätigte ihm, daß er bei ausgezeichneter Gesundheit sei. Mit 43 Jahren und einer Körpergröße von fast 1,90 Meter wiegt Lauck 72 Kilo und spielt gerne Tennis und Basketball.** Er schläft nachts gut und hat nach eigener Aussage kaum Karies. Lauck ist allerdings ein leichtgewichtiger Konsument im Vergleich zu dem legendären Luke Kingsley, einem Autoverkäufer aus Memphis, der 1954 einem Reporter erzählte, daß er in den vergangenen fünfzig Jahren regelmäßig 25 Cokes pro Tag getrunken habe. »Ich war bei der

---

* 1959 sagte ein Coke-Direktor zu E. J. Kahn jr.: »Manchmal schaudert es mich bei dem Gedanken, daß all die Menschen, die für ein Coke fünf Cent hinlegen, vermutlich das Geld lieber für einen Laib Brot ausgeben sollten.« Falls irgendwelche Firmenmänner diese Vorbehalte heutzutage auch noch hegen, so hat mich das kein einziger wissen lassen.

** Während ich Lauck interviewte, stellte ich fest, daß er fast genauso alt, groß und schwer war wie ich – ein höchst beunruhigender Zufall.

Beerdigung von fünf oder sechs Ärzten, die mir vorausgesagt hatten, es würde mich umbringen«, gluckste der
65jährige. Am Ende des Interviews bat der ausgedörrte
Journalist um ein Glas Wasser. »Wasser!« brüllte Kingsley.
»Damit wäscht man sich doch nur das Gesicht. Trinken Sie
eine Coke!«

Die Verkettung mit Tee und Kaffee

Eine höchst zwingende (und faszinierende) Kritik an Coca-
Cola äußert allerdings der Anthropologe Sidney Mintz,
dessen Buch *Sweetness and Power* (Süße und Macht) nach-
zeichnet, wie Zucker und Tee ursprünglich als exotische
Luxusgüter betrachtet wurden, die nur dem reichen Adel
in Großbritannien vorbehalten waren. Sie wurden nicht
nur als rare Gewürze verwendet, sondern kamen auch als
angeblich wirksame Arzneien für nahezu alle nur erdenk-
lichen Beschwerden zum Einsatz. Zu Beginn des sech-
zehnten Jahrhunderts behauptete ein Autor, daß »feiner
weißer Zucker... das Blut reinigt und Körper und Geist
stärkt«. Infolgedessen beschrieb ein deutscher Reisender,
der zu Zeiten Shakespeares Königin Elisabeth I. kennenlernte, ihre schwarzen Zähne so: »Ein Defekt, unter dem
die Engländer anscheinend wegen ihres starken Konsums
von Zucker leiden.« Um 1700 dichtete ein schlechter britischer Poet: »Das Allheilmittel: Ein Gedicht über den Tee«,
in dem er das Gebräu als »das Getränk der Gesundheit,
das Getränk der Seele!« pries. Bald jedoch kam es zu einer
Art kulturellem Durchsickerungsphänomen, als es die britische Unter- und Mittelschicht der Elite gleichtat und Tee
und Zucker, heutzutage Hauptbestandteile der englischen
Ernährung, ihre medizinische Patina verloren. Von Armut geplagte Fabrikarbeiter gewöhnten es sich an, eine
schnelle Mahlzeit außer Haus zu verzehren, und benutzten
heißen, gesüßten Tee als Stärkung. Die »Teatime«, ein
neues britisches Gesellschaftsritual, faßte Schritt für Schritt
im Alltag aller Schichten Fuß.
    Das sollte uns bekannt vorkommen. Wie Tee und Zucker,
startete Coca-Cola seine Karriere im wesentlichen als Arz-

nei, wenn auch nicht ausschließlich nur für die Oberschicht. Wie gesüßter Tee enthielt Coke Koffein und Zucker, doch zu seinen Inhaltsstoffen gehörte auch ungefähr fünfzehn Jahre lang ein winziges bißchen Kokain.[11] Rasch entwickelte sich eine Pause mit Coke zum amerikanischen Äquivalent der britischen Teezeit, wobei die Werbung für die Branche hilfreich auf die Rolle der »Pause, die erfrischt« abhob. Nach Ansicht von Mintz paßt Coca-Cola somit perfekt in den heimtückischen Trend unserer Zeit und ist zum Teil auch für diesen verantwortlich. »In der modernen Gesellschaft erleben wir Zeit oft als unabänderlich knapp«, schreibt er, »und diese Wahrnehmung kann für das glatte Funktionieren eines Wirtschaftssystems, das auf dem Prinzip des stetig sich erweiternden Konsums beruht, von entscheidender Bedeutung sein.« Im wesentlichen meint er, daß Coke dabei geholfen hat, die Einstellung der Amerikaner gegenüber der Zeit zu verändern. Wie Asa Candler glauben wir niemals, genug Zeit zu haben, und deshalb versuchen wir, ein Leben voller vorgefertigter Vergnügungen zu führen. Als Beispiel beschwört Mintz eine übertriebene, aber beunruhigend vertraute Szene: »Das Spiel der Cowboys gegen die Steelers zu verfolgen, während man Fritten mampft, Coca-Cola trinkt und dazu einen Joint raucht, während die Freundin einem auf dem Schoß sitzt«, wird zu einer Möglichkeit, »das Vergnügen zu maximieren.«

Mintz gibt der Werbung die Schuld, die uns in solche schnell konsumierende Monster verwandle. »Wir sind, was wir essen; in der modernen westlichen Welt werden wir mehr und mehr zu dem *gemacht,* was wir essen, immer wenn Kräfte, die außer unserer Kontrolle liegen, uns überreden, daß unser Verbrauch und unsere Identität miteinander verbunden seien.« Als Folge lassen wir, wie der Anthropologe meint, zu, daß die Fernsehbilder von glücklichen Coke-Trinkern nicht nur bestimmen, was wir schlürfen, sondern wer wir sind.

Diese Kritik ist jedoch mit Sicherheit etwas überzogen. Die meisten von uns kontrollieren, welche Getränke und Lebensmittel sie zu sich nehmen und welche Lebensstile sie pflegen. Ich gebe zu, ich finde viele Werbespots für

Coca-Cola ansprechend, und ich trinke das Produkt hin und wieder ganz gerne – vor allem, wenn es umsonst aus dem Firmenhahn sprudelt. Aber es beherrscht nicht mein Leben, und ich trinke (wenn ich dies auch gegenüber all den Leuten, die mich während der Interviews bewirteten, nur zögernd zugebe) gewöhnlich erheblich mehr Tee, Wein, Fruchtsaft und Wasser. Die augenblicklich laufenden, frenetischen Coke-Spots, die allzu angestrengt die Anziehungskraft von Pepsi auf die Teenager zu brechen suchen, lassen mich kalt. Letztlich ist es wohl – obwohl uns mittlerweile unsere Präsidenten wie Erfrischungsgetränke verkauft werden – doch eine allzu starke Vereinfachung, die Schuld an diesem amerikanischen Hang ausschließlich Coca-Cola zuzuschieben.

Die globale Coca-Cola-Kultur

Selbst wenn man Coke nicht unbedingt für alle Übel des modernen Lebens verantwortlich machen kann, zeigen doch die meisten Intellektuellen heftige Reaktionen auf seinen fortdauernden weltweiten Eroberungszug. »Coke ist der Treibstoff des Amerikaners, genau wie das Fernsehen seine Seele ist«, spottete in den späten siebziger Jahren ein Deutscher.[12] Zwanzig Jahre früher fragte Adlai Stevenson: »Werden wir mit dem Supermarkt als unserem Tempel und dem gesungenen Werbespot als unserer Liturgie vielleicht die Welt mit einer unwiderstehlichen Vision vom Lebenszweck und inspirierenden Lebensstil Amerikas erfüllen?« Die Antwort der neunziger Jahre scheint ein schallendes »JA!« zu sein. Coca-Cola hat tatsächlich der Welt das Singen nach seinen Harmonien beigebracht – oder es bemüht sich so schnell als irgend möglich darum.

Die Filmindustrie hat seit jeher Coke als geeignetes Symbol der westlichen Zivilisation geschätzt – wie *Dr. Seltsam oder Wie ich lernte, die Bombe zu lieben* und *Das letzte Ufer* belegen, zwei Filme, in denen eine Coke-Flasche als ätzender Kommentar zu unseren oberflächlichen Werten inmitten Harmageddons eingesetzt wird.[13] In jüngerer Zeit fällt zu Anfang des Films *Die Götter müssen verrückt sein* die

Totem-Flasche vom Himmel in den Sand der Wüste Kala-
hari, wo sie so sicher wie Evas Apfel im Paradies das
Leben unschuldiger Buschmänner völlig umkrempelt. In
The Coca-Cola Kid ereignet sich eine ähnliche Invasion in
Australien. In all diesen Filmen wird das Erfrischungsge-
tränk als sinistre Kraft dargestellt, als Vorbote schädlicher
Werte.

Ob Coke diese Kritik verdient oder nicht, eins steht
außer Frage: Es ist auf Invasion programmiert. Vor vielen
Jahren sagte ein leitender Manager von Coca-Cola zu seinen Jüngern: »Sie sind in das Leben von mehr Menschen
getreten... als jedes andere Produkt oder jede andere Ideologie, einschließlich der christlichen Religion«, und der
Wahrheitsgehalt dieses Satzes hat sich im Lauf der Zeit nur
noch erhöht. »Die Zahl der wirklich globalen Marken«,
schrieb ein Kolumnist kürzlich in *The Economist*, »ist
tatsächlich klein: Das einzige unbestrittene Massenprodukt
ist Coca-Cola.« Heute können Roberto Goizueta und andere
leitende Coke-Manager auf die Tastatur ihrer Computer
drücken und die Wachstumskurve des Pro-Kopf-Verbrauchs
in jedem Land genauso leicht abrufen, wie sich der Com-
mander in *Raumschiff Enterprise* die Einzelheiten obskurer
Planeten ausspucken lassen kann.

Es wirkt unbestritten entnervend, wenn die Coca-Cola-
Verkaufsleute von der Schlacht um »Regalraum im Bauch«
sprechen oder die Werbeleute des Getränks seinen »Stel-
lenwert im Kopf« diskutieren, der weiter anschwillt und andere, vielleicht würdigere Verwendungen unserer Gehirn-
zellen verdrängt. Das Erfrischungsgetränk scheint seit neu-
estem allen im Kopf herumzuspuken, von den verärgerten
Teilnehmern in Albertville 1992, die die zu stark mit Werbung überfrachteten Ereignisse die »Coca-Cola-Olympiade«
tauften, bis zu den erst vor kurzem befreiten Osteuropäern
mit ihrer Gier nach amerikanischen Symbolen wie Bluejeans
und Coke. Die ehemaligen Kommunisten, die Coke und andere Symbole der westlichen Kultur haben wollen, stehen
damit nicht allein in der Welt. Satellit und Kabel bringen
das »Real Thing« und das »Feeling, that can't be beat« weltweit in alle Wohnzimmer. Wie Professor Ted Levitt von der
Harvard Business School geschrieben hat: »Überall lernen

die Menschen vom gleichen gemeinsamen Sender«, was zu Menschen führe, »die sich zunehmend ähnlich sind und nicht mehr voneinander unterscheiden.« Oder wie Roberto Goizueta meint: »Die Menschen auf der ganzen Welt sind heute durch Markenkonsumgüter genauso stark miteinander verbunden wie durch alles andere.«[14]

»Von der Kindheit zum Erwachsenenleben«, schrieb die Historikerin Barbara Tuchman 1980, »ist die Werbung die Luft, die Amerikaner atmen, die Information, die wir aufnehmen, fast ohne es überhaupt zu bemerken. Sie überschwemmt unseren Verstand mit Bildern der Perfektion und Zielvorstellungen vom leicht erreichbaren Glück.« Heute, über ein Jahrzehnt später, durchdringt die Werbung die Luft, die *alle* atmen. Selbst die angeblich neutrale *International Encyclopedia of Communications* stellt fest, daß das Fernsehen »dieser opulenten Phantasiewelt« der Werbung zu universeller Bekanntheit verholfen habe, was unrealistische Erwartungen, Frustrationen und gefährliche Einstellungen bei den armen Bewohnern der Dritten Welt auslöse, für die der Preis einer Coke einen wesentlichen Teil des Tageslohns darstellt. Ob schädlich oder nicht, die von den Satelliten übertragenen Botschaften verbinden mit Sicherheit. Ein Forscher versuchte kürzlich den »globalen Teenager« zu definieren, indem er eine repräsentative Gruppe von jungen Leuten aus Argentinien, Brasilien, China, Ägypten, Großbritannien, Guatemala, Indien, Israel, Kenia, der ehemaligen Sowjetunion und Thailand befragte. Er stellte fest, daß nur vierzig Prozent das Zeichen der Vereinten Nationen richtig identifizieren konnten, jedoch 82 Prozent das Symbol für Coke kannten.

Derartige Trends beunruhigen zahlreiche Beobachter, die fürchten, die Vielfalt und das jeweils Spezifische der menschlichen Kultur werde von der weltweiten Coca-Cola-Kolonisation zerstört. In einem Kapitel mit dem Titel »Die Zukunft der Menschheit« zeigt ein jüngst erschienenes anthropologisches Jahrbuch auf einem Foto einen schwarz gekleideten, graubärtigen Patriarchen, der unter einem hebräischen Coca-Cola-Schild die Zeitung liest. »Die weltweite Verbreitung solcher Produkte wie Coca-Cola und Wrangler-Jeans«, lautet die Bildunterschrift, »wird von vielen als Zeichen dafür betrachtet, daß sich gerade eine homogene Weltkultur entwickelt.« Andere weigern sich allerdings, deswegen in Panik zu verfallen. Coca-Cola ist ein akzeptierter Bestandteil der Landschaft und des Lebensstils in einer enormen Spannweite von Kulturen, scheint diese jedoch nicht zu zerstören. Auf dem Bild in dem Anthropologiebuch trägt der jüdische Patriarch *noch immer* seine schwarze Kleidung und liest seine Zeitung und tanzt eben nicht in Bluejeans Boogie-Woogie. »Die Unterschiede zwischen Rassen, Nationen, Kulturen und ihren jeweiligen Entwicklungen sind zumindest genauso tief und von Dauer wie die Ähnlichkeiten«, schrieb der australische Essayist Robert Hughes 1992 in *Time,* und er sagte voraus, die Zukunft gehöre »Menschen, die informiert über ethnische, kulturelle und sprachliche Grenzen hinweg denken und handeln können« – eine perfekte Beschreibung der heutigen Topmanager von Coca-Cola.

Was Coca-Cola wirklich tut – und zwar mit bemerkenswertem Erfolg –, ist, daß es das Allgemeine der menschlichen Erfahrung herauspickt, ohne deswegen notwendigerweise die Kulturen tiefgreifend zu verändern. »Sie werden eine Vielzahl von Sozialwissenschaftlern finden, die die Unterschiede aufzeigen«, sagte Don Keough zu mir, »aber wohin ich auch komme, lernen sich Jungs und Mädchen kennen, gehen in Parks spazieren, verlieben sich, heiraten, bekommen Kinder und haben Familientreffen. Sie zelebrieren die Freuden des Lebens genau so, wie Sie und ich es tun.« Konsequentermaßen ist Coca-Cola in der Lage, seine Werbung für praktisch alle menschlichen Wesen anziehend zu gestalten. In Amerika war dieser Prozeß unglaublich tiefgreifend: Wenn ein Junge von der Junior High einem Mädchen eine Coke kaufte – ob das nun 1920 oder 1990 war –, bedeutete das eine Liebeserklärung.

Ein amerikanischer Essayist, der vor kurzem über die globale Verfügbarkeit von Coke schrieb, meinte: »Irgendwie ist das sehr, sehr tröstlich. Es bedeutet, wir können in die meisten Ecken der Welt gehen, und dort erwartet uns schon Geborgenheit.«[15] Das hört sich zwar vielleicht wie die Erklärung eines häßlichen Amerikaners an, doch andere Reisende, die ihr Heimatland verlassen, erleben regelmäßig dasselbe Gefühl. Für die Deutschen, Griechen, Japaner, Argentinier oder Nigerianer hat der Anblick eines vertrauten Coca-Cola-Schildes oftmals etwas Beruhigendes. Coca-Cola wird allerdings die Weltkultur vermutlich nicht vollständig homogenisieren können, bei all den religiösen Sekten, den nationalistischen Leidenschaften und stolzen ethnischen Gruppen, die ihre Individualität erneut geltend machen. Je mehr sich der Wandel beschleunigt, hat Ted Levitt beobachtet, desto verzweifelter suchen die Menschen weltweit »Wurzeln, Erinnerungen, Bindungen, Phantasievorstellungen und Transzendenz, während sie gleichzeitig alles andere wollen, das in greifbarer Nähe lockt«. Natürlich richtet sich Coca-Cola schnell danach und versucht dieses Bedürfnis nach Phantasien und Transzendenz mit seiner Werbung zu stillen. Roberto Goizueta sah es ganz richtig, als er einer Gruppe strahlender High-School-Seniors mitteilte: »Weltunternehmen sind nicht so fromm, wie ich versucht sein könnte, Ihnen zu erzählen. Und sie sind auch nicht so übel, wie manche sie hinstellen. Die Wahrheit liegt irgendwo in der Mitte.«

Der ganzen Menschheit dienen

Gerade so wie Missionare das Gefühl haben, daß jede menschliche Seele reif für das Wahre Evangelium sei, unterscheiden auch die Coca-Cola-Männer kaum zwischen einzelnen Nationen. »Wir glauben an die Zukunft [aller] Länder«, hat Don Keough geschrieben. »Wir werden alle auftretenden politischen und wirtschaftlichen Bedingungen überstehen.« Konsequenterweise hat sich Coke nicht aus Chile zurückgezogen, als Pinochet an der Macht war. Die Firma schätzte sogar die unter dem südamerikanischen Diktator boomende stabile Wirtschaft. Und genausowenig wird die Firma wegen der Grausamkeiten des Suharto-Regimes Indonesien verlassen. »Wir haben ein soziales Gewissen«, erzählte mir der Coke-Manager Weldon Johnson, »aber wir begeben uns nicht in die Politik. Wir haben noch nie eine Wahl verloren, weil wir niemals angetreten sind. Unsere Aufgabe besteht schlichtweg darin, den Verbrauchern weltweit einen angenehmen Augenblick zu verschaffen, ohne uns um Form oder Art der Regierung zu kümmern, unter der sie leben.« Er machte eine Pause und lächelte breit. »Wir machen das Leben etwas freundlicher. Wir dienen der Menschheit.« Asa Candler hätte ihm applaudiert.

Die Behauptung des Managers, daß Coca-Cola keine Politik mache, scheint allerdings unaufrichtig zu sein. Mindestens seit dem Zweiten Weltkrieg ist das Erfrischungsgetränk, mindestens so stark mit Symbolkraft wie mit Kohlendioxid befrachtet, ein Teil der Politik gewesen. Wenn Roberto Goizueta, anstatt die Chinesen zu hofieren, seinen Freund George Bush zu überzeugen versucht hätte, China die Meistbegünstigungsklausel abzuerkennen, hätten sich die Führer des Landes vielleicht ihr Vorgehen am Tiananmen-Platz oder die fortgesetzte Vergewaltigung Tibets doch überlegt.

Zu ihrer eigenen Verteidigung führen die Coke-Männer an, daß sich ihre Macht allein durch ihre weltweite Präsenz sichern lasse. Wenn sich Coke im übrigen zurückzöge, würde Pepsi einfach ungehindert in die Lücke springen, ein Gedanke, der viel schlimmer ist als jede Menschenrechtsverletzung. Das weltweit größte McDonald's – womit der Rekord Moskau entzogen wurde – hat gerade in der Nähe des Tiananmen-Platzes seine Pforten geöffnet, und dort wird Coke natürlich ausgiebigst fließen. Mit der Zeit, so das Argument, wird die Flut von Coca-Cola- und McDonald's-Restaurants Aufnahmebereitschaft gegenüber dem Westen schaffen und schließlich vielleicht sogar die diktatorische, repressive Politik Chinas wirksamer aufweichen, als es Sanktionen vermögen.

Der offizielle Investitionsabzug von Coca-Cola aus Südafrika stellt eine Ausnahme dar, was das Ignorieren politischer Überlegungen betrifft, und diese Entscheidung wurde offensichtlich von der öffentlichen Meinung diktiert. Obwohl es weiterhin Boykottaufrufe gibt, weil das Getränk dort verkauft wird, ist Südafrika doch ein Platz, an dem die Firmenangestellten eindeutig der Menschheit dienen. Nicht nur haben die Führungsleute von Coca-Cola dort den positiv aufgenommenen Equal Opportunity Fund errichtet, sie haben auch eine Art Pendeldiplomatie praktiziert[16] und sich mit Nelson Mandela und anderen schwarzen Führern getroffen, um sie der Unterstützung durch die Firma bei ihrem Kampf gegen die Apartheid zu versichern und für The Coca-Cola-Company zu gewährleisten, daß sie in der neuen Ordnung vertreten sein wird. Bei einem Blutbad würden die Umsätze von Coke leiden.

Und darin liegt die wahre Schönheit des Kapitalismus in Reinform. Die Coca-Cola-Religion besitzt keine Moral, lediglich das Gebot zum erhöhten Konsum ihres Getränks. Infolgedessen ist sie absolut bereit, mit Hitler, juwelenbehängten Maharadschas, verarmten Wanderarbeitern, unterernährten Afrikanern, guatemaltekischen Todesschwadronen oder repressiven Chinesen zu koexistieren. Anders als die Mehrzahl der Regierungen handelt The Coca-Cola-Company allerdings letztlich aus aufgeklärtem Eigeninteresse heraus. Da sie ihr blitzsauberes Image über alles stellt, reagiert sie bei weitem schneller auf schlechte Publicity als jeder Potentat. Infolgedessen könnten wir, die Öffentlichkeit, mit Recht behaupten, daß wir das Verhalten des Unternehmens überwachen. Angesichts von Boykotten in ausreichendem Umfang, entsprechenden Dokumentationen oder Resolutionen von Aktionären, die große Aktienpakete repräsentieren, wird die Firma handeln. Manchmal wird sie sogar bereits vorher handeln, um derartige Probleme zu vermeiden. Aus seinen selbstsüchtigen Zielen heraus versucht somit Coca-Cola tatsächlich Frieden und Harmonie zu fördern, wie es in den Werbespots verspricht.

Wiedergeboren

Als ich mit den Forschungen zu meinem Buch begann, stellte ich überrascht fest, daß Mitarbeiter einer amerikanischen Soft-Drink-Firma so leicht Zugang zu den mächtigen Persönlichkeiten der Welt hatten. Jetzt kann mich nichts mehr verblüffen. Immerhin läßt der Jahresumsatz von Coca-Cola das Sozialprodukt vieler Länder hinter sich, in denen das Getränk abgefüllt und verkauft wird. Wie der schillernde Harrison Jones einst sagte: »The Coca-Cola-Company ist wie das Hinterteil des Elefanten. Man wirft einen

Stein in irgendeine Richtung und trifft ihn wahrscheinlich.«
Oder wie James G. Peek mir im April 1992 in einem Brief
schrieb: »Coca-Cola ist dauerhafter, weniger verletzlich und
mehr zur Selbstkorrektur fähig als das Römische Reich.
Dieses Produkt ist dazu bestimmt, die USA zu überleben.«
Und The Coca-Cola-Company ist, abgesehen von den Kontroversen über Ernährung, Kultur, Werbung und Politik,
eine nutzbringende Kraft in der Welt gewesen.

Selbst wenn bei Coke in erster Linie aufgrund von Be-
sorgnissen wegen seines Images gehandelt wird, so sorgen
die Firma und ihre Abfüllwerke doch stets für frisches, sauberes Wasser (oder Erfrischungsgetränke), wenn Naturkata-
strophen – Erdbeben, Wirbelstürme, Überschwemmungen,
Brände, Hungersnöte – zuschlagen. Die Firma unterstützt
innovative Ausbildungsprogramme in den Vereinigten Staaten und anderswo, und niemand könnte die Summe phil-
anthropischer Großzügigkeit, die direkt oder indirekt auf
Coca-Cola zurückgeht, errechnen. Neben der Firmenstif-
tung speisen sich die gigantischen Summen für das öffentliche Wohl aus dem Vermögen von Woodruff, Whitehead, Lupton, Thomas und Bradley, nicht zu reden von den
unzähligen lokalen Wohltätigkeitsspenden amerikanischer
und ausländischer Abfüller. Robert Woodruff bemerkte
richtig, daß jeder, der das magische Getränk berühre, Geld
verdienen werde – und zum Glück wurde eine ganze
Menge davon klug ausgegeben, vor allem im Zentrum
Atlantas.

Einer meiner besten Freunde aus den Tagen an der
High-School arbeitet jetzt für The Coca-Cola-Company. Nennen wir ihn David. Er sieht genauso aus wie immer und
scheint auch noch derselbe zu sein, abgesehen von dem
leichten Grau in seinem Haar, und wir sind über die Jahre
hinweg in Verbindung geblieben. Vor kurzem zeigte David
mir Familienfotos, die während eines Urlaubs am Meer aufgenommen worden waren. Auf einem Foto trug er ein
Coca-Cola-T-Shirt und lächelte in die Kamera. »Guter Gott«,
lachte ich. »Du kannst dich nicht einmal im Urlaub davon
lösen, oder?« Auch er lachte, doch dann sagte er einfach:
»Will ich auch nicht.« In diesem Augenblick wurde mir
klar, daß mit meinem Freund eine subtile Verwandlung

stattgefunden hatte. Manche würden es eine Transfusion nennen, bei der sein Blut karamelfarben wurde. Er war wiedergeboren, und obwohl er nie den Versuch unternahm, mich zu bekehren, wußte ich doch, daß er an eine Religion glaubt, die ich immer noch ein bißchen amüsant finde, ein bißchen beunruhigend und letztlich täuschend. Er war ein Coca-Cola-Mann geworden.

Der Anbruch der neunziger Jahre (1990–1992)

Die vorliegende Geschichte sollte mit den achtziger Jahren enden, doch in den zweieinhalb Jahren der neuen Dekade haben dramatische Entwicklungen stattgefunden. Hier folgen nun die Höhepunkte in Kurzfassung:

- Die Coke-Aktie wird 1990 zwei für eine gesplittet und steigt in den nächsten zwei Jahren um mehr als das Doppelte im Preis, was 1992 zu einem weiteren Aktiensplit führt. Was den Marktwert der Aktien betrifft, rückt The Coca-Cola-Company damit zur sechstgrößten Aktiengesellschaft Amerikas auf – während einer schweren weltweiten Konjunkturkrise. Seit 1984 hat die Firma 4,8 Milliarden Dollar für den Rückkauf von 400 Millionen Aktien ausgegeben, die heute 17,5 Milliarden Dollar wert sind. Im Juli 1992 gibt die Firma den Plan bekannt, bis zum Jahr 2000 nochmals 100 Millionen Aktien zurückzukaufen.
- Coke dringt aggressiv nach Ostdeutschland vor, steckt 450 Millionen Dollar in veraltete staatliche Anlagen und verwandelt Exkommunisten in hingebungsvolle Coca-Cola-Männer und -Frauen. Mit der risikoreichen Entscheidung, ihr Getränk zum gleichen Preis in DDR-Mark wie in Westdeutschland zum DM-Preis zu verkaufen, setzte die Coca-Cola-Company darauf, daß sie bei der Wiedervereinigung ihren Profit machen würde. Ein Wirtschaftsanalytiker nannte dieses Vorgehen zu Recht »das Limonadenäquivalent zum Marshallplan«. Die Verkäufe stiegen dabei in zwei Jahren von fast Null auf 1,7 Milliarden Gläser.
- Nach knapp eineinhalb Jahren wird der Superame-

rikaner William Hoffman aus Frankreich abgezogen und kehrt in den Bauch der Firma nach Atlanta zurück. Er hat seine Aufgabe erfüllt und die französische Industrie durcheinandergeschüttelt, wird aber langfristig als zu großer Schleifer angesehen. Der jährliche Pro-Kopf-Verbrauch in Frankreich ist auf 52 Getränke gestiegen.

- Joint-ventures und aggressive Marketingaktionen setzen in Osteuropa ein, wo die Firma bis 1995 die erstaunliche Summe von einer Milliarde Dollar bereitstellt. Big Coke investiert direkt in Polen und Rumänien. Als die Sowjetunion auseinanderfällt, gibt die Firma den Plan für ein ukrainisches Joint-venture bekannt sowie für eine Partnerschaft in Moskau, wo ein Sirupwerk und 2000 Kioske erstellt werden sollen. Coca-Cola Amatil, die riesige australische Abfüllfirma, die zur Hälfte Big Coke gehört, geht nach Österreich, Ungarn und in die Tschechoslowakei sowie nach Indonesien, Papua-Neuguinea und Neuseeland.

- Coke kehrt in jedes Land zurück, in dem die Zustände ein bißchen stabiler wirken. Nachdem die Kämpfe nahezu aufgehört haben, wagt Coke nun in Afghanistan einen Neuanfang. Als das repressive marxistische Regime in Äthiopien gestürzt wird, tauchen Coca-Cola-Männer in Addis Abeba auf und machen genauso Geschäfte mit den siegreichen Rebellen, wie sie es schon mit der alten Regierung taten. Bald darauf ist das Erfrischungsgetränk auch in dem neugegründeten Staat Eritrea erhältlich. Nach fünfjähriger, durch den Bürgerkrieg verursachter Abwesenheit erscheint Coke auch in Angola von neuem.

- Die Sun Trust Bank (Nachfolgerin der Trust Company of Georgia) besitzt noch immer Coca-Cola-Aktien (die ursprünglich mit 110 000 Dollar bewertet waren), die sie als Teil des 1919 von Ernest Woodruff eingefädelten Kaufs durch das Syndikat erhielt – heute sind sie eine Milliarde Dollar wert.

- Das World of Coca-Cola-Museum wird 1990 eröffnet und lockt seitdem – wie ausgelaufener Coke-Sirup die Bienen – pro Jahr mehr als eine Million Besucher aus allen

Ländern der Welt an (Eintrittspreis für Erwachsene 2,50 Dollar und für Kinder 1,50 Dollar). Die Touristen schlürfen die hygienisch reine Version der Coke-Geschichte und können sich beim Probieren der Vielzahl seltsamer Geschmacksrichtungen der Firma Bauchschmerzen holen. Am besten: Fanta-Pfirsich aus Botswana. Am abscheulichsten: Beverly aus Italien. Typische Kommentare lauten:

»Großartig! Die Disney-Welt von Coke.«

»Es war das beste Museum, das ich seit langem gesehen habe. Es weckte eine Menge Erinnerungen.«

Allerdings hört man auch miesepetrige Einschätzungen wie: »Eintritt zu bezahlen, um dann Werbung zu sehen, ist eine Beleidigung für die internationale Gemeinschaft. Wieder mißbraucht Coca-Cola die Öffentlichkeit und beutet sie aus. SCHANDE!!!«

Wahrscheinlicher Standort für ein zweites Museum: Tokio.

- Coca-Cola Fifth Avenue wird in New York City eröffnet und verkauft Kleidung, Spielzeug und Memorabilia mit dem Coke-Logo. Einkaufsbummler und Touristen im Big Apple lieben das Geschäft, doch Big Coke will damit eigentlich nicht unbedingt Gewinn machen. Der Laden ist »dreidimensionale Werbung«, sagt ein Coke-Mann. »Hineingehen. Das Produkt betrachten. Seine Geschichte sehen. Es anfassen. Ein Stück davon mit nach Hause nehmen.«

- Coke erlaubt einem Tapetenhersteller, seine alte Werbung zu benutzen. Bald werden die im Badezimmer Erleichterung Suchenden im ganzen Land lesen: »Zing! What a Feeling!« sowie andere in die Jahre gekommene Coke-Ermahnungen.

- Coke erhält endlich die Exklusivrechte für das Shea-Stadium der Mets. Jetzt ist als einziges großes Ligastadion ohne Coke nur noch Wrigley Field in Chicago übriggeblieben.

- Eine neue Werbetafel am Times Square zeigt eine über einen Meter große Coke-Flasche, die sich mit Hilfe von sechzig Meilen Fiberglas-Röhren, einer Meile Neon und 13 000 Glühlampen in jedem Zyklus selbst öffnet, einem riesigen unsichtbaren Mund – vielleicht Gott? – einen Strohhalm anbietet und sich selbst leert.

- Laut *Harper's Index* kostet eine Coca-Cola-Dose zweimal soviel wie das darin enthaltene Getränk.
- Coke luchst Pepsi den Großkunden Burger King ab, verliert allerdings Marriott, als sich die Soft-Drink-Firma aus Atlanta weigert, der in Schwierigkeiten steckenden Hotelkette ein Darlehen über 100 Millionen Dollar zu niedrigem Zins zu gewähren. Pepsi springt in die Bresche und ist offenbar zu dem Kredit bereit, um Punkte im Gastronomiekrieg zu sammeln. Coke hält jedenfalls weiterhin beeindruckende 63 Prozent des amerikanischen Post-Mix-Marktes.
- Coke taucht Asien mit seinen Werbeaktionen, Sportverbindungen und kulturellen Veranstaltungen noch immer in Coca-Cola-Rot. In Taiwan übt die weltgrößte aufblasbare Coke-Flasche – sie ist 25 Meter hoch – auf Tausende von Touristen ihre Anziehungskraft aus, während die Niederlassung auf den Philippinen eine Verkaufsaktion startet (»Bukas, Inom, Sarap Manalo!« oder »Öffnen, Tanken, Gewinnen ist ein großartiges Gefühl!«). In Singapur sponsert Coke die Leichtathletikmeisterschaften, während in Japan die Zuschauermassen die rotgekleideten »Coca-Cola-Rennköniginnen« bei einem achtstündigen Motorradrennen beäugen. Coke unterstützt die Sänger Mahjabeen Qazalbash in Pakistan und Sohan Weersinge in Sri Lanka.
- Nach dem Massaker auf dem Tiananmen-Platz im Jahr 1989 verkauft Coke weiter sein Getränk, wo immer sich durstige Chinesen – seien sie nun Unterdrückte oder Unterdrücker – versammeln. In einer Verkaufsaktion bringt die Firma Polizisten aus Schanghai dazu, Gratis-Cokes anstelle von Strafzetteln unter den städtischen Busfahrern zu verteilen. Trotz der Gerüchte, daß das Erfrischungsgetränk mit abhängig machenden Drogen versetzt sei und impotent mache, wächst sein Markt. Jährlicher Pro-Kopf Verbrauch: ein Getränk.
- Ganz Lateinamerika öffnet sich Coke, als die Handelsschranken und Regierungskontrollen fallen, wodurch höhere Preise und größere Verpackungsgrößen möglich

werden. Mexiko ist ein Riesenmarkt mit einem Pro-Kopf-Verbrauch von 273 Getränken und steht damit an zweiter Stelle knapp hinter den Vereinigten Staaten (296 Getränke). Als die Sandinisten in Nicaragua abgewählt werden, taucht Coke auch hier wieder auf. In Guatemala herrscht in der jetzigen Abfüllfirma relativer Frieden, wenn auch mehrere Coke-Arbeiter, die politisch engagiert sind, bedroht, verprügelt und ermordet worden sind.

- Eine neue 57stöckige Abfüllfirma, die höchste der Welt, wächst in Hongkong in die Höhe, wo sich Coke von der bevorstehenden Übernahme durch die Chinesen nicht beunruhigen läßt.

- Der Boykott der Araber endet offiziell, aber die Abfüllrechte in Saudi-Arabien werden zum Zankapfel in einem vor Gericht ausgetragenen Familienstreit, und der Wiedereintritt auf dem Markt verzögert sich.

- Die Operation Wüstensturm beginnt. Coke versucht, daraus Kapital zu schlagen, indem es seine blöde Superbowl-Werbung zugunsten einer nüchternen Botschaft über den Krieg am Golf zurückzieht, doch die bierseligen Zuschauer fühlen sich durch den moralisierenden Ton nur beleidigt. Coke, frustriert über Pepsis Vordringen in Saudi-Arabien, schickt Kühllaster mit 20 000 Kästen Gratisgetränken quer durch die Wüste, die von Militär eskortiert werden. Coke heuert Fotografen an, die ungestellte Fotos von Soldaten schießen sollen, die gerade das uramerikanische Getränk kippen, und sponsert auch USO-Programme. »Stormin'« Norman Schwarzkopf gewinnt den Krieg für Pepsi, als er für alle am Fernsehschirm sichtbar eine Dose Diät-Pepsi in der Hand hält, während er den Waffenstillstand unterzeichnet.

- Wann immer Terroristen gegen Amerika protestieren, halten sie Abfüllanlagen von Coca-Cola für eine verlockende symbolträchtige Zielscheibe. Während der Operation Wüstensturm fackeln sie einen deutschen Coke-Lkw ab, während die Sicherheitsvorkehrungen in der Zentrale an der North Avenue in Atlanta drastisch verschärft werden. Würde der Coca-Cola-Turm in die Luft gejagt, so stünde das unzweifelhaft weltweit in den Schlagzeilen, doch im sonnigen Süden läßt sich kein einziger irakischer Terrorist sehen. Auf den Philippinen jedoch beschädigt im Zuge der gewalttätigen Ausschreitungen gegen Corazon Aquino eine Bombe eine Coke-Abfüllanlage.

- Goizueta und Keough beschließen offenbar, daß die Dinge besser mit den Republikanern laufen, solange diese an der Macht sind. Goizueta schließt sich dem »Points of fight«-Ausschuß von George Bush an und verkehrt mit Bush und Lech Walesa auf du und du im Weißen Haus. Als der Südstaatler Bill Clinton kurz vor dem Einzug ins Weiße Haus steht, entdeckt die Firma allerdings rasch wieder ihre traditionelle Bindung an die Demokraten. Im Dezember 1992 reist Goizueta nach Little Rock zur Wirtschaftskonferenz mit Clinton.

- Wenn man sein Gehalt, seinen Besitz an nicht freiverkäuflichen Aktien und andere Sozialleistungen zusammenzählt, verdient Roberto Goizueta 1991 86 Millionen Dollar. Als die überzogenen Gehälter der amerikanischen CEOs während der Rezession angegriffen wurden, füllte Goizuetas Gehalt landesweit die Schlagzeilen auf den Titelseiten, doch seine Bewunderer erwiderten darauf, daß er es verdient habe – wenn der Aktienwert nicht gestiegen wäre, hätte er nicht so viel Geld bekommen. Keough, der nur 38,5 Millionen Dollar erhält, muß sich vergleichsweise arm vorkommen.* Bei einer Rede auf einer Tagung der Soft-Drink-Branche spielt er sarkastisch auf die Nöte des Heimatlosen an. »Ich sagte zu [meiner Frau]

---

* Goizuetas Grundgehalt betrug nur knapp über eine Million Dollar, dazu kamen noch Prämien und Anreizleistungen in Höhe von vier Millionen Dollar. 1991 erhielt Goizueta eine Million nicht frei verkäufliche Aktien unter der Bedingung, daß er bis 1996 Coke-CEO bliebe. Die Aktien waren bei einem Durchschnittspreis von 59 Dollar je Stück 1991 63,5 Millionen Dollar wert. Bis März 1992, als das Thema in die Schlagzeilen kam, waren sie auf mehr als 81 Millionen Dollar gestiegen. Keoughs Grundgehalt betrug 925 000 Dollar, doch auch er erhielt Aktienoptionen zum Preis von 56 Dollar das Stück im Wert von 1,5 Millionen. Ende März 1992 waren diese nicht wahrgenommenen Optionen 37,5 Millionen Dollar wert.

Mickie, wir sollten uns Schlafsäcke und Blechtassen besorgen und sofort die Feuerroste auf der Seventh Avenue ausprobieren.«

- Die Politiker in Washington geraten in große Schwierigkeiten, als zahlreiche Nebeneinkünfte, wie etwa unbegrenzte Überziehungskredite, öffentlich bekannt werden. Niemand hat jedoch gegen die seit langem bestehende Tradition der wöchentlichen Lieferung von Gratiskästen Coca-Cola und Erdnüssen für die Kongreßabgeordneten aus Georgia etwas einzuwenden – wodurch sie einem Hang des Südens frönen können, peanut-stuffed Coke.

- Das Verbrauchertelefon von Coke verzeichnet jeden Monat rund 20 000 Anrufe. Manche machen der Firma Komplimente für Paula Abduls Kleidung in einer Werbung; andere wollen Informationen zu einer CD-Aktion. Tierschützer beschweren sich darüber, daß Coke Rodeos sponsert. Einige des Winters müde Leute aus Alaska rufen nur an, um den Akzent des Südens zu hören und über das Wetter zu plaudern. Eine interne Untersuchung belegt, daß zufriedene Konsumenten vier oder fünf anderen Menschen mitteilen, wie nett doch die Leute von Coke seien. Verärgerte Verbraucher beschweren sich gegenüber doppelt so vielen Bekannten.

- Die Spezialisten für Warenschutzrecht von Coca-Cola erbringen den Beweis, daß sie so mäkelsüchtig wie eh und je sind, als sie ein Restaurant in Los Angeles mit dem Namen Cocola wegen Verletzung der Schutzmarke verklagen. Die verblüfften Besitzer fügen sich und ändern den Namen in Boyd Street Grill, wobei sie erklärend hinzufügen, daß Cocola ein italienisches Kosewort sei. Das Restaurant schenkt nur R. C. Cola aus.

- In Japan startet die Firma eine neue Kampagne, die dem ehrwürdigen Konzept »Die Pause, die erfrischt« folgt, um die hart arbeitenden japanischen Erwachsenen zu überzeugen, daß Coca-Cola sie entspannen und für weitere Leistung stärken kann. Die Werbung sollte die stark gestreßte, gegängelte Arbeiterschaft ansprechen. Da die hart arbeitenden Japaner aber vielleicht etwas gegen eine »Pause« haben könnten, heißt der neue Slogan »Der Augenblick, der erfrischt«. Zu den bizarren neuen Richtungen der Firma zählen: VegitaBeta und Bonaqa.

- Coke light geht in dem Werbekrieg, der Berühmtheiten einspannt, einen Schritt weiter und exhumiert Humphrey Bogart, Jaines Cagney und Louis Armstrong, die in einem Spot für Coca-Cola light auftreten. Die toten Stars sind nicht nur koloriert, sie benehmen sich auch wie lebendige Schauspieler. In Betracht gezogen werden ferner: Marilyn Monroe (allzu traurig), Ingrid Bergman (die Erben erlauben es nicht) und Lauren Bacall (allzu lebendig). Einige Monate später tritt Paula Abdul in einem Folgespot auf, wo sie mit Gene Kelly und Groucho Marx tanzt und mit Cary Grant flirtet.

- Der frühere musikalische Chef von New Kids on the Block enthüllt, daß sie nur selten auf ihren eigenen Einspielungen zu hören sind und für ihren Coca-Cola-Spot von 1990 überhaupt nicht selbst sangen, der von McCann-Erickson und, passenderweise, Propaganda Films koproduziert wurde.

- Roger Mosconi kehrt zu Interpublic zurück und filmt unter Verwendung von *Indiana Jones* einen raffinierten Spot für Diät-Coke, in dem eine Hausfrau, die nach einem Coke light greift, beinahe in einem Küchenschlund voller Schlangen verschwindet und von einem wie Harrison Ford aussehenden Schauspieler gerettet wird. Kosten: lausige 800 000 Dollar. 1992 verläßt Mosconi die Welt der Werbung, um nur noch richtige Filmdrehbücher zu schreiben.

- Der sogenannte »Checkout Channel« von CNN hat an den Kassenbändern in Supermärkten Premiere. Hauptwerbekunde: Coca-Cola, womit es noch in eine weitere Nische unseres Alltags eindringt. Am gleichen Standort, wo die Langeweile zu Impulsivkäufen verleitet, installiert Coke den Fastlane-Automaten für kalte Getränke, in dem auch Kaugummi- und Bonbonfächer eingebaut sind. In anderen Supermärkten strahlen Videobildschirme, die auf den Regalwegweisern montiert sind, Coke-Specials an geeigneten Durchgängen aus.

- Als durch die Rezession der Etat der De-Kalb-Kreisschule gefährdet wird, bezahlt ein einfallsreicher Verkaufsmann der Schulbehörde von Georgia 300 000 Dollar im Jahr für Videomonitore in den Schulkorridoren (strategisch günstig über den öffentlichen Telefonen plaziert). Hauptwerbekunde: Coca-Cola, das so einen neuen Weg in die Schulen findet. Ein Englischprofessor aus dem Mittleren Westen schlägt sarkastisch vor, doch gleich Platz in den Unterrichtsräumen der Colleges zu verkaufen: »Man könnte ein Coca-Cola-Logo oben auf den Tafeln anbringen und damit ein nettes Sümmchen verdienen.«

- Coke wendet im Jahr eine Milliarde Dollar für weltweite Werbung auf – doch das ist nur ein Viertel des gesamten Marketingbudgets. Mit der Gesamtsumme von vier Milliarden Dollar werden auch das Sportsponsoring, besondere Ereignisse, Verkaufsförderungsaktionen, Gutscheine, Fesselballons und alles, was man sich sonst nur vorstellen kann, finanziert.

- Coke testet ein Kabelfernsehsystem, bei dem die Zuschauer sich während des *Monday Night Football* die Kameraeinstellungen selbst aussuchen und auch kontrollieren können, wann (aber nicht wie viele) Spots kommen. Könnte uns in der Zukunft »Wählen Sie ihren Lieblings-Coke-Spot« blühen? Pepsi führt seine ungezogenen, komischen und geschmacklosen Attacken gegen Coke fort und stellt es als dumpfes Getränk für alte Spießer hin. Der Rocker M. C. Hammer kippt Coke und bricht in eine kitschige Verkündung von »Gefühlen« aus. Als Pepsi zufällig in ein Altersheim kommt, tanzen die alten Säufer herum und sagen »Eindrucksvoll«, während die jungen Betreuer, die Coke bekommen, gedämpft Bingo spielen.

- Als Rache läßt Coke Jerry Hall auftreten, die Lebensgefährtin von Mick Jagger, die vorgeblich auf den Rockstar dreinschlägt. »Das war es, Süßer«, sagt die Hall. »Ich verlasse dich. Mir ist es egal, wie cool oder wie sanft du zu sein meinst oder wie viele Generationen dich deiner Meinung nach bewundern. Du erregst mich einfach nicht mehr. Und hör mit dieser alten klebrig-süßen Geschichte auf«, Natürlich spricht sie in Wirklichkeit über Pepsi, das sie zugunsten von Coke light verläßt. In ähnlichen Spots treten Chris Evert, die *Cosby-Show*-Darstellerin Phylicia Rashad und Vanna White von *Wheel of Fortune* auf.

- »You've Got the Right One, Baby«-Spots von Ray Charles für Diät-Pepsi bringen Leben in die heimische Bude, wenn ein Chor verführerischer schwarzer Frauen »Uh-huh« echot. Den Coke-Beschäftigten in der Konzernzentrale wird es untersagt, diese Form der Beipflichtung zu äußern. Nichtsdestotrotz bleibt der Umsatz vom Diät-Pepsi schwach, und Coke hat Ende 1991 am US-Markt einen Anteil von 41 Prozent im Vergleich zu Pepsis 32,8 Prozent.

- Der Marktanteil von Cokes Minute Maid ist kaum größer als der von Tropicana, das selbst wiederum durch schlechte Einkaufsentscheidungen und andere Managementkatastrophen in Nöten ist. Moral: Orangensaft macht im Vergleich zu Cola einen Haufen Schwierigkeiten.

- Die erste wirklich weltweit gleiche Werbung für Coke hat auf CNN Premiere, dem weltweiten Nachrichtensender, der passenderweise in Atlanta ansässig ist. Anders als die Schemawerbung erfordern diese Spots keine Änderung oder anderssprachigen Überspielungen. Peter Sealey, der nach seinem Aufenthalt in Hollywood wieder nach Atlanta geholt wurde, leitet das globale Marketing und heuert den Superagenten Mike Ovitz aus Los Angeles und seine Creative Artists Agency (CAA) als Berater an. Don Keough staucht die Führungsmannschaft von McCann-Erickson anläßlich einer Tagung im Juli 1991 zusammen und nennt die Coke-Spots eine »Peinlichkeit«. Bis zum Sommer 1992 rettet der Werbeveteran John Bergin von McCann anscheinend die Agentur mit einem brillanten neuen Thema und einem Text, in dem der eigentliche Kern von Coca-Cola von neuem beschworen wird: »Immer da/Immer neu/Immer echt/Immer du.« Doch bei einer Präsentationssitzung im Herbst 1992 schnappt sich CAA Bergins »Immer«-Thema, das unter der Regie von Francis Ford Coppola (*Der Pate*), Rob Reiner (*Harry und Sally*), John Falsey und Joshua Brand (*Northern Exposure*), Richard Donner (*Lethal Weapon*) und Sidney Lumet (*Network*) und anderen hergestellt werden soll, und marschiert mit dem Großteil des Etats für 1993 davon. Ein verbitterter Bergin kann keine Spur seines Textes oder seiner Vorstellung wiederentdecken und jammert, daß die Versuche einer »globalen« Werbung ein nationales Publikum nicht anzupeilen vermögen.

- In Amerika wird Coke mittlerweile überwiegend in zwei Liter fassenden PET-Kunststoffbehältern verkauft, und die Firma arbeitet noch immer intensiv gegen Abfallbeseitigungsgesetze. Um sich nicht dem Zorn der Umweltschützer auszusetzen, treibt die Firma Recyclingbemühungen voran. Liebhaber der Vogel- und Meereswelt protestieren gegen Sechserpacktragebügel aus Kunststoff, da diese die Tierwelt schädigen würden, deshalb verwendet die Firma sogenannte lichtabhängige Tragebügel mit perforierten Aufreißbändern.

- Die kränkelnde CCE, die gigantische Abfüllfirma, die zur Hälfte Big Coke gehört, schrieb im letzten Quartal 1991 125 Millionen Dollar Verlust, als sie mit dem zweitgrößten Abfüller fusionierte, der Johnston Group, womit CCE nun 55 Prozent des amerikanischen Abfüllgeschäfts von Coke kontrolliert. Das bedeutet auch, daß CCE noch mehr Schulden hat – insgesamt vier Milliarden Dollar. Brian Dyson kündigt, als Summerfield »Skey« Johnston die Führung übernimmt und Henry Schimberg, sein toller Stellvertreter, in hemdsärmeligem Stil zu regieren beginnt, während eine Gruppe verärgerter Investoren gegen die Fusion klagt.

- Coke ändert die Rezeptur der 25 Jahre alten Fresca (die einen vernachlässigbaren Anteil von 0,3 Prozent am Soft-Drink-Markt der USA hält) und vermarktet sie in einer ausgefallenen Flasche, die die unter »New Age« laufenden Pseudogesundheitsgetränke imitiert. Außerdem führt die Firma Nordic Mist ein, eine glatte Nachahmung des populären Clear Canadian.

- Colas unter dem Handelsnamen von Supermarktketten gewinnen an Popularität und erringen acht Prozent Marktanteil in Amerika. Ein Geschmackstest der Zeitschrift *Consumer Reports* belegt, daß die eine Cola so ziemlich wie die andere ist. Viele Branchenkenner meinen, daß ein Jahrzehnt der Preiskämpfe zwischen Coke und Pepsi die Markenloyalität zerstört und die Getränke von imagereichen Elixieren in reine Gebrauchsgüter verwandelt habe, die gekauft werden, wenn sie gerade im Sonderangebot sind. Warum soll man also Wegmans W POP oder Walmarts American Choice nicht kaufen, wenn sie billiger sind und genauso gut schmecken?

- Coke verkündet ein Joint-venture mit dem Schweizer Multi Nestlé – die perfekte Partnerschaft zwischen der starken Kaffee- und Teemarke Nestlé und dem Marketing- und Vertriebssystem von Coke. Coke hofft, den Erfolg, den sein Georgia Coffee in Japan erzielte, in anderen Ländern wiederholen zu können, und startet mit gefriergetrocknetem Nescafé in Südkorea, während es Nestlé Iced Tea in Amerika einführt.

- Richter Farnan gibt in den E-Town- und Diät-Coke-Prozessen eine Entscheidung bekannt, mit der die Firma glücklicher ist als die abtrünnigen Abfüller. Farnan entscheidet, daß Coke light nicht im Original-Coca-Cola-Vertrag abgedeckt sei, jedoch in der Änderung von 1978. Die Firma müsse für die Zeit, als sie für den Fruktosesirup zu hohe Preise verlangte, eine Vergütung leisten. Der Gerichtsentscheid würde Big Coke rund zwanzig Millionen Dollar kosten, wesentlich weniger als die achtzig Millionen, die Bondurant und Schmidt haben wollen, und könnte für die Zukunft eine flexible Preisfestsetzung für Coke light sichern. Beide Seiten haben Berufung eingelegt.

- Nelson Mandela, aus dem Gefängnis entlassen und auf einer Amerikareise, lehnt Hilfsangebote seitens Coca-Colas schroff ab. Später kann sich Mandela jedoch mit Coke anfreunden und drängt den African National Congress (ANC), den Boykott einzustellen.

Die heilige Formel

Als ich daranging, eine umfassende Geschichte von Coca-Cola zu schreiben, hatte ich keine Ahnung, daß ich über die Originalformel stolpern würde, vor allem nicht im Innern der Firma selbst. Immerhin war es das bestgehütete Wirtschaftsgeheimnis der Welt, und die Firma hatte sich bereits trotz zweier richterlicher Anordnungen geweigert, es zu enthüllen. 1977 zog sich die Firma lieber aus Indien zurück, als die heilige Formel der darauf bestehenden Regierung auszuhändigen. Doch mir ist anscheinend das Unmögliche gelungen. Eines Tages brachte Phil Mooney, der Archivar, eine Akte mit losen, vergilbten und eingerissenen Blättern an, die jemand liebevoll ausgebessert und in Kunststoff-Folie gelegt hatte. Er erklärte, dies seien die Überreste von John Pembertons Rezeptbuch, die der Firma in den vierziger Jahren überlassen worden seien.

Ich kannte bereits die Geschichte dieses Rezeptbuchs.[1] Als junger Mann hatte John P. Turner seine Heimatstadt Columbus, Georgia, verlassen und bei John Pemberton in dessen letzten Lebensjahren eine Lehre absolviert.[2] Nach Pembertons Tod nahm Turner das Buch mit nach Columbus, wo er viele Jahre als Apotheker arbeitete. 1943 zeigte Turners Sohn das Buch einem Mitglied des Verwaltungsrats von Coca-Cola und schlug eine Seite auf, auf der *die* Formel stand. Das Mitglied des Verwaltungsrats überredete den Turner-Erben, ihm das Buch zu geben. »Mein Gott!« rief Harrison Jones, der Vorsitzende, aus, als er die Formel sah. »Wo haben Sie das her?« Danach hat niemand mehr das Buch zu Gesicht bekommen.

Die Akte, die ich in den Coca-Cola-Archiven erhielt, besagte, daß dies das »Aufzeichnungs- und Rezeptbuch [sei], das Dr. J. S. Pemberton gehörte, während er in Columbus Drogist war«, doch das ist mit fast hundertprozentiger Si-

cherheit nicht richtig, denn in einem Rezept für eine Selle-
rie-Cola wird Coca-Cola namentlich als Ingredienz aufgeführt, womit es unweigerlich ins Jahr 1888 verlegt werden
muß, denn an diesem Getränk hat Pemberton zum Zeitpunkt seines Todes gearbeitet. Mein Herz raste, als ich vorsichtig die erhaltenen Seiten durchblätterte, doch ich ging
natürlich davon aus, daß die Firma die entscheidende Aufzeichnung irgendwo in einem Safe versteckt hielt. Folglich
war ich erstaunt, auf etwas zu stoßen, das anscheinend
eine Formel für Coca-Cola war, auch wenn es keinen Titel
gab, abgesehen von einem »X« am oberen Seitenrand:

Zitrat-Koffein	1 Unze*
Vanille-Extr.	1 Unze
Essenzen	2 $^1/_2$ Unzen
F. E. Coco	4 Unzen
Zitronensäure	3 Unzen
Limonellensaft	1 Quart**
Zucker	30 lbs***
Wasser	2 $^1/_2$ Gallonen****
Karamel in ausreichender Menge	

Koffeinsäure und Limonellensaft in 1 Quart kochendem
Wasser mischen, Vanille und Essenzen zusetzen, sobald es
abgekühlt ist.

Essenzen

Orangenöl	80
Limonenöl	120
Muskatnußöl	40
Zimtöl	40
Korianderöl	20
Neroliöl	40
Alkohol	1 Quart

24 Stunden ziehen lassen.

---

*	1 Unze = 28,35 Gramm
**	1 Quart = 1,136 Liter
***	1 lb (Pound) = 453,6 Gramm
****	1 Gallone = 3,78 Liter

Der Abschnitt »Essenzen« ist offensichtlich der »7X«-Anteil der Formel, obwohl es nur sechs Ingredienzien (wenn man den Alkohol nicht mitrechnet) gab. Vielleicht fügte er den Essenzen später Vanille als siebten Bestandteil hinzu. »F. E. Coco« bedeutet Flüssigextrakt von Koka, doch Kolanüsse werden nicht erwähnt[3], nur »Zitrat-Koffein«. Pemberton bezog mit ziemlicher Sicherheit sein Koffein von Merck in Darmstadt, da er die Firma lobte, eine anderen überlegene Sorte des Stimulans aus Kolanüssen herzustellen.

Ich fotokopierte das Dokument, doch ich konnte einfach nicht glauben, daß mir irgend jemand aus der Firma die Originalformel aushändigen würde. Bestimmt handelte es sich um einen Vorläufer des »Real Thing«. Dann wurde mir unerwartet bestätigt, daß ich über etwas weitaus Wertvolleres gestolpert war, als ich wußte. Während des Interviews mit Mladin Zarubica, dem Technischen Beobachter, der für den sowjetischen General Schukow »weiße Coke« herstellte, erwähnte ich, daß ich eine Formel besäße. »Oh, wirklich?« sagte er. »Ich auch. Die Firma gab mir eine, als ich für Schukow die Farbe rausnehmen mußte. Wollen Sie sie sehen?« Das wollte ich in der Tat. Als die Fotokopien seines Schriftwechsels vom 4. Januar 1947 ankamen, enthielten sie *genau dieselbe Formel,* die ich in den Archiven gefunden hatte – dieselben Mengen, dasselbe Format, selbst denselben Schreibfehler bei »F. E. Coco«. Der einzige Unterschied bestand darin, daß Zarubicas Formel unvollständig war, dort fehlten die beiden letzten Ingredienzien von 7X (Koriander und Neroli). Es hatte den Anschein, als habe es ihnen widerstrebt, die komplette Formel herauszugeben, und als hätten sie sie als Vorsichtsmaßnahme auf diese Weise geändert.

Ich war verblüfft. Ich war nicht nur tief im Innern der Firma in den Besitz von Pembertons Originalformel gelangt, sondern sie hatte offensichtlich mindestens sechzig Jahre unverändert überlebt, nachdem der Erfinder sie auf diesem säurezerfressenen Blatt niedergeschrieben hatte. Das war allerdings ein echtes Rätsel. Das widersprach der Behauptung von Howard Candler, sein Vater, Asa, habe die Art, wie Coca-Cola hergestellt wurde, tiefgreifend verändert. Und warum wurde in Zarubicas Formel nicht das *ent-*

kokainisierte Kokablatt erwähnt oder die Tatsache, daß die Firma nicht mehr Zitronensäure, sondern Phosphorsäure benutzte? Oder daß man den Anteil von Koffein reduziert hatte? Und das war nicht die einzige Änderung an der Formel. Der alte Asa hatte angeblich auch am 7X herumgespielt.[4] Im Lauf der Jahre gab es auch Veränderungen hinsichtlich der Menge und Art des Süßstoffes.

Es sieht so aus, daß das Mysterium um die Formel weiterbesteht, selbst wenn die Originalingredienzien und -mengen bekannt sind. Meine Schlußfolgerung lautet: Die Firma gab Mladin Zarubica gar nicht die *damals,* 1947, verwendete Formel für Coca-Cola – nicht einmal eine Teilversion. Statt dessen erhielt Zarubica eine verstümmelte Version der *Original*formel, was seinem Chemiker reichte, um herauszufinden, wie er braunes Coke weiß machen konnte. Das Rätsel, warum die Firma mir die Formel in ihren eigenen Archiven aushändigte, bleibt bestehen. Ich kann nur vermuten, daß es noch ein anderes, eindeutig etikettiertes Coca-Cola-Rezept in dem Turner-Buch gab, das man versteckt hat, daß aber niemand die restlichen Formeln genau geprüft hat und die »X«-Varietät durchschlüpfte.

*

In seinem 1983 erschienenen Buch *Big Secrets* (Große Geheimnisse) druckte William Poundstone *seine* Version der Rezeptur ab, eine recht genaue Annäherung an die augenblickliche Mixtur.[5] Für eine Gallone braucht man:

Zucker:	2400 Gramm, in gerade genug Wasser aufzulösen
Karamel:	37 Gramm
Koffein:	3,1 Gramm
Phosphorsäure:	11 Gramm
Entkokainisiertes Kokablatt:	1,1 Gramm
Kolanüsse:	0,37 Gramm

Kokablatt und Kolanüsse in 22 Gramm zwanzigprozentigem Alkohol tränken, dann filtern und die Flüssigkeit dem Sirup zusetzen:

Limonellensaft:	30 Gramm
Glyzerin:	19 Gramm
Vanille-Extrakt:	1,5 Gramm

7X-Essenzen:

Orangenöl:	0,47 Gramm
Limonenöl:	0,88 Gramm
Muskatöl:	0,07 Gramm
Kassia(chinesisches Zimt-)öl:	0,20 Gramm
Korianderöl:	eine Spur
Neroliöl:	eine Spur
Limonellenöl:	0,27 Gramm

Mit 4,9 Gramm 95prozentigem Alkohol mischen, 2,7 Gramm Wasser zufügen, 24 Stunden bei ca. 15 Grad Celsius ziehen lassen. Eine trübe Schicht fällt aus. Den klaren Teil der Flüssigkeit nehmen und dem Sirup zufügen.

Ausreichend Wasser für 1 Gallone Sirup auffüllen. Eine Unze Sirup mit kohlensäurehaltigem Wasser mischen, so daß 6,5 Unzen Flüssigkeit entstehen.

Poundstone und mehrere andere Quellen behaupten, daß auch Lavendelöl zu der Formel gehören könne, und eine junge Spezialistin aus der Technischen Abteilung, mit der ich zusammen im Aufzug fuhr, stimmte dem zu. Sie war gerade aus Grasse zurückgekehrt, wo seit Jahrhunderten französische Experten zahlreiche Ölessenzen extrahieren – einschließlich Neroli (das aus einer Varietät von Orangenblüten gewonnen wird) und Lavendel.

Die Formel in *Big Secrets* mag zwar nahe dran sein, doch sie stimmt nicht mit der beeideten Zeugenaussage überein, die Dr. Anton Amon,[6] ein Chemiker von Coca-Cola, in einem neueren Gerichtsverfahren abgab. Nach seiner Darstellung braucht man 13,2 Gramm Phosphorsäure für eine Gallone Sirup, nicht 11 Gramm, und 1,86 Gramm Vanille-Extrakt, nicht 1,5. Amon sagt, die Firma setze 91,99 Gramm »gängiges Karamel« zu, also erheblich mehr als Poundstones 37 Gramm. Dennoch sind die Ingredienzien der Formel vermutlich richtig.

Seit Asa Candler hat nie jemand in der Firma die Ingredienzien beim Namen genannt. Statt dessen war Zucker »Merchandise #1«; Karamel »Merchandise #2«; Koffein »Merchandise #3«; Phosphorsäure »Merchandise #4«; Kokablatt- und Kolanuß-Extrakt »Merchandise #5«; 7X-Essenzen-Mischung »Merchandise #7«; Vanille »Merchandise #8«. Diese Nomenklatur blieb erhalten, obwohl seit der Ära Candler Nummer 6 und 9 – vielleicht Limonellensaft und Glyzerin – auf der Strecke blieben und vermutlich im 7X oder einem anderen Ingredienz aufgingen.

Auf die Wirkungen des Kokablattes und der Kolanuß bin ich des langen und breiten im vorstehenden Text zu sprechen gekommen, doch die Kräuterkunde, die die anderen Ingredienzien umgibt,[7] ist faszinierend, wenn auch nicht schlüssig, wenn man die winzigen Mengen einer jeden Zutat und die fragwürdige Glaubwürdigkeit alter Quellen in Betracht zieht. Kassia beispielsweise wurde als Heilmittel bei Arthritis, Krebs, Erkältungen, Diabetes, Schwindel, Kropf, Kopfschmerzen und Magenschmerzen angewendet. Muskat bekämpfte während der Schwarzen Pest die Infektion, hat als Stärkungsmittel für die Psyche und als Narkotikum gedient und wird in Indien gegen Ruhr, Blähungen, Malaria, Lepra, Rheumatismus, Ischias und Magenschmerzen verschrieben. Vanille ist abwechselnd ein Aphrodisiakum, ein Stimulans oder ein Krampflösemittel, heilt Hysterie, verhindert Karies und vermindert Blähungen. Ähnliche Auflistungen lassen sich für die anderen Ingredienzien erstellen.

*

Da die Geheimformel erstaunliche Berge Geld eingesprudelt hat, erstaunte es mich nicht, daß niemand in der Firma mit mir über die Ingredienzien des Getränks sprechen wollte. Mit fast allen anderen wurde mir ein Interview gestattet, nur Mauricio Gianturco, den Chef der Technischen Abteilung, durfte ich nicht sehen. Schließlich ließen sie mich Harry Waldrop, den »leitenden Psychometriker oder Luftfeuchtigkeitsmesser« (kein Scherz, so lautet sein Titel), interviewen, der bis vor fünf Jahren im Elitekorps der Geschmackstester tätig war, die Stichproben von Partien Coca-Cola Classic nehmen.

Die Mitarbeiter dieser Abteilung erkennen 7X sowohl am Geruch als auch am Geschmack und können die kleinsten Unterschiede herausfinden, die durch den Alterungsprozeß auftreten. Genau wie manche Weinprüfer einen 1945er Mouton-Rothschild im Mund rollen und ihn dadurch von einem 1946er unterscheiden können, kann Waldrop eine zwei Monate alte Partie Coke-Sirup erschmecken. »Wir alle kennen Geschmack und Aroma des richtigen Stoffes«, sagte Waldrop, »doch das läßt sich nur schwer in Worte fassen. Wenn er danebenliegt, versuchen wir eine Beschreibung.« Die Mitarbeiter können sich zum Beispiel in kleine Gruppen spalten, um eine leicht bittere Note zu diskutieren, die ihnen nicht zusagt. Obwohl alle Ingredienzien sorgfältig abgemessen und mittels Gas-Chromatographie und anderen wissenschaftlichen Apparaturen geprüft werden, glaubt Waldrop nicht, daß ein Computer Menschen bei der Prüfung ersetzen kann. »Eine elektronische Nase könnte die Feinheiten nicht herausfinden«, versicherte er mir.

Auch wenn Wissenschaftler vermutlich die verschiedenen Ingredienzien in Coca-Cola aufdecken können, ja selbst annähernd die enthaltenen Mengen abschätzen können, sind sie, nach Meinung der Firmenangestellten, nicht in der Lage, die präzise Mixtur herzustellen. So unglaublich es klingen mag, es wissen angeblich nur zwei in der Firma aktiv tätige Menschen, wie man 7X anmischt. Das würde bedeuten, daß sie häufig nach Cidra, Puerto Rico, und Drogheda, Irland, fliegen müßten, um den Vorrat in diesen beiden riesigen Konzentratfabriken aufzustocken, die die Bausteine für den Großteil von Coke auf der Welt liefern. Es gibt auch auf der Welt noch andere, kleinere Konzentratwerke. Doch über diese Art Logistik redet man natürlich nicht.

*

Trotz all der Mystik und Paranoia, die die berühmte Formel umweht, klappte eines Tages ein Firmensprecher sein Visier hoch, als ich fragte, was geschehen würde, wenn ich die echte Formel mit expliziten Anweisungen in diesem Buch veröffentlichen würde. Er grinste. »Mark«, sagte er, »nehmen wir an, das ist Ihr Glückstag. Ich habe zufällig eine Kopie dieser Formel hier in meinem Schreibtisch.« Er öffnete die Schublade und gab mir ein Phantomdokument. »Da haben Sie sie. Also, was haben Sie jetzt damit vor?«

»Nun, ich nehme sie in mein Buch auf.«

»Und?«

»Irgend jemand könnte beschließen, The Coca-Cola-Company damit Konkurrenz zu machen.«

»Und wie wollen sie ihr Produkt nennen?«

»Ja gut, sie könnten es nicht Coca-Cola nennen, Sie würden sie verklagen. Sagen wir, sie nennen es Yum-Yum, und sie lassen deutlich durchblicken, ohne daß man sie deshalb belangen könnte, daß Yum-Yum tatsächlich nach der Originalformel von Coca-Cola gemischt wird.«

»Schön. Was nun? Was werden sie dafür verlangen? Wie wollen sie es vertreiben? Wie wollen sie es bewerben? Sie verstehen, worauf ich hinauswill? Wir haben hundert Jahre und unvorstellbare Geldsummen aufgewendet, um den Wert dieses Markennamens aufzubauen. Ohne unsere Einsparungsmöglichkeiten und unser unglaubliches Marketingsystem würde jeder, der unser Produkt zu duplizieren versuchte, auf keinen grünen Zweig kommen, und er müßte es zu teuer verkaufen. Warum sollte jemand plötzlich Yum-Yum kaufen, das wirklich genau Coca-Cola entspricht, aber mehr kostet, wenn er das ›Real Thing‹ überall auf der Welt erstehen kann?«

Darauf fiel mir nichts mehr ein.

Anmerkungen

Abkürzungen

AC	Atlanta Constitution
AGC-Dokumente	Asa-G.-Candler-Dokumente
AJ	Atlanta Journal
AJ/C	Atlanta Journal/Constitution
Bateman & Schaeffer	Privatsammlung William E. Bateman und Randy S. Schaeffer
BD	Beverage Digest
CC-Archive	Archive von The Coca-Cola-Company
CC Bottler	Coca-Cola Bottler
CC Overseas	Coca-Cola Overseas
CHC, *AGC*	Charles-Howard-Candler, *Asa Griggs Candler,* Atlanta 1950
CHC-Dokumente	Charles Howard Candler-Dokumente
Dept. of Justice	Akten des US-Justizministeriums, Anti-Trust-Abteilung, Sektion Prozesse
Dun	Sammlung R. G. Dun & Company
FDA-Akten	Akten der US-Behörde für Lebensmittel und Medikamente
Hartsfield-Dokumente	William-B.-Hartsfield-Dokumente
Hunter-Dokumente	Floyd-Hunter-Dokumente
NA CC Army-Akte	Nationalarchive, Washington, D.C., AGO-Dokument Akte #1239224
NBG	National Bottlers Gazette
NYT	New York Times
Pepsi-Sammlung	Sammlung der Geschichte der Werbung von Pepsi-Cola
RB	Red Barrel
Robinson II	Sammlung Frank Robinson II
RWW-Dokumente	Robert-W.-Woodruff-Dokumente
Sizer-Akte	Korrespondenz von J. B. Sizer
WC-Dokumente	Warren-Candler-Dokumente
WSJ	Wall Street Journal

Prolog

1 Die geschilderte Begebenheit basiert auf Interviews mit Roberto Goizueta, Edith Honeycutt und Joe Jones.
2 Th. Oliver, S. 155 f.

Teil I: Die Anfänge

1 Die angesprochenen Themen stammen aus der *Atlanta Constitution,* zwischen 15. und 19. August 1885.

Kapitel 1: Zeitkapsel: Das goldene Zeitalter der Quäker

1 Joseph L. Morrison, »The Soda Fountain«, *American Heritage,* August 1962, S. 10–19. Wenn nicht anders vermerkt, folgen die Ausführungen zur Geschichte des Limonadenausschanks diesem Artikel.
2 »A Card from Beerman«, *AC,* 8. Juni 1886.

Kapitel 2: Die Gemeinsamkeiten von Sigmund Freud, Papst Leo und John Pemberton

1 Monroe King, »Dr. John S. Pemberton: Originator of Coca-Cola«, *Pharmacy in History,* Bd. 29 (1987), Nr. 2, S. 85–89.
2 Ein Kreditsachbearbeiter von R. G. Dun gab an, Pemberton sei »Graduierter der School of Pharmacy, Philadelphia«. Das Philadelphia College of Pharmacy, die einzige Fachschule, die er besucht haben kann, besitzt jedoch darüber keine Aufzeichnungen. (Georgia, Bd. 13, S. 394, Dun; Michael Ermilio, Archivar am Philadelphia College of Pharmacy and Science, gegenüber Mark Pendergrast am 7. Oktober 1991.)
3 Mary Elberta Lewis Newman, Cliff Pembertons Schwester, war die Großmutter von Mrs. Ernestine Sherman, die in Albany, Georgia, lebte. Der Großteil der persönlichen Erinnerungen an Pemberton stammt aus der Sammlung von Mrs. Sherman.
4 Bericht über das erste Feuer in Georgia, Bd. 13, S. 223, S. 394, Dun, 29. Januar 1874; Bericht über das zweite Feuer in Georgia, Bd. 14, S. 194, Dun, 20. März 1878; s. auch S. 194, 18. November 1878.
5 Handschriftliche Aufzeichnung von Mary Newman Walker in den fünfziger Jahren dieses Jahrhunderts. (Sherman-Sammlung)
6 Wir wissen, daß Pemberton den Artikel 1876 oder als späteren Nachdruck las, da er ihn einem Reporter der *Atlanta Constitution* 1885 zeigte. (»Wonderful Coca, A Plant That Ponce de Leon Should Have Found«, *AC,* 21. Juni 1885)
7 William H. Helfand, »Vin Mariani«, *Pharmacy in History,* Bd. 22 (1980), Nr. 1, S. 1–9. Weitere Quellen in Auswahl: »Contempor-

ary Celebrities and Vin Mariani«, *Harper's Weekly,* 28. Oktober 1893, Bd. 37, S. 1040; Collective Testimony of the Benefit and Virtue of the Famous French Tonic Vin Mariani; Album Mariani (14 Bde., 1886–1910), im Besitz von William Helfand; William Helfand, »An Essay of Coca Wine: An Eyewitness Account«, *Pharmacy in History,* Bd. 30 (1988), Nr. 3, S. 155 f.; »Me Effrontery of Proprietary Medicine Advertisers«, Pamphlet in der Toner-Sammlung, Library of Congress (R112.M458, Nr. 9); W. Golden Mortimer, S. 177–180.

8 In der Anmeldung für den Schutz als Handelsmarke behauptete Pemberton, French Wine Coca seit 1882 herzustellen. Markenpatent Nr. 12,257, »J. S. Pemberton, A Nerve Tonic«, eingetragen am 19. Mai 1885. (Sherman-Sammlung)

9 »Coca Wines of the Market«, *The Druggists Circular and Chemical Gazette,* Februar 1886, S. 3.

10 In Wirklichkeit hat der Vin Mariani vermutlich noch erheblich mehr Kokain enthalten, als der Chemiker feststellte. S. dazu Taylor, S. 16.

11 Undatierte Anzeige für French Wine Coca, CC-Archive.

12 *AJ,* 14. und 18. März 1885.

13 J. C. Mayfield sr., Aussage im Koke-Prozeß, S. 776.

14 A. O. Murphy, Koke-Prozeß, S. 392.

15 Von John Turner. (CC-Archive)

16 Nach Sam Jones aus Kathleen Minnix, »The Atlanta Revivals of Sam Jones, Evangelist of the New South«, *Atlanta History,* Frühj. 1989, S. 5–34.

17 Dokument vom 7. April 1887. (Frank Robinson II)

18 Brief und handschriftliche Notiz von Newman. (Sherman-Sammlung)

19 Charles Howard Candler, »The True Origin of Coca-Cola«, S. 6, CHC-Dokumente.

20 S.S.S., früher bekannt als Swift's Syphilitic Specific, wird noch heute in Atlanta produziert und ist die weltweit älteste noch existierende Patentmedizin – wenn es auch heute ein Geritol-Klon mit zwölf Prozent Alkohol ist. (S.S.S.-Etikett)

21 Lee Talley, »When I Think of the Future«, *CC Bottler,* April 1959, S. 43.

22 Bateman & Schaeffer, »Script Coca-Cola: The First Hundred Years«, *Cola Call,* Februar 1986, S. 6 f., 11 f.

23 Am 28. Juni 1887 geschütztes Coca-Cola-Etikett. (CC-Archive)

24 Als Pemberton im Juli 1887 seinen Lagerbestand verkaufte, listete er Werbemittel im Wert von 69,25 Dollar auf. Davon ausgehend, daß er und Robinson bereits viele solcher Schilder unters Volk gebracht hatten, und unter Berücksichtigung der Kosten für die sporadischen Zeitungsanzeigen kommen wir auf geschätzte 150 Dollar. (»Chain of Title«, CC-Archive)

25 Bateman & Schaeffer, »Street Car Signs for Coca-Cola«, *Cola Call,* November 1984, S. 7–10.

26 1887 umfaßte die Aufstellung Pembertons vierzehn bereits in Ausschankstellen aufgehängte Leinwandtafeln, 1600 Poster, 500

Straßenbahntafeln und 5000 Coca-Cola-Coupons. Wenn er über diese Menge verfügte, wurde vermutlich bereits zuvor noch viel mehr verteilt. (Chain of Title, CC-Archive)

27 Pemberton an Jacob's Pharmacy, 10. Mai 1887. (CC-Archive)

28 Frank Robinson, Koke-Prozeß, S. 353.

29 Frank Robinson, Bilanz vom 22. Juli 1887 (Frank-Robinson-II-Sammlung); D. B. Candler, »A Brief History of Coca-Cola«, CC-Archive.

30 Charley Pembertons Cousin Lewis Newman verfaßte eine kaum verhüllte Darstellung seiner ersten Jahre, laut der Charley Pemberton unglücklich verliebt war. (Sherman-Sammlung)

Kapitel 3: Verworrene Besitzansprüche

1 Mappe »Chain of Title« in den Coca-Cola-Archiven. Dieser Vertrag wurde fünf Tage später um die Spezifikation erweitert, daß Pemberton die ersten 1200 Dollar aus dem Gesamtumsatz von Coca-Cola und nicht nur aus einem Drittel der Gewinne erhalten solle.

2 George Lowndes, Koke-Prozeß, S. 514–521. Der Großteil der Informationen über Lowndes entstammt diesen Passagen.

3 Lowndes-Interview, zitiert nach dem Manuskript von Franklin Garrett, CC-Archive.

4 AC, 10. Juli 1887, S. 11. Leider ist das offenbar der einzige Bericht, den es zu diesem Fall gibt.

5 Frank Robinson, Koke-Prozeß, S. 347–366. Die Informationen zum Rest dieses Abschnitts entstammen hauptsächlich der Aussage von Robinson.

6 Lowndes im Garrett-Manuskript, CC-Archive.

7 Im Vertrag wurde ausgeführt, daß Mrs. Dozier ein Drittel und Walker den Rest erhalten sollte. Da sie zwei Drittel der ganzen Rechte erstanden, kamen diese seltsamen Anteilsgrößen heraus.

8 Die Informationen über Jacobs stammen aus den Jacobs-Dokumenten und von James Harvey Young, »Three Atlanta Pharmacists«, Pharmacy in History, Bd. 31 (1989), Nr. 1, S. 17 f.

9 Joseph Jacobs, Rucker-Prozeß, S. 99.

10 Wenn die Lizenzgebühr in Höhe von fünf Cent stimmt, bedeutet das, daß uns noch ein weiteres Dokument fehlt, in dem Pemberton die Rechte an Coca-Cola verkauft hat.

11 Joseph Jacobs, »How I Won and Lost an Interest in Coca-Cola«, Drug Topics, Juli 1929, S. 1 (Nachdruck in den Jacobs-Dokumenten). Die folgenden Zitate in diesem Abschnitt sind diesem Schriftstück entnommen.

12 Mayfield, Koke-Prozeß, S. 1604.

13 Der Großteil der Informationen stammt von A. O. Murphey, Koke-Prozeß, S. 384–402.

14 Asa Candler, Koke-Prozeß, S. 375 f. Um die Sache noch mehr zu verwirren, gab Candler in seiner Aussage aus dem Jahr 1921 Dr. Joe Dick – bis auf die Erwähnung an dieser Stelle völlig unbe-

kannt – als vormaligen Besitzer der Formel an. (Asa Candler, Bottler-Prozeß, S. 2139)

15 Beeidete Erklärung von Asa G. Candler am 2. September 1924, My-Coca-Prozeß.

16 Mayfield stritt ab, daß seine Frau jemals mit ihm im Laboratorium zusammengearbeitet habe, doch Bloodworth schrieb später: »Sie verbrachte ziemlich viel Zeit in unserem Laboratorium und zeigte großes Interesse am Geschäft.« (Zitiert nach »The Original Coca-Cola Woman, Mrs. Diva Brown«, CC-Sammlung, Box 11, Emory.)

17 J. C. Mayfield, Koke-Prozeß, S. 777.

18 Neben Asa Candler, Charley Pemberton, Woolfolk Walker und Mrs. Dozier gab es zwei weitere Gründer der Coca-Cola-Company, nämlich die beiden mit der juristischen Abwicklung betrauten Rechtsanwälte; über den sechsten Namen, A. B. Bostwick, ist nichts bekannt.

19 Urkundenbuch R des Fulton County Superior Court, S. 267.

20 AGC-Dokumente, Box 7, Emory.

21 Asa Candler an Warren Candler, 10. April 1888. (AGC-Dokumente, Box 1)

22 S. Pemberton vs. J. S. Iverson et al. Nr. 46, Atlanta Circuit Supreme Court of Georgia, Sitzungsperiode September 1883. Transkript des Artikels: Akte Nr. 212, Pemberton-Archive; *AC,* 12. August 1883.

23 Mary Newman Walker, »I Remember Dr. Pemberton«, Sherman-Sammlung. Im Totenschein wurde als Todesursache »Enteritis« angegeben. (Pemberton-Archive)

24 J. C. Mayfield, Koke-Prozeß, S. 2775.

25 Asa Candler, Koke-Prozeß, S. 373.

26 Ganzseitige Anzeige in AJ, 1. Mai 1889.

27 CHC, *AGC,* S. 101.

28 Mrs. M. C. Dozier, Koke-Prozeß, S. 1829–33.

29 Frank Robinson, der das Dokument als Zeuge unterzeichnete, beharrte in seiner Aussage vor Gericht darauf, daß Mrs. Dozier tatsächlich in seiner Gegenwart unterschrieben habe. In ihrer letzten Aussage merkte Mrs. Dozier an, daß »die Gestalt unserer Buchstaben zwangsläufig etwas ähnlich sein mußte«, da sie von ihrem Bruder das Schreiben gelernt hatte. (Robinson, S. 351; Dozier, S. 1842, Koke-Prozeß)

30 George Pearl an Mark Pendergrast, 11. August 1991.

31 Candler legte später eine Abschrift des Dokuments vom 14. April (das von den Pembertons unterzeichnet war) seinem offiziellen Nachweis der Besitzrechte beim US-Patentamt bei. Doch damit unterbreitete er ein völlig neues Schriftstück, das von Anfang bis Ende von einer unbekannten Hand geschrieben wurde. Wer immer es abschrieb, las Charley Pembertons Mittelinitiale falsch und schrieb sie als M statt als N. Candler ließ das Dokument vielleicht absichtlich kopieren, um nicht die gefälschte Unterschrift vorlegen zu müssen. (Sherman-Sammlung)

32 Alle vorstehenden Zitate in der Sherman-Sammlung.

33 Wilson Newman an Mrs. Sherman, 18. April 1951. (Sherman-Sammlung)
34 Gilberts Unterhaltung mit Dean William Tate, zitiert nach John W. English und Rob Williams, 1984, S. 263. Es gibt jedoch keinerlei Nachweis, daß Gilbert jemals für The Coca-Cola-Company oder die Candlers als Rechtsanwalt gearbeitet hat.
35 Nach »The Beginning of Bottled Coca-Cola as Told by S. C. Dobbs« in den CC-Archiven.
36 Rob Stephens an Mrs. Sherman, ohne Datum. (Sherman-Sammlung)

Kapitel 4: Asa Candler: Triumphe und Kopfzerbrechen

1 CHC, *AGC*, S. 108 f. Wenn nicht anders vermerkt, stammt das biographische Material über Candler aus diesem Buch.
2 Asa Candler, »Confidence in Your Product«, *1916 Bottlers Convention Booklet*, S. 76. (CC-Archive)
3 Julian Harris, »Asa G. Candler: Georgia Cracker«, *Uncle Remus' Home Magazine*, November 1909, abgedruckt in *Emory University Quarterly*, Bd. 7, Dezember 1951.
4 A. M. Pierce, 1943, S. 26.
5 Asa Candler an Asa Griggs, 11. September 1872. (AGC-Dokumente, Box 1)
6 Georgia, Bd. 14, S. 160, Dun, 31. März 1877.
7 Ebda., S. 160, Dun, 15. Oktober 1879.
8 George Howard an Asa Candler, November 1878. (AGC-Dokumente)
9 Charles Howard Candler, »Thirty-Three Years with Coca-Cola, 1890–1923«, S. 2. (CC-Archive)
10 James Harvey Young, »Patent Medicines: An Element in Southern Distinctiveness?«, *Disease and Distinctiveness in the American South*, S. 181.
11 Manische Depression lag in der Familie. (Graham, *Real Ones*, S. 75 f., 115)
12 Asa Candler an Howard Candler, 9. September 1899. (AGC-Dokumente, Box 1)
13 »Bucklen's Arnica Salve«, *AJ*, 5. Oktober 1886.
14 Das Kaufjahr 1890 für B.B.B. ist eine begründete Schätzung. In Candlers Almanach auf das Jahr 1890 wurde der Blood Balm präsentiert, doch vielleicht befand er sich nicht direkt in seinem Besitz. Er muß ihn jedoch vor dem 25. Januar 1891 erstanden haben, als in der *Atlanta Constitution* B.B.B. als eine der Marken Candlers, neben De-Lec-Ta-Lave und Coca-Cola, aufgeführt wurde.
15 Blood-Balm-Prozeß, S. 458.
16 Julian Harris, a. a. O., S. 200.
17 Thom Thomson an Mark Pendergrast, 18. Oktober 1991.
18 Interview mit Frank Robinson II; Andrew Keegan, »Caffeine May Increase Cocaine's Effects«, *NIDA Notes*, Winter 1990/

1991, S. 23 f.; Dr. John Flynn an Mark Pendergrast, 27. Januar 1992.

19 AGC-Dokumente; zitiert auch in »Thirty-Three Years with Coca-Cola« von C. H. Candler, S. 3.

20 Mit dem offiziellen Briefkopf »Büro Asa G. Candler, Alleininhaber von Coca-Cola«. Als Datum war »189–« angegeben, doch nach dem Inhalt des Schreibens läßt sich schließen, daß es im Februar 1890 verfaßt wurde. (CC-Archive)

21 Fotografie in den CC-Archiven.

22 »Frank A. Robinson«, in Lucian Lamar Knight, 1917, Bd. VI, S. 3205.

23 Nach zwei Ablehnungen aufgrund seiner Körpergröße stellte sich Robinson ein weiteres Mal mit erhöhten Absätzen vor. (Interview mit Cecil Stockard)

24 Interview mit Frank Robinson II.

25 Undatierte Anzeige im Schmidt Coca-Cola Museum, Elizabethtown, Kentucky.

26 Aus der Sammlung der Coca-Cola-Werbung, 50ARS. (CC-Archive)

27 Laut der Kopie, die Frank Robinson II von der Formel seines Urgroßvaters besitzt und die in einem sicheren Bankschließfach verwahrt wird.

28 C. H. Candler, »The True History of Coca-Cola«, S. 10. (CC-Sammlung, Emory, Box 2)

29 Zugang zur Formel hatten: Willis Venable, George Lowndes, Woolfolk Walker, Charley Pemberton, Cliff Pemberton, Joe Jacobs, J. C. Mayfield, Diva Mayfield, A. O. Murphey und E. H. Bloodworth.

30 Prescott-Artikel in der Werbesammlung. (CC-Archive)

31 Kent's Coca-Cola-Warenzeichen, eingetragen am 22. Januar 1889 unter der Nr. 16,209. (Sherman-Sammlung)

32 John F. Kerrs Aussage im Februar 1917, Chero-Cola-Prozeß, S. 502–524.

33 Aussage John Candlers, Rucker-Prozeß, S. 78.

34 Aussage Kerrs; Frank Troutman, »Report on Pepsi-Cola«, 1939, S. 92. (CC-Archive)

35 Alle Zahlen und Zitate aus den Jahresberichten in den CC-Archiven.

36 Bateman & Schaeffer, »Complimentary Tickets for Glasses of Coca-Cola«, *Coca-Cola Collectors News,* März 1988, S. 4-9.

37 CHC, »33 Years«, S. 14.

38 J. C. Mayfield, Koke-Prozeß, S. 2769.

39 »The Original Coca-Cola Woman, Mrs. Diva Brown«. (CC-Sammlung, Box 11, Emory)

40 Asa Candler, Rucker-Prozeß, S. 52.

41 Asa Candler, Rucker-Prozeß, S. 125.

42 Frank Robinson, Rucker-Prozeß, S. 86.

43 Bateman & Schaeffer, »Madame Lillian Nordica«, *Cola Call,* März 1986, S. 6–11; »Hilda Clark: The Queen of Coca-Cola Advertising«, *Coca-Cola Collectors News,* Januar 1988, S. 4–11.

44 John Candler, Rucker-Prozeß, S. 72.

45 Howard Candler schrieb, Dobbs sei auf diesen Posten anläßlich der Tagung am 28. Dezember 1899 berufen worden. (CHC, *AGC*, S. 139)

Kapitel 5: Die Abfüllung: Der dümmste und zugleich cleverste Vertrag auf Erden

1 Lee Talley, *CC Bottler*, April 1959, S. 43.
2 William T. Campbell, 1957, S. 37. Campbells kaum verschlüsselte Version von Ben Thomas hieß Bert Simpson. Aus Gründen der besseren Verständlichkeit wird in diesem Zitat nicht der Name »Bert«, sondern »Ben« verwendet.
3 Ned L. Irwin, »Bottling Gold: Chattanooga's Coca-Cola Fortunes«, unveröffentlichtes Manuskript, September 1991, S. 3. (mit freundlicher Genehmigung von Ned Irwin, Chattanooga)
4 Fred Hixson, »Fear of Investing Years Ago Cost Him Millions, Sam Erwin Reveals«, *Chattanooga Times*, 17. Juli 1941, S. 2.
5 Franklin Garrett, »Benjamin Franklin Thomas«, *CC Bottler*, April 1959, S. 86 (in dem der Drink »Piña Frio« geschrieben wird).
6 Fred Hixson, a. a. O.
7 Das Zitat (wie auch das Szenario) stammt von J. J. Willard, der es direkt von Thomas hatte. »Some Early History of Coca-Cola Bottling«, J. J. Willard, *CC Bottler*, August 1944, S. 10.
8 In Franklin Garretts Version der Geschichte besuchten Thomas und Whitehead Candler 1899 gemeinsam und erreichten rasch den Vertrag. Doch zuvor hatte Thomas mit nahezu 100prozentiger Sicherheit Candler bereits alleine aufgesucht, wie er J. J. Willard berichtete. Candler sagte aus, das erste Gespräch habe fast ein Jahr vor der Unterzeichnung des Vertrags stattgefunden, und konnte sich nicht mehr erinnern, wie viele »Konferenzen« sie hatten. (Franklin Garrett, *CC Bottler*, April 1959; J. J. Willard, *CC Bottler*, August 1944, S. 10; Asa Candler, Bottler-Prozeß, S. 2144)
9 Franklin Garrett, »Founders of the Business of Coca-Cola in Bottles«, *CC Bottler*, April 1959, S. 89, 189.
10 Asa Candler, »Confidence ...«, S. 74.
11 Franklin Garrett, »Founders ...«, S. 89, 189.
12 Asa Candler, Bottler-Prozeß, S. 1696.
13 Es zählte auch zu den ersten Franchise-Unternehmen auf der Welt. (Charles L. Vaughn, 1979, S. 19 ff.)
14 Asa Candler an Seth A. Fowle, 6. März 1899. (CC-Archive)
15 E. J. Kahn jr., 1960, S. 69.
16 Seit der Jahrhundertwende verkauften die Coca-Cola-Vertreter zu einem günstigen Preis Gläser mit dem eingeprägten Logo an die Sodabars, mit denen nicht nur das Getränk beworben, sondern auch die Mixer sanft gedrängt wurden, das Getränk richtig zusammenzustellen, da eine waagrechte Linie über dem Boden bezeichnete, wie viel eine Unze Sirup ausmachte. Die dünnen, flötenartig geformten Gläser brachen jedoch zu leicht und wurden deshalb 1929 durch die bekannten »Glocken«-Gläser ersetzt. (Ba-

teman & Schaeffer, »Classic Fountain Glasses for Coca-Cola«, *CC Collectors News,* Oktober 1987, S. 3–13)

17 Sam Dobbs, Bottler-Prozeß, S. 2266 ff.; Dobbs, »The Beginning ...«. (CC-Archive)
18 Irwin, S. 11 f.
19 J. T. Lupton, Bottler-Prozeß, S. 1052.
20 In Wirklichkeit wurde Whiteheads Firma zuerst als Dixie Coca-Cola Bottling Company in Tennessee angemeldet und dann 1901 in The Coca-Cola Bottling Company umbenannt.
21 Thomas an Myron J. Browning, 27. Juni 1903, Benwood.
22 J. T. Lupton, Bottler-Prozeß, S. 1052 f.
23 Dobbs an W. C. D'Arcy, 20. April 1920. (CC-Archive)
24 J. J. Willard, *CC Bottler,* August 1944, S. 10.
25 Thomas an Robinson, 13. April 1901, Benwood.
26 Thomas an James A. Muncie, 3. September 1900, Benwood.
27 Ewing an CC Co., 23. Juni 1901, Benwood.
28 Ewing an Louis F. Smith, 4. Juli 1901, Benwood.
29 In früheren Darstellungen wurde angenommen, dieser Zusatzvertrag sei kurz nach dem Originalvertrag 1899 geschlossen worden, doch ein Brief von Ben Thomas an W. D. Boyce vom 15. November 1901 bezieht sich eindeutig auf dieses »neue Arrangement« mit The Coca-Cola-Company und spezifiziert: »ein Werbeaufwand in Höhe von zehn Dollar je 100 Gallonen« – also zehn Cent pro Gallone. (Benwood)
30 Thomas an Merck & Co., 2. September 1901, Benwood.
31 Thomas an W. D. Boyle, 16. Januar 1902, Benwood.
32 Interview mit Sebert Brewer jr.
33 Thomas an B. A. Stockard, 22. Mai 1902, Benwood.
34 Zitiert von C. V. Rainwater, Bottler-Prozeß, S. 197.
35 Anne Hoy, 1986, S. 43.
36 C. V. Rainwater, Bottler-Prozeß, S. 198.

Teil II: Ketzer und wahre Gläubige

1 Die Szene beruht auf Tatsachen. Candler schrieb seinem Sohn Howard aus Atlanta Briefe; am 30. März 1911 stellte er in einem dieser Schreiben fest: »Ich kann nicht anders, ich wünschte, ich wäre bei Euch, doch Onkel John rät mir, nicht hinzugehen. Ich bin jederzeit bereit hinzufahren.« (AGC-Dokumente, Box 1) Irgendwann im April tauchte er dann kurz im Gerichtssaal von Chattanooga auf.

Kapitel 6: Erfolg unter heftigem Beschuß

1 Asa Candler an Reverend Lindsay, 18. August 1898; Asa Candler an Reverend J. W. Quillian, 20. August 1898. (CC-Archive)
2 H. Wayne Morgan, 1981, S. 92 f.
3 Dr. M. A. Purse, Rucker-Prozeß, S. 146 f; auch die folgenden beiden Zitate sind diesen Akten entnommen.

4 Dr. George E. Payne, Rucker-Prozeß, S. 59.

5 Beeidete Erklärungen von Sam Willard und Sam Dobbs, 13. Juli 1907. (NA CC Army-Akte)

6 In einem späteren Schriftsatz setzte ein Anwalt von Coca-Cola das Datum auf einen früheren Zeitpunkt an und behauptete: »Um 1899 oder 1900 nahm [The Coca-Cola-Company] das Kokain aus den verwendeten Kokablättern und eliminierte auf diese Weise Kokain vollkommen aus dem Getränk.« (Harold Hirsch, »Reply Brief and Argument for Petitioner«, Koke-Prozeß, S. 6) Auch John Candler und Sam Dobbs räumten ein, daß das Kokain während des IRS-Prozesses entfernt wurde. (Ausrißbuch von 1907, CC-Archive; »The W.C.T.U. and Coca-Cola«, The Druggists Circular, Dezember 1907, S. 784)

7 »Cocaine, How Sold«, Nr. 61, bestätigt am 5. Dezember 1902, Acts and Resolutions of the General Assembly of the State of Georgia, 1902, S. 100.

8 Frank Robinson, Rucker-Prozeß, S. 122.

9 Lawrence Dietz, 1973, S. 54 f.

10 Louis & Yazijian, 1980, S. 94.

11 Thom Thompson, »Coca-Cola Chewing Gum«, in Allan Petretti, 1989, S. 35; Interview mit Martie Michael; Interview mit Bill Schmidt.

12 Howard Johnson, Harry Pease & Eddie Nelson, »Oh! Mother, I'm Wild« (NY: Leo Feist, 1920), mit freundlicher Genehmigung von Thom Thompson; Song auf der Fountain Favorites-Cassette, CC Company.

13 Erle Threlkeld, »Follow Me, Girl, to the Fountain, and Be my Coca-Cola Girl«. (Charleston: Erle and Leo Publishing, 1915) Mit freundlicher Genehmigung von Thom Thompson.

14 David A. Yallop, 1976, S. 158.

15 S. L. Whitten an Asa Candler, 7. Januar 1907, Bottler-Prozeß, S. 1518.

16 Allan Petretti, 1989, S. 9 f., 43 ff.

17 Bateman & Schaeffer, »Coca-Cola Painted Wall Signs«, Coca-Cola Collectors News, Februar 1988, S. 3–15.

18 The Coca-Cola Institute, 2. Tagung, 1.–5. Oktober 1906, S. 22 f. (CC-Archive)

19 Dieses und die folgenden Zitate sind aus Proceedings of The Coca-Cola Institute, 1. Tagung, 15.–18. Dezember 1903. (CC-Archive)

20 Asa Candler schloß Tagungen routinemäßig mit »Onward Christian Soldiers«. (Ross C. Treseder, 1973, S. 13)

21 CHC, AGC, S. 354 f.

22 Charles Candler, »Bishop's Young Son«, AC, 21. März 1911, S. 5.

23 Warren Candler, 1922, S. 30.

24 Alfred M. Pierce, 1943, S. 99.

25 Rede Asa Candlers, »Southern Business Power«, um 1914. (AGC-Dokumente, Box 2)

26 Asa an Howard, 20. Juli 1900. (AGC-Dokumente, Box 1)

27 CHC, AGC, S. 159 f.

28 Asa an Howard, 28. März 1902. (AGC-Dokumente, Box 1)

647

29 Asa an Howard, 29. Mai 1902. (AGC-Dokumente, Box 1)

30 Asa an Warren, 10. Oktober 1911. (AGC-Dokumente, Box 1)

31 Charles F. Wilkinson, »Asa G. Candler: Pioneer Capitalist«, *Building and Buildings Management,* Pre-Convention Number, September 1915, S. 69. (AGC-Dokumente, Box 7)

32 Dieses und die folgenden Zitate: CHC, *AGC,* S. 257, 262 f., 269 f., 281, 302, 308–316.

33 Cartoon aus dem Jahr 1908 in den AGC-Dokumenten.

34 William A. Landers, »My 38 Years with Coca-Cola«, S. 5. (CC-Archive)

35 Reverend Ellison Cook an Asa Candler, 10. April 1899; Candler an Cook, 12. April 1899. (AGC-Dokumente, Box 4)

36 Mrs. Bessie L. Smith, *Atlanta Civics,* Oktober und November 1917 (AGC-Dokumente, Box 7). Die Attacken von Mrs. Smith gegen Candler waren eindeutig verleumderisch, wenn diese Geschichten wohl auch etwas ausgeschmückt sind.

37 Mary Walker an Ernest Walker, 29. Juli 1909. (Sherman-Sammlung)

38 Asa Candler, »Proceedings of the Fourth Annual Meeting of the National Child Labor Committee«, nachgedruckt in *The Annals of the American Academy of Political Science,* 1908, S. 159 f.

39 15. Juni 1913, Hearsts Zeitungsausriß aus *Sunday American.* (AGC-Dokumente, Box 21)

40 Asa an Warren, 29. Juni 1913. (WC-Dokumente)

41 Asa an Mrs. F. C. Harris, 22. Juni 1913. (AGC-Dokumente)

42 Asa an Warren, Mai 1914. 29. Juni 1913, nächstes Zitat vom 16. Juli 1914. (WC-Dokumente)

43 H. F. Bray, »Our Cuban Letter«, *CC Bottler,* 1911, S. 11.

44 Lettie P. Evans, Bottler-Prozeß, S. 1116.

45 Arthur P. Pratt, »My Life with Coca-Cola«, *CC Bottler,* April 1959, S. 174.

46 10. Dezember 1916, »$ 1500 Suit Filed Against Coca-Cola Bottling Company.« (AGC-Dokumente, Box 21)

47 Ralph B. Beach, »History of the Coca-Cola Bottlers' Association«, *CC Bottler,* April 1959, S. 99.

48 »Bottlers Successfully Defend Bottle Suit«, *CC Bottler,* April 1913, S. 18.

49 »A Safer Drink«, *CC Bottler,* 1911, S. 13.

50 J. J. Willard, *CC Bottler,* Juni 1909.

51 Siehe »Complaint and Answer«, Queens-Prozeß, S. 14 ff.

52 Aussage von R. M. Wiley, Chero-Cola-Prozeß, S. 1260–86.

53 Die Namen sind folgenden Quellen entnommen: *Coca-Cola: Opinions, Orders, Injunctions and Decrees,* 1923; Aussage von J. C. Mayfield im Koke-Prozeß, S. 1640; *Nostrums and Quackery,* S. 416 ff.; CHC, *AGC,* S. 172; *Reports of the President's Homes Commission,* 1909 (Wiley-Dokumente), S. 372 f.

54 Einen exzellenten Überblick über die Coca-Cola-Prozesse bietet James K. Boudreau, »Protecting the Trademark ›Coca-Cola‹ in the Courts«, *Georgia State Bar Journal,* August 1991, Bd. 28, Nr. 1, S. 42–49.

55 John Candler an J. T. Lupton, 8. Januar 1913, Bottler-Prozeß, S. 1426.
56 Harold Hirsch, Bottler-Prozeß, S. 253.
57 Juli 1914, 419ARS, 474ARS (CC-Archive); 1915, Anne Hoy, S. 33.
58 »Is Coca-Cola a Menace«, *Town Topics,* 20. November 1913, Wiley-Dokumente; Pat Watters, 1978, S. 43; E. J. Kahn jr., 1960, S. 103.
59 Ross C. Treseder, 1973, S. 3 f.
60 Siehe Verweis auf Pinkerton-Rechnungen des Coca-Cola-Kassierers W. O. Mashburn, 24. Juli 1913 und 1. November 1913, Bottler-Prozeß, S. 950, 966.
61 Roy W. Johnson, »Why 7000 Imitations of Coca-Cola Are in the Copy Cat's Graveyard«, *Sales Management,* 9. Januar 1926, S. 28.
62 Jerome H. Spingarn, »Of Coca, Cola and the Courts«, *The Nation,* 7. Juni 1941, S. 666.
63 Harold Hirsch, Bottler-Prozeß, S. 257.
64 Eine detaillierte Zusammenfassung zur Entstehung der Flasche findet sich in Bateman & Schaeffer, »The Story of the Hobbleskirt Bottle«, *Cola Call,* März 1985, S. 4–8.
65 Betty Mussell Lundy, »The Bottle«, *American Heritage,* 1986, Bd. 37, Nr. 4, S. 99 ff.
66 Ebda., S. 98 f.
67 Die Verlagerung zu D'Arcy erfolgte schrittweise, doch 1910 plazierte D'Arcy für 225 000 Dollar im Jahr Anzeigen, während Massengale nur noch 50 000 Dollar erhielt. (Interview mit Charles Bottoms; Wilbur Kurtz jr. an Delony Sledge; J. J. Willard an Frank Rowsey, 10. April 1956, CC-Archive; »A Radio Greeting«, *CC Bottler,* Januar 1923, S. 20)
68 Undatiertes Memo von Frank Robinson. Robinsons Empfehlungen gelten ab Dezember 1906, weshalb das Memo vermutlich im November 1906 verfaßt wurde. (Frank Robinson II)
69 Ben Thomas an Sam Dobbs, 30. März 1907, Bottler-Prozeß, Beweisstück 19-H, S. 1306.
70 Sam Dobbs an Ben Thomas, 2. April 1907, Beweisstück 19-I, Bottler-Prozeß, S. 1307 f.

Kapitel 7: Dr. Wiley schaltet sich ein

1 S. H. Adams, 1907, S. 5.
2 White hatte zwar etwas gegen die seiner Ansicht nach falschen Patentmedizin-Anzeigen, doch er förderte das Geschäft mit Coca-Cola 1910 aktiv, als er versicherte: »Ihre Präsentation ... muß nicht mit dem Schrott konkurrieren.« Zumindest in Kansas hatte Coca-Cola sein Image als Patentmedizin abgelegt. (William Allen White an die CC-Company, 27. September 1910, Briefe 17, White-Dokumente)
3 Robert M. Crunden, 1982, S. 173 f.
4 E. J. Kahn jr., 1960, S. 141.
5 James Harvey Young, 1961, S. 226–244.

6   George Hunter, Bottler-Prozeß, S. 1257.

7   Das neue Gesetz bedeutete für kokainhaltige Colagetränke tatsächlich das Aus. Ein Getränk von J. C. Mayfield, Celery-Cola, wurde nach dem Pure Food and Drugs Act beschlagnahmt und holte sich ein »blaues Auge«, wie Mayfield sich ausdrückte. Andere, etwa French Wine Coca und Vin Mariani, überlebten, indem das Kokain entfernt wurde, doch sie verloren bald an Popularität und Absatzvolumen.

8   *The Coca-Cola Institute,* 2. Tagung, 1.–5. Oktober 1906, S. 16. (CC-Archive)

9   Candler an Wiley, 25. Februar 1907, *Bureau of Chemistry General Correspondence,* Record Group 97, National-Archive, Akte 2719 für 1907. (mit freundlicher Genehmigung von James Harvey Young)

10 Edwin Bjorkman, »Our Debt to Dr. Wiley«, *The World's Work,* Januar 1910, S. 12, 443. (Wiley-Dokumente)

11 »A Preacher of Purity«, *The Nation,* 27. Juli 1916, S. 79.

12 »Dr. Wiley, A Zealot«, *The Medical Herald,* April 1912, S. 1. (Wiley-Dokumente)

13 Robert M. Crunden, 1982, S. 186.

14 Oscar E. Anderson jr., 1958, S. 165.

15 Kokain wurde erst mit Verabschiedung des Harrison Narcotics Act von 1914 verboten. Nach intensiver Lobbyarbeit erreichte Coca-Cola, daß das Gesetz ein Schlupfloch erhielt, durch das der Import von Kokablättern zulässig blieb, wenn sie unter Aufsicht der Regierung entkokainisiert wurden.

16 *Army Circular Nr. 14;* in den Wiley-Dokumenten.

17 Coca-Cola-Armee-Akte, National-Archive.

18 H. F. Bray, »Cuba – Early History«. (CC-Archive)

19 Dieses und die folgenden Zitate (auch der Brief von Samuel Hopkins Adams) sind entnommen Martha M. Allen, »The W.C.T.U. and Coca-Cola«, *The Druggists Circular,* Dezember 1907, S. 783 f.

20 Thomas Wolfe, Look Homeward, Angel!, 1929, S. 271.

21 James Harvey Young, »Three Southern Food and Drug Cases«, *The Journal of Southern History,* Februar 1983, S. 11.

22 Atkinson, »The Drink That Made Atlanta Famous«, 1946, S. 145, mit freundlicher Genehmigung von Suzanne White, FDA-Historikerin.

23 McCabe-Memorandum, 12. März 1909. (Wiley-Dokumente)

24 F. L. Dunlap an Board of Food & Drug Inspection, 27. März 1909. (Wiley-Dokumente)

25 Wiley-Memo, 18. März 1909. (Wiley-Dokumente)

26 Wiley-Memo, 12. Mai 1909. (Wiley-Dokumente)

27 Wiley, 1930, S. 261.

28 J. L. Lynch, Barrels-Prozeß, S. 79.

29 The Truth About Coca-Cola, 1910. (CC-Archive)

30 Candler-Memo, 19. Mai 1909. (AGC-Dokumente, Box 3)

31 Lynch, Barrels-Prozeß, S. 119.

32 Keblers handschriftliche Notiz ist angeheftet an eine Notiz von W. G. Campbell, 8. Februar 1911. FDA-Beschlagnahme-Akte Nr.

352; C. T. Smith an Chief Inspector, Bureau of Chemistry, 27. Februar 1911. (FDA-Beschlagnahme-Akte 352)

33 Wiley, 1929, S. 378. In Wirklichkeit hat Wiley vermutlich nur Ausreden gesucht, da eine andere Quelle zeigt, daß die Sachen aufgrund eines Komplotts in Chattanooga beschlagnahmt wurden, weil Richter Sanford, ein Bekannter von Wiley, in anderen Fällen zugunsten des Reinheitsgebots entschieden hatte. (Atkinson, 1946, S. 149)

34 Inspector Daniel M. Walsh an den Chief Inspector, 13. April 1911. (FDA-Akten)

35 A. R. Sudler an den Chief, 24. März 1911, AF. (FDA-Akten)

36 Wiley, 1930, S. 281 f.

37 Bei der Verhandlung machte Harold Hirsch viel Aufhebens um den Bindestrich bei Coca-Cola, der, wie er argumentierte, das Warenzeichen zu einem einzigen Wort zusammenziehe, das nichts mehr mit den beiden Substanzen Koka und Kola zu tun habe. Leider tauchte der Name auf Flaschenverschlüssen und in der Korrespondenz häufig ohne Bindestrich auf, wie die Anwälte der Regierung nachwiesen.

38 H. C. Fuller, Barrels-Prozeß, S. 130.

39 Inspector Lynch an W. G. Campbell, 28. April 1910, FDA-Akten; George R. Stuart, »Is Coca-Cola a Menace to the Public Health?«, *Town Topics,* 7. Dezember 1913. (Wiley-Dokumente)

40 Asa an Howard, 15. März 1911; Asa an Howard, 16. März 1911. (AGC-Dokumente, Box 1)

41 Harold Hirsch bauschte später Wileys Eingeständnis auf, er sei kein Experte. Selbst der unparteiische *Scientific American* beklagte Wileys Pseudo-Wissenschaftlichkeit. (»Dr. Wiley's Resignation«, *Scientific American,* 30. März 1912, S. 282)

42 Der Prozeß hatte noch einen anderen unmittelbaren Effekt. Die Zierleiste aus Kokablättern und Kolanüssen auf Coca-Cola-Tabletts und -Sirupfässern verschwand nun. Ganz allgemein betonte die Werbung danach die wohltuenden, erfrischenden Eigenschaften des Getränks, die Präsentation als Tonikum wurde beinahe völlig aufgegeben.

43 Ludy Benjamin, »Coca-Cola, Caffeine, and Mental Deficiency«, *Journal of History of the Behavioral Sciences,* Januar 1991, S. 54, Fußnote 36.

44 R. S. Lazenby an Wiley, 12. Juli 1912. (Wiley-Dokumente)

45 Von 1907 bis 1911 warb Coca-Cola fortgesetzt in *Good Housekeeping.* Nicht ganz überraschend, stoppten die Anzeigen 1912, als in der Zeitschrift dann Wileys Artikel erschienen. (CC-Archive)

46 Mehrere Experten, die für Coca-Cola ausgesagt hatten, hatten tatsächlich kritische Artikel oder Bücher über Koffein verfaßt, bevor sie für ihre Aussage, daß es unschädlich sei, eine Geldspende annahmen.

47 I. Barry und E. Bowser, 1985, S. 11. Zur ersten Erfahrung des Filmemachers mit Coca-Cola siehe D. W. Griffith, 1972, S. 51.

48 D. W. Griffith, For His Son, Biograph, 1912, 12 Minuten. Film in der Emory University.

49 Reuben D. Silliman, »Government Regulation of Wealth«, *Outlook,* 25. Dezember 1909, S. 990.

50 »Accumulated Earnings Tax«, *BNA Tax Management Portfolios,* Bd. 35, S. 49; A1–A5.

51 Ein Dankeschön an den Buchhalter Tom Scanlon für seine Interpretation.

52 CC-Jahresberichte 1914 und 1915; CHC, AGC, S. 266.

53 Hughes – von Harvey Wiley vehement unterstützt – unterlag knapp. (»One More Reason«, Zeitungsausschnitt, AGC-Dokumente, Box 21)

54 W. P. Jones an Dr. Alsberg, 28. Juli 1916, FDA-Akten.

55 Der Landwirtschaftsminister an den Justizminister, 28. März 1917. (FDA-Akten)

56 Hirsch an den Justizminister, 16. Februar 1917. (FDA-Akten)

57 Harvey Wiley agitierte, von dem Ausgang angewidert, weiterhin bis zu seinem Tod im Jahr 1930 für Maßnahmen gegen Coca-Cola. (Wiley, 1929; Ludy Benjamin, S. 55, Fußnote 41)

58 Interview mit Brad Ansley.

59 Harold Hirsch, Bottler-Prozeß, S. 1553.

Kapitel 8: Das sinistre Syndikat

1 J. C. Mayfield sr., Koke-Prozeß, S. 1592–1604.

2 J. B. Pendergrast, Koke-Prozeß, S. 496 ff.

3 Jahrelang benutzten Taubstumme als Zeichen für Coca-Cola eine imaginäre Injektion in den Arm. (Interview mit Betty Molnar)

4 Der Koke-Prozeß wurde am 16. September 1916 von einem Distriktgericht in Arizona zugunsten von Coca-Cola entschieden. Mayfield ging sofort beim Ninth Circuit Court of Appeals in die Berufung.

5 E. Y. Chapion an Harold Hirsch, 27. November 1915, FTC-Broschüre. (Juristische Bibliothek von Coca-Cola)

6 Joseph E. Davies an Asa G. Candler, 15. Juli 1916, FTC-Broschüre. (Juristische Bibliothek von Coca-Cola)

7 CHC, *AGC,* S. 321. Die folgenden Zitate entstammen gleichfalls dieser Quelle.

8 F. Garrett, 1954, Bd. 2, S. 698.

9 »Asa G. Candlers Kandidatur um den Bürgermeisterposten«, 27. September 1916, Zeitungsausriß. (AGC-Dokumente, Box 21)

10 Alle Zitate entstammen Zeitungsausrissen. (AGC-Dokumente, Box 21)

11 F. Garrett, 1954, Bd. 2, S. 688 f.

12 Reden von Asa Candler. (AGC-Dokumente, Box 2)

13 18. Februar 1918. (CC-Archive)

14 2. Februar 1918, Asa Candler an eine Frau von der WCTU. (AGC-Dokumente, Box 4)

15 Colby, der 1920 unter Woodrow Wilson Außenminister werden sollte, war ein Politiker und Anwalt mit besten Verbindungen.

Der aus Albany, Georgia, gebürtige Ed Brown war Harold Hirschs Schwager. (Harold Hirsch, Bottler-Prozeß, S. 2432)

16 William A. Landers, »My 38 Years ...«, CC-Archive, S. 6; Harris, »Asa G. Candler: Georgia Cracker«, S. 205; Interview mit Ovid Davis.
17 *NYT,* 28. April 1920, S. 7.
18 CHC, *AGC,* S. 127, 267. Nach der Familienlegende setzte Lucy Candler ihren Mann unter Druck, das Coca-Cola-Aktienpaket den Kindern zu geben.
19 Harold Hirsch, Bottler-Prozeß, S. 2443.
20 P. H. Russell an J. F. Johnston, 6. März 1919, Akten der Coca-Cola Bottling Company, Paris, TN, im Besitz von Bill Schmidt.
21 Eine positive Folge des Kriegs war Howard Candlers Entdeckung, daß der Coca-Cola-Sirup nicht unbedingt erhitzt werden mußte. Nachdem Kohle genau wie Zucker rationiert worden war, versuchte Candler, Zucker in kaltem Sirup aufzulösen, so wie er es in seinem Eistee tat. Mit einer Maschine, die einem riesigen Butterfaß glich, schaffte er den kostspieligen und zeitaufwendigen Aufkochprozeß ab. (CHC, *AGC,* S. 124 ff.)
22 Koke-Prozeß, Urteilsbegründung, 24. Februar 1919, S. 2602 f.; Iver P. Cooper, »Unclean Hands« und »Unlawful Use in Commerce«, *Trademark Reporter,* Bd. 71, S. 38 ff.
23 W. C. Wardlaw, Bottler-Prozeß, S. 2349.
24 Sam Dobbs, Bottler-Prozeß, S. 2206.
25 Harold H. Martin, 1981, S. 24–41.
26 13. August 1919, Trust Co.-Protokolle. (CC-Archive)
27 Mitglieder der Emissionskommission im ganzen Land offerierten die Aktie zu vierzig Dollar, doch fünf Dollar davon wurden als Gewinn abgezogen; der »tatsächliche« Verkaufspreis betrug 35 Dollar.
28 Harold H. Martin nennt in *Three Strong Pillars* die Summe von 2 085 000 Dollar. Die Anwälte der Abfüller behaupteten, es seien fünf Millionen Dollar.
29 Die Sache wurde 1929 schließlich für eine Million Dollar außergerichtlich beigelegt, wenn die Trust Company dann auch jahrelang versuchte, sich von den ursprünglichen Verkäufern Geld zu holen. (William A. Landers, »My 38 Years ...«, CC-Archive, S. 12 f.; et. al.)
30 Howard Candler, Bottler-Prozeß, S. 2472 f.
31 Cynthia Mitchell, »Coke Stock: Formula for Fortunes«, *AC,* 15. April 1992; E. J. Kahn jr., 1960, S. 62. In der Kleinstadt Quincy, Florida, kann noch nahezu jeder Bürger den phänomenalen Anstieg der Aktien bezeugen, denn 1919 drängte ein ortsansässiger Bankier den Einwohnern der Stadt Coca-Cola-Anteile auf. Heute besitzen die Bewohner von Quincy, trotz des Exodus zahlreicher Familien im Lauf der Jahre, noch immer Coca-Cola-Aktien im Wert von rund 300 Millionen Dollar.
32 Asa an Howard, 12. April 1921. (AGC-Dokumente, Box 2)
33 Rede Asa Candlers. (AGC-Dokumente, Box 2)
34 Graham, a. a. O., S. 177–22; *AC,* 13. Oktober 1922; 5.–6. Februar 1924.

35 James E. Dickey an Asa Candler, 2. September 1922. (WC-Dokumente)
36 J. E. Harrison an Bischof Warren Candler, 24. November 1922.
(WC-Dokumente)
37 Graham, a. a. O., S. 123.
38 Asa G. Candler vs. Mrs. Mae L. Candler, Fulton County Superior
Court, am 17. Juni 1924 beantragt. Die Candler-Scheidung wurde
niemals gerichtlich bestätigt. Mae Little Candler lebte bis zum
Tode Candlers im Jahr 1929 im Herrenhaus am Ponce de Leon.
Candler selbst siechte die letzten Jahre in einer Privatsuite im
Emory Hospital dahin. (Graham, a. a. O., S. 123 f.)
39 Asa Candlers Zeugenaussage, 2. September 1924, My-Coca-Prozeß. (mit freundlicher Genehmigung von Bob Hester)
40 E. J. Kahn jr., 1960, S. 59; Graham, a. a. O., S. 169–235.
41 Graham, a. a. O., S. 273–83.
42 Zwar steht der Name von Charles Howard Candler auf der Titelseite, doch das Buch wurde in Wahrheit 1950 von Brad Ansley
verfaßt, einem jungen PR-Mann der Emory University. »Ich habe
mich jedweder Beurteilung enthalten. Ich schrieb einfach auf,
was der alte Mann [Howard] mir erzählte.« (Interview mit Brad
Ansley)
43 Bottler-Prozeß, S. 1474 f. Hirsch schrieb den Brief aus New York
auf Briefpapier von Colby & Brown und deutete damit an, daß
diese beiden Anwälte aktiv an ihrem zweiten »Syndikat« beteiligt
waren.

Kapitel 9: Bürgerkrieg bei Coca-Cola

1 Sam Dobbs an C. V. Rainwater und George Hunter, 18. November 1919, Bottler-Prozeß, S. 929 ff. Die folgenden Zitate und Informationen sind gleichfalls diesen Prozeßakten entnommen.
2 Dobbs an D'Arcy, 16. April 1920. (CC-Archive)
3 Sam Dobbs an die Abfüller der ersten Stufe, 17. April 1920.
(Sizer-Akte)
4 Dobbs an D'Arcy, 20. April 1920. (CC-Archive)
5 Harold Hirsch an Arthur Montgomery, 20. April 1920. (Sizer-
Akte)
6 Bottler-Prozeß, S. 2517.
7 Ebda., S. 100.
8 *AC*, 29. April 1920.
9 Dobbs an D'Arcy, 31. Mai 1920. (CC-Archive)
10 H. Hirsch an T. C. Parker, 28. Oktober 1916, Bottler-Prozeß,
S. 1570 ff. John Candler hatte sich 1917 gegenüber dem Senatsausschuß genauso geäußert.
11 *National Bottlers' Gazette,* 5. September/5. Oktober 1920, 5. Januar 1921.
12 Crawford Johnson an J. B. Sizer, 16. Oktober 1920. (Sizer-Akte)
13 30. Oktober 1920. (Sizer-Akte)
14 Dobbs an D'Arcy, 18. Mai 1920. (CC-Archive)

15 Dobbs an D'Arcy, 29. Juli 1920. (CC-Archive)
16 Dobbs an D'Arcy, 5. Oktober 1920. (CC-Archive)
17 *Atlanta Georgian,* 11. Oktober 1920.
18 Sizer an Ward, Gray & Neary, 15. November 1920. (Sizer-Akte)
19 Rein zufällig fällte Holmes das Urteil und nicht Charles Evans Hughes. Wenn Hughes 1916 nicht für die Präsidentschaft kandidiert hätte, wäre der Koke-Prozeß vermutlich anders ausgegangen.
20 Koke-Prozeß, 6. Dezember 1920, Urteilsbegründung von Holmes.
21 Crawford Johnson an J. B. Sizer, 15. Dezember 1920. (Sizer-Akte)
22 *Friendly Hand,* 2. Mai 1921, S. 1. (CC-Archive)
23 J. B. Sizer an Crawford Johnson, 6. Mai 1921. (Sizer-Akte)
24 Carl F. G. Meyer, *Friendly Hand,* 6. Juni 1921. (CC-Archive)
25 *Fortune,* Juli 1931, S. 110 f.
26 *Friendly Hand,* 7. November 1921. (CC-Archive)
27 Interview mit Tom Law.
28 Archie Lee begann 1908 für Seelys *Atlanta Georgian* zu schreiben und berichtete vielleicht über den Barrel-und-Faß-Prozeß. Es wirkt schon ironisch, daß Archie Lee seine Karriere ausgerechnet bei Asa Candlers Erzfeind startete.
29 Archie Lee an Mama, 5. April 1917. (CC-Archive)
30 Lee an Papa, 13. März 1920. (CC-Archive)
31 Lee an die Eltern, 8. März 1921. (CC-Archive)
32 Lee an Papa, 29. Oktober 1921. (CC-Archive)
33 652 ARS, 653 ARS. (CC-Archive)
34 Trotz seines Anspruchs, ein Getränk für jedes Wetter zu sein, hat Coca-Cola stets im Winter einen saisonalen Absatzeinbruch hinnehmen müssen.
35 Lee an Mama, 7. Juli 1923. (CC-Archive)

Teil III: Das goldene Zeitalter

1 Die Szene beruht auf einem Interview mit Mladin Zambica.

Kapitel 10: Robert W. Woodruff: Der Boß übernimmt das Ruder

1 Charles, Elliott, S. 21. Der folgende Abschnitt stützt sich stark auf dieses Buch.
2 Interview mit Martha Ellis.
3 E. J. Kahn jr., 1969, S. 93.
4 Interview mit Morton Hodgson.
5 Ebd.
6 Ebd.
7 Interview mit Joe Jones.
8 E. J. Kahn jr., 1960, S. 82.
9 Rowland et. al., 1986, S. 30, 212; Interview mit Mary Thomas.
10 Interview mit Wilbur Kurtz jr.

11 Morton Hodgson sen. an Woodruff, 19. Januar 1942 (RWW-Dokumente, Box 41); Interview mit Jack Tarver.
12 Rowland et. al., 1986, S. 7, 46–49.
13 John Sibley an RWW, 14. Januar 1938. (Sibley-Dokumente, Box 1, Emory)
14 740 ARS, 731 ARS, 704 ARS. (CC-Archive)
15 Bis 1942 war das Wort »Pause« im öffentlichen Bewußtsein so eng mit Coca-Cola verwachsen, daß das US-Patentamt es ablehnte, ein neues Erfrischungsgetränk mit der Bezeichnung »Pause«, zu schützen, weil es dies als Verletzung des Coca-Cola-Schutzes ansah.
16 Anne Hoy, 1986, S. 44–49.
17 »Selling Merchandising Ideas to the Chain Stores«, *Printer's Ink,* 13. März 1930, S. 57 f.; Frank W. Harrold, »Fifty Calls an Hour – And a Better Job with Each«, *Printer's Ink Monthly,* Mai 1931, S. 43, 99 f.
18 *Advertising Age,* 12. April 1930.
19 *RB,* Juni 1929, S. 12 f.
20 Ralph B. Beach, »History of the Coca-Cola Bottlers' Association«, *CC Bottler,* April 1959, S. 99–106; Interview mit John Beach.
21 Frampton King, »The Standardization Committee of Bottlers of Coca-Cola«, *CC Bottler,* April 1959, S. 144 ff.
22 Interview mit Gordon Bynum.
23 »Coca-Cola in France«, *CC Bottler,* Februar 1920, S. 15–18; Briefwechsel 1921, CC-Archive.
24 The Coca-Cola-Company vs. Duckworth & Co., In the High Court of Justice, Chancery Division, 28. März 1928; John Sibley an Arthur Acklin, 27. Dezember 1939 und 18. März 1940; Roy Stubbs, Compilation on England, S. 76 f. (alle in der Juristischen Bibliothek von Coca-Cola).
25 John E. McClure an den Commissioner of Internal Revenue, 10. Mai 1937. (Sibley-Dokumente, Box 1, Emory)

Kapitel 11: Die euphorische Depression und die Offensive von Pepsi

1 Charles Veazey Rainwater, »Yesterday«, Kopie von Bill Bateman und Randy Schaeffer. Siehe auch Bateman & Schaeffer, »The 50th Anniversary«, *Cola Call,* Juni 1986, S. 4–7. Ein Großteil der hier angeführten Informationen ist diesem Artikel entnommen.
2 Turner Jones an Archie Lee, 18. Juli 1934. (CC-Archive)
3 Archie Lee an Turner Jones, 19. Januar 1935. (CC-Archive)
4 Bateman & Schaeffer, »When You Entertain«, *Cola Call,* November 1985, S. 6.
5 Gwendolyn Davis, »The Story of the Spirit of Christmas«, *Sky Magazine,* Dezember 1979; Nancy Cornell, »Collecting Christmas«, *Sky,* Dezember 1990; »The Image of Santa Claus«, *Cola Call,* Dezember 1985, S. 4 ff.
6 »Coca-Cola Goes on the Air«, *RB,* März 1930, S. 20 f; »The Coca-Cola Radio Progam«, *RB,* April 1930, S. 8 f.

7   Turner Jones an Archie Lee, 6. März 1934. (CC-Archive)
8   Jack Drescher an Turner Jones, 21. Januar 1937. (CC-Archive)
9   Turner Jones an Archie Lee, 27. August 1934. (CC-Archive)
10 Bei diesen Aufkäufen wechselte kein Geld den Besitzer. Die Stammabfüller tauschten ihre Aktien gegen eine gleiche Anzahl Anteilsscheine an Coca-Cola ein, wodurch Whiteheads Witwe, Lettie Pate Evans, so viele Coca-Cola-Aktien erhielt, daß Woodruff sie in den Verwaltungsrat holte und sie in den dreißiger Jahren eine der wenigen Frauen mit Macht wurde.
11 In einem Verneblungsspiel gründete Woodruff eine Tochtergesellschaft, die Coca-Cola-Company (ohne das großgeschriebene *The*), die geschäftlich tätig werden sollte. Es gab bereits eine Coca-Cola-Company (eine Verkaufsfirma), doch deren Namen wurde in Coca-Cola-Corporation geändert. (»Coca-Cola's Set-Up to Change Jan. 1«, *NYT*, 28. Dezember 1933, S. 30)
12 Hayes an RWW, 9. Juli 1936; Hayes an RWW, 16. März 1937. (RWW-Dokumente, Box 17)
13 »Ralph A. Hayes«, undatiert, Box 39, RWW-Dokumente.
14 Edwin N. Lewis, »Charles C. Guth Biography«, unveröffentlichtes Manuskript für The Coca-Cola Co., 1941, S. I–VI, 1. (Juristische Bibliothek von Coca-Cola)
15 Coca-Cola Co. vs. Loft, Inc., und CC Co. vs. Happiness Candy Stores, Inc., Berufung beim Finanzgericht, Januar 1934, Bd. 2. (CC-Archive)
16 Jim Jordan, 1969, S. 48. Jordans Amateurchronologie von Coca-Cola ist die einzige gedruckte Quelle für den versuchten Verkauf von Pepsi, wenn die Firmensaga ihn auch bestätigt.
17 »Complaint and Answer«, Queens-Prozeß, 1938, S. 26. (Juristische Bibliothek von Coca-Cola)
18 Der neue Markenname wurde 1945 geschützt. Durch Anerkennung von »Coke« als offiziellem Namen war die Firma schließlich in der Lage, die Bestellungen von »Dope« in der Vergangenheit als Vorkriegsnostalgie abzuhaken. (»Coke Is Now a Trademark«, *RB*, Oktober 1945, S. 35)
19 »Bottle of Coca-Cola Placed in Crypt at Oglethorpe University«, *RB*, Juli 1940, S. 35.
20 RWW, »Where Does Coca-Cola Go from Here?« Rede im Jahr 1941. (RWW-Dokumente, Persönliche Akte 2)

Kapitel 12: Die 4000-Dollar-Flasche: Coca-Cola zieht in den Krieg

1   *The Coca-Cola Co.: An Illustrated Profile*, S. 77.
2   Capt. an Andrew K. Kingerey, 17. Januar 1942. (CC-Archive)
3   Die Kriegszeit veränderte auch das Getränk. Der Zuckergehalt wurde von 10 auf 9,3 Prozent und der des Koffeins von 0,61 auf 0,25 Gran gesenkt. (»Cola Drinks«, *Consumer Reports*, August 1944, S. 200; H. Wales an Private Boris Breiger, 21. Juli 1945, AF,

FDA-Akten; R. B. Dunbar, »Memorandum of Interview with B. H. Oehlert«, 23. Juni 1943, AF, FDA)

4   Hunter Bell, Unveröffentlichte Geschichte von Coca-Cola, »From Iceland ... to Iran«. (CC-Archive)

5   Francis Walton, 1956, S. 451.

6   5. Juli 1943, George C. Marshall, Zirkular 153 des Verteidigungs-ministeriums, zitiert in Oehlert an Marvin Jones, 9. August 1943. (CC-Archive)

7   G. C. Marshall, Zirkular Nr. 51 des Verteidigungsministeriums, Center of Military History, U.S. Dept. of the Army.

8   Zwar als tragbar angekündigt, war die Dschungel-Zapfanlage – die auf spezielle Anordnung von General Douglas MacArthur hin entwickelt wurde – in Wirklichkeit sehr sperrig und bestand aus einem Ausschankteil, einer handbetriebenen Pumpe, Wassertank, Filter, Karbonisiergerät und Eismaschine. (H. Bell, »The South Pacific Pauses Too«, »Jungle Fountains for Jungle Fighters«, »Island-Hopping Toward Tokyo«)

9   Howard Fast, 1990, S. 109–112. Fast erzählte die gleiche Geschichte mit kleinen Abweichungen in »Coca-Cola«, *The Howard Fast Reader,* S. 362–369.

10 Aufzeichnungen von George Downing, 1946, im Besitz desselben.

11 Interviews mit Mladin Zarubica. Die Textpassagen, in denen Zarubica erwähnt wird, beruhen auf diesen Interviews.

12 Viele Technische Beobachter gelangten dann bei Coca-Cola in Führungspositionen, darunter auch Don Sisler, Burke Nicholson jr., John und Lee Talley, George Downing, Maurice Duttera, Pat O'Malley und Paul Bacon. Die Erfahrungen aus der Kriegszeit erwiesen sich als ausgezeichnete Grundlage für ihre Karrieren.

13 »Veteran's Preference«, für den *Red Barrel* gedachte Kopie, Memo, CC-Archive. Bald nach dem Krieg fand die Armee bei der Befragung von 650 Rekruten heraus, daß 21 noch nie Milch getrunken hatten, jedoch nur ein einziger niemals eine Coke probiert hatte. (E. J. Kahn jr., 1960, S. 7)

14 James Kahn, »Incidentally, It Paid«, Entwurf seiner unveröffentlichten Geschichte von Coca-Cola in den CC-Archiven.

Kapitel 13: Coca-Cola über alles

1   Rede von Max Keith, Max Keith, 30 Jahre mit Coca-Cola.

2   »Bis auf Mord habe ich alles hinter mir«, prahlte Powers. (Interview mit Walter Oppenhoff)

3   Ray Powers an Robert Woodruff, 7. Oktober 1930, beigeschlossen der Artikel von Viscount Rothermere »My Hitler Article and Its Critics«, *The Daily Mail,* 2. Oktober 1930; Powers an Woodruff, 31. März 1936, RWW-Dokumente, Box 70; J. C. Louis und Harvey Yazijian, 1980, S. 56.

4   »Coca-Cola in Germany«, Akte in den CC-Archiven.

5   Zu einer detaillierten Beschreibung von Görings Festivitäten

siehe Duff Hart-Davis, 1986, S. 205 f.; William L. Shirer, 1960, S. 232 f.

6 Walter Oppenhoff an Mark Pendergrast, 22. November 1991; E. J. Kahn jr., 1969, S. 110.

7 Henry Mann hatte bereits 1933 seine engen Bande mit dem Nazi-Regime bewiesen, als er ein Treffen zwischen Hitler und Sosthenes Behn, den Chef von ITT, arrangierte. Mann half auch 1929 beim Bau der ersten deutschen Coca-Cola-Abfüllanlage. (Interview mit Max Keith, 1966; »American Visits Hitler«, *NYT,* 4. August 1933, S. 6)

8 RWW an Sibley, 6. August 1936 (Sibley-Dokumente); Sibley an RWW, 16. Juli 1938 (RWW-Dokumente, Sibley-Akte); anonyme Quelle; Interviews mit Joe Jones und Mladin Zarubica.

9 Interview mit Walter Oppenhoff, Keith-Interview mit Hunter Bell; Interview mit Carl Halle; Roy Stubbs, Kompilation über Deutschland, S. 43, 63 f., 164, 243.

10 Interviews mit Carl Halle und Walter Oppenhoff; Halle behauptet, Keith habe die Entfernung von Hirsch aus dem Verwaltungsrat gefordert. Oppenhoff bezweifelt, daß Keith sich das getraut hätte.

11 Interview mit Walter Oppenhoff; *Coca-Cola: A Quarter of a Century in Germany,* Schrift von 1954, S. 9, Flugblatt Schaffendes Volk, freundlicherweise von Alfons Hilgers zur Verfügung gestellt.

12 *Coca-Cola: A Quarter Century,* S. 9; *Coca-Cola Nachrichten,* 15. März 1938, S. 9, 27 (freundlicherweise von Alfons Hilgers zur Verfügung gestellt).

13 Rede von Max Keith, 10 Jahre Aufbau, Sonderausgabe der *Coca-Cola Nachrichten,* April 1939, S. 17, 25 (freundlicherweise von Alfons Hilgers zur Verfügung gestellt).

14 Selbst nachdem 1939 der Krieg ausgebrochen war, sandte Atlanta weiter Sirup an Keith. Als die Vereinigten Staaten jedoch in den Krieg eintraten, wurde der Siruphahn zugedreht. (H. B. Nicholson an RWW, 8. Februar 1940, »Adminstration, Coca-Cola Export«-Akte, RWW-Dokumente; Interview mit Charles Bottoms)

15 Keith-Interview mit Hunter Bell; Charles Higham, 1983, S. 154 bis 161.

16 Interview mit Walter Oppenhoff.

17 Interview mit Klaus Pütter.

18 Rede von James Kahn, S. 12; Paul Bacon-Interview mit Hunter Bell, S. 17; Interview mit Paul Lesko.

19 Ansel Morrison, 21. August 1945, *T. O. Digest,* Bd. 1, Nr. 8, S. 6. (CC-Archive)

20 Henry J. Fleck, »Personal History«, undatiert. (CC-Archive)

21 Claus Halle erzählt diese Geschichte, die er oft von Max Keith hörte. Paul Lesko bestreitet sie und behauptet, zwischen Keith und ihm habe es niemals Reibungen gegeben. (Interviews mit beiden)

22 Interviews mit Claus Halle und Paul Lesko. Lesko nutzte die Gewinne seiner Anlage in Bremen für den Kauf der Lizenzrechte in

Costa Rica, wohin er 1953 übersiedelte, um dann dort ein richtiges Vermögen mit Coca-Cola zu machen.

23 Aufzeichnungen von Kahn, S. 65. Nach mehreren Herzattacken trat Keith 1968 zurück, nur um den Beschäftigten in den Abfüllwerken, die er weiter bis zu seinem Tod im Jahr 1974 leitete, das Leben zur Hölle zu machen. (Interview mit Claus Halle)

24 Interview mit Max Schmeling; Anne Hoy, 1986, S. 113, 115.

Teil IV: Probleme im gelobten Land

1 Diese Ende 1979 spielende Szene basiert auf einem Vorfall, den Virginia Moulder und Ian Wilson erzählten.

Kapitel 14: Die Coca-Kolonisation und die Kommunisten

1 Zitiert in E. J. Kahn jr., 1960, S. 5.

2 Makinsky war der typische weltläufige Exportmann, von denen viele sechs oder sieben Sprachen beherrschten. (Kahn-Aufzeichnungen, S. 63 f.; H. Burke Nicholson sen., »Competitive Ideal«, *Vital Speeches,* 1952, S. 153)

3 Richard F. Kuisel, »Coca-Cola, France, and the Cold War: Ni Coca-Cola, Ni Vodka«, 1985, S. 14 f., CC-Archive.

4 Acheson an Bruce, 2. Dezember 1949. (FDA-Akten, 475.11)

5 Eugene Tillinger, »The Cold War Against Coca-Cola«, *Top Secret,* undatiert, S. 17. (Sibley-Dokumente)

6 »A Unique Business«, *CC Overseas,* Dezember 1952, S. 1. Bis zur Mitte der fünfziger Jahre war das Wort »Export« im Firmentitel zur Belastung geworden, zu einem Hinweis auf den amerikanischen Ursprung des Getränks, und deshalb erwog die Firma ernsthaft eine Namensänderung. (Lee Talley an H. B. Nicholson, 16. August 1954, Sibley-Dokumente, Box 1)

7 Während seiner Coca-Cola-Karriere litt Morton Hodgson unter seiner Verwandtschaft mit Woodruff. »Alle gingen stets davon aus, daß ich so weit kam, weil er mein Onkel war«, sagt er. Hodgson begann 1933 in Kanada und arbeitete dann in der Folgezeit in Europa, Südamerika, in den Vereinigten Staaten und Japan. (Interview mit Hodgson)

8 »Joroberts« war die Zusammenziehung von Jones und Roberts. Die Amerikaner besaßen vierzig Prozent Anteile, während weitere vierzig Prozent im Besitz von Einheimischen waren und die verbliebenen zwanzig Prozent Hodgson gehörten.

9 Bekker, der sich während des Krieges nach Holland zurückzukehren weigerte, befürchtete auch später noch eine Verhaftung und vermied zeit seines Lebens Flugreisen mit holländischen Airlines. (Interview mit Sisler)

10 Von 1948 bis 1958 legte Frank Harrold – ein steptanzender Rhodes-Kenner – fast 500 000 Flugmeilen zurück und besuchte 142 Städte in 62 Ländern, wo er mehr als 13 000 Ausschankstellen

kontrollierte. (Memo von E. D. Sledge, 2. Januar 1959, Verwaltungsakten, CC-Archive; Interview mit Tom Law)

11 Frank Harrold, »Bronxville«. Alle folgenden Harrold-Zitate sind dieser Quelle entnommen.

12 CC-Archive.

13 »Foreign Fizz«, *Newsweek,* 29. Juli 1957, S. 67 f.

14 »Host With the Most«, *Forbes,* 1. Oktober 1957, S. 15.

15 Kahn-Aufzeichnungen, S. 54. Robert Woodruffs Freund Bernard Gimbel verspottete den Boß, sein Forschersohn könne sich in den entlegenen Anden keine Coke kaufen. Woodruff sorgte anschließend dafür, daß auf den jungen Gimbel Coke abgeworfen wurde, der verblüfft eines Tages an Fallschirmen hängende Coca-Cola-Kästen über seinem Camp entdeckte. (Interview mit Sisler)

Kapitel 15: Der Verstoß gegen die Gebote

1 Rede von Robert Woodruff am 28. Oktober 1940. (RWW-Dokumente, Persönliche Akte 2)

2 Woodruff mochte zwar seine Frau, aber er vermied es häufig, mit ihr zu verreisen, und suchte eine Ausrede, damit er mit seinen Freunden zusammmen sein konnte. »Du ahnst nicht, wie sehr ich dich beneide«, sagte Nell zu Edith Honeycutt unmittelbar nach dem Zweiten Weltkrieg, »mit deinem kleinen Heim, einem Ehemann, der jeden Tag nach Hause kommt, und deinen Kindern.« (Interviews mit Joe Jones und Edith Honeycutt)

3 Interview mit Hughes Spalding, »Process Recording of Interview Atlanta Power Structure«, in Floyd-Hunter-Dokumente, Box 16, Emory. Wenn nicht anders vermerkt, stammen alle Zitate Spaldings aus dieser Quelle.

4 Floyd Hunter, 1953, S. 69, 195.

5 In den zwanziger Jahren gehörten viele prominente Geschäftsleute aus Atlanta dem Ku-Klux-Klan an, und Coca-Cola-Anzeigen erschienen in *The Searchlight,* dem Lokalblatt des Ku-Klux-Klans. (Kenneth T. Jackson, 1967, S. 29–33)

6 1948 wurde Eisenhower Präsident der Columbia University. Drei Jahre später ging er als Oberbefehlshaber der NATO-Truppen nach Paris. Während seines dortigen Aufenthalts lud er James Farley und Alexander Makinsky zum Mittagessen ein. (*Eisenhower Diaries,* S. 137; Piers Brendon, 1986, S. 199-207; Farley an Eisenhower, 28. August 1951, Eisenhower-Dokumente)

7 Milward Martin, 1962, S. 126.

8 »Report of Senate Committee on Small Business, Crisis in the Soft Drink Bottling Industry«, 1951. (CC-Archive)

9 Rede von Ralph Hayes, Geburtstagsdinner für RWW, 6. Dezember 1959. (RWW-Dokumente, Box 39)

10 Alvin Toffler, »The Competition That Refreshes«, *Fortune,* Mai 1961, S. 127.

11 Die Federal Trade Commission (Bundeskommission für Handel) untersagte schließlich die Behauptung »kalorienreduziert«, da

Pepsi immer noch mehr Zucker enthielt als Coca-Cola. Überraschenderweise ließen sich Coca-Cola und Pepsi viel Zeit mit der Kreation von echten Diätgetränken, deren Verbrauch von 1952 bis 1955 um 300 Prozent anstieg. (Vance Packard, 1957, S. 60)

12 »Host With the Most«, *Forbes*, 1. Oktober 1957, S. 15.

13 H. George Allen an den Präsidenten, Pepsi-Cola, 21. August 1958. (CC-Archive)

14 Bateman & Schaeffer, »Edgar Bergen & Charlie McCarthy for Coca-Cola«, *Cola Call*, April 1985, S. 4 f., 11. Mitte der fünfziger Jahre saßen die Zuschauer durchschnittlich knapp fünf Stunden pro Tag vor dem Fernseher. (J. Ronald Oakley, 1986, S. 10, 97 f.)

15 Der Manager von Coca-Cola in Mexiko wagte den nie dagewesenen Schritt, 1952 direkt an den Boß zu schreiben und ihn um eine größere Flasche zu bitten – vergebens. (Interview mit Bill Solms)

16 Alvin Toffler, a. a. O., S. 128. Forios Talent zum Redenschreiben brachte ihm den Titel »Demosthenes von Coca-Cola« ein. (Akte Edgar J. Forio, RWW-Dokumente; Kahn-Aufzeichnungen, S. 201)

17 Lee Talley, »Report to the Board of Directors Covering Fourth Quarter, 1954, Operations, The Coca-Cola Export Corporation«. (Sibley-Dokumente, Box 1)

18 Farbige Etiketten (»applied color labels, ACL«) wurden erstmals 1957 auf die Coke-Flaschen geklebt. (William V. Seifert, »ACL«, *Cola Call*, Juli 1983)

19 10. Juni 1958, CC-Werbe-Memo, Frank Harrold, »Report on Imitator's 6 1/2 Oz. Package«, 9. Juni 1958. (CC-Archive)

20 Memo von Lee Talley, 23. April 1957 (RWW-Dokumente, Box 83); Kahn-Aufzeichnungen, S. 91; Frank Harrold, »Report on Imitator«, 9. Juni 1958; Warren Burns an J. D. Maclary, 5. Dezember 1958, »Poll Interview«; Harold Sharp an Lee Talley, 4. Dezember 1958, »Nielsen Report on Carolina-Virginia«.

21 Coca-Cola Bottling Co. of Minnesota vs. The Coca-Cola Co., US-District Court, Fourth Division, 29. April 1957. (Juristische Bibliothek von CC)

22 Woodruff verzichtete nie wirklich auf die Macht in der Firma. »Nehmen Sie das mit der Pensionierung nicht so ernst«, schrieb er dreizehn Jahre später an Max Keith. »So offiziell sie auch sein mag, Sie werden feststellen, daß es nicht viel bedeutet. Ich habe das ein halbes Dutzend Mal hinter mir.« (Woodruff an Max Keith, 7. August 1968, RWW-Dokumente, Keith-Akte)

23 Kahn-Aufzeichnungen, S. 92. In vielerlei Hinsicht nahm Morton Downey sr. John Sibleys Platz als Woodruffs engster Freund ein. »Es ist zu schade, daß Du ein Mann bist«, schrieb Downey einmal dem Boß. »Wärst Du eine Frau, dann könnte ich Dir zeigen, wie sehr ich Dich schätze und liebe.« (Morton Downey an Woodruff, 16. November 1970, RWW-Dokumente, Box 24)

24 Interview mit Dick Halpern.

25 Eric Clark, 1988, S. 119. Die Behauptungen der Subliminal Projection Company sorgten selbst nach ihrer Entlarvung für anhaltende Kontroversen, wenn auch niemals bewiesen wurde,

daß die »unterschwelligen« Botschaften wirkten. (N. F. Dixon, 1971)

26 Der Vater des Autors, J. B. Pendergrast jr., verdiente einen großen Teil seines Lebensunterhalts damit, für Coca-Cola Displays zu entwerfen.

27 Siehe »Cola Drinks and Your Teeth«, *Consumer Reports,* Juni 1950, S. 268.

28 Kahn-Aufzeichnungen, S. 102 f. Coke bemühte sich intensiv und mit hohem finanziellem Aufwand um wissenschaftliche Absicherung. Dr. Frederick J. Stare, ein Ernährungswissenschaftler an der Harvard University, bedankte sich 1954 für Zuwendungen seitens Coca-Colas mit Artikeln in *McCall's* und *Ladies' Home Journal,* in denen er Coke als geeigneten Bestandteil einer gesunden Teenagerernährung empfahl. Dr. Glenville Giddings von der Emory University führte Forschungen durch, die belegten, daß Coke den Zähnen und der Gesundheit nicht schade, und zwar bis zu seiner Pensionierung im Jahr 1957, als er eine jährliche Rente von 21 000 Dollar erhielt. (Dr. Frederick Stare, »Teenagers Do Not Eat Right«, *McCall's,* Mai 1954, und die Korrespondenz in der Stare-Akte; Orville May an Bill Robinson, 11. Oktober 1957, Giddings-Akte, RWW-Dokumente)

29 RWW an Hayes, 22. November 1960. (Sibley-Dokumente, Box 1)

30 Christina Crawford, 1978, S. 199.

31 M. Martin, 1962, S. 136.

32 Klugerweise hatte Kendall zwei Versionen von Pepsi – die eine stammte aus den Vereinigten Staaten, und die andere bestand aus russischem Wasser und Zucker. Chruschtschow verkündete lautstark die Überlegenheit des sowjetischen Pepsi. (Interview mit Don Kendall; Fawn M. Brodie, 1981, S. 385)

Kapitel 16: Die turbulenten sechziger Jahre und Paul Austin

1 John F. Kennedy, »Inaugural Address«, 20. Januar 1961, *The Annals of America,* Bd. 18, S. 5 ff.

2 Eisenhower an RWW, 3. Januar 1961. (Eisenhower-Dokumente)

3 James Farley an JFK, 14. März 1961 und 24. April 1961. (Farley-Dokumente)

4 Frank Harrold, »40 Years with Coca-Cola«, *CC Overseas,* Oktober 1963, S. 12.

5 Der Name für das neue Zitrusgetränk wurde von Haddon Sundbloms Elfen aus der Kriegszeit abgeleitet, der unter der Bezeichnung Coca-Cola-Sprite bekannt war – ein silberhaariges, stets lächelndes, jungenhaftes Wesen, das als Hut eine Coke-Flasche trug. (Anne Hoy, 1986, S. 82, 100; 22. Dezember 1960, Memo von CC Co., CC-Archive)

6 »History of Non-Returnable Bottles«. (CC-Archive)

7 Minute Maid, gegründet 1946, beherrschte den Markt und besaß in Florida 20 000 Acres Zitrushaine, wodurch Coca-Cola einer

der größten Orangenzüchter der Welt wurde. (The Coca-Cola-Company, »Notice of Special Meeting of Stockholders«, 21. November 1960, Sibley-Dokumente)

8 Lee Talley an J. Paul Austin, E. D. Sledge, 6. Oktober 1962. (RWW-Dokumente, Box 83)

9 Anita Lands, »Profile ... J. Paul Austin«, *Hermes Exchange*, Oktober 1968, S. 21. (CC-Archive)

10 Kuba-Akte in CC-Archive; Louis & Yazijian, 1980, S. 169.

11 Don Kendall, ein aggressiver, abgebrühter ehemaliger Navy-Pilot und Boxer, gelangte 1963 an die Macht.

12 Jack B. Weiner, »Why Things Go Better«, *Dun's,* 1966, S. 76.

13 Die Einführung von TaB verursachte einen beträchtlichen Aufstand, vor allem bei der Thomas Company, die darauf beharrte, der alte Vertrag gelte auch für dieses Getränk, da es sich dabei lediglich um die Diätvariante von Coke handele. Ohne die Behauptung als richtig zu bestätigen, stimmte Paul Austin zu, der Thomas Campany einen »Beitrag« für ihre Zusammenarbeit in der Werbung zu zahlen. (RWW-Dokumente, J.-Paul-Austin-Akte, Box 5)

14 Taylor Branch, 1988, S. 529. Ware war offenbar auf Ichauway nie Feldarbeiter und an diesem verhängnisvollen 4. Juli lediglich ein Gast. Dennoch überrascht es, daß Woodruff dem verletzten Schwarzen nicht zur Seite sprang, denn der Vorfall hatte ja auf seiner Plantage stattgefunden. Gegen Gator Johnson wurde tatsächlich ein Verfahren wegen Mißhandlung und Schießens auf Charlie Ware eingeleitet. Im April 1963 brauchte eine durchweg aus Weißen bestehende Jury in Columbus, Georgia, nur neunzig Minuten, um den Sheriff freizusprechen. (Tylor Branch, 1988, S. 731; Interviews mit Joe Jones und Cal Bailey)

15 Clarence Funnye, CORE-Programmdirektor an Paul Austin, 5. September 1963. (Sibley-Dokumente, Box 3)

16 Sechs Monate, nachdem Harvey Russell Vizepräsident von Pepsi geworden war, brachte der Ku-Klux-Klan ein Bild von ihm und seiner Frau, einer hellhäutigen Schwarzen, in Umlauf und rief zum Boykott von Pepsi auf, da dessen »Nigger-Vizepräsident« mit einer Weißen verheiratet sei. Man erzählte sich, die lokalen Coke-Abfüller hätten die Heftchen finanziert, doch das wurde nie bewiesen. (Harvey Russell-Nachdrucke, Pepsi-Sammlung)

17 RWW an LBJ, 4. November 1964. (RWW-Dokumente, Box 52)

18 LBJ an RWW, undatiert. (RWW-Dokumente, Box 52)

19 J. P. Freeman, 1986, S. 113, 117.

20 »Historical List of Pop Performers, Coca-Cola USA«, 19. 9. 91, CC-Archive; Anne Hoy, 1986, S. 130.

21 Ted Sanchagrin, »Battle of Brands: Soft Drinks«, *Printer's Ink,* 9. April 1965, S. 21.

22 Aufgrund seiner engeren Verbindungen zu Washington diente Jones mehrfach als spezieller Coke-Abgesandter. In den späten siebziger Jahren flog er nach Hawaii, um ein höchst geheimes Projekt zu fördern, mit dem ein kokainfreies Kokablatt gezüchtet werden

sollte. Als die hawaiianische Presse davon Wind bekam, sah sich die Firma gezwungen, die Forschungen einzustellen. (Interview mit Boisfeuillet Jones)

23 »Capping the Crisis«, *Time,* 22. April 1966. Für einen Überblick siehe Holly L. Feder, 1988, S. 38–44.

24 Two U.S. Firms Face Boycott.« Obwohl Pepsi nie in Israel ein Franchise-Unternehmen eröffnete, konnte es doch einen Boykott seitens der Zionisten vermeiden. Insider meinen, die großzügigen Spenden von Pepsi an jüdische Organisationen würden das Rätsel erklären.

25 Interview mit John Brinton. Der jüdische Markt war offenbar so wichtig für Coca-Cola, daß es dafür bereit war, die geheime Formel 1935 einem Rabbi in Atlanta zu verraten. Später lüftete die Firma das bestgehütete Geheimnis gegenüber dem israelischen Rabbi Moshe Landau, der ein weltweit gültiges Zertifikat, daß das Produkt koscher sei, ausstellen sollte. Firmensprecher streiten die Enthüllung der präzisen Formel ab, räumen aber ein, daß sie den Rabbis detaillierte Ingredienzienlisten überlassen hätten. (Ralph Cipriano, »Passover, with Touch of Americana«, *Philadelphia Inquirer,* 17. April 1992; »In the Know: Rabbi's Got a Secret«, *JUF News,* Januar/Februar 1992; »The Big Problem Is: If They Tell, That Would Be Kosher, Either«, WSJ, 29. April 1992)

26 Tom Wolfe zitiert in »The World Loves Coke – Official«, *Financial Times,* 13. September 1990; der japanische Philosoph zitiert in William Dufty, 1975, S. 18.

27 RWW an LBJ, 1. Juni 1965. (RWW-Dokumente, Box 52)

28 Charles Elliott, 1982, S. 246; Interviews mit Martha Ellis, Charles Elliott und Joe Jones. Nach noch nicht einmal einem Jahr hatte Woodruff eine Ersatzfrau in seiner Nichte Martha Hodgson Ellis gefunden, deren Mann im Frühjahr 1969 gestorben war. Bis zum Ende seines Lebens blieb Martha Ellis Woodruff seine hingebungsvolle Begleiterin. (Interview mit Martha Ellis; RWW-Dokumente, Ellis-Akte, Box 26)

29 Ivan Allen jr., 1971, S. 205; Interview mit demselben.

30 J. P. Freeman, 1986, S. 182–198. Die anschließende Diskussion über den Text und die Werbung bei »Real Thing« baut großenteils auf der These Freemans auf.

31 »Project Arden Gives Coke a New Look«, CC-Pressemitteilung, 1970, CC-Archive; Interview mit Ike Herbert.

32 1966, als die FDA Standards für Cola-Getränke entwickelte, hatten die Bürokraten es für Coke geradezu ungesetzlich gemacht Vitamine oder andere Nährstoffe zu beinhalten, was der Firma eine willkommene Ausrede lieferte.

33 »The Pause That Nourishes«, *Newsweek,* 19. Februar 1968, S. 73 f. Die Werbung für Saci hob darauf ab, daß es den Verbraucher »kräftig« und gesund mache; die brasilianischen Machos interpretierten das dahingehend, daß das Getränk ihnen stärkere Virilität verleihe. Infolgedessen erreichte Saci nie viele unterernährte Kinder. (Interview mit Gilliatt; »Saci ... A New Drink to

Supplement Diets«, *Refresher,* 1968; Interview mit Michael McMullen)

34 Richard F. Atwood, CC-Anwalt, an die FDA, 21. November 1969. (AF FDA-Akten)
35 18. Dezember 1969, Bericht, Dominick & Dominick. (RWW-Dokumente, Box 20)

Kapitel 17: Big Red döst unruhig vor sich hin

1 »Coke's NBC Buys«, *Variety,* 22. Juli 1970, zitiert in *Migrant and Seasonal,* S. 5870. Mehrere Monate später transferierte Coke alle Werbedollars zu CBS und ABC. (Louis & Yazijian, 1980, S. 144)
2 *Migrant and Seasonal,* S. 5871.
3 »Business Fights Social Ills«, *Business Week,* 6. März 1971, S. 51, 61.
4 Louis & Yazijian, 1980, S. 143.
5 Coke und Pepsi schlossen sich für den Kampf gegen die Flaschenmüllgesetze zusammen, dennoch wurden einige wenige in Staaten wie Michigan, Maine, Vermont, Iowa, Oregon, New York, Kalifornien und Connecticut verabschiedet, wo auf jeder Flasche eine Abfallabgabe in Höhe von fünf Cent liegt, Infolgedessen ist es diesen Staaten gelungen, ihren Abfall an Flaschen und Dosen erheblich zu verringern und den Mülltonnenwühlern einen Lebensraum zu sichern. Coca-Cola-Mitarbeiter argumentieren, daß sie durch derartige Gesetze zu Müllsammlern würden; es wäre besser, die Dosen und Flaschen würden mit anderen ähnlichen Produkten verwertet.
6 Richard J. Walton, »The Carter Connection: Why Things Go Better With Coke«, *The Nation,* 31. März 1979, S. 333.
7 »Things Go Wrong For Coca-Cola«, *Consumer Reports,* Oktober 1970, S. 578 f.; »A Prize Snafu in the Coke Game«, *Business Week,* 18. Juli 1970, S. 32; »Contests: 100 Misunderstanding«, *Newsweek,* 20. Juli 1970, S. 70.
8 Klage und Anordnung der FTC, 14. April 1971. (Juristische Bibliothek von CC)
9 »Answer of the Coca-Cola-Company«, auf die FTC-Klage wegen der Werbung für Hi-C, 21. Mai 1971. (Juristische Bibliothek von CC)
10 Anne Hoy, 1986, S. 134–137.
11 Bill Solms an RWW, 18. August 1972. (RWW-Dokumente, Box 79)
12 Coke zahlte für die Freilassung der ersten argentinischen Manager eine Million Dollar, doch als dann andere gekidnappt wurden, schickte die Firma Mitch Werbell, den selbsternannten »Hexer des Flüsternden Todes«, nach Argentinien, wo der Antikommunist aus Georgia die Kidnapper öffentlich informierte: »Wir werden euch töten. Wir werden uns an eure Frauen halten. Wir werden sie töten.« Als seine Drohungen nicht die beabsichtigte Wirkung zeigten, reiste er wieder ab. Die Angelegenheit endete mit einem dramatischen Schußwechsel, als die Ortspolizei

die letzten Coke-Männer aus einer unterirdischen Zelle unter dem Haus der Kidnapper befreite. (»How Coke Runs a Foreign Empire«, *Business Week,* 25. August 1973, S. 41; Louis & Yazijian, 1980, S. 175; Interviews mit Bill Solms und Leo Conroy)

13 Barnet & Müller, 1974, S. 184; Louis & Yazijian, 1980, S. 182.

14 »Carol Hinkey, Tech Rep«, *Refresher,* April 1973, S. 10 f. Der der Firma innewohnende Sexismus ließ sich leicht orten. Ein Artikel über Firmenfrauen im Juli 1972 im *Refresher* erhielt die Überschrift »Girls Girls Girls Girls« – und behandelte eine ältere Frau, die 1963, nachdem sie fünfzehn Jahre lang bei einer Speditionsfirma gearbeitet hatte, bei Coke eingetreten war.

15 Interviews mit Ian Wilson, Virginia Moulder, Bob Broadwater und Charles Duncan. Duncan streitet ab, daß er zum Rücktritt gezwungen worden sei.

16 Interview mit Walter »Bud« Randolph für den ganzen Abschnitt.

17 *Exclusive Territorial Allocation Legislation,* Teil 2 (Anhang), S. 180. Aussage von William Pope Taft, S. 675.

18 Interview mit Bob Broadwater. Der Kassiaimport wurde normalerweise natürlich legal abgewickelt, aber Broadwater wußte, daß es Einzelpersonen untersagt war, pflanzliche Stoffe in die Vereinigten Staaten einzuführen. Er konnte sich die Szene schon vorstellen: »Ach, Sie sind ein Mitarbeiter von Coca-Cola, und das da gehört zum geheimen Rezept?«

19 Woodruffs Kumpel Eugene Kelly weigerte sich im Alter, Autorität zu delegieren oder die straffe Führung abzugeben. Als seine Gesundheit sich verschlechterte, erschoß sich Kelly, und der auf ihn folgende Manager vermochte das Geschäft nicht auf die Beine zu bringen, deshalb konsolidierte Wilson Werke und Abfüller und modernisierte die Anlagen. (Interview mit Ian Wilson)

20 Peter Meyer, 1978, S. 192.

21 Die Trilateral Commission, eine Denkfabrik, bestehend aus Amerikanern, Westeuropäern und Japanern, wurde 1972 auf Betreiben David Rockefellers gegründet und sollte »eine Ehe zwischen Intellektuellen und Einflußreichen« sein, wie ein Journalist schrieb. (Peter Meyer, 1978, S. 192 f.; Mazlish & Diamond, 1979, S. 238 f.)

22 DeWitt Rogers und Maurice Fliess, »Secret Mission: Coke's Austin, Castro Meet«, *AC,* 10. Juni 1977.

23 »Carter's Chum from Coke«, *Newsweek,* 7. Februar 1977, S. 57. Um die Genehmigung für den Wiedereinstieg in Ägypten zu sichern, versprach Coke, 15 000 Acres Wüste in Orangenhaine zu verwandeln. Das Projekt scheiterte jedoch, als die ägyptische Luftwaffe, die sich über die Einmischung des Landwirtschaftsministeriums ärgerte, auf dem angrenzenden Gelände mit Bombardierungsübungen anfing und die Feldarbeiter entsetzt das Weite suchten. Auch Sadats Intervention schlug fehl – ein erstes Warnsignal für die Unzufriedenheit des Militärs, die letztlich zu seiner Ermordung im Jahr 1981 führte. Coca-Cola verlor bei dem Projekt zehn Millionen Dollar, doch dem arabischen Boykott wurde das Rückgrat gebrochen. (Interview mit Sam Ayoub)

24 Interview mit Bob Broadwater; »Things Go Better«, *AC*, 20. Mai 1978; DeWitt Rogers, »Coke Maneuvering for Growth in Russia«, *AC*, 28. Mai 1978.

25 John Sculley, 1987, S. 42 ff.

26 Interview mit Dick Alven. (Pepsi-Sammlung)

27 Nielsen untersuchte zwar den Umsatz von Erfrischungsgetränken in Supermärkten, allerdings nicht den bei Automaten oder im Gastronomiebereich.

28 Der Calorie Control Council, ein Verband, der für Saccharin wirbt, hatte ganz in der Nähe von Coke, seinem größten Einzelförderer, eine Adresse in Atlanta. Die Firma hätte sich die Sorgen sparen können; das Moratorium für das Saccharinverbot ist seitdem immer wieder verlängert worden. Coke unterstützt außerdem noch zwei andere im Sinne des Unternehmens lobbyistisch tätige Fronten: den American Council of Health and Science und die Keep American Beautiful, Inc. (Louis & Yazijian, 1980, S. 141, 270; Megalli & Friedman, 1991, S. 23–28, 45–49, 116–123; Earl T. Leonard jr. an Roberto Goizueta, 9. März 1981, RWW-Dokumente, Fall 246)

29 In seiner grundlegenden Studie *New and Improved: The Story of Mass Marketing in America* bespricht Richard S. Tedlow neben drei anderen Fallstudien auch den Aufstieg von Coke und Pepsi. Er identifiziert drei »Phasen« des Marketing, die in einer Marktsegmentierung, mit der spezifische demographische Gruppen angepeilt werden, enden. In sehr großem Maße hat die Marke Coca-Cola selbst jedoch einer Segmentierung widerstanden, da sie eine breite Gruppierung von Konsumenten anspricht. (Tedlow, S. 4–9, 22–111)

30 Henry J. Frundt, 1987, S. 84 ff.; dieses Buch verdankt den folgenden Absätzen viele Informationen.

31 In Venezuela füllte die mächtige Cisneros-Familie, der das Land praktisch gehörte, Pepsi ab.

32 Interview mit D. Van Loan. Als Roger Mosconi, der für die Werbung zuständige zweite Kreativchef (neben Penny Hawkey), zum erstenmal das Drehbuch vorstellte, wollte die Firma noch den weißen Quarterback Terry Bradshaw haben. Mosconi bestand auf Joe Greene, der sich den Spitznamen »Mean« (gemein) nicht nur wegen seines wilden Spiels, sondern auch wegen seiner Attacken gegen Offizielle und Zwischenrufer verdient hatte. Noch vor der großen Abfüllertagung ging das Gerücht durch die Werbeindustrie, McCann sei drauf und dran, den Coke-Etat an Kenyon & Eckhart zu verlieren. Die begeisterte Reaktion der Abfüller auf Mean Joe Greene und den Spot rettete den Etat und die Karriere Mosconis. (Interview mit Roger Mosconi; Blount, Roy jr., 1974/1980, S. 41, 91, 180, 299, 322–325)

33 Interview mit Virginia Moulder.

34 Die sechs Männer waren Roberto Goizueta, Claus Halle, Ike Herbert, Don Keough, Al Killeen und Ian Wilson. Killeen, der unter Wilson in Südafrika Karriere gemacht hatte, leitete Wine Spectrum. Ike Herbert, ein sanfter Werbefachmann, war von der

McCann-Agentur zu Coca-Cola übergewechselt. Don Keough war mit Duncan Foods zur Firma gestoßen. Später kam auch noch der Finanzmann John Collings auf die Liste, und man sprach von den »Sieben Zwergen«.

35 »KO Stock«, CC Co.
36 Interview mit Edith Honeycutt.

Teil V: Die Ära des Großunternehmens

1 Die Zitate und das Szenario stammen aus Thomas Oliver, 1986, S. 153, und dem Interview von Jesse Meyers mit Roberto Goizueta, *Beverage Digest,* 30. September 1988, S. 5.

Kapitel 18: Roberto Goizuetas Aufstieg

1 Der genaue Ablauf der Ereignisse im Frühjahr 1980 ist nur schwer festzustellen, denn dafür stehen lediglich mündliche Erinnerungen zur Verfügung. In den Interviews schoben einige Coca-Cola-Männer Woodruffs Ultimatum an Austin in den April statt in den Mai. Das Szenario im Text zeigt allerdings einen etwas logischeren Ablauf.

2 Wer genau zu Woodruff ging, werden wir vermutlich nie erfahren. Bob Broadwater erinnert sich, daß er um diese Zeit zufällig Roberto Goizueta getroffen habe, der ihm erzählte: »Wir standen kurz vor einer echten Katastrophe. Beinahe hätten wir Ian Wilson als neuen CEO bekommen.« Goizueta streitet ab, direkt mit Woodruff über Wilson gesprochen zu haben. Luke Smith traf sich nachmittags insgeheim mit Woodruff und kann ihn gegen Wilson beeinflußt haben. Wie die Wahrheit auch aussehen mag, es besteht kein Zweifel, daß Goizueta eine »große Partie Firmenschach« spielte, wie eine anonyme Quelle meinte. (Interviews mit Bob Broadwater, Ian Wilson, Sam Ayoub, Morton Hodgson und Claus Halle)

3 Viele Kommentatoren stellten fest, daß Goizuetas Jahreseinkommen in Höhe von 488 000 Dollar im Jahr 1979 gegenüber den 361 000 Dollar von Keough eindeutig ihre jeweilige Position belege. (Jahresbericht 1979 von CC)

4 Es kam tatsächlich zu einem letzten Akt im Machtkampf. Anfang Juli 1980 wies Woodruff Joe Jones an, mit dem hinausgeworfenen Luke Smith in London Kontakt aufzunehmen und ihm den Vorsitz des Verwaltungsrats ohne die Position des CEO anzubieten. Zur gleichen Zeit ging das Gerücht, Charles Duncan jr. werde als Vorsitzender wie als CEO zurückgeholt. Goizueta widersetzte sich dem vermutlich gegenüber Woodruff und drohte mit seinem Rücktritt, falls er nicht Vorsitzender und CEO und Keough sein Präsident würde. Woodruff lenkte ein, und Joe Jones zog das Angebot an Smith zurück. Ein gebrochener Mann, starb Luke Smith einige Wochen danach an einem Herzinfarkt. Charles Duncan

wurde geholt, jedoch nur als Mitglied des Verwaltungsrats. (Anonyme Quellen; Interview mit Virginia Moulder; CC-Memo vom 20. Juli 1980 über den Tod von Luke Smith, RWW-Dokumente, Box 79)

5 Im Februar 1980, noch bevor Goizueta zum Präsidenten ernannt worden war, schlossen er und Keough einen Pakt: Wenn einer von ihnen zum Mann an der Spitze ernannt würde, bekäme der andere auf alle Fälle die nächstrangige Schlüsselposition. Zu diesem Zeitpunkt muß Keough erkannt haben, daß Goizueta weitaus bessere Chancen als alle anderen hatte. Nur Monate zuvor hatte Keough vertraulich zu Ian Wilson gesagt: »Ich werde niemals für den Kubaner arbeiten. Wie steht's mit dir?« (Keough streitet den ihm von Wilson zugeschriebenen Satz ab.) Als Keough dann die zweithöchste Position innehatte, war sein öffentliches Auftreten jedoch tadellos. »Ich habe gelernt«, sagte er einmal, »daß die Zeit für Streitigkeiten vorbei ist, sobald der Boß spricht. Und ich habe fast vierzig Jahre lang überlebt.« Ein anonymer Kenner der Szene sagt allerdings, Keough hege eine »köchelnde Wut« unter seinem manierlichen Benehmen. (Jesse Meyers, »A Talk with Roberto Goizueta«, *BD,* 30. September 1988, S. 3; Interview mit Ian Wilson; Erklärung von Don Keough, 30. Juli 1987, Diet-Coke-Prozeß, S. 358, 365)

6 Anfangs wurde Coca-Cola mit je fünfzig Prozent Fructose und Rohrzucker gesüßt. Ab November 1984 enthielt die US-Coke dann zu 100 Prozent Fruchtzucker, während außerhalb Amerikas weiterhin Rohr- und Rübenzucker in der Formel standen.

7 Interview mit Roberto Goizueta. Die Umstellung der Süßstoffe in Coke schlug hohe wirtschaftliche Wellen. Zwischen 1980 und 1988 kürzten die Vereinigten Staaten ihre Zuckerrohreinfuhren von 3,8 Millionen auf rund eine Million Tonnen. (Katherine Isaac, »Tate & Lyle: The Grandaddy of Sugar«, *Multinational Monitor,* April 1989, S. 22)

8 John Sculley, 1987, S. 48. John Sculley erfüllte den schlimmsten Alptraum von Pepsi, als er sich selbst einem Geschmackstest unterzog und sich für Coke als das bessere Getränk entschied. Zum Glück bekamen die Medien davon niemals Wind, und er unterließ in Zukunft derartige Wagnisse. (John Sculley, 1987, S. 49)

9 Thomas Oliver, 1986, S. 51 f.; Interview mit Roy Scout.

10 CC-Jahresbericht 1980.

11 Thomas Oliver, 1986, S. 60 ff.

12 »Coke Chief Admits Error on Black Covenant«, *Florida Times-Union,* 1981. (CC-Sammlung, Box 12, Emory)

13 Ken Schulman arbeitete mit Tony DeGregorio zusammen und schrieb den Originaltext, einschließlich von »Coke Is It«. Ginny Redington schrieb den Text größtenteils für sich um, und John Bergin pfuschte dann auch noch daran herum. (Interviews mit Ginny Redington, Ken Schulman und John Bergin)

14 Es ist wahrscheinlich, daß die Herausforderungskampagne aufgrund mehrerer Faktoren eingestellt wurde. Der aggressive Präsident von Pepsi USA, John Sculley, ging Anfang 1983 zu Apple,

und Don Kendall, dem die Kampagne nie besonders zugesagt hatte, stoppte sie.

15 Thomas Oliver, 1986, S. 77.
16 Ebd., S. 78–83.
17 Douglas K. Ramsey, 1987, S. 78.
18 CC-Jahresbericht 1983. Auf den ausländischen Märkten wurde Diet Coke häufig in Coca-Cola light umbenannt, da in vielen europäischen Ländern vielfach Produkte mit dem Attribut »Diät« als Medizin empfunden wurden.
19 Coca-Cola Bottlers' Association to All Coca-Cola Bottlers, August 1982, Plaintiff's-Beweisstück 297, Diet-Coke-Prozeß. Firmenangestellte verweisen darauf, daß kein Abfüller Diät-Coke erhielt, wenn er nicht zuvor einen zeitlich befristeten Vertrag unterzeichnet hatte, und daß die Umleitung des Produkts in ihr Gebiet durch ihren Exklusivvertrag untersagt war. Doch die Fernsehwerbung unterschied nicht zwischen einzelnen Gebieten, und die Verbraucher erwarteten, in ihren Einkaufsläden Diät-Coke zu finden. Infolgedessen blieb den kleinen Abfüllern keine andere Wahl, als zu unterzeichnen.
20 Roger Enrico, 1986, S. 12; Interview mit Don Kendall.
21 Ausdruck der Federal Election Commission (Bundeswahlkommission) 1983/1984 »Coca-Cola-Company Nonpartisan Committee for Good Government«.
22 »Information, Please«, *Refresher,* Januar/Februar 1984, S. 26 f.; »Company Establishes Philanthropic Foundation«, *Refresher,* November/Dezember 1984, S. 25.
23 Tim Davis, »The Coke Enterprise: Out Front and Pulling Away«, *Beverage World,* Juli 1984, S. 25.

Kapitel 19: Der Marketingschnitzer des Jahrhunderts

1 Der genaue Tag von Goizuetas schicksalsträchtigem Besuch auf Ichauway ist in Wirklichkeit nicht bekannt. In einem Interview mit dem Verfasser sprach Goizueta von November 1984, doch in dem sich anschließenden Briefwechsel verlegte Goizueta das Datum in den Januar. Während der Pressekonferenz, bei der die Neue Coke vorgestellt wurde, sagte er jedoch, das Gespräch habe Ende Februar stattgefunden. Die Datierung auf den 1. Januar erscheint sinnvoll, da kurz zuvor in der Firma die Entscheidung für die Neue Coke getroffen worden war und bald darauf die Werbefachleute darüber informiert wurden.
2 Anonyme Quellen; Interviews mit Wilbur Kurtz, Jack Tarver und Bob Broadwater.
3 Nach Edith Honeycutt, Martha Ellis, Joe Jones und Cal Bailey hörte Woodruff zum Jahresanfang auf zu essen.
4 Robert Woodruffs Mentor war der Vater von Harrison Jones, der nach Woodruff »mich lieber mochte als seinen Sohn Harrison«.
5 Thomas Oliver, 1986, S. 107 f.

6 Bergin und Zyman, bis dahin gute Freunde, sprachen nun fast nicht mehr miteinander. (Interview mit John Bergin)

7 »Coca-Cola Press Conference Satellite Downlink«, 23. April 1985, Transkript, Beweismittel der Kläger 78, Diet-Coke-Prozeß. Alle folgenden Zitate von der Pressekonferenz entstammen dieser Quelle.

8 Thomas Oliver, 1986. S. 153 ff.

9 Für diese loyalen Coke-Trinker waren alle anderen Neuigkeiten von Ende April bis Mitte Juli 1985 unwichtig. Ronald Reagan besuchte den Soldatenfriedhof in Bitburg und überstand eine Krebsoperation. Die Todesschwadronen terrorisierten Guatemala, in Bangladesh kamen 10 000 Menschen bei einem Sturm um, und libanesische Schiiten kidnappten eine TWA-Maschine. Keines dieser Ereignisse war mit der Tragödie der geänderten Coke-Formel zu vergleichen. (*Facts on File*, 1985, S. 299–521)

10 Wenn nicht anders vermerkt, entstammen alle Briefe den Akten der CC-Abteilung für Verbraucherfragen.

11 Thomas Oliver, 1986, S. 175 f.; die in diesem Abschnitt aufgeführten Informationen stützen sich ebenfalls auf dieses Buch. Firmenangestellte streiten ab, daß der Name »Classic« irgend etwas mit dem Gerichtsverfahren zu tun habe. Der Journalist Bob Greene aus Chicago beansprucht das Urheberrecht für die Coke-Strategie. In seiner Kolumne vom 9. Juni 1985 schlug er eine »Geste ohne Gesichtsverlust« vor: die Firma solle neben der Neuen Coke Dosen der alten Coke mit der Aufschrift »Original-Rezept« verkaufen. Allmählich werde, so sagte er voraus, sich das Original an die Spitze setzen, und die Firma könnte dann »ohne großes Gedöns die alte Coke wieder ihren Platz als einzige Coke einnehmen lassen«. (Interview mit Bob Greene; »The New Coca-Cola Should Be Canned«, *Chicago Tribune,* 9. Juni 1985)

12 Alle Briefe aus den Akten der CC-Abteilung für Verbraucherfragen.

13 Ein Coca-Cola-Mann sah die Sache ganz klar, wie die Eintragungen in seinem Tagebuch für den Juli 1985 belegen: »Wir wurden zu dem Glauben verleitet, daß es einzig um den Geschmack gehe ... die Verbraucher nach der alten Coke nur fragen würden, um ... ihrer Wut auf die Firma Ausdruck zu verleihen.« Später, im August, schrieb er: »Die Atmosphäre wird wie bei George Orwell. Das Management besteht darauf, daß es nur eine Coke geben kann, wo es doch in Wirklichkeit zwei sind.« (Anonymes Tagebuch von 1985)

14 William O. LaMotte III an Richter Murray M. Schwartz, 9. September 1985, Beweisstück der Kläger 1899, Diet-Coke-Prozeß.

15 Beim Kampf mit allen ihren Problemen erlaubte die Firma schließlich dem Cola-Clan die Benutzung des Namens Coke, da der gebeutelte Soft-Drink-Gigant jetzt jede nur mögliche Unterstützung brauchte. Im Herbst 1985 wurde die Vereinigung umbenannt in Coca-Cola Collectors Club International und benutzte stolz die Schrift in ihrem Logo. (Interview mit Randy Schaeffer

und Bill Bateman; Thom Thompson an Mark Pendergrast, 16. Oktober 1991)

16 In einem blinden Geschmackstest versuchte der Autor dieses Buches Coca-Cola Classic, die Neue Coke, Pepsi und A&P Cola. Er wählte das Classic als Lieblingsgeschmack, gefolgt vom Neuen Coke, und identifizierte beide richtig. Den dritten Platz gab er A&P Cola, das er für Pepsi hielt.

Kapitel 20: Globales Sprudeln

1 Die Informationen zur Hundertjahrfeier von Coca-Cola sind folgenden Quellen entnommen: BBC Fernseh-Special 1989; Video der Ereignisse von CC Co.; »Fizz, Movies and Whoop-De-Do«, *Time*, 21. Mai 1986; Jesse Meyers, *BD*, 7. und 10. Mai 1986; Artikel aus *Atlanta Constitution* und anderen Zeitungen; 9.–11. Mai 1986, in CC-Sammlung, Box 11, Emory; Russell Shaw, »100 Years of Coca-Cola«, *Sky*, May 1986, S. 6-2-70; *Refresher*, Mai/Juni 1986, S. 20–30.

2 Nur die Candlers waren anscheinend mißgestimmt. Da sie zum Firmenfest nicht eingeladen waren, mieteten 200 Candler-Nachkommen Callan Castle, Asas Herrensitz von 1903, für ihre eigene Geburtstagsfeier.

3 CC-Geschäftsbericht für 1985, S. 3. Im Juni 1986 wurden die Aktien drei für eine gesplittet.

4 Die Informationen zu diesem Abschnitt sind aus Stuart Mieher, »Things Go Better with Debt«, *Georgia Trend*, März 1986, S. 42–49.

5 Die Marke Coca-Cola hatte einen Anteil von knapp siebzig Prozent am Überseeumsatz der Firma, Fanta Orange folgt mit vierzehn Prozent, womit Fanta, in Amerika ein praktisch ignorierter Name, zum drittbeliebtesten Erfrischungsgetränk der Welt wurde.

6 »Three A's Spell Global Success«, *Journey: The Magazine of The Coca-Cola-Company*, Mai 1987, S. 5–11.

7 Kohlberg Kravis Roberts and Company übernahm Beatrice Foods 1986 zu der alle Rekorde brechenden Summe von 6,2 Milliarden Dollar und entledigte sich dann großer Brocken wie der Coke-Abfüllfirma. (Haynes Johnson, 1991, S. 433)

8 Die Firma verfaßte auch einen neuen Mantelvertrag für CCE, der ihr uneingeschränkte Flexibilität bei der Preisfestsetzung sicherte. Wann immer Big Coke Eigenkapital in große Abfüllfirmen steckte, bestand es auf der Unterzeichnung dieses Vertrags, den Bill Schmidt hämisch »Herren-Sklaven-Vertrag« nannte. Am Ende des Jahrzehnts hatten Abfüller, die insgesamt siebzig Prozent des US-Umsatzes erbrachten, unterschrieben. (Interview mit Bill Schmidt; »The New Coca-Cola«, *Financial World*, S. 34

9 In der Woche vor Dysons Ernennung trat Sergio Zyman zurück, womit er für die Neue Coke einen bequemen Sündenbock abgab. Auch Roy Stout verlor 1988 seine Position als Chef der US-Marktforschung, wenn Don Keough ihm dann auch innerhalb der

Firma einen anderen Job gab. (Keith Herndon, »Coca-Cola Co. to Create New Bottling Firm«, *AC*, 15. Juli 1986; Interviews mit Charles Bottom und Roy Stout)

10 David A. Kyle, »Transnational Politics: Coca-Cola Foods in Belize«, *Belizean Studios,* Bd. 16, Nr. 3, 1988, S. 14–31. Alle Informationen über Belize sind aus dieser Quelle, wenn nicht anders vermerkt.

11 William Branigin, »>Save the Rain Forest‹ Rings Out in Belize«, *Los Angeles Times,* 15. Oktober 1989. Die Firma verkaufte den Rest ihres Grundbesitzes in Belize im Jahr 1992.

12 Murray Schwartz, Diet-Coke-Prozeß, Urteilsbegründung, 23. Mai 1986.

13 Da viele sich bis dahin widersetzende Abfüller bald danach unterzeichneten, beliefen sich die jährlichen Kosten der Firma nicht auf sieben Millionen, sondern lediglich auf vier Millionen Dollar.

14 E-Town-Prozeß, Consolidated Pre-Trial Order, S. 147, Am 6. Januar 1987 informierte die Firma die nicht an den Vertrag gebundenen Abfüller, daß sie bis zum 1. Mai 1987 Zeit zur Unterzeichnung des Abkommens hätten.

15 Jim Harford, *Future Smarts/Legal Smarts,* 20. Mai 1991, S. 101–117. Harford, ein überzeugter Konservativer, erfuhr durch seinen Gefängnisaufenthalt eine Verwandlung. Er lernte zudem, daß es auch ein Leben ohne die Cola-Kriege gab. »Selbst wenn ich nie wieder aromatisiertes, gefärbtes Zuckerwasser verkaufe«, erzählte er einer Gruppe von Abfüllern, »sieht das Leben für mich hinterher gut aus. Ich hätte mehr Zeit für meine Familie.«

16 Interview mit Allen Peacock. Ein Sprecher von Coca-Cola Consolidated stritt einige von Peacocks Behauptungen ab, unter anderem den Hinweis auf die außergewöhnlich hohen Arbeitsstunden und die Umschlagzahl von 260 Prozent. Der Abfüller weigerte sich allerdings, ein Interview mit einem noch beschäftigten Außendienstler zu genehmigen, und rückte auch nicht mit der tatsächlichen Umschlagzahl heraus. (Interview mit Bob Pettus)

17 »Pepsi Wins in Taste; Coke Tops in Sales«, *AC*, 15. Juni 1987.

18 Susan Spillman, »Concession Stands Get Top Billing at Theaters«, *USA Today,* 21. März 1990.

19 »Selling Soft Drinks & Celluloid«, *Journey,* November 1987, S. 4–8. Die Informationen und das Zitat im folgenden Absatz sind diesem Artikel entnommen.

20 MAC stand angeblich für »Mysterious Alien Creature« (Geheimnisvolles Wesen aus dem All), doch es war wohl eher eine Schleichwerbung für McDonald's. Ein Großteil der Filmhandlung vollzog sich unter den goldenen Bögen, wo natürlich alle Coke tranken. (Mark Crispin Miller, 1990, S. 194 f.)

21 Interview mit Marcio Moreira. Die Schlußeinstellungen der »Generalversammlung« sind scheinbar mit allen 1000 Jugendlichen gefilmt und von diesen in der jeweiligen Sprache gesungen worden. In Wirklichkeit wurden nur die Solisten und kleine Gruppen, die »morgen«, »manana« oder »demain« intonierten, in Groß-

aufnahme gezeigt. Durch den cleveren Schnitt konnte jedoch niemand merken, daß die Menge ursprünglich nur in Englisch gesungen hatte.

22 »Youth Athletics Promoted in Argentina«, *Journey,* Dezember 1989, S. 28; »Number One on the Street«, *Journey,* Dezember 1988, S. 16.

23 Melissa Turner, »Coca-Cola Running Hard in Olympics«, *AC,* 9. Februar 1988; »A Powerful Presence«, *Journey,* Mai 1988, S. 13.

24 Artikel von Melissa Turner in *AC* am 11. und 30. Juni, 2. Juli, 6. und 14. August 1988. Das Coca-Cola-Unternehmen in der Sowjetunion begann 1985 mit einer Vereinbarung zwischen Don Keough und Michael Gorbatschow, den es freute, ein weiteres nichtalkoholisches Getränk für seine Wodka kippenden Landsleute parat zu haben. Der komplizierte Vertrag erlaubte im Grunde den Sowjets, ihr Coke mit nach England exportierten Autos der Marke Lada zu bezahlen.

25 Die breite Berichterstattung, die die *Atlanta Constitution* diesem Schwurgerichtsverfahren angedeihen ließ, verdroß allerdings Roberto Goizueta. Als der Pulitzerpreisträger Bill Kovach 1986 Chefredakteur der *Constitution* wurde, versprach er, diese in eine schlagkräftige, recherchierfreudige Zeitung zu verwandeln. Als Goizueta Kovach zweimal zu sich nach Hause zum Abendessen einlud, war der Chefredakteur so unklug, dem nicht Folge zu leisten. Als Kovach Ende 1988 gefeuert wurde, zeigten deshalb viele Kritiker mit dem Finger auf Coca-Cola. Immerhin saß die Besitzerin der Zeitung, Anne Cox Chambers, im Verwaltungsrat von Coke. Laut internen Quellen bei der Zeitung hatte Kovachs Abgang nur wenig mit Druck von seiten der Soft-Drink-Firma zu tun. (Interviews mit Wendell Rawls und Melissa Turner)

26 »Coke Gets Off Its Can in Europe«, *Fortune,* 13. August 1990, S. 68–73. Die nachfolgenden Geschichten und Zitate stammen, wenn nicht anders vermerkt, aus dieser Quelle.

27 Die Firma kämpfte mit Gewerkschaftsvertretern oftmals mit harten Bandagen, und zwar immer dort, wo sie dringend benötigte Arbeitsplätze bot. In Wakefield unterzeichnete die Gewerkschaft einen Vertrag, in dem sie versprach, unter keinen Umständen in Streik zu treten. (Philip Bassett, »AEU Signs Strike-Free Deal at Bottling-Plant«, *Financial Times,* 13. August 1988)

28 »Coke Gets Off Its Can«, S. 69 f.

29 CC-Geschäftsbericht 1987, S. 7; »Heritage«, *Journey,* August 1987, S. 26. Japan war das unumstritten beste Profitcenter der Firma, wenn auch nur der dem Umsatz nach viertstärkste Markt. In den Vereinigten Staaten verdiente die Firma elf Cent an dem Konzentrat für einen Kasten Coke. In Japan verdiente es an derselben Menge Konzentrat viermal soviel. (Maria Saporta, »To Coke, Worldwide Growth Is the Real Thing«, *AC,* 29. Juli 1990)

30 In Japan stießen Patentarzneien auf einen aufnahmebereiten Markt, der einige Ähnlichkeit mit dem amerikanischen Boom von 1885, der Coca-Cola puschte, besaß. Die japanischen Verbraucher geben vierzig Prozent mehr als die Amerikaner für Krebsmedi-

kamente und der Senilität vorbeugende Tabletten aus – die überwiegend Placebos sind und niemals von der FDA in den USA zugelassen würden. (»The Strange Ways of Japanese Medicine Makers«, *Fortune,* 29. Juni 1991, S. 63)

31 Betsy Morris, »Coke's Windfall from Expected Sale Is Likely to Go to Overseas Operations«, *WSJ,* 26. September 1989.

32 Interviews mit Jan und Bill Schmidt. Schwartz kann auch wegen seines Herzens den Stuhl geräumt haben.

33 Die beiden Colas traten Ende 1989 auch an einer anderen Front in den Krieg, als Pepsi-Leute Cokes Heimat Atlanta diffamierten, wo Rinderschlagen – sich an ein schlafendes Rind anschleichen und es umwerfen – angeblich der Volkssport sei. Der böse Seitenhieb ging nach hinten los, als in Atlanta wütende Leitartikel, politische Cartoons und Briefe an den Herausgeber eine öffentliche Entschuldigung notwendig machten. (Philip Stelly jr., »Grits Hit the Fan After Pepsi Quiz«, *Adweek,* 11. November 1989; Ron Tidmore, »Open Letter to Atlanta-Area Residents«, *AC,* 23. November 1989)

34 Wie Michael Jackson trank Ray Charles nicht einmal das Produkt, für das er warb, und lehnte das von einer jungen Frau angebotene Diät-Pepsi ab: »Süße, ich trinke dieses Diätzeug nicht. Ich trinke nur süße Vollmilch.« (»Unless It's Milk, Hit the Road, Jack«, *AC,* 17. September 1990)

35 CC-Geschäftsbericht 1989, S. 6; Roberto Goizueta an die NY Society of Security Analysts, 29. Mai 1991.

36 Roberto Goizueta, »Coca-Cola, a Business System Toward 2000: Our Mission in the 1990s«, Februar 1989, CC Co.

37 »Bottlers Greet East Germans«, *Journey,* März 1990, S. 32.

38 Jeffrey Scott, »Coca-Cola Calls Itself the Benchmark«, *AC,* 16. November 1989.

Kapitel 21: Welt ohne Grenzen?

1 Manche Coke-Männer haben in ihrer Uniform geheiratet, andere haben verfügt, darin beerdigt zu werden. (E. J. Kahn jr., 1960, S. 49)

2 Bob Hall, »Journey to the White House: The Story of Coca-Cola«, *Southern Exposure,* Frühjahr 1977, S. 33.

3 Interview mit Dick Halpern. Mein Cousin arbeitete 1967 kurzzeitig für Coca-Cola und schrieb damals: »Diese Leute sind Fanatiker! Ich meine, ich trinke das Zeug, aber, mein Gott, ich habe nie gedacht, daß es so sein würde. Wenn man eine Umfrage durchführen würde, jede Wette, neun von zehn Coke-Führungskräften würden behaupten, daß es Meßwein ersetzen könnte, da es mit Leichtigkeit die Tiefen der Transsubstantiation durchlaufen könnte.« (Robby Schwab III an Nan Pendergrast, Oktober 1967)

4 Coca-Cola hat, wie die Kirchen auch, weniger glorreiche Züge – öde, haarspalterische Vorschriften und Rituale, eine starre, mili-

taristische Hierarchie und die pharisäerhafte Verdammung des Feindes.

5 Ann Nietzke, »The American Obsession with Fun«, *Saturday Review*, 26. August 1972, S. 35. Die besten Coca-Cola-Spots vermögen auch das verhärtetste Herz zu erweichen. Sogar ein Werbeveteran wie John Bergin erzählte mir im Interview, daß er manchmal bei seinen eigenen Spots in Tränen ausbricht.

6 Reverend Howard Finster, ein Volkskünstler, dessen Paradiesgarten Touristen ins ländliche Pennville, Georgia, zieht, bemalt Coke-Flaschen mit Bibelsprüchen und phantastischen Kreaturen. »Der Religiöse tankt Coca-Cola«, erklärt er. Finsters erste Coke hinterließ bei ihm einen genauso starken Eindruck wie seine erste Vision. »Ich war noch ein kleiner Junge«, erinnert er sich. »Sie kauften mir eine zu fünf Cent, und es war recht viel, und ich trank sie vollständig aus. Ich dachte, das sei das beste, was ich jemals getrunken hatte, wissen Sie, und dann rülpste ich sofort, und es stieg mir in die Nase, und ich meinte, es reißt mir den Kopf ab.« (Interview mit Harold Finster; Eileen M. Drennen, »The Reverend's Real Thing«, *AC*, 7. Dezember 1989)

7 Der folgende Text behandelt lediglich Gesundheitsfragen in bezug auf die eigentliche Coca-Cola. Andere Diätsorten, die Fragen zu Saccharin und Aspartam aufwerfen, würden hier zu weit führen.

8 Interview mit Michael Jacobson. Die Wissenschaftler sind sich nicht einig, wie weit Koffein möglicherweise Herzkrankheiten fördert. (Ludwik J. Bukowliecki et al., »Effects of Sucrose, Caffeine, and Cola Beverages on Obesity, Cold Resistance, and Adipose Tissue Cellularity«, *American Journal of Physiology*, April 1983, S. R500)

9 Früher wurde der pure Coca-Cola-Sirup als Medizin in Drugstores überall in Amerika verkauft, und er ist auch heute noch in ein paar Apotheken in Atlanta erhältlich (ein Dollar je Unze).

10 Der Zahnmediziner Dr. B. G. Bibby gelangte vor kurzem zu dem Schluß, daß der Zuckergehalt von Coke in Wirklichkeit einen Schutz vor dem Säureangriff auf die Zähne bietet. Er entdeckte auch, daß allzu gewissenhaftes Zähneputzen nur zu einer vermehrten Entmineralisierung führt, da die Säure dann unmittelbar auf die saubere Oberfläche des Zahns einwirkt, während die Plaque einen Puffer bildet. (B. G. Bibby, 1990, S. 108–111)

11 Auch Kokain wurde als billiges, kurzzeitig wirkendes Mittel verwendet, um aus den schwarzen Arbeitern der Südstaaten mehr Leistung herauszuholen.

12 Klaus Tiedtke, »Coca-Cola über alles«, *Atlas*, Oktober 1978, S. 37.

13 Ohne so offen politisch Stellung zu beziehen, haben doch Künstler wie Andy Warhol, Salvador Dali und Robert Rauschenberg Coca-Cola-Flaschen als Evokation des materialistischen Kapitalismus gemalt, während Volkskundler ein blühendes Spezialgebiet mit der passenden Bezeichnung »Coke-Sagen« geschaffen haben. (Paul Smith, »Contemporary Legends«, *Contemporary Legend*, Bd. 1, 1991, S. 123–152; Mike Bell, »Cokelore«, *Western Folklore*,

1976, Bd. 36, S. 59–65; Gary Alan Fine, »Cokelore and Coke-Law«, *Journal of American Folklore,* 1979, Bd. 92, S. 477–482)

14 Roberto Goizueta, »Globalization«, S. 361. Fraglos hat die Marketingattacke von Coca-Cola die lokalen Trinkgewohnheiten direkt beeinflußt. Auf den Philippinen sind die einheimischen Getränke wie *kalamansi* (Limonellensaft) und *buko* (Kokosnußwasser) praktisch verschwunden und werden nur noch zu zeremoniellen Zwecken verwendet. Etwas Interessantes geschah jedoch in Indonesien, das zeigt, wie anpassungsfähig Kulturen sein können. Als Coca-Cola in den traditionellen Teemarkt einbrach, füllte eine Firma gesüßten Jasmintee in Flaschen mit rotweißem Etikett ab, nannte das Getränk *Tehbotol* (»tea bottle« oder Teeflasche) und unterbot damit den Preis für Coke. Tehbotol wurde so populär, daß Coke sein eigenes Hi-C-Teeprodukt als Konkurrenz einführen mußte. (Clairmonte & Cavanagh, 1988, S. 13, 171 f.; Interview mit John Hunter)

15 »Many Memories Reflected in Familiar Green Bottle«, *AC,* 16. August 1990. Der warme, nostalgische Platz, den Coca-Cola sich im amerikanischen Herzen gesichert hat, kann mit der Zeit schwinden, wenn die Erinnerung an die niedliche kleine grüne Flasche, die altmodischen Kühltruhen und die kleinstädtischen Sodabars den Kindheitserinnerungen an computerisierte Verkaufsautomaten, die Dosen auswerfen, weichen. In seinem neuesten Buch, *The Great Good Place,* beklagt der Soziologe Ray Oldenburg das Dahinscheiden der amerikanischen Sodabar, die stets einer der wenigen friedlichen öffentlichen Versammlungsorte für Menschen jeden Alters gewesen war. Heute, so behauptet er, fühlen wir uns zunehmend isoliert, gebrochen und verloren. (Ray Oldenburg, 1989, S. 3–11, 111–115)

16 Carl Ware, der brillante schwarze Manager von Coke, leitet die diplomatischen Bemühungen in Südafrika. Ware ist kürzlich nach England übersiedelt, wo er an der Spitze der Afrika-Abteilung der Firma steht.

Anhang: Die heilige Formel

1 E. D. Murphy, »No One Knows His Name«, *Sunday Ledger-Enquirer Magazine,* 24. Dezember 1967. (Pemberton-Archive, Akte Nr. 144)

2 W. C. Woodall an Franklin Garrett, 24. Januar 1955, Pemberton-Akten, CC-Archive; »J. P. Turner to be Laid to Rest«, *Columbus Ledger,* 13. Januar 1943; W. C. Woodall, »From Here to Everywhere«, *Columbus Ledger,* 19. November 1969.

3 Die »Turner-Formel« stimmt beinahe mit einer unveröffentlichten Version überein, die Frank Robinson aufgeschrieben hat, der Mann, der Coca-Cola den Namen gab, den Schriftzug entwickelte, das Getränk herstellte und vermarktete, wie Frank Robinson II feststellt, in dessen Besitz sich diese Version befindet. Keine der Formeln erwähnt Kolanüsse. Die Turner-Formel sieht nicht so

aus, als sei sie in der Handschrift des Erfinders geschrieben, vielleicht hat sie sein Lehrling kopiert.

4 CHC, »True History of Coca-Cola«, S. 10, CC-Sammlung. Asa Candler verzichtete auf das teure, aus den Kolanüssen extrahierte Koffein und nahm statt dessen den Teeherstellern Blattstiele und Abfälle ab. Er setzte nur ein bißchen Kolanuß zu, damit man ihn nicht der Verwendung einer irreführenden Produktbezeichnung beschuldigen konnte.
5 William Poundstone, 1983, S. 42 f.
6 Dritte beeidete Erklärung von Dr. Anton Amon, Beweisstück der Kläger 195, Diet-Coke-Prozeß.
7 Joseph Wood Krutch, 1976, S. 140; James A. Duke, 1985, S. 319 f., 505; Duke & Ayensu, 1985, Bd. 2, S. 388.

Bibliographie

Handschriftensammlungen

Bateman, William E. und Randy S. Schaeffer, Privatsammlung. Reading, PA.

Candler, Asa G., Dokumente. Spezialsammlungen, Robert W. Woodruff Library, Emory University, Atlanta.

Candler, Charles Howard, Dokumente. Spezialsammlungen, Robert W. Woodruff Library, Emory University, Atlanta.

Candler, Warren, Dokumente. Spezialsammlungen, Robert W. Woodruff Library, Emory University, Atlanta.

Center of Military History. U.S. Department of the Army, Washington, D.C.

Coca-Cola-Sammlung. Spezialsammlungen, Robert W. Woodruff Library, Emory University, Atlanta.

The Coca-Cola-Company, Archive. North Avenue, Atlanta.

The Coca-Cola-Company, Juristische Bibliothek, Atlanta.

Justizministerium, Akten. Anti-Trust-Division, Legal Procedures Unit, Washington, D.C.

Dun, R. G. & Company, Sammlung. Baker Library, Harvard University Graduate School of Business Administration, Cambridge, Mass.

Eisenhower-Dokumente. Eisenhower Library, Abilene, KS.

Farley, James, Dokumente. Library of Congress, Handschriftenabteilung, Washington, D.C.

Harriman, Averill, Dokumente. Library of Congress, Handschriftenabteilung, Washington, D.C.

Hartsfield, William B., Dokumente. Spezialsammlungen, Robert W. Woodruff Library, Emory University, Atlanta.

Hollingworth-Dokumente. Harry-Hollingworth-Sammlungen, Nebraska State Historical Society, Lincoln, NE.

Hunter, Floyd, Dokumente. Spezialsammlungen, Robert W. Woodruff Library, Emory University, Atlanta.

Jacobs, Joseph, Dokumente. Atlanta Historical Society.

Kahn, E. J. jr., Aufzeichnungen aus den Jahren 1958–1959 für *Big Drink.* Freundlicherweise zur Verfügung gestellt von E. J. Kahn jr., *The New Yorker,* New York.

National-Archive, Washington, D.C., AGO-Dokument-Akte #1239224.

Pemberton-Archive. Monroe King Privatsammlung, Douglasville, GA.

Pendergrast, Mark, Sammlung. Spezialsammlungen, Robert W. Woodruff Library, Emory University, Atlanta. (M. Pendergrast hat seine Interviewaufzeichnungen, Transkripte, Aufzeichnungen, Gerichtsfälle und anderes Forschungsmaterial für dieses Buch dieser Bibliothek geschenkt.)

Pepsi-Cola, Sammlung für historische Werbung. Collection of Advertising History, National Museum of American History, Smithsonian Institution, Washington, D.C.

Robinson, Frank II, Privatsammlung, Atlanta. (Materialsammlung zu Frank Robinson)

Sherman, Ernestine, Privatsammlung. Albany, GA. (Material zu John Pemberton)

Sibley, John, Dokumente. Spezialsammlungen, Robert W. Woodruff Library, Emory University, Atlanta.

Sizer, J. B., Schriftwechsel. Schmidt Museum, Ebzabethtown Coca-Cola Bottling Company, Elizabethtown, NJ.

Thomas, Benjamin, Korrespondenz. Benwood Foundation, Chattanooga.

Thompson, Thom, Sammlung. Versailles, KY.

Toner-Sammlung. Library of Congress, Washington, D.C.

U.S. Food and Drug Administration, Akten. Rockville, MD.

White, William Allen, Dokumente. Library of Congress, Handschriftenabteilung, Washington, D.C.

Wiley, Harvey W., Dokumente. Library of Congress, Handschriftenabteilung, Washington, D.C.

Woodruff, Robert W., Dokumente. Spezialsammlungen, Robert W. Woodruff Library, Emory University, Atlanta.

Ausgewählte Gerichtsverfahren

(Die meisten sind in der Juristischen Bibliothek von Coca-Cola archiviert.)

Barrels-Prozeß: U.S. vs. Forty Barrels and Twenty Kegs of Coca-Cola, Supreme Court, Oktober 1915, Nr. 562.

Blood-Balm-Prozeß: »The Blood Balm Company vs. Cooper«, Georgia Supreme Court Records, Bd. 83, Oktober 1889.

Bottler-Prozeß: The Coca-Cola Bottling Co. vs. The Coca-Cola Co., District Court, Delaware, 8. November 1920, Nr. 389.

Byfield-Prozeß: Candler vs. Byfield. Byfield vs. Candler. Supreme Court of Georgia, 16. Juli 1925. *Southeastern Reporter,* Bd. 50, S. 57.

Chero-Cola-Prozeß: Coca-Cola-Company vs. Chero-Cola-Company, Einspruch Nr. 1662, US-Patentamt.

Cleo-Cola-Prozeß: Cleo Syrup Corp. vs. The Coca-Cola-Company, U.S. Circuit Court of Appeal, Eighth Circuit, Nr. 12,592 Zivil. 1943.

Coca-Cola: Opinions, Orders, Injunctions et al. Atlanta: Coca-Cola Co. Bd. 1: 1923; Bde. 2–3: 1939, in der juristischen Bibliothek von Coca-Cola und anderen Bibliotheken.

Daniel-Prozeß: The Coca-Cola Co. vs. John B. Daniel, Fulton County Superior Court, Frühjahr 1901, #8577.

Diet-Coke-Prozeß: Shreveport Coca-Cola Bottling Co., Inc. et al. vs. The Coca-Cola Co., U.S. District Court, Delaware, Zivilverfahren Nr. 83–95 MMS, 83–120 MMS. 1991 (letzte Urteilsbegründung – die Aufführung aller Urteile, beeideten Erklärungen und anderen Gerichtsprotokolle ginge zu weit).

Dixi-Cola-Prozeß: The Coca-Cola-Company vs. Dixi-Cola Laboratories, U.S. Supreme Court, Oktober 1940.

E-Town-Prozeß: Coca-Cola Bottling Company of Elizabethtown, Inc. et al. vs. The Coca-Cola-Company. Zivilverfahren Nr. 8-48/87-398-JJF Consolidated, U.S. District Court, Delaware. 1991 (letztes Urteil – die Aufführung aller Urteile, beeideten Erklärungen und anderer Gerichtsprotokolle ginge zu weit).

Fulton County Superior Court Records, Atlanta.

Hudgins-Prozeß: Hudgins vs. Coca-Cola Bottling Co., Supreme Court of Georgia, 10. Mai 1905, *50 Southeastern Reporter.*

Husting-Prozeß: E. L. Husting Co. vs. Western Coca-Cola Bottling Co., State of Wisconsin Supreme Court, Januar 1931.

Kent-Prozeß: Coca-Cola-Company vs. Berman vs. Kent. Einspruch Nr. 15,753 im US-Patentamt. (Protokolle vernichtet)

Koke-Prozeß: The Coca-Cola-Company vs. The Koke Company of America, Supreme Court of the United States, Oktober 1920, Teil von *Briefs and Records of the United States Supreme Court.*

My-Coca-Prozeß: My-Coca Co. vs. Baltimore Process Co., In the Circuit Court of Baltimore, 2. September 1924.

Nehi-Prozeß: The Coca-Cola-Company vs. Nehi Corporation, Supreme Court of Delaware, Nr. 4, September 1942.

Pre-Mix-Prozeß: Coca-Cola Bottling Co. of Minnesota, Inc., vs. The Coca-Cola-Company, Zivil. Nr. 5269, U.S. District Court, District of Minnesota, Fourth Division, 29. April 1957.

Queens-Prozeß: Pepsi-Cola-Company vs. Coca-Cola-Company, Supreme Court of the State of New York, County of Queens, 1938.

Rucker-Prozeß: Henry A. Rucker vs. Coca-Cola-Company, U.S. Circuit Court of Appeals, Fifth Circuit, Nr. 1161, Originalprotokoll am 12. Mai 1902 abgelegt.

Bücher

Acts and Resolutions of the General Assembly of the State of Georgia, 1902. Atlanta 1903.

Adams, Samuel Hopkins. *The Great American Fraud.* New York 1907.

Aguayo, Rafael. *Dr. Deming: The American Who Taught the Japanese About Quality.* New York 1990.

Aliber, Robert Z. *The International Money Game.* 3. Aufl. New York 1979.

Allen, Ivan jr. mit Paul Hemphill. *Mayor: Notes on the Sixties.* New York 1971.

Ambrose, Stephen E. *Nixon. Vol 2, The Triumph of a Politician: 1962–1972.* New York 1987.

Anderson, Oscar E. jr. *The Health of a Nation: Harvey W. Wiley and the Fight for Pure Food.* Chicago 1958.

The Annals of America. Chicago 1968.

Anthropological Approaches to the Study of Religion. Hg. v. Michael Banton. New York 1966.

As Others See Us: The United States Through Foreign Eyes. Hg. v. Franz M. Joseph. Princeton 1959.

Ashley, Richard. *Cocaine: Its History, Uses and Effects.* New York 1975.

Atkinson, Ruth de Forest Lamb. *The Devil's Candle.* Vassar College Library, 1946, unveröffentlicht.

Barnet, Richard J. und Ronald E. Müller: *Global Reach: The Power of the Multinational Corporations.* New York 1974.

Barry, Iris und Eileen Bowser. *D. W. Griffith: American Film Master.* New York 1985.

Bauman, Mark K. *Warren Akin Candler: The Conservative as an Idealist.* Metuchen, NJ, 1981.

Beard, George. *American Nervousness: Its Causes and Consequences.* New York 1881.

Bell, Hunter. »History of Coca-Cola«. Unveröffentlichtes Manuskript. Atlanta, Coca-Cola-Archive.

Bibby, B. G. *Food and the Teeth.* New York 1990.

Biow, Milton H. *Butting In: An Adman Speaks Out.* Garden City, NY, 1964.

Bretter, Rosemarie Haag. *Remembering the Future: The New York World's Fair from 1939–1964.* Flushing, NY, 1989.

Blount, Roy jr. *About Three Bricks Shy of a Load.* New York 1974, 1980.

Blum, John Morton. *V Was for Victory.* New York 1976.

BNA Tax Management Portfolios. 7. Aufl., Bureau of National Affairs, 1988.

Bowers, Q. David. *The Moxie Encyclopedia.* New York 1985.

Branch, Taylor. *Parting the Waters: America in the King Years 1954–63.* New York 1988.

Brendon, Piers. *Ike: His Life and Times.* New York 1986.

Brodie, Fawn M. *Richard Nixon: The Shaping of His Character.* New York 1981.

Califano, Joseph A. jr. *The Triumph and Tragedy of Lyndon Johnson.* New York 1991.

Campbell, William T. *Big Beverage.* Atlanta 1952.

Candler, Charles Howard. *Asa Griggs Candler.* Atlanta 1950.

Ders. *Asa Griggs Candler: Coca-Cola & Emory College.* Atlanta 1953.

Candler, Warren. *Great Revivals and the Great Republic.* Nashville 1904.

Ders. *Wit and Wisdom of Warren Akin Candler.* Hg. v. Elam Franklin Dempsey. Nashville 1922.

Carroll, Lewis. *The Annotated Alice.* New York 1960.

Carson, Gerald. *One for a Man, Two for a Horse.* Garden City, NY, 1961.

Carter, Paul B. *Paul B. Carter: His Family, Friends and Great Adventures.* Chattanooga 1977.

Chafe, William H. *The Unfinished Journey: America Since World War II.* New York 1986.

Chruschtschow, Nikita. *Khrushchev Remembers.* Hg. u. komm. v. Edward Crankshaw. Boston 1970.

Clairmonte, Frederick und John Cavanagh. *Merchants of Drink: Transnational Control of World Beverages.* Penang, Malaysia, 1988.

Clark, Eric. *The Want Makers: Inside the World of Advertising.* New York 1988.

Clarke, E. Y. *Atlanta Illustrated.* 3. Aufl. Atlanta 1881.

Coca-Cola-Company: An Illustrated Profile. Atlanta 1974.

Coca-Cola (Japan): The First Thirty Years. Japan 1987.

Collective Testimony of the Benefit and Virtue of the Famous French Tonic Vin Mariani. New York 1910.

Committee on Science and Technology, U.S. House of Representatives. *Subliminal Communication Technology,* 6. August 1984. Washington, D.C., 1985.

Cook, Branche Wiesen. *The Declassified Eisenhower: A Divided Legacy.* Garden City, NY, 1981.

Corwin, Norman. *Trivializing America.* Secaucus, NJ, 1983.

Crawford, Christina. *Mommie Dearest.* New York 1978.

Crawford, Joan. *My Way of Life.* New York 1972.

Crown Treasury of Relevant Quotations. Hg. v. Edward F. Murphy. New York 1978.

Crunden, Robert M. *Ministers of Reform: The Progressives' Achievement in American Civilization.* New York 1982.

Davidson, Elizabeth H. *Child Labor Legislation in the Southern Textile States.* Chapel Hill 1939.

Dietz, Lawrence. *Soda Pop.* New York 1973.

Dimond, E. Grey. *The Reverend William W. Whitehead, Mississippi Pioneer: His Antecedents and Descendants.* Kansas City, MO, um 1983.

Dining in America 1850–1900. Hg. v. Kathryn Grover. Amherst 1987.

Disease and Distinctiveness in the American South. Hg. v. Todd L. Savitt und James Harvey Young. Knoxville 1988.

Dixon, N. F. *Subliminal Perception: The Nature of a Controversy.* London 1971.

Dixon, Sarah Robertson und A. H. Clark. *History of Stewart County Georgia.* Bd. 2. Waycross, GA, 1975.

Donovan, Robert J. *Eisenhower: The Inside Story.* New York 1956.

Dostojewski, Fjodor. *The Brothers Karamazow.* New York 1919. (dt.: Die Brüder Karamasow)

Dufty, William. *Sugar Blues.* New York 1975.

Duke, James A. *CRC Handbook of Medicinal Herbs.* Boca Raton, Fl, 1985.

Duke, James A. und Edward S. Ayensu. *Medicinal Plants of China.* New York 1985.

Eisenhower, Dwight D. *The Eisenhower Diaries.* Hg. v. Robert H. Ferrell. New York 1981.

Elliott, Charles. *Mr. Anonymous: Robert W. Woodruff of Coca-Cola.* Atlanta 1982.

Ellis, Harvey E. *Dr Pepper: King of Beverages.* Dallas 1979.

Encyclopedia of the Holocaust. New York 1990.

English, John W. und Rob Williams. *When Men Were Boys: An Informal Portrait of Dean William Tate.* Lakemont, GA, 1984.

Enrico, Roger mit Jesse Kornbluth. *The Other Guy Blinked: How Pepsi Won the Cola Wars.* New York 1986.

Exclusive Territorial Allocation Legislation. Hearings Before the Subcommittee on Antitrust and Monopoly. Washington, D.C., 1973.

Fast, Howard. *Being Red.* Boston 1990.

Ders. *The Howard Fast Reader.* New York 1960.

Feder, Holly L. *U.S. Companies and the Arab Boycott of Israel.* Ann Arbor, Diss. 1988.

Fowler, Nathaniel C. *Fowler's Publicity.* New York 1897.

Fox, Stephen. T*he Mirror Makers: A History of American Advertising and Its Creators.* New York 1984.

Freeman, John Paul. *The Real Thing: »Life Style« and »Cultural« Appeals in Television Advertising for Coca-Cola, 1969–1976.* Ann Arbor, Diss. 1986.

Freud, Sigmund. *Cocaine Papers.* Hg. v. Robert Byck. New York 1974.

Frundt, Henry J. *Refreshing Pauses: Coca-Cola and Human Rights in Guatemala.* New York 1987.

Fucini, Joseph J. und Suzy Fucini. *Entrepreneurs: The Men and*

Women Behind Famous Brand Names and How They Made It. Boston 1985.

Garrett, Franklin. *Atlanta and Environs.* 2 Bde. New York 1954.

Garrison, Webb. *A Treasury of Civil War Tales.* New York 1988.

Gershman, Michael. *Getting It Right the Second Time.* Reading, MA, 1991.

Gilded Age: America, 1865–1900. Hg. v. Richard A. Bartlett. Reading, MA, 1969.

Glad, Betty. *Jimmy Carter: In Search of the White House.* New York 1980.

Goldman, Jonathan. *The Empire State Building.* New York 1980.

Graham, Elizabeth Candler und Ralph Roberts. *The Real Ones: Four Generations of the First Family of Coca-Cola.* New York 1992.

Griffith, D. W. *The Man Who Invented Hollywood: The Autobiography of D. W. Griffith.* Louisville 1972.

Griffith, Sally Foreman. *Home Town News: William Allen White and the Emporia Gazette.* New York 1989.

Haden-Guest, Anthony. *The Paradise Program.* New York 1973.

Hart-Davis, Duff. *Hitler's Games: The 1936 Olympics.* New York 1986.

Haviland, William A. *Cultural Anthropology.* 5. Aufl. New York 1987.

Hechtlinger, Adelaide. *The Great Patent Medicine Era.* New York 1970.

Higham, Charles. *Trading with the Enemy.* New York 1983.

Historical Abstracts of the United States. Teil 1. Washington, D.C., Handelsministerium 1975.

How It Was In Advertising. Chicago 1976.

Hoy, Anne. *Coca-Cola: The First Hundred Years.* Atlanta 1986.

Hunter, Floyd. *Community Power Structure: A Study of Decision Makers.* Garden City, NY, 1953, 1963.

Ders. *Community Power Succession: Atlantas Policy-Makers Revisited.* Chapel Hill 1980.

Ingham, John N. *Biographical Dictionary of American Business Leaders.* Westport, CT, 1983.

International Encyclopedia of Communications. New York 1989.

Jackson, Kenneth T. *The Ku Klux Klan in the City: 1915–1930.* New York 1967.

Jacobson, Michael E. *The Complete Eater's Digest and Nutrition Scoreboard.* New York 1985.

Jacobson, Michael F. und Sarah Fritschner. *The Completely Revised and Updated Fast-Food Guide.* New York 1991.

Jacobson, Michael F. et al. *Safe Food: Eating Wisely in a Risky World.* Los Angeles 1991.

Johnson, Haynes. *Sleepwalking Through History: America in the Reagan Years.* New York 1991.

Jones, Sam. *The Life and Sayings of Sam P. Jones.* Von seiner Frau. Atlanta 1907.

Jordan, Jim. *The Coca-Cola-Company: A Chronological History.* Unveröffentlicht, 1977. Im Besitz von Alice Fisher, Atlanta.

The Justices of the United States Supreme Court. New York 1969.

Kahn, E. J. jr. *The Big Drink: The Story of Coca-Cola.* New York 1960.

Ders. *Robert Winship Woodruff.* Atlanta 1969.

Kennedy, Joseph. *Coca Exotica: The Illustrated Story of Cocaine.* Rutherford, NJ, 1985.

Kester, W. Carl. *Japanese Takeovers.* Boston 1991.

King, Norman. *Madonna: The Book.* New York 1991.

Kipps, Charles. *Out of Focus.* New York 1989.

Knight, Lucian Lamar. *A Standard History of Georgia and Georgians.* Chicago 1917.

Krutch, Joseph Wood. *Herbal.* Boston 1976.

Lasky, Victor. *Jimmy Carter: The Man and the Myth.* New York 1979.

Lewis, W. David and Wesley Phillips Newton. *Delta: The History of an Airline.* Athens, GA, 1979.

Life History of the United States, The. New York 1964.

Louis, J. C. und Harvey Yazijian. *The Cola Wars.* New York 1980.

Louis, Joe mit Edna und Art Rust jr. *Joe Louis: My Life.* New York 1981.

Lutz, Tom. *American Nervousness, 1903.* Ithaca 1991.

Mack, Walter. *No Time Lost.* New York 1982.

Man, Myth & Magic: The Illustrated Encyclopedia of Mythology, Religion and the Unknown. New York 1983.

Marchand, Roland. *Advertising the American Dream: Making Way for Modernity, 1920–1940.* Berkeley 1985.

Mariani, Angelo. *Coca and Its Therapeutic Applications.* New York 1886.

Marquis, Alice G. *Hopes and Ashes: The Birth of Modern Times 1929–1939.* New York 1986.

Martin, Harold H. *Three Strong Pillars: The Story of Trust Company of Georgia.* 2. Aufl. Atlanta 1981.

Ders, *William Berry Hartsfield: Mayor of Atlanta.* Athens 1978.

Martin, Milward W. *Twelve Full Ounces.* New York 1962.

Matthews, J. B. und P. E. Shallcross. *Partners in Plunder: The Cost of Business Dictatorship.* New York 1935.

Mazlish, Bruce und Edwin Diamond. *Jimmy Carter: A Character Portrait.* New York 1979.

McCarthy, J. Thomas. *Trademarks and Unfair Competition.* Rochester, NY, 1973.

Mead, Chris. *Champion: Joe Louis, Black Hero in White America.* New York 1985.

Megalli, Mark und Andy Friedman. *Masks of Deception: Corporate Front Groups in America.* Washington, D.C., 1991.

Meyer, Peter. *James Earl Carter: The Man and the Myth.* Kansas City 1978.

Migrant and Seasonal Farmworker Powerlessness. Hearings Before the Subcommittee on Migratory Labor. Washington, D.C., 1971.

Miller, Mark Crispin. *Seeing Through Movies.* New York 1990.

Mintz, Sidney. *Sweetness and Power: The Place of Sugar in Modern History.* New York 1985.

Morgan, H. Wayne. *Drugs in America: A Social History, 1800–1980.* New York 1981.

Ders. *Yesterdays Addicts: American Society and Drug Abuse 1865–1920.* Norman 1974.

Mortimer, W. Golden. *Peru: History of Coca, »The Divine Plant« of the Incas.* New York 1901.

Munsey, Cecil. *Illustrated Guide to the Collectibles of Coca-Cola.* New York 1972.

Musto, David. *The American Disease: Origins of Narcotic Control.* Erw. Ausg. New York 1987.

National Dispensatory: Containing the Natural History, Chemistry, Pharmacy, Actions, and Uses of Medicines, The. Hg. v. Hobart A. Hare, Charles Caspari und Henry H. Rusby. Philadelphia 1905.

The Nineties. Hg. v. Oliver Jensen. New York 1967.

Nite, Norm N. *Rock On Almanac.* New York 1989.

Nostrums and Quackery. Chicago 1911.

Nutrition and Human Needs. Hearings Before the Select Committee on Nutrition and Human Needs. Washington, D.C., 1969.

Oakley, J. Ronald. *God's Country: America in the Fifties.* New York 1986.

Oldenburg, Ray. *The Great Good Place.* New York 1989.

Oliver, Thomas. *The Real Coke, The Real Story.* New York 1986.

O'Reilly, Bernard. *Life of Leo XIII.* New York 1887.

Packard, Francis R. *History of Medicine in the United States.* New York 1931, 1973.

Packard, Vance. *The Hidden Persuaders.* New York 1957.

Pendergrast, Mark. *Practical Ways to Buy, Sell and Profit from Foreign Currencies.* Phoenix 1991.

Petretti, Allan. *Petretti's Coca-Cola Collectibles Price Guide.* Hackensack, NJ, 1989.

Pierce, Alfred M. *Giant Against the Sky: The Life of Bishop Warren Akin Candler.* New York 1943.

Pierce, Phyllis S. (Hg.). *The Dow Jones Averages 1885–1980.* Homewood, IL, 1981.

Popular Culture & Industrialism, 1865–1890. Hg. v. Henry Nash Smith. Garden City, NY, 1967.

Poundstone, William. *Big Secrets.* New York 1983.

Presbrey, Frank. *The History and Development of Advertising.* Garden City, NY, 1929.

Ramsey, Douglas K. *The Corporate Warriors.* Boston 1987.

Reform Medical Practice: With a History of Medicine, von der Fakultät des Reform Medical College of Georgia. Macon 1857.

Reports of the President's Home Commission. Washington, D.C., 1909. Senatsdokument Nr. 644.

Revenue to Defray War Expenses, Hearings and Briefs Before the Committee on Finance, United States Senate ... on H.R. 4280. Washington, D.C., 1917.

Riley, John J. *A History of the American Soft Drink Industry.* New York 1958, Nachdr. 1972.

Rios, Melrene Dobkin de. *Hallucinogens: Cross-Cultural Perspectives.* Albuquerque 1984.

Roddy, Pat jr. *75 Years of Refreshment.* Knoxville 1983.

Rowland, Sanders mit Bob Terrell. *Papa Coke: Sixty-Five Years Selling Coca-Cola.* Asheville, NC, 1986.

Russell, James Michael. *Atlanta, 1847–1890: City Building in the Old South and the New.* Baton Rouge 1988.

Salinger, Pierre. *America Held Hostage.* Garden City, NY, 1981.

Schaap, Dick. *An Illustrated History of the Olympics.* 3. Aufl. New York 1975.

Schlesinger, Stephen und Stephen Kinzer. *Bitter Fruit: The Untold Story of the American Coup in Guatemala.* Garden City, NY, 1984.

Schmidt, Bill und Jan Schmidt. *The Schmidt Museum Collection of Coca-Cola Memorabilia.* Elizabethtown, KY, 1983.

Schudson, Michael. *Advertising: The Uneasy Persuasion: Its Impact on American Society.* New York 1984.

Sculley, John. *Odyssey: From Pepsi to Apple.* New York 1987.

Shavin, Norman und Bruce Galphin. *Atlanta: Triumph of a People.* Atlanta 1982.

Sherrill, Robert. *Gothic Politics in the Deep South.* New York 1968.

Shirer, William L. *The Rise and Fall of the Third Reich.* New York 1960 (Dt.: Aufstieg und Fall des Dritten Reichs).

Silverman, Milton. *Magic in a Bottle.* New York 1941.

Smith, T. E. *The History of Education in Monroe County.* Forsyth, GA, 1934.

Soft Drink, Hard Labour: Guatemalan Workers Take on Coca-Cola. London 1987.

Spalding, Hughes. *The Spalding Family of Maryland, Kentucky and Georgia from 1658 to 1965.* 2 Bde. Atlanta 1966.

Stamps, Thomas P. »A History of Coca-Cola«. Unveröffentlichte Thesen, © 1976, im Besitz des Autors, Atlanta.

689

Steinbeck, John. *The Wayward Bus*. New York 1947 (dt.: Autobus auf Seitenwegen).

Stubbs, Roy. *Compilations*. Zu zahlreichen Ländern. Atlanta (juristische Bibliothek von CC, unterschiedliche Datierungen).

Ders. *The Confessions of a Country Lawyer*. Atlanta 1961, im Besitz von George Mitchell, Atlanta.

Ders. *Letters from Latin America*. Atlanta 1941–1942, im Besitz von George Mitchell, Atlanta.

Sullivan, Mark. *Our Times: Pre-War America*. New York 1930.

Superculture: American Popular Culture and Europe. Hg. v. C. W. E. Bigsby. Bowling Green, Ohio, 1975.

Sutton, Anthony C. *Wall Street and the Rise of Hitler*. Seal Beach, CA, 1976.

Taylor, Norman. *Plant Drugs That Changed the World*. London 1965.

Tedlow, Richard S. *New and Improved: The Story of Mass Marketing in America*. New York 1990.

Toqueville, Alexis de. *Democracy in America*. Hg. v. Phillips Bradley. New York 1945.

Trademark Reporter. New York 1981.

Treseder, Ross C. *As I Remember*. Atlanta 1973.

Trevor-Roper, H. R. *The Last Days of Hitler*. New York 1947.

Turner, E. S. *The Shocking History of Advertising!* London 1952.

Twain, Mark und Charles Dudley Warner. *The Gilded Age: A Tale of TO-Day*. New York 1873 (dt.: Das vergoldete Zeitalter).

Vaughn, Charles L. *Franchising: Its Nature, Scope, Advantages, and Development*. 2. Aufl. Lexington, MA, 1979.

Visser, Margaret. *Much Depends on Dinner*. New York 1986.

Wachtel, Howard M. *The Money Mandarins: The Making of a New Supranational Economic Order*. New York 1986.

Walton, Francis. *Miracle of World War II*. New York 1956.

Wetters, Pat. *Coca-Cola: An Illustrated History*. Garden City, NY, 1978.

Webster's New International Dictionary. 2. ungek. Aufl. Springfield, MA, 1935.

Weil, Andrew. *The Marriage of the Sun and the Moon*. Boston 1980.

Wells, Della Wager. *The First Hundred Years: A Centennial History of King & Spalding*. Atlanta 1985.

Dies. *George Waldo Woodruff: A Life of Quiet Achievement*. Atlanta 1987.

While You Were Gone: A Report on Wartime Life in the United States. Hg. v. Jack Goodman. New York 1946.

White, William Allen. *The Autobiography of William Allen White*. New York 1946.

Wiley, Harvey W. *Harvey W. Wiley: An Autobiography*. Indianapolis 1930.

Ders. *History of a Crime Against the Food Law*. Washington, D.C., 1929.

Wolfe, Thomas. *Look Homeward, Angel*. New York 1929 (dt: Schau heimwärts, Engel!).

Woodward, C. Vann. *Tom Watson: Agrarian Rebel*. New York 1963.

Yallop, David A. *The Day the Laughter Stopped: The True Story of Fatty Arbuckle*. New York 1976.

Young, James Harvey. *The Medical Messiahs*. Princeton 1967.

Ders. *Pure Food: Securing the Federal Food and Drugs Act of 1906*. Princeton 1989.

Ders. *The Toadstool Millionaires*. Princeton 1961.

Yule, Andrew. *Fast Fade: David Puttnam, Columbia Pictures and the Battle for Hollywood*. New York 1989.

Zarubica, Mladin. *The Year of the Rat*. New York 1964.

Periodika und Zeitungen

Siehe Anmerkungen. In den Kapiteln wird jeweils bei der ersten Erwähnung eines bestimmten Artikels der volle Quellennachweis aufgeführt.

Interviews

Michael Aldrich, 17. September 1991

Miles Alexander, 30. September 1991

Ivan Allen jr., 20. Mai 1991

Brad Ansley, 16, April 1991

J. Arch Avary jr., 29. Juli 1989

Sam Ayoub, 1. April 1991; 7. Februar 1992

Cal Bailey, 13. Februar 1992

Christel Balzer, 10. November 1988

Clifford Randolph »Randy« Barbee, 7. Mai 1991

Bill Bateman, 6. April 1991

John Beach, 11. Juli 1989

Mae Beach, 12. Juli 1989

John Bergin, 13. August, 10. September 1991; 28. Januar, 21. Februar 1992

Enrique E. Bledel, 18. April, 21. Mai 1991

Emmet Bondurant, 1. März, 6. Mai 1991

Charles Bottoms, 2. April, 15. November 1991; 7. Februar, 23. April 1992

James K. Boudreau, 6. Mai 1991

William Bowen, 16. April 1992

Sebert Brewer jr., 8. April, 2. Oktober 1991

John Brinton, 12. August 1991

Robert Broadwater, 17. Mai, 4. Juni 1991; 1. Mai 1992

Tim Brown, 1. September 1991

Gordon Bynum, 21. März 1991

Joseph Califano, 20. Februar 1992

Asa G. Candler V, 18. Februar 1991

Jac Chamblis, 8. April 1991
Sergei N. Chruschtschow,
    18. Februar 1992
G. Clisby Clarke, 14. Mai 1991
Dudley Clendenin, 2. März
    1991
Leo Conroy, 12. Januar 1992
Ralph Cooper, 28. Mai 1991
Emilio Cordova, 11. Februar
    1992
Carlton Curtis, 25. März,
    21. Mai, 15. November 1991
Ovid Davis, 21. März, 29. Mai,
    20. Dezember 1991
Tony DeGregorio, 20. Februar
    1992
Cartha D. »Deke« DeLoach,
    16. Juli 1989
James Dickey, 19. Oktober 1992
Sean Morton Downey jr.,
    30 März 1991
George Downing, 27. Juli 1989
Charles Duncan jr., 17. Juni
    1991
Maurice Duttera, 28. Juli 1989
Brian G. Dyson, 4. Juni 1991
Emma Edmunds, 9. April 1991
Wiliam Effinger III, 7. Oktober
    1991
Chris Eliot, 10. April 1992
Charles Elliott, 6. April 1991
Martha Ellis, 16. März 1991
Arthur Ferguson jr., 1. April
    1992
Gary Fine, 22. Juni 1992
Howard Finster, 30. Juli 1989
Alice Fisher, 15. April 1991
Charlotte Fortune, 18. April
    1991
Jonathan Fried, 16. Dezember
    1991
Henry J. Frundt, 30. Oktober
    1991
J. W. Fulbright, 18. November
    1992

Franklin Garrett, 13. Juli 1989
Tandi Gcabashe, 8. März 1991
Phil Geier, 7. Januar 1992
Neal Gilliatt, 27. Juni 1991;
    16. Januar 1992
John Gillin, 30. April 1991
Roberto Goizueta, 4. Juni 1991
Susan Gordon, 15. Januar 1992
Vera Shea Gordon, 15. März
    1991
Marc Grauer, 16. Mai 1991
Bob Greene, 4. November 1992
Tom Greenwood, 15. März 1990
Lewis Gregg, 9. Dezember 1989
Arthur Gregory, 28. Mai 1991
Mary Gresham, 29. Mai 1991
Joy Anne Grune, 13. September
    1991
Claus Halle, 13., 19. März,
    15. Dezember 1991
Dick Halpern, 3., 4., 6. März
    1992
Garth Hamby, 20. Mai 1991
Nat Harrison, 16. April 1991
Carlton Henderson, 11. Mai
    1991
Ira Herbert, 29. April 1991;
    12. März 1992
Neil Herring, 9. März 1991
Robert Hester, 29. April 1991
Raul Hilberg, 5. Dezember 1991
Alfons Hilgers, 28. April 1991
Murray Hillman, 6. August 1991
Morton Hodgson, 15. März, 30.
    September, 9. Oktober 1991;
    12. Februar 1992
Stephen Holtzman, 7. März
    1991
Edith Honeycutt, 19. Mai 1991
Floyd Hunter, 3. Juli 1991
John Hunter, 29. Mai 1991
Gerald Imlay, 7. Juni 1991
E. Neville Isdell, 1. Mai 1991
M. Douglas Ivester, 21. Mai
    1991

Michael Jacobson, 3. März 1992
Richard Johnson, 20. März 1992
Weldon Johnson, 3. Mai 1991
William T. »Tut« Johnson,
12. Juli 1989
Summerfield »Skey« Johnston
jr., 1. Mai 1991
Boisfeuillet Jones, 2., 6. Mai
1991
Joseph W. Jones, 1. August
1989; 2. Mai 1991; 7.,
27. Januar 1992
Donald Kendall, 20. März 1992
Donald R. Keough, 16. Mai
1991
Bill Key, 12. Juli 1989
Dudley King jr., 14. Juli 1988
Monroe King, 9. März,
21. April, 25. Juli 1991
John Knox, 16. Juli 1989
Cliff Kuhn, 20. März 1991
Wilbur Kurtz, jr., 29. Juli 1989
Marshall Lane, 12. März 1991
Dan Lauck, 2. Februar 1992
Tom Law, 2. Juni 1991
Pearl Ledoux, 11. April 1991
Paul Lesko, 6. November 1991
Robert Lindsey, 10. Februar
1992
Hamilton Lokey, 20. Mai 1991
Julius Lunsford, 21. März 1991
Bill Mackey, 10. Februar 1992
James Manley, 4. Juni 1991
Randy Mayo, 18. März 1991
Frank McGuire, 20. April 1991
Alex McLennan, 1. Mai 1992
Michael McMullen, 8., 9., 10.
April 1992
Charles H. »Pete« McTier,
4. Mai 1991
Jesse Meyers, 22. November
1991
Mark Crispin Miller,
21. Februar 1992
George Mitchell, 14. April 1991

Russell Mokiber, 23. Januar
1992
Betty Molnar, Sommer 1991
Philip F. Mooney, Frühjahr
1991
Marcio Moreira, 14. Juni 1991
Al Morrison, 27. April 1992
Jack Morrison, 24. Januar 1992
Roger Mosconi, 30. Januar 1992
Clinton Moses, 14. April 1991
Virginia Moulder, 9. Oktober
1991
E. D. Murphy, 3. November
1992
Vince Murphy, 18. Dezember
1991
Ralph Nader, 18. Januar 1992
Dianne Smith Nau, 9. April
1991; 5. Februar 1992
H. Burke Nicholson, 6. Juli
1989; 27. März 1991
Robert L. Oliver, 13. März 1991
Thomas Oliver, 11. März 1991;
12. Februar 1992
Charles O'Neal, 3. Juni 1991
Steve Oney, 9. April 1991
Walter Oppenhoff, 20. April
1991
Eugene Patterson, 14. April
1991
Allen Peacock, 10. April 1991;
15. Februar 1992
Bert Pelletier, 20. August 1989
Ambrose Pendergrast, Frühjahr
1991
J. B. Pendergrast jr., Frühjahr
1991
Nan Schwab Pendergrast,
Frühjahr 1991
Bob Pettus, 29. Juni 1992
Faith Popcorn, 26. Februar 1992
Klaus Pütter, 12. September
1989
Walter R. »Bud« Randolph,
18. April 1991

Wendell »Sonny« Rawls,
10. März 1991
J. Neil Reagan, 9. März 1992
Ginny Redington, 14. Februar
1992
Frank Robinson II, 15. März
1991
William Ross, 8. Mai 1991
Bruce Ruff, 19. April 1991
James Michael Russell, 9. April
1991
Jim Ruwoldt, 4. Juni 1991
Maria Saporta, 18. März 1991
Randy Schaeffer, 6. April 1991
Charles und Lillian Schifilliti,
1. Juli 1989
Max Schmeling, 2. Mai 1991
Bill und Jan Schmidt, 10. April
1991; 5. März 1992
Ken Schulman, 11. März 1992
Robert W. Schwab III, Frühjahr
1991
Tony Schwartz, 29. Januar 1992
Scott Seltzer, 30. Januar 1992
Bill Sharp, 28. März 1991
Ernestine Sherman, 26. Mai
1991
Gus Shubert, 9. Januar 1992
James Sibley, 22. Mai 1991
A. B. Simms III, 23. April 1991
Bob Simonton, 6. April 1991
Claire Sims, 23. Mai 1991
George W. Singleton II, 2. Mai
1991
Donald Sisler, 2. August 1989;
11. Februar 1991
Jacobus »Smitty« Smit, 16. April
1991
William O. Solms, 5. April 1991
Jack Spalding, 16. März 1991
Thomas Paty Stamps, 22. Mai
1991

C. Preston Stephens, 2. Juni
1991
Cecil R. Stockard, 5. Oktober
1991
Roy Stout, 10. März 1992
Ron Sugarman, 4. Februar 1992
Jack Tarver, 7. November 1991
Bernice L. Thomas, 16. Februar
1992
Ken Thomas, 9. März 1991
Walter und Mary Thomas,
10. März 1991
Thom Thompson, 21. August
1991
Lois Troutman, 24. Januar
1992
Melissa Turner, 18. März 1991
William Turner, 16. Mai 1991
Bill Van Loan, 6. Februar 1992
Ed Vorkapich, 13. März 1992
Harry Waldrop, 31. Mai 1991
Carl Ware, 7. Mai 1991
Teena Watson, 2. März 1991
Andrew Weil, 28. September
1991
Billy Wilder, 28. Januar 1992
James F. Williams, 14. Mai
1991
Jimmy Williams, 29. Mai 1991
Ian Wilson, 18., 23. Januar
1992
James W. Wimberly, 18. Juli
1989
Raymond Witt, 12. April,
15. Mai 1991
Frances »Tut« Woodruff,
10. Mai 1991
Jasper Yeomans, 24. März 1991
James Harvey Young,
2., 14. März 1991
Mladin Zarubica, 7. Januar
1990; 27. April 1992

Dank

Die Entscheidung, wem von den vielen, vielen Menschen, die mir geholfen haben, ich zuerst danken soll, fällt mir nicht leicht. Als erstes haben wohl Phil Mooney, Joanne Newman und Laura Jester von den Coca-Cola-Archiven meinen Dank verdient, die mir den Zugang zu dieser Privatsammlung gestatteten, die normalerweise nicht der Allgemeinheit offensteht. Ihre Hilfe und ihr Wissen haben es überhaupt erst möglich gemacht, dieses Buch zu schreiben. Man hatte mir erzählt, es sei unmöglich, Kontakt zu den Mitarbeitern von The Coca-Cola-Company zu finden – sie wurden zumeist als »mißtrauisch« und »paranoid« bezeichnet. Doch ich lernte sie als liebenswürdige und aufgeschlossene Menschen kennen, nachdem ich sie überzeugt hatte, daß ich ein gut recherchiertes, objektives Buch zu schreiben beabsichtige.

Auch allen noch bei Coca-Cola beschäftigten oder vormals dort tätigen Männern und Frauen, die mir so bereitwillig ihre Zeit geopfert haben, kann ich kaum einen angemessenen Dank aussprechen. Sie sind am Ende des Buches in der Bibliographie unter dem Abschnitt »Interviews« aufgeführt. Ganz besonders danken möchte ich Joe Jones für seine Informationen über Robert Woodruff und Charlie Bottoms für seine schlagfertigen Antworten. Sehr verpflichtet bin ich ferner Claus Halle, der nicht nur sehr viel Zeit für die Gespräche mit mir aufwendete, sondern mir auch zu weiteren Kontakten verhalf. Bei McCann-Erickson, der wichtigsten Werbeagentur von Coke, leistete mir John Bergin ähnliche Dienste. Der Abfüller von Kentucky, Bill Schmidt, und seine Frau Jane erlaubten mir einen Abstecher in ihr hervorragendes Coca-Cola-Museum und versorgten mich mit Details und Anekdoten über ihre langwierigen gerichtlichen Auseinandersetzungen mit dem Unternehmen. Ihr Anwalt, Emmet Bondurant, räumte mir einen Schreibtisch in seiner Kanzlei frei und ließ mich kistenweise öffentlich zugängliche Gerichtsakten kopieren. King & Spalding, die Hauptkanzlei der Coca-Cola-Company, war gleichfalls äußerst hilfreich.

Linda Matthews und ihr Referentenstab (Ellen Nemhauser, Beverly Bishop, Kathy Knox) von der Abteilung Spezialsammlungen der Robert W. Woodruff Library an der Emory University unterstützten mich eifrig bei meinem Projekt und brachten mir geduldig einen Karton nach dem anderen an den Arbeitstisch. Andere Bibliotheken und Bibliothekare taten auch mehr als nötig, darunter Julie Pickett von der Stowe Public Library in Stowe, Vermont, Sue Miller von der Brownell Public Library in Essex Junction, Vermont, Joyce Miller und Mara Siegel von der Trinity College Library in Burlington, Vermont, und Mark McAteer und Diane Boisnier von der St. Michael's College Library in Cochester, Vermont. Ich forschte außerdem bei der Atlanta Historical Society, am Fulton County Superior Court, an der Benwood Foundation in Chattanooga, der Bailey Howe Library an der University of Vermont, der Bibliothek der University of North Carolina, dem Center for Advertising History am Smithsonian Institute, der Library of Congress und der Baker Library der Harvard Business School – überall dort wurde mir professionell und kundig geholfen. Jesse Mexers, der Verleger von *Beverage Digest,* vermittelte mir nicht nur die Perspektive eines Industriekenners, sondern auch einen vollständigen Überblick über sein Magazin und seine Seminarbroschüren.

Ich hatte das große Glück, auf Mrs. Ernestine Sherman, die Großnichte von John Pemberton, zu stoßen. Trotz ihrer Kränklichkeit und ihrer Bedenken öffnete sie ihre Schatztruhe an Familienbriefen und -dokumenten, die sich als unschätzbar für eine Neubewertung von Pembertons Vermächtnis erwiesen. Das gleiche gilt für Monroe King und seine von ihm so benannten »Pemberton-Archive«. Jahrelang hat King systematisch schwer zugängliche Dokumente über Pemberton gesammelt, und sein Wissen war für meine Meinungsbildung über den Erfinder sehr wichtig. Frank Robinson II, der Urenkel des

Mannes, der Coca-Cola den Namen gab, schenkte mir großzügig seine Zeit und sein Wissen und gab mir einen bedeutsamen Hinweis auf den Kokaingehalt der ursprünglichen Coca-Cola.

Als äußerst hilfreich erwiesen sich meine Kontakte zum Coca-Cola Collectors Club International. Bill Bateman und Randy Schaeffer, zwei Informatikprofessoren aus Pennsylvania, haben äußerst sorgfältig nicht nur Memorabilien, sondern auch die jeweils dahinterstehende Geschichte erforscht. Ihre Ergebnisse sind in einer Artikelserie im Mitteilungsblatt des Klubs niedergelegt. Sie waren so freundlich, mir stets unter die Arme zu greifen, wenn ich spezielle Informationen benötigte. Thom Thompson, ein Architekt aus Kentucky, brachte unsäglich viel Zeit am Kopiergerät zu, sandte mir bergeweise interessantes Material und vermittelte mir Kenntnisse über die Geschichte der Coca-Cola-Memorabilienjäger.

Meine Arbeit baut auf früheren Büchern über Coca-Cola von E. J. Kahn jr., Brad Ansley, Hunter Bell, Franklin Garrett, Lawrence Dietz, Sanders Rowland, Pat Roddy jr., Pat Watters, J. C. Louis, Harvey Yazijian, Henry Frundt, Richard S. Tedlow, Anne Hoy und Thomas Oliver auf. Ich bin E. J. Kahn persönlich zutiefst verbunden für seine Liebenswürdigkeit und Ermutigung. Zu Beginn erlaubte er mir, seine Akten beim *New Yorker* durchzustöbern und mehr als 400 Seiten peinlich genauer Anmerkungen zu kopieren, die mir nicht nur konkrete Informationen lieferten, sondern auch als beispielhaftes Vorbild dienten. Brad Ansley, der als Ghostwriter die Biographie von Asa Candler verfaßte, gab mir offen Hintergrundinformationen über die Candlers. Hunter Bell habe ich nie persönlich kennengelernt, doch seine unveröffentlichte Geschichte von Coca-Cola, die sich in den Archiven des Unternehmens befindet, verdient großes Lob. Franklin Garrett, der anonym die einzige »offizielle« Firmengeschichte schrieb und ein legendäres wandelndes Lexikon zur Geschichte von Atlanta und Coke ist, war so freundlich, meine detaillierten Anfragen zu beantworten. Pat Watters teilte freudig Wissen und Bibliothek mit mir, während Henry Frundt mir über sein Buch über Coke in

Guatemala hinausgehende Einzelheiten mitteilte. Thomas Oliver sprach bereitwillig über seine neueren Forschungsergebnisse zur Geschichte des Neuen Coke. Thomas P. Stamps war so freundlich, mir seine unveröffentlichte Magisterarbeit über Coca-Cola mitzuteilen, was besonders wertvoll war, da Stamps Zugang zu Harold Martins' Biographie über Robert Woodruff hatte, bevor sie der Öffentlichkeit präsentiert wurde.

Akademiker aus den verschiedensten Wissensbereichen halfen mir mit ihrem Expertenwissen und ihren Erkenntnissen weiter. Insbesondere verpflichtet bin ich James Harvey Young, der weltweit fahrenden Autorität für patentrechtlich geschützte Arzneimittel, da er mir seine Zeit widmete und mich an seinem Wissen teilhaben ließ. Sidney Mintz, ein Anthropologe, der sich auf die Auswirkungen des Zuckers auf Geschichte und Kultur spezialisiert hat, diskutierte netterweise brieflich seine Schriften und Ideen mit mir. Der Psychologe John Flynn und der Arzt Andrew Weil halfen mir mit ihren Erfahrungen mit Koka und Kokain beträchtlich, während die Biochemiker Stephen Holtzman und Roland Griffiths mir ihr Wissen über Koffein zur Verfügung stellten und Susan Schenk sich sowohl mit Kokain als auch mit Koffein auskennt. Michael Jacobson bot mir einen breiten Überblick über Fragen der Ernährung und Gesundheit. Floyd Hunter, ein Soziologe, der über die Machtstruktur in Atlanta während der Woodruff-Ära geschrieben hatte, kramte für mich in seinen Erinnerungen an die damals durchgeführten Interviews, und der Historiker James Michael Russell versorgte mich mit dem größten Teil meines Hintergrundwissens über Atlanta. Ohne die Hilfe von Suzanne White, der Historikerin bei der U.S. Food and Drug Administration, hätte ich niemals die FDA-Akten über Coca-Cola und Harvey Wiley einsehen dürfen. Ihre Begeisterung und ihre Kommentare waren ein unerwarteter Gewinn.

Ich spannte jeden ein, der so dumm war, auch nur den Hauch von Interesse an diesem Projekt zu zeigen. Das herausragendste Beispiel dafür ist mein vielgeplagter Onkel Ambrose Pendergrast, der sich geduldig durch die umfangreichen Papiere über Robert Woodruff an der Emory University wühlte und höchst unterhaltsame Anmerkungen dazu schrieb – von denen viele auf eigenem Erleben beruhen. Er erinnert sich beispielsweise daran, daß Bischof Warren Candler einmal eine Coke während eines Besuchs bei seinen Eltern ablehnte und lieber Buttermilch trinken wollte. Meine Eltern, Britt und Nan Pendergrast, halfen ebenfalls bei den Woodruff-Dokumenten. Zudem wurde mein Vater mit Mikrofilmgeräten und den Archiven von Atlanta sehr vertraut, während meine Mutter über ihre umfangreichen sozialen Kontakte Informationen besorgte, die es in gedruckter Form nicht gibt. Mein Bruder und Anwalt Craig half mit einem exotischen Gerichtsfall aus, während ein anderer Bruder, Scott, mehrere Reisen zum *World of Coca-Cola Museum* unternahm. Meine Tochter Blake Pendergrast kopierte für mich im Corporate Data Center in Oakland, Kalifornien, Akten über Coca-Cola.

Mein Dank gilt Jennifer Harrington und den anderen Werkstudenten, die Artikel heraussuchten und kopierten, meinem früheren Kollegen Mark Yerburgh, der Howard Fasts Erlebnis im Zweiten Weltkrieg aufdeckte, Frutz Moore für sein mittels Computer erstelltes Flußdiagramm, Henry Lilienheim für seinen Einmann-Ausschneideservice und meinen unterbezahlten Transkribenten: Gail Reid, Jan Clark, Andrea Hall, Cindi Iacono, Marian Saunders und William Folmar. Jim Peck, ein außergewöhnlicher Dramatiker und Schauspieler sowie mein ehemaliger Lehrer, las das Manuskript während des Entstehungsprozesses, kommentierte es schonungslos und scharfsinnig und fungierte als Mentor für die Grammatik. Irene Angelico brachte in meine Arbeit ihre Perspektive als Filmemacherin und ihr literarisches Feingefühl ein. Ferner lasen Abbey Neidik, Suzanne White, Jeff Potash, Gill Deford, John Pendergrast und David Galland ebenfalls Teile des Buches und machten nützliche Vorschläge.

Mein Dank geht an Helen Pfeffer, die das Buch vorschlug und Peter Miller dazu brachte, es zu vertreten.

Ohne Charles Scribner III und sein überwältigendes Interesse für dieses Projekt wäre dieses Buch niemals geschrieben worden. Ohne Hamilton Cain, meinen Lektor, würde es sich nicht so glatt lesen lassen. Für ihre Geduld, ihren Rat und ihre Ermutigung bin ich ewig dankbar.

Schließlich habe ich mich bei Betty Molnar für meine Besessenheit bei diesem Unterfangen zu entschuldigen und ihr für die entscheidende Unterstützung und ihr Engagement zu danken.

Praxiswissen Personal

Wichtige Bücher für alle, die Personalverantwortung tragen.

»Kleine Personalpraxis«

WERNER FRÖHLICH

Personalführung

Führungsstil
Mitarbeiterbeurteilung
Motivation – Sozialleistungen
Vorschlagswesen
Organisation

Kompaktwissen

22/250

Weitere Titel zum Thema:

Raimund Berger
Stellenbeschreibungen
*Mitarbeiter motivieren, betriebliche
Transparenz verbessern, effizienter
organisieren*
22/231

Wilhelm Heyne Verlag
München

HEYNE
BÜCHER

Aufbruch in die Selbständigkeit

Das notwendige Fachwissen für die erfolgreiche Existenzgründung

Wilhelm Heyne Verlag
München

Griffbereites
Wirtschaftswissen

Unentbehrliche Nachschlagewerke für jedes Büro

22/1003

Außerdem erschienen:

Uwe Schreiber
Handlexikon Wirtschaft
22/319

Jakob Wolf
Lexikon Betriebswirtschaft
22/344

Wilhelm Heyne Verlag
München